増訂 農村自治之研究
【大正2年 第8版】

山崎延吉 著

地方自治法研究
復刊大系〔第二三七巻〕

増訂 農村自治之研究

〔大正二年 第八版〕

日本立法資料全集 別巻1047

信山社

農學士 山崎延吉著

增訂 農村自治之研究

東京 有隣堂發行

増訂
農村自治之研究

詔書

朕惟フニ方今人文日ニ就リ月ニ將ミ東西相倚リ彼此相濟シ以テ其福利ヲ共ニス朕ハ爰ニ益々國交ヲ修メ友義ヲ惇シ列國ト與ニ永ク其慶ニ頼ラムコトヲ期ス顧ミルニ日進ノ大勢ニ伴ヒ文明ノ惠澤ヲ共ニセントスル固ヨリ內國運ノ發展ニ須ツ戰後日尚淺ク庶政益々更張ヲ要ス宜ク上下心ヲ一ニシ忠實業ニ服シ勤儉產ヲ治メ惟レ信惟レ義醇厚俗ヲ成シ華ヲ去リ實ニ就キ荒怠相誡メ自彊息マサルヘシ

抑々我カ神聖ナル祖宗ノ遺訓ト我カ光輝アル國史ノ成跡トハ炳トシテ日星ノ如シ寔ニ克ク恪守シ淬礪ノ誠ヲ輸サハ國運發展ノ本近ク斯ニ在リ朕ハ方今ノ世局ニ處シ我カ忠良ナル臣民ノ協翼ニ倚藉シテ維新ノ皇猷ヲ恢弘シ祖宗ノ威德ヲ對揚セムコトヲ庶幾フ爾臣民其レ克ク朕カ旨ヲ體セヨ

御名　御璽

明治四十一年十月十三日

自序

予は學校を出てから、直に農業教育に從事したのであるが、其成績の豫想に伴はぬに隨分腐心をなして、其原因を考究せる間に、農村の改良をせねばならぬと決心したのが、忘れもせぬ三十二年の年であつた。其後農事試驗場にも關係し、農會の事務をも執つたのであるが、如何にも責務のある自分でさへ、滿足する成績が得られなんだので、世間の人の滿足せぬのも無理がないと思つたのである。此處に於て一層農村の改良に心を濺いだ結果、農村自治の研究をせねばならぬと考付たのであるが、悲哉身は自分のものでなくて、奉公の身分であるそれで思ふ存分に研究が出來なかつたのであるが、幸ひ其後世間も大分此研究をする樣になり、著書に、雜誌に此問題が見はれ來り、又た稻取村の田村氏始め熱心なる篤志家の來訪に接することが出來る様になり、聊か研究の歩をすゝめることが出來た。加之自分の理想を實際にやつて見むと云ふ、當事者も出來て、色々相談をも受ける様になつた。そこで昨年の夏、尾張海西郡に於て、其研究の一端を講演したのであるが、望外の成績を得た結果は、愛知縣農會主催で、農村自治てふ講習會を開くことに決定され、本年一月三日より五日間、縣内各有志のために、再び之を講談することになつた。然るに之亦非常の好成績を得、當時各郡より競ふて之が講談の請求を受けたのである。爰に於て私に思ひけるは、之れ予が講談のよきにあらず、又た予が口辯の巧みなるにもあらずして、全く自治振興の機運既に熟せるによるものならむと。恰もよし、愛知縣農會は予に囑して之を出版公表すべく交渉を持ちかけたのである。予はもとより其人にあらず、又研究のいたれるを信ぜざれど、此機運に乘じ、此時勢を看過せずして、農村自治の上に貢獻するを得ば、己が職務の一端をも盡くし得る譯であると思ひ、其交渉に應じたのである。もとより民心を此處に作興し、輿論を之に喚起すべきは、予の燃ゆるが如き熱誠と、粉骨の努力を以てするも尙足らざるを知る、ましてや如斯著書を以て其目的を達するものにあらざるは、千万承知のことである。乍去若し之によりて多少の功果を地方自治の上に見、同志の間に之が研究の參考とも相成らむか、之れ予の歡喜措く能はざる所であると、一言此書のなりし所以を陳べて、以て序となす。

明治四十一年九月中旬

於安城寓居

我農生　山崎延吉識

第三版の序

戊申の詔書を捧讀し、『自彊息マサルヘシ』との御誥詔を思へば益々農村自治の進歩發達にも工夫せずば、實に申譯のない心持がするのである。而も『我忠良ナル臣民ノ協翼ニ倚藉シテ』と賴ませらるゝ大御心を拜承しては、何んとも恐縮に堪へぬ次第である。今に於て『淬礪ノ誠ヲ輸ス』の覺悟を此れにもなさでは、其罪や重く、其不忠の汚名や遂に濺ぐの時があるまいと思ふ。

此書もとより到らず、盡くさゞるものではあるが、月を經ざるに今や第三版を重ぬるに至つたのである。之れ恐らく、本書の價値あるには。あらで、農村の自治自彊に焦慮する人の多いのによることであらう想へば此際稍人意を强ふするに足る感じがするのである。此上は益志士の之が研究の參考となり、有志の之が侶伴ともなりて、以て　聖旨に奉答し、大御心を奉安するに資する所あらんことを希ふて、以て三版の序に代ふ云爾。

明治四十一年十月十七日

山崎延吉識

第五版の序

本邦の民、元來忠魂に富む、戊申の歳、詔書煥發されて、民心忽焉として本に復り、皆淬礪の誠を輸さんことに勤め、當局の官吏亦思を焦し、想を練り、　聖旨に協翼せんことに孜々として倦まざるに至れり。之れ近來地方改良の聲益〻起りて、其蹟の見るべきもの亦多きを加へ、民風改善の工夫愈〻講ぜられて、篤志の事業を見る所以にあらざるを得んや。

獨り著者、多忙研究の歩を進むる能はず、增補改訂して約束を果たす能はざるは、衷心恐懼して又た赧然たらざるを得ざるなり。

さは云へ、爾來農村問題は各方面より研究さるゝに至り、著者の足らざるを補ふものあるは、誠に快心のことなり。今此の風潮は外遊準備に寸暇なき身を驅つて、第五版を出すを餘義なくなしぬ。讀者其事情を諒察して、容赦する所あらば幸甚。

明治四十三年七月五日

於安城寓居

我農生　山崎延吉識

第八版の序

光輝耀々たりし明治の御世も、突如として暮れ逝き、今や大正を迎ふることとはなりぬ。明治天皇の御盛徳に浴したる億兆の民衆は、嘆き慕ひ、悲み呼ぶも甲斐なきこととはなりぬ。

聖恩に浴したる者の多き中にも、農村の人ほど御恩に浴したることの多きはなかるべし、可憫の赤子と厚き御心うけし者も多かるに、農民ほど御情け蒙りしは之れなかるべし。風の旦、雨の夕、戰の時、何時も御心にかけられたる民草は、蓋し我が農民の身の上にこそあれ。

四十有五年の間、制度文物はいや進み、國威は八紘に輝きわたり、世は益繁榮の域に達するに、抑も何事ぞ。農村の問題は獨り年を逐ふて芽出度からず、明治の晩年に至りては、聞くも情なき、疲弊の聲は愚か、滅亡の叫びさへあるに至りぬ。之れ恩澤に浴する者の謝恩の道を講せず、御情け蒙りし者の報恩の義を盡さゞりし罪にはあらずや。噫、噫、恐懼の極、沙汰の限りにはあらずや。

神去りましゝ大君の御仁慈は申すも愚か、至仁にましますゝ今上陛下は、恐れ多くも其

罪を咎め賜はで尙
臣民亦和衷協同して忠誠を致すべし
と宣言はせ玉ふ、我等民衆眞に感泣、流涕の滂沱たるを禁ずる能はず。海岳の御恩を報ゆるは他なし、自治制を整備して國家の根底を强固にするに在り、深き〳〵御情を謝するの道は他なし、忠實業に服し、勤儉産を治めて、忠良なる國民となるにあり。思へば農村の自治は報恩の一大事なり、民風の振興は報謝の急務なり、豈に奮勵せざるべけんや。

初版のなるや明治四十一年なりき、改訂にあたりて調査すれば、當時優良なりしもの丶今は語るに足らずなりしものもあり、希望多かりしもの丶今は見るに忍びざるものもあり。年を經ること正に五ヶ年、何んぞそれ起倒の速かなるや、盛衰の激げしきや。今に及んで沈思默考すれば、轉た茫然として自失せざらんと欲するも得ず。而も一度聖恩を思ひ、聖旨に顧みれば、油然として淬礪の至誠を輸さん至情の出づるあり。之れ聊か訂增を敢てして版を重ぬる所以なりとす、諸君之れ之を察せよ。

大正元年十一月六日　明治天皇百日祭遙拜を了へて

我農生　山崎延吉謹識

凡例

一、本書は元來町村てふ自治體の分子をなす人に示すを以て目的としたれば、分り易く書く積りであつたが、著者に文才なきがため、分り難き所もあるやうで、申譯のなき事である。

一、本書は農村自治の研究第一卷としたき著者の意見である。

一、兎に角自治の研究をやつて居る著者なれば、同好同志の人には遠慮なく御敎示を受け、また御高評をも仰ぎ、新な材料を戴き度いものである。

一、第九章並に結論に於て最も著者の主張を記載すべき豫定の所、氣ばかり馳せて筆之に隨はず、所謂龍頭蛇尾の嫌あるに至つたは著者の最も遺憾とする所であるが、幸に其の主張に贊同を得ば更に讀者の研究と皷吹を祈るのである。

一、本書は山田太一郎君の著書なる理想之農村と並讀されむことを望む、之れ本書に於ては同君著書と重複せざるやうにしたからである。

一、本書のなるにつきては先輩並に僚友の助力されたるもの尠なからず、否本書のなりしは全く先輩並に僚友の賜である、爰に記して感謝の意を表す。

一、八版に於て增補したき事項は先輩並に僚友の篤志によりて材料に乏しからずと雖も、紙數に限あるを以て二三の增補に止めたるは特に讀者の宥容を請ふ。

一、改訂は新しき材料を以てしたり、然れども自治史に功勞ある町村と認めたるもの、又は自治の發達に努力したる恩人は末路の如何に關らず、其功勞に對して敬意を表するの至當なるを信じ、文體を過去にして其儘存することとせり。

一、數字統計にして稍古き感を免れざるものあり、著者の尤も遺憾とする所なれども材料を手にすること能はずして出版の期日となれるなり、次に改むることとせん。

一、附錄として農村問題に關する愚見並に經營の實例と條例規則を追加せり、參考とするに足るあらば著者の尤も喜ぶ所なり。

訂増 農村自治の研究目次

第九章　村　　格

訂增農村自治の研究目次終

訂増

農村自治の研究

我農生　山崎延吉著

緒言

自治は自ら治むと讀む通り、自分で自分を治むることである。即ち獨立自營と謂つて人の厄介にならず、人に難題をかけず、人の助に依賴せず、人に補助を請はぬ樣にして、立派に自分で勤め、自分で營み、自分で行ひ、自分で進み、自分でせねばならぬことをすることである。故に農村の自治と云へば農村自ら利益を增すべく勤め、農村自ら幸福を進めべく營み、農村自ら進步すべく行ひ、農村自ら發展すべく進み、農村自ら其本領を發揚すべくせねばならぬことをすべきは云ふまでもないことである、之をなすべく、又た出來すべく、時に敎を他に仰ぎ、時に助力を外に求め、又時に示導を人に請ふべきものである、故に自ら勤め、自ら工夫し、自ら盡力して然る後に、足らざるを補ひ、及ばざるを求むるの觀念が、自治に大切である。自治は自治制が布かれたによつて必要なるにあらず、又た文明の御代になりし故にせねばならぬと云ふにあらず。また人類の美德として獨り八ヶ間敷云ふものにもあらずして、云はゞ天地自然の道であつて、古今を問はず、東西を論ぜず、萬有に適する方則と言つてもよいものである。

之を樹木について見よ、種子より發芽せば、自ら生長し、繁殖し、花實をつくるではないか。禽獸を見よ、哺乳の時を過ぐれば、自ら發生し、巣をつくり、飛走し、子孫相續をなすではないか。豈に獨り人類の自治のみと云はんや、森林をなす樹木は互に遠慮し、助補して、立派な林相をなすではないか。禽獸は互に其種によりて群生し、長幼の秩序ありて、繁殖するではないか。されば人類は、母の哺育に獨立せば、何事も自分でせねばならぬ覺悟をなし、群居せば、何事も我儘に振舞はで、平等の繁榮をはかるべきは、寧ろ當然のことであると云つてもよからう。

考へても見よ、人の生るゝや、敎へずして食を求め、都合よきを求むべく泣き叫ぶにあらずや。故に人の生るゝや、目口のきかぬに、既に求むるものと、其手段を知るものである。求むるものが正當であつて、其手段が善良なるに出でしむべく、敎育や感化が必要なのである。斯くして人の人たる道を辨へしめば、何人の歸着する所も、自治と云ふ事である。

たゞ人類は孤獨の生活をなすべからず、即ち獨りにて暮し得るものにもあらず、又暮すべきものにもあらず、と云ふが本體である以上は、個人の自治のみで滿足は出來ぬ。必ず社會とか、國家とか、鄉里とか、町村とか、家庭とか、團體としての自治がよく出來ねばならぬのである。之れ問題が複雜になり話が六ヶ敷なる所以である。譬へば個人の自治は認むべきものがあつても、團體としての自治は論ずるに足らぬと云ふがあり、或は團體として立派な自治國と云ふに、國民たる個人を見れば自治の進まぬと云ふものもある。今や我國は、團體として誠に立派な獨立國であり、また自治國でもある。又國民の多くは兎に角自營自治をやつて居るが、偖て町村と云ふ小なる團體を見れば、大抵は未だ自治が認められぬと云つてよからう。

聞けば、南亞米利加には農業をさへも營む蟻が居るとか。彼等は一種の草の實を收穫して穴の內に貯へ、雨水などの流れ込みたる時は取出して日に曝らし、乾かして又貯へ措くそうである。且つ彼等の間には上下の別ありて秩序よく整ひ、多少の分業をも行へるが規律よく行はれ、何れも自分勝手の根性更になく、全く團體のためのみ思へるらしく、身を捧げて働く樣、如何にも感服の至りなれど、千年たちても二千年たちても、今尙依然たる蟻であつて、聊も進步せぬ。其原因いろ／＼なれど、我は獨立自營し得るものである、といふ自信なく、たゞ遺傳と習慣とによりて働くのみなれば、蟻の數量が增しても働きの性質に進步がないといふことである。

今の町村は此蟻國に似たらずや、蟻のそれにも及ばざるものなからずや。斯くては人間の天職は何處にあるだらうか、人間社會の價値が如何あるだらうか。之を思ひ、彼を察せば、如何にもして進むべきは町村の自治で、是非とも發達させねばならぬは町村の自治ではあるまいか。

勿論市の自治も未だ認むべきものなし、されど市の自治は近頃論ずる人もあり、隨分社會の注意も出來たれど、獨り町村、別けて農村の自治に至つては、未だ論ずるものもなく、又工夫するものもあらず。時に慷慨悲憤の情をもらすものなきにあらず、時に理想の農村をものするものもなきにあらねど、未だ農村の自治につき、示導誘掖の勞を吝まざるもの尠きは、誠に遺憾の極である。之れ此書の著ある所以であるが、然し之にて其の示導を盡さんとも思はず、又誘掖至れるものともせぬが、たゞ之が研究の端緒を援けんと欲するのみである。故に此書若し種子となりて、配布されたる各所に、之が研究の萠芽を見んか、然して自治の美果を見るに至らんか、吾曹の滿足之に過ぐるものなく、吾曹の目的も達せりとせんのみ。

六言六蔽

（論語）

一、仁を好みても學を好まざるものは婦人の子を愛するが如き義を辨へぬ愚なることあり、
一、智を好みても學を好まざるものは徒に高遠のことを考へて守る所なく放蕩なることあり、
一、信を好みても學を好まざるものは唯己が言をのみ必達はせじと君父の障になるをも觀ざれば道を賊ふことあり、
一、直を好みても學を好まざるものは我が隱すことは嫌めど人の隱すべきことをも明さまに云ひて人の身を絞る樣なることあり、
一、勇を好みても學を好まざるものは只人に負ることを惡みて上なる人を犯し長たる者をも淩ぎて亂をなすことあり、
一、剛を好みても學を好まざるものは妄に氣を張りて人に抵抗する狂氣のことあり、

第一章　農村

農村

此處に所謂農村といふは、農業を行ふ所と云ふのであつて、云はゞ農業部落の意である。故に國の行政區劃たる最下級の町村でも、農業が主なる營業である以上は、勿論農村である。又獨立したる自治體の町村でなくとも、農業を營みつゝある團體があるならば、之も農村である。兎に角土地と人民とありて、農業でやり居る所ならば、農村と認むるのである。されば農村は、時に町村なる行政區劃の自治體なることもあれば、時に或は大字の如き町村の一部なることもあらん、又時には大字にも至らぬ小なる部落を云ふ所もあらう。

兎に角農村は、一に農業、二に農民、三に農地がなくばならぬ、たとへ其一を欠くも、農村は出來ぬのである。

農村の要素

農村を説明するには、農村を構成する要素を知る必要がある。之を簡單に述ぶれば、

農業

農業は人間をも生産す

一、農業　色々の解釋はあるが、通常人の云へるは、衣食住其他人類に必須なるものゝ原料を生産するものなり、といふのである。然るに獨乙のフーベルとか云ふ人は、農産物中最も重要なるは人間なり、と説ひて居るさうな。此の説に吾曹は至極贊成なのである。何故ならば都會の繁昌を極むる今日に於ては、最早農業以外に健全な人間を生産するものがないからである。勿論漁業の如き、隨分

屈强な人間を生産するものもあるが、そは農業に比して極めて少數である、して見れば農業は人間を生産すと云つて敢て差支はあるまいと思ふ。而し人間もやはり人間の原料たるは免れず、初から人間の精製品たる立派な人物を出すにあらずして、立派な人間になり得る即ちなせばなるものを産出するのである。故に農業は菜葉や大根、卵や肉、乃至茶や繭、果實や材幹をのみ生産するものにあらず、生《うぶ》な人間をも産出すべきものである、とした方が今日に於て正當なる解釋であらう。

農業の特性

次に農業は他業に比して比較的多くの土地を要し、且つ土地を利用せねばならぬ。第二には氣候の制裁を受くることが甚く、從つて何時も之と戰はねばならぬ。第三には資本の回收が比較的遲い、即ち利廻りが速かでない。第四には報酬遞減法といふに支配される。別けて土地より生産するに於てそうだ。第五には分業の比較的行はれぬことである、從つて器械の應用も少い。第六には生産物の容積が大きいのみならず、價の割合に重量が多い、第七には生産物の生物であることである。即ち生活力をもてるものが多い。第八には働くに面積を要することが大い、都會の如く人家櫛齒の列べるが如くしては出來ないものである。第九には自然に接することが多い、新鮮なる空氣や、透明なる光線は、恰も此業にのみ與へられたるが如き思がする。第十には文明の功德を享くることが少い、即ち人爲の自由や便利を感ずることが多からぬのである。

如上の特質を知り、之が及ぼす影響の奈邊まで到るべきやを穿議すべきは、正に農村を説くものゝ義務である。

農民

二、農民　云ふまでもなく農業を營んで生活する人である、即ち農業に依りて立てる人である。土地を相手に人類に必要なるものゝ原料を生産し、之によりて衣食し、之によりて家庭をつくり、團欒の結果多くの子女をも産出するが、即ち農民である。

農民の特質

其の營む業務の特質によりて、自ら農民に一種の特質を生ずるは無理もないとで。其一、土地を相手にせねばならぬにより素朴である。其二、氣候の制裁を受くるが故に從順である。其三、資本の回收遲きために呑氣である。其四、報酬遞減法に支配さるゝを以て進取の氣象に乏い。其五、分業行はれ難きにより不器用である。其六、大容積をあつかい、重量になるゝが故に、沈靜である。其七、生物の生産なるがために迷信が多い。其八、粗居であるからして氣轉がきかぬ。其九、自然物に接するから思想が單順で、奇麗である。其十、文明の利器に近づくこと少きがため、忍耐や我慢が強い。

斯くの如きは農民の特質として認めねばなるまいと思ふ、と同時に農村は農民によりて形成さるゝものと云ふ以上は、此の特質が農村に如何に影響するかは、大に講究すべき問題である。

農地

三、農地　は農業の經營さるべき土地であつて、農民の依つて以て立つべき基礎である。其地目にいろ〳〵あれど、田、畑、宅地、山林、原野に分つが普通である。何れにしても、農地と云ふ以上は、

農地の資格

宅地を除くの外、１耕耘の出來る所で、２物の出來る所、即ち多少培養の力ある所で、３物の安全に生育する所、即ち雨雪に流されたり、嵐風に吹き飛ばさるゝことのない所でなくばならぬのである。兎に角作物の栽培や、家畜の飼養、肥膃や、果樹の植付や、或は桑園、茶園等に利用されてる所、乃至利用されべき所でなくばならぬ。

之が多少、肥瘠は農業經營に尤も關係し、農民の損得に影響するとも亦尤も大なれは、農地程農業に大切なるものはない。然るに我國は農地の面積誠に少く、且肥瘠極めて不揃なれば、到底面積を以ての農業は六つヶ敷、從つて利用を巧みにやり、人爲の肥培法を試みねばならぬのである。されば農地利用の巧拙は、農民の利害、農村の消長にも關するが故に、農地の如何に利用されてるか、又た如何に利用し、如何に利用を改善進歩さすべきかは、農村問題に着眼するものゝ、正に工夫すべき大問題である。

農村は斯の如き業を、斯の如き人間が、斯の如き土地にやつて居る所である。而して獨りで暮らすことの出來ぬ、又獨りで暮らすべからざる人間である以上は、粗居ながらも、隣人を求むるが普通である。此の隣人が多いか、少いかは土地に尤も關係するので、幸に土地に餘裕があり、肥へて居て、農業が十分に出來、收穫物がどん／＼處分の出來る所でもあれば、隣人の增加するは自然の趨勢である。之れ大なる農村と、小なる農村とが出來る所以である。

然し農業の發達を考へ、沿革につきて案ずるに、初は物につき、中は土地につき、遂に人和につくものゝ如し。即ち初期に於ては、木の實や、禽獸虫魚の多きを撰びて集り。人の數より天然物が不足するに至りては、肥へてる所に多くを產出するを欲して集ひ。遂に瘠薄の土地にも多くを產出すべく要するに至りては、人和の出來る所、即ち氣樂に住み、安全に働かれ、安心して行ける所に、人氣はよるものである。して見れば農村の大小と盛衰は强ち土地の良否、便否にのみよるものでないことが分る。

繁榮する農村

即ちよい農地と云ふよりも、よい農村でなくば隣人は增さない、便利な農場よりも、よい村方でなくば人か寄つて來ない、語をかへて言はゞ、土地よりも、農村てふ社會かよく、農地よりも、農村の政治がよくなくばならぬ。實際、限りある土地に、限りなき生產は困難である以上、たゞ人力を盡くすより外はない。人力は土をも金にし、桑葉をも錦になす、まして瘠地を肥沃になすに於てをや。されば人力の盡くさるゝ所に利益も出來れば、物も生じ金もとれゝば、幸福も得らるのである。而も此の偉大なる人力は、生れながらにして得べきものでなく、又土地より產出するものではない、たゞ農村てふ社會の善惡、政治の良否にてそよるべければ、農村其の物の改良ほど、大なる問題はまたとあるまい。

農村改良の必要なる所以

偖ても農村の改良は誰れがするか、如何に改良すべきやは、農村の人でなくばならぬ。今時の樣に、事多く、用の忙はしき時節に、誰が物好に他のことに全力を擧げよう。自分のことは自分でする外はない、と發奮興起せねばならぬのが農民であつて、斯く農民の自覺と、其工夫が何よりの改良で、之れが即ち農村の自治である。

農村の自治

兎に角農村は、人類に必須なるものゝ原料を生産する外、人間をも引受け居る以上は、人類に欠乏を感せしめず、人間の種ぎれせぬ様にすべきは、當然の義務である。世に神ほど粗大な原料を供給さるゝものはない、空氣といひ、光線といひ、温熱といひ、水といひ、土地といひ、皆天國に住める神から頂戴して、未だ何人も不足を感せぬのである、而もそれが公平で正直である。神に亞ぎて粗大の原

農民の貴重なる所以

料を供給するものは、即ち農民である、天國ならぬ農村の人間である。故に神の如く人に不足を感せしめず、又公平で正直でなくばならぬものである。近來神の尊嚴に變りはなきも、農民に當年の信用なく、今も天國に往生するを祈る者あれど、農村に移住せんとする者次第に減じ行くは、之れ抑も何の兆ぞや。神に近き人にして尊信を得ず、天國に隣せる農村にして人に貴重されず、之れ農民自ら招くの災、農村自ら求めたる侮と謂はずして、將た何んとせんや。之を察し、彼を思へば、農民の自覺、

自治の功德

農村改良の工夫、豈になくして可ならんや。抑も神の子となり、神に接近する道は即ち自治なり、天國に等しき農村を形づくり、極樂鄉を出現するの道は即ち農村の自治に外ならぬのである。

「天地は一大活物なり、聖愚の分るゝ所以は、天地の活物たるを知ると否とにあり」

第一節　都會と農村

都會は問題なり

文明國に於ては、年々人の増加するとの激しさは殆んど大勢であるが、就中都會に於ける人口増加は實に激甚なものである。之がため近世史に於ける一切問題中の最大問題は、都會に關係せざるはなしとも云ひ、或は尤も恐るべき問題は、都會專有の國家を現出することであるとも云ひて、夫は〳〵非常な喧しきことである。我國は今文明の域に達すべき途中なれば、未だ歐米の都會に類する都會もなく、從つて甚恐るべき現象を未だ呈せずと雖も、近來都會の膨脹は蔽ふべからざる事實で、其人口の增加も漸く激甚を極むるに至つたがため、或は都市問題、或は都會と田園と云ふ樣な文字を見ることが、隨分頻繁になつて來た。

都會

抑も都會は土地を基礎として云へば、其面積の割合に多數の人間が集合せる所である。又業務を基礎として云へば、政治や經濟の中心で、行政や商工業の機關が完備せる所である。又地理を基礎として云へば、交通運輸の便利な所である。又た人種を基礎として云へば、役人や商工業者或は之に關係せる業務者の集合せる所であつて。慾望を滿足せしむる點を基礎にして云へば、思想上及物質上の人慾を滿足せしむべき機關や機會が多い所である。我國で云へば、東京、大阪、横濱、神戶、京都、名古屋の如き所である。

都會の膨脹と繁榮は何を意味するやの問題は、極めて趣味あることである。今文明國の都會が出現せる蹟につきて見れば、

都會の繁榮は何を意味するや

一、都會は國民の墓地なり。

何人にも必要なるは、空氣、光線、水、食物であつて、而も新鮮なるに限る。然るに都會の繁榮は此等の自然に障壁を築き、天與の要素を拒絶せねばならぬ樣になるのだ。たとへば田舍で一方里に一万人と云へば、隨分人口稠密の方であるが。東京の淺草では一方里四十一万人以上といふのである。如何して奇麗な空氣に浴し、新鮮な光線に曝されようか。且つ生存競爭が激しく、之れに汽笛や車輪の響が囃し立てる、そこで油斷がならず、氣が急ぐ、大抵のものは神經が狂つて來る、壽命が縮まると云ふ、誠に無理もないことではないか。成程都會には美麗な建築もある。面白い見せ物もある、珍らしき話も聞けるし、美味い食物もあつて。人の欲望を滿足せしむるに適當で、且つ便利であるとは云ふものゝ、斯る滿足を得ねばならぬと云ふ程、自分に欠乏を感ずるとは情ない話ではないか、肉でなくばゆかぬ、乳を飮まねばだめだと云ふに至つては人間も常體ではない。されば都會の美觀、自由、便利の設備は、火の將に消へんとするに先立ちて放つ光明とも見て可ならんか。論より證據、英國の學者は

『三代相承けて倫敦に居住し、よく無病健全なるを得たる一商人をだに見ず。』

と謂ひ、又佛國の學者は

『田舍の住民の都會に出づるは、畢竟是れ肺結核に罹るの運命を沽はんが爲めのみ。』

と謂ひ、我國にも商家に三代なしと云ふ諺があるが、何れも現代の都會を見ぬ昔のとであれば、今の有樣を見たらば何と云ふだらう。

又事實につきて見んか、死亡率は千人につき

都會　二三、三	田舍　一七、六

と云ふとである。現に大阪の如きは人口百万を數ふる所であるに、最近五ヶ年の統計によれば年々一二千人の死亡超過を示して居る。又横濱の如きは四五十万人は居るだらうが、出產超過は僅に一二千人に過ぎない。して見れば都會が繁昌すればする程、墳墓に近づくといふ所以が分るだらう。

哲人ルーソーはさすがで、昔昔の其昔に於て、よく此現象をば觀破し、之が救濟の道を敎へて居る、曰く

『都會は人類の墳墓なり、一代二代を經る間に人は滅び、或は衰ふ、更に新らしき人を入れざるべからず、而して之が補をなす所は農村なり、されば人數多く群れ集りて、空氣の汚はしく惡くなりたる中に於て、小兒の失ひたる活力を回復さするには、之を野外にやるこそ宜けれ。』

と。誠に夫に相違ない、今若し大阪に農村より人の入り込まずば、どうして年々三万乃至四万人の增

加を見ることが出來やう。横濱に農村より移住する人のなかりせば、どうして今日の盛大を見ることが出來やう。極端に云へば、都會は農村の人を喰ふて生存するものである、世に人喰ふ鬼が居るならば、之は都會なるものであらう。其が繁榮すればする程、食物ならぬ農村の人を喰ふものと心得、之が膨脹すればする程、滋養物ならぬ農村の人物を飲込むものと思はねばなるまい。

農村は都會の厨なり

今の人、淺間の噴火口に身を投じ、華嚴の瀧に飛び込むものを、阿呆と笑ひ、馬鹿者と罵りて、都會といふ墳墓へ急ぎ、蛇よりも恐ろしき口へ入込むを左程に思はぬは、何んと淺見も甚しきことならずや。

都會は大消費所なり

二、都會は大なる火事場なり。

火事場ほど物の消費さるゝ所はない、家もなくなる、道具もなくなる、金もなくなる、運よく殘れば丸裸の人體のみである。都會は即ち火事場の如しで、佛者の所謂火宅である。之は生存競爭が激甚であつて、優勝劣敗が遠慮なしに、而も迅速に來るからである。されば都會は金がなくなる所であるのみならず、浮ッかりして居れば、家もなくなる仕事もなくなるのだ、此現象は都會が繁昌すればする程、膨脹すればする程、文明の利器が應用さればさる程、遣り方が大仕掛になればなる程、激しくなるものである。現に明治元年、名古屋の蘇鐵町といふに、二戸しかなかつた木賃宿が、三十九年には六十八戸となり、宿泊人が毎日、千五百人もある様になつた。此等は何れも喪家の人であつて、自分の歸るべき家を持たぬ、否な持てぬ樣になつた人である。名古屋でさへ此通りだ、京阪には幾千人居るだらうか、とても斯る少數ではあるまいと思ふ。

近時新聞の報ずる所によれば、米國のニユーヨルク市に、十萬人の失業者があつて、政治家も宗敎家も慈善家も、之が救濟に工夫慘憺を極めてるとあつた。それが間もなく十八萬人となり、更に厄介を増したとあつた。倫敦では時々二萬、三萬の失業者に示威運動をやられて、始末に困り切ると云ふとだ。我國には未だ斯程に至らず、また斯程に進まぬで結構だが、其の兆候は既に萌せりと云つてもよからう。

都會の産物

兎に角喪家の人や、失業者は都會の生産と見て差支はない。而も火事場には必ず救恤が伴ふものと、觀念して居るが正當であらう。が、世に喪家の人ほど恐るべきはない、失業者ほどこわいものはないのである。名古屋に山田政吉なる、親もなく、子もなく、家もない人が暴れたが爲め、名古屋の三十五万人は一ヶ月程、誰れも枕を高くして寢ることが出來ず、名古屋名物の夜見世も張れず、彼の手にかゝつた被害高よりも、人の心配になりし不景氣の損害が數百倍であつたとは、近い話である。斯る恐るべき人間は、大抵家を喪ひたるものにあらずば、業を失ひたるものから出來るのは當然の勢であると云つてもよからう。たとへ惡意のないものでも、勤勞を厭《いと》はぬものでも、脊に腹は代へられぬから、惡化するのは止むを得まい。然して斯る現象が都會の繁榮に伴ふ産物と來ては。實にたまつたものではないか。我國都會の繁榮は今日の勢である以上、我國にも益斯る産物が多くなるものと覺悟せねばなるまい。

英人サッター氏は、市及市人なる著書に論じて曰く。

『我國人の多數は家庭なき者なり、彼等は我國家の生命を奪ふ一大疾患なり』

と。吾輩は之を以て、我國後車の覆ることなきを欲しての、警告となさん考へである。

三、都會は罪惡の製造場なり

風通りの惡く、日光の透らぬ、暗らき所は、得て黴菌の繁殖し、能く物の腐敗するものである。都會になればなる程、人の住居には水も通はず、光線も透らず、陰氣な所が出來る。人身に惡ひ虫がつき、精神に善からぬ病菌の喰込むは、寧ろ當然であると謂つてよからう。英國の調査によれば、都市に於ける犯罪は、常に田舍のそれに二倍乃至三倍であると云ふことだ。愛知縣に於ける四十年度の壯丁檢査の成績を見るも、犯罪者は、名古屋市は百分の三、豐橋市が百分の一であるに、南設樂郡は百分の〇、二、北設樂郡には一人も居らぬ。又花柳病者は、名古屋市が百分の五、豐橋市が百分の三、なるに、北設樂には百分の一、南設樂には百分の〇、九と云ふことだ。

實際健康なる身體に、健康なる精神が宿ると云へば、都會の不健康なる所には、不健康な精神の出來るは、理の正に然るべき所である。又喪家の人や失業者が次第に増せば、益々燒糞根性のものや、自暴自棄に陷るものが多くなるのは當然である。然して糞蛆が屎溜の汚さを知らぬが如く、都會てふ腐敗物多き處に居ては、知らず〳〵腐敗して其醜きを悟らずなり行くも、無理のないことである。斯くして都會は次第に墮落し、腐敗し、罪惡を釀造するのである。

今の世、都會に於ける學生の墮落は悲憤慷慨するものあれど、猶今日は皮膚に腫の出來たるが如きのみ。故に之を喧敷云ふは猶膏藥を塗沫すると同じで、益膚肉に病を追込むものと云つてもよからう。そんなことで治るものではない、恐らく勢をますのみであらう。何せなれば墮落するのが當然であつてせぬのが不自然であるからだ。されば悲憤するものは何故に之を根底治療すべく、學生を田舍に返さぬだらうか。慷慨するもの、何故に田舍に彼等を學ばしむべき工夫をせぬだらうか、實に奇怪な話ではないか。

都會は國の花なり

斯く論じ來れば、都會は三文の價値もない樣であるが、然し都會は偶然に出來るものにあらず。國家の隆盛に伴ふて、必ず出來ねばならず、又た出來さねばならぬものである、のみならず國の誇ともせねばならぬものである。之をたとへば、都會は國の花であつて、國が發達すれば必ず咲くべきものである。時に凋落は免れずと雖とも、新陳代謝して、別に新しきが、益奇麗に咲かねばならぬのである。咲た以上は、其色、其香、其形がいやが上にも見事であつて、而も丈夫なものでなくばだめだ。之をなすには其根を大切にせねばならぬ、即ち時に肥培し、耕耘し、又時には草切ることも怠つてはならぬ。斯くして根さへ丈夫に生育せば、其幹の伸び、麗しき花の咲くは求めずして得べきである。今夫れ健全なる都會を得んには、必ず健全なる農村を得ねばならぬ、げに農村は都會なる花に對しては、其根に相當するのである。近來田園生活の功德を說き、或は田園都市の經營を論ずるものあるは、皆其の根に培ひ、其の根を養ふて、以て都會の花を健全にせんがためである。

農村は國の根なり

前述せし如く、都會の人口は、農村より入込む人で殖へる以上は、よい人が來るか來ないかは、實に都會の死活問題であると云つてもよからう。今の都會は大抵農村より入込みたる人のつくつたものだ、彼等は獨り身體を都會に持參せしのみならず、資本も持つて來た、智識も持つて來た。然るに今日は、身體一つで出て來るものが多い、而かも農村で食ふことの出來ぬものが多い、されば今の都會は田舍より厄介者を脊負込むのだと謂つてよからう。こんなことでどうして立派な都會が出來よう、見事な國の花が開こう。之を思へば都會と農村は離るべからざる關係があり、密接な連絡を有するものであることが分るだらう。

都會は厄介者を脊負込む

センネット氏曰く

『浮薄にして惰弱に傾き易き都人等の增加は、國家の存立を危ふす、此間に於て趣味多き淸新なる農村を建立するは、滔々たる一世の濁流中に、巨巖の屹立して之を支持するに相似たり』

と。實に健全なる農村の建立は、都會の弊害に投ずべき唯一の救濟劑であり、都會の完全なる發達を

救濟劑と無上の藥

促すべき無上の藥滋であるのだ。

我國に於ける都會は、未だ歐米の大都會に及ばざること遠く、强て求めば大阪が一番都會らしきものだらう。今之が繁榮の程度を掲げて、我國都會發達の材料とせんか。

大阪市（人口約百二十萬）

人口は二十年乃至廿三年にて倍加す

賣上高は二十年乃至三十年にて倍加す

會社資本金は七年乃至八年にて倍加す

倉庫保管高は七年乃至八年にて倍加す

船舶噸數は七年乃至八年にて倍加す

銀行預金は七年乃至八年にて倍加す

手形交換高は五年乃至六年にて倍加す

貯蓄預金は七年乃至八年にて倍加す

第三所得額は六年乃至七年にて倍加す

有價證劵の持高は七年乃至八年にて倍加す

之を見れば隨分盛なことである。こんなに物が殖へれば、人の雲來するのも無理ならぬことゝ思はれる。が、其裏面に於ける貧富懸隔の益阻隔すること、富者の權力は市外百里の地點まで發展するだらうが、貧者の退嬰は一間世帶を普通とせるに至れることを忘れてはならぬのである。兎に角我國の都會も、斯くの如く發展し、斯くの如く進歩する以上は歐米人の所謂

都會發達の裏面

『都市の繁榮は之を自然の趨勢に放任せば、畢竟私情と私慾とに從ふて、縱横に其弊害を散布すべき、利己主義の支配する所となり、延て國家の大患を釀す慮あり。』

であるから。今の内に農村の健全を計り、農村の改良をなし、其の繁榮をして都會のそれに並馳する樣、工夫盡力致さずは、我國都會の發達は決して甘く行かないのである。故に農村の改良、農村の繁榮を計るべきは、たゞ農村間の問題にあらずして、都會間の問題ともならねばならぬし、又た國家の經營や、社會政策に志あるもの丶、正に講究すべき問題とならねばならぬ譯である。

農村問題は畢竟都會問題

西洋の諺には

『田舍は神之を造り、都會は人之を造る。』

といふことがあるそうな。されば立派な都會を造り、見事なる都市を經營し、國の華とも誇ともなすには。國民がそうするより外に道はないのだ。之を自然の趨勢に放任し、之に有頂天になつて其の弊の生ずる所に警戒しなかつた、歐米の今日に於ける悔を見まいと思へば、何人も農村問題を研究して、其健全をはからねばならん。而も我國に於ては正に清新なる農村の建立は、刻下の急務であると心得

ねばならんのだ。

不十分ながらも、以上の所説によりて、農村と都會が密接なる關係を有することが、分かつたであらう。又た都會發達の裏面に於て、農村の發達が如何に大なる後援をなすかも、分かつたであらうし、従て農村の改良が如何に大切であるかも分かつたであらう。

「治國の本を明にせよ、本とは富民淳俗に在り
奢侈の源を塞げ
利欲の心を制せよ
入を量て出をなし以て財用を節せよ
選擧を愼み賢否を審にせよ
立法は疎を要し、躬行を先となせ

松平直政公民政條令」

第二節　國家と農村

國家成立の順序

人に親子あり、夫婦あり、子孫あり、兄弟ある以上は、家族が出來、家庭が成立するは云ふまでもなく。月を重ね、年を逐ひ、此等が繁殖增加するも亦自然の勢であつて見れば、此等の集まれる部落や團體の出來るのは當然である。而して此等が欲求によりて移動し得るものであつて、他の部落と互に出入し、或は新に部落をつくるの結果、所謂民族部落や共同團體が益發達せねばならぬ譯だ。斯くて部落や團體其物の秩序を保つべく、或は他の迫害に對抗するとの必要上、之を統轄するものを擁立して、之に各個の安寧と幸福を託さねばならぬ樣になるのだ。之れが即ち國家の出來る所以で、人類社會の發達につれて、國家の出來ねばならぬ所以である。

國家の要素

故に國家は、一定の土地に於て、統治組織を有する人類の社會と謂ふべきで。從つて國家といふ以上、必ず土地、人民、それに之を統治するもの、即ち主權がなくばならぬのである。

國家の社會と異なる所以

之を譬へば、土地は國家の體軀にして、國家の獨立と存在とを外形に表すものである。人民即ち國民は國家の血液にして、國家の生命を維持し活動の源泉である。而して主權は國家の生命にして、之が行動は國家意思の發動である。故に國家は一の有機體であつて、其生命を完全ならしむるとを目的とするものである。その獨立の生命と目的とあるとが、即ち國家の社會と異なる所以であるのだ。

猶太人や布哇人は國家を持たず

彼の猶太人は、今も彼處此處には居るが、彼等は一定の土地も持たず、一人の主權も認むることが出來ぬによつて、彼等は國家的生活をなす能はざる民族である。布哇といふ島は、立派に地圖上に顯はれる土地であり、布哇人もちやんと其處に居るが、一度主權を失ひたる以上は、何人も布哇てふ國家を認むるものがない。朝鮮といへば、立派な獨立國であつたが、主權が衰へた以上は、何人も我國に合邦したのを認めない者はない。之を思へば國家の要素が完全に備はらざれば、到底立派な國家が出來るものでないといふことが分るであらう。又國家的生活をなすものは、如何に主權を尊び、主權を保護せねばならぬことの大切であるやも判るであらうし、所謂忠君愛國の道は、國民たるものゝ、萬世不易の大義であることも知ることが出來やう。

日本國民の責務

吾等は日本といふ國土の上に、天皇と申す主權を擁して立てる國民である。土地は狹しと雖ども、立派に生命はあるし、其目的も大きいのだ。即ち體軀は小さいが、きかぬ氣の、生々した人間の如き國家を組織するものであるのだ。今夫れ何れの國家も、其目的を果たすことに汲々乎とし、或は富强を以て、或は品格を以て、或は元氣を以て、互に輸贏を爭ふてる以上は、我國民たるものは、いづれも國家的生活を念頭にをき、常に主權を尊び、法令を重んじ、此國土を保護するに專心なるべきはいふまでもなく。外に對しては益獨立の實を全ふし、內は國民の安寧と幸福を愈增進し、進んでは、世界の文化に寄與し、天下の和協を促すの功を立つるに、全力を注がねばならぬのである。

我國家の特徴

特に我國家は、國家の發達より論ずれば、血族團體なる系統に屬するものであつて、民族の宗室が枝分の族類を統一するといふ主義から出來てるものである。即ち治者たる皇室と、被治者たる吾々國民とは、祖先を同ふし、健國の初めより名分が明かであるのだ、故に我國民は、此の觀念を以て萬事を律することを誇ともし、名譽ともせねばならぬのである。

今夫れ何れの國民か、此觀念に富み、此觀念に律することを敢てするだらうか。都會の人か、農村の人か、市民なるか、將又村民なるか。

農民は國家を背負たり

既往の事實に徵すれば、何人も之は農村の人であり、村民であるといふに異存はなからう。即ち護國の任務に服するも、彼等は多數であつた。正直に租税を負擔するのも、亦彼等であつた。之れを譬へば、市民が銅であるならば、村民は鐵である。都會の人が眞鍮であつたならば、農村の人は金であるから仕方がない。役立つことは双方に優劣はあるまいが、堅い所へ使ふには鐵に限り、間違のないのは金にしかずで。戰爭とか、なんとか國土保安の場合には、農村の人にまさるものはない。村民にしくものはないのだ。之れ所謂居は人を移すの意にして仕方がない。何んと云つても致方がないのだ。

農民は强兵なり

之は既往に於て然るのみならず、恐らく將來に於ても亦然らん。なぜなれば業務の性質が然らしむるのであつて、農村の特質が左樣に出來てるからである。即ち農村の人は富國的でないかも知れぬが强兵向であり、金をつくることが下手であつても、とられることに從順であるからだ。

農村は國家の基礎なり

特に今日の行政區劃が、國、縣、郡市、町、村となつて居る以上は、村は即ち國家の組成分子であり、國家の基礎である。されば若し農村が疲弊するか、或は衰頽することでもあれば、國家基礎の弛みであり、國家分子の分解である。何處に於てか弛みたる基礎の上に、健牢なる國家が出來上らう、何の時に於てか瓦解しかけてる分子で、堅實な國家が組立られやう。

之を思ひ、彼を察せば、國家の血液たる、國民の母とも云ふべき、又忠君愛國の名分を明にする人の住む所なる、且つ强兵を生産する本場なる、農村は如何に至大の關係を國家に有するかゞ、よく判つたのみならず。如何に農村の改良、健全なる農村の建立が、大切であることも知ることが出來たであらう。

加之純金は、いくら分割しても純金である如く、獨立の對面を立派に保ち、年々歳々進歩發達する國家は、いくら分割しても左樣なつて居らねばならぬ譯だ。今夫れ我國家は、立派な獨立國であつて、進歩も長足であり、發達も迅速であるといふことだが、偖て之を一萬二千有餘に分割して、其の片々なる町村を見ば如何。多少は獨立の對面を保持するもあり、進歩發達を同ふするものもあらうが、其の多くは、或は補助がなくば何事も出來ぬといふもあれば、或は十年は愚か百年一日の如く進歩せぬと云ふもあり、或は年々歳々衰頽に趨くといふもあるが、更に甚しきは亡村に類するもあるといふことだ。之れでは純金にあらずして、各種の合金に同じと云ふべきである。何人か我國家を玉石混同

合金的の國家

の儘で滿足するだらうか、合金の價値で十分なりとするであらうか。外は列國に對しても恥しいことではないか、內は祖先に對しても申譯がないではないか。此の觀念を以ても、農村の改良をはかり、健全なる農村を建設せねばならぬのである。

農村問題の起る所以

且つ國家成立の要素たる、土地を尤も多く要し、尤も多大の面積を占むるものが農村であり、又人民の多數が農民であつて、國民の母も亦農村であり、主權の擁護者を以て任ぜねばならぬものも農村であるならば、實に農村の消長ほど、國家の盛衰に大なる關係を及ぼすものはなからうし。農村の自治が發達すると否とほど、國家獨立の對面に影響するものもあるまい。之れ近來文明國が次第に農村に重を置き、清新なる農村の建設に焦慮する所以であるのだ。故に我國も將來に於て、今日の文明國が悔を見まいと思へば、彼等前車の覆轍を見て、大に農村の改良に工夫し、國家の根基を培養することを以て、急務なりとし、大事とせねばならないのである。

此位では未だ首肯するに至るまいが、兎に角農村の國家に及ぼす影響が少くないことが、分かつたであらう。今日文明人が都會專有の國家が出來はすまいかと、心配する所以も、知ることが出來たであらう。又農村問題が單に農村の問題にあらずして、國家問題である所以も、承知することが出來たであらう。實に農村は國家存立上、今や上下の講究すべき問題であつて、而も夫が刻下の急務であるのだ。

第三節　國体と農村

民主國體

君主國體

前述したるが如く、國家は土地と人民とを基礎とし、之を統轄支配する主權がなくばならぬので、此の觀念を離れて國家なるものはなく、亦國家に種々の區別も出來ぬのであるが。國家の生命なる主權は、歷史的の沿革や、或は一時の革命變亂等によりて、各國同一でないのである。たとへば米國の如き、佛國の如きは、特に定りたる主權者なくして、國民全體に存し、選擧さるれば、誰れでも主權者となり得るのであつて、此の如きを共和國體、又は民主國體といふのである。然るに英國の如き、又我國の如きは、主權は特定の一人に存在して居つて、どんなことにも國民たるものは主權となり得ざるのであつて、斯くの如きを君主國體といふのである。

我國體

同じ君主國體の中にも、強い者勝ちで、強者が弱者を征服し、威壓して出來たものもあるし、建國の初めより、主權を實行し來たつて出來たものもある。世界は廣く、萬國は多しと雖とも、強者が弱者を征服して然る後君主となつたり、國民の選擧によりて君主の地位を得たりしたのでなく、建國の當時からして今日に至るまで、君主の血統に變りなきは獨り我が帝國のみである。即ち我皇宗、神武天皇が日向より起り、東夷を平げ大和を定め、都を橿原に奠めて帝位に即き、萬世大業の基を立て給ひたるは、其理想に於て既に主權者たるが故の權力を行はれたるに過ぎないのであつて。爾來世の主權に變りなく、被治者にも變りがないのである。故に我國は血族團體を主義とし、吾人民族は同一の祖先を有すと云ふ觀念を、民族結合の根本とし。吾々民族の宗室、即ち皇家の血統が、宗祖の靈を代表して、此國民に臨むといふのであるから、吾々の主權者たる皇統が萬古不易、連綿として今日に至れるは勿論、吾々民族の血統も亦萬世不易、連綿として盡きざるのである。されば建國以來、君臣の分は明かに定まつて居つて、歷世の君主なる天皇は、人民をいつくしみたまふこと、恰も兒孫の如く、人民の皇室に對する事は、宛ら父母に事ふるが如くである。之れぞ洵に我國體の精華であつて、純正なる君主國體の模範を中外に垂るべき所以であるのだ。

國體の精華

故に我帝國は、皇室ありての國家にして、皇室と國家とは一體不二、皇室を離れて國家なく、國家を離れて皇室なしといふのが、抑も我國體の世界に比類なき所以であつて、而して此觀念こそ、我國民たるべきものゝ、一日も忘るべからざることである。彼の一旦緩急あらば義勇公に奉じ、以て天壤無窮の皇運を扶翼するの誠を致すのも、亦平時に於て四海同胞の和協を全ふし、國利民福を增進するに力を盡すのも、皆此觀念からでなくばならぬのである。

恐るべき血統の制限

之を思ひ、彼を考へて、今日の趨勢に鑑みば、誠に不祥な云分であつて、且つ不謹愼なる言ではあるが、前途心配でたまらぬことがある。そは都會の繁榮が一つで、商工業の盛昌が他の一であるのだ。何故ならば、若し都會が今日の儘で發展するとせば、そは日本民族の血統を制限し、商工業の進捗が今日の勢で行くならば、それは日本民族の血液を薄くするからである。之を詳言せば、都會の繁榮は、事實の示すが如く、國民を不健康にし、其の死亡を多からしむるのであつて。商工業の盛昌は、國に內外を分つの障壁を徹し、從つて國民の血液が混ざり易くなるからである。若し斯ることが少しでもあつたならば、而して之に備ふる手段が講ぜられなかつたならば、それ丈け我國體に對する觀念が薄くなるに相違はない。不幸にして斯る現象が日々益々加はり行きて、之に對する施設がなかつたならば、其の觀念は益少くなるに違ひはない。と云ふものは、近來面白からぬ主義を唱ふるものや、意見を立つるものが、續々都會の中央から、出現するではないか。而も此等の萠芽が益其の勢をまし來り、其根を地方にも張る形跡があるではないか。されば之を一笑に附し、徒に杞憂に過ぎずとのみ云ふ譯には行くまい。

斯く言はゞ、如何にも都會を呪咀するもの丶如く見へ、商工業の進步を嫉妬するもの丶樣ではあるが、膽斗の如からざる、吾曹にはどうしても、左樣に考へらる丶のである。慮見が小さい、眼孔が狹い、度量がない。識見が足らぬと云はれても仕方がない。今日の儘では、國民の我國體に對する觀念が滅じ行く、我國家の特徵を發揮する思想が薄らぎて行くに違ないと思ふのである。

此の心配を除き、此憂慮をなくするには、是非共農村を健全にするの外道はあるまい。農村の繁榮に盡力するより方法はなからう。農村さへ健全に發達すれば、國民の血統は長へに繁昌するは當然であり、農村の發展さへあれば、國民の純血は何時迄も保存が出來るからである。即ち農村の改良は國體の肥料であつて、其の繁榮は忠君愛國の觀念を產むのである。

農村の大なる責務

今の世程、恐れ多くも、我大君の世を謳歌する時はなからう。何處に行きても、千代に、八千代にことほぎて、さゞれ石の、巖となりて、苔のむすまで、御繁昌を祈らぬものはなからう。萬國互に優を爭ひ、盛大を競ひ、富强を誇とする今日に於て、我國民のしかするは、誠に當然ではあるが、さて歌ふものは如何にして長へに御世安からしめんとするにや、祈るものは如何にして御代萬歲の御盛昌を得んとするにや。若し其聲のみ大なれば、蛙の鳴くも同樣、徒に其聲のみ揃へると云ふなれば、蟬の噪くと同然ではあるまいか。

凡そ古き木には古枝のあるもので、それで神々しく見へるのである。如何に古木でも古枝のない木は、見榮のないものである。それと同じで、古き家に古い出入がありて、如何にも舊家らしく、古き皇室に古き臣民ありて、如何にも貴いので、難有いのである。

農村に舊家多し

農村ほど古い家のある所はなく、古い臣民の住める所もないのである。福島縣の田村郡には、今も田村將軍の後裔が住んで居り。阿蘇山下には、今も那須與一の子孫が立派に門戶を張りて居り。伊吹の麓には、俵藤太の血統が繁昌して居り。愛知縣は知多郡、野間の庄には、義朝の上陸して朝餐を喫せし民家の末孫が居る。斯く數へ來れば數の知れぬ程、歷史に富んだ家は農村にある。大阪で豊太閤時代より今日に至るまで連綿たる家系を有するものはと云へば、誰れでも住友、鴻の池の兩家を數へるだらうが、他に何物をも數へることが出來まい。然るに農村の家は大抵二三百年は愚か、六七百年はつゞいて居るのである。たゞに血統のみならず、家屋が傳はり、言葉が傳はり、家風の變らぬものすらあるのである。中には主僕の關係が今にも變らで、主は土地の地主たり、僕の子孫は小作人となりて、互に一家團欒の如き農村をなす所もある。故に小なる農村であつて、恰も我國體と同じ發達をなせる所も尠くないのである。

農村は國體の藩屛なり

世間では華族は皇室の藩屛であると云ひ、華族は何れも皇室の藩屛であると任じて居るのであるが、其れが事實ならば、農村は我國體の藩屛であると云ひ、農村自らは國體の藩屛であると任せねばなるまい。故に我大君の世を謳歌するものは、飽くまでも農村の改良に盡瘁して、以て藩屛の實をあげしめ、君が代を千代に八千代に榮えませと祈るものは、健全なる農村を建設して、以て我國體の精華に肥料を與へねばならぬのである。

國民の氣槪は農村にあり

愛知縣は南設樂郡に作手の庄といふがある。其處に去年七十六で死んだ、與三次といふ百姓は、目に一丁字もなく、手に文筆もない、所謂盲も同然なものであつたといふが、十五年以前に隱居をなし、世帶は子孫に讓つても、勤勞は一歩も讓らない。年々歳々植込みたる樹木は、今年の相場で略一萬圓位になつてると雖も、尙滿足せず。山間に十五坪の土地を開きて水田を造り、石垣にのみ二十圓もかけたと云ふことである。子孫諫めて曰けらく、十五坪に貳拾圓かけては損がゆく、老人は左程にせぬでもよからうと。與三次爺色をなして曰く、十五坪でも開けば御國の土地が増すのである。米を蒔けば米も出來、麥を作れば麥もなる、御國の不足を補ふことが出來るではないか。加之太閤樣は存命中大阪城をつくり、清正公は熊本城をつくりて、死後の石塔となされしにあらずや。吾今十五坪に二十圓をかく、たとへ三十圓が五十圓でも、夫れを思へばまた廉價ならずや、と答へける由。

君を思ふ國民は農村にあり

同じ碧海郡に新川町といふのがある。其處は三十七八年役の紀念事業にとて、三百八十丁歩許の耕地整理をした所であるが、惡水停溜池より三十五尺の高地に揚水して、一毛の土地を二毛の出來る樣にした所であつて、有名である。其の工事が落成した時、從來一毛で米の出來ざる所に米が出來、而も三百八十町歩も出來る樣になつたので、其處等の百姓の喜は一通りではない。斯る喜は吾等のみで得べきものではなからう。御上にもさし上げねばなるまい、と云ふことで、各自の收穫したるものより一粒撰に撰別けて、宮內省へ献上した。之れが御嘉納あらせられたとあつて、何れも非常に喜んだと云ふことである。

同じ額田郡は本宿村といへば、昔の捕手、今の巡査の腰繩の本場であつて、且つ家康の手習をされたといふ法藏寺と云ふ寺があるので、有名な所である。其處に年八十六歳になる宇都野ヌイといふ隱居が居るが、至極達者で、目もきゝ、手もきくといふことである。其の家を整へ、其子を敎へ、其孫を人にし、其の曾孫を育て倦むことを知らざるのみならず。其の傭僕を仕込み、下女を養成するに各道を以てするが故に、今や整家の範を遠近に示し、ために傭人にして中產以上のもの四五を算するに到れるとか云ふ。因て村內の有志相謀りて奬德會なるものを組織し、之を表彰せんとせしに、答へて申さく、聖代の御恩に酬ゆる道をと存ずる外に何の思もなく、何の仕事もなさず、表彰の何んのとは恥しきことの極ぞと。ために有志は困り入つたとのことであるが、益々一村を感化するに偉大の光明を放つて居ると云ふことである。

國恩を知るものは農村にあり

こんな話も、書けば際限のないことではあるが、そは恐らく農村に於て然りで、都會では珍らしからう。どうしても、農村は國體の藩屛であつて、我國體は農村で肥へねばなるまい。また左樣な風になさねばなるまいと思ふ。我同盟國の英國は、誰れでも知りて居るであらうが、先代ヴイクトリヤ女皇陛下御在世の時に、國家の土臺が立派に出來上り、國民に紳士の性格が作られたのである。然るに晚年の陛下は、常に農村の改良に意を注がれ、貴族には特に田舍生活を鼓吹され、貴夫人のためには何時も田園生活の必要を說きたまひしと云ふことではあるが、實に有難御思召であつて、又賢明な御慮見であつたと思ふ。今や田園都市なる研究が始まり、都會の改造が卒先實行されるのも偶然ではないと思ふ。夫を思ひ、之を察して見ば、何人も國體と農村とは重大なる關係があるもので、特に我國に於て然る所以が分るであらう。而して我國體が萬國に比類なき貴きもので、國體の範を中外に垂れべきものである以上は、益農村の改良が大切であつて、農村の建設が急務である所以も承知が出來たらう。實に農村の改良、健全なる農村の建設ほど、今日に必要なる問題はまたとあるまい。

一茶翁勸農の詞

風流を樂む花園ならで後の畑前の田の物作に志し自ら鍬を採て耕し先祖の賜と今の親に恩を盡し吉野の櫻更科の月よりも己が業こそ樂しけれ朝夕心を留て打むかふ菜種の花は井手の山吹より好しく麥の穗の色は牡丹芍藥より腹こたへありと覺ゆ朝顏こそよけれ萩桔梗よりも芋午蒡に味あり渾て花紅葉より栗柿は實の植木なり稻の穗並の賑しく菊の花より腹滿る心地して粟穗に馴るゝ鶉野邊の蟲の音聞が面白く遠き名所舊蹟より近き田圃の見廻りが飽かず松島鹽竈の美景より飯釜の下肝要なり上作の名劔より鎌鍬は調法なり書畫の掛物より掛て見る作物の肥を油斷せず投入立花の工より茄子大角豆の正風なるが見處多く茶の湯蹴鞠の遊より澁茶を飲んで昔語こそたのしけれ玉の甍より茅葺の家居が心易く高きに居られば落るあぶなげなく迷はれば悟らず念佛のかはりに業を怠らず實義を盡すは神詣に比し仁者にならふて山には木を植ゑ智者の心を汲で田の水加減を專にし珍肴鮮肉の料理より錢入らずの雜炊が後腹病る氣遣なしすべて世の中は飛鳥の川の流れきのふの淵は今日の瀨となる如し唐の咸陽宮萬里の長城も終りは亡び平相國の驕も一世のみ鎌倉の將軍も三代をすぎず北條足利の武威盡き織田豐臣の榮も終了一代なり時過ぎ世替れば誠に夢の如し世に稀なる珍味も舌の上にあるうち伽羅麝香の薰りもかぐ内のみ樂は苦の基財寶は後世の障遊興はしばしの夢他の富も羨ず身の貧も歎かず唯愼べきは貪慾恐るべきは奢なり抑も田地は萬物の根元にて國家の主寶なれば父母の如く敬ひ主君の如く尊み妻子の如く育み寸地をも捨ず何處にても鍬先の天下泰平五穀成熟を願より外更になし

今年米親と云ふ字を拜みけり

第四節　國民と農村

トルストイ伯の都會觀

露國の文豪トルストイ伯が、嘗て或る新聞記者に語れるものなりとて、曰く

『田園の生活は自然なり、農夫は土地の王者なり。市の生活は天下の眞理に反す、市に生活する者は道德日に衰へ、獸的本能に接近す。見よ市の住民は街路を馬車にて乘廻はす、彼れは急ぐがために馬車を用ふるにあらずして、他に見られんことを望むがためなり。而して歩行するを以て恥辱と思惟するなり、是れ已に自然の神聖を犯す大罪なり。衣服は寒暖に適し衞生に應せんがために着するにあらずして、唯流行に適せんがためなり。故に寒暖に適せず衞生に反するものを用ふ、是れ自然を犯す第二の罪惡なり。市の民は食慾あるために食ふにあらずして、他人が食事の際來るがために食ふなり。飮料は水を用ひず、醉を得んがために用ふ。市民の口舌は誤解を辯じ、利益なることを語らんがために用ひずして、彼等は無言を以て愚と稱せられんことを恐れ、虛榮のために語るなり。市民は猥りに光るを好み、電燈、瓦斯燈一切を點す。是等已に自然に反す、或は市民の心暗き處あるが爲めならんか

市民は活氣を願ひて自己には活氣なし、

市民は秩序を願ひて自己には秩序なし、

市民は平和を願ひて軍艦を製造せんとす、

市民は極樂を願ふて地獄を此世に設くるものなり。』

と、言は奇激の如しと雖ども、よく其弊を認めたものである。

如斯市の生活は忌むべく、恐るべきものではあるが、市の膨脹し、都會の繁榮するは趨勢である以上は、國民の其弊に陷るものゝ多くなるのも致し方がなからう。現に近頃我國に於ても、次第に都會は繁榮をいたし、市の生活をなすものが殖へて來て、所謂自然に反する現象の加はり行くは、蔽ふべからざる事實となつて來たではないか。即ち

自然なるは只男女の關係か

市民の健康を害して生産力減じ、

市民の貧富益阻隔して秩序を亂し、

市民の虚榮心日に向上して罪惡を増し、

而して其の病毒は年を逐ふて猖獗をいたし、之に近接するものを感染することが、近來益目に立つ様になつたではないか。之をたとへば國家は肺病にかゝりかけの樣なものであつて、血色は次第によくなり、元氣も益よくなる。見た所は大によいが遂に倒れざれば止まぬと云ふ、身體になつたものと見てよからう。實に我國は今や肺病にかゝつたのである。肺病やみになつたのである。最早健康體の國家ではなくなつたと、心得ねばならぬ樣になつたのである。

肺病にかゝれる國家

抑も人間が肺病にかゝつたら如何するだらうか、平氣で棄てゝ置ふか、それとも治療に工夫をするだ

らうか。云ふまでもなく、之を治療し、之を根治するに全力を盡くすに相異はあるまい。即ち馳せて病院に入るもあらう、或は温泉に湯治を試みるものもあるだらう、或は風光明媚の地に俗塵を避くるもあるだらう、而して之がためには費用も、時日も、敢て吝むまいと思ふ。人間に於て然り、況んや國家に於てをや、而も尙病は初期にして治療の望みあるものに於てをや。

農村は病院なり

夫れ農村は避病院であり、病院でもあり、湯治場でもあれば、避病地でもある。國民の健康を維持し健康を回復する所は、此處を除けては何處にもない。國民の罪惡を治療し、秩序を回復するに便なる所も、亦此處より外に優れる處はない。又た佛人デ、メッカ氏はメットライの感化院長であるが

『人は地を開き、地は人を開く』

と謂つて居る。即ち人の不良行爲を矯正感化するには、天然の力を以てするより仕方がないと云ふのだ。我國でも家庭學校長なる留岡幸助氏は

農村は感化院なり

『人を感化するは自然の力が八分で、人力は二分に過ぎず』

と謂つて居られるが、之れ病體を治する所であるのみならず、不良の行爲をも陶治する所であると云ふのである。

加之農民は國民の母なれば、農村は即ち國民の宿る所である。されば國民と農村の關係が密接であり、又密接であらねばならぬ譯である。即ち健康なる國民は、健全なる農村に宿り、淳良なる國民は、淳

朴なる農村に出來るものなれば、國民の健康を欲し、淳良を希ふ以上は、どうしても農村の改善進歩を計らねばならぬのである。國民の罪惡を減少し、秩序を回復するには、是非とも清新なる農村を建設せねばならぬのである。

農村は國民の母なり

今や我帝國は益國光を内外に發揚し、國體の範を天下に垂れねばならぬ時に際し、益健全なる國民を多産し、國民の健康を維持せねばならぬのであるからは、農村の改良、農村の建設は、實に國家問題であるといつてもよからう。

昔は國民の淳良を以て、君子國と貴ばれた帝國である。今は血統の連綿たる皇室と國民を有するてふ國體を以て萬國に羨まるゝ帝國である。加之神國として現存するのみでなく、將來にも存在せねばならぬ、帝國である。何人か此歷史を誇とせざるものがあらうか、何者か此特性を貴ばざるものがあらうか。されば農村問題は、國民一般の正に講究すべき、大問題であると謂つてもよからう。

我國の、人はもたばや、富士の根の
　動かて高き、やまと心を
ものみなは、もとにかへるを、神に出でし
　人のみもとに、かへらずやある
鶯も訪ひ來ぬ、里の梅の花
　摘みてこそ知れ、花の操を

第五節　農村の現狀

農村は人の住む所として、又た人の共同生活をなす所として、繁榮せねばならぬ所である。のみならず、都會の發達につれても、國家の隆盛に趨く上からしても、國體を强固にする點からしても、亦健全なる國民を多産する所としても、是非共進歩發展せねばならず、またさせねばならぬ所であるが、偖て其の現狀は如何なものだらうか。

二大現象

現今の社會に二ヶの注意すべき現象があつて、其一は都會の膨脹で、他の一は農村の舊慣を脱せぬことである。

農村より都會に入る恰も水の低きにつくが如し

都會は平地であつて、農村は山中であるといふ譯でもあるまいが、都會は大海の如く、農村は河水の如くであつて、農村より都會に入る人間は、宛ら水の低きにつくが如き勢である。即ち東京市は明治十五、六年の頃、人口は九十万なりしも、二十年には百二十三万となり、二十五年頃には左程相異もなかりしが、三十年には百四十万となり、三十五年には百七十万、三十七年には百八十七万、三十九年には百九十六万となり、今や二百万を超過するに至つた。又た大阪市は、二十年に四十三万人、二十五年に四十七万人、三十年には七十五万人、三十五年には九十五万人、三十九年には百二万人以上となつた。此の勢は益々盛になる許りであつて、神戸も、横濱も、京都も名古屋も同樣であるのだ。而も此の増加は、都會の子孫が、増加するによるのではなくして、皆農村より入込む人で殖へるのである。

農民の慘狀

それも其の筈であると云ふのは、農民が日夕營々して得る所謂辛苦の粒々も、彼等の多くには糊口の資とは爲らず、孜々としてうみ、汲々として織れる布帛も、彼等の身を蔽ふ衣とはならぬのである。家といつても土間に起臥し、財　云つても鍋釜に過ぎぬ、加之彼等は避くべからざる負債のために家資分散の厄に遇ひ、或は些少の納租延滯のために公賣處分の不幸を見ねばならぬのである。統計の示す所によれば、近き十數年に於ける農民の家資分産者は、年々多きは六千人の上に出で、少きも尚五百人を下らぬと云ふとである。而して滯納處分を受くるものに至りては更に甚しく、多きは五万六千人の巨數に達し、少きも千四百人を下らぬと云ふのであつて、而も其の滯納金額が、平均一人の分頭額二十六錢より五六十錢内外に過ぎず、最も多額と稱するも僅に一圓位に過ぎないと云ふのである。抑も一圓内外の金額は上流の人、一人の一饌にだも値せぬものではないか、之にも困ると云ふ窮狀が即ち農村の一部に見へる有様である。

地主の減少

獨り窮民が殖へ、窮民の窮狀が悲慘となる許りでない、地主者の滅じ行くも實にすさまじき勢である。新らしき統計は知らぬが、明治二十四五年頃は慥に、毎年國税十五圓以上を納めるものが、三千二百人内外宛減じ、十圓以上を納むるものは、二万人位宛減り、五圓以上のものは、七万人近くなつ

たものである。それで地方議員選擧及被選擧資格者數の如きも、

	選擧權あるもの	被選擧權ある者
明治十五年	一、七八四、〇四一	八七八、八四〇
明治廿四年	一、一七五、〇四五	六二一、三八二
明治廿九年	八五五、九〇二	四四九、四一六

の通りで次第に減少して、之を十五年前に比すれば、實に其半數を失なつたと云はねばならぬ。而して此の現象は恐らく今日に於ても變りはなからうと思ふ、故に凡ての階級に於て地主の減少することは事實であるであらう。

之がためには色々な慘事が副產的に出來て來り、種々な厄介事が湧きて出るのである。即ち不就學の兒童が多くなつたり、滯納者が餘計になつたり、離婚沙汰が澤山になつたり、犯罪人が增へたりするのである。且つ貧すれば鈍すとて、窮乏に追はれて自暴自棄に陷るは、凡夫凡婦の常なるべければ、勤勞も眞摯でなくなり、德義も滑稽の樣になり、次第に野獸の性情を顯はし來るも、無理なことではあるまい。ために都會の附近でなくとも、額に汗して自ら食むのが如何にも馬鹿らしく思はれ、糞尿を掬て自ら營むのが如何にも愚なるが如く感せられて、賃錢多き日傭を希ひ、苦勞少き仕事を穿索し、果ては乞食同樣の考にまでなり下る所すら、近來多く見ゆるのである。而も如斯は滔々乎として風を

なし、俗をなすのである。されぱとて未だ農村に有利なる事業も起らず、有益なる仕事も計畫されず、相も變らぬ農業の仕振であれば、面白味もなく、難有味もなく、趣味も何んにもないのである。故に人の仕事が兎角によく見へて、他所の事業が如何にも儲かる樣に考へられて、一人ゆき二人ゆき、一人減り二人減り、農村を去りゆくものゝ增へるのは實に無理もないことである。而して農村より都會に流入するものは、獨り人間許りではない、資本即ち金の入込むも甚だしいので、其の上、智慧の移住もあるのである。故に農村に於ては、只に人間の減少するのみならず、金がなくなり、人物がなくなる、之がために次第に農村は人間の屑が殘り、老幼が殘り、婦女子が殘る樣になるのである。此現象は都會に近い程、著しいのであつてみれば、都會附近によい農村のなくなる所以が分るであらう。

現今の農村は人の屑が殘る

且つ農村に舊慣を脱せざることは夥しいことであつて、未だ結髮の人もあれば、行燈ともす人もあるので、從て思想も昔の儘なるが多いのである。彼等は家も古風であり、彼等の農具も古代式であり、また彼等の耕耘法も昔の通りである。故に時勢に從ふて改むるを知らず、文明の利器を應用して儲けることもせぬ。補助があれば義理で行ひ、督勵によりて已むを得ず動く、其の業の振はず、其事に利益を見る能はざるは、誠に止むを得ざることである。

農村振はず

斯くの如き勢で、農村の業務は發達せず、農村の進歩はなく、農村の繁榮は次第に凋落するのである。一度凋落しかけては、臀の落付かぬのは恐らく人情の免れざる所であつて、益人氣を消衰するのは止むを得ざることであるだらう。而も世上の人、皆見て怪しまず、之を聞きて恐れず、或は怪むものあり、恐るものあるも、未だ工夫するに到らず、劃策する所なく、恰も自然に任かすの感あるは、正に今日の現狀であると云つてもよからう。

實に農村の萎微振はざるは現狀であり、農村の衰頽するは目下の狀勢であり、農村の滅亡其の徵を顯はせるは今日の有樣である。故に都市問題と共に此の問題を揭げ、國家觀念を絕叫すると同時に此問題に講究を要求し、國民性を研究すると一所に此が研究を皷吹せねばならぬ樣になつて來たのである。而も其の弊害を見る少き今日に於ては、尙更與論を喚起せねばならぬのである。

轉ばぬさきの杖

八田宗紀氏は

いくそたび、かきにごしても、すみかへる、

みづや御國の、すがたなるらん。

とよまれて、如何に國難がありても、政治上の變亂がありても、我國體に變りなき樣を喜ばれたと云ふが、吾輩は都會の繁榮と、農村の衰亡が極點に達して、然る後始めて其弊害に醒めたる先進國の覆轍を踐まず、今日に於て農村問題を研究し、今日の現狀を改めて、健全なる農村を復興し、或は淸新なる農村を建設して、我國家の長へに平和なるを望んで止む能はざるのである、何故なれば農村の衰頽は少くとも、

農村疲弊の影響

一、都會に入込む國民を惡變し、
二、國家の基礎を虛弱にし、
三、國體の擁護を危險にし、
四、國民の健康を阻害する、

ことを意味するからである。

斯る言葉を繰り返し、斯る事を八ヶ間敷言はしむるのが、實に我農村の現狀であるのだ。

政治の道をも學ばぬ人は、其官々に臨みて唯我身の過失なからんことを恐るゝのみにて、敢て人民の治め事に心を用ゆる暇あらず、(馬に乗れず、弓をも曳けぬものが獵に出づるが如し)、又我身を惜まず己が過失を厭はずして人民をも治め、國家の益をなさんとする人は、亦かの割製の法をも知らずして、鳥魚布帛を殘ひ傷るが如く、必人民を苦しめ害をなすことあるべきなり。

第二章　農村の自治

農村の改良と云つても、其形や營造物を改良するのみではだめで、其の人氣を改良し、其政治を改善せねばならぬのである。清新なる農村を建設すると云ふのも、立派な家屋を列べ、清き水、新らしき庭を備へるの意にあらずして、清き人心、新しき生活を有する村をつくれと云ふのである。即ちよく治まり、安らかに住める、面白く働ける、愉快に暮らせる樣な所をつくらねばならぬと云ふのである。斯く云へば即ち農村の自治を進め、自治の立派に出來る農村をつくらねばならぬと云ふ事になるのだ。

農村を治むるは尙水源を養ふが如し

實に農村の自治を進歩發達せしめ、自治を立派に實現せしむる事は、今日の急務であつて、これさへ進めば、これさへ出來れば、只に農村が衰亡より救はるゝのみならず、都市も其弊より免れ、國家も危懼の狀態を脫し得るのである。されば農村の自治を改良發達せしむる事は、恰も水源を涵養すれば下流のあらゆる事物に功德を與へる事多大であると同樣だ。之れ農村を談ずれば必ず其自治を談じ、農村を硏究せんとせば必ず其の自治を硏究せねばならぬ所以である。

さても我農村の自治は如何に發達したらうか、如何に發達せねばならぬものだらうか、而して今は如何の狀體にあるのであらうかは、正に硏究せんと欲する所である。

今夫れ我農村は、萎微振はずといひ、衰微すと稱へられ、滅亡の兆ありとまで叫ばるゝのであるが、抑も我農村に自治は發達せざりしものか、自治は出來ぬものであるだらうか、又た自治は望むべからざるものだらうか。之れも亦研究せねばならぬ問題である。

列國興亡の原因

（外務省參事官倉知鐵吉氏講話の一節）

昔からの歷史を見ますと、國の亡びる原因に共通の事情が有ります。彼のフ井ニシヤとかロードとか、希臘とか、羅馬とか、ベニス、ブラバントとかいふ國の歷史を調べると、衰弱の理由に共通といつてよい事がある、昔は工業が今日の如く盛んでなかつたのでありますから、何れの國も先づ初めは農業を以て起つて來る。其ときは人民は勤勉、儉約で公共心に富み、其兵力は非常に强いのである。其國が少々都合が好くなると、農業を捨てゝ商業に移る、農業を捨てゝ商業に移ると、其人民は直ちに兵隊になるのを嫌つて、奢侈になり懶惰になり、而して亡びるといふのが、能く各國に通じて居る事實のやうに思はれます。例令羅馬などに就て見ても、元は農業國であつて、此國の兵力は非常に强かつた。羅馬の英雄は此質朴なる强い農民を率ひて、諸所の國を征服したのである。然るに少し工合が能くなつて來ると、强かつた農民の兵隊が、兵隊を嫌ひ、農業を嫌ひ、泥田を耕すよりか、店に火鉢を擁して座つて居る方がよい。米が取れなければ儲けた錢で、他所から買ふがよい。兵隊などにやるに及ばぬ、志願の者を募集して兵隊にすればよい。又一步進んで錢を出して、外國から雇兵をするがよいといふ樣になつて來る、斯くして國民の氣質が衰へ、國が亡びるのであります。

此外國の盛衰史は、決して餘所事ではないのであります。吾々は此勃興の氣運に際し、他國の實例を見て、深く自ら戒め、他國が衰亡を來たした所以を考へて　己れも亦其覆轍を踏むことなき樣、十分に注意するを怠るべきでなからうと思ふのであります。（斯民第三編第二號）

第一節　自治の沿革

學者は人類の團體生活の進化を、三期の階級に分ちて居る。即ち

血族團體

第一期、血族團體時代―原人は生活の經驗に乏しく、未だ共同生活の利益を悟らぬからして、此社會に於て個人を纒束するものは血縄である。それで大は共同の祖先を有する者が相集まりて一族をなし、小は共同の父祖を有する者が相結んで一家をなしたものである。斯くて漸く經驗を積み、智識が發達するにつれ、共同生活の利益を悟り來り、之まで讐敵として尙闘いたる他族とも結んで共に生活をなすに至るのみならず、年を逐ひ人の增殖するに至りては、同族必ずしも同所に住むことなきに至り、或は甲族員と乙族員とは飲水を吸むの泉を同ふし、或は雉兎を狩るの林を共にし、畔を分ちて耕し、袂を連ねて耘るに至りては、最早第二期に入らねばならぬ樣になるのである。

地域團體

第二期、地域團體時代―玆處に於て血族團體は地域團體に移り、政治、社交、其他百般の團體は概ね一定の地域を相して、其處に住むのであつて、我國に於ける町村、部落は斯くして大抵は出來たるものである。

目的團體

第三期、目的團體時代―人智が進み、人の欲求が大なるに及んでは、人類の共同生活は更に一層の變化をなすものである。近世の人の相結んで團體をなすものは、必ずしも血統によらず、又必ずしも

地域に基かないで、政見を同ふするもの、學藝を同ふするもの、職業を同ふするもの、嗜好を同ふするものが、それ〲相集りて團體をなし、皆共同の目的を以て凝集するのである。故に團體進化の順序は、血族團體時代より地域團體時代に移り、地域團體時代より目的團體時代に進むものである。

といふのである。今我國につきて之を見れば、將に地域團體時代より目的團體時代に移りつゝあるものであらう。

古代はいざ知らず、我國に於ては、紀元千四百年頃までが血族團體時代であつて、千五百年頃から地域團體になつたものであらう。彼の姓氏錄が出來たのは確か、千四百七十四年嵯峨天皇の御時代迄のであつたと思ふが、爾來武門の政權爭ひからして、群雄割據となり、專ら地域を定めて、行政區畫をなすに及んだのは。地域團體のよい例である。紀元二千五百三十年即ち維新の大業なつて此のかたは、文物次第に進み、制度益整ふにつれて、或は商工業を以て集り、或は政治學藝を以て寄合ひ、或は鑛業を以て集中する等、目的を以て團體生活をなすものが次第に殖へて來た、之れ所謂地域團體時代より目的團體時代に進むものであらう。

目下は目的團體時代なり

自治體の變遷

之等團體時代の發達中、自治の有樣は如何あつたらうかは、少く研究せねばならぬことである。

氏

氏、は家族より成立せる戸を以て組織せられたる血族團體であつて、其內政は自治たらしめたと云ふとである。即ち戸と戸の間に於ける爭訴を裁決するヿや、其職員を任免するヿや、時には防護のために配下を以て軍伍を編制するヿまで出來たのである。

戸

戸、始め戸は氏の内であつたが、當時戸は多數の家族を有し、一戸に百人若くは數百人に及んだが、人口次第に繁殖し、文物愈發達するに從ひて、氏は社會の單位たるを失ひ、戸が其地位を占むるに至つたのである。然るに戸はもと氏の下にあつて、氏の指揮を受けたものであるが、斯くなつては直接國の支配を受けねばならぬ樣になつた。

五保の制

五保、國と戸と餘りに疎隔し、行政上の不便に堪へぬ所からして、五戸を集めて一團とし、之を社會の單位とし、其内政は自治にまかせたのである。之を五保の制と云つて、周代の五家制に則つたものといふヿである。勿論此の時の戸といふは多數の家族を包含せしもの故、今日の戸といひ、家というのと同視してはならないのである。

家、然るに文化の發達、人口の增殖につれ、戸の一團が社會の單位たるヿも不都合となり、遂に家を單位とするに至つたのである。

五人組の制

五人組、此に於てが五戸を一團とするヿが、變じて五家を一團とする樣になつた。之が即ち五人組制度であつて、徳川時代の自治制度で、御維新までつゞいたものである。

莊園、普通の自治體以外のもので、もと權門勢家が荒蕪を開墾して別業地としたるものであつて、此莊園に自主の權が與へられたものである。故に之も自治體といつてよいが、今日は廢滅になつてしまうた。

朱印地黑印地

朱印、黑印地、莊園の外に古來神社又は寺院の所有したる土地に免租の特典を與へ、又領民を自由に統治することも許したのである。朱印地、黑印地といふが、即ち之れである。然し今日では之も廢滅されたのである。

町村

町村、今や市も町も村も、立派な自治體である。今日では自治體の單位は、五人組より町村に移つたのである。もとより維新以前に於ても、此等は多少の自治的要素を存せざることはなかつたが、然し自治體の單位と認められたは五人組であつた。然るに今日は町村制といふ法律で以て、自治體の基礎は町村となつたのである。

自治は古來存せり

斯くの如く、自治の存せし團體には色々變化があつたれど、何時の代に於ても、如何なる國體であつても所屬團體の事務を自身で處理し、之を進步發達せしめ、國に對しては其の委任を完ふせねばならなんだのは同一である。即ち自治は古來より存し、世の進步につれて自治體も亦發達したのである。別けて村の成立せし所以を繹ぬれば、頗る姓氏に關係があつて、玆に一氏あり、次第に興隆し、從つて之に附隨する者を生じ、終に發達して村となり、或は玆にある武士の主從あり、之が根となり、技葉繁昌して終に村をなし。或は一神社あり、神官の家其祖となりて、子孫繁榮して終に村をなすと

自治は發達すべき歴史を有す

云ふが如く、實に我國の村は歴史に富んでるのが多い。故に一村一姓なるものあり、或は全村皆其氏神の氏子たりと云ふもある。而も全國の村は、皆祖先を一にするといふのであるから、たとへ農業といふ目的を以て集る團體で、所謂目的團體時代に進むと云はゞ云へ、和衷協同がよく出來、自治が甘くゆかねばならぬ譯になつて居るのだ。

主人たる者其身を愼みて放逸なる行をせず、財用を節儉して無益の費をせず、饑寒の備を豐にして然して後、父母に孝養を盡くし、妻子奴婢をも愛育するは、即之れ克己復禮の道なり、況んや大なる國家を治る人の先づ己が身を禮義を以て制すべきを忘れて、從つて法制禁令を布きて碎細なる政治を行ふとも、其好惡正しからざれば、必人民の敬服すべきとには非ず。

上として民の言を詢めば即ち下たる者、上の施す所を天の如くに戴き、上として民の意を酌まざれば、則下より上の命を犯す。

孔子

第二節　五人組制度

維新前に於ける自治制度で尤も注意を拂ふべき價値ありて、而も今日の町村制に關係深きは、五人組の制度である。農村の自治を研究し、其消長を知らんには是非共之を研究せねばならぬのである。抑も五人組制度は、何時から出來たか分らぬが、兎に角德川幕府の始よりありたるは確かであつて、寬政以後の時代に整備し、幕府の盛時に其の頂點に達し、幕府が政權を奉還するに及んで衰へたるものであらうが。當時民政の基礎をなし、國民日常の生活に及ぼしたる影響の大なるからは、俄に其跡を絕つべきものではない。今日に於ても尙此制度によりて事を行ふ所もあれば、其長所を大事に保存して今日の自治に資する所もあるのである。（事例を參照せよ）

組織　五人組の組織

隣保相接する五家より組合ひ、各家の家族は皆戶主を戴きて組合法に服從せねばならなかつた。組合員の關係は親密を旨とし、互に相戒めて法度にそむかぬ樣になし。婚姻、養子、遺言、相續の如き、或は災害に際しては、相救ひ、相助け。常に人倫を重んじ、勤儉を奬め合ひたるものであつた。

組頭　五人組頭

組頭は之を版頭と云ひ、又た筆頭、伍長とも云つたもので、多くは組合の互選によるが、或は世襲的

組頭の職務

家格のものもあり、或は所管の役所より任命さるゝものもあつた。職務は名主や組頭の通知を組合員に傳達し、外に對しては組合を代表し、時には組合員の爭論を裁判し、不動産の賣買、質入等の證書に連印し、時には組合員の破産或は財産競賣等の場合にあたりて其事務を執行などしたものである。其の組合員の性行を監督する事の如きは、今の區長や村長の遠く及ばざる所であつた。各組合の上に町方又は村方の組頭なるものを置きて、各五人組を支配せしめた地方が多かつた。而して名主、組頭を眞の親と思はしめたと云ふ事である。

當時の地方行政の系統は先づ左の如く思はれる、

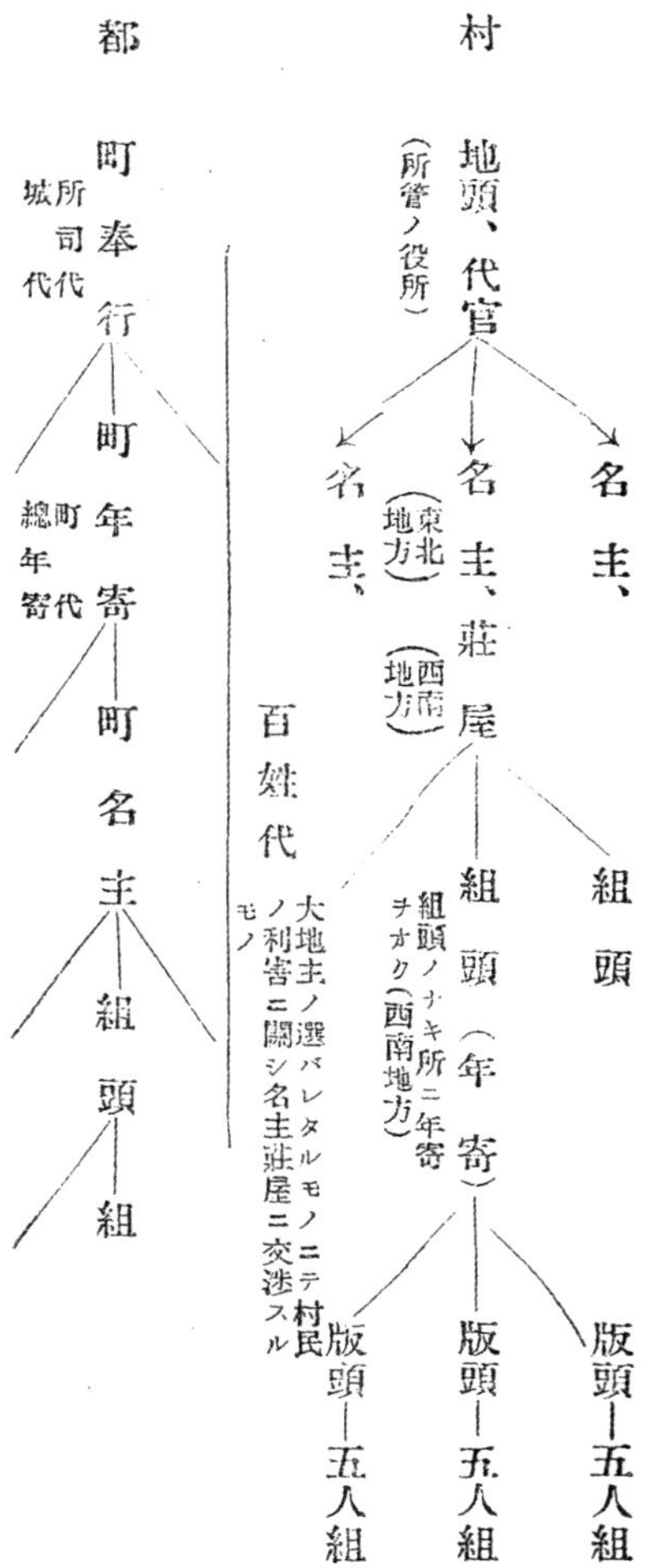

五人組帳

五人組帳

五人組の法令は五人組帳なる帳簿に載せ、定期に之を組員に讀み聞かせ、其奥書に各自之を遵守すべき誓詞を記し、各員、組頭、名主等は之に捺印したものである。而して之を讀み聞かせる時を利用して、農事上の協議をしたり、又は品行につき注意をしたものであつて、誠に甘くやつたものである。

法規

五人組法規

五人組帳に載せた法規の體裁に二種あつた、一は命令的であつて、他は受命的であつたのだ。たとへば

命令的のものを上ぐれば

一、婿取嫁取之祝儀奢ヶ間敷儀無之樣、分限ニヨリ輕ク仕ルベク候、人大勢集リ大酒不可呑、所ニヨリ蚊帳ノ祝儀、新宅ノ弘メ、初產ノ祝抔迄不相應ノ祝仕候儀可停止、分限ニ應シ內所ニテ輕ク祝可仕候、祝言水祝停止之事。

受命的のものは

一、在々ニテ婚禮祝儀等ノ節、石礫致シ、又ハ酒ヲネダリ呑、其外浪藉ナル儀御聞及ハレ不屆ニ候、右體の儀急度相愼ミ申可候、若左樣ノ儀於有之ハ御詮議ヲ遂ケラレ、曲事可被仰付旨奉畏候事。

此の如きものであつて、隨分念の屆たものではないか。（別項の事例を參照せよ）

法規の分類

五人組法規の分類

組合内の警察、勸業、土木、納税、其他民事上並に道徳上のものまで大低干渉したものである。之を分り易く分類すれば

一、勸農法　田畑荒蕪ヲ禁スル法、耕耘ニ關スル規定、農業共助ノ規定、用水ニ關スル規定、防水規定、勤儉奨勵ニ關スル規定

一、租稅法　納稅ノ義務ニ關スル規定、賦課及免稅ニ關スル規定、稅米保存ニ關スル規定、稅米ノ品質分量及俵ノ作リ方ニ關スル規定、稅米運輸ニ關スル規定、稅米納付ニ關スル規定

一、驛傳法　幕府時代ニ庸役ヲ人民ニ賦課シ、書信ノ通達、貨物ノ運輸及行旅往來ノ便ニ供セシメタリ、之カ規定、

一、吏員法　賄賂禁止ニ關スル規定、巡廻ノ官吏饗應禁止ニ關スル規定、官吏ト人民トニ關スル規定、村吏ノ職務ニ關スル規定、

一、警察法　組員相互監視ノ義務ニ關スル規定、犯罪告發ニ關スル規定、異教徒告發ニ關スル規定、賭博ノ禁ニ關スル規定、犯罪逮捕ニ關スル規定、旅行及逃亡取締ニ關スル規定、藏物取締ニ關スル規定、風紀取締ニ關スル規定防火ニ關スル規定、道路交通ニ關スル規定、帶刀ノ禁ニ關スル規定、

一、宗教法　切支丹宗門禁止ニ關スル規定、社寺ニ關スル規定、

一、道德法　孝行其他親族的道德ニ關スル規定、慈善ニ關スル規定、

一、節用法　衣服制限ニ關スル規定、飲食料ノ制限ニ關スル規定、家屋ノ制限ニ關スル規定、遊興宴樂ノ制限ニ關スル規定、商品代價ノ制限其他一般奢侈ニ關スル規定、

一、民事法　養子及婚姻ニ關スル規定、分家及相續ニ關スル規定、田地賣買禁止ニ關スル規定、質權ニ關スル規定、

一、刑事法　警察法ニ適合セヌモノニ關スル規定、

一、訴訟法　强訴ノ禁ニ關スル規定、濫訴防止ニ關スル規定、出訴手續ニ關スル規定、

先づこんなものであるが、所謂かゆい所に手がとゞく樣なものであつた。然し一面に於ては、餘り人を箱づめにしたるが如き嫌は免れない。今日で所謂人の自由を束縛し過ぎた弊は確かにある、之れ過ぎたるは及ばざる如しの類か。（事例を見よ）

兎に角弊もあるが、また長所も大にあるので、彼の共濟共助の觀念や、隣保團結の習慣を養成するとに於ては、今日に於ても尙學ぶべく、適用すべきものが多々あるのである。たとへば

分散屋敷

分散屋敷と大阪三鄕借屋請負人といふがあつた。今でも所々に分散藪と稱へて、村の共有地になつてるのがある。これは組の內に或は村方の內に、借金が滯つたり、或は損失を重ねたりして、所謂家資分散をせねばならぬものがあれば、此際一時雨漏を凌がせ、勤儉以て家政の回復を計らしめねばならぬ樣に世話をなし、一軒の屋敷を與へるのである。之が即ち分散屋敷といふのである。それで分散したるものは、父祖の家を立退きて、難有からぬ分散屋敷と云ふに入ると故、雨漏が凌げて結構ではあるが、何んとかして家政の回復をなし、もとの屋敷を買もどさんと勵むのである。村方も組も亦之等を督勵鞭韃、又た周旋盡力して、しかせしむるのである。之れ即ち自己の村方より出でたる失敗者は自村で救はねばならず、自己の組より出でたる厄介人は其組で助けねばならぬといふ、村や組の自治に外ならぬのである。

借屋請負人

之に似た話で、當時大阪に在つたのは三鄕借屋請負人といふものである。たとへば甲某、乙某より借

金返濟滯り、乙より訴へ出れば、奉行所に於ては双方を呼出し、證文を見屆け彌々相違なければ三十日以内に返濟すべき由を申渡すのである。三十一日目の朝再び呼出し、未だ返濟方叶はずと云へば、又三十日の日延を許し、急度返濟すべき由を申渡す。そこで六十一日目の朝呼出し、まだ返濟が出來ぬとあれば、定法の通り甲へ手錠申付是非返濟すべき旨を申渡すのである。九十一日目の朝また呼出し、まだ出來ぬと云へば、手錠をば許し、手錠まで申付たるに返濟方致さゞる段不屆に付、定法通り家屋道具一切乙某へ引渡すべき旨申渡すのである。此定法と云ふは妻子眷屬皆その儘にて不斷着用したる衣服のみ渡し、家財は勿論、先祖の位牌まで殘らず、貸方が沒收する掟である。さて甲某は耻辱此上もなけれど、千兩に笠一蓋の譬の如く、乙の方へ家財一切を渡さねばならぬが、斯く申渡を受る上は他の借金は返すに及ばぬことになるものから、所謂借金なしの人になるのである。然し父母妻子は其日より路頭に迷ふのであるが、玆に三鄕借屋請負人といふものがある、之は如上の路頭に迷ふ人を世話するものであつて、甲某來れば、三鄕の內で然るべき長屋をかし與へ、其日より商賣でも出來る樣にするのである。そこで親類や懇意の者共も生活して家業が儲かる樣になれば、乙の處へ掛合をつけ、位牌は何程、何品は何程と熟議を遂げ、次第に買もどし、遂には先の家まで買取るのである。さすれば又元の如く何町の何屋と名乘ることが出來、一代の中に會稽の恥も雪げる譯である。もし甲某三十日の日延中に、私に家財道具等を他へ賣り、乙へ引渡す品物なき樣に巧むことあらば、奉行は三日晒の上、所拂の罰を申渡すのである。情をくみ、横暴を戒め、窮乏の人に發奮興起の餘地を與へて、人に自治の道を敎ゆるは、實に今日に於ても珍い話ではないか。五人組制度の世には、こんな面白いことや難有いことが澤山あるのである。

他村へ土地を出さず

他村へ土地を出さずといふは今日にまで所々に殘る習慣の一である。自分の組で、土地を賣らねばならぬ樣なはめに陷つたものがあれば、精々之を組で讓り受け、賣手が買戻の出來る樣な便宜をとることもあり。或は貸借の關係で他村へ讓渡さねばならぬ樣になれば、村方で之を買取り他村へ貸借の關係を絶ちやるといふもある。愛知縣は丹羽郡、知多郡に今も他村へ一歩の土地も出さない所がある。東加茂郡の一部落の如きは、組で讓り受けたる代金にて何時でも賣手に戻すことになつて居る、之がため失敗者も勉强せずには居られぬといふことである。之れは村として、部落として自治を助くること尠からぬのである。

共同耕作

共同耕作も亦其一例である。組の中で働き手が病氣で困るとか、賦役で外へでも行かねばならぬと云へば、組のものは其家族の田地を耕耘し、收穫を共同扶助するのである。即ち組員の損害や難儀は、組の損失と心得、人のことは思はぬのである。愛知縣は愛知郡の中村に、六月の田植時と、十一月の刈入時には、病者の家を巡廻耕作し、孤獨の人を助けて刈入に盡力する會が出來てるのも、畢竟五人組の制度に則れるものである。今でも戰時中には隨分斯る例はありつれど、平時に於て斯くの如きを多く見ぬのは、思へば遺憾な話である。

年内の計を正月になす

年内の準備を年始になすといふこともあつた。即ち水害地であるとか、水難地であれば、正月二日の物始には、先づ村方の人々は各自稿持參で名主や庄屋の所に集まり、水害の時に要する繩や畚を作りて、然る後に廻禮などなしたと云ふことである。斯くの如きは今日に於て殆んど見ることの出來ぬ美風であると、云つてもよからうし、又た學ばねばならぬことであるのだ。

質屋

質屋は慈善家であつたものだ。即ち質を入れて借金する人は、難儀な人であらう、從つて受出も難儀であらう、又た金も餘計に欲しからう、といふので質物相當の金を貸し、利を低くし、其上期限がはづれても一ヶ年や半年は猶豫をして、滅多に流さなかつたと云ふことである。故に當年に於ては質屋は有福、有德のものが、人助けの目的でやつたもので、之が唯一の金融機關であつたのである。之を今日の高利貸的の質屋に比せば實に雲泥の相異と云つてよからう。

制裁力

制裁力は確實で善意であつた。其れも其筈で、若し組員中に犯罪者があれば組全體の責任であり。事によれば指を切られ、首さへ斬らるゝ樣な目に遇はねばならなかつたからである。故に不心得者があり、幾度忠告善導しても聞かぬ者があれば、組全體から絶交もし、組から放逐もしたのである。而も斯くの如きは皆組の面目を保ち、組員全體の幸福を欲するからであつた。彼の今も所々に殘れる村八分と云ふは、此の遺物であるのだ。只今日はたとへ善行者でも、善言者でも、村の輿論に從はぬものは八分に處するといふが多い樣だ。之では人のためにも、我がためにもならぬ話で、馬鹿げた事である。如斯五人組制度の當時に於ては、隣保團結の見るべきものがあり、共濟扶助の學ぶべきものが多々あつた。

史を按ずるに、成務天皇が國郡に長を立て、縣邑に主を置かれて以來、孝德天皇の戸籍を造られ、五十戸を里とし、里每に長一人を置き、凡そ戸皆五家相保たしめ、一人を長とし相檢察せしめられたる、五保の制が變じて五人組制度となり、德川幕府の末に至るの間、正に千數百年に垂んとす。加ふるに血統を同ふする民族、祖先を一にする國民なるに、治民に便利なる制度を以てしたるとなれば、一致の美風、協同の良俗、其の因て來る所遠しと云ふべきである。されば斯くの如き國に於て自治制がよくゆかずとか、町村の自治が出來ぬとかいふは、誠にあるべからざる、又あり得べからざることではなからうか。

事例

(一)嘉永四亥年倹約を奨めたる當時の五人組帳。

(愛知縣北設樂郡稲橋村役場所藏)

定

一、絹類何によらず決て無用の事。
一、皮緒下駄並引摺雪踏裏付無用の事。
一、日傘並金縁糸縫すげ笠無用の事、尤も傘の儀は村中斗。
一、切類唐皮類の紙入煙草入並金銀の金具無用の事。
一、金銀甲類櫛笄髪差無用の事。
一、祝言は一汁三菜祝盃は三献限り佛事の節右同斷酒の儀は決て無用の事。
一、講事仲間組合決て無用の事。
一、藝者類決て無用の事。
一、職人作料前の通金一分に付十二日の事。
一、二三人立寄酒盛等決て無用の事。

右の通被仰出候につき皆相守農業出精可仕候萬一心得違ひの筋有之候はば何樣の御科被仰付候も御違背申間敷候爲後日村中一同連印仍而
如件

百姓連名印

(二)嘉永三年、家數人數增減差引帳、左の如し

(愛知縣北設樂郡稲橋村役場所藏)

一、去酉年　家數四十七軒　本百姓　三河設樂郡　稲橋村

外二軒寺
人數　百五十九人　内　男　九十一人　女　六十八人
一、家數四十二軒　本百姓
外二軒寺
人數　百五十六人　内　男　八十六人　女　七十人
内
女　二　人　去酉年御改以來出生の分
男　二　人　去酉年御改以來他所に入人の分
女　三　人　右　同　斷
外に
男　六　人　去酉御改以來死失の分
女　二　人　右　同　斷
男　一　人　去酉御改以來他所へ出人の分
女　一　人　右　同　斷
家數一軒增
人數三人減男
右の通去酉宗門人別帳差上候後當戌三月迄家數人別增減差引仕候處書面の通り相違無御座候以上
三州稻橋村
嘉永三年戌三月
百姓　源左衛門
組頭　半右衛門
名主　源　六　郎
岡崎兼三郎樣

赤坂御役所

(三)嘉永五年、宗門人別御改帳、左の如し

一禪宗瑞龍寺旦那　高一石二斗九升七合五勺　藤右衞門　四十歳
一同寺旦那　女房　きし　三十八歳
一同寺旦那　女子　すゑ　十一歳
一同寺旦那　男子　松次郎　六歳
〆　四人の内　貳人男　貳人女　女馬壹疋　黑毛
一禪宗瑞龍寺旦那　高　三升　藤吉　三十四歳
一同寺旦那　女房　ろよ　三十三歳
一同寺旦那　男子　常次郎　七歳
一同寺旦那　父　藤兵衞　六十五歳
一同寺旦那　母　との　六十三歳
〆　五人の内　三人男　貳人女

中略──此の通りにて一村内の家毎の人別取調を書く

家數　四十一軒
外に二軒寺
人數　百六十一人　男　九十一人　女　七十人

右之通拙僧共旦那に紛無御座候代々の旦那は勿論新規の旦那は念入吟味の上拙僧共寺判如斯御座候右之内若切支丹宗門御制禁の宗旨の

もの有之候はゞ何方迄も罷出急度申披爲可仕候宗門の書付下に銘々印形仕差上申候

尾張愛知郡熱田龍德寺末寺
三州設樂郡稻橋村
禪宗瑞龍寺

尾張愛知郡熱田龍德寺末寺
三州設樂郡稻橋村
禪宗大休寺

濃州惠那郡山田盛久寺末寺
三州設樂郡桑原村
禪宗龍光院

岡崎鍬三郎殿
赤坂御役所

右書面の通り當村宗門人別吟味の上大小の百姓下人門屋借地のもの其外當村に罷在候男女共一人も不殘宗旨相改候處切支丹其外御法度の宗旨の者共無御座候若隱置後日に顯申候はゞ名主組頭迄罪科に可被仰付候御事。

一、此以前切支丹宗門ころびの者又は類族有之哉の旨御尋被成候先祖より切支丹産のもの一人も無御座候若隱置脇より露顯仕候はゞ何樣の曲事にても可被仰付候御事。

一、何方の末寺共相不知又は宗門も慥に相知れ不申樣の出家有之候はゞ可申出旨御尋に成候處村中に右樣の僧一人も無御座候御事。

一、名主組頭は不及申上五人組仲間相互常々心懸け村中の者若家内の人に見聞不申不思議の道具抔御座候て奇妙の義御座候はゞ御注意可仕旨被仰付奉畏候御事。

右之通宗門人別帳差上候處相違無御座候前箇條に被仰渡候趣相守可申候者少にても相背候はゞ何樣之曲事にも可被仰付候御事。

三州設樂郡稲橋村

百姓代 、、、

仝 、、、

仝 、、、

仝 、、、

仝 、、、

名主 、、、

岡崎鈸三郎樣

赤坂御役所

(四)五人組手形

(北設樂郡振草村片桐保次郎氏所藏)

差上申五人組手形の事

一、第一重　御公儀樣御年貢諸役等大切に相勤め親へ孝行を盡くし下人は主に從ひ夫婦中能く兄弟親しく物每實体頼母敷可仕候、且又村中の者勝手不孝の者御座候はゞ其樣子見屆け隨分異見仕り不用申候はゞ其樣子可申上候、幼少にして親に離れ或は後家に成り長病抔致し據無く身の上をとろへ難澁のもの御座候はゞ一類共は不及申名主組頭五人組迄心を合せ取立可申候御事。

一、切支丹宗門の儀は每年御改の節寺判取帳面差上候通り一人も不慥なるもの無御座候なほ不審成者御座候はゞ可申上候、尤も御高札古く被成候はゞ御斷申上建替可申候塀垣等損候はゞ度々致修覆掃除等可仕候、且又召使の者に寺請狀取置申候て何時なりとも御用次第に差上可申候御事。

一、五人組の儀町は家並在鄕は下取寄次第五軒づゝ組合申べく候、五人組の內一人宛頭を立相互に諸事吟味仕り往還宿は御傳馬役百姓は耕作に念を入精出御仕置の趣急度相守可申候、五人組の內法度油斷仕耕作不精に仕御仕置の儀少したりともをろかに存じ候者御座候はゞ異見可仕候若異見をも用ひ不申御仕置違背仕もの御座候はゞ早々御註進可申上候、面々の儀は勿論妻子並店借借地の者下人等に至るまで常々油斷なく吟味仕り惡事無之樣に可仕候、若惡事出來候はゞ本人は不及申上名主組頭五人組迄越度可被仰付候、尤五人組帳にはづれ候者御座候はゞ早々可申上候、隱置脇より御聞被ゝ候はゞ名主組頭迄曲事に可被仰付候御事。

一、印判の義常に大切に取扱可仕若し紛失仕候か又は替申候節は名主組頭に申達し同道にて印判持參仕り印鑑帳に付可申候御事。

附、惣て印形の儀人に預け申間敷粗末に仕候者御座候はゞ越度可被仰付候御事。

一、御年貢御免定御出被成候節、村中惣百姓並入作の者迄不殘立合拜見仕り無相違致御免割其上割賦相違無之樣惣百姓より名主方に手形取置可申候御事。

附、御年貢納所仕候節は名主方より手形被進可申候、納所の請取手形取置不申出入に成候共御取上被成間敷旨奉得其意候御事。

一、御年貢金、夏なれば七月十日以前其外極月十日以前急度皆濟可仕候、惣て御藏へ納物の諸定は例年納來候通り相納可申候且又御年貢收納の儀被仰付候日限不違相納可申候勿論皆濟以前は穀物少しも他所出申間敷候御事。

一、當村の内に火事出來申候はゞ村中の者不殘早速火元へ馳付大火に不成内に精出し消可申候、たとひ他村にても御代官所の内は不及申上隣郷に火事出來共相互に馳付消可申其節少々ものにても盜み取候て後日御聞被成候はゞ曲事に可被仰付候、若何にても拾候もの隱置不申最速御斷可申上候御事。

一、身体不成百姓は秋中より名主組頭五人組見斗ひ其者の御年貢可納積りを考へ米金猥りに爲遣申間敷候、手形五人組より致支配御年貢無滯樣可仕候、若油斷致し米金不足仕候か又は缺落抔仕御年貢不足仕候はゞ村中にて辨納可仕候御事。

附、百姓仲間相煩耕作をくれ候旨御座候はゞ五人組は不及申上村中にて仕付收納の時分は助合可申候御事。

一、他領の田畑野山川境並水論其外公事出入候はゞ名主組頭立合念入内詮議仕其趣可申上候惣て他領へ御訴訟申上候儀候はゞ御下知可申候。他の御役人衆に御訴訟に罷出候節は不禮不仕勿論公事相手の者に限我儘成儀申掛間敷候御事。

一、公事好仕出入等を取持人の妨に成もの御座候はゞ可申上候、並は喧嘩口論を好或は夜行き致し耕作をろかに仕り名主組頭の異見をも不用不屆成物有之候はゞ是又可申上隱置御詮義にて相顯候はゞ本人は不及申上名主組頭五人組迄曲事可被仰付候御事。

一、一味同心神水の儀は不及申上候惣て徒黨ヶ間敷儀一切仕間敷候若相背候者御座候を見聞乍ら隱置き後日顯申候はゞ名主組頭五人組迄曲事に可被仰付候御事。

一、盜賊並に惡黨者有之候はゞ早速寄合搦捕御注進可申上候若近鄕より盜賊惡黨者追來候はゝ無油斷出合加勢可仕候搦捕候はゞ其樣子相尋ね追來候者迄留置早々得御下知可申候御事。

一、町在々に於て欠落もの諸浪人並宿無類惣て行衞も不知怪者に一夜の宿を借し申間敷候飛脚其外獨旅人は能々見屆け問屋年寄ひ相斷一夜の宿は貸可申候尤在鄕は一切宿仕間敷候、且又親類緣者好身又者所在の者成共數年他所に罷在立歸候はゞ能致吟味承屆け先樣の名主方より書付取立差置可申其節は僧俗によらず仔細を書付得御下知申候御事。

一、田畑山林賣買の儀永代は皆御停止に御座候處且又田畑質物に入年季を果候はゞ其年貢預り主方より相勤可申候、尤地主並名主組頭連印手形取替可申候、名主組頭の內若搆私曲加判不仕候はゞ可申上候相勤にて田畑質物に取申間敷候且又名主加判無之手形を以出入に罷成候はば双方共に曲事可被仰付候御事。

一、衣類諸道具何にても慥成證文無之候は質物に取申間敷候密々に質物に取候者御聞取被成候はゞ如何樣の曲事にも可被仰付候御事

一、人請猥りに乞申間敷候近き親類か又は出所能存知慥成者に御座候はゞ名主組頭へ相斷請立可申候御事。

一、能樂歌舞若は勸進相撲其外何にても見世物の類村の內に芝居爲致候儀御停止の由仰渡奉畏候並右の類の者に宿を貸し若喧嘩など し候はゞ曲事に可被仰付候御事。

附、遊女ヶ間敷もの並前髮有之香具の類一切抱置申間敷候御事。

一、本田畑は不及申上新田畑新開地並見取の場所は御改を受一歩成とも御座候はゞ無隱申上御改を請御年貢上納可仕候隱置脇より顯申候はゞ當人は勿論名主組頭五人組迄曲事可仰付候御事。

附、本田畑煙草作申間敷候並田畑仕出し道を狹め申間敷候御事。

一、川筋の村々大水出候節晝夜不限近村のもの出合堤切不申候樣可仕候若危く相見へ候場所は最寄の村々より繩俵杭木鍬持籠等持來堤かこひ可申候勿論堤に有之竹木草萱等刈申間敷候御事。

一、博奕皆御法度の旨奉畏候都ての諸勝負並宿等仕間敷候皆者面々忰下人等に至る迄皆申付若相背候はゞ如何樣の御仕置にも被仰付候御事。

附、所の者不慮のあやまちにても疵をこうむり候者御座候はゞ早速可申上候御事。

一、武家の御奉公人衆在々へ罷通人馬届度由被申候はゞ何方へ罷通り候哉御主人並苗字名等承届往還御定の駄賃を相積り道の程に應じ駄賃錢取の先樣送り届可申候、御傳馬宿に無之候共疎略に仕間敷候尤過分の駄賃錢取申間敷候御事。

附、右の類の御衆に對し不禮仕間敷候御事。

一、在々道橋惡しき所御座候はゞ修覆仕り道路自由成樣可仕候錠御公儀樣被仰付候犒抔被損御座候はば其段早速御注進可申上候御事

一、山林四壁の竹木猥に伐取申間敷候無據儀御座候はゞ奉願御差圖を請可申候御事。

一、人賣買の儀一切御停止奉畏候御事。

一、用水惡水堀毎年正月中に百姓立合普請可仕候自然溝の內に稻等植溝を狹め候事御座候はゞ爲取拂可申候御事。

一、用水の義洪水の時分精出水引可申候理不盡に水引取仕間敷候御事。

一、在々にて鷹遣被申候衆又は鳥差衆參られ御法度の鳥取申候か又は百姓方へ何角六ヶ敷儀被申候はゞ其人の名又は在所を承届け御注進可申上候御事。

一、賣藥座頭舞々其外如何樣のものにても村送り仕來假ひ名主添狀にて參候共請被申間敷候御事。

一、鐵砲打候儀御法度被仰付候上は御運上鐵砲の外皆打申間敷候若密に打申もの御座候はゞ能々見屆御注進可申上候御事。

附、御運上鐵砲にても猥りに打申間敷候若し相背者御座候はゞ御法度の請取候者御座候はゞ早速御注進可申上候隱置脇より露顯仕候はゞ本人は不及申上五人組迄曲事に可被仰付候御事。

一、往還宿に錠　御公儀樣今度被仰付候御條目之趣町在共に急度相守可申候、度々被仰渡奉畏候且又助合の村々は問屋方より人馬觸遣候はゞ晝夜風雨の節も刻限の通り急度相勸可申候助人馬の儀につき出入無之樣に立合人馬出し相互に度々吟味の上町在共に證文取替置可申候御事。

一、金銀は不及申上衣類諸道具何によらず拾物仕候はゞ村方は名主往還は問屋に相達し御注進可申候隱置後日顯申候はゞ曲事に仰付らろべく候且又衣類諸道具打物の類古金にてもあやしき物ふり賣ふり買一切仕間敷候御事。

一、店借地のもの差置候はゞ其出所念入慥成者に御座候はゞ名主組頭に相斷請人手形取差置可申候御事。

一、有來候祭禮成共目立候儀候はゞ其節得御下知可申候尤新規の祭禮曾て仕間敷候且又尙當分の神送り成とも他所に送り出し申間敷他所より送り來り候とも請取申間敷候御事。

一、御普請人足御扶持米共外錠　御公儀樣被下物御座候はゞ立合割賦致し名主方へ證文取置可申候惣て建合勘定仕間敷候且又村入用の儀名主組頭惣百姓立合吟味の上相互に帳面に印形仕置以來出入に不相成樣可仕候勿論入用帳每年差上可申候御事。

一、町在々にて路帳面に付候酒屋の外新酒屋仕間敷候御事。

一、町人百姓欠落又は身体潰し申候か其外何事によらず相替ろ儀御座候はゞ明細書付に記御斷り可申上候御事。

一、名主組頭の非道成儀有之候はゞ早々可申上候且又小百姓我儘仕名主組頭の下知に從ひ不申候はゞ是又可申上候御事。

一、百姓持來候田畑子に讓り候樣小高の百姓は勿論高多く持申ものにても惣領一人に不殘相渡其外職人奉公致し持高分申間敷候然れ共割渡候て不叶儀に御座候はゞ其趣申上御差圖を請可申候尤も高拾石內の百姓は分申間敷候御事。

附、路式の儀不依老若病中に書置致し名主組頭の印形取置死後に爭論無之樣に可仕候御事。

一、衣類の儀名主組頭は絹紬迄着し百姓は布木綿着可仕候羽二重紗以上の者一切用申間敷旨奉畏候御事。

一、百姓町人分限に不應家作間敷候御事。

一、聟取嫁取の儀身代相應により可仕候勿論乘物鞍馬用不申乘掛等の結構成蒲團敷申間敷候竝祝言振舞其外振舞以下かろく可仕候御事。

附、葬禮法事隨分輕可仕候御事。

一、御手代衆御用にて在々へ御出被成候節馳走ヶ間敷儀仕間敷候御泊晝休みの節御扶持米等錢相定の通受取可申候若相背馳走ヶ間敷儀御聞及び被成候はゞ名主組頭迄曲事可被仰付候御事。

一、御家中衆在々にて不叶御入用の物自然相調被成候はゞ世見並の直段に代物請可申候所に無御座候ものにても直段下直にいたし馳走ヶ間敷賣申候を御聞被成候はゞ急度曲事に可被仰付候御事。

一、御家來衆並御手代衆の內在々へ被參何分の儀被申候共金銀其外何にても相渡申間敷候人馬等出し不申一夜の宿も仕間敷候此用の儀につき被遣候節は御手代衆より御添狀參候はゞ御差圖御差圖次第可仕候御事。

一、御手代衆御家來衆並御手代內衆在々に參押賣押買の儀は不及申上少しにても御非分之儀御座候はゞ毛頭無隱可申上候隱置後日御聞被成候はゞ名主組頭迄越度に可被仰付候御事。

一、町在共に御仕置其外何にても百姓町人及迷惑に候儀御座候はゞ少も遠慮なく可申上候品々より願上通り可被仰付旨被仰度奉得其意候御事。

一、古取箇衣食種貸其外願の儀につき百姓共强訴徒黨逃散候儀は皆御停止に候右体の願に付江戸並陣屋に大勢相集於致訴訟はきびしく御吟味の上重罪科に可被行旨被仰渡候間右体の儀無之樣に相愼可申旨仰渡奉畏候。

右ヶ條の通り村中急度相守可申候尤も名主手前に於て大小の百姓店借借地のもの迄毎月爲讀申可く候若し相背申候もの御座候はゞ如何樣の曲事にも可被仰付候後日の爲五人組手形差上申候依如件

年號　　　　百姓代

月　日　　　組頭

　　　　　　名主

(五)被仰渡候御觸書の寫

(仝上片桐保次郎氏所藏)

被仰渡御觸書

一、博奕賭の諸勝負御法度の趣は前以申渡置候處兎角心得違の者有之哉に相聞畢況宿村役人共取締方手ぬるきよりの儀に候間嚴敷途

穿鑿其旨も不相用者有之候はゞ不隱置早々可申立候早速召捕遂吟味可得共無事候事。

一、火の元は別して入念火の番之者共は不及申役人共晝夜に不限時々見廻可申候事。

一、當年火災違作の國柄多く米穀高直の折柄に候間銘々格別に心を用質素儉約第一に心得子供髮置袴着等の祝に付振舞重の內取遣別して手輕に致し聊か奢ヶ間敷儀無樣可致候若心得違之者有之段後日に相聞え候はゞ急度沙汰および候條兼て其旨可存事。

一、聟取嫁入幟雛祭凧等祝事の儀身代相應より手輕に可致段は兼れて御仰渡も有之候處近年追々驕奢に移り分限不相應相立自然及困窮候者眼前の儀にて凧の儀も分限を忘れ費を不厭大造の帆を數日揚げなろし多人數集り酒食振舞不益の費相立候趣相聞以の外心得違の事に候以來大造の凧を及見聞は急度及沙汰候條得其意雛人形之儀兼て御觸の趣旨相守都て質素儉約可致事。

一、若者仲間相招き候儀は御制禁に御處近來於村々年會を限り仲間相立嫁入聟取等の節農者を招き馳走いたし或は酒作等爲差出分限よりも不足の見込候節は種々其者え迷惑爲致候趣相聞甚不埒之事に候以後右樣の儀決して爲致間敷若村役人申付相背心得違の者有之旨申出可事。

一、神事祭禮其外隣村附合抔と申若者印提灯等爲持酒肴持運び大行成義有之趣相聞不埒の至候右樣附合向互に增長いたし候ては自然と不宜禮儀に押移り困窮の基に候條村役人共精々異見差加增長不致樣致し若者仲間抔唱候儀決して無之可致事。

一、佛事等の節米舂者抔と號し酒肴爲出放不埒の趣相聞以の外の事に候村役人共より嚴敷差留可申事。

一、諸職人幷に船筏乘賃日雇取の者共大子講と唱人々を集不宜儀共申合橫行成義間々有之趣相聞不埒の事に候以後右樣の儀於相聞者村役人迄急度吟味を遂候條得其意心得違なき樣可致事。

一、寺社其外賴母子講の儀當年柄に新規相正候義は勿論是迄有來の分も休會致可事。

一、浪人者無宿の類決して爲立入申間敷事。

右の趣小前末々若者共下男至迄無洩申聞れ風俗直り候樣宿村役人共精々心掛質素儉約堅相守心得違の者無之樣可致候

右の趣小前一人別若者共を爪印取之滯書可差出候此廻狀早々順達留り村より可申送者也

右被仰渡此觸書の趣一同承知奉畏候依て一人別印形取の御受書差上可候以上

設樂郡小林村

百姓代　、、、

組　頭　、、、

名　主　、、、

百姓連印

洪範に正直、剛克、柔克の三德と言ふことあり、風俗平穈なる時は正直の政を以て治め、世の風俗强くして順はざる時には剛き政を以て治め、爕《やわら》かにして友《したが》ふ時には柔なる政を以て治ると見へたり。

言汝の心に逆ふことあらば、必ず之を道に求めよ、言汝の志に從ふことあらば、必ず之を非常に求めよ。（商　書）

第三節　町村制

維新以後の自治制の沿革

五人組制度は當時に於ては、誠に民治に便利なものであつたに相異ない、民智に適當したものであつたに違はなかつた、が餘りに干渉的で、世話の過ぎたものであつた。自治とは云へ、服從的の自治であつて、官衙的の自治であつた。故に文物が開け、人の自由の貴重さるゝに當ては、不便や不自由、不都合が感せられるは、止むを得ぬことである。爲めに王政復古となり、維新の大業がなると同時に、此制度に改良が講ぜられた。即ち明治四年に廢藩置縣となり、中央集權と地方行政の統一が出來てから、郡區町村を區劃して大小區となし、各區に戶長並に副戶長を置き、久しからずして庄屋、名主、年寄等の稱を廢した。十一年更に郡區町村編制法を規定して行政區劃を明にし、十三年四月になつてから區町村會法を發布して、漸く現今の所謂地方行政の基礎が確立したのである。然しまだ當時にありては、町村の自治は曖昧であつて、五人組時代の舊慣でやつて居ることが多かつたが、廿一年四月に法律第一號を以て公布された市町村制で、成文法上市や町村の自治權能が確實になつたのである。何分其の當時にあつては、舶來が珍重され、在來のものは三文の價値もない樣に認められたものである。之がために町村の自治制も、我國古來の良制に思を致すよりも、獨乙などの制度に範をもとめるに念が入つたので、今日では學者などが之を惜んで居るが、然し之を往時に比せば、實に雲泥の相異であると云つてよからうと思ふ。

町村制發布の詔

は今日の自治制を究め、自治體を知らんと欲するもの〻必ず一讀再讀すべきものである。之で今日の町村制が如何に難有、如何に貴き意味のあることが分るのである。謹んで寫し出せば左の通り、

自治制に對する優渥なる聖旨

朕　地方共同の利益を發達せしめ衆庶臣民の幸福を增進することを欲し隣保團結の舊慣を存重して益之を擴張し更に法律を以て都市及町村の權義を保護するの必要を認め玆に市制及町村制を裁可して之を公布せしむ。

とある。故に此制度やもと優渥なる聖旨に依りしものにて、之によりて地方の經營を完ふし、以て國家の基礎を固ふし、隣保の親睦を敦ふし、以て一國の民風を興さんことを望ませ玉ふ、聖意のある所を思はねばならぬのである。實に今日の自治制は、斯くの如き貴き意味を有し、如斯難有思召のこもれるものである。即ち知るべし、二十一年に發布されたる自治制は、國家統御の實を完ふし、人民の福利を增進せしむるを目的とするものであつて、此の目的を果すべく、君民一致協力、各其職に勵み、事に勉めねばならぬことを。

町村制理由

法律には此理由が書いてある、之も承知をせねばならぬのである。

維新後政務を集攬して一に之を中央政府に統べ地方官は各其職權ありと雖とも政府の委任によりて代て事を處するに過ぎず今地方の制度を改むるは即ち政府の事務を地方に分任し又人民をして之に參與せしめ以て政府の繁雜を省き併せて人民の本務を盡さしめんとするに在り而して政府は政治の大綱を握り方針を授け國家統御の實を擧ぐるを得べく人民は自治の責任を分ち以て專ら地方の公益を計るの心を起すに至るべし、盖人民參政の思想發達するに從ひ之を利用して地方の公事に練習せしめ施政の難易を知らしめ漸く國事に任するの實力を養成せんとす是將來立憲の制に於て國家百世の基礎を立つるの根源也、故に分權の主義により行政事務を地方に分任し國民をして共同の事務を負擔せしめ以て自治の實を完からしめんとするには技術專門の職若くは常識として任ずべき職務を除くの外概ね地方の人民をして名譽のため無給にして其職を取らしむるを要す而して之を擔任するは其地方人民の義務となす是國民たるもの國に盡くす本務にして壯丁の兵役に服すると原則を同ふし更に一歩を進むるものなり。云々

地方制度を改むる所以

國家の基礎を立つる根源

國民が國に盡すの本務

之を見ば何人も町村制の如何なる理由で出來たかゞ分るであらうし、從つて今日の自治制には二大原則と云ふべきものゝあることが分るであらう。即ち

町村制の二大原則

一、地方團體をして自己の公共事業を處理せしむる事、

一、名譽職をして公務を擔任せしむること、

而も之を擔任するは地方人民の義務であり、國民たるもの丶國に盡くす本義であつて、壯丁の兵役に服すると原則を同くし、更に一歩を進むるものであると云ふのである。之は實に町村民の心得べきことであつて、夢にも忘るべからざることである。若し之を辨へず、之を忘る樣では到底町村の自治は望んでも得られぬものと思はねばならない。

町村制下の町村

町村
- 意義―一定の土地に住居する人民の團體が法律又は命令の範圍内に於て自治をなすを云ふ
- 實體―一、疆土　二、住民
- 行爲
  - 權利行爲―財産を保ち得るが如し
  - 自治行爲
    - 立法行爲―自主の權、條例を設け得るが如し
    - 行政行爲―勸業、教育、土木、衞生等の行政
- 機關
  - 一、代議機關―町村會
  - 二、行政機關―町村長

法律上の町村

法律上一個人と等しく財産を有し、之を授與賣買し、他人と契約を結び、權利を有し、義務を負擔し、其區域は自ら獨立して統治せねばならぬものであるが、其區域は國の一部分である以上は、凡町村公共の事務は官の監督を承けて、自ら處理すべきものである。而して其内務の事務を整理するためには法規を立つるの權利が與へられてある。自主の權とは此のことである。

自主權

町村の機關

に二つある。其一は町村といふ法人に代つて思想を發表するもので、之を代議機關と云ひ、所謂町村會である。往時の寄合と云つたものから起つたもので、町村の業務を監督する權利を有するものである。此の機關の人は即ち町村會議員であるから、町村の自治を完ふし、町村の福利を增すには、餘程確りした議員でなくばならず、又斯る議員を撰出せねばならぬのである。機關の他の一は、業務を執行するもので、之を行政機關と云ひ、町村長である。此町村長は實に町村の統轄者であつて、町村の名で委任の强制權を執行し、其他町村の事務を管理するものである。一方に在りては法律命令に監督され、支配さるゝとは云ふものゝ、町村の死活を制する地位に居るのである。故に町村自治の上から見れば、之程大切なものはないのである。

代議機關

行政機關

之を往時の五人組制度に比せば、聖代の今日、斯る制度のもとに生活する吾等の幸福、何んぞ夫れ大なるや。昔は隣保團結は出來たに相異はなからうが、町村勝手に福利を增すことは出來なんだ、たとへ出來ても、御用申付られなば、取上げられたのである。今日は如何に福利を增進しても、權利は保護されて居る。無暗に御取上の心配はないのだ。昔は何にも干渉を受けたので、損なことをも忍んでなし、いやなことをも堪へてなさねばならなかつた、實に生きぬ樣死なぬ樣な取扱も受けたことがあつた。今日は國家に對する義務といつて、納稅、兵役、國法に從ふてふことの以上は、無法な注文もなく、非道な賦役もなく、偶ある注文は損の行かぬことばかり、末の樂になるもの許りである。

今昔の相異

昔は身分に階級が嚴重であつて、百姓町人といへば犬猫同然であつた、なりたい者にもなれず、仕度事も出來ず、行き度き處にも行けず、やり度事も容易にはやられなかつたものである。今は腕次第で武官にても行政官にても勝手次第で、商賣をやらうと大工にならうと御好み次第、耶蘇を信じやうが佛法信者で通そうが御構なしである、たゞ自由は不自由のもとゝ云つて、今日程優勝劣敗の激い時はない、如何に自由な世なればとて、稼ぎもせず、働きもせぬのでは、直に貧乏に取つかれて不自由は昔にもまさることになるのだ。故に今日町村が疲弊すると云ひ、農村が衰頽に赴くと云ふのも、之れ制度の罪にあらずして、實に此制度に事をとる人の勉めざるによるものと思はねばなるまい。即ち法の不備なるにあらずして、法を行ふ人を得ざるの罪と思はねばならぬのである。

法よりは寧ろ人の罪

家康公壁書（書訓）

心にもの有時は心せはなく躰窮屈なり物なき時は心廣く躰ゆたかなり
心に我慢あるときは愛敬を失ふ我慢なき時は愛敬そなはる
心にかざり有時は僞を思ふかざりなき時は僞なし
心に奢ある時は人を恨む侈なき時は人を敬ふ
心に私ある時は人を疑ふ私なき時は疑ひなし
心に誤りある時は人を恐るあやまりなき時はおそるゝ事なし
心に邪見有時は人をそこなふ直なる時は傷なはず
心に怒りある時は言葉はけしいかりなき時は言葉和かなり
心にむさぼりある時は心を諂ふむさぼりなき時はへつらひなし
心に堪忍なき時は物をそこなふ堪忍ある時は物をとゝのふ
心に憂なき時は悔なしうれいある時は悔多し
心に自慢ある時は人の善をしらず自慢なき時は人の善をしる
心に迷あれは人を咎む迷なきときは咎むる事なし
心賤しき時は願多し欲あらざれば願なし
心に誠ある時は分に安んず誠なきときは分に安んせず
草の葉のほと／＼そをけ露の玉おもきはおつる人の世の中

第四節　自治體の本領

英國の自治體

英國では、苟も自治の政治に參與するものは、特に衆望を負へる第一流の人士であつて、其公德を尊び責任を重んずることは、他國では殆んど見るべからざる者である。此の如く地方の名譽名望ある人々が一意專心、團體のために力を竭すことを、英人は地方愛國心と稱し居り、又た米國の人は之を賞して、英國々民の品性は其地方愛國心の裡に於て、最も明に之を見ることが出來ると云つて居る位だ。實に英人は斯く名望ある人を撰びて長とし、學識才能ある少壯の人士を擧げて、之に專門の事務を委任せねばならぬ樣に心得て居るのである。故に英國では地方の一流に位する人物を町村長に公撰し、學才に堪能なる人を助役に擧げて、以て自治の發達をなしつゝあるのである。世人が英國の助役を自治の寶藏と呼んで居るが、實に其の通りである。

自治體本領の一

如斯町村長に德望高き人を撰び、助役に有爲の人才を擧ぐるといふことが、自治體の本領であつて、また之を發揮する所以の道である。

獨乙の自治體

獨乙では、自治の今日ある所以は、國民社會の裡に養はれたる旺盛なる公共心である。獨乙人の公共心に富めるに至つた原因をたづぬるに

一、戰勝の勢に伴ひ士民を擧げて其國力を進むるの必要を自覺し、地方行政亦一に此精神を其事業に注ぎたること、

我國の現狀も如斯則らすしてかならんや

一、産業の進歩英米に及ばず國民個人の資力も足らず、因て社會公共の利益に關する事業は寧ろ團體によりて之を行はんとする傾ありしこと、

といふのである。故に獨乙人ほど働く國民はない、又獨乙人ほど學術の研究を尙ぶ國民もないのである。彼等は無駄働せぬ樣に、又後れた下手な働きをせぬ樣に、各自一生懸命であつて、而も一人の力よりも多數共同の力の偉大なるを悟つて居る。獨乙が今日の隆盛を致したるのも、又た産業組合の如き共同事業の發達したるのも、全く之がためである。如斯國力增進に渾身の勇をふるひ、公共の心に訴へて事をなすは、之れまた自治の本領であつて、而も其本領を發揮する所以の道である。

自治體本領の二

米人ベンジヤミン、ハリソン氏は、理想的自治てふ題下に述べて曰く、

之に棲んで風氣健康共に佳良に、子弟敎育の途悉く具り、民は勤儉力行自ら其業を勵んで自營の志あり、富んで敢て傲らず、貧うして益勞し、團體を通じて民に協同一致の精神ありて、苟も輕薄の風潮に染まず、茲に生を營む者は、貴賤を論せず、均く歡喜の情に富み、人々其勞力に依りて衣食し餘力あらば則ち世の公益を進むるを以て、無上の名譽と信ず、此の如きは自治の好模範と謂はざるべからず。一國の自治は遽に此域に達すべからず、而も恒に追ふて之に詣らん事を期すべし。

と、誠によく自治の本領を言ひ盡したものである。上は官衙の指導や補助に依賴せず、下は窮乏の攻によりて止むを得ざるに出でず、人々自ら勞し、自ら勵み、協同の力によりて我も人もの利益をすゝめ。

以て國家に對しては國民の本務を全ふし、後世子孫に對しては父祖の責務を盡くし、内に顧みて恥ずる所なく、外に向つて恐る所なきは、之れ實に自治體の本領である。

自治體の本領此處に在り

オストロ、ゴスキー氏は

國民政治の要義は畢竟個人の性格に歸着す、地球が其軸によりて廻轉するが如く、國民政治は常に國民の良心を中心として運行せざるべからず、此良心は道義の上に於ても、智能の上に於ても、最も純明無私のものたるを要す。

といつて居るが、實に其の通りである。念ふに自治行政をして最健全なる發展をなさしめんとならば、先づ以て士民の道義を高め、其理想をして一に之を社會公益の事に傾注せしむるを要する外道はあるまい。町村長に地方第一流の人物を選び、之を助け、之に頼る所以も之がためである。國家が此職を名譽のために執らしめ、之を擔任する義務を兵役以上のものと認むるも亦此精神に外ならぬのである。

自治を發展せしむる第一要義

之を要するに、町村自治體の本領は、國家統御の上からして地方團體の進歩發達、地方人民の福利を增進すべきであつて、此本領を發揮せんには、實に有徳の長者を機關の人に選出し、地方人民は皆公共の力を以て事を處するの覺悟によると云つてよからう。特に今日の我自治制は、古き沿革を有し、貴き聖旨の伏在するものである以上は、之を歐米のそれに比して優越の成績を顯はす樣にせねばならぬのである。而して之れ一に我國民の道義、性格によるのである。

自治の三基石

人あり、自治には三基石といふものがあると云つて居る。即ち

一、奉公の精神　聖意を奉戴して私利を後にし、公益を先にする献身の誠。

二、協同の精神　私欲を制して義務を思ひ、苦樂を共にすてふ人道を重んずるの志。

三、自助の精神　勤儉力行敢て人に救助を乞はず己が勞力によりて衣食するてふ自營の心。

國民に此の誠あり、志此處にあらざる限りは、如何に制度がよくても、立派であつても、到底自治は見るべくもあらず、出來もせぬのである。今や自由の世の中、法にふれざる限りは何事も勝手次第である。遠慮なしに發揚すべきは、奉公の精神であり、氣兼なしに實施すべきは、協同の精神であり、勝手次第に振ふべきは、自助の精神であつて、而して思ひの儘に獲得すべきは、團體の利益共同の幸福である、此觀念はやがて自治體の目的を達すべきもので、農村にありては、農村の福利を增進し、農民の幸福を增加するに相違ないものである。而も斯くして國家の發展進步に資し、其興隆繁榮に貢獻することが即ち農村自治最後の目的であることを忘れてはならないのである。

農村自治最後の目的

此の故に、自治制の精神、自治體の本領をきはめず、之によりて行ふことが出來ざる限りは、如何に農村の窮乏を悪み、疲弊を憂へ、衰亡を絶叫するも、何の甲斐があらうぞ。我農村は長へに衰退しゆき、遂には滅亡の期にも到達するならんは、是非もないことである。されば今にして、農村の救濟に工夫するものは、先以て自治の本領を知らしむべく、農村問題を絶叫するものは、何はさておき自治精神の發揚に盡力すべきである。思此處に到らず、是に少しも工夫せずして、農村々々とのみ云ふは、未以て農村を患ふるものにあらず、又た農村問題を語るに足らざるものといはねばならぬのである。加之國家を論議する資格がないものと謂ふべきである。

第五節　農村自治の現況

今日農村自治の現狀

農村は一の自治體であるからには、自治の本領が認められねばならぬのであるが、現今我農村の自治は、抑も如何の情況だらうか。語るも恥しく、云ふも殘念ながら、我農村に於ては未だ自治の基礎も立たず、自治の見るに足らざるものが、多數であると云はねばならぬ。今夫れ農村が疲弊すと云ふのも、衰頽すると云ふのも、滅亡の兆既に顯はると云ふのも、皆之がためである。彼の農村の業振はずして民に生計の道なく、秩序頽破して居るに娯なく、道風衰退して施すに策なしと云ふのも、亦之がためである。都會を慕ふて去るもの日に多く、商工業にあこがれて轉業するもの迸出し、虛榮の文物に誘はれて風俗を變ずるもの滔々乎として皆然りと云ふのも全く之に起因することが多いのである。實に我農村の自治は語るに忍びず、見るに堪へぬと云ふべきが、現況であるであらう。思へば町村制の發布以來、既に廿五の星霜を經て居る。如何に呑氣なればとて、如何に怠かれぬ業務に從事すればとて、今日に至るも尚自治に進歩がないとは、實に奇怪な話ではなからうか。

自治障害の二大潮流

按ずるに我農村には、之が進歩發達を防害する二大潮流がある。其一は受命的習慣であつて、自治に對する聖旨を辨へず、今でも萬事命令や補助で動くてふ風である。其二は反抗的習性と云ふべきもので、自治自由の意義を誤解し、何事も我儘ですむものと思來つたことである。

導かざれば動かず

前述の如く維新前の制度とは云ながら、五人組の制はよく民政の宜しきを得たものであつた。ために此の制度の民心に印刻せることも深いので、今も所によりては、尚此制度によりて行ふものもある位である。故に何事も官から世話するものと思ひ、命せらるゝものとなし、之には背けぬものとの信念が變り居れば、他動的にこそ動け、自動的には滅多に動かぬのである。然るに現今の自治制は、當年の如く注意周到ならず、又世話もせぬのであつて、専ら自治體の自治に任かすものなれば、國家の委任は法令の示す所で行はれも仕様が、自治體固有の仕事は後れ勝ちになるのである。之れ農村自治の進歩せざる所以であつて、未だ當年の制度によりて生育せし故老の多き今日に於ては致し方もなからんか。五人組の制や丁寧親切であつたに違はなからうが、今日にして思へば隨分壓制であつた、納税の義務は今も國民の一大義務ではあるが、當時は御上の都合で三年後の徴税を強ひられた所もある。兵役は今日でも國民の義務ではあるが、昔は郵便の配達輸送まで義務とせられた所もある。資産家は今も公共に寄附を勸誘さるゝことは多いが、當年は御用金を仰付られた上に、拒むといふは許されなかつたものである。馬鹿の出世は今でも六ヶ敷事なるが、往時は如何な才能技量がありても上達は容易ならぬことであつた。今も判官には體刑を許してあるが、以前は何人でも士分なれば百姓町人は斬棄てもよかつたのである。故に高位高官の人であつたり、士分の人でありしものには、格別の威も起るまいが、農工商の人や、下賤の人ほど、維新の改革はこたへたものである。就中自由の聲、自治の叫ほど

欲せざれば動かす

難有く感じたものはないので、多年の屈服、積年の怨恨は、之で伸ばすことも出來、晴らすことも出來るのであると思込んだのであるが、偖て其思込が放逸であつた、專橫であつた、亂暴であつた、即ち大河の破堤したるが如く、洪水の溢したるが如くで、今は何事も勝手次第、心の儘に振舞ても誰れに遠慮もいらずば。制肘も受けぬですむと心得たのである。之れぞ隣保團結の習慣を破り、協同一致の美風を害ふ、利己主義や個人主義のはじまりであつた。之がために國法の命ずる所、官衙の令達する所には是非なく服從もすれど、其他に至つては云ふことも聞かねば、やらうともせぬ様になつた。之亦農村自治の進歩せざる所以であつて、制度の變り目、止むを得ぬことだらうか。

尚一の原因あり

農村自治の發達せざる原因に尚一つある、之は今日の自治制が、本邦固有の制度の發達せしものでなく、其範を獨乙別けて普魯西のそれに取つた事である。云ふまでもなく、各國にはそれ〴〵發達の歷史あり、人情もちがへば、風土も異なつて居る以上は、如何に普魯西の制度がよかつたとて、之を我國に輸れて如何だらうか。我國は何事も後に同化せず、我に同化せぬ内はだめな國柄である。佛法も日本的にならぬ中は信せられず、耶蘇教なども日本化せぬ中には普及せぬのである。偉大の力を有する宗教でも其の通りであるからは、宣教師も日本化せぬ內は効果を顯はさぬものではなからうか。今日になりては學者の中にも之を遺憾に思つてる者があるやうだが、之は今更言つたとて無益な事である。此外に認むべきは、我國地形の人心に及ぼす影響が大なる事である。北條時頼と云へば、今より八百

地形の人心に及ぼす影響もあり

年も前の人であるが、此人の晩年に諸國巡をなしたる當時の記事を見るに、人情風俗は今日と比して大差ないのである。當年の尾張氣質は、今の尾張氣質であつて、三河人情は等く今の三河人情である。實に爭ふべからざるは風土であつて、風土の人心を化する事が確實である以上、人心の幾百年を通して變らざるは怪むに足らざる事である。たゞ幾年たちても長所短所の其儘で傳はり行くは、新らしき制度の運用上面白からぬ事が生ずる譯である。之れ大なる農村。異りたる地形の部落を一括せる農村に於て、自治の進まざる所以であるのだ。

ならざるに非すなさざるなり

斯く論じ來れば、農村自治の進まざる所以は分明になつた。之より外に多少の原因もあらう、また障害のあるは勿論なれど、其の因縁の久しきものはこれ位であらう。此に於てか其自治を進め、之を發達せしむる事が、出來ぬものか。出來るものかを知る事も出來やう。一言にして蔽へば、爾來我農村に自治なきは、一に出來ざるにあらずしてなさざるものがあつたと云はねばならぬのである。(之については以下の章に於て更に詳說す)

內務省の調査によれば、模範村も三十や四十ではない、調べて見れば隨分澤山ある樣である。稍舊聞なれども當時地方局長たりし、床次氏の「地方自治の現在及び將來」と云へる記載は、其大要を知るに於て便利なれば此處に揭げて見やう。

今や花正に開かんとするの狀

地方議會

吾人は地方自治が日露の戰役に際して克く多大の活動をなしたるを觀て、實に國家の慶事として之を祝福せんとす。

曩に宣戰の詔勅一度下るや、響の聲に應ずるが如く影の形に隨ふが如く、大都通邑より寒村僻地の末に至るまで蹶然として起ち、堅旨を奉戴し、擧國一致の實を現し、戰時一年有餘の間寸時の倦怠もなく、能く其事に當り、啻に軍資の供給、士氣の作興後援の事業等直接戰役に關するものに止まらず、平常行ふべき政務に就きても亦克く一段の生氣を振ひ、各地方競ふて人後に落ちざらんとに努めざるなく、國を擧げて留守國民も亦共に戰鬪に從ふと同しき大決心を表はしたる其意氣の盛んなる未だ曾て見ざる所にして、蓋し此の如きの意氣は初め植置きし地方自治の蕾が東風暖を送るに乘して一時に其の花の開き光彩を添へたるものと謂ざるを得ず。顧ふに我地方自治の制度は明治十一年府縣會規則と明治十三年區町村會法の發布に其端緒を啓き、明治廿二年に於ける市制町村制の實施に依り更に市町村自治の基礎を確立せるものにして爾來年を閲みするに從ひ漸次進歩の域に進み、今日に於ては尙其改善を要すべきものありと雖ども其成蹟亦觀るべきものなきに非ず、實施當時に在りては恰も新服を身に纏へるも尙何處となく其身に適せざる所ありて着心持惡しく窮屈に感じて未だ活躍の自由ならざりし所ありしも、年を經るに從ひては體と衣裳とは自から相一致し立居振舞も漸く寛裕を覺へ今や將さに活動の域に進んとする、是地方自治今日の光景なり。

議員選擧

議員の撰擧を見るに、當初に於ては其競爭に伴ふ弊害は到る所に之を見ざるなく少く志ある者は殆んと之を棄權する狀況にて、恰も米國に於て士君子とも呼はるゝ人々は苟も選擧權を行ひて爭擾の間に加はるは自から求めて荊棘の中に投ずるに似たりと言ひしと一般なり、今や此弊は漸く其跡を絶ちて棄權者の數も亦漸く減少するに至り、

納稅義務

納稅義務の大切なることは漸く自覺する所となりて滯納の弊爲めに少からんとし、訴願訴訟の如きも夫の徒に法文を弄して濫訴をなすの弊を絶ち、地方議會の如きに至りては漸く發達の兆を呈し其思想の進歩せるもの之を十數年前の當時と比較せば方に思ひ半に過ぐるものあらんとす。又議員と理事者との關係に就いて之を見るも、始めに於ては議員は理事者の監督者なればとて苟も理事者を論難し一に之を苦むるを以て己の能事了れるとなし、事の緩急と利害とを計らず唯に豫算の削減を是れ事とするの狀あり、而して理事者は議會を視るに充分に虛心淡懷ならざりしの觀ありき。然るに今や兩者の間は漸次圓滿調和の歩調を取り徒らに攻擊を常とせし態度は一變して好意ある助成の擧に居るを認め得るに至れり。其自治心の發達と共に運用の圓熟を得て、茲に地方各般の事業は漸を追ふて發達進歩の途に向ひ、當初に在りては地方が單に法律上の義務的施設も尙且之を行ふに多少の支障ありし

地方費

も今や地方の公益を圖り其福利を增進するに足るべき事項は進んで之を經營せんとする意氣漸く隆んなるを見るに至り、其事業の復雜なるに從つて亦經費の膨脹せる昔日の觀を一變せり。

之を地方の經費に觀るに明治二十四年度に於ける府縣市町村の總經費は僅に四千萬圓を算せしものも、二十九年度に於ては六千百萬圓に上り、三十六年度に於ては一億五千萬圓を計上するに至れり。之を重なる費目に依り區別すれば明治二十四年度に於ては教育費は八百五十萬圓、土木費は千三百二十萬圓、衛生費八十三萬圓、勸業費二十五萬圓に止まりしもの三十六年度に於ては教育費は四千四百萬圓、土木費三千六百萬圓、衛生費は七百萬圓、勸業費は四千二十萬圓に上れり。此經費の增加は自から公債の必要を促し、明治二十四年には絕無なりし公債は二十九年には千五十一萬圓となり、三十六年に至りては更に六千七百萬圓に達せり。更に之を起債の目的に依て細別すれば、卽ち明治二十九年は教育費の爲め四万圓、土木費の爲め千三十萬圓、衛生費の爲め七萬圓なりしもの、三十六年に至りては教育費の爲め七百四十五萬圓、土木費の爲め三千三百萬圓、衛生費の爲め千萬圓、勸業費の爲め二百七十萬圓を要し、內七朱以上のもの二千餘圓にして之れが平均利率は年八朱三厘なり。

此の如く地方の財政は年を逐ふて膨脹を來たし殊に二十七八年事件の後は著しく增加し、次て三十三年に於ける北淸戰役後は更に一般の增高を呈し、遂に三十六年度に至りては之を二十年度に比し約四倍の膨脹を致せり。而して日露の開戰に伴ひ地方費の緊縮を計り地方課稅の制限を餘儀なくせられ、爲に二千萬圓の大削減を行へりと雖、畢竟是れ一時の權宜に過ぎず。時勢の氣運に伴ひ地方自治の經營に待つべき事業多々益々大なるに無限に之を抑制すべきにあらず。之を文明諸國に於ける自治の趨勢に照らし、又我國地方の實況に鑑みるに、決して今日の程度に於て甘んすべきにあらず。又戰後大に勃興せる國民の元氣は宜しく之を善導して益々國運の振張に資すべきなり。唯徒らに之を制遏せんとするが如きは蓋し識者の與みせさるところならん。今や我國經濟界の氣運は駸々乎として殆ど抑ゆべからざるものあり、此有樣を觀て或は悲觀するあり、或は樂觀するものありと雖、蓋し時世の大勢は亦之を奈何ともすべからず。唯大局に於て國運の進歩を期して過らざる以上は寧ろ其勢を善導するに如かざるなり。經濟界のこと已に然り。我地方の財政に於けるも亦此運を免れす。戰時地方經營に關し民心の興起せると今日の如きは未だ嘗て在らざるところなり。是故に其拙政は嚴に之を戒飭し其發展の萌芽は百方之を助長し亦能く之を保護して以て更に其成育を期するを要す、徒らに地方費の增加のみを恐れて必要の經營をも抑止するが如きは國運の發展を期するの途にあらざるべし。吾人が自治の整理を勵行すると共に併せて其發達の機運を助長せんとするもの亦實に之が爲めなり。

以上自治の趨勢に鑑み將來を推すに、第一には自治の運用圓熟するに從ひ所謂地方分任の主義に依りて事務の簡捷を圖り以て益自由活動の餘地を與へ、些細の事項も認可を要し又は報告を徵するが如き形式に拘泥せる書面上の監督を廢めて實地視察の制度により最適切なる注意と指導とを與ふるを急なりと信ず。

次に地方公共事業の發達に伴ひ財政の膨脹は免れざるところなり、而して財政整備は實に自治發達の基礎なるを以て將來財政上の監督は一層注意周到を期するの方針を採らざるべからざると共に一面に於ては地方低利資金供給の方法を講じて以て地方財政に融通を與ふること之を地方債の現狀に照らして最も急務なりと謂はざるを得ず。英國に於ては現に信用轉貸の方法により起債したる地方債の額千九百五年には六億五千萬圓の巨額に達し其利率の如きは年三分五厘餘の低利なり、其他歐洲諸國に於ては或は郵便貯金を利用し或は特別資金を設け貸付の途を講ぜるが如きは以て參考となすべし、又地方財政の膨脹と共に研究すべきは其財源を如何にすべきやの問題なりとす。而して此問題には獨り課税のみならず地方團體に於ける基本財產造成のことも關聯せりと雖、玆には單に其研究すべき事項たるを陳べ置くに止めん。

此の如くにして地方の政務が益其繁さを加ふると同時に之が運用の任に當るべき當局者其人を得るの一事は最も必要のことにして其適否如何は直に團體の盛否に至大の關係を有すべきに依り宜しく能吏俊才を招來せんが爲め其待遇を厚ふし以て一意專心自治體の利害休戚を一身に負つて立つべき有爲の人物を擧ぐるに努めざるべからず。特に地方經營の事業繁多となり、財政膨脹するに從ては其間不知不識腐敗の分子に浸入の機會を與ふべく、就中都市の行政に於て殊に然るべければ宜しく廉潔公平の士を擧げて自治行政腐敗の源を防がざるべからず。

自治は國家の基礎にして國力培養の源泉なり、有爲の人宜しく玆に着眼して其樹德經營共に其力を傾注せんこと吾人の深く望んで措かざる所なり即ち町村制といふ新服も今では大分着慣れて來て、今や將に活動の域に進まんとする光景であるとの事であるが、さもなければならぬ譯である。故に如何なる工夫をしても、其の後れたるは急がせ、其衰微に頻するのは救濟して、何れに於ても自治の活動を見る樣に、又自治の本領を全ふする樣に經營盡力をすべきが目下の急務である。

利得を好み損害を惡み、榮華を慕ひ恥辱を避け、富貴を願ひ貧賤を厭ひ、賢智を貴み邪佞を卑め、安逸につき勞苦を逃ぐるは、是古今の人情同じき所なり。

道を以て之を導けば我畜なり、道を以て導かずば我讎なり、之を如何んぞ畏るることなからんや。

凡そ聖人の能天下を以て一家の如くにし國中の人を一人の如くするものは、我意を以てするには非ず、必其情を知り、其義に從ひ、其利を明に、其患に達し、然して後によく之をなす。

君子民に臨みて治むるに民の性を知つて、諸民の情に達せずんばあるべからず。

政の興る所は民心に順ふに在り、政の廢る所は民心に逆ふにあり。

偏なく頗なく王の義に遵へ、好をなすことあるなく王の道に遵へ、惡をなすことあるなく王の路に遵へ。　洪範

民情大に見るべきも小人は保んじ難し、往て汝の心を盡くせ。　周書

公を以て私を滅せは、民之れ允に懷く。　周書

第三章　農村自治の型式

我農村の自治は遲々として進まぬとは云へ、又た自治の見るに足るべきは多からぬとは云へ、中には自治が立派に出來て居り、又進みつゝあるのも、多少はあるのである。多くの町村が尙ほ未だ舊弊を脱せざるに、如斯きは誠に我自治制のために多とすべきであるのみならず、町村其ものゝ幸福も亦多大なるのである。近來或は模範町村の名を以て、或は理想鄕の稱號を以て、或は優良町村の文字を以て、世に紹介さるゝものは即ち之れである。

自治をすゝめる上に於ても、農村の改良をはかる點からしても、進んだる村を調査し、進みつゝある所を研究して、何故に進んだであらうか、如何なる手段を以て進みつゝあるやを知らねばならないのである。乍去、之を二三日の視察によりて知らんと欲し、一二の報告書を見て以て研究せんとするは、中々容易のことではない。多くは皮想の見に陷るにあらずば、長短補足の應用が出來ないですむのである。

農村を鑑定する型式

今此等の便に供し、如上の感なからしむる外に、自治發達の順序をも知り、且つは自治の根底確實なるや否やを識別せしむる爲めに、便利な型式を示すであらう。此の型式は農村自治の型式と云ひ、五種に分つのである。即ち

一、塔　型（直線の型式ともなす）
二、扇子型（或は梯子型、又は並行線の型式ともなす）
三、鼎　型（三角形の型式ともなす）
四、屋形型（四角形の型式ともなす）
五、礎　型（圓の型式ともなす）

塔型

塔型　五重の塔でも三重の塔でも、塔である以上は、中央に立てる柱が中心であつて、之がなくば塔は出來ぬのである。之れと同じく一人の人物か、或は一の事業で以て其の農村がよくなつて居れば、之を塔型の村、塔型の自治と云ふのである。

玉瀧村　三重縣の玉瀧村と云へば、同縣の模範村である。農家の協同を計り、村民の利益を增進せんがためには農會の設があり、青年に農事の硏究をなさしめ、改良の必要を知らしむるには硏農會といふがあり、村内の金融を圓滑にし、貯蓄を奬勵するには銀行を立てゝ居り、共同購入の利を知らしめ、協同の必要を悟らしむるためには產業組合の設けがある。此等の長となつて、周旋盡力に怠りなきは、唯一人の玉瀧村長木津慶次郎氏である。此等の施設は木津氏の手足の如く動き、此村の人民は何れも木津氏の心を以て心としてゐるのである。故に木津氏の玉瀧村か玉瀧村の木津氏かが分らぬのである。即ち木津氏は此村に於ける中心であり、心棒であつて、恰も塔に於ける中央の柱の如くである。故に如斯を塔型の村と云ふのであつて、世間には隨分其例が少くないのである。

扇子型

扇子型

扇子と云へば必ず二本の親骨があつて、要《かなめ》でくつついて居るものである。小骨は何本あろうと、親骨がなかつたなら立派な扇子の用をなさないのである。之れと同樣に二人の人物か、二つの施設があつてよい村が出來てるならば、之を扇子型の村であり、扇子型の自治であると云ふのである。

生出村と源村

農村に志ある人ならば何人も知れる筈の、宮城縣は名取郡の生出村、又は千葉縣山武郡の源村は、所謂扇子型の農村であるのだ。當年難村であつた生出村は、今や天下の模範村と云はれ、富有な村と貴ばれて居るが、此の村をつくつた人はと云へば、故村長の長尾四郎右衞門氏と小學校長の茂庭秀福氏あると、云はぬものはないのである。又窮乏に苦しみたる源村は、遂に兒玉内相をして訪問せしむる位の村となつたのであるが、之を當時村長で今は助役の山本八三郎氏と小學校長井口義十郎氏との功に歸せぬものはないのである。此等は村民の敦厚なるにもよるべけれど、長尾氏と茂庭氏、或は山本氏と井口氏なかりせば、今日の如き成績は上らなかつたに相違はない。之を思へば生出村の兩氏源村の兩氏は、何れも扇子の親骨であつて、村自治といふ要で同心協力したものとせねばなるまい。如斯して發達した村も、世間には隨分其例に乏しくないのである。

鼎型

鼎型

鼎や鍋は三本脚で立つのである。之れと同じく三人の人物や、三つの機關があつてよき村が出來てるならば、之を鼎型の村と云ひ、鼎型の自治と云ふのである。

豐岡町

埼玉縣入間郡の豐岡町は、獨り埼玉縣の模範町であるのみならず、恐らく全國内の模範町であらうと思ふ。此處には盲人兒島亮開氏の創意になりし矯風會といふがあつて、町民の矯風に活動をして居り、行政機關には繁田武平氏といふがあつて、父子共に町政の刷新に孜々として倦む所を知らないのである。特に珍らしきは此地の宗教家であつて、佛、耶兩つながら町民の信仰を高むべく、同一の歩調をとつて居る事である。如斯矯風の機關、行政機關、及び宗教の機關が、何れも町民を開發し、町政をあげん事に一致したと云ふのが、豐岡町の抑も今日ある所以であるのだ。

廣村

愛知縣の渥美郡には、村長、報德社長、篤志家の組み合で、自治を進めつゝある所がある。之れも卽ち鼎型である。如斯穿鑿し來れば、世間には隨分其例があるであらう。

屋形型

屋形型

屋形の出來るには必ず四本柱が入用なり。四本柱が立たなくては他の雜作は出來ないのである。之れと同じで、四人の人物か、或は四の機關がありて立派な村が出來てるならば、之を屋形型の村、屋形型の自治といふのである。

彼の有名なる廣島縣の廣村の如きは、人物を中心として云へば、即ち屋形型の村であるのだ。藤田村長、岩西助役は相提携して、村治の向上に腐心し、小學校長村越隆寛氏は教育方面に努力し、大渕順道氏は專ら信仰の中心となつて居る。此四本柱が貧乏ゆるぎもしないで、よく其職に盡し、其責に任ずるので、廣村は益發展するのである。又彼の靜岡縣は濱名郡積志村の如きは、役場、學校、銀行、家庭會の四機關が、所謂四本柱となつて活動するから良いのである。如斯例を求めば必ずあるに相違なからう。又なければならぬ譯である。

▲▲
礎型

礎は土台である。鐘堂の土台は石を重ねて作つてある。煉瓦造りの土台もそうで、同じ煉瓦を積んで作つてある。此等土台の煉瓦や石は、どれも之れも大さに大した相異もなく、まだどれが大切であるといふこともなく、何れも同じ効用があるのである。之れと等しく一村を見渡して、誰れ一人傑物と云ふもなく、偉人と云ふもなけれど、村はよく出來て居り、自治が立派になつて居れば、之を礎型の村といひ、礎型の自治であるといふのである。

滋賀縣の小川といへば、一村にも足らぬ一部落に過ぎぬ處ではあるが、昔は近江聖人中江藤樹先生の出られた所である。今は青柳村とかに屬すといふが、特別の人物も居らず、變つた施設の見るべき物もないといふことである。然し古來公租を滞納したり、或は國法を犯しなどして、煩を公署に致したる者がないと云ふのだ。加ふるに今尚民風純朴にして、業に勵み事に從ひ、敢て他に迷惑をかけぬと云ふことである。故に無爲にして化す所と云つてもよからうと思ふ。如斯は即ち各人の自治が進でる所であつて、所謂礎型のものと云つてもよからう。而して之れが恐らく自治制の本旨に適ふものであつて、自治の極致とせねばなるまいと思ふのである。

自治の極致

農村自治の型式には、凡そ如上の五種あるが、偖て何れの型式が安全にして、而も強固なるやは次の問題である。而して之を研究せんには、先以て自治發達の順序を説かねばならぬのである。今型式によりて其順序を示さんか、塔型より礎型に進むものであるのだ。即ち塔型が出發點であるならば、礎型は到着點であるのである。何んとなれば論より證據、稻取の自治發達を調べば、直ぐ分るのである。

自治發達の順序

故田村又吉氏が奮然立て戸長となりしは、明治十一年であつた。當時稻取は四千餘圓の公租を滯らした程の貧乏村であつたのに、田村氏が苦心經營の結果は十三年一月に至り、未納の金額を皆濟して尚八百二十圓の殘餘金を生せしむるに至つたのである。之で稻取は救濟された故に田村氏は戸長の職を去りて、郡の勸業委員をつとめたのである。爾來村民は田村氏の經營仕方を奉じて、勤勞せしが故に、村富は次第に出來たれど、如何にせん喉元すぐれば暑さを忘るといふが人情で、十七八年頃の稻取村は墮落の極點に陷つたのである。田村氏が再び擧げられて村長となつたは此時で、氏の巧妙なる經營の手段は、以前にましたる稻取を久しからぬ内に出來した、之が明治二十四年頃であつた。如斯當時

塔型時代稻取の村

の稻取は一田村氏によりて消長したもので、田村氏は恰も塔の中心たる柱の如しであつた、故に此時代の稻取は塔型であつたに違いないのだ。

扇子型時代の稻取

二十五年に太田米吉氏が學校長に赴任して以來、學校、社會、家庭の三要素を合せて敎育の道を開き、所謂勸業と敎育とによつて繩の如からしめたのは、確に稻取村自治の進歩であつた。當時田村氏と太田氏は異體同心、盡力の樣は恰も扇子の親骨であつた、即ち此時代の稻取は扇子型に進んだのである。

鼎型時代の稻取村

太田氏に少し後れて來たのは病院長の西山氏で、氏の來村は稻取の衞生狀態を一變したと云つて宜しいのである。即ち勸業、敎育、衞生の進歩は、稻取の自治に貢献したこと實に夥しい、世人が稻取を目して天下の模範村とし、極樂鄕としたも、實に此の時代であつた。故に此の時代は、稻取の自治が鼎型になつたので、田村、太田、西山の三氏は恰も鼎の三脚として立つたものである。

屋形型の稻取村

今日宗敎家保田普門師を得て、新に信仰の上に一生面を開くならば、稻取の自治は更に進歩するだらう。故に今日稻取は正に屋形の型式に進んだのであつて。稻取のためには賀すべきであるが、乍去まだ屋形の型式を脫せぬ內は、稻取の自治も其の終局に達したとは云へないのである。現に世人は、田村氏の沒後、太田氏の轉任后は如何なるであらうかを怪むで居る。どうしても村民が悉く小田村氏となり、小太田氏となり、小西山氏となる時が來らなくてはだめである。即ち無爲にして化す的の礎型に進まなくてはならないのである。（稻取は今日入谷の部落を除きては疑問である、然し本邦農村自治史に功績あれば玆に特に揭げたり）

如斯自治の型式は、塔型より漸次礎型に進むが普通である。中には異例のあるは勿論なれど、如斯進化するのは、所謂物の簡より繁に進む所以の道である。兎に角自治の出來るには色々の型式あり、色々の順序あるは事實であるからは、如何なる型式が强固であつて、且つ安全なるべきやは、次の如しである。

塔型は單簡なり誰れでも作り易し

塔型は如何なる所にも出來易し、乍去一番薄弱なるものである。今の三重縣玉瀧村の如きで、木津といふ樣な熱心家が出來、盡力してさへ居れば、大丈夫ではあるが、之が去つてしまへば瓦解の憂があるのである。然し一人の奮發で出來る以上は、尤も簡單である。今や各地に模範村の視察が流行する、若し一人でも奮鬪倒れて止むの決心あらば、模範村の數は到底今日の比ではあるまいが、何々とか、かとか云つて立たんとする一人のないのが、今日の自治制に於て尤も悲痛に思ふことである。

扇子型は何處にも出來る筈なり

扇子型は塔型に亞ぎて出來易く、又塔型よりも强固なものである。近頃は何處の農村でも、村長と小學校長の居らぬ處はない筈だ、又宗敎家か醫者か地主の居らぬ所もない筈である以上は、村に二人の中心の出來ぬ筈はない、之れ塔型に亞で出來易いと云ふ所以である。實際今日では村長と學校長が組合ひ、一村一部落を脊負て居る所が隨分ある樣だ。斯くて中心が二人ある以上は、たとへ其一人に故障が出來ても、殘る一人が苦心經營さへして居れば、次の相手が出來るものだ。彼の源村に於て村長に交代があつても、學校長の井口義十郎氏が動かぬ以上は、立派に扇子型が出來る樣なものだ。然るに相手がなくなれば落膽してやめるとか、或は立派な中心となる人が双方に居りながら、村を思ふてふ要《かなめ》で一致することが出來ぬとかで、自治の進みゆかぬは實に痛恨の極である。

鼎型は作つて出來ぬ處はない筈なり

鼎型は扇子型に比し多少出來難いかも知れぬが、三人寄れば文珠の智慧で、自治の發達については以上の型式よりも功果が多いのである。之も勢力を爭つたり、名譽を競たり、責任のなすり合で、人物も機關もありて、一致せず、出來べき所に出來ぬとは、實に嘆はしいことである。然し其の出來難き所が、此の型式による自治の强固なる所以であるのだ。

屋形型は出來ぬ樣で出來るものなり

屋形型に至つては更に出來難いが、自治は一層强固となるのである。現今の廣村の如く、また熊本縣は肥後の阿蘇山下なる小國村の如しで、一朝一夕にして出來るものではないが、然し愉快に出來るものである。小國村に於ては、學校職員を中心とせる同情會、戶主を一團とせる有志會、婦人の團結せる婦人會、村より出でたる偉人崇敬を以てなれる余慶會が、一村の幸福をはかる點で一致して居る世人が肥後の理想鄕と云つて居るのは此處である。如斯は出來るに多少の歷史あり、時日を要するだらうが、自治の發達を希ひ、村內の福祉を祈るものは、是非計畫する所がなくばならないのである。

ない樣である型式は礎型なり

舊慣を墨守する所で風俗純朴なる所に之は見らるゝ所あり

礎型に至つては道義が强く、協同心が發達せねば出來ぬのである故に、今日では隨分出來難いに相違はなからう。然し眞正の自治は此處まで到達せねばならぬものである。村長が熱心で出來た、學校長がよくて出來た、今は世話するものがないので斯くの始末であると云ふ樣な自治は、餘り難有くないのである。村長が何物であらうが、學校の人が何をして居らうが、換言すれば世話するものが居る居らぬに關らず、村民一般に聖旨を奉戴して利己に走らず、人道を行ふを喜んで人と苦樂を共にし、己が衣食は己が手とりで求むと云ふ氣慨ありて、進む世に後れぬ働きが出來てこそ、自治制の本旨に云ふ自治が出來るのである。斯くの如き自治は即ち型式で云へば礎型で、尤も强固で而も安全なるものであるのだ。

習慣は第二の天性なり

農村の自治を奬むるもの、農村の自治に盡悴するもの、また自治の發達を計るもの、此處に顧み、此處に思を到さねばならぬ。今日は實に自治が出來ねばならぬ世の中である故に、如何なる型式であらうが先づ地方に應して、出來易きものから始めるがよい。他人は敢て問ふを要せず、人を求むるもいらざることだ。己れ一人でも發奮興起すれば、塔型の自治は出來るのである。たとひ薄弱であらうが、己れ一人の存命中は大丈夫だ、其中には心配を分つものも出來樣、助力する者も出來るだらう、すれば死ぬでも心配はないことになる。今日の急務は誰れでも彼れでも、一村の興廢を以て任ずる人が出來勇往邁進之がためには倒れて止むてふ氣慨が出ねばならぬ。今日に死しても將來に生るを樂んで犧牲となる人が顯はれねばならぬのであつて、而も今日は誰に遠慮もいらず、氣兼もいらず、其筋に許可を得ねばならぬと云ふでもない以上は、其位置を論せず、職務に關せず、志あるものは立たねばならぬ。起て農村の自治に盡瘁し、農村の救濟に粉骨せねばならぬのである。而して決して後繼者があるとかないとかを心配するには及ばぬ。助くる人のあるやなきやを顧みる必要もない。天は自ら助くるものを助くといふではないか、やりさいすれば意外の援助も出やう、按ずるより産むが安いと云ふこともあらう。而して苟くも地方自治のためと思ふ觀念があり、何事も町村のためと云ふ思慮があつたなら、耐忍も出來やう、雅量も出やう、推讓も出來やう、すれば人と事を共にして人と力を協はすことも出來るに相異ない。斯くの如くして或は扇子型となり、或は鼎型となり、或は屋形型ともなりて、自治の極致なる礎型に進む順序をなすことが出來たなら、自治を進めることは決して六ヶ敷仕事ではない。即ち『なせはなる、なさねばならず、何事も、ならぬと云ふは、なさぬなりけり』で、なそうと思はゞ、必ず出來ることであるのだ。たゞ今日は町村てふ室を温めて暖をとらうと思はず、各自に火鉢かゝへて、暖まらんとする淺果《あさはか》な考で、町村や地方を思ふ觀念が乏しく、自己の都合のみを云ふ世の中であるから、六ヶ敷のである。下層の人で今日に逐はるゝ人ならばいざ知らず、少し世間の物事を辨へる人であらば、其邊を考へて自治のために奔走し、町村のために力を盡くさねばならぬ。恐らく今日に於ては、此處に盡瘁する人が、所謂眞實の政治家でもあらう、天下の志士でもあらう、勤王愛國の人でもあらう、而して之が尤も天下に名をなす捷經でもあらうし、不滅の偉人となる手輕な道でもあらう。

此の型式は單に自治のみに應用すべきでなく、町村の他の事業に於ても同様である。即ち各種の農事改良をやるにも、農會、靑年會の如き團體を活動させるにも、所により、事業により、色々の型式があるものである。有力の人あるがために出來るもあれば、强固なる協同力で出來るもあるので、偶然に出來るものとてはない筈である。されば事業を計畫するものは、豫め此邊に考ふる處がなければならないのである。

盛明の代には上明かに下直く、是非得失の辨正しければ言の路開けて各心中を盡くし、正直の言を云ふ人ぞ多き。

衰へたる代には上暗く下諛ひて、善惡邪正の分亂るれば、言路塞がりて各心中を盡さず、阿諛の言を云ふ者ぞ多き。

其位にあらざれば其政を謀らず、君子は思ふこと其位を出でず。

位は期せずして驕、祿は期せずして侈、恭儉これ德にして汝の僞を戴ふこと勿れ。

第四章　自治農村の歸一

自治の發達せる農村には通有の特点あり

自治の發達せる農村が少く、自治の進みつゝある町村が多からぬといふ中に、模範村と呼ばれ理想鄕と貴ばるゝものは、農村自治に工夫するもの、正に研究せねばならぬことである。何となれば之等の發達史は將來自治の發達を計るものに唯一の教訓を與へるからである。此の考にて自治の出來てる農村を研究せば、其等には通有せる特點のあるを發見することが出來る、之れを自治農村の歸一と云ふのである。言をかへて云はゞ、甲の模範村にもあることなれば乙の模範にもあることである。故に模範村となるべき必要條件であつて、又模範村たるの資格であると云つてもよいものである。今此等の中で尤も注意すべく、又た尤も貴ぶべき四項の歸一點を揚げて參考としやう。

士氣は質直の中に生れて勤勉の間に長し、安逸の時に腐れて、驕奢の日に亡ぶ。

爾は是風、下民はこれ艸。

第一節　精神と手段

模範村と云はるゝ程の村や部落になれば、何れに於ても、偉大なる精神と巧妙なる手段がある。抑も精神は即ち事業の骨子であつて、手段は皮肉に相當するものである。骨がありても皮肉がなければ死物も同然だ。又皮肉如何に立派であつても骨がなくば立つことが出來ぬと同樣で、偉大な精神に伴ふ巧妙の手段がなくば、農村は活動せぬのである。今夫れ模範村に於て此二つが歸一の點であるは、誠に當然であると云はねばならぬ。

一、精神

自治農村には必ず炤々乎として蔽ふべからざる精神がある、不撓不屈にして奪ふべからざる精神があるので、少くも左の精神を數へねばならないのである。

自己の本務に殉する精神、

奉公の精神、

義俠の精神、

推讓の精神、

稻取の經營者故田村又吉氏に面會するものは、誰れでも眉目の間や口元で、意志の强固一通りならぬも

稲取村の田村翁

のゝあるを知るであらう。同氏の强固なる意志はたゞ村政を整へ、村民を幸福に導かんと欲する方面にのみ集注されて居ると云つてよからう。彼が村政を引受けたる當時にあつては、役場事務整理のために家門を過ぐるとも入らなんだ。村民に勤勞を奬むるために毎朝鷄鳴に起きて各戸の軒をたゝき歩るいた。此間斥候兵を以て任じ自費で所々を視察して長所の輸入をなした。村長を辭しても村政の後援となり、勸業の指導者となり、七十才の老年まで倦むことを知らず、飽くことを知らざりしは實に自己の本務に殉ずる精神の發現であるのだ。

生出村の長尾氏

彼の生出村の村長故長尾氏は、十七年村長に就職して以來死去に至るまで二十有餘年になつたのである。居宅と役場と相距ること二里餘の遠きに關らず、私用を以て公務を缺いたことは一度もない。而も其途中必ず林野を巡按し、怠る者あれば親しく之を戒しめ、缺席者あれば諭して以て學校に詣らしめねば止まぬのである。其一村を視ること恰も一家の如く、各所の起居勤惰殆んど掌を指すが如く、常に身を以て衆の範として居るそうな。自己の本務に殉ずる精神なくば、どうして斯くの如きことが出來様か。

大澤村の阿部氏

長野縣は佐久郡の大澤村といへば隨分難村であつた。然るに今や造林の經營よくなりて、年々の收入よく村費を支辨し、尙數千圓の剩餘を見るに至るも近き將來であると云ふ様になつた。之れは皆もとの村長阿部善藏氏の賜と云ふのだ。氏の事に從ふや熱誠、一身一家を顧みる餘暇もなく、美蹟の傳ふべきもの甚だ多いのである。偶々公租を滯納せしものあり、一片の令狀よく矯正すべきものならざるを思ひ、老軀を驅つて懇篤說諭にゆきしこと前後二十八回、遂に滯納者をして其の氣根に驚かしめたるといふことがある。如斯は自己の本務に殉ずる精神なかりせば、到底望んでも得られぬことである。如斯村長は村長の職務に殉じ、校長は校長の責務に盡悴し、地主は地主の本務に勵み、宗敎家は宗敎家の責任を完ふせんとするが如きは模範村となる位の所では必ず見得らるゝのである。即ち斯くの如き精神がなくば、模範村は容易に出來ないのである。

德島縣の里浦村

德島縣は板野郡、里浦村といへば、昔允恭天皇の御幸なされた所である。天皇御幸のとき海人命を奉じて海中の奇光を探り、不幸命を損せしや永代公祖御免の恩典に接した。當時君のために身を捧ぐるは國民の光榮とすべき所なりとて、返て之を辭し奉つたと云ふことであるが、此精神が今でも發輝せられて、二百年以來嘗て滯納者なく、協同の風百事に行はれ、蛤講、船講の如き物が出來て居る。前者の如きは其の一部を公共の資に供するといふのだ。斯くの如きは即ち奉公の精神であると云はねばなるまい。

江州の安曇村

又近江國高島郡なる安曇村は、昔繼體天皇尙は皇位に即き給はざりし時に、在住ましませし所であるさうな、『一婦織らざれば萬人凍ゑ一夫耕さゞれば萬人飢ゆ』とのたまひ、進農の訓を萬世に垂れ給ふたは、恐れ多くも此の天皇である。此村に於ては今も此御心を奉戴して、敎育をすゝめ、農耕を勵みつゝあると云ふのである。之れは實に奉公の精神を以てやつて居るよい例であるのだ。

愛知縣の稻橋村

愛知縣は北設樂郡稻橋村と云へば、村內重要の議は常に村社の神前に於て之を開くと云ふことで有名な村である。元來愛知縣の三河國には、昔朝廷へ白牛白馬を献じ、天皇御即位の時には絹糸をも奉つた例があるそうな。何んでも今日に於て之を復活し、國民の誠をいたさねばならぬと云つて、農蠶をすゝめ、諸般の改良に盡瘁して居るのである。此村長故古橋源六郎氏は父祖相傳の勤王家であつて、奉公の觀念より外には何んにもない人である。一村の行政も之から割出し、一家の内政も之が標準になつて居る、故に國家有事に際し此村ほど一生懸命になる所は餘りなからうと思ふのである。如斯きは皆奉公の精神に依つて活動する所である。實に此精神の發動は立派なものだ、町村自治も此精神から出ぬと時としては醜きこともあり、下卑たことも出るのだと思ふ。

千葉縣の立見氏

千葉縣安房郡白濱村長であつた、立見常五郎氏は同郡富浦の人で、其村長として當時令名があつた。往年白濱は村政紊亂を極めし上に黨爭の弊が甚しかつたので、遂に立見氏を煩すことになつた、氏は自己の村治上の方針と村民の覺悟を示し、之が承諾を求めて始めて赴任することにしたそうな。而して其任に赴かんとするや、一家を擧げて移住することゝなし、從來の家を釘付にし、現金二百圓と米二十俵を携帶し、村治の整理を見ずんば一毫の報酬を受けぬと誓つた。爾來躬行實踐以て村民を德化せんことを期し、漸く一般の事務を井然とし、各種の事業が躍如として起る樣になつたといふが、斯くの如きは義俠其依托に任ずる精神がなかつたならば、到底出來ぬことであらう。

廣島縣の佐々木氏

又た廣島縣は賀茂郡の川上村といへば、一時丁抹國の縮圖たる養鷄村であるといふた所である。全村の戸數六百に對し、雛數略六千羽、一ヶ年の卵數略六十萬個を數へたと云ふことである、もと此村は養蠶を副業とせし由なれど、製糸家のないために收繭の販賣面白くゆかず、次第に養蠶は衰頽すれど代るべき副業がないので、全村の疲弊年を逐ふて來り、遂に學校の兒童に不就學者や退學者を多からしめたそうな。當時學校の職員たりし人に佐々木正夫氏あり、之を憂へて救濟に工夫し、遂に養鷄をすゝめて、今日あるに至らしめたと云ふのである。此間に於ける佐々木氏の苦心は名狀すべからざるものであつたが、村民の之を德とすることも甚しく、遂に村長に撰ばれて遂に川上の名を揚げたのである。己を棄て一村の救濟に盡くす斯くの如きは、全く義俠の精神に外ならぬのだ。（立見氏、佐々木氏は共に悲慘な最後をなして今は兩村共云ふに忍びずされど當時の功勞を認めて暫く此項を存し置く）

廣島縣廣村

廣島縣の廣村といふは。村長と助役と共に藍綬褒賞を頂戴してる、名譽な村である。尙此村では一切の事總て四十年の計畫を立てゝ實行し、一村の基本金でも．一家の貯蓄でも皆左樣だそうな。政府の計畫ですら漸く十年位を目途とするに、村であつて四十年の計畫を立てるとは、實に珍らしいことではなからうか。世人の廣村を目して模範村と云ふのは、實に當然なことである。而も如斯き村治をなせしは、一に村長と助役に人を得た爲めであつて、村長藤田氏の助役岩西氏を信用せること又岩西氏の藤田氏に誠意を捧ぐることとは、到底他に於て見るとの出來ぬことである。嘗て當局の藤田氏を賞せんとするや藤田氏は功を岩西氏に讓り、岩西氏を賞せんとするや德を藤田氏に讓り、遂に決する處を知らぬ位であつた。止むなく當局者は双方の功績を申達して、授賞の恩命に接せしめたと云ふのである。上に見習ふは下人民の情である以上は、廣村の兩氏に感化されしことの如何に大なるやは、想像するに足るのである。如斯きは推讓の精神なくば、まね事にも出來ぬ話である。又埼玉縣南埼玉郡なる潮止村に無名の村長と云はれた人がある。嘗て村長の職に從事し、十餘年の久しき間村治に盡瘁した、高橋儀一といふ人で、其の後村治の發展は村内一流の人物を擧げねばならぬと主張し、同村の資産家で德望ある田中四一郎といふ人を無理に村長に推し、自分は其下に助役となつて働き、益村治に盡力したと云ふのである。何時も難事は引受け、小言の的ともなり、一面村長を助けて、遂に潮止村の發達をなしたのだ。之亦推讓の精神なくば出來ぬことで、隨分世間には村長の名譽を爭ひ、運動費まで播きて之を得んとするものもあるのだ。

如斯自治の進める、又進む村に於てはそれ〴〵立派な精神があり、見事なる精神の發動があるもので而も此精神は啻に當事者間にあるのみでなく、たゞの村民にも認められる所があるのである。

二、手段

一度は財力に依つて救濟されたが、再び德義の頽廢によりて墮落したるを救濟すべく、農家共同救護社を立てたる、故田村氏の手段は妙ならずや。之によりて財を得る道と、財を積む道と、財を使ふ道とを合せ敎へたのである。一言にして之を敝へば、常の道を授けたのである。大田氏の赴任するや、家庭修身會を起し、ついで靑年會、處女會、戶主會、母の會、耆老會を起して、敎育を校門より出したる大田氏の手段は巧みならずや。之によりて勸業と敎育とを結び付け、各種の社會をして村治に貢獻せしむる樣にしたのである。而して軍隊組織の農業經營法に至つては、實に田村氏の發明で、空前の妙案であるといつてよからうと思ふ。即ち

兵　糧　米、麥の如き普通作物を豐饒にするは兵糧を足す所以
常備軍　養蠶を盛にし原野を開拓して植桑するは常備兵を盛にする所以
豫備軍　柑橘を盛にするは養蠶の不作を補ふ所以
後備軍　材木を十分になすべく植材を怠らぬは急に備ふる所以

熱心は工夫を生む

之で本業と副業の區別を知らしめ、兼ねて勞力の分配を均一ならしめ、不善をなす閑居なからしめたのである。其の戰時に際し、心の激せるを利用して、奉公の觀念に訴へ、七十町歩餘の開墾を竣成したるが如き、亦手段に富むと云はねばなるまい。之れ所謂熱心は工夫を産むの意か、兎に角當時の稻取は尋常一樣のことで出來なかつたとが分るのである。川上村を救濟した佐々木氏の養鷄に堪能であつたことは事實であるが、之を一村の事業とするには必ず巧妙なる手段がなければならぬ。氏は十家を一組として雞講なるものを組織し、毎月各戸より一圓を醵出せしめ、抽籤を以て順次を定め、交互に雞を買入れしめたのである。此業が普及し産卵數が多くなつてからは、共同販賣の方法を採用して村民に共同の利益と改良の必要を知らしめたのである。之によりて得る所の利益を增すに從ひて、氏は貯金組合をつくりて、貯金の必要を辨へしめた。戰時に際しては、耕地整理を記念事業として指定し、貯

天は自ら助くるものを助く

金の使用法を知らしめた。斯くて業に勤むることの愉快と、富んで倦む能はざる道を授けたのである、何んぞ其手段の親切にして巧妙なるや、川上村の名聲を上げたる誠に偶然ならずと云ふべしぞ。立見氏が白濱村長を引受くるや、先づ條件を提出して之が承諾を求めたと云ふことだが、之が即ち手段の當を得たものであつた。氏が提出した條件を見るに

一、村長は一家の家長と均しく一村の主宰なれば村民とは實親子の關係ならしむべし、村會議員は村長の實親たるの感念を以て村治を監督すべきこと。

一、村治は大小に拘らず村長に一任すべきこと。

一、村長を信任し其直接家族たる村吏員交迭には必ず村長の意見を徵すべきこと。

一、村吏員に對しては有形と無形とを問はず相當の待遇をなし村吏員をして常に其職に安せしむる樣努むべきこと。

一、村內重立つ者は村長は勿論村吏員に對し特殊の請托をなすべからざること。

一、政黨に關與せざるべからざる場合には、政黨を利用するの感念たるべきこと。

宛然急所を押へたる如き觀があるではないか、其戰時に臨んで發奮せる人心を利用し、內外の人に勸めしめたる手段の如何は、左の手紙によつても知ることが出來るであらう。

拜啓我忠勇絕倫ナル軍隊ハ北ニ遼陽ヲ屠リ南將ニ旅順ヲ併合セントス其赫々タル功績ハ　皇威ト共ニ永ク世界ノ戰史上ニ特筆大書セ

ラルベキハ勿論且ツ其一字一句ハ悉ク我同胞タル諸賢ノ熱血ヲ以テ彩ラレ候儀ト存候ヘバ悲慘ノ極恐悚ノ至リニ不堪候滿遼ノ野ニ旅順港外ニ奮擊健鬪勁敵ヲ連破シツヽ炎熱ト苦鬪セラレタル諸賢ハ今又氷雪ノ裡ニ苦寒ト鬪ハザルヲ得ザルノ困難ニ遭遇セラレントス如何ニ奉公ノ義トハ乍申斯クモ諸賢ノ萬死ノ間ニ御盡瘁相成候段ハ吾人村民ノ感奮シテ措カザル所ニ有之候抑決死隊組織ナルモノハ獨リ陸海軍々人ノ專有トモ思ハレズ候ヘバ吾人村民ハ玆ニ相約シテ決死隊ナルモノヲ組織シ所謂農業界ノ決死隊漁業界ノ決死隊ト云フ如ク村內ノアリトアラユル當業者ハ各決死以テ其業務ニ勇往邁進苟クモ一利ノ起スベク一害ノ除クベキアラバ躊躇ナク斷行シ是等多數方面ヨリ贏チ得タル貲財ハ以テ軍資ニ供シ諸賢ノ後援トシテ毫モ後顧ノ憂無之樣乍不及盡力致候覺悟ニ候ヘバ遠征萬里天涯異域ニ御辛勞ナサレ候諸賢ノ時折故鄉如何ト御案ジナサレ候事ハ人情ノ至美ナル義トハ存ジ候得共此邊些ノ御懸念ナク自重自愛堅忍不撓以テ全局ノ大成ヲ期セラレン丁ヲ只管翹望致シ候吾人鶩ナリト雖𪜈徒ニ空文ヲ以テ諸賢ヲ慰籍セントスルモノニ無之本文ノ主旨ハ村民一般ニ普ク徹底之上敢テ膝下ニ寄贈候次第ニテ擧國一致最後ノ勝利ヲ期待候亦誠ノ外無之卽チ征露紀念ト御諒察賜ハリ度爰ニ本村恤兵會員一同ニ代リ貴下ノ健全ヲ祝シ併セテ立功祈上候敬具

明治參拾七年拾月拾五日

白濱村恤兵會長　立見常五郎

宛名殿

二仲本村海陸產物ハ平年以上ニシテ全國ノ稻作ハ本年ノ十二分作ノ豫想ニ有之候本村本年ノ新兵ハ補充兵役共計四十一名全國ノ新兵十萬トノ丁ニ御座候而シテ三十八年度政府ノ豫算ハ平年ノ三倍卽チ八億圓以上ト申ス丁ニ候斯ク多額ノ出費ト多大ノ新兵トヲ徵收セラルヽ國會ハ一言ノ異議ナク贊同セン國民又喜ンデ歡迎候眞想ニテ今ヤ國民ノ意氣ハ砂ヲ嚙ミ岩ニ攀ヅルモ全局ノ大成ヲ期待候覺悟ニ有之候去ル八月二十四日ニハ陸前國氣仙郡ニ一大金礦發見約四十億圓ノ黃金ヲ含有ストノ丁ニテ大藏省ノ所屬ト相成候如上ノ次第ニテ帝國ハ天ノ時、地ノ利、人ノ和ノ上ニ神瑞ノ保護アリ世界列強ノ同情有之候ヘバ此時局ガ如何ニ永久ニ亙ルモ武力金力共ニ毫モ顧慮無之候間專心御奉公被成下度併セテ申上候也

即ち知るべし、外征の人を激勵する所以は、內村民を督勵する所以であり、後援の內狀を知らしむゝ

のは、外征の人をして倦まざらしむる手段であつたことを、斯くて拔かさず、甲辰會なるものを組織して記念をとゞめた、其目的とする所は産業上の改良發達を企圖し併せて風紀の改善を計るにあるので苟も此村に在住するものは、本籍と寄留とは問はず和衷協同し、絶對に會則に服從するの義務ありとしたのである。其事業に關しては左の如く云つてある、本村の利害休戚に係る事柄は勿論、苟も會員の利權に關し、一利の起すべく一害の除くべきあらば、細大となく指導勵行すべく、其項目左の如し、

一水　産　漁船、漁具、漁撈、製造、沃度ノ改良、海草ノ採拾、遠洋漁業、鑵詰ノ奬勵、漁港ノ設置、

一農　業　耕地整理、排水灌漑ノ設備、溜池ノ新設増設、養蠶、牧畜ノ奬勵、害蟲豫防驅除、肥料ノ撰擇、蔬菜〓ノ栽培農作ノ改良、

一林　業　造林事業、防風林設置、果樹ノ栽培奬勵、山林保護、

一營　業　産業者ト營業者ノ分業、營業種目ノ分類、營業者ノ信用、原産地ノ取引、商品ノ撰擇改良、

一副産餘業　疊表、花莚、製笠、製網、製綵、其ノ他各種ノ餘業、

一道　路　縣道ニ串聯スル樞要里道及里道、小里道及作場道ノ修繕改築、

一消　費　衣、食、住、其他一切ノ消費中衛生的志想ヨリ打算シ華奢冗費ノ節約、

一勤儉貯蓄　一利ヲ起シ、一害ヲ除キ、贏チ得タル收益ノ幾分ハ必ズ貯金セシムルヿ、

一基本財産　本會ノ事業トシテ贏チ得タル純益ハ最モ確實ナル管理ノ下ニ蓄積スルコト、

一風　俗　着實質素ノ内ニ高尚ノ美風ヲ養成シ職業ノ妨害トナラザル程度ニ於テ野卑ノ風ヲ矯正スルコト、

一公德心　天下ノ一事一物、利害得失ニ關シ其ノ打算スル焦点ハ會員一様ニ最大ナルモノハ大日本帝國、最小ナルモノハ一身トシ其ノ大ナルモノヽ爲メニ小ナルモノヲ犧牲ニ供ス、則チ帝國ノ爲メニハ一村ヲ、一家ヲ、一村一家ノ爲メニハ、一家一身ヲ犧牲ニ供スルノ覺悟ヲ以テ躬行實踐社會ヲ德化シ自然ニ私利私慾ノ念ヲ消滅セシム、

一負　擔　諸税及公費ノ負担ニ對シテハ別ニ納税貯金ノ法ヲ設ケ納期ニ完納セシムル様履行ノ道ヲ講ズルヿ、

意志の在する所に道あり

加之賞罰を明かにして、所謂勸善懲惡を正ふしたのである。白濱村が今や當年の面目を革め、米國船ダコタ丸沈沒の際の如き、遺憾なく日本國民の意氣を發揮したるも、偶然にあらずと云はねばならない。近き將來に於て其の自治の進步發達するのも、敢て疑ふべからざることであらう。其他里浦村長村幸八氏が先人の美談を活用して、何事も村の名譽に訴へてなすが如き。愛知縣幡豆郡豊坂村の志賀壽太郎氏が村長たりし時各種の縣立學校を利用して、村內各種の事業に改良を講じ、知名の人士を招聘して民心の開發に資せしが如き、同縣額田郡宮崎村の山本源吉氏が村長となり事を計畫せしや、必ず先づ有力者をして他の進步せる所を視察せしめ、其の利害を自覺せしめたる後に事を發せしが如き。人に應じ所により、手段は必ずしも同一ではないが、乍去手段がなくして事のあがり、自治の進める所は殆んどないのである。彼の精神ありて此の手段のあるのは、あらゆる模範村、自治農村の通有性であつて、歸一の點である。

馳せ馬に、鞭出づる、田植かな
天地や、燈言の經を、繰り返す
名年や、烏はからす、鷺はさぎ

第二節　財と徳の併進

財力さへ豊富であれば何事も出來、如何なる心配事もないものだと思ふは、貧乏人や、物知らずの常である。伊豆の國には天與の富源を有する村がある。白濱村と云つて稻取の界隈である。風さへ吹けば、海さへ暴れば、石花菜は海岸に打ち上げられるのである。稻取では之を得るに非常の苦心慘膽をしたので、故田村氏の如き夜の目も眠らぬ苦勞をしたものだ。之が勞せずして得られ、而も澤山に得られるのである。何んでも此村では、之を村で採取し、村で賣り、其の一部は基本金にし、一部は村税にあて、尙殘るので年末には村民に割もどすといふことだ。世に斯る結構な所はまたとあるまい。知らぬ間に旣に十萬近くの基本金が積めたと云ふが、斯る旨い所は他所には決してなからうと思ふ。然るに農村の自治は稻取に發達して、此處には出來ぬのである、極樂は稻取に出現して白濱には現はれないんだ。之れ財力のみでは、恰も車の一輪を缺きたる如く、進歩の出來ぬ所以であつて、稻取の當初石花菜の改良によりて初には富みたるも、更に再び墮落したのと同然である。さは云へ、如何に道德がすゝみ居つても財力が足らねば、どうすることも出來ぬ、古人の所謂、身貧なれば仁義ありと雖も行ふ能はずで、如何な善事でも、如何な結構な事でも實行は出來ぬのである。故に財力豊かなればなる程德義の發達がなくばならず、道義があればある程財力に富まねばならぬので、福住正兄翁の所謂『道

德と財は車に於ける兩輪の如く織物に於ける經緯の如し

德なき經濟は永遠の道覺束なく、經濟ならぬ道德は勞して功なきものと知れ』、とあるも同じ意味であるのだ。之を以て農村自治の進む所、農村自治の摸範たる所に於て、財と德の併進、即ち經濟の道に盡くすと同樣に道德の涵養を忽にせざることが、何れに於ても一致して居るのは、誠に當然と云はねばならぬ。

誠に彼の稻取を見よ、彼の農家共同救護社は全く財を積み、德を行ふ所である。其定款の筆始に何を示して居るだらうか、

本社は農家の道德を振揮し左の三項を實行するを以て目的とす

第一項、常に親睦協和を旨とし各自財產の分內を守り善を積み業を勵み共同救護して共に農家永安の法を立つる事、

第二項、明治二十三年十月三十日の　勅語を服膺し道義を重んじ實踐躬行を旨とすること、

第三項　報德訓を確守し神德皇德祖先父母の德に報ゆるに我德行を以てし勤勉節儉して貯蓄を行ひ富强の基本を確立すること、（最後に全文を掲ぐ參照せよ）

即ち德を行ひつゝ財を出來し、財を作りつゝ德を積むを主眼として居るのである。故に農事の改良を計り、收益を增さんがために農會の設備もあれど、救護社の精神をはなれて農會單獨の行動はないのである。此村には尙耆老會、戶主會、母會、青年會、處女會あれど、其の趣旨と目的に至つては所謂大

稻取の今日ある所以

同小異であつて、只身分に應じて多少なす所が異なるのみである。實に稻取村の名を揚げたは、徳行と經濟を打つて一團とし、何れも單獨孤立の弊がなかつたからだ。生出村は既に村是の調査をなし、農會の活動、他に類を見ざる程であると云ふからは、富を作るに孜々たるのみであるかの如く思ふものもあらうが、決して左樣でない。此處では行道會といふを組織して、各自身分に應じて人道を講じ、且之を行ふを以て目的として居る。尙之を男子女子の二部に分ち、男子部に青年部、中年部、老年部を置き、女子部に處女部、婦女部、老女部を置き、各部に道を講じ徳を競はしめて居るのである。源村も農會の活動して居る所であつて、基本金をつくることに熱心なる村である以上は、富より外に求むることのない所であるだらうか。近來報徳の趣意に則りて報徳結社をなし、徳義の向上と活用に怠りなしと云へば、此處も一方に偏しては居らぬことが分る。

生出村の行道會

斯くの如く穿義し來れば、他に斯る例はいくらもある。またなければならぬのである。今や農村に志あるもの、農村自治の發達を計るもの、皆等く此點に留意し來り、富と財とのみにて、眞正なる自治は買ふべからず、强固なる自治は得べきものにあらざるを知つて來た樣だ。之れ自治の發達に於て、何より喜ぶべきことであり、また望多きことであるのだ。

第三節　新道德の活動

協同と同情

人道から考へても、成功の上から見ても、事實は古くよりあつたものではあるが、文字の新なる所からして、特に新道德といふは、協同と同情の二つであるのだ。昔は毛利元就、死に臨んで子を招き、箭を折らしめて『汝等骨肉相食むこと勿れ、兄弟牆に鬩げばかへつて内より破れん』と戒めたるも、協同の必要を説いたのだ。又關ヶ原の戰に天下の英雄を集めたりし大阪軍を破つた關東軍も、實は協同の力で勝つたのである。故に協同の必要、協同の功果は今に始まりしものならねど、今日ほど協同の必要なる時はなく、今日ほど協同の功果大なる時も亦なからうと思ふ。彼の儒教に所謂己れの欲せざる所は之を人に施す勿れとあるも、下世話にわが好は人に振舞へとあるも、之皆同情のことである。故に人に同情のなければならぬは、今に始まつたことにあらざるも、今日程恐らく大切なる時はなからうと思ふ。彼の自治の發達が塔型より礎型に進むものなりと云ふも、實は協同の進歩、同情の次第に盛なる傾向を示すに外ならないのである。

同情は一切道德の始めなり

而して協同と同情は、恰も夫婦の如く互に助合ふべきもの又助合はねばならぬものである。實際同情がなくば眞の協同は出來ず、協同が出來ねば益同情が缺けて來る、斯くて同情が缺け來ては決して協同は出來ぬのである。それが同情と協同と互に助合へば、それから色々の仕事も出來、事業も成功するのであるからして、模範村などゝ云ふ立派な自治體の出來るには、必ず此新道德が活動せねばならぬのである。

生出村

彼の生出村は模範村でもあり、故長尾氏の信用と村民の精勵は他に比類なき程とも云へば、喧嘩や爭論はない筈であるのに、卅五年の歲とかに一度あつたと云ふことである。それは村長長尾氏が大阪の博覽會視察費を豫算に出提せず、自費を以て行かんとしたからであるさうな。村民では村長が視察する以上は、必ず村によい土產を持て來るに違ひない。又た村長の視察費は村民の負擔するは當然のことであるに、何故に村長は之を豫算に組入れざりしかと云ふのであつたさうな。要するに村長は斯る費用まで負擔させては氣の毒だと思ひ、村民は村長に自腹を切らせては氣の毒だと思つたからである。遂に村長長

君子の爭

尾氏は村民に一歩を讓つたといふことであるが、之れぞ所謂君子の爭とでも云ふべきものだらうか、双方に此の思やりがあつた以上は、生出村のよく治つたのも無理のないことではあるまいか。肥後の理想

小國村

鄕なる小國村には、小學校職員が貧困なる兒童を思やり、土地の僻遠にして文化の恩惠に浴することの少きを察し、同情會なるものを組織し、毎月俸給の百分の二を醵金として蓄積し、或は學用品の貸與に供し或は兒童文庫の維持にあつる等。實に淚の出る樣な話がある。而も之れ學校の職員ばかりではなく、少女にして父より與へられたる數百金を村の橋梁のかけ代へに寄附したものもある。また土地の素

火は鐵を燃し同感は人をとかす

封家で學校基本の方へと土地を寄附したものもある。また農夫であつて、旅人の不自由を察し往來に無料の茶店を出したものもあるのだ。されば何事でも協同で行はれ、一致の行動がとれて、至醇なる自治

豐村

體を實顯するのは、當然と云はねばなるまい。山梨縣は中巨摩郡なる豐村といへば、昔武田信玄が村

民の生計を補はしむるがため、柹の栽培を强制してやらせた所であつて、今も非常な僻地で寒村であるそうな。村長に小笠原寛といふ人があつて、村民の勤儉力行を奬勵して居るのであるが、自分は何時も役場で暮らし、夜業をとつて、村民の諸屆諸願を取扱ふのである。之れは村民に勤儉をすゝめながら、屆や願書は働くべき日中に持つて來いとは云はれぬ、彼等が日中に一生懸命で働けば、役場の用は夜で辨ぜられる樣に安心させねばならぬ。と云ふ同情からであるそうな。寒村にして今や天下に名をなす誠に宜なりと云ふべきである。彼の愛知縣幡豆郡の六栗と云へば、愛知縣の模範部落であるが、

六栗の里

此處の青年會が去年の秋祭に際し、近村で花火を以て餘興とせしを益なきこととなし、村長に請ふて祭禮費の幾分をもらい、之に村の工事を引受け其の勞働によりて會員の得たる賃銀を加へ、農產物品評會を開くことにした、然るに之を擧行するに當つて、會員の一人が他人の迷惑を察して死人を秘し、會を終つて之を發表したるが如き、或は青年の意氣に感じ、七十餘歲の老人が態々二里餘の道をかけて農林學校に詣り、平田男爵の臨場を申請する勞を賴み、學校をも男爵をも動かしたるが如き、處女會員が各自の製作品を出して興を添へ、尙各自の手によりてつくれる牡丹餠を來賓に供して、來會の謝意を表したるが如き、皆同情と協同とによらざるものは一つもなかつたので、集會せし人は何れも多大の感興を得たのであるが、如斯は全く同情の交換と、老幼男女協同の賜であるのだ。語に『同情は一切の道德の始まりであり、協同は偉大の勢力である』と云ふことがあるが、誠に夫れに違はないのである。世の模範村に於て此新道德の活動を見るは實に當然のことと云はねばならぬ。

第四節　偉人の不滅

賢愚の別

偉人は死なぬものである、死なぬものが偉人である。釋迦も尚生きて居るではないか、孔子も尚生きて居るではないか、耶蘇もやはり生きて居るではないか。碌《ろく》々として生きて居る人よりも、其の感化が多いのが何よりの證據である。而も智者は之を生かして事へ、愚者は死人として之に學ばうとはせぬのである。釋迦や孔子、基督には到底及びもなからうが、由來農村には偉人が出るものであつて、實際多くの偉人が出たのである。此等の偉人を殺さず、生けるが如く尊重して、之に事へ、之に學ばんとして居るが即ち賢き農村で、之を葬り、死したるものとして忘却し、範を之にとり、之に則るを知らぬのが、即ち愚な農村である。模範村や理想鄕と云はるゝ所は賢き農村であつて、所より出でたる偉人は、決して忘れもせぬが見棄てもせぬ、のみならず之を尊び之に學ばんと日夜焦慮するのである。即ち村民は之を理想の人として、之にいたらんことを欲するのであれば、村風のよくなるは當然であるのだ。

彼の小國村には余慶會といふのがあつて、鄕黨先人の善行美德を訪ねて、之を訓育の資料にして居るそうな。甞て村に杉平作彌なる者があつた、家は元來裕ではなかつたが、鄕人が年貢を運ぶ通路に難路があつて、冬日などには人倒れや馬が凍ゆる惨事があつたので、彼自ら假小屋を作り湯粥を行人にすゝめて、寒を凌がしめたことと實に四十年の久しきに及んだと云ふことだ。此同情深き彼が善行は、時の藩主に聞へて遂に姓を杉平と賜はり、陞げて士分の列へ加へられたと云ふとであるが、村民も尙活かして之を範として居るのである。同村小學校を距ること二町餘の所に、忠女つやの碑といふがある。一生を其主に捧げて、時には己が身を質入として醫藥を主に供し、時には夜業をして滋養を主に食ましめて、懇切到らざるなく、其主死しても尙嗣子に事へて、忠勤怠りなく、其間里人の及ばざるを助くる等、忠實古今に絕するものありしため、遂に官賞の榮をも得たるそうであるが、里人亦其風を慕ひ、死後石碑を立てゝ長く其功を旌し、尙今日も皆之に則らんことを心掛けて居るといふのである。此時村民に奉公の大事を敎へたる僧、時松敎願が死して久しくなつたのであるが、村民は今もこの遺敎を奉じて只そむかざらん事を欲して居るそうである。されば小國村には偉人は不滅である、不滅の偉人が居るのである。村風至醇にして、自治の範を內外に垂るも亦宜なりと云ふべきである。又彼の德島縣里浦村民が今日に至るまで、先人の美談を尊重して、今も奉公の觀念に富むと云ふのも、畢竟先人の遺德が不滅であるからだ。斯く云はゞ何人も、中江藤樹先生の尙小川村に不滅であるのを知つて居るだらう。小川村には獨り藤樹書院があるのみでなく、石塔がある許りでなく、中江聖人の精神が働いて居る。何故なれば村民は尙藤樹先生を畏れて居る、尊敬して居るのみならず、之に師事して居るのである。即ち先生は前途尙遠く不滅であるのである。讚州は高松市を去る東一里半許に牟禮村といふがある（木田郡）勤王

生は順なり死は順なり悟れば生死なし

の大儒柴野栗山の誕生した所であるが、栗山逝きて正に百年の今日、同志の有志其偉績を後世に傳へんかため、栗山堂といふを建立した。而して之を基礎とし自治の整善を圖ることになし、第一に納租の義務を全ふせんがために納租袋を案出し、第二には青年の風を改善すべく劍道を奬勵し、尙夜學を起す等、色々工夫をして居るそうな。栗山先生が蘇生《よみがへる》した以上は、此村の自治の發達期して待つべきものだらうと思ふ。近來二宮農聖も各所に蘇生するのである。之れ決して偶然ではなからう。必ずや近き將來に於て其主義の實顯を見るに相違ないと思ふのである。斯くの如くよき村には必ず不滅の偉人が居る、偉人の不滅なる所必ずよき村が出來る。故に鄕黨の善人、村里の偉人がたゞ書物や石碑に殘つて、生きて働かず、又生かして働かさぬ所は、駄目な村と思はねばなるまい。此處に氣がつき、先人の遺德を引起し、之を培養するに至つた所は即ち進みかけた村と云つてもよく、村が進みかければ必ず先人の遺德に心づき、之に敎訓を受くる樣になるものと思ふべきである。兎に角よい村に偉人は死せず、摸範村に偉人は不滅であり、理想鄕には偉人が蘇生するものだ。

如上の如ければ、精神に認むべきなく、手段に應ずべきなく、たゞ財利を得るに汲々として飽くことを知らず、時には人を陷ることもあらう、人に迷惑をかくることもあらうが、富さへ得れば足れりとなし、榮華を欲し、爵位を貴び、名譽を希ふのみでは、決して農村の自治は得られぬものであることが分るのである。どうしても急げば廻れで、良き村を作らんには各自誠意を捧げ、智囊を搾り、人道を重んじ公共に勵んで、先人の遺德を思ふの志がなくばならないことを悟らねばならぬ。今の人にして自治を欲せざるものはない筈だ。然し精々つらい思をしまいと考へて居る、よい村にしたいと思はぬものもないが、誰れかゞどうかして吳れるだらうと思ふて居る、模範村の名は何人も好まぬ譯はなからうが、私利が先になり利己が大切になつて居る、理想鄉の味は見たくないと云ふものもなからうが里人の遺德が見へぬで、官人の爵位を貴んで居る。こんなことで如何してよい村を作ることが出來やう、模範村になることが出來やう。實に自治農村の歸一は、其到るべき道を敎へ、其なるべき秘訣を授くるものと云つてよからう。農村自治をすゝむるものは、依つて其道を知らねばならぬし、農村の自治を得んとするものは就て其の秘訣を悟らねばならぬのである。

禮義廉恥を國の四維と云ふ、四維絕つ時は即ち國亡ぶと云へり、管仲が齊國を治められし時の敎の條目なり、昔の武士はさのみ學問したりと聞へねど、弓矢の道とて、一種の禮義ありて之を守り二心あるを羞ぢ、心言と相違するを恥づるなど廉恥の守もありて、今より見れば殊勝なること多かりき。

徂徠

◉靜岡縣賀茂郡稻取村入谷農家共同救護社定欵

本社ハ農家ノ道德ヲ振揮シ左ノ三項ヲ實行スルヲ目的トス

第壹項　常ニ親睦協和ヲ旨トシ各自財產ノ分內ヲ守リ善ヲ積ミ業ヲ勵ミ共同救護シテ共ニ農家永安ノ法ヲ立ツル事

第貳項　明治二十三年十月三十日ノ　勅語ヲ服膺シ道義ヲ重ンジ實踐躬行ヲ旨トスル事

第參項　報德訓ヲ確守シ神德皇德祖先父母ノ德ニ報ユルニ我德行ヲ以テシ勤勉節儉シテ貯蓄ヲ行ヒ富强ノ基本ヲ確立スル事

第壹條　當社ハ賀茂郡稻取村入谷農家共同救護社ト稱ス事務所ヲ稻取村八十三番地ニ置ク

第貳條　當社ハ賀茂郡稻取村入谷居住農業者ヲ以テ組織ス

第參條　結社年限ハ許可ノ日ヨリ滿六十年ヲ以テ壹期トシ滿期ニ至リ總會ノ決議ヲ以テ更ニ繼續ノ方法ヲ議定ス

第四號　當社ノ報德金ト稱スルモノハ左ノ二種トス

善種金　社員餘業節儉ヨリ得タル寄附金

永安家資金　社員分度外積金

第五條　善種金

社員毎月集會ノ節各自節儉ヲ盡シ又ハ夜間餘業ヲ以テ得タル金錢物品ヲ持參シ特志ヲ以テ善種金トシテ差出スベシ

本金ハ差出切ニシテ返戻スルヲ得ス協議員會ノ決議ニヨリ左ノ各項ニ支拂フモノトス

第壹項　陸海軍恤兵ノ必要アルトキノ獻金及ヒ赤十字社ニ寄附金

第貳項　力農精農孝子節婦僕特志者ヘ賞與金

第參項　道路橋梁ノ修繕又ハ神社佛閣ノ修理及獻金

第四項　罹災者ヲ救助シ貧困者ヲ撫育シ無產ノ者ヲ農業ニ從事セシムル等ノ諸費及ヒ善行ト認ムル事業費

第五項　社員ノ家族ニシテ八十才以上ノ者ヲ待遇スル諸費

第六項　社費及會議費

第六條　前條支拂殘金ハ年々積立金ニ組入レ置キ社有地買入資金ニ備フルモノトス

第七條　永安家資金

社員ハ毎年農産物又ハ蠶業收益金ノ壹割以上ヲ分度外ノ財トシテ積立許可ノ日ヨリ滿六十年ヲ壹期トシ永安家資金トスヘキ事

第八條　積立金ハ毎年六月三十日限リ理事ニ申告シテ收入係ニ預ケ入ルモノトス

第九條　理事ハ收入係ノ收入報告ヲ調査シ預リ證書ヲ本人ニ附與シ毎年七月二十日限リ精算ノ報告ヲナスモノトス

第十條　前條ノ報告ヲ受ケタル時ハ社員ハ認定ノ證トシテ帳簿ニ捺印スルモノトス

第十一條　理事ハ毎年七月二十日限リ協議會員ニ於テ業務報告及ヒ財産報告決算報告ヲナシ認定ヲ經タル上更ニ總會ニ報告スルモノトス

第十二條　第七條ノ年限中ト雖モ左ノ各項ニ該當スルモノハ協議員會ノ評決ニヨリ拂ヒ渡スモノトス

第一項　火災ニ罹リ再興ノ見込ナキモノ

第二項　天災地變ニヨリ一家ノ生計立チ難キモノ

第三項　田畑山林買入レノ爲メ積立金ノ半額ヲ請求スルモノ

第四項　一戸五百圓以上ノ積立高トナリ半額ヲ請求スルモノ

第五項　公益ノ爲道路橋梁ヲ修繕シ其他善行事業ノ爲半額迄ヲ請求スルモノ

第十三條　前條第一項第二項ノモノアル時ハ本人積立金ヲ拂ヒ渡シ尚無利子拾ケ年賦ニシテ貸附回復法ヲ立テシムル事

但シ前各項ニ該當スル拂渡シ金ハ年利五朱割ヲ以テ相渡スベキ事

第十四條　理事ハ第八條ノ收入金ヲ毎年七月十五日限リ協議員會ノ決議ヲ以テ興産ノ目的アルモノ又ハ負債アル社員ニ無利息五ケ年賦ニ助貸スルモノトス但シ數名ノ貸附金請求者アリタル時ハ評議員會ノ決議ヲ以テ定ム

第十五條　前條ノ借用人ハ五ケ年元金返濟ノ後第六年目ニ至リ壹ケ年賦金ヲ禮金トシテ納ムルモノトス

第十六條　前條々ノ無利息年賦金ハ社員貸附ノ殘餘アル時ハ社員外ニ及ホスモノトス

第十七條　滿期六十年ニ至レバ各自ノ積立金高ト年數トニ第十五條ノ禮金ヲ割附ケ永安資金トシテ本人ニ相渡スモノトス但シ買入レタル不動產及ヒ善種金ハ各自ニ割付ケズ永遠社員ノ共有財產トシテ保存スルモノトス

第十八條　事故ニヨリ中途解散スル時ハ第十七條ニヨリ處分スルモノトス

第十九條　借用人ノ擔保ハ土地又ハ公債證書ニ限ル但シ保證人二人連印セシムベキ事

第二十條　貸附殘金ハ凶荒豫備トシテ協議員會ノ決議ヲ經テ確實ナル銀行ニ預ケ入ルルモノトス但シ協議員會ノ決議ニヨリ不動產ヲ買入ルヽ事アルモノトス

第二十一條　理事協議員ハ毎年七月三十日限リ社員作附ケノ田畑ヲ巡回シ平素耕耘ノ勉否ヲ調査シ總會ニ報告スルモノトス

第二十二條　社員ハ毎年八月十五日限リ投票ヲ以テ精農力農孝子節婦奇特者四人（男二人女二人）ヲ投票シ過半數ノ投票點ヲ得タル者ヲ擧ケテ善行證書及ヒ賞品ヲ與ヘ毎會善行席ニ着カシメ格別ノ待遇ヲナスモノトス

第二十三條　善行者ニ擧ケラレタル者ハ其姓名ヲ當社善行名簿ニ記載スルモノトス但シ不都合ノ行爲アル時ハ協議員會ノ決議ヲ以テ其姓名ヲ善行名簿ヨリ削除スルコトアルヘシ

第二十四條　社員ハ勤儉推讓ヲ謹ミ共同救護シテ立德致富ノ基本ヲ確立スルモノナルニ依リ社中親睦協和ヲ旨トスベシ

第二十五條　社員ハ祖先ニ報ユルニ德行ト勉業トヲ以テスルモノナレハ社員中農業ヲ怠リ奢侈ニ流レ分外ノ費用ヲ支出スルモノアル時ハ委員ヲ選ミ忠告スルモノトス

第二十六條　當社ハ毎月十五日總會ヲ開キ協議員會ハ必要ノ事件アルトキ之レヲ開ク但シ招集ハ開會三日前ニ理事長之ヲ通知ス總會及ヒ協議員會ハ出席者半數ニ達セザル時ハ開會セズ採決ハ起立又ハ投票ニ依リ之レヲ定ム

第二十七條　總會ノ節評議研究ス可キ事項大率左ノ如シ

一　報德ノ仕方ノ研究ヲ主トシ殖物富產ノ法ヲ起スベキ事

二　勤儉ヲ行ヒ窮民ヲ救濟シ共同救護ノ方法等ノ事

三　家庭敎育ヲ進歩セシムル等ノ事
四　風俗ヲ淳良ナラシメ德義ヲ厚クナス事
五　業務報告及ヒ財產報告決算報告ヲ受クル事
第二十八條　本社ニ左ノ役員ヲ置ク
理事長　壹名　理事　壹名　收入係　壹名　協議員　拾貳名
第二十九條　役員選擧ハ總會ニ於テ投票ヲ以テ之ヲ定ム
第三十條　收入係ハ理事推選シテ社員認定ス
第三十一條　理事長ハ總會及ヒ協議員會ノ會長トナリ役員ノ勤怠ヲ調査シ本社ニ關スル一切ノ事務ヲ總理ス事故アル時ハ理事ヲ以テ代理セシム
第三十二條　理事ハ金錢ノ出納ヲ命令シ當社ニ關スル會計事務ヲ監理シ議案報告ヲ整理ス
第三十三條　收入係ハ金錢出納ヲ司リ理事ノ指揮ヲ受ケ支拂ヲナスモノトス
第三十四條　協議員會ニ於テ決議スベキ事項左ノ如シ
一、會計ノ出納ヲ檢査スル事
一　業務ノ報告及ヒ財產報告決算報告ヲ認定スル事
一　財產ノ處分ヲ決議スル事
一　其他總テ當社ニ關スル件ヲ處理スル事
第三十五條　前條々ノ役員ハ總テ名譽職トシ四ケ年ヲ以テ滿期トス但シ滿期後再選妨ケナシ
第三十六條　當社ノ會計ハ農業ノ都合ニ依リ毎年七月一日ヨリ翌年六月三十日ヲ以テ壹ケ年度トス
第三十七條　社員若シ重罪ノ處分ヲ受ケ又ハ定款ニ違反スルモノハ貳ケ年間社員ノ權利ヲ停止シ三年ニ及ンデ猶悔悟セザルモノハ理事長ハ積立金ヲ返附シ退社ヲ命スルモノトス

第三十八條　年賦借用金ノ返納ヲ拾五日以上怠リタルモノハ壹割五分利ノ貸附金トシテ尚壹ヶ年怠リタル者ハ擔保ヲ賣却シテ元利ヲ償却セシム

第三十九條　本社員ハ壹ヶ年貳日（四月十月）樹栽日ヲ定メ共同樹木ノ植付ヲナスモノトス

第四十條　植附地ハ社員共有地ヘ松杉檜ヲ植附ケ三十ヶ年後ニ社員ニシテ家屋新築又ハ増築ノ用材ニ無代價ニテ分與スルモノトス

第四十一條　前條ノ分與ヲ受ケタルモノハ自己ノ用材ヲ伐木シタル跡地ニ植附ヲナスモノトス

第四十二條　用材ノ分與ヲ受ケントスルモノハ新築家屋ノ繪圖及ヒ設計書ヲ添ヘ理事ヘ申出ルモノトス

第四十三條　理事ハ設計ヲ調査シ現場ノ伐採スベキ木數ニ應シ協議員會ノ決議ニ依リ分與スルモノトス

第四十四條　前條ノ如ク定ムト雖華美ヲ好ミ分外ノ新築ヲナスモノニハ分與セザルモノトス

第四十五條　當社ノ旨趣ヲ永遠ニ普及スル爲社員ノ子弟ヲシテ青年夜學校及ヒ母會處女會ヲモ設置シ當社ノ附屬トス但シ夜學校及ヒ母會處女會規則幷ニ年度豫算ハ別ニ定ムルモノトス

第四十六條　當社ニ新ニ加盟セントスルモノハ定款ニ違反セサル盟約書ニ社員二人保證シ本人其年度農産收益金ノ壹割ヲ分度外トシテ之ヲ永安家資金トシテ預ケ入レ理事ノ許可ヲ得ベシ

第四十七條　永安家資金ノ領收證ハ理事ヨリ本人ニ渡シ置クト雖トモ質入書入賣買讓渡ヲ許サズ但シ戸主代替リテ相續人ニ讓ルハ此限リニ非ズ

第四十八條　協議員ハ社員若シ第十二條第一項第二項ニヨリ田畑山林ヲ永久ニ賣渡スベキ困難ニ迫リ已ムヲ得ザル時ハ年限ヲ定メ土地買入レヲナシ期限ニ至リ本人生計立チ直リタル時ハ年賦返濟ヲナサシメ其土地ヲ返讓スル特別ナル評議ヲナス事アルベシ

第四十九條　本社員ニシテ區域外ニ移轉スルカ又ハ止ムヲ得ザル場合ニ依リ除名ヲ乞フ者アル時ハ協議員會ノ決議ニヨリ本人積立金ノ元金ヲ拂ヒ渡シ除名スル事アルベシ但シ入社中ノ寄附金及ヒ共同事業ハ返附セズ

右定款確守可致候也

◉稻取村入谷青年報德夜學校規則

第一條　名稱　稻取村入谷青年報德夜學會ト稱ス
第二條　設置ノ目的　青年ノ道德ヲ涵養シ農業經濟ニ必要ナル智識技能ヲ授ケ左ノ各項ヲ實行セシム
一　明治二十三年十月三十日下シ賜ハリタル　勅語ヲ服膺シ道義ヲ重ンジ實踐躬行ヲ旨トスルコト
二　報德訓ヲ確守シ神德皇德父母祖先ノ恩ニ報ユルニ我德行ヲ以テスルコト
三　克ク勤ニ克ク儉ニ分度ヲ守リ富盛ノ基本ヲ確立シテ農家永安ノ法ヲ立ツルコト
四　分度外ノ財ヲ推讓シテ善ヲ積ミ業ヲ修メ以テ公衆ノ摸範タルコト
第三條　敎科　豫科本科特別科トシ其修業年限ハ本科ヲ三年トシ特別科ヲ四年トシ豫科ハ年限ヲ定メズ
但シ尋常小學科卒業者若シクハ之ニ相當スル學力アルモノヲ本科一年生トス
第四條　期、敎授時間、及課程　学期ハ九月一日ニ始マリ翌年四月十五日ニ終ハリ敎授時間ハ二時間トシ午後七時ヨリ全九時迄トシ本科ノ敎科目ハ修身讀書習字作文算術及報德農業ノ大意トシ特別科ハ之ニ加フルニ地理歷史トス
但シ豫科ハ本科一年ニ入ルノ學力ニ及バザル敎科ニ付修メシムルモノトス
第五條　敎科用圖書　修身　二宮翁報德記一ヨリ七迄　二宮翁夜話及敎育勅語衍義
讀書　橫井時敬閱農業國語讀本甲乙丙編　川島庄一郎著實業補習讀本一、二、三　福住正兄著富國捷徑百卷及卷一　地理　小學內國地誌卷一及二小學外國地誌小學地誌補習　歷史　高等小學日本歷史大要卷一、二、三　高等小學日本歷史補習
第六條　入學退學心得　稻取村入谷ノ住民ニシテ尋常小學科ヲ卒業セシモノ及ヒ未卒業退學者ニシテ就學ノ義務年限カ終ヘタルモノハ必ラズ入學スベシ左ノ理由ナキモノハ退學スルコトヲ得ズ
一　他町村ヘ寄留若シクハ轉居スルモノ
二　結婚ヲナシタルモノ

三　疾病ノモノ

第七條　休業定日　祝日大祭日日曜水曜土曜日トス

第八條　修身會　毎月十四日ヲ以テ之ヲ行フ

但シ青年組合及ビ有志者ヲシテ集會セシム

一　毎年一回會員中品行優等ナルモノ二名ヲ投票シ過半數ノ投票點ヲ得タルモノヲ擧ゲテ善行證書及賞品ヲ與ヘ毎會善行席ニ着カシメ別格ノ待遇ヲナスモノトス

二　善行者ニ擧ゲラレタルモノハ其姓名ヲ稻取村入谷農家共同救護社ノ善行名簿ヘ記載スルモノトス

但シ不都合ノ行爲アルトキハ農家共同救護社協議員ノ評決ヲ以テ其姓名ヲ善行名簿ヨリ削除スルコトアルベシ

三　集會ノ節研究スベキ事項ノ要領ハ大概左ノ如シ

(一)夜學設置ノ目的ニ關スル趣旨

(二)報德ノ仕方ノ研究ヲ主トシテ殖物富産ノ法ヲ起スベキ談話

(三)勤儉ヲ行ヒ窮民ヲ救濟スル方法等ノコト

(四)風俗ヲ淳良ナラシメ德義ヲ厚クナスコト

四　集會ノ節ハ毎會業務ノ餘暇ヲ以テ得タル金錢草履草鞋繩等ヲ持參シ善種金トシテ其係員ニ出スヘシ

第九條　生徒心得

一　當入谷部落ノ男子ニシテ尋常小學科ヲ卒業シタルモノ又ハ未卒業者未就學者ニシテ就學ノ義務年限ヲ終リタルモノハ結婚ノ時期到達スルマデ本校ノ生徒タル義務アルモノトス

但シ本人ノ望ミニヨリテハ既婚後ト雖尚引續生徒タルコトヲ得ヘシ

二　當農業部落百五十戸餘ハ往昔創業ノ本家此土ヲ開闢シ以來代々through農ニシテ家ヲ齊ヘ部落ヲ治メ來リタル龜鑑ニヨリ一部落一戸同樣ノ良習慣アルハ誠ニ祖先ノ賜モノナルヲ以テ克ク其德ニ報ヒ將來親睦共和ヲ旨トスベシ

三　當部落ハ故二宮誠明先生ノ遺敎ヲ遵奉シテ農家共同救護法アリ之ニ由リテ倶ニ永安ノ法ヲ立ツルモノナレバ本校ノ生徒モ先生ヲ尊敬シ及高德ヲ慕ヒ三才ノ恩德ニ報答スル心掛ヲ要ス

四　生徒タルモノハ長ヲ敬ヒ幼ヲ愛シ互ニ信義ヲ厚クスヘシ生徒中若シ不都合ノ言行ヲナスモノアルトキハ互ニ忠告シテ悛メシムルコトヲ要ス

五　生徒タルモノハ常ニ儉素ヲ守リ利用節約ノ心掛ヲ專ラトスベシ

六　生徒タルモノハ貯蓄心ヲ養成スル爲メ毎日加入金トシテ自己ノ勤勞ニヨリ收メタル金一錢以上ヲ入谷農家共同救護社ニ預ケ込ミ元利蓄積本人ノ基本金トスベシ

七　生徒タルモノハ博愛ノ心ヲ養成スル爲メ毎月自己ノ勞働ニヨリ得タル金ノ内壹錢以上ヲ入谷農家共同救護社報德金トシテ義捐スベシ

八　生徒疾病事故アリテ出席スル能ハザルトキハ其由ヲ敎員ヘ屆ケ出ヅベシ

九　敎員協議員幹事社長ノ命令ニハ克ク服從スベシ

◉生出村行道會規則

第一章　總則

第一條　本會々員ハ生出村居住ノ十五才以上七十才以下ノ男女ヲ以テ組織ス

第二條　本會々員ハ其身分ニ應シ人道ヲ講シ且之ヲ行フテ以テ目的トス

第三條　本會ヲ生出村行道會ト稱シ事務所ヲ生出村尋常高等小學校内ニ置ク

第四條　本會ノ會場ヲ左ノ四ヶ所トス

茂庭　坪沼　赤石　折立

第五條　本會ヲ分チテ男女部女子部ノ二トス

第六條　本會ニ左ノ役員ヲ置ク

會長　一　名（生出校長）　顧問　一　名（生出村長）　副會長　四　名（各分教場首席訓導）

幹事　男子部　四名　女子部　四名

第七條　本會ノ役員中幹事評議員ハ各部會ニ於テ撰擧シ其任期ヲ三ケ年トス

第八條　會長ハ本會ノ庶務ヲ總理シ副會長ハ會長ヲ補佐シ幹事ハ會長ノ指揮ヲ受ケ會務ヲ整理シ各部ヲ監督シ評議員ハ其部ノ事項ヲ協議シ部會員ノ勤惰ヲ調ベ顧問員ハ本會一切ノ事ニ關シ會長ノ諮問ニ應ズルモノトス

第九條　會員中本會ノ體面ヲ汚シタルモノアルトキハ中年部ノ評決ヲ經テ退會セシメ合セテ交際ヲ絶ツモノトス

第二章　男子部

第十條　男子部ヲ分チテ左ノ三部トス

一　青年部　十五才以上二十五才以下ノモノ

一　中年部　戸主及廿五才以上五十才以下ノモノ

一　老年部　五十才以上七十才以下ノモノ

一、青年部

第十一條　青年部ハ青年ノ道德ヲ涵養シ農業經濟ニ必須ナル智識技能ヲ授ケ實踐躬行セシムルヲ以テ目的トス

第十二條　本部ヲ分チテ通常會夜學會ノ二トシ通常會ハ毎月十日夜學會ハ十二月一日ヨリ翌年二月廿八日マデトス

第十三條　通常會ニテ研究スベキ事項概ネ左ノ如シ

一、報德ノ仕方ノ研究ヲ主トシ兼テ村是ニ關スルコト

二、勤儉ヲ行ヒ窮民ヲ救濟スル方法等ノコト

三、風俗ヲ淳良ナラシメ德義ヲ重ズベキコト

第十四條　夜學會ノ敎科目敎科書圖書及ビ敎授時間左ノ如シ

一、敎科目　修身　國語　算術　農業ノ大意

二、圖　書

三、敎授時間　午後七時ヨリ同九時マデ二時間

第十五條　入會退會ハ本村住民ニシテ靑年者ハ必ズ入會スルモノトシ左ノ理由ナキモノハ退會スルコトヲ得ズ

一、他市町村ニ寄留若クハ轉居スルモノ

二、結婚ヲナシタルモノ

三、疾病ノモノ

第十六條、休業日ハ　祝日　大祭日　日曜日トス

第十七條　會費ハ本村有志者ノ寄附ヲ以テ支辨ス

收支豫算

一　收　入　金參拾六圓　（有志者寄附）

一　支　出　金參拾六圓

內　譯

一、敎員報酬　貳拾壹圓（茂庭三人坪沼二人赤石一人折立一ケ月一人壹圓）

二、圖書器械費　五　圓

三、油及筆紙墨費　拾　圓

第十八條　本部員中善行者七名以內ニ毎年一回中年部ニ於テ選擧シ投票過半數ノ得點ヲ以テ善行者トス

第十九條　善行者ニ擧ゲラレタル者ニハ善行證書及ビ徽章ヲ與ヘ例會毎ニ善行席ニ着カシムルモノトス

但不都合ノ行爲アルトキハ中年部ノ評決ヲ經テ返戻セシムルコトアルベシ

二、中　年　部

第二十條　本部ハ道德ヲ重ンジ青年部員ノ模範トナリ本村ノ改良上進ヲ謀ルヲ以テ目的トス

第廿一條　本會ハ左ノ月々ニ於テ一回開會スルモノトス會長ニ於テ必要ト認メタルトキハ戸主ノミヲ以テ臨時會ヲ開クコトアルベシ

但日時ハ開會前ニ定メ報ズルモノトス

一月　二月　三月　四月　八月　十一月　十二月

第廿二條　本會ニ於テ研究スベキ事概ネ左項ノ如シ

一、報德ノ仕方ノ研究及村是ニ關スルコト

二、勤儉ヲ行ヒ窮民ヲ救濟スル方法等ノコト

三、殖産興業ニ關スル方法等ノコト

四、行道會ノ保護指導ヲ謀ルコト

三、老　年　部

第廿三條　老年者ニ必須ノ事項ヲ研究スルヲ以テ目的トス

第廿四條　本部ハ左ノ月々ニ於テ一回開會スルモノトス

但日時ハ開會前ニ定メ報スルモノトス

一月　二月　三月　四月　八月　十一月　十二月

第廿五條　本部ニ於テ研究スヘキ事項概ネ左ノ如シ

一、家庭及ビ教育衛生ニ關スルコト

第三章　女　子　部

第廿六條　女子部ヲ分チテ左ノ三部トス

一、處女部　十五才以上廿五才以下ノモノ
二、婦女部　有夫ノモノ及ビ廿五才以上五十才以下ノモノ
三、老女部　五十才以上七十才以下ノモノ

一、處　女　部

第廿七條　本部ハ女子ノ德行ヲ進メ家事經濟看護育兒ノ方法ヲ教ヘ併セテ小學校退校後ノ女子ヲシテ學校ニ於テ受得シタル品行ヲ益上進セシムルヲ以テ目的トス
第廿八條　本部ハ毎月廿日ニ開會スルモノトス
但農事繁忙ノ際ハ休會トス
第廿九條　本部員中善行者七名以内ヲ毎年一回婦女部ニ於テ選擧シ投票過半數ノ得點者ヲ以テ善行者トス
第三十條　善行者ニ擧ゲラレタル者ニハ善行證書及ビ徽章ヲ與ヘ開會毎ニ善行席ニ着カシム
但不都合ナル行爲アルトキハ中年部ノ評決ヲ經テ返戻セシムルヿアルベシ

二、婦　女　部

第卅一條　報德ノ主趣ニ基ヅキ家庭敎育家事經濟及看護育兒ノ法等ヲ研究シ母タルノ務ヲ全フセシムルヲ以テ目的トス
第卅二條　本部ハ左ノ月々ニ於テ一回開會スルモノトス
但日時ハ開會前ニ定メ報ズルモノトス
一月　二月　四月　八月　十一月　十二月
第卅三條　本部員ハ毎年一回處女部員中善行者七名以內ヲ選擧スルモノトス

三、老　女　部

第卅四條　老女ニ必須ナル事項ヲ研究スルヲ以テ目的トス
第卅五條　本部ハ左ノ月々ニ於テ一回開會スルモノトス

但日時ハ開會前ニ定メ報ズルモノトス

一月　二月　三月　四月　八月　十一月　十二月

第卅六條　本部ニ於テ研究スベキ事項概ネ左ノ如シ

家庭教育及衛生ニ關スルコト

以上の所説は單に農村の自治が發達せし跡をたづね、農村の自治が今日に於て更に一層の發達をなさねばならぬ譯を示し、更に今日までに模範村或は理想鄕といはれた、比較的自治の進みし農村につきて研究し、其の發達に如何なる順序があるだらうか、又如何なる所に發達すべきやを知り、更に進んで自治農村は如何なる資格を具備せねばならぬものであらうかを、穿義したのである。故に之まではは專ら事實につき、實際につきて說いたのであるが。多くの町村又は農村の興廢を察し、盛衰に鑑みば尙發明する所があり、開發する所があるのである。之を纏め、之を整へ、自治の發達に最も至大の關係を有するものや、又之を致す手段の著しき者や、或は之に對する注意の主なるもの等につきて、說かねばならぬのである。之より以下に於て說かんとするのは、則ち斯くの如きものである。之も事實を主として述ぶるは勿論なれど、既に自治の研究といふ以上は、又吾曹の意見、理想の加はるは、豫め承知を請はねばならぬのである。

心田の整理

耕地整理は今の世の流行なり、開墾既成の田區改正は何人も其の理を認むる所となれり。世は斯くの如く開けたり、人心も亦斯くの如く繫くなり行けり。此の一事を以て萬事を推す可なり、一例を以て百の題目を解すべきなりとせば、人智の進歩、心田の開墾も亦普からずとすべけんや。然り人智は開けば是非の判斷に迷はず、心田は開けて善惡の區別に迷はすなりぬ。恰も不毛の原野漸々開け行き、山岳の頂上まで畝疇を見るが如し。たゞ惜む、今日に於て未だ心田の整理なく、心田整理を行ふものなきを。即ち甲縣の善人と乙縣の善人間には未だ共通の道路もなく、甲郡の篤農家と乙郡の篤農家間に見通しの出來る畦畔も出來ず、甲村の模範人物と乙村の模範人物間に聯絡せる排水場や用水場も開けず、甲事業の赤誠家と乙事業の熱心家間には未だ共同の作業を見ずの類、計上すれば多々なるにあらずや。會計の骨折をなし、下らぬ心配をなし、煩はしき手數を要して、之れ程に效果のなき所以は其方法を盡さざるにもあらず、其の手段の愚なるにもあらずして、全く根本事業の心田整理が出來ざるにあらずや。彼の口に耕地整理の利を説き、單に該事業の功能を善くものにして、自家の業務にのみ成蹟を上げんとあせり、或は他の事業と聯絡を忌みて其功勞を獨占せんと工夫し、或は人の善言を無視し、忠告を事ともせぬ我儘者の如きは、其愚も亦愍べきなり。世の事を計り、政をなすもの、茲處に三省せすして可ならんや。

第五章　農村自治の機關

機關の動くには油が大切なり

自治の發達に最も至大の關係を有するものは、自治の機關である。今農村を地方團體と見れば、法律により自治をなす所の、一定の地域及住民を基礎とする法人なれば、之が自治機關と云へば、町村長と村會であるが、此の機關の活動をなさしむるには、油もなくばならず、修繕する器械もなければならぬものである。則ち村長や村會が法律を行ひ秩序を維持するには、機關の据付けらるゝ町村民てふ基礎が强固でなくばならず、又機關の人を助け、機關が無駄働きに了らぬ樣に盡力し、機關が痛まぬ樣に注意するものがなければならぬ。換言すれば、町村民の自治心を養成し、自治を援助する者が大切であるのだ。故に農村の自治機關として

主として町村自治機關―村長と村會

副として自治補助機關―教育機關と宗教機關若しくは篤志機關

を認めねばなるまいと思ふ。前者は法律によりて事を行ひ、命令を以て事をなし、決議を以て事を處するのであるが、村民の和衷協同や隣保相助の美風、或は自治自營や團欒和樂は、法律を以て强ひ命令を以て制し、決議を以て必ずしも出來べきものではない。どうしても後者の活動に待たねばならぬものである。

一村は一家庭の如し

之を譬へば、一村は恰も一家庭の如く、政務をとる村長を家政を掌る夫の如く、敎育に任ずる校長は育兒の責に任じ內助の勤めをなすべき婦の如く、而して人の信仰を開拓する寺の和尚や篤志家は姑舅の如きものであらう。また斯くあらねばならぬものと思ふ。然して役場吏員は村長の左右の手となり、學校職員は校長の兩足となりて遺憾なく働くことが出來、和尚の善智識や高德、篤志家の盡力や奔走が夫婦間を調停し、其の足らざるを補ふの柱ともなり、子孫を撫育する杖ともなることが出來たなら、一村の協同一致、團欒和睦の出來ぬ所は恐らく、何處に於てもあるまいと思ふ。故に吾曹は農村を公家庭と云ひ、村長と校長を公夫婦と名付、和尚や有德の有志を公姑舅と認めるのであつて、農村の自治は、此公夫婦の協同一致、公姑舅の心さゝたる慈愛で出來る、所謂公家庭の團欒和睦であると思ふのである。

公家庭

昔は姑舅の權力強く、夫の勢力が盛んであつて、隨分男尊女卑の弊はあつた樣だ。乍去秩序立ち禮義があつて、慈愛の交換も溫かに行はれて、美しき家庭をつくり、團欒の樂みも隨分あつた樣だが、今は男女同權と云ふ聲の出て居る世の中、當年の習慣で夫の權力を奪ひて妻女を壓し付ける人もあれば、新思想を鼓吹して女權を擴張せんとする妻君もあり、中には夫婦間の情愛蜜の如ければ、姑舅は隱居所に避けて氣轉をきかすと云ふもありて、まだ斯くあらねばならぬと云ふ結論が付かぬかの如く、農村てふ公家庭に於ても、村長こそはと威張もあれば、我こそは敎育家であると負けぬ氣の校長もあれば、村長と校長は意氣投合すれど和尚は寺で墓守り、村のことには我關せず焉ときめ込んで居るもある。

摩擦の大なる機關の如し

之亦自治の發達せざる原因

故に他所より見て喧嘩もなければ争もないので、一見圓滿なる樣ではあるが、未だ慈愛や同情の交換を見るに到らず、從而家庭のために辛棒するてふ誠を捧ぐることが出來ぬので、團欒の妙味を見ることが出來ぬ樣になつて居る。之れ今日農村自治の未だ發達せず、進歩せぬ所以の一原因であらうと思ふのである。若し自治機關の人や補助機關の人が、圓滿なる家庭をつくる氣になつて事に臨み、物に堪へて行くことが出來たなら、農村自治の成績は決して今日の如きものではあるまい。現に今日模範村と云はれ、理想鄕と呼ばるゝ町村に於て、一村を一家庭と見做し、己れ家長を以て任ずる町村長があるではないか。又た村長は溫厚一方の夫の如ければ、せめて吾等が內外の衝にあたりて活動する主婦を以て任せねばなるまいと、覺悟をなして働ける敎育家があるではないか。又た村長は若し、敎育家は出入が頻繁、之で村治を上げんには、是非姑舅の役目をせねばなるまいと、東奔西走村民を指導する宗敎家や篤志家があるではないか。之が何よりの證據であり、又誰れにも分る證明である。

新校長に對する村長の心得

故に一旦村長や校長になつた以上は、職務に忠實を旨とし、何んでも躬行實踐して村民のため犧牲となる心掛けが肝要である。そうすれば賴まぬでも、運動せぬでも、村長や校長の位置は磐石の如しである。而して不幸にも校長の交迭が頻繁であつたなら、村長たるものは新校長に對しては、新嫁に應ずる心持で、よく其家風に合ふ樣に導き、村民てふ子孫がなつく樣に心付け、事情に通じた以上は、思切つて村治の一方に責務を負はせて可然である。若し村長が頻りに交代するなら、新婿に對する心

新村長に對する校長の態度

得を以て、辛棒の出來る樣同情を捧げ、愉快に執務する樣援助を與へ、何事も功を彼に讓りて罪を己れに引受くる雅量のあるべきは、校長が新村長に對する態度でなければならぬ。此間に立ち双方を圓滿に調停し、時に新婿に敎ふる所あり、時に新嫁を導く所あり、精神上の慰安と、物質的の援助を與ふべきが、宗敎家や篤志家の責務であるのだ。兎に角、何事も村のため、村民のためと云ふ觀念があつて、忍び難きを忍び、堪へ難きを堪ふることが出來、もちつもたれつ、協同相助で自治が出來るものであるといふことが分らねばならぬのである。而も村民一般に分らねばならぬ、又た斯くの如き觀念で村長校長が町村民に接することが出來ねばならぬのである。

第一　道同しく義協ふを以て暗に集合す　乃ち益々其理を研究し、道義に於ては一身を顧みず必ず踐行すべし。

第二　王を尊び民を憫むは學問の本旨たり　乃ち此理を究め王事民事に於ては一意難に當り、必ず一同の義を立つべし。（南洲翁）

第一節　村長と役場

（町村長）　町村長は農村に於ける唯一の自治機關である。法文の示す所によれば、單獨制の行政機關であつて、其町村を統轄し、其行政事務を擔任總理するものであるのみならず、中央行政若くは府縣郡行政の町村の區域に屬する件をも管掌するとのあるものである。之れは町村長が町村の機關として行ふのではなく、國家の機關として行ふのだ。而して町村長は名譽職となすが通例ではあるが、土地の情況によりては有給となすことが出來る。町村會が之を選擧するのであつて、町村會の議長ともなるのだ、其の任期は四ヶ年である。

農村の興廢は町村長の掌中に在り

即ち町村長は、町村たる自治團體の行政機關としては、立派な行政官であり、一町村の長官であるのだ。其の國家の行政機關たるより見れば、責任の大なる事務官であり、國家の責任を全ふすべき責務者であるのだ。而も名譽職であるだけそれだけ、貴重の價があるのである。故に其職務や繁多にして、其の職責や重大であ〻。到底之を一人で果すべくもあらざるを察して、所謂町村助役を置きて、其の事務を補助せしむる樣になつて居るのである。兎に角農村の興廢は一に町村長の双肩にかゝつて居り、其の盛衰は之が掌中にあると云つてもよい。故に農村の自治が進歩するもせぬも、全く町村長次第であると云ふのは無理もないことであるのだ。

之を要するに町村長は、國家構成の最要分子たる町村てふ、地方團體の最要機關であつて、其の隆替興亡の機は、實は其一擧手一投足に起因せねばならぬのである。特に其位置は地方行政の衝にあたり、其の調和と連絡は、一に其の掌握する所に係かつて居る。まして今日の如き自治の本義が未だ社會に洽からず、其の功德が一般に普及せぬ時に於ては、其の手腕、其の精神に於て偉大のものがなくてはならぬのである。實に聖代憲政の美を致すは、啻に之を內閣の威烈、魁然たる大宰相にのみ待つべからずして、此の平民的宰相、天爵貴き大政治家に依らねばならぬのである。之を思ひなば、天下の町村長たるもの、何すれぞ其の職務を怠り、其の責務を輕んずることが出來やう、又た何んぞ區々たる國縣の參政議員を爭ふ勇氣が出やう。今の世彼を捨て、之を爭ふもの多々あるのは、實に奇怪千萬のことゝ言はねばならぬ。

町村長は平民的宰相なり

彼の白濱の村長たりし立見常五郎氏は、よく此の邊の消息を心得て居つた人である。何人でも此人の前に出れば如何に其職務を貴び、其職責を重んじて居るかを知ることが出來たのである。氏は自ら町村長の職責てふをつくり、自己の主義とし、自己の本領ともして居るのであるが、曰く

白濱村長立見氏の抱負

町村長の職責

一、自治體の本旨

圓滿なる一家の家庭を作り、子孫長久の計畫をなすと同軌一轍にして、名譽と財產とを增進せしむるに在り。

一、方　針

誠實を旨とし、躬行實踐以て一身一家を修め、自然に町村民を德化せしむ。

一、方　法

一擧一動渾て模範的なるを要す。

圓滿なる家庭より確實なる財産の美果を收めしむべし。

一、和魂を涵養すべし

町村民をして常に思ひやりの心を以て一家の爲めには一身を、一村のためには一家を犧牲に供せしむるの慣習を養成すべし。

積極的に善行者を奬勵し、自然に惡行者を消滅せしむべし。

社會の制裁力を鞏固ならしむべし。

町村をして幅廣ならしめ、細高ならしむべからず。

一町村をして常に一家の實を擧げしむべし。

といふのである。又彼の山林王とも云はれ、明治の成功者とも呼ばるゝ金原明善翁が、年七十七才の高齡を以て、自村の村長に就職した當時の動機を尋ねた人に答へたと云ふ其の話が面白い

和田村長金原氏の抱負

『知事や郡長は云はゞ渡り者である。良二千石と思へば直に轉任、名奉行と思へば直に榮轉、斯る人等によりて村の幸福は出來るものでない、村の自治が進むものでない。何んでも今日は國家の基礎は基礎に居るものが固めねばならず、居村の福利は村民で出來さねばならぬのである。故に村長にこまると云へば自分がやる迄のことだ。何の不思議があるものか。

自分から見れば村民は子か孫の樣だ、兒童に饅頭をやれば喜んで呉れる、孫の頭をなでゝ可愛がればなついて呉れるものだ、一村を一家と見れば村民は子や孫じや、慈愛の誠を致せば、何の六ケ敷きことがあらうか。

助役が働き手であれば何事も任すべしだ、亭主の厨のぞきや、贅燒の小言は感心せぬものだ、厄介なこと、六ケ敷こと、苦情がましきことは引受けて、根氣と誠でやれば、何事も六ケ敷ことはないのだ。己を樂にして人に苦しめと云ひ、己が遊んで居て人に勤儉をすゝむるから、言ふ事が行はれないので、何事もやつて見せれば、小言のあるものではない。』

慈母の如き木津氏

實に其の通りであらうと思ふ。彼の三重縣の模範村長木津慶次郎氏は、常に村民の信用を保持して居るが、村民に事を強ふるに決して六ケ敷きことをやらせず、又如何によい事でも一時に多くを示さぬ。よく村民の程度をはかり事情を察し、之ならば出來るであらうと思ふものをやらせ、之位ならは出來るだらうと思ふ程度を行はしむるのである。其の代りやらせる以上は必ず實行して其功果を上げ、其功德を感せしめねば止まぬ。斯くて一事が了れば次の仕事にかゝる、其案配は實に慈母の愛子に接するが如しである。

嚴父の如き古橋氏

之れと同じで故稻橋村長古橋源六郎氏は、常に先づ自ら躬行實踐其の範を示し、然る後不良を責め不善を戒しめ、時に怒號叱咤席に堪へざらしむることもあるが、唯一人懼れ入らぬものがないのみならず、何れも之に歸服してそむくものがなかつた。斯くて閑さへあれば學校に臨んで兒童に懇諭を試み、時に職員にまで諄々說示する所があるので、宛ら慈愛に富める嚴父の子孫に接する如き觀があつた。

斯くの如く好村長と云はるゝ人は、たとひ自分で家庭の主夫であると思はぬでも、側から見ては恰も家庭の主人公の如く、己が村を以て家庭と見做し、村民を見ること家族の如き心得がある樣に見へるのである。而して村內の事情に通ずること掌を指すが如く、村民の氣心を知ること鏡に對するが如くであつて、村をよく治め、村民の幸福を進むるを以て、己が天職と心得、決してわき目をふらんのである。之れ獨り町村長に於て然るのみでなく、村民も信賴して此處に到らしめ、村の有力者も助けて斯くなさしむるのである。

其れを思ひ、之に察して見れば、町村長程大切なるものはなく、町村長ほど人を得ねばならぬものもなからうと思はれるのである。されば町村長たるものは確固不拔の精神を持ちて、大に奮勵努力を要せねばならず、町村長には有德にして主義ある精勵なる人を擧げねばならぬことが肝要である。よつて玆處に町村長たる人の心得として、又た町村長に推擧すべき人の資格として、五ヶ條件を揭げて置く。

町村長の資格

一、至誠奉公勵勉力行して民心を正くすべきこと

一、公平無私親切を旨とし民をして依らしむべきこと

一、生産の發達を圖り町村の基礎を立つべきこと

一、事務を整理し秩序と便利とを計るべきこと

一、無用の費徒勞の嘆なからしめて發展の道を講ずべきこと

即ち斯くの如き主義を保持し、斯くの如く實行する人でなくては、未だ以て町村長てふ名譽を得るに足らず、また其天爵を享くべからざるものであるのだ。

（役場）　役場は町村長の職務を行ふ所であつて、己が村治上の理想を實顯する所である。故に役場は村内の政府であつて、民心を統一し、民業を指導し、民福を增進すべき樞府である。而して役場吏員は政府諸官人の如く、町村長を補佐して、其政務をあげ其事務を整へ、町村をしてよく國家の基礎たらしめ、國力の源泉たらしめて、所謂憲政の美をなさしめねばならぬのである。されば町村長が無官の總理大臣であり、無位の天爵を維持するものである以上は、役場吏員も無官の大臣であつて、貴重なる天爵を有するのである。各其身を愼み其行を正ふし、精勵事にあたり、熱心務に服せねばならぬとは云ふまでもない。彼の村政に參與すべき、村民の代表者である町村會議員をして、よく其責任を分ち、責務を完ふすべく到らしむるは、一に町村役場の信用であるのだ。之を人に譬へて云へば、町村長は頭であつて、よく物の見聞もし、物の判斷もなし、物の是非をも考へる所、町村吏員は即ち手足であつて、頭腦の行かんとするに行き、なさんと欲する所を行ひ、矯正せねばならぬとは矯正の

議員の行動は一に役場の信用なり

任にあたる所である。此の双方がよく働かねば、一人前の人間が出來ぬ如く、一個の活動する有機體の町村役場が出來ぬのである。人間でも身體の大なるのが必ずしも賞めべきでなく、容貌の美なる必ずしも貴ぶべきでなき如く、町村役場は建築物の宏大を以て、又た美觀を以て誇るべきでない。活動に富み、事業に成功し、公益に盡す人が立派である如く、町村役場の活動、町村民の福祉を増進することが貴いのである。之れ先進國に於て役場が往々町村長の家を以てあてられ、茅屋に於ても執務さるゝ所以であるのだ。

役場は町村の縮圖なり

故に町村役場は其町村の縮圖であつて、其町村の辭書であつて、而して其町村の磁石でなくばならぬのである。即ち町村に行けば町村内の如何なる物でもよく分り、如何なる事でもよく明になり、如何なる人をも吸ひ付けて其向ふ所を知らしむる樣になつて居らねばならぬのである。たとひ法令が命せぬでも、監督がなくとも、町村民の消長、町村の生產力や消費、乃至町村の便否はよく調査して置かねばならぬ筈のものである。更に進みては如何に町村を進歩せしむべきや、如何にせば町村民の福利を増進することが出來るだらうかの案が立たねばならぬ。而して町村會に向つて發案を誤らず、其決議の實行がよく出來ねばならぬのである。從つて町村民の頭に、役場を信用し、役場の諭達に服從し、何事をも町村役場に信賴し、何時でも役場を大事にする觀念がなければならぬ。換言すれば、役場を國家系統の機關として、他所もの視せず、自己町村の機關として、わがものと思ふ樣にならねば、決して町村役場の役目は出來ぬものと心得べきである。抑も笠の雪でさへわがものと思へば輕く感ずるが人情である以上、町村役場をわがものと思ひなすことが、町村上下の民心に出なければ、町村自治の發達はだめと云つてよいのである。

役場の模範を有する廣村

廣島縣は賀茂郡、廣村といふは戸數約二千六百を有する大村であるが、役場事務の整理及村治の圓滿を以て、範を內外に示して居る所である。村長藤田讓夫氏は明治五年以來戸長、村會議員、學務委員、郵便局長等の公職に從事し、町村制實施の際に村長に擧げられた人であり、助役岩西健造氏は明治十七年以降、職を戸長役場に奉じ町村制實施の時助役に選ばれた人である。共に任期滿限毎に再選せられて今日に至るまで、協力意を村治に注ぎ、諸般の事務を整理するに、所謂終始一貫して居る。故に村會の議員選擧も毎回頗る平穩であつて、其議員に選ばるゝものは大抵其部落に於ける資産家で、公平の聞えあるもので、而も現に町村制實施以來繼續して在職するもの十名の多きに達せりと云ふことである。されば村會が流會になつたり、議事が亂脈に流れたり、當局者と意見を異にして爭論したりするが如きは此村には想像も出來ぬといふのである。如何に役場委員がよく村政に意を注ぎ、村民の一致と協和と相待て、自治の眞髓を得て居るかゞ分るだらう。元來此村は區域廣濶東西一里五丁、南北二里十二丁餘部落の數も二十一とかあるそうである。故に民家各所に散在し、法令や諭達等を周知せしむることが困難であるのに、役場では新法令等の發布ある毎に其要領を摘錄して指示を怠らず、又衛生の普及、教育の進步、

示談會

公開主義の役場

租稅公課の負擔、勤儉貯蓄等に就きては、明治廿二年頃より毎年示談會といふを開き、役場吏員が時に臨み數回、各部落に出張して談話をなすことになつて居るそうだ、如斯して役場の施設計畫や、村民に對する注文を發表し相談するのであるから、或人は公開主義の役場であると云つて居るのだ。其他一般村民に對する上級官廳の告諭示達等で解し難きものは、尤も平易に尤も通俗に記述して、了解に便ならしめ、又村經濟の狀況及び農工商漁業等の盛衰につきても、一々統計表を調製して周知の出來る樣に工夫をこらして居るのである。故に此村に各種の事業が着々行はれ、四十年計畫も實行されて自治の範を示す所以が分るだらう。何處の役場も斯くの如く、何地の村も斯くの如き役場を持たねばならぬのが、抑も自治の本體であるのだ。

命も入らず名も入らず、官位も金も入らぬ人は始末に困るもの也、此の始末に困る人ならでは艱難を共にして、國家の大業は成し得られぬなり、去れ共個樣の人は凡俗の眼には見得られぬぞと申さるゝに付、孟子に居二天下之廣居一、立二天下之正位一、行二天下之大道一、得レ志與レ民由レ之、不レ得レ志獨行二其道一、富貴不レ能レ淫、貧賤不レ能レ移、威武不レ能レ屈と云ひしは今仰せられし如きの人物にやと問ひしかば、いかにも其の通り道に立ちたる人ならでは彼の氣象は出ぬ也。(南州翁)

第二節　校長と學校

《校長》　農村に於て村長の夫たるに對し、內助の勤に服し子弟の敎養に任ずべき婦の位置にあるものは實に小學校の職員、別けて校長である。校長に德あり學あり忍耐さへあれば、職員は手足の如く働きてよく其意を體するものである。凡そ世の中に如何程貴き物があつても、敎育程貴きはなく、從て敎育に從事するもの程貴ぶべきものはなからう。古より之を產むは母で、之を敎へて人となすは師といふのである。故に敎師のやり方一つで、人の進步發達に遲速もあれば、消長もあるは無論の事だ。

國民の師　まして農村敎育に從事する人は、所謂國民敎育をやる人であれば、國民の師と云つてもよいのである。聞說、英人は常にウォータルローの戰捷を得たる原因を、一にイートン大學の運動場より來つたと唱へ、敎育の價値を稱して止まぬそうであるが、之れ獨り英國に於て然るべきでなく、何國に於てもそうである。現にセンネット氏は日露戰爭の結果に就きて、左の如く謂つて居る。

『日露戰役に於ける日本軍隊の活動は、之を千八百七十年に於ける、日耳曼人の意氣に比較する事が出來る、されど異なる點が唯一つある。そは普佛戰爭に際し、獨逸は小學敎師を以て佛軍を擊破したるが、日本の小學校敎師は今や露國の天主敎及僧侶の上に大捷を博した事である。』

と、即ち日本の露國に大捷を博したのは、軍人より寧ろ小學敎師、換言せば初等敎育に從事する敎育家に功績を認めて居るのである。如斯小學敎師は凡ての事業に根底をつくり、凡ての人物の育成家とせらるゝのであるから、自治の上に於ても敎育家の盡力は偉大の功果を顯はさねばならん譯である。千九百二年露國のウキッテ氏が時の政府に建白せしものを見るに、其の一節に

『農業の改良は、單に區々たる技藝の問題にあらずして、其根本は農村及農民の訓育に存す。地方の敎育と自治體の改造とは、寧ろ實業振興策の前提とすべき最大の急務となすべし』。

といふ文句がある。要は敎育を根本とすべく、敎育を眞先きにやらねばならぬとの意味である。又た自治行政を究めて、其蘊奥を極めて居るといふ、米人ウイルコックス氏は、其近著北米市民生活といふに揚言して、『家庭は兒童に向つては初歩の國民學校でなければならぬ、而して自治體敎育の施設は兒童に向つて第二の家庭たる覺悟がなくばならん』として居る。故に彼を思ひ、之を察せば、如何に敎育の事業が大切であつて、之に勤むる敎育家の位置が貴きかゞ分るのである。

要するに一家の事は良妻賢母によりて料理案配せられ、始めて復興も出來れば、隆盛にもなる如く、農村自治は實に公家庭の主婦たる敎育家の手腕にまつ事が多いのである。之れ模範村の多くに於て必ず敎育家の名ある所以で、思へば左もなければならぬ譯である。されば敎育家、別けて學校長は、たゞ子弟の訓育を以て滿足してはならぬので、是非其町村を見て之を敎育する覺悟がなければならぬ。換言すれば敎育を校門内に閉塞せずして、門外に出し、一般村民にも敎育の恩澤を蒙らさなくてはな

農村の學校教師は農村の師たるべし

らぬ。即ち小學校の先生たらずして、町村の先生となり、兒童の師たらずして、一般村民の師とならねばならぬのである。即ち現代と將來に於ける國民をつくるを以て其の天職とし、國家の基礎に立てる町村民を教導するを其の本務とせねばならぬ。

天は教育家に名譽と趣味を與ふ

小學教師の價値は實に此處に存し、農村教育家の天爵は誠に之によりて貴いのだ。何を苦んで些少の金額を逐ふて轉任を希望し、何を以てか向上すとて他業に趨く運動を敢てすべきや。天は報酬の多きを與へずして彼等に大なる名譽を與へ、利益の多きを與へずして彼等に大なる趣味を與へて居る。夫れを之れ悟らずして、己れ先づ侮りて然る後人之を侮るの愚を敢てし、徒に物質の末節に眩みて自己の價値を忘るゝが如きは、誠に痛恨の至りである。

源村の小學校長井口義十郎氏

彼の模範村なる千葉縣源村の小學校長井口義十郎氏は、誰れの目にも眞摯なる人に見ゆるのであるが、誠によく小學教師の本分を辨へて居る人である。前村長並木和三郎氏を助けて村治に圓滿なる發達をなさしめ、今は現村長幷に山本八三郎氏に力を協せて、能く村政の美を致して居る。氏は常に

『村の仕事と教育とは一致して居る物で、村の仕事と學校とは一つ袋のものである、故に何事をなさんとするにも村を主にして企つる。』

と云つて居るのである。故に校舍狹隘を感ずることあるも、村の事情が改築を許さぬものと見れば、他に工夫しても之を忍びもする、又女子に農業を教ゆるは變則と思ふても、村の風が草苅る如きは女

子の業である以上は、課外に女生を引卒して草苅る術も敎ゆるのである。たとひ敎師に不足を感ずることあるも、村の財政が其處に到らぬと見れば、他の職員と共に餘分の勤勞をなして、其不足を補ひもする、農業科が小學校になくても、百姓になる人と思へば、農業に對する觀念をも與へるのである。其勤續久しきに及び、令名今や天下に普きは、誠に當然と云はねばなるまい。向上とか發展とかと云ふは、恐らく之の如きが眞正のものであらう。

稲取村小學校の太田米吉氏

又彼の稲取の校長太田米吉氏の如き、よく村の事情に通じ、村當局者と協力し、兒童に讀書數學を敎へて滿足しないで、自治の觀念を與ふるに工夫して居る所は、實に稲取村の校長たるに耻ぢないのである。人あり故田村又吉氏に經營の苦慮を問へば太田校長の盡力を數へ、太田氏に熱心なる助力を謝せば、必ず田村氏の功に歸するのであるが、實際太田といふ内助の人がなかつたなら、稲取も遂に聞ゆるには到らなんだものに相違なからうと思ふ。

今日に於て特に敎育家の盡力を必要とす

今日の町村は主婦の手腕を要する家庭の如し

農村の自治が大切であつて、而も村長に立派な人が少いといふ今日に於ては、學校長や職員の奮勵ほど大なる功德を與へるものがなからう。何處の町村に於ても一頭地を拔くものが先生である以上は、國家のため自治に盡力すべきは、先生ほど適當の人はなからう。今の町村の多くは、百姓育ちの夫に學校上りの妻君がきて、組織されたる家庭の如きが多いのである。婦は夫を助けて飽くまで良妻となり、其の子弟に對して賢母の職責を果さねばならぬと、同樣の位置にあるのが、即ち小學校長であるのだ。されば小學校長たり、敎育家たるものは、少くも左の心得がなけねばなるまい。

一、堅忍不拔敎育を天職として之に安んずべきこと
一、躬行實踐何事も村民をして則らしむること
一、敎育の發達を計り諸般の事物に進歩をなさしむべきこと
一、村内の事情に精通し改良と矯正を計るべきこと
一、兒童敎育に盡くして餘力を村敎育に濺ぐべきこと
一、自ら求めざるも、求められて久しく勤續をなすべきこと
一、研究と考案は何事にも怠るまじきこと
一、物質の不足よりも人格の下劣を恥づべきこと

即ち斯くの如き主義を以て進み、斯くの如き德操を有することが出來れば、何處に於ても立派な敎育家であつて、自治の擁護者であるのである。若しそれ敎員の優待法が出來、俸給は上る、家屋は給せられるといふので、益呑氣にかまへると云ふことがあれば、そは實に敎育の賊であつて、自治を害ふ敵として、飽くまでも之が排斥を試みねばならないのである。

學校は文化の中心たるべし

（學校）　近來誰れ云ふとなく、學校は文化の中心とならねばならぬ、町村の縮圖でなければならぬと云ふのである。即ち町村敎育の施設を目して、其自治體に於ける社會的中心なりとし、獨り兒童を育成して將來に於ける良民たらしむる道をなすに止まらず、更に其父母の薫化をなし、町村の程度、町

村の風氣、町村の事業は、學校へ行けば直ぐ諒解することが出來るといふ樣になつて居らなくてはだめであり、斯くならねばならぬと云ふのである。故に之に勤むる教師は勿論、校舍、校庭皆町村の上に利用され、活動せねばならぬ。

沖通小學校

青森縣は三戶郡に、沖通小學校といふがあるそうな。此處の校長佐々木平司氏は勤續二十年の久しきに及び、忠實謹厚でよく父兄の信賴を得、敎風遍く區內に行はれて居るといふことである。三十六年二月氏は卒業生をして同窓會勤儉貯蓄會なるものを設けしめ、一株一ヶ月の金高を貳錢とし、每月一回各自其株數に應じて出金せしむるのであるが、其出金は會員自身の勞働手工等によりて得たる收利を以てするを本則として居る。即ち貯蓄を奬勵すると同時に勤勞の美風を養成するが、此會の特色であるのだ、而して每月一回の出金は會員自ら携へて母校たる沖通小學校に會合し、之を機會に農事改良上の講究となり、相談を遂げ、又時々校長其他先輩の講話を請ふのである。加之其會に附屬して圖書館を設け、會員は勿論汎く一般公衆の縱覽に供して居る。此處では如斯學校を俱樂部の樣にも使ひ、圖書館にも利用し、勤儉の美風を發揚する所ともして居るのである。

福岡小學校

又愛知縣は渥美郡に福岡小學校といふがあつた、今は町村合併のため廢校となつたが、一時天下に農村小學校の模範として推稱されたものである。校長成瀨絹氏は今や他の學校に榮轉し去つたが、其の施設計畫は今でも後世の範と推稱して差支はないのである。今其事業と農村に及ぼしたる成績の概要を上ぐれば、(一)自己の學校に對する觀念を盛ならしめんがため生徒をして自ら校舍の掃除及び校具樹木建物保護の任に當らしめて居る、(二)勤儉貯蓄を奬勵し、各自勞働によりて得たるもの又は賞與されたるものは一切切手貯金をなさしめて居る、(三)推讓の大切なるを知らしめんがため、或は國債に應募せしめ、或は慈善事業に喜捨せしめて居る、(四)勤勞の貴きを知らしむべく、豊橋市中に花を賣らしめ、時に糞尿を汲ましめて居る、(五)從來の弊習を矯正し公共心を盛ならしめんがために、生徒の風紀監督は模範生をして交々之をなさしめ居る、(六)廢物利用の有益なるを知らしむべく、落穗を拾ふて鷄を飼ひ、馬糞を拾ふて堆肥の成分を增さしめて居る、(七)職員生徒で良友會なるを組織せしめ、其事業として(イ)文庫を設けて貸付閲覽に供し(ロ)自村の農產物は勿論樹木虫魚の標本を陳列し(ハ)度量衡の使用を練習する設備をなし(ニ)生徒の編輯にかゝる學藝雜誌を出し(ホ)良友商店を設けて學用品の共同購入をなし(ヘ)往復信書の練習繩草履の製作害虫驅除堆肥の製造果樹蔬菜栽培無料借地の麥作料理法の實習等をもなし居る、(八)家庭と學校との連絡を密接ならしめんがため年三回母の會、月に一回學藝會を催ふして父兄を招き、成績品の廻覽等をもなして居る、(九)農村の娯樂を研究して繩なひの競技もやつて居る。ために村民は自ら勤儉の難有さを悟り、共同の利益を知り、副業の大切なるをも覺へ來て、村民の幸福も利益を增した事は大したものである。今や町村合併のために學校區域に變更を來たし、近接の地に第十五師團の設置ありて、人心動搖し、ために當年の如き事はないが、兎に角なせばなる

植樹教育と學校園

ものといふ事は明かである。德島縣の三好郡や兵庫縣の加古郡の如き、植樹敎育を以て、或は學校園の施設を以て天下に名あるも、畢竟敎員生徒が自營の方法をとり、協同一致其の經營に任じ、以て農村の福利を增したがためであるので、之亦何處に於ても、やつてやれぬ事はないのである。

文化の中心たるよりも喧嘩の中心

以上述べたる諸例は、何れも文化の中心であり、町村自治體の中心となつてる學校ではあるが、隨分世間は廣いもので、文化の中心といふよりも寧ろ喧嘩の中心といふべき學校があり、自治の中心を發表するよりも自遲の中心と云つたが適當である學校もある樣である。元來農村は都會に接するものが少くて、文明の恩澤を享けぬ所が多いのであつて見れば、敎育の源泉たる學校が文化の中心たらずば、決して農村の發達は出來まい。硏究に工夫に或る成蹟を生み出す學校が自治の中心たらずば、農村自治は容易に進步もしまいと思ふ。

今日の自治體に於ける一大缺點

今日各地の農村が都會に通ふ二三の富豪や、都市の學校に學ぶ四五の靑書生のために、惡風醜俗が輸入されて、素朴の特質や、眞摯の氣性を失ふに至るは、實に農村敎育の振はざる、農村學校の役に立たぬ、反應であると云つてもよからう。卽農村敎育家に其人を得ざる、小學校敎師に人物なき證據であると認めねばなるまい。何人か農村學校のために嘆かざるものがあらうか。農村自治のために大息せざるものがあらうか。今の世女子敎育の不備を論ずるもの多々あるが、之れも必要に相違はなからうが、農村てふ公家庭に主婦となる小學敎師の眞の敎育も亦必要ではあるまいか。之れには師範學校があるではないかと云ふものもあらうが、吾輩は不幸にして今の師範教育は物になつて居らないと云はねばならぬ、二三の師範學校を除いては何等信頼する所がない樣に思ふ。

まして今日は、義務教育延長のため、何れの町村に於ても教育費の膨脹に苦んで居る。且つ改築問題のために位置爭がおこり、平和の農村に風波をもおこし、ために自治の圓滿を缺ける所すら、隨分世間には多いのである。されば教育は此等の苦痛を補ひ、學校は此等の騷動が及ぼす惡影響を償ふて餘りある成蹟を上げねば、有用を無用視し、有益にして缺くべからざるものをも、有害にして厄介をば生むものと、世人を迷はすことにもなるであらう。故に今日ほど教育家や學校が、社會のために働かねばならぬ時はないのである。

道は天地自然の道なるゆゑ、講學の道は敬天愛人を目的とし、身を修するに克己を以て終始せよ、己れに克つの極功は毋意毋必毋固毋我と云へり、總して人は己れに克つを以て成り、自ら愛するを以て敗るるぞ、能く古今の人物を見よ、事業を創起する人其事大抵十に七八迄は能く成し得れ共、殘り二つを終り迄成し得る人の稀れなるは、始は能く己れを愼み、事をも敬する故功も立ち名も顯るるなり、功立ち名顯るるに從ひ、いつしか自ら愛する心起り、恐懼戒愼の意弛み、驕矜の氣漸く長し、其成し得たる事業を負み苟も我が事遂んとてまづき仕事に陷り、終に敗るるものにて、皆な自ら招く也、故に己れに克ちて睹ず聞かざる所に戒愼するもの也。

第三節　宗教家と寺院　附篤志家

（宗教家）　世を救ひ、人を濟ふが宗教の目的であるならば、宗教家ほど世に廣大無邊の責務を有するものはなからう。信仰ほど難有きはなく、信仰位偉大の力に富めるものはないと云ふならば、宗教家程世に偉大なる力を持てるものはなからう。實際人智が進み、勝手我儘が増長して、而も恐ろしき地頭樣もなくなつた今日に於ては、人の見ざる所に獨りを愼み、聞かざる所に我を戒しめるとの出來るは、たゞ宗教の力に據る外はあるまい。神佛の存在を認めて、之を信仰するより他に方便はなからうと思ふ。開け行く世に於て然り、まして人文の未だ開けざる所に於てをや。故に農村に於て神佛の側に侍し、信仰の鍵を握れる宗教家の活動は、農村を救濟するとも出來れば、農民を誘掖指導するとも出來るのである。即ち農村の隆興と衰亡は一に其の掌中にあると云つてもよいのである。

今日に於て特に宗教は必要なり

白耳義に於ける宗教家の活動

白耳義國の勃興の史を見るに、同國に於ける産業組合新興の動機を與へたのは、舊教僧侶の勵精努力によるのである。都市より農村に入り來る輕躁浮薄の風に抵抗して、實業教育を皷吹し、新農業組織を開きたるも彼等であつた。人造肥料を造り之が使用の有益なるを示し、農事改良に偉大の功德を授けたのも亦彼等であつた。彼等は所謂恒産なき民には恒心なしの理法を知り、食はしめて歩ましめたのである。故に彼等の活動するや、右に經典を握り、左に鍬鎌を持たのである。時人其樣を說きていへる

には

『此の如き人こそ地方人民の間に信服せらるゝものなるべけれ、此の如き技術上の智識こそ、僧侶の威嚴以上に尊敬と信任とを加へしむるものなるべけれ』

と。之が白耳義の今日を生みたるものと思へば、宗教家の力も、信仰の難有さも分るだらう。彼の肥後の理想鄕小國村は、今や有志會あり、婦人會あり、同情會あり、餘慶會ありて、一村淳厚の風氣は、

小國村に於ける時松師の感化

聞きてさへ愉快に堪へぬ所であるが、之れ一に同村萬成寺の僧、時松敎願師の感化によると聞きては、驚かざるを得ないではないか。師は既に故人となられたのであるが、其の敎訓と德行は今尙生きて村民を指揮誘導して居るといふのである。師は常に謂へらく、『王法と佛法とは歸する所や一なり、徒らに未來を說くのみを以て僧侶の本分と心得るは誤れるの甚だしきものなり』と。其死に臨み檀徒に遺せる書の一節には『お上を大切にして、年貢諸公役を怠るべからず、各其分を守りて不似合なる奢汰をなすべからず、眞實に家業を勵みて人並みの事に從ふべし、富貴は求めずとても自から其中に在らん』と。如何に村民の精神敎育に努めたかは、誰人にも想像が出來るであらう。又彼の廣島縣の模

廣村に於ける大州師の敎化

範村なる廣村は、自治機關の整理、事務の進捗、勤儉貯蓄の奬勵、納稅の整理、開戰紀念植林を始めとし、公職に從事するものゝ精勵努力、村民上下の一致和協が、他に類例なき程であるといひ、村長助役共に藍綬褒賞の名譽を負へるといふ所であるが、此の村は元來同一の信仰を有し、同一寺の徒

であつて、今日には稀に見るてふ偉大の人格を有する、大州順道師の敎化を受けて、然りと云ふのである。故に廣村は宗敎村であるといひ、廣村は順道師といふ生佛の權化であるといふ位だ。されば洋の東西を論ぜず、時の古今を問はず、農村の自治に及ぼす宗敎家の勢力の、一通りならぬと云ふことを知るべきである。

道德以上の信仰に立つべきが宗敎家である以上は、農村に於ける村長や校長の上に位し、此等の間を調訂し融和し、此等の動き易き樣に村民を指導誘掖し、此等當局者と村民との意志をも疏通して、双方の和協を致すべき責任に任せねばならんのである。即ち公家庭に於ける姑の如く、舅の如くなけねばならぬのである。徒に死者の始末をなし、墓守を以て任じ、經文を讀むを以て役目とすべきではない。然るに今日の宗敎家は、多くは邪見な姑舅の如く、寺院は之が隱居所ではあるまいか。宗敎家の爲めにも、農村自治のためにも、甚だ喜ぶべき現象ではないのである。

今日の宗敎家は隱居所に逃げ居る姑舅の如し

聖代の今日、何が末世であるか知らぬが、宗敎家の態度人格に一度眼をうつせば、何人にも末世の樣に思はれるのである。心の持ち方、氣の置き處より日々の行動を見ては、之れでも宗敎家であるだらうかと思はるゝが多い樣だ。昔は袈裟や衣は御光もさす樣に思はれたものであるに、今は一種の臭がする樣に思はれる。之れ法の惡しきにあらず信仰の衰へたるにもあらず、たゞ法に入る人間が間違ひ信仰を與ふる人格がないからである。さても寶の山に入りて寶を用ゆるを知らず、法の海に浮んで法に浴する能はざるものとや云ふべきか、痛恨の極みである。農村てふ公家庭に立つべき姑舅が其の通りであれば、それに代りて立つべきは、神社の宮司であるが、多くの町村に於て神社はあれども、宮司のないのが普通である。たとひありても話にもならぬ情ないのが多いのである。

痛恨の極

されば今日は其の位置を論ぜず、其の職務を論ぜず、又其の財產を問はないで、たゞ有德の人や篤志家で農村に一勢力あるものが、代つて姑舅の位置に立つべきであり、又立てねばならぬのである。醫師もよからう、地主もよからう、休職官吏でもよからうし、兎に角村長や校長の後援に任じ、助言助力を與へて村政の圓滿をはかり、村治の發達を期すべき人がなければならぬ。たゞ最も各地に普及し居つて、其任にあたるべきものはと云へば、どうしても宗敎家、別けて今日の所は佛敎僧侶に之を望てまねばならぬのである。吾曹は常に國民道德の變移と、農村自治の現況を以て、宗敎家の發奮興起を希望して止まぬものである。

寺院》　伊太利には愛鄕心を寺鐘の精神といふそうである。そは寺の鐘が一度鳴れば、村民が皆集まるからである。卽ち寺は村民の心を集中する所であつて、恰も鄕土のためには何人も精神を一にすると同然であるといふことだ。愛鄕心と寺の鐘の聲、之が同樣に村民の心底に響く樣でなくばだめだ、若し村民に信仰があり、村に信仰の本尊があつたなら、我國に於ても斯くあらねばならぬ譯である。彼の廣村に於ては、恐らく斯くなつて居るだらう、佛法卽ち王法、王法卽ち佛法で、大州師の撃たれ

寺院は愛郷心の中心たれ

る鐘は、必ず村民に愛郷心を喚び起し、一度より二度の響きは必ず村民が地方に盡す心を高めるであらう。斯くの如く寺院は地方愛郷心の中心ともなり、寺鐘の響きは自治の進歩を促す合圖ともならねばならぬのである。まして寺院の建築は各所とも廣大であり、庭もあるのであれば、之を利用したなら、隨分面白いことが出來るに相違ないのだ。宮崎縣は南那珂郡の油津に、正行寺といへる寺あり野崎正禪師が住職である。師の公益を廣め、世務を開くことは隨分激いので、陸《をか》蒸氣の異名さへある位である。師は毎月一回寺院の少年敎會を開き、兒童を集めて修身談をなし、又は幻燈會を開き、別に毎月一回婦人會を開きて、婦女子の敎養を圖り、兼ねて一人につき貳拾錢以上の貯金をなさしむる等、寺を開放して居るのである。近來各地に小學校の休日を利用して、寺院に兒童を集め、唱歌や遊戯を心まかせにやらせ、後に法話を一席して菓子など與へ、惡戲をなさしめず、自ら善に奬むる手段が寺院に於て流行する樣になつたのは、實に喜ばざるを得ないのである。愛知縣は幡豆郡に富田と云ふ所がある。此處に願專寺といふ寺があつて大谷專師のものであるが、同師は其處の青年を指導して、信仰をすゝめ、圖書館を設けしめ、今は又産業組合を組織せしめたのであるが、いつも寺を貸し、之を事務所とするのである。斯くて農村の風紀を改め、村民の幸福をすゝむべきが、何處の寺院に於てもなされねばならぬことであつて、また出來得ることであるのである。

事實ならんことを祈る

同碧海郡安城町字福釜に西願寺といふ寺があつて其處の住職は松林了観と云ふ人である、十年以前より青年會館を建て、夜學を青年になし晝間は少女を集めて妻君が敎育の任に當つて居るのである。如斯して靑年と少女は稍物になつたので、爾來戶主を集めて敎化に勤め、今日では縣下で尤も多數の組合員を有する信用組合を組織したのである。之が爲一鄕益醇厚の俗をなすに至つたが、了觀師は之に滿足せず、昨年より寺の境內の一隅に幼稚園を設け、足手纒ひの兒童をも世話することゝした、之がため鄕內民衆の喜びは大したものである。如斯何れの寺院や僧侶がもめたなら、其の功德や更に一層大なるものがあるであらう。

加之白耳義の僧侶の如く、又彼の大谷師の如く、松林師の如く、產業組合の指南をもなし、之が事務所を貸與することが出來たなら、其の功德や一切の衆生を此世から極樂に導くとが出來るのである、維持費のために迷惑をかけず、保存のために厄介を云はぬ樣になる丈けでも、所謂人助であるから、各寺院の斯くの如くに到らんことを切望して止む能はざる次第なのである。

（篤志家）　篤志家とは、旣に文字の示す如く、地方自治や公共事業に志の篤き人である、語に所謂志の存する所道あり、道ある所に事蹟ありとの譬にもれず、篤志家の存する所には必ず自治や公共事業の發達せる事蹟の見るべきあるは、吾等が自治振興上、地方改良の點よりして、常に篤志家を尊重する所以である。

抑も町村長は選擧によつて出來なくばならず、敎育家には一定の資格を有せねばならず、宗敎家も亦然りである。故に自治に手腕を試みむ考あるも、地方公共の事業に盡瘁せんとするも、町村長や敎育家や宗教家の地位職權を得て、以て之をなさんと欲するは萬人の望むべからざる所である。然れども此に志ある者が、時に或は町村長の援助者となり、或は教育家の補助者となり、或は又た宗教家の後援者となりて、自治のために努力を輸し、地方改良のために奔走を辭せざるは、敢て萬人に望むべき事であり、萬人の勤めて出來べき事である。若し町村長に人を得ず、教育家に手腕を認むる能はず、又た宗教家に有德を得る能はざるも、町村民に自治を重んじ地方公共の事を貴ぶ精神だにあらば、必ずや其處に篤志家として憤然として起ち、泰然として基石に任ずる人が出るに相違なからうと思ふ。假令自ら立つの人なく、自ら任ずる人なくも、之を立たしめ、之に任せしむる事は出來ようと思ふ。故に吾輩は自治の振興を希望する點に於て、地方の改善を切望する上からして、凡百町村の民衆に向つて、篤志家の輩出せん事を欲し、爲政者及び監督指導者に向つては、篤志家を起さしめん事を望んで止む能はざる者である。

山口縣は佐波郡に華城村と云ふがある、三田尻驛より南西へ三十丁餘を距りたる所である、曩に內務省より優良村として推擧された所であるが、地勢から見ても村行政の整理から見ても、又た共同事業の振張せる所から云つても、說者の小廣村廣島縣の廣村の小型な者と云ふはよく謂つたものと思ふ。此村の今日あるは、勿論村當局者の精勵と計畫とによるは勿論、村民の淳厚なるにもよるべけれども、然れども彼の令名ありし愛國家江藤新平氏の息新作氏が篤志家として、村自治の基石を以て任じ、時には村治の顧問となり、村長の援助者となり、時には代表機關の相談相手となり、村民の說教者となりて、此村に努力と好意とを輸したるの功德大なるを思はねばならぬのである。又た佐賀縣の脊振村と謂へば、何人も法螺の貝を連想する所であるが、村勢の今日あるに至りたるは、全く志波九郎助氏の篤志に因るものと云ふも、敢て不可を訴ふる者はなかるべしと思ふ。村民の氏を稱して世話御苦勞助と呼ぶは、如何に氏が多年村政に援助し、民風の改善に努力したかを想像するに足るではないか。今の世法螺と云へは虛言を談じ、不實行を語るものと思ふのに、氏は二十年一日の如く、村民に朝起の習慣を養成するため、脊振山に登りて吹きたる法螺が、今やたゞに脊振村民の耳のみに響かで、我が帝國の津々浦々までも聽く人の出來、奮起する者を生じたるは、功德の偉大なる法螺と云はねばならぬ。如斯世に棄《すた》りたる法螺の貝の世に出つるも、皆之れ篤志家の賜と思へば、人の篤志のなす事蹟も亦大なりと謂つべきである。又た島根縣八束郡に岩坂村と云ふがある、此も既に表彰された所であるが、其處に引野彌太郎と云ふ篤志家がある、曩に秋田縣の篤志家石川理紀之助翁を名古屋に見んとして果さゞりしため、遙に秋田縣に之を訪ひ、今夏は農界の恩人の墓參をせではと、群馬、香川、奈良を廻はりしと云ふ人であるが、父子相勤めて村風の改善に、村事業の改良に努力奔走を盡くして倦む事を知らず、怠る事なきは、慥に岩坂村を今日に進めたる一原因ならずやと思ふ。如斯模範的優良町村の裏面には必ず篤志家が隱れて居る、假令優良町村ならずとも、優良部落には必ず篤志家を見出すのである。此故に一町村で纏らぬ様な所でも、篤志家の存する部落は必ずよく發達するのである、若し町村の各字、各部落に篤志家さへあらば、町村の自治は何んでもなく發達する譯である。

篤志家の篤志には、身を以てする奔走もあれば、金を以てする後援もあれば、又た聲を以てする應援もある。されば町村の人は各自其得意を以て、町村政治に町村敎育に、又た町村事業に助勢し、以て篤志の功德を普及せん事を望むで止む能はざる次第である。

蟲よく〳〵、五ふし草の根を斷つな、たゝばおのれも、共に枯れなん。

なさばなる、なさねばならず何事も、ならぬは人の、なさぬなりけり。

長生は、只だ働くにしくはなし、流るゝ水の、くさらぬを見よ。

山水の、其の源を淸めてぞ、千代の流れも、濁らざりけり。

第四節　機關の連合

前述の如く自治の主なる機關は村長と村會であつて、之が補助機關は敎育機關と宗敎機關とであるが此等の機關がよく協同一致して、農村てふ問題に働き、自治體の上に活動せねば目的を達することが出來難いのである。即ち自治機關と補助機關が連合して働くにあらざる限りは、自治の發達を容易ならしむることが出來ぬのである。今町村にある各種の機關及び其系統並に施設を掲げて見むに

機關の種類

役場―町村長、役場吏員、町村會議員、選擧民、

學校―學校長、職員、卒業生、生徒、父兄、

社寺―宮司、僧侶、信徒、檀徒、

農會―會長、役員、會員、

尙武會(在鄕軍人會)―會長、役員、會員、

組合(産業組合、貯蓄組合、勞働組合、水利組合、報德社等)―組合長、役員、組合員、

衞生會―會長、役員、會員、

敎育會―會長、役員、會員、

銀行―頭取、行員、預金者、債務者、株主、

町村の黨派は如斯して生ず

其他色々あるが、如上は其の主なるもので、各地の農村に於ては大抵あるべきものであらう。而して此等の長たり、頭たるものは多少其人を異にするであらうが、父兄といひ、檀徒といひ、會員といふは、何れも同じ農村民である。故に各種機關の連合といふも、其實は長たり、頭分たる人が連合すればよいのである。即ち村長、學校長、和尚、其他會や團體を統轄する人が和衷協同さへすれば、各種の機關や施設の連合は、容易に出來るのである。如斯して農村民をして自治を得せしめ、農村即ち町村民をして自治の本體ならしめ、所謂自治の極致を得ることも出來るのである。若し此等の長たり、頭たる人が主義を異にし、意見を立てゝ讓ることが出來ないならば、此等機關の連合は如何しても出來るものでない。從て此等の機關は立派に存在し、見事に組織されても、到底農村の自治を進めるものとはならない、時によりては却て自治の妨害をなすものである。されば機關がないならば、夫れでもよいが、既に各種の機關があり、施設がある以上は、是非共之が連合を計り、之が協同一致、長短補足が出來ねばならぬのみならず、出來さねばならないものである。之を人體に譬へば、人に五感あり、手足ありてよく協同し、始めて生ける人たるを得るが如しであるのだ。之を食事に就て見んか、食事は口の働くべき仕事なれど、手も之を助け、目鼻各其用を以て之を助く、故に味もあれば、樂みもあり、怪我もなさですむのである。而も此等の動作は、一に頭腦の命ずる所に從ふて動き、頭腦の意思を果さんとして働くのであつて見れば、農村の上にも頭腦がなければならず、又は頭腦が認められねばならぬ譯だ。抑も農村に於ける頭腦は、町村長てふ自治機關でなければならぬ。即ち各種の機關の中で、町村長てふ行政機關が頭腦と認められねばならぬのである。町村を統轄し、町村民の協同の利益を増進し、其幸福と安寧を進めんと欲する、町村長の計畫に基づきて各種機關が働き、其意思に從ふて各種の施設が活動せねばならぬのである。

どうしても町村長が大切なり

此點より見ても町村長には、町村内第一流の人物が出なければならず、町村長の職に任ずる人は、大に自重して熱心事にあたり、是非共衆望を負ふ樣に勤めねばならぬ譯だ。又各種の機關に長たる人は、飽くまでも町村長を主腦と認め、計畫を助け、其意思を果さしむべく、各種の機關や施設を運用せねばならないのである。

之を要するに町村長は、主腦の覺悟と貫目がなければならないのであるから、町村のことは大小輕重とも精通し、常に自己の修養を怠るなく、町村の利益と幸福を増進する施設計畫をよくし、眼中一に町村あつて他なしの域に達すべきである。而して各種機關の上に立つ人は、町村のために犧牲となることあるも、町村を己が機關の犧牲に供することなく、常に町村を見て以て自己や自己の機關を案配よくするてふ覺悟が大切であつて、何事も町村のため、町村自治のためなれば忍ぶことが出來ねばならぬ。斯る覺悟を以て町村民に臨み、斯る決心を以て團體を統轄して、其目的を果すべく勤めなば、農村の發達、農村自治の進歩、町村民の幸福を増加することは、決して六ヶ敷いことではあるまい。

之れ今日の弊なり

今の世程各種の會が出來、各種の施設が工夫さるゝ時はまたとあるまい。而して此等の會や施設が龍頭蛇尾に了らずば、枝葉の末に走りて根本を忘るゝ弊に陷るは、滔々乎として皆然りと云つてよからう。之れ何れも主腦たるものゝ協同の雅量なく、會や施設の目的を忘却して、社會を犧牲に供せんとする無謀を悟らぬからである。今の町村役場や學校、或は寺院の間に於ても、其弊はなきや。即ち役場は學校を見ること他所の事業の如く、學校と寺院と隣りして居ながら千里を隔つるが如く、寺院と役場は未來と現世と異なるが如く、甚しきは犬と猿の如く仇敵の思をなすもの之れなきや。數へ來ればば村長と校長は所謂面從後背の間柄が多く、校長と和尙は吳越の思をなすが多く、村長と和尙は他人行義のものが多くはあるまいかと思ふ。而して地方の有志や、有力家は或は障らぬ神にたゝりなしの態度で居るが、普通ではあるまいか。如斯して農村の自治をはかり、自治體の進歩發達を希ふは、夫れ尙木によりて魚を求むるの類ではなからうか。

無益をなして有益を害せざれば功即ち成り、異物を貴んで用物をいやしまざれば民即ち足る。

第六章　農村自治の手段

人を見て法を說くべし

何をなすにしても手腕や技倆が大切なるは云ふまでもないが、さればとて刀なしに物きることも出來まいし、鍵なしに戸をあけることも容易であるまい。手腕に武器が伴ひ、技倆に道具が備はりて、所謂虎に翼の目覺ましき仕事も出來るのである。今夫れ自治を振興するには、人物が第一なれど、之を進歩發達させるには氣ばかりでよく行くものではない、必ず人心を統轄するに於て、人力を集注せしむることに於て、必ずそれ丈けの方法手段がなければならない。而も此のことは新に自治を振興する所に於ても、自治の出來てる所を更に進歩せしむるに於ても、等しく肝要のことである。況んや『事業は敵なり』と云ふ西諺の如く、事業を起すには容易ならざる注意がいり、之をなすには非常の苦心を要するものであるから、其方法手段も餘程講究せねばならぬのである。而も土地柄により、習慣により、人智の如何によりて、各所同一なるべからざるは、所謂方法手段である以上は、此處に述ぶるもの必ずしも良法、好手段と限ぎられないのである。たゞ比較的各地に應用實行して然るべきもの、或は既に之によりて功果を奏しつゝあるもので、所謂理想ならぬものを掲載したのであれば、之に則り、之に依り、之を應用し、之を活用すれば、必ず功果のあるべきを信じて疑はないのである。

第一節　町村是の確立

夫れ國家は一家一村の結合體にして、一家一町村の獨立は即ち國家の獨立を組織するものなり、果して然らば一家一町村をして時世に相當するの力を有せしむるにあらざれば、一國をして他國と對立駢峠して其獨立の體面を完ふせしむる能はざるや亦太だ明なり。

町村は國家の基礎たると同時に、一國には必ず其體面上確乎不動の國是方針を定立すべき要ある者は、先づ其根柱たる町村郡是を定め、而して府縣是に及び、而して後國是自ら定まるべき順序なることを忘るべからず。

町村是調査の自治に必要なる所以

とは前田正名氏の多年熱心に唱導せられた所であつて、實に最も千萬な話である。さればこそ一時天下の志士何れも之に賛同して、皆其志をなさんとしたものである。爰に於てか前田氏は全國を八區に分ち、毎區に模範の一町村を選みて、之が町村是の調査に從はしめ、各地亦競ふて之が調査をなし、以て町村是を確立した所も隨分多いのである。彼の三模範村の一なる宮城縣の生出村や、三重縣の玉瀧村が現にそうであるし、又愛媛縣溫泉郡の余土村も、之によりて村政を改革し、村富を増したのであるから、町村是の調査、確立は確かに農村自治を進むる手段の一であるのは疑のないことである。何故ならば、苟も町村是を調査するとなると、村民一同其氣になり、各自の生産や消費を腹藏なく云はねばならぬにより、是非共協同一致の出來る所でなければならぬことが一。自治機關や村民一同は、之により正確に村の貧富進退の程度を知るのみならず、其原因をも知ることが出來るにより、人の話や講釋と異なり、發奮與起が心から出來るといふが一。改良や矯正は何れの方面よりなし、如何にせば可なりやを自覺することが出來るのが一。而して改良、矯正の功德や功果は幾何程なるやを數ふることが出來るのが一。此等の事情により自覺、自奮、自治てふ順序に進むことの出來るのが、他の方法手段によるよりも出來易いからである。

町村是調査と確立

町村是の調査

抑も町村是調査とは如何なることを云ふのであらうかは、之によりて自治の手段を求めんとする者には講究せねばならぬことである。曩に內務省が郡市町村是の調査に着手し、各地方廳に報告を求めたものを見るに

一、各郡市町村の一ヶ年に於ける富の生產高、
一、同生活に要する富の消費高、
一、同生產及生活勞働に要する富の消費高、
一、郡市町村の一ヶ年間節約し得べき額、
一、同一ヶ年間通常貯蓄し得る富の額、
一、現在の基本財產、
一、同上現に實行しつゝある方法、

一、將來に基本財産を作るべき方法、
一、人口と富と生産との比例、

としてあるが、之は基本財産の蓄積を中心とせるものであらう。自治體福利の增進を計り、將來の方針を確定するには、此事項以外にも調査せねばならぬのである。即ち

一、面積、耕地反別、原野反別、宅地反別、山林反別、
一、人口、職業別、貧富等級別、人口增加の割合、
一、副業、(養蠶、畜産、漁業、製造業、等)
一、田畑收穫、收益、山林收穫、收益、副業の收益、
一、總財産價格、總生産額、總消費額、
一、國、縣、郡、町村納税額、
一、教育の種類並に普及の程度、
一、衞生の狀態並に施設、
一、交通の便否、都市との關係、
一、風俗習慣の良否、
一、貧富の割合、地主、自作、小作の割合、
一、町村民貯金の額、負債の有無及び其の種類、負擔の種類及其額、
一、歳出入、歳出入の比較、

尙所に應じ時により風土の關係をも調査し、其他將來の町村是を確立するに必要なることは、何れも調査せねばならぬものである。而して此調査を了へたなら、次の各項につきて考へねばならぬ。

一、奬勵すべき產業及奬勵の方法如何、
一、土地の改良及利用すべき程度如何、其改良利用は如何にすべきか、
一、敎育は如何に普及すべきか、如何に敎育すべきか、
一、交通運輸は如何にして便にすべきか、
一、農會組合等は必要に應じて組織せられあるや、如何にして活用すべきか、
一、勤儉貯蓄の方法目的は如何、
一、備荒貯蓄、窮難共濟は如何にすべきか、
一、基本財產は如何にして增殖すべきか、
一、稅目は如何なるものを撰むべきか、
一、上水下水其他衞生に關する施設は如何にすべきか、
一、如何なる良風を維持し、如何なる惡風を矯正すべきか、

要するに村をよくし、村を富まし、村を平和にするには如何にすべきかを、調査の成績に鑑みて考案し、斯くの如くなし、斯の如く行はねばならぬと決定するのが、即ち村是の確定である。故に町村是の調査が出來れば、必ず町村是の確立が出來ねばならず、町村是が確立したならば、必ず是が實行されねばならん。換言すれば町村民は何れも町村是の定むる所に從ふて動き、之に則りて働かねばだめである。

實行の伴はぬ町村は遊にも是及ばず

町村是機關

町村是の機關

調査機關

町村是を調査するには必ず調査機關が必要である。役場吏員が之に任じ、町村長が之を統轄するのが

普通であらうが、別に有志を以て之が機關を作るも便利である。或は農會でやるもよからう、組合でやるもよからう、或は教育會が引受くるもよからう、或は此等の聯合でやるもよからうが、町村長の之に關係する事が大切である。而して人の隱蔽し易きをも穿鑿し、耻る所のものを聞き出さねば、其の正鵠を得がたきより、隨分骨の折れる仕事である。加之何れも數理を要するものであるから、云はゞうるさき仕事であるのだ。故に此の機關に立つ人は德望のあるもので、規則立ちたる明晰な頭の人で、所謂勇往邁進の出來る熱心家であらねばならぬのである。さもなければ、其の調査の出來る筈はない、たとい出來ても皮想の調査しか出來ない、即ち村是を確立するに足らぬものほか出來ない事になるのだ。之れ町村是調査の必要なる割合に調査が出來ず、全國一萬二千有餘の町村にして之が調査をなしたるもの、漸く五百内外に過ぎぬ所以である。されば此の調査をなさんものは勿論、なさしめんとするものゝ、よく此邊に留意して、骨折損の疲れ儲をなす愚に陷らざる心懸が肝要である。

督勵機關

尙一の必要なる機關は督勵機關である。即ち定められたる町村是が實行さるゝ樣に奬勵監督すべき機關がなければならぬ。抑も町村是が如何に立派に確定された所が實行されぬでは何の役にも立たぬ譯である。之を實行せしめんには始終奬勵が大切であつて、如何に實行さるゝかを監督せぬと、一時に熱しても直に冷却し易き我國民にありては、到底効果を奏するに至らぬのである。而も此の役目は尤も大切なるものである以上は、之に任ずるものは、町村民の尤も信用せる人であつて、模範的の人物でなければならぬのである。今夫れ町村是の調査をなし、之を確立して村内のこと皆之に本づきてなすと云ふに到れるもの、既に五百內外なりと雖も、實際之を實行して、よく村富を增し、村政を改め、村民の幸福を增進するに到りしものはと云はゞ、僅に指を屈するに過ぎないのである。之れ町村是を確立しても、之を奬勵監督する機關を缺き、其人あらざるがためである。其事のよくして出來ねばならぬものが出來ぬ樣では、自治のため痛恨至極なことであれば、町村是を確立して自治に資せんと思はゞ、是非共此の機關の必要を知らねばならぬのである。

余土村の村是調査

愛媛縣は溫泉郡余土村は、森恒太郎氏の熱心により夙に村是が調査されて、且つ實行の成績も大に擧つて居る所である。此處の調査は第五回の大阪に於ける博覽會で一等賞を得たもので、村是調査としては模範と云つてもよく、且つ實行の成績も確實でよくいつて居ると云へば、町村是によりて自治の發達を得んとするものには、唯一の參考であらうから、次に之を揭ぐることにした。勿論此の調査は三十四年に出來たもので、村是の實踐成績は三十六年の分であるから、爾來此村是が益實行されたならば、此村の自治は更に大に見るべきものがある筈である。

○余土村村是調査資料の上(統計)

第一章　土地

第一節　面積及地價

一、官有地反別　二、民有地反別及地價　三、田畑宅地一筆當リノ廣狹　四、田畑宅地一筆當リ區劃類別　五、田地宅地一反歩當リ地價ノ高低　六、土地所有者區別　七、村民ノ他町村有土地ト他町村民有土地ノ比較　八、村民所有地ノ總計（人ニ就テ）　九、田地反別戸口當リ

第二節　耕作

一、村内田畑耕作區別（村ニ就テ）　二、村民所有田畑耕作區別（地ニ就テ）　三、村民耕作反別（人ニ就テ）　四、田一毛作二毛作反別　五、灌漑用水區別　六、村民耕作反別戸口當リ

第二章　戸口

第三節　本籍

一、戸口數　二、年齡區別　三、人口增減

第四節　現在

一、戸口數　二、雇人（奉公人）　三、村内外雇人出入ノ比較

第五節　職業

一、現在住者職業別　二、農業ノ細別戸數　三、商業ノ細別戸數　四、工業ノ細別戸數　五、雜業ノ細別戸數
六、業務者區別人員

第三章　財産

第六節　不動産

一、村内土地ノ價格　二、村民所有地ノ價格　三、村内建物總坪數及價格　四、村民所有建物ノ坪數及價格

第七節　動　產

一、株式及債券　二、貸金　三、預金　四、農業運轉資本　五、商工業運轉資本　六、雜種ノ財產

第八節　財產所有區別

第九節　生產的不生產的財產の比較

第十節　財產の等級

一、財產ノ等級（所有反別ニヨル）　二、財產ノ等級（所有財產高ニヨル）

第十一節　財產の等級

第十二節　一戶當り建物の廣狹

一、住居ノ等級（居住家屋坪數ニヨル）　二、住居ノ等級（居住宅地坪數ニヨル）

第十三節　負　債

第四章　負　債

第十四節　財產の出入對照

第十五節　一戶當りの財產額

第五章　敎　育

第十六節　義務敎育

一、學齡兒童就學不就學　二、累年就學ノ歩合　三、累年學令相當者就學歩合

第十七節　教育公費決算額

第十八節　累年尋常小學校ヨリ高等小學校ニ入ルモノ

第十九節　學　生

第六章　衛　生

第廿節　傳染病患者數（累年調査）

第廿一節　傳染病費（累年調査）

第七章　公　費

第廿二節　土地の負擔

一、負擔金額（累年調査）　二、負擔額ノ反別地價當リ（累年調査）

第廿三節　住居の負擔

一、負擔金額（累年調査）　二、負擔等級ノ高低

第廿四節　營業の負擔（累年調査）

第廿五節　所得稅及附加稅（同）

第廿六節　稅金滯納の金額（同）

第八章　生産

第廿七節　農業

一、穀類　二、荳類　三、果實　四、蔬菜　五、雜品

第廿八節　林業

第廿九節　工業

第卅節　副業

第九章　商業

第卅一節　商業

第十章　勞力

第卅二節　勞力

一、給料　二、勞役

第十一章　利息

第卅三節　利息

第十二章　村外

第卅四節　土地

第四十二節　收　　支
第四十三節　收支戸口當り
一、收入戸口當り　二、支出戸口當り
第四十四節　耕作收支
一、耕作上ノ損益　二、耕作上ノ純益戸口當り
第四十五節　生活費一人當り
第四十六節　生活費に對する收入金額及其歩合
○余土村村是調査資料の下　（參考）
第十八章　地　理
第四十七節　位　置
第四十八節　地　質
第四十九節　氣　候
第五十節　交　通
第十九章　職　業
第五十一節　農　業

第六十二節　田畑の賣買交換
第六十三節　生産物賣買の方法
第六十四節　貸金及預金
第六十五節　收　　支
第廿二章　附　　錄
第六十六節　農會の起原及沿革
第六十七節　農會の事業
第六十八節　農家の子弟敎育一斑
第六十九節　部落協議費

以上の調査が即ち村是の調査である、此の調査の結果村是が定るのであるが、之を定むる順序として左の如くなした。

第一、村是調査の起由
第二、我村が自營すべきの本業は何んぞ
第三、村經濟の收支現在に就て
第四、既往十ヶ年間經濟の餘裕

第五、不生産的財産は村經濟を維持するの實力を存せす

第六、將來我村を維持經營すべきの策如何

第七、將來に取るべき消極的の方法

一、風俗矯正　二、勤儉貯蓄

第八、將來に取るべき積極的の方法

一、肥料共同購入　二、小作の保護　三、土地の繰上げ排水　四、青年子弟の敎育　五、織物の改良

第九、將來に於ける村經濟の成行

余土村の村是

就中第七、第八は即ち余土村の村是である。此の村是を實行すれば

一、風俗の矯正に於て生計費を減じ得ること毎年、

金壹萬貳千百七拾六圓拾六錢九厘

二、勤儉貯蓄に於て一人一日壹錢を貯ふるとせば全村民に於て毎年、

金八千七百六拾圓（之を十ヶ年積算せば）金拾壹萬八拾四圓

三、肥料共同購入に於て肥料價格の一割を得、之を二十ヶ年蓄積すれば、

金四萬八千百八圓六拾貳錢（將來村經濟を維持する基本となす）

四、小作保護に於て積立が此の如く出來る、

金四千百四拾貳圓拾錢(小作保護並に奬勵の基金となす)

五、土地の繰上げ排水に於て得る增收は毎年、

金參千四拾壹圓貳拾八錢

六、織物の改良に於て一反拾錢の利益を得るとせば、其の利益合計は、

金五千八百九拾六圓七拾錢

即ち支出に於て壹萬貳千百七拾六圓拾六錢九厘を減じ收入に於て八千有餘圓を增加し、其他多額の基金を得るが故に、村經濟の上に於て參萬餘圓の餘力を有し、廿年の後に於ては五萬圓近くの村基本財產を得、初めて此村を維持するの基が開けるといふのである。實際之が實行に取かゝつた成績を見るに、村是七項の中で着手の出來たのが五項目ではあるが、其の成績は實に立派なものがある。三十六年の十一月、即ち村是を立てゝより二ヶ年目であつた、既に一村に及ぼす之が功德の大なるを見ては、確に町村是を確立することが、農村自治を進むる好手段であるとを知ることが出來るのである。而して村長森恒太郎氏は盲目の人であつて之がために生命をかけて、終始一貫其の大成を期したのであるから、其苦心の慘憺たることは想像に餘まるのである。之れ一に余土村是がよく出來、よく行はれた所以ではあるまいかと思ふのである。而も如斯なし、如斯行ひて、如斯自治に資すべきは、獨り余土村に限らないので、何處に於ても、斯くあらねばならぬ筈のものである。而して今や森氏村長の職を去り、

村是の實行當年の如くならず、余土村の令名亦昔日の如くならざるは、之れ人のためにして其手段のためでないことを承知せねばならぬ。

尚町村是を確立するには、五年目乃至十年目毎に調査を更新せねばならぬとである、之れ時代は常に進歩して止まぬのであるから、前に立てた村是を改むる必要が生ずるからである、世間往々にして町村是を立てゝ之を實行するとの出來ないのは、此消息を解せぬからである。

一、男子らしく難關に對せよ、而して笑を含んで到底避し能はざる義務を負へ。

一、貴重なる時間を浪費する者は、驕奢の最も甚しき者なり。

一、金錢は忠實なる奴僕なり、されど又危險なる主人なり。

第二節　組合の設立

組合の種類

組合と云へば、直に産業組合を聯想するのであるが、組合は獨り産業組合許りではない、即ち採種を目的とする採種組合といふもあれば、勞働するを目的とした勞働組合といふもある。又飼養を目的とした飼養組合もあれば、共濟共助を目的とした共濟組合もある。其外名は組合でないが、組合と同性質のもので講といふものが澤山あるのである、此等は何れも共同の目的を達するために、協同する個人の團體である以上は、町村といふ共同團體の進歩發達を計るべき自治に至大の關係を有するは言ふまでもない事である。故に文物の未だ開けざりし昔に於ても、それ相應に組合は發達して居つたのである。彼の仲間組合といふが如き、賴母子講といふが如き、今日に於ても感嘆せざるを得ざるものがあるのは、何よりの證據である。特に當年の自治體たりし五人組の如き、既に一の組合であるといつてもよいのであるから、今日農村自治の振興策に組合を採用して、之が進歩發達を計るのは、尤も巧妙なる手段ではあるまいかと思ふのである。而して玆處に尤も歡迎すべきは、どうしても産業組合法による、産業組合であるにより、先づ之から述ぶる事にしよう。

産業組合

産業組合

（上略）中産以下の人民は次第に其生產力が衰へる傾が御座りまして、甚だ嘆はしい事實でござりま

下級民の窮状は今日に於ても然り

す、理由書にも明記して御座ります通り、明治十七年十八年の調査によりますれば、全國に於て地所を抵當とする負債の金額二億參千萬圓に達して居ります、又明治二十年の地所の賣買の登記件數を調べて見ますると、其金額の少きは五圓未滿、多くも二十五圓を超へざるが其全數の七割八分弱と云ふ割合になつて居ります。中產以下の人民が其產を破り、又其業を失ふ事が此勢で止みませなんだならば、人民自治の精神は全く消へ失せて、多數の人民は少數なる金滿家の專制を受けまして、中以上の金滿家も亦竟に此自治の勞費或は救濟惠恤等、やれ洪水、やれ大風、やれ海溢と實に各國に勝れて不幸にも天災の多い我國でありまして、どうしても此中以下の人が成立ちませぬと、其費用の出所と云ふものは、矢張中以上の財產に及ぼす譯で、到底此有樣で行きますれば堪えられぬ事であらうと考へます。(下略)

とは故品川子爵が第七議會に於て、産業組合法の前身信用組合法案提出の際述べられた一節であるが、よく產業組合の目的とする所が述べられてある。即ち我國の產業組合は制を獨逸のライフアイゼン氏の工夫になれるものにとつたのであるが、中產以下細民の救濟を計り、以て中以上の厄介を去り、上下併進、共に祝福を享くるに至るを目的とするのである。之れ產業組合法第一條に

本法に於て產業組合とは組合員の產業又は其經濟の發達を企圖するため左の目的を以て設置する社團法人を云ふ

一、組合員の產業に必要なる資金を貸與し及貯金の便宜を得しむること
二、組合員の生產したる物に加工し又は加工せずして之を賣却すること
三、產業又は生計に必要なる物を購買して之を組合員に賣却すること
四、組合員の生產したる物に加工し又は組合員をして產業に必要なる物を使用せしむること

としてある所以である、而して之が我國に於て組合を分類して左の四とする所以であるのだ、

一、信用組合（前述第一項を目的とす）
二、販賣組合（前述第二項を目的とす）
三、購買組合（前述第三項を目的とす）
四、生產組合（前述第四項を目的とす）

之により低利なる資本を融通することが出來、生產物を高價に販賣して利益を多からしむることが出來、購入品を廉價に得て失費を少からしむることが出來、加工や製造の便宜を得るのみならず、一人で購ふべからざるものをも求むることが出來るのであれば、之によりて細民の利益、幸福、便利を得ることの多大なるは言ふまでもないことである。加之目的を同ふするものが之によりて相寄る機會が多ければ、此間に於て色々の相談も出來やうし、智識の交換も出來るだらう。又利害を同ふするものが集れば、必ず其間に於て意思の疏通も出來やうし、推讓の美風をも養成することが出來るだらうと

組合の妙味

思ふ。而して上のもの下に驕らず、下の者上に難題を持出さず、所謂共同自助の心田が開拓され、一致團結の氣風が養成されたならば、之が即ち町村自治の發達であるのだ。故に組合は衣食を足して禮節を重んずるに至らしむる唯一の道であつて、身貧なれば仁義ありと雖も行ふ能はずなどの憾なからしむる譯であるとも云はねばならぬのである。之れ産業組合法發布されて漸く十年を經たる今日、既に一萬に近き數を見る所以であるのだ。今二三の實例を掲げて、其の偉大の功徳を示せば左の通りである。

入新井村信用組合

東京附近の大森近在、入新井村といへば誰れでも加納子爵を思はぬものがなからう。子爵の此處に居住された當時の村治は、とても話にならぬ程であつた。風儀は惡く、賭博は流行し、町村税も敎育費も農會費も滯納するものが多い位、學齡兒童が增しても學校の設備は出來ず、ために難村の標本とも云はれたのである。然るに子爵は其實情を見て聖代の恨事とせられ、之が救濟を思立たれてから、先づ學校の基本金をつくる目的で信用組合を組織されたのが三十五年であつた。即ち存立期間を三十ケ年とし、出資一口の金額を十五圓とし、第一回拂込は一圓五十錢、以後毎月三十錢宛を拂込ましめ、此村之が事務所は云ふまでもなく一切の事務まで皆引受けられたのであるが、爾來貯金に重を置き、此村に適切なる貯金法を創設せられたがために、年を逐ひ月を重ねて組合の事業益々發達し、三十八年末には一人の資産七十一圓餘に上つたので、最早村税を滯納するものもなくなり、資本の融通にも困らずして事業も出來、何時の間にやら喧嘩もなくなれば、賭博も滅じ、當年難村であつたのが今は其の面影をも認めず東京附近の模範村となつた事は、何人も知れる所であらうが、之れ子爵及子爵家の功德によるは勿論であるが、子爵が組合といふ武器をとられたのが、實に巧妙な手段であつたに相違なからうと思ふのである。愛知縣は碧海郡に富士松村といふがある、此處の大字に一ッ木とて、もと一村をなして居つた處がある。町村是の調査をして、村是を立てたのであるが、其實行思はしからず、弱はつて居つた所である。

一木村購買組合

然るに購買組合を組織して、肥料や日用品の共同購入をなした所が、之れは案外好成績を呈して、而も年毎に事業は進むのである。四五年前の事であつたが、總會の當時誰れ云ふとなく、吾々は組合によりて少からぬ利益を得るに至つた、思へば之れ皆無報酬で熱心奔走される理事諸君の賜である。然るに吾々は未だ此の挨拶を述べず、謝禮もせぬのは、實に恩を知らざる致方ではなからうか、諸君もし同意ならば多少に關らず持合を集めて、以て志を到さうではないか、と評議直に一決し、數十圓の金額は忽ちに出來た。

組合員の心得

其處で總代を撰みて、一足さきに歸宅せし理事の一人を訪ね、其勞を謝し、組合員の喜びを述べた所が、理事の一人云ふ樣には、吾々理事も諸君と等く組合員である、諸君の喜ぶ利益は、また吾々の利益で共に喜ぶべき所である、されば双方等分の喜びあり、且つ吾々が如何に奔走すればとて、組合員が其氣になり、其心持でやつて吳れねば何にもならぬ譯である。されば其勞に於ても等分なり、同じ組合員で同一の利益を享け、同等の勞をなす以上は、獨り吾々の

一善は萬善を生む

み諸君の感謝や挨拶を受くる筈がないではないか、それ程に思ふ諸君の厚意は吾々理事の光榮とする所、吾々は此光榮に浴するを以て既に多大の感謝を諸君に捧げねばならぬのである、と云つて紙包を受取る氣色もないので、總代の人は弱はつたそうであるが、されぱとて持歸る譯にもゆかないので、君の云はるゝ事は尤であるが、吾々は總代であつてたゞ組合員の決議を以て來た許りで、依賴を果さずして歸る譯にはゆかぬにより、枉げて受納ありたしと、之亦去るべき氣色もないので、遂に理事の一人は受納して、理事は吾一人ではないにより、他の理事とも相談して改めて挨拶致さうと、一先別れたそうだ。然るに他の理事との會談の結果は、如何しても吾々は斯るものを受ける理由がない、さればとて返しても組合員は受取りもしまい、幸ひ組合では大豆粕を購入するのであるが、之を粉粹するに非常な困難をするのであれば、此の金で粉粹器を購ひ、吾々より寄附したならばよからう、と云ふので遂に理事一同より大豆粕粉粹器二ヶ（組合は二字にまたがれる也）の寄附をしたのである。そうすると組合員は斯ることをしてもらう位ならば、あんなとはしないのである。之れでは折角の厚意もとゞかぬとになつてくると云つて、粉粹器は組合員一同で買つて備へ付ようと申出た。こうなつては話が六ヶ敷くなるので、遂に仲裁說が出た、之れは兎に角此儘にして置いて、其代り粉粹器を使用するのは粕一枚につき、使用料貳錢宛を出し、之を理事と組合員協同の貯蓄となし、將來此組合が信用組合を立てる時の足しにしたならば如何だらうか、と云ふと決定され、爾來此約束が履行されて、今では相當の貯金が出來たと云ふとである、斯る推讓の美風は敎へても强ひても、容易に出來るものではないが、之れが斯く麗はしく出來たと云ふのは、全く組合の賜であるのだ。尙此組合では、何時も寄合ふと話をするのは男ばかりだ、抑も一家經營のと、農事のとは、到底男ばかりで出來るものでない以上は、時々婦人をも集めて話を聞かせ、時には喜ばせもせねばなるまい、と云ふので、婦人會が出來た。組合員の盡力で、隔月に一度位、必ず組合員の妻女を集め、時には農談を試み、組合の功能を說き、時には說敎をなし、衞生の注意を與へ、又時には蓄音器を以て文明の利器を知らしむる等、婦人の智識修養をもなして居るのであるが、斯る溫き同情の出て來るのも、全く組合の御蔭と謂はねばならぬのである。更に愉快なとは、一時頓挫した村是の實行も、組合の活動による村民の協同自助の精神から、そろ〳〵出來る樣になると云ふとである。されば組合の活動はいはゞ中產以下の經濟を裕にするばかりでなく、之に道義心を與へ、町村是の實行をもなさしむるものであるから、農村の自治を進むる好手段たるは、言ふまでもないことであらう。

●講

三人寄れば文珠の智慧といふは、古き里諺であつて、大勢寄ればよい智慧の出るものであるとは、昔から知つて居るのだ。一人より百人力とて、多勢に無勢はかなはぬものであるとも知つて居るのだ。旅は道づれとて、一所に步めば旅の疲も覺へぬ樂のあるとも知つて居る。故に共同共助の利益、一致協力の功德は、昔の人でもよく知りよく應用したるものである。それで資本の融通をはかるには賴母子講といふをつくり、旅をするには伊勢講とか熱田講とかいふ講が出來て居つたものである。

川上村の鷄講

今日になつては色々のものが出來、彼の廣島縣川上村を救濟した雞講の如きは、就中著名なものであるが、之は前述したから、玆處には靜岡縣濱名郡平貴村の同心遠慮講といふのを紹介しよう。

平貴村の同心遠慮講

之は明治十二年の創設で、遠き慮なき者は近き憂あり、と云ふ句からとつた名稱であるそうで、郷黨心を同ふして永遠の計を立つるの意を寓したものと云ふのである。其目的とする所は勤儉貯蓄の美德を涵養し、同時に高尚なる娯樂的施設をなして、講員の融和團結を圖るもので、其設立當時は、講員僅に三百名、毎月の積金亦多くはなかつたが、創立二十年目に至りては、會員も增加し、積金も六萬圓といふ巨額に達し、齊家の機關として有用なるのみならず、地方の金融機關として民業の發達を助くること尠なからぬことになつた。而して娯樂的施設も次第に整ひ來り、今は集會所も出來、圖書室も出來、圍碁や活花の室も備はり、繪畫室さへあるといふのである。而して毎月定期集會には來會の講員に無代辨當を給與するのであるから、何れも此の日を樂みて集り來るそうである。之がために一村に及ぼす風化の効果は實に少からぬといふことであるが、さもあらうと思はれるのである。

其他の組合

其他に埼玉縣の勞働組合や、各地にある採種組合や、貯蓄組合で隨分面白いのもあれば、農村の自治發達に偉大の貢献をして居るものもあるが、紙數限りある此處には略することとした。兎に角此等は產業組合と異なり、何れも法律の保護を享けて居らぬ、從つて改廢が自由であるから、消長は免れぬのであるが、一方より見れば法律の制裁を受けぬだけそれ丈け、伸縮自在で志あり氣さへ合へば、何時でも何處にでも出來るものである。まして五人組の余習が未だ脫けず、隣保の親密なる關係が尙殘れる今日に於ては、如何なるものでもよいから、共同の目的を達することのために、一人でも多くの人が申合、寄り合て事をなすことにしたいものである。斯くして當年の美風を失はぬ樣にし、產業組合の前提ともしたならば、所謂一擧兩得で、之が農村自治に及ぼす影響は決して少いことではなからうと思ふのである。故に產業組合が出來る所であれば之をつくるが上策であるは勿論なれど、法を知らず、事に慣れない所であるならば、如何なる組合でも乃至講でもつくるが肝要であるのだ。之れ農村自治に心あるものゝ記憶せねばならぬことであつて、亦工夫せねばならぬことである。

產業組合に對する注意

產業組合に對する注意

產業組合は必要である丈けそれ丈け、組織された以上は此の運用がよく出來ねばならず、凡ての組合の中で尤も文明的のものなれば、それ丈け之が及ぼす効果が著くなければならぬのであるから、飽くまで之が發達を祈るのである。今左に二三の注意を述べん。

一、共同の目的を達するために各自が寄合たるものなれば、組合の利害に關しては、連帶責任を持ち、決して利己排他の振舞あるべからざると、

一、組合は組合員各自の事業と經濟が發達する樣に働かねばならぬものだにより、各自の勤勉努力、組合員の協力共助が遺憾なく出來る樣にすべきこと、

一、一度や二度の損失よりも、組合の協同力が弱くなるを悲み、組合事業の失敗よりも、組合員の背德行爲を恐るべきこと、

一、資產をつくるよりも人物を揃へる考は、組合をつくる上に肝要なること、

一、己れを修めて人を卒ひ、己れを責めて他を誡むるは、組合の世話をなす人に於て、尤も大切なること、

一、組合の目的は經濟にあれど、此の目的を達するには、組合員の德義を以てすべきこと、

一、組合と組合は互に連絡し、所謂長短補足を怠るまじきこと、更に進んでは聯合會を組織し、事業の聯絡、資本の融通をなすべきこと、

一、勞働は吾人より無聊、惡習、貧困の三大惡魔を除却せしむ。

一、自己の利害を第一に考ふる人に對して、決して信用を置くこと能はず。

第三節　報德結社

十九世紀に於ける東西兩洋の雙美

獨佛の騷亂時代に於て、東獨乙にシユルツエ氏出でゝ商工業者のために便利なる救濟の方法を案出し、西獨乙にライフアイゼン氏出でゝ農村救濟に好適の方法を工夫したのであるが、何れも產業及經濟の發達を目的とし、之に非常の貢献をなした事は、產業の發達史に於て見逃がすことの出來ぬ話である。然るに其れと殆んど時を同ふして、我國にも之に類する事實が顯はれた。其の一は關西に於ける心學の勃興で、他の一は關東に於ける報德敎の活動である。而も一は商工業者のために道を說き、一は農村救濟に活用されて異彩を放つたのである。東西兩洋其所を異にすと雖ども、時を同ふし、活用の方面を等ふして、世道人心に裨益を與ふること大、齊家修身に功德を授くることの多きものを產出したのは、奇遇とは云へ、天の或使命が此處に伏在して居るものと承知せねばならぬのである。何故なれば、組合を工夫したる獨乙は、今や覇を歐洲に稱ふる樣になつて、我國も亦東洋に雄を誇る位置に進んだではないか。之を思へば心學や報德敎は、只に石田師や二宮翁の唱導せし道とのみ思ふてはならぬ譯である。

心學は兎に角、報德の敎は二宮尊德翁により工夫されたもので、至誠を本とし、勤勞を主とし、分度を立つるを體とし、推讓を行ふを用とし、道德と經濟を調合したものであつて、之を實行する機關が

産業組合と報德社

即ち報德社である。之を産業組合に比すれば、組合では經濟より道德に進むことになり、報德では道德により經濟を行ふといふのであれば、つまり其の主意目的とする所は同一であつて、たゞ其の方法を異にするのみである。故に人の産業組合を稱して獨乙の報德社であり、報德社を稱して我國固有の産業組合であると云ふのは、誠に無理もないことである。たゞ今日に於ては産業組合は法律の保護を受けて居る故、刀鎗を持ちたる武士の如くであり、報德者は法律によらざるが本體であるから、腕を頼める丸腰の武士みた樣なものである。優勝劣敗のはげしき、生存競爭の激甚なる今日に於ては、武器も大切なれば腕も大事なり、されば長短補足の用意を怠らぬが肝要と心得ねばならぬのである。兎に角至誠を本とする以上は、詐りもなければ、虚言もなく、無理もなければ、非道の振舞も出來ぬ譯であれば、之によりて人の道は立派にたつのである。勤勞が主である以上は、不善をなすの閑居もなければ、浪費すべき遊時もなく、追付く貧乏者もなければ、油斷をねらふ厄病神もない譯であるから、之によりて財の源が見事に出來るのである。分度を體とするからには、百圓の收入あれば七拾圓で暮らし、千圓の所得なれば七百圓ですまし、其の餘を貯蓄する譯であるから、之により財に餘裕が生ずるのである。推讓を用とするからして、子孫も之がために自治の資に苦します、隣人は愚か社會も之がため窮難の厄をも救はるゝ事が出來る譯であるにより、之によりて社會公衆と苦樂をも共にする事が出來るのである。斯くて人の道が立ち、財の源を生じ、財に餘裕を來たし、社會の公益を進むることが出來る以上は、之程農村自治に裨益を與ふるものはあるまい。之程農村の救濟に適當したものもなからう。まして今日の如く其日暮らしの仕事をなし、秩序を立てず不規律に流れ、將來を考へる遠慮なき時に於ては特に然りと思ふのである。之れ其數が靜岡縣丈で四百餘りもあり、今や各地競ふて之が結社をなし、其の應用をせんとする所以であるのだ。されば報德の結社は確に農村自治の好手段であると云はねばなるまい。

勸農積德社

愛知縣は八名郡八名村字一鍬田といふに、勸農積德社といふがある。明治十九年といへば丁丑戰後の餘響より經濟界の紊亂を來たし、且つ十七八年の凶作の後を享けて上下困憊の域に陷り、老幼相携へて食を野に求め、或は家産を失して流寓の不幸を見る等、慘憺なる光景を呈した歲であつた。此の時地方の有志五名が相會して之が救濟の法を設けんことを議して、村内を奔走し同志に謀り、拾貳名の贊成者を得て出來たものが即ち此の社である。爾來入社を請ふものが次第に增して現今は百名位になつて居るのみならず、社務は年を追ふて擴充し、貯蓄も漸く多額に上つて來た(現在略一萬圓に達せり)。そこで基礎の確定を期するため社團法人となすの必要を感じ來り、明治三十四年の總會で定款を改正して、同年十二月全く法人の登記を得たのである。此社員は何れも報德の主義を奉じ、勤勉は云ふに及ばず、分度を立て推讓を重じて何事もやつて居る。それで田區改正も何處よりかも早くなし、二毛作はすみからすみに行きわたり、開墾は出來、貯金も出來、今日では其活動が實に目覺しき勢である。特に難有きは創立以来毎月十七日といふ日を定日となし、此日には社員一同が集會して農事改良は云ふに及ばず、一家一日の經濟に至るまで研究することが一。更に注意すべきは此村でやる品評會は必ず勤勞の多少を開墾の面積で見て、之を點數に加入することが一。貯蓄を奬勵すると共に、公益慈善のために放資を怠らぬことが一。

積德社の特點

社長は功を社員の一致に歸し、社員は社長(山本半治氏なり)の熱心に歸しよく推讓の美德を發揚して居るが一。貧富同輩互に相援助し、共に苦樂を分つの美風あることが一。農服の一定などを計畫し、なるべく一致の工夫に焦慮して居るが一。新に開墾をなし、住宅を作るものには金二百圓を二十年賦で貸付け、社より井戶を掘り與ふる仕組あることが一。即ち如上のよき點を具備して居ることである。されば富も次第に進み、社員の交情も益々親密を加へ來り、立派に自治の體面を維持して居るのである。而して其經營の仕方は、恰も稻取村の農家共同救護社見た樣なものであるが、兎に角之によりて村民の福利を增進して居ることは著しいことであるのだ。

杉山報德社

靜岡縣は庵原郡庵原村字杉山と云へば、僅に六十五戶しかない小部落ではあるが、其の名の高きことは恐らく庵原郡といふよりもすぐれて居るだろう。今日に於て理想鄕といへば、先づ此村より外あるまいとも思ふのである。彼の稻取村も此村に則りて今日あるに至つたもので、田村氏が此部落を見付ず此處で片平信明といふ偉人に遇はなかつたら、或は稻取村の建設は出來なかつたかも知れない。故に今日では苟も農村に志あり、自治に工夫するものは、必ず往きて視察する所となつて居る。而も此村を斯くの如くに到らしめたるは、明治二年の創立にかゝる補習學校も與つて力があらうし、今日活動せる產業組合も助けたに相違はあるまいが、全く報德社の賜と云はねばならないのである。前に偉人片平信明翁あり。後に九郎左衞門氏ありて拮据經營の苦心も非常ではあるが、恐らく報德社といふ武器を持たなかつたら、斯樣な譯には行かなかつたに相違はなからうと思ふ。

報德結社により民風を興新し、村富を增進し、如何に自治の發達に廣大なる功德を與ふるかは、杉山報德社の事蹟一つを見ても分るのであるから、此村の報德社が如何にして出來しものか、如何に發達し、如何に活動し、今日は如何の程度にあるやを參考のため掲げて見やう。

尙左表は駿河國東報德社理事西ヶ谷可吉氏の編纂された片平信明翁傳より拔萃せるものである。又遠江國報德社は岡田良一郎氏の社長たるもので、其通則は報德結社の系統幷に事業を知るに便なれば、其次に掲ぐることにした。留岡幸助氏は近代の報德敎に精通せる人であるが、氏の主幹せらるゝ人道といふ雜誌の、第三十五號幷に第三十六號に掲載してある、氏の報德敎と報德社といふ論文は報德に關することを知るに尤も便利なもので、東京巢鴨家庭學校內人道社宛に申込めば、一部五錢で讓られることだらうと思ふ。

かへりみて心に問はば見ゆべきを正しき道になに惑ふらむ

杉山報德社成績一斑

第一　本社の創立及紀念文書

本社は明治九年十二月五日の創設に係る（翁傳第三節參照）社員の心底をして堅固ならしめむが爲に決心書を作爲して連判を爲す其寫左の如し

決心書連名記

杉山村當時疲弊の模樣を知るべし

一當村の儀は山付にて田畑少く農閑の餘業山稼　本業同樣に致し柴薪等江尻驛迄一　里餘りの處荷ひ行米麥小遣に引換渡世仕來候者多分有之其内中難又は極難に至り候ては巳申兩度之大凶荒飢　饉は勿論其後穀高等の節は必死と差支今日の露　命も繫ぎ兼老人妻子一同既に餓死仕外無之樣相成候處舊地頭所より救米被下夫是の御仁　惠にて漸く身命相助り候仕合此外可成其年々暮し　行候者も何歟天災病難非常の事有之節は致　方無之兎角不安心の身の上猶此上當時諸品高價にて虛々流れ　居候ては不知々々驕りに移り行自然と借財生じ詰り退轉亡所同樣相成可申左候ては第一恩儀を忘却し照　る日を闇に相暮し居如此難有開化の御治政をも辨まへず尊き三條の御敎則も耳に不入敬神も愛國も更に心付かず只日　々の世渡りに而已身心を勞し漂ひ居候樣成行可申甚歎は敷事には　無之哉と吳々御心配有之右に付ては相州湯本福住正兄　大人近年著述相成候富國捷徑の意味に基き可成暮し居候者　は用心の爲め中難貧者も不及申極難貧者は安心に困究を守り候樣致度と種々御厚談有之殊に當村社　祠掌柴田順作殿は先年野州表二宮先生方え被　罷出候事有之に付出張を依賴し右隨身中寫し滯成候各村趣法　帳前末の文言御讀爲聞承り一同感服仕候然る上　は此後如何樣にも節儉を盡し本業は勿論餘業等何分出精相勤可申と決心仕候右懈怠無之ため於神前調印いたし差上置候也

杉山報德社は偶然に出來しものにあらず

静岡縣駿河國第三大區五小區庵原郡杉山村

片平次郎兵衛　大木清藏　青木與三郎

青木吉藏　青木伊右衛門　青木惣右衛門

青木久七　青木清治郎　青木常藏
片平多助　望月彌平　青木久米右衞門
片平友藏　青木富右衞門　栗田多助
片平惣左衞門　片平角左衞門　望月宇右衞門
栗田多平　栗田庄助　望月助治郎
片平久左衞門　片平織右衞門　片平德右衞門
青木利左衞門　片平源左衞門　片平兵左衞門
青木市藏　片平治三郎　世話役青木藤右衞門
片平多左衞門　片平嘉左衞門　望月平右衞門
栗田仲右衞門　青木金右衞門　青木清六
青木庄右衞門　片平藤三郎　世話役兼書記片平竹三郎
同教導職兼渡邊雪庭

明治九年十二月廿四日

御發起

御中

今日の發展は此決

右之趣申談示候處何れも感服決心書調印出來社中之內社長副社長書記等入札致し取定候上は以後富國捷徑の規則に基き相勵み萬一懈

心今に存すればなり

怠之者有之節は友吟味に精神を爲勵何分永續致し無難に御百姓相續致度と決心いたし候也

副社長　牧田喜之右衛門
同　片平半右衛門
社長　片平忠左衛門
同　片平九郎左衛門

右決心之趣見屆候猶此上何分出精被致本心行屆候人物は壹人貳人に不拘福住正兄殿方え罷出此上之教戒可被請候爲證調印置候也

當村社祠掌　柴田順作

明治十年入社　望月常右衛門	明治十年九月五日入社　青木長右衛門
同十一年一月廿一日入社　當郡高山村　源平鶴十郎	同十一年七月廿日入社　望月直治郎
同十一年七月廿日入社　望月五左衛門	同　白島新藏
同　朝日吉左衛門	同　朝日丈右衛門
同　望月忠兵衛	同　白島清右衛門
同　白島竹治郎	同　小川久藏
同　望月清治郎	同　望月直治郎

明治廿年一月廿八日本社正副社長及世話掛十七名誓願書を二宮誠明先生の尊靈に奉り其謄本を氏神々殿に捧ぐ其寫左の如し

誓願

駿河國庵原郡杉山報徳社
正副社長世話掛十七名

此誠意ありて始めて本末を全ふすべし

報徳敎の眞理頗甚深遠大にして凡庸無學の我々其意味を會得する事遠く及ばずといへども富子社結合以來十とせ余り愚直に其一端を固守し得る所只善種金聊積立有之而已社員の内未負債に苦しむ者十七八戸然に我々誤て正副社長世話掛等に選擧せられしといへども身素不學短才にして百慮百失その任に堪る事能はず上は　誠明先生の神慮に悖り下は社員の依託に背かん事を常に恐懼する所也然といへども志す所修身不倦不緩善種金取扱之儀に付ては私慾を去り贔負偏頗之邪念を斷共々協議を遂思想の及ぶ限社員の窮苦を救ひ報徳敎隆盛のために盡力可仕候仰願はくは　尊靈哀憐を垂富子社永久繁榮を擁護成給はん事を奉誓願候恐懼敬白

明治廿年一月廿八日

駿河國庵原郡杉山村報徳社

栗田仲右衛門　望月角治郎　望月平右衛門
片平嘉右衛門　片平多左衛門　青木平右衛門
片平多助　青木清六　青木徳治郎
白鳥新藏　望月五左衛門　青木藤右衛門
片平忠左衛門　牧田喜之右衛門　片平七五郎
片平九郎左衛門　片平信明

奉

二宮誠明先生尊靈へ

杉山報德社成績調

（明治四十四年度末現在）

一、社團設定以前に於ける部落の狀況

當部落は山間の僻地にして元より耕地に乏しく毒荏樹（桐水油の原料）及三椏を栽培して僅かの收入を以て生活せる貧村なりき然るに明治初年に至り石油の輸入の爲めに桐水油の價格に暴落を來し加ふるに三椏も永年の栽培の結果地力劣へ收穫大に減じ生計の財源を失したるを以て之れに代ふるに茶を栽培し之を以て新財源を求めんと山地を開墾し漸く茶の收穫を見るに至りし時恰も明治六、七年茶價暴落の時に際會し元よりの貧村加ふるに前開墾費借入金利子の爲め一層窮境に陷り全部落の耕地山林總計貳百拾貳町步の內約三分の一を他町村に賣却するの已むなきに至れり。

二、設定の動機

前述の如く貧困に貧困を重ね全區民殆ど活路を失ふに至れり爰に於て片平信明從來新物產の撰擇に意を用ひ僅かに茶樹栽培の有利なるを知りて奬勵漸く收穫を見るの時に至り茶價暴落の爲め全村反て苦痛を加ふるを憂ひ百方恢復の途を講じて未だ得ず時偶々病を得て熱海溫泉に加養中「富國捷經」を閱して世に報德敎なる富國の方法あるを知り同門柴田順作翁を聘して明治九年報德社を結社するに至れり。

三、業務經營の狀況

一、本社は理事長（社長）一名、理事（副社長）二名、幹事五名、世話役八名を置き社務を整理す。

一、每月五日廿日の兩日社員一同集會し善種金、加入金、土臺金を蓄積し報德の敎義に基き勤儉推讓の德義を奬勵し救濟慈善其他公益事業及實業發達の爲め資本の助貸等の方法を硏究し尙農業上知識の交換をなす。

一、每年六、七回講師を聘して報德敎の眞理を聽講せしむ。

一、道路橋梁の新設及修繕をなす。

一、不毛の山地を購入して殖林をなす。

一、産業組合を設立し社員の物産及日用品の賣買の利益を計る。
一、共同製茶工場を設けて製茶費用を節減し品質の改良を計る。
一、國難に際して金品を献納し地方の災害に對しては厚薄に應じて幾分の義捐をなす。
一、從來の夜學會を農業補習學校とし其監督をなす。
一、報徳金の蓄積及其利用の方法。

土臺金

社員各自毎年壹回宛應分の金額を報徳社に喜捨するものにして報徳社は之を社員の産業資金に無利息五ヶ年賦に助貸す

善種金

社員毎月餘業の收得金及經費節約により應分の金額を喜捨するものにして本社は之を社費或は左記公共事業に充てたり

金壹萬七千九百圓貳拾貳錢八厘	總積立高
内金五百九拾四圓八拾五錢八厘	賞與救助
金貳千百參拾貳圓拾四錢五厘	献金及寄附
金百〇貳圓五拾貳錢壹厘	農業補習學校補助
金參千四百八拾九圓八拾貳錢五厘	道路橋梁費
金貳千參百六拾圓拾壹錢八厘	山林購入其他社員産業資金供給不足に對する借入金の利子
金貳千九百九拾圓六拾壹錢貳厘	山林費
金七百五拾參圓五錢七厘	社費

〆金壹萬貳千四百貳拾參圓拾參錢六厘

加入金

社員毎月適宜の金額を各自の爲めに蓄積毎年利倍増殖をなす又本人の請求により引出す事を得

與孫金

本金は蓄積各自の子孫に與ふるの外一般社員中産業資金不足の者に低利の資金を供給するの目的を以て据置き利倍增殖するものとす

柑橘積立金

本金は柑橘の備荒貯蓄の爲め各自毎年柑橘賣上高の何分を貯蓄し總金高金五萬圓に至る迄利倍增殖し其運用は肥料を購入し社員に貸與す又餘金は低利を以て貸附するものとす

養蠶積立金

本金も亦柑橘積立金と同一目的を以て明治四十二年より蓄積し初む運用又同し

五、効果

一、公德を重んじて公共事業の行はるゝ事
一、賭博の少しも行はれざる事
一、租税の滯納なき事
一、訴訟のなき事
一、公益の爲め慈善事業に喜捨の行はるゝ事
一、報德社に關する各種の金員を左記の通り積立得し事

土臺金	一、四八六、〇〇〇円	貸附
	五〇一、六〇二	同
善種金	四、六五二、七八八	山林八町歩買入代金
	三一二、四二五	事務所建物
加入金	六、八五六、二三五	貸附
與孫金	七、六八八、二〇二	同

農業補習學校基本金　一、三〇〇、〇〇〇　貸附
柑橘積立金　八、三〇九、五五二
養蠶積立金　一九三、八〇五　同

社團設立以前に於ける部落の狀況に於て記せる如く本部落の耕地山林の三分の一は他町村の所有になりしも現今殆ど之を買戾し尙他町村に於て所有せる地積約四百餘町步（報德社所有の山林八拾町步共）に及べり又不毛の地も茶桑柑橘森林となり物產豐富の地となれり。

參考一

杉山報德社定款

第壹章　結社

第一條　當社ハ有志者同盟シ贈從四位二宮尊德先生ノ報德主義ヲ奉ジテ成ル結社年限ハ明治九年十二月五日ヨリ向六十ヶ年トス滿期ニ至リ尙ホ繼續ヲ計ルベシ

第二條　當社ハ駿河東報德社ノ指揮監督ヲ受クルモノトス

第貳章　社名位置

第三條　當社ハ杉山報德社ト稱シ靜岡縣庵原村杉山二十二番地ノ一ニ事務所ヲ置ク

第參章　目的

第四條　當社ハ勤儉推讓ノ德義ヲモ獎勵シ救濟慈善其他公益事業ヲ行ヒ資本ヲ助貸シテ實業ノ發達ヲ期ス

第四章　役員

第五條　當社ハ理事長一名監事二名ヲ置ク報德ノ爲無給タリ任期ハ六ケ年トス理事及監事ハ總會ニ於テ一名毎ニ投票ヲ以テ社員中ヨリ選擧ヲ行ヒ有効投票過半數ヲ得タルモノヲ以テ當選トス若シ過半數ヲ得タルモノ無キ時ハ最多數ヲ得タルモノ二名ヲ取リ之ニ就テ更ニ投票セシム此再投票ニ於テ過半數ヲ得タルモノナキトキハ抽籤ヲ以テ當選ヲ定メ理事長ハ理事ノ互選ヲ以テ定ム但再選ヲ妨ゲズ

第六條　理事長ハ社務ヲ總理シ理事ハ理事長ヲ佐ケ會計庶務ヲ分掌ス理事長事故アルトキハ之ニ代ル監事ハ當社ノ業務及財産ヲ監督ス

第五章　社員入社

第七條　當社ニ入社セント欲スルモノハ社員ノ紹介ヲ乞フベシ當社ハ之ヲ社員名簿ニ登錄スベシ

第八條　當社ヘ入社セント欲スルモ重輕罪ノ處分ヲ受ケタルモノハ滿期後三年ヲ經ザレバ之ヲ許サズ

第六章　社員退社

第九條　當社員ニシテ退社セント欲スルモノハ其事由ヲ理事長ニ申出デ其許ヲ得ベシ

第十條　當社ハ第三章第四條ノ目的ヲ達センガ爲メ躬行實踐ヲ重ズルヲ以テ社員中當社ノ體面ヲ汚スモノアルトキハ總會ノ決議ヲ經テ退社ヲ命ズベシ

第十一條　當社社員ニシテ退社スル時自己加入金ニ限リ前年度末元利金額及其ノ年ノ出資金ニ對シテハ元金ノミ返戻ヲ乞フコトヲ得

第十二條　當社員ニシテ退社ノ際助貸金返納ヲ完了セザル場合ハ自己ノ加入金ヲ以テ相殺シ若シ不足金アル時自己ノ財産ヲ以完濟スルカ又ハ保證人ヨリ代償スベシ

第七章　會議

第十三條　當社常會ハ毎月二回トシ各自應分ノ善種金ヲ義捐シ加入金ノ積蓄ヲナサシメ次ニ第三章第四條ノ目的ニ就キ社員ヲ會シ演說若クハ討論研究ヲナスモノトス

第十四條　當社ハ毎年一月五日社員ノ總會ヲ開キ前年度ノ事業及第二十七條ノ報告ヲナシ又必要ナル事項ニ付決議ヲナス總會ハ開會五日前ニ於テ會議ノ目的ヲ示シ社員ニ通知スルモノトス總會ノ議長ハ理事長之ニ任ズ決議ハ出席社員ノ過半數ヲ以テ之ヲ定ム可否同數

ナル時ハ議長之ヲ決ス

第八章　資本

第十五條　當社資本ノ名稱ハ土臺金善種金加入金ノ三種トス

土臺金ハ恩賜金寄附金及社員特別ノ誠心ヲ以テ差シ出ス金ヲ云フ

本金ハ永遠ニ保存シテ當社ノ基礎トナスモノトス

善種金ハ公益慈善ヲ主トシ報德ノ信ヲ表スル爲メ推讓義捐スル金ヲ云フ本金ハ當社運用資金ニシテ返戻セザルモノトス

加入金ハ社員應分ノ資ヲ投ジ當社ノ目的ヲ贊襄スル金ヲ云フ本金ハ後日ノ爲メ元利社員各自ノ貯蓄金トナスモノトス

第九章　資本運用

第十六條　土臺金ハ當社ノ基礎ヲ鞏固ニスル爲メ確實ナル銀行ニ預ケ若クハ公債證書トナシ或ハ社員中報德ノ道ヲ遵守シ衆社員ノ模範タルモノヲ拔擢シテ無利息年賦ニ助貸スルモノトス

第十七條　善種金ハ救濟慈善義捐金社費及褒賞金等ニ充テ剩餘アルトキハ生產費家政仕法金興業費等ニ助貸シ又ハ不毛ノ土地ヲ購入シ殖林等ヲナスモノトス

第十八條　加入金ハ公共事業又ハ興產ノ目的アルモノニ貸付スルモノトス借用申出人數人アリタル場合ハ抽籤ニヨリ使用主ヲ定ム

第十九條　土臺金助貸ハ無利息五ケ年或ハ七ケ年賦トシ皆濟ノ上ハ報德トシテ差出ス酬謝金ヲ要セズ善種金助貸ハ七ケ年或ハ十ケ年賦トシ皆濟ノ次年其一ケ年分ヲ報德トシテ別ニ差出サシム加入金貸付ハ年利九朱以下トシ證書ハ確實ナル保證人二名以上ヲ要ス

第二十條　當社ハ社業ノ擴張又ハ社員興產及仕法等ノ爲メ資本運用ノ都合ニ依リ總會ノ決議ヲ以テ資本金ノ借入ヲ爲スコトアルベシ

第拾章　貯蓄金穀

第二十一條　當社ハ天災地妖其他ノ災害ニ備フル爲メ金穀ノ貯蓄ヲナスコトアルベシ

第拾壹章　印

第二十二條　當社ニ用フル印章ハ左ノ如シ

方一寸

庵原郡庵 原村杉山 報德社印

第拾貳章　社員義務

第二十三條　當社ノ社員タルモノハ土臺金ヲ寄附シ善種金ヲ義捐シ又加入金ヲ差シ出スノ義務アリ

第二十四條　當社員ハ總會ノ決議ニヨリ分ニ應ジテ貯蓄金穀ヲ納付スルノ義務アリ

第拾參章　社員權利

第二十五條　當社社員ハ何時ニテモ當社ノ財產及簿册ヲ檢閱スルノ權アリ

第二十六條　當社社員ハ總會ニ於テ當社ノ利害ニ付發言投票ヲナシ又役員選擧ノ權アリ

第二十七條　當社社員ハ毎年一回土臺金善種金加入金貯蓄金穀ノ收支精算財產目錄等ノ報告ヲ當社理事ヨリ受クルモノトス

第拾四章　解散

第二十八條　當社若シ不得止場合ニ於テ解散セントスルトキハ加入金ヲ割戻スモノトス

若又貸付上損害アリテ善種金ヲ以テ其損害ヲ償フモ尚不足アルトキハ加入金額ニ應ジ平等ニ損害ヲ受クルモノトス

土臺金及善種金ハ解散ノ場合ニハ駿河　報德社ノ指揮ヲ受ケ公益又ハ慈善事業ニ寄附スルモノトス

第拾五章　定款改正

第二十九條　此定款ハ明治四十年十二月二十日ヨリ施行ス後日ニ至リ不都合ノ條項ヲ生スルトキハ總會ニ於テ總會員四分ノ三以上ノ同

意ヲ得テ加除修正スルコトヲ得

右定款議定候也

明治四十年十二月十五日

静岡縣庵原郡庵原村杉山

杉山報德社

參考二

遠江國報德社通則

第一條　當社ニ入ルモノハ左ノ箇條ヲ以テ規模トナスベシ

一　神德　皇德及父母祖先ノ德ニ報ユルニ我カ德行ヲ以テスル事

二　分度ヲ守リ富盛ノ基本ヲ確立スル事

三　善種ヲ蒔キ善根ヲ植エ幸福ヲ永遠ニ享受スル事

第二條　當社常會ニハ　天祖神號幅ヲ正面ニ二宮先生ノ像ヲ左方ニ報德訓或ハ勤行圖分内圖等ヲ右方ニ揭ケ床前ニ神酒神饌ヲ捧ケ式場ヲ清潔ニシ社員着席ノ節參拜スベシ

第三條　當社ハ神儒佛三道ヲ折衷シテ之ヲ活用スルノ主眼ナルヲ以テ正面ニ神號幅ヲ揭クト雖モ佛道ヲ排斥スルニ非ス國體ヲ本トシ他敎ヲ羽翼ナトシ無用ノ空理ヲ去テ有用ノ實業ヲ立テントスルニアリ

第四條　本社ノ正副社長幹事及訓導積功アルモノハ其姓名ヲ報德二宮神社ヘ奏上シ報德傳道ノ卷ヲ授與スベシ社員ニシテ特ニ斯道ヲ熟得シタルモノ亦之ニ準ス其擇拔ハ社長幹事ノ評議ヲ以テ推撰ス

第五條　報德ハ宗敎ニ非スシテ道德學ナリ其奥義ハ哲理ニ基ク然レドモ徒ニ高尚ナル哲理ヲ講シテ極致ヲ見ル能ハサレバ却テ日常彝倫ノ事ニ遠カル故ニ當社ハ報德ノ二字ヲ以テ萬善ヲ網羅シ内外諸敎ヲ概括シ貴賤賢愚ヲ統一シ顯幽二道ヲ兼併シテ洩ス所無キニ期スルモノナリ

第六條　當社ハ宗敎ニ關セスト雖モ國體ヲ毀損スルノ原理ニ基クモノハ之ヲ排斥スルモノナリ亦他ノ妄信ヲ戒メテ之ヲ正道ニ導カンコトヲ務ムベシ

第七條　當社ハ一切ニ政黨ノ機關タルベカラズ又社員ニシテ何等ノ政黨ニ加盟スルモ當社ノ關スル所ニ非ラズトス然レドモ其心志ニ於テ終始國家ニ乖クナキヲ要ス

第八條　當社ノ常會ニハ左ノ要項ニ就キ演説若クハ講義討究ヲ爲スベシ

財本ヲ會シ工業ヲ起シ殖産ノ法ヲ立ツル事

耕種肥培ノ法ヲ改良スル事

商法ヲ盛ンニシ公利ヲ謀ル事

勤儉ヲ行ヒ貯蓄ヲ爲シ金融ノ便ヲ謀ル事

天災不幸ノ窮民ヲ救助スル方法ノ事

荒蕪ヲ開拓シ水利ヲ便ニシ山林ヲ植付ケ海產ヲ開ク等ノ事

風俗ヲ改良シ德義ヲ厚フスル事

第九條　當社ノ常會ニハ必ス報德訓ヲ一誦シテ而シテ後演説ノ題ニ入ル一誦訖ラハ社員一同ニ拜首スベシ社員タルモノハ報德訓ヲ諳記スルヲ要ス

第十條　結社ノ始ニ當テハ發起者タルモノハ誠心誠意力ヲ玆ニ盡シ社員ヲ鼓舞奬勵シテ業務ノ發達ヲ謀ルベシ當初五ケ年間ニ於テ稍々實功ヲ見ンコトヲ要ス

第十一條　當社ノ盛大ヲ爲スハ土臺金善種金ノ嵩高スルニ係リ當社ノ永續ハ社員ノ信心厚キニ基ス社員タルモノハ必ス勤勉ノ餘力ヲ以

テ土臺金善種金ヲ差出スベシ其習慣ヲ養成スルニ及ンデハ樂ンテ以テ勞ヲ忘ルベシ是レ致富ノ基タレバナリ

第十二條　善種金ヲ拜借スルモノ其ノ返金ヲ滯ルベカラザルハ論ヲ待サレドモ徒ニ貸付ヲ主トスレハ却テ弊害ヲ生ス資本融通ノ便ヲ與フルハ土地ト職業ノ差ニ依ツテ一定爲シ難シ熟慮シテ行ハサルベカラズ

第十三條　家政調査ノ法ヲ示スハ善シ然レドモ深ク他人ノ內政ニ立入リ經濟ノ指揮ヲ爲スベカラズ村政改革ノ如キモ其ノ職ニ非スシテ其事ヲ負擔スルハ不可ナリ是レ主者ノ事業ニシテ他ノ干與スベキ所ニ非サレバナリ

第十四條　信用組合ノ法ハ主トシテ金融ノ便ヲ爲スニ在リ當社ハ道德ヲ主トシテ金融ノ事ヲ客トス輕重自カラ差アリ然レドモ社會經濟ノ便ヲ得ルハ今日ノ急務ナルヲ以テ結社貯金ヲ爲スノ法宜シク信用組合法ヲ斟酌シテ土地人情ニ適セシム可シ

第十五條　報德ノ道今日ニ盛ナルハ恩惠ニ在ラズシテ敎訓ニ在リ營利ニ在ラスシテ積善ニ在リ此ノ法ニ依リ結社ヲ爲スモノ宜シク其本末ヲ顚倒スルコトナカルベシ

第十六條　分度ノ法四分ノ一ヲ餘スヲ以テ中庸ト稱ス然レドモ之レヲ處スルノ法ニ於テハ時所位有テ存ス審カニ講究シテ其宜シキヲ失フ勿ルベシ

第十七條　社金取扱簿記ノ法貸借對照明瞭ニシテ權利義務ノ所在ヲ詳カニシ紛議ノ因ヲ作ルベカラズ町村社ノ簿册ハ州立社ノ檢閱ヲ經之ヲ印刷シテ社員各自ニ交付スベシ

第十八條　土臺金ハ義捐金ヨリ成リ善種金ハ結社年限中ノ寄入金ヨリ成ル故ニ土臺金ハ社費ノ爲ニ支消スベク善種金ハ消費スベカラズ之ヲ蓄積シテ永安ノ備ヲ得ル所以ナリ元恕金ハ恩謝金ナリ換言スレハ低利ノ利金ナリ以テ善種金ヲ利殖スベシ

第十九條　土臺金善種金ノ二種ノ外他ノ名簿(即チ興産資本金ノ類)ヲ以テ積立金ヲ爲スハ定款ヲ以テ定ムルヲ得ベシ然レドモ報德社ノ組織ニ於テハ必ス土臺金善種金ノ二種ヲ缺クコトヲ得ス

第二十條　善種金ハ永安證券ヲ附與シ又ハ特別ノ規程ヲ設ケテ善報金ヲ附與スルヲ得ベシ其規程ハ社員ノ協議ヲ以テ定欵ニ之ヲ定ム善種金下附ノ式ハ宜ク鄭重ナルベシ

第二十一條　町村ノ弊習ヲ改良セントスル時ハ定欵ノ雜則ニ於テ其他ノ弊習ヲ列擧シテ社員之ヲ堅守スルヲ誓フベシ

第二十二條　町村社ハ何國何郡何町村報德社或ハ何村何組報德社ト稱スベシ組名ハ其地ノ字又ハ他ノ冠字ヲ用ユルモ妨ゲナシ例之何村壬申報德社ト云フガ如シ

但シ從來慣用シ來リタル名稱ハ必シモ改正ヲ要セズ

第二十三條　町村社ノ定款ハ遠江國報德本社ニ於テ之ヲ認可シ社員ノ證ハ本社ニ於テ之ヲ附與スベシ

但シ官廳ノ認可ヲ申請スルハ本社認可ノ證ヲ添付スルヲ要ス

第二十四條　町村社員ニシテ社員ヲ惑亂シ又ハ該社ニ妨害ヲ與フルモノハ社長ヨリ本社ヘ伺出テ退社ヲ命スベシ州立社員及ビ町村社員ニシテ本社ニ妨害ヲ與ヘ又ハ町村社ヲ惑亂スルモノハ本社社長幹事ノ評決ヲ以テ退社ヲ命スルコトアルベシ

第二十五條　州立社員事故アリ退社ヲ命セラレタルモノハ本社ノ承諾ヲ經ルニ非レバ更ニ報德ノ名ヲ唱フルヲ得ス

町村社員ノ退社セラレタルモノハ本社ノ承諾ヲ得ルニ非レハ更ニ報德ノ名ヲ唱フルヲ得サルモノトス

第二十六條　町村社ノ計算簿ハ總テ本社ノ簿記ニ倣ヒ調査スベシ

第二十七條　町村社ノ結社年限ハ六十ケ年ヲ一期トスベシト雖モ町村ノ情況ニ依リ之ヲ伸縮スルヲ得

但シ十ケ年以内ノ結社ヲ許サス其功無キヲ以テナリ

第二十八條　二名以上ハ結社ト稱スルヲ得ベシ一名ニシテ入社セント欲スルモノハ本社ノ連名簿ニ調印シ又ハ入社ノ書面ヲ出シテ社員ノ證ヲ受クルヲ得ベシ

第二十九條　新ニ結社スルモノハ必ス組合ニ加入スベシ其定款ニハ組合取締ノ奧印ヲ要ス

但最寄組合無キモノハ此限ニ非ズ

第三十條　本社ノ準規ニ據リ他府縣ニ於テ本社ニ入社シ結社スルモノハ總テ本社ノ規則ニ照シ之ヲ取扱フヘシ其結社盛ナルニ及ンデハ一府縣限リ組合ヲ爲シ州立社ヲ設立シテ之ヲ統一セシムルコトアルベシ

第三十一條　本社ノ師傳ヲ受ケ本社ノ準規ニ據リ他府縣ニ於テ本社ニ入社セズシテ結社スルモノハ本社ヲ學友トシテ交誼ヲ結フベシ學友ノ社ニシテ其方法主義ヲ誤ル等ノ事アル時ハ忠告ヲ加フルコトアルヘシ

第三十二條　學友ノ社員ニシテ特ニ斯道ヲ熟得シタルモノ本人ノ願ニ依リ又ハ本社ノ推撰ヲ以テ報徳傳道ノ卷ヲ授與スヘシ

第三十三條　學友トシテ結社スルモノハ其定欵第一條二項ヲ削除シ以下本社ニ關スル條項ヲ朱書ノ如ク修正スヘシ

第三十四條　報徳結社ノ法ニ於テ尤モ有功ナルモノハ安居院翁福住正兄翁ノ二氏トス遠江國報徳社駿河西報徳社ハ安居院翁ノ傳ヲ受ケ駿河東報徳社ハ福住翁ノ傳ヲ受ケ遠譲社ハ固ト遠江社ノ分派ニシテ福山瀧助翁之ヲ擴張シタリ四社各々道統ノ傳由テ來ルアリ其他小分派亦各々繼承スル所アルヘシ今ノ時ニ當テ四方結社ヲ企ツルモノ偏ニ定欵ノ條項ニ擬シ官準ニ經ントスルモ師傳ヲ繼承セスシテ道徳ノ深意ヲ失シ金穀ヲ募集シテ營利ノ業ニ陷ルモノアランヲ恐ル故ニ當社ハ新ニ結社スルモノヲシテ必ス師傳ノ繼承スル所ヲ明ニシ官廳ノ監督ニ便シ他日我カ道ヲ誤ルモノヲ出ス無キヲ欲スルモノナリ

右通則ハ一般報徳社ニ於テ普ク遵守スヘキモノトス

明治三十二年四月　修正

遠江國報徳社

報徳社に對する注意

報徳社に對する注意

前述の如く報徳社の農村自治に及ぼす功徳の大なるは著しいことであるが、そは結社がよく出來、社員がよく活動し、報徳の精神が擴充して居る所に限るのである。尊徳翁の曰はれた如く、『忠勤其弊を知らざれば忠信に至らず、忠勤其弊を知れば必ず忠信に至る』で如何によい事でも其弊のある所は飽くまで承知して、其弊に陷らぬ勘考が誠に大切であるのだ。故に今二三の弊と思ぼしきものを掲げて參考としやう。

一、ない内は安全でもあり、出來ぬ間こそ花であるが、色々の工夫で金が出來ると、罪つくるものが出で易いのが一つの弊である。此點に於て吾曹は報德結社を産業組合の前提とするか、然らずんば別に産業組合を社員同志でつくるがよからうと思ふ。

一、報德結社は一村か一字か、兎に角一區域の住民を抱含網羅することが肝要である。何故ならば一部の人のみでは之かため、或は貧富の懸隔を生じたり、或は派を立てゝ反目するに至る弊があるからだ。現に之がため自治の圓滿を缺いて居る所もある。

一、報德敎の推讓は實に廣大無邊の功德を有して居るが、報德社の推讓は往々社員以外の隣人に及ばぬことがある。之がため報德社員丈けは、毛色の異なつた人間の樣に見へて、角立つことがあつて面白からぬ弊があるから、之は是非共社員以外にまで功德が及ぶ樣にせねばならない。

一、報德社は精神結合であるから、今の世の人情では隨分六ヶ敷のは當然であるが、中には報德社と云ふよりも寧ろホットク社と云ふが適評である樣なものも出來て來る。どうしても報德結社をなす以上は無腰の武士見た樣に、精神手練の修養を怠たつてはならぬのである。

一、同じ尊德翁の敎義を奉じながら報德社に流派を立てゝ優劣を競ふのも弊の一である。推讓を重ずる敎義から見ても誠に笑止なことである。結社をなすものは此點を愼まねば、傍觀者に恥をかかねばならぬことになる。

一、産業組合と優劣を爭ふのも一の弊である、かゝることは間違つてもない樣にせねばならぬことである、兄弟垣にせめげども外侮を禦ぐと云ふこともある、自治のためには長短補足、協同援助が大事であると心得ねばならぬ。

一、報德社は實行の團體である、報義の宣傳のみで滿足するが如きは、其の敎義を辱しむるものと思はねばならない。

一、農事改良でも何んでも報德流と名を立て、之を保守する弊がある。之れは尊德翁の一流を立てられた眞似をするのであらうが、そは虎を畫きて猫に類するものとなる覺悟がなくばならず、ほめた話ではないのである。

一、地方によりけりではあるが、稻取の農家共同救護社や、八名村の勸農積德社の如く、時節に應じて其の組織を考へねばならぬことである。

一、爺や婆さんの念佛の如く、とかく形式に流るゝが如きも一の弊である。我道は至誠と實行とのみと尊德翁の申されたとは、夢にも忘るべからざることである。

一、德は本なり財は末なりとあるが、どうかすると蓄財の機關に過ぎぬことになり易い。それでも結構ではあるが、報德の精神敎義から見ては、少し笑止な譯ではあるまいか。

一、釋迦といふ、いたづらものが、世に出ずば、多くの人は、迷はざりけり。と讀んだものがあるさうなが、今の世の中も隨分廣いので。

今の世に、報徳結社、なかりせば、
　物の改良、ほつときはせじ、

と讀んだものもある。馬鹿げた話ではあるが、また以て他山の石ともせねばなるまい。

人を籠絡して陰に事を謀る者は、好し其事を成し得る共、慧眼より之を見れば醜狀著るしきぞ、人を推すに公平至誠を以てせよ、公平ならざれば英雄の心は決して攪られぬものなり。

第四節　農會の活用附教育會

農會は農業者の協同を計り、農家全般の利益を增進せんがために、組織する團體であると云ふ以上は、農村の自治と目的を同ふするものであると云はねばなるまい。故に之が活動は、農村の自治に活氣を與へ、功德を授けることの多大なるべきは云ふまでもないことであらう。されば自治に志あり、自治に焦慮したる所に於ては、農會法や農會令の出ない前から、既に之を組織して、自治の進步發達に資したのである。現に愛知縣は三河國、稻橋村の如きは、明治六年に之を創設した、而して農村は飽くまで

農會の歷史

も、之を以て農家の一致團結を計り、農家全般の福利を增さねばならぬことを唱導して、遂に三河國農會と云ふのが出來た。其の當時に於ける有志の活動や、其の團體の成績は、實に今日に於ける農會法の出た所以である。如斯農會は一面に於て農家の結合を計り、一面に於ては農業の改善を致して、農村の發達を進め、其自治を順境に導かねばならないのである。まして今日は法律の保護をも受けて居

所謂寶の持腐れ也

る以上は、之によらず、之を活用せずして、自治の出來ざるを嘆くは、恰も寶の山に入りながら、寶を求めずして徒に空手を嘆つが如きものと同然で、實に馬鹿げた話であるのだ。而も今日は縣郡町村の系統的農會は、各地に於て見るのであるが、其活動するものに至つては、所謂曉天の星とでも云はうか、多くは法律のために止むを得ず出來して居るので、甚しきは其の存在を無視して居るのである。

さては正宗の名刀も用ひざれば赤錆となり、沈香もたかずんば恐らく土塊にしかじで、有用と無用は實に用ふると用ひざるとにあるを知らざるほど情けないことはない。されば各種の農會につきて、此處に紙白を汚がすも、敢て無駄なことではなからうと思ふ。

農會を知らうとするには、三十二年六月の法律第百三號を以て公布された農會法や、三十八年十月に改正された農會令をよく調査すべきは云ふまでもないが、現在多くの農會がやつて居る跡につきて、又今日の農事改良機關として當然やらねばならぬことに就きて云へば概ね左の如く心得てよからう。

（町村農會）

町村農會は實行の機關なり

町村農會は實に各種農業團體の根源であつて、農事改良の實行機關であるのみならず、又調査機關である。何故なれば實際農業を營みつゝあるものが會員であつて、町村農會員は即ち農業者であるからだ。故に町村農會の活動と否とは、即ち會員が活動するか、せぬかであるのだ。若し町村農會を法律によりて設立しても、其會員が農事改良に努力せず、また協同せなかつたならば、そは有名無實の農會であつて、農村の自治に貢献することなきは勿論、農家の福利を増すとも出來ないのである。之に反して農會員がよく其目的に向つて進み、何れも調子を合せて改良に進まば、如何なることでも出來るのであるから、農村の自治に多大の進歩を到すべきは云ふまでもないのである。埼玉縣は北足立郡、

埼玉縣石戸村の例

石戸村といふのは、自治制の布かれし以來村治振はず、村騒動で有名であつた。二十八年の村長選擧

の際には村内二派に分れ、暴徒を嘯集して村役場を襲ひ、之がために獄に繋がれし者十數人といふとであつた。斯る有樣は久敷結んでとけず、數々理事者の交代あり、遂に村長を他村より迎へたが之も數月ならずして辭職し、村治の困難は殆んど極度に達したのであつた。然るに三十四年の十二月、吉田時三郎氏が選ばれて村長となるや、先づ有力者を訪問して相互の感情を融和し、次に活動に富める青年を養成するのが得策と認めて、二回の農事講習會を開き、二百二十有餘名の講習卒業生をつくり、次に農會の活動を計畫したのである。此村は元來戸數六百内外であるそうだが、之を五區に分ち、各區に區長を置き、更に之を二十七組に分ち、各組に組頭一人を置き、會長は村長之に任じ、區長、組長は皆有力なる講習卒業生を任じ、二百餘名の他の講習生は、各區に亘り、各組に分在して、所謂活動の中堅となつたのである。即ち

農會長……區長……組長……講習卒業生……農會員(農民)

といふ樣に出來て居て、區長や組長や卒業生が、農會と農會員との凡ての交渉事務の中間に立ち、其意思の疏通を計り、活動の範を示し、改良進歩の先鋒となつたのである。此處で農會は大に活動した、農事幻燈會の開催、實地視察をやつて新思想の注入もやる、肥料の公同購入をやつて共同の利益も悟らしめる、堆積肥料の奬勵もして廢物利用の功德も知らしめる、農場用紙をつくりて之を配布し、毎年施設の良否や收穫多少の理由等を瞭然たらしめる、其他病蟲害の驅除豫防は云ふに及ばず、綠肥の

栽培、果樹の試植、蠶病消毒、野鼠驅除、種子鹽水撰、黒穗豫防、馬匹去勢、養豚等副業の奬勵など、見事にやつた。之がため麥作は今や縣内最優良となりしのみならず、一反歩につき一石許の增收穫を見、米麥豆の三種のみでも無慮一萬圓の純增收益を得たと云ふことである。此等偉大の効果は今や附近の町村をも刺戟し、何れも之に倣ふて改良に着手する狀態であるそうな。之れ一に吉田時三郎氏の活眼と快手腕が農會に注がれた結果に外ならぬので、今や各種產業組合の活動あり、模範造林の經營あり、貯金奬勵の妙法もあるが、思へば農會の活動が其の根基をつくつたと云つてもよいのである。吉田氏の言によれば、彼の區長や組長は今や各種の事業をも周旋する役目であつて宛然自治の系統的機關であるそうな。此の一の實例を見ても如何に農會の活用が町村自治を進める手段であるかが、よく分るであらう。

農會の事業

今多くの町村農會がやつて居る事業を掲ぐれば

一、農事改良の實行機關として、各種の試驗、模範試作、種子交換、肥料改良、病蟲害の驅除豫防、品評會、競犂會、共同購入及販賣、副業の奬勵、組合の奬勵、勤儉貯蓄、保險、共同飼育、共同苗代（稻のみに限らず）、共同採種、其他共同の事業、講習講話の開催、視察、俵裝其他改良事業、農業倉庫の經營、地主小作間の調和、農作法の改良、表彰、等

二、調査機關として、各種の統計、町村是の調査、生產調査、改良法の成績調査、模範農家及模範農

法の調査、等

即ち農事の改良事項といへば、必ず町村農會員が實行して効果を認むべきものである。從つて町村農會が活動せねば、如何に農事改良といふ聲が大きくても、利益も出でねば、面白味もないのである。之は一に農會員の心得べきことであつて、農事改良を唱ふるものゝ忘れてはならないことである。今の町村農會を彼此云ふものは多くは、之を活用せず、また活動せずして云ふもので、云はゞ食はず嫌ひとでも云ふべきか、さりとは氣の毒にもあり、又情なきことである。

市郡農會

（市郡農會）

市郡農會は上級農會即ち府縣農會と、下級農會即町村農會の間に介在して、意思を疏通する機關であり、また下級農會に對して指導奬勵すべき機關であるのだ。故に一般經濟界の變動に伴ふて來るべき利害により、或は學理の應用につれて得たる成績により、上級農會より示すことがあれば、之を下級農會に傳達して、之を實行せしむるべく、奬勵と指導を怠りてはならぬ機關である。又町村農會の統一を計り、平等の進歩發達をなさしむべく、所に應じ時に依り、必施事項を指示し、彼我の優劣を對照して、則る所を知らしめねばならぬのである。而して各町村農會に通じて始めて行ふべきこと、或は數個の町村農會が協同して行はねば出來ぬことに關しては、よく之が協同共助を促し、實現すべく補助もなさねばならないのである。又町村農會の力及ばざることや、町村農會の氣付かざることは勉めて誘掖もなし、教導もせねばならぬのである。故に郡農會の事業といへば、品評會など開催して彼我の優劣を知らしめることや、巡回講話や、講習を開設して新思想を注入することや、或は實地指導をして改良の有益を知らしむることや、其他地方に奬勵すべき事項を指示して、之に補助を與へるのである。要する所、下級町村農會をしてよく活動せしめ、よく農事の改良を實行して、農村の福利を増進せしめ、上級農會に對しては下級農會の喜憂の依て生ずる所を知らしめ、上級農會をして町村農會のために籌策を誤らしめぬことが肝要であるのだ。

（府縣農會）

府縣農會は其の府縣の農業者一般の利害を考へ、共同的事業の設計企劃に與かり、農業上の疑問を解決し、農民の智識を開發し、農村の民風を改善するにも勉むる所がなくばならず。而して一方に於ては行政府及一般の社會に對して農業者の利害を代表する機關でなければならぬ。しかし今日に於ては下級農會の力及ばざる所、郡市町村農會のなし能はざる所は、なんでもせねばならない。而して下級農會を督勵し、之を統一して、其の府縣農業の足並を揃へ、其改良進歩による所を知らしめねばならないのである。その上帝國農會といふ、最高機關なる農民の代表機關に聲援し、其の活動に資する所がなければならないのである。

（帝國農會）

帝國農會

今や帝國農會は法律の保護を享けて出來た、之れ即ち中央にある農會の最高機關である。府縣農會の行動を綜攬し、政府に向つて農會の輿論を代表し、國家行政の機關に交渉する唯一の機關である。曩に棉花輸入税禁止問題があつた時、或は清國米輸出解禁問題の喧しかつた時、或は近頃の農産物輸入關税問題の出た時、全國農民利害のために、政府に馳せ、議會に奔り、所謂東奔西走の盡力をなして今日あるに至らしめたに就ては、實に之が前身の當年の全國農事會の働であつた。今の世は町村に遠き議會の上にも注意をせぬと、とんだ目に遇ふのである。政府や議會のなす所が悉く農業に有利なることでもないのであるから、其積りで益々農會の如き團體をつくり、之が活動を期せねばならぬのである。まして商工業が盛昌し、商工業者が活動する今日に於ては、よほど確かりせぬと、我農業界は再び起つの時がなくなつてしまうだらう。又多くの地主者が今尚沈睡中である以上は、せめて農界に此農業團體が働かずば、世に斯業界のために働くものがなからう。思へば農會の振興は眞に一日も緩ふすべからざる問題であるのだ。

農會は農業者の權利を主張する唯一の機關也

之を要するに農會は今系統的に組織されてあつて、下級農會ほど實行機關で、上級農會ほど農界輿論の代表機關である。故に下級農會が活動せねば、町村自治に貢献する功德も僅かであるから、どうしても町村農會の活動する様に工夫せねばならないのである。若し活動する町村農會の上に、各種の農會が存立したなら、上級農會の活動は決して今日の比ではあるまい。

新潟縣の北越新報紙上に左の論說があつた、よく今日の農會消息を傳へたものであるから、參考のため此處に掲載することにした。而も斯る議論をなすは獨り新潟縣のみでなく、何處に於ても然かあるべきが、今日の狀態であるだらう。

今後の系統農會

現行の制度を撤し、官邊の助言助力を假ることなからしむるも、現在の縣農會を始め村農會に至る無數の農會は、能く自立し活動するを得べき乎。寔に覺束なき次第といふべし。蓋現下の農會は、農民の自覺に出でたりといはんよりは、寧ろ制度の上に餘儀なく築れたりと云ふを至當とす。是れ一々事例を擧ぐるまでも無く、我縣の各農會が、今日まで何事をか爲し、又何事をか爲さんとしつゝあるかに徵して容易に解し得べき也。然れども斯の如きは、農會本來の面目に非ず、又農會制度の罪にもあらずして、要するに、農會が當局に其人を得ざると、一般農民の農會を正當に理解せざることが、之をして然らしめたる者なりとす。

新歸朝者針塚文部視學官は、獨逸の農會制度に就て語れるあり、其言頗る聽くべし、曰く『獨逸に於ける農業知識の普及に最も力あるは、農會の活動にして、市町村郡には各自皆農會の組織あり、各州に於ける農業會議所の指揮の下に、講習會其他諸般の設備に依りて斯業に關する知識の普及に力めつゝあるが、農業會議所の活動に至りては一層驚くべきものあり。元來こは地方農會の上に中央農會なるものありて、各州に於ける最高農會の形を採り居たりしを、更に半官半民組織として其の實權を受け繼ぎ、政府と人民との中間に立ちて兩者の意思を通ずる機關となりたるものにて、教育、保險、法律、保護等十三部門に別れ、農村立補習學校、實業學校、講習會等の管理により、一般農業智識の普及を策ると共に、霜害屠牛等の農産保險に關する保險會社との交渉の任に當り、又農業家と商工業者との係爭の起る場合には、之を調査して農業家の辯護人兼教戒者となり、其他農具購買組合を組織して仲介者の不當利得を防ぐ等の方法を立て、百方農業の發展に力を盡しつゝある結果、ザクセン州の如きは、全州農業簿記を解せざるものなき狀況を呈すると共に、學理を應用して其業務に從事するより開墾の如きも頗る能く行屆き、平地は云ふ迄もなく、三十五度の傾斜地と雖も、大概開墾せられて果樹園となり、一エーカー(四町八反歩)に三千萬馬克(一千五百圓)以上の收入を見る盛況にして、之を我農商務省の統計十五度傾斜の地にして尚開墾せられざるもの數萬百町歩に及ぶに比すれば大なる差ありと云ふべし』と。我國の農會制度は獨逸のそれに倣ひしものなれど形式的に公法上の農民團體といふだけにて、其活動、其權威、全然比較にならぬは遺憾千萬のことゝいふべし。

近く我縣の當局は農會の統一上、換言すれば農界の統一上、農會に對して頗る官權を用ゆるの傾向あるより、官民說を云爲するもの尠からざるやうなれど、本縣の如く、一般農民の思想特に守舊的に、其自奮を俟つことの難きものあるに於ては、農界啓發の手段として是亦已むを得ざる者ありと謂ふべき乎。勿論こは農會の正徑に非ず。故に縣の農民諸君は、齊しく發憤興起して其地位を自覺すべく、同時に縣當局も亦今日に於て、角を矯めんとして牛を殺すの愚に陷るなきを深く誡むべし。斯て官民協力の下に、我縣農會が有力なる發展を遂げんこと、是れ吾人の切望する所。自ら爲すべき事をも爲さずして、漫に官民の權利を云爲するが如きは、吾人之を取らず。

とある。今農會に對し二三の注意すべき事項を上げて見よう。

農會に對する注意

一、農會長は誰れでも農家の協同を計り、農事改良に熱心なる人であれば結構であるが、町村農會に於ては、必ず信用ある有德な人でなければならぬにより、町村長が兼務するが便利であらう。

一、農會は要部に熱心なる人を配ばり置くが肝要である。而して部落から固めてかゝるが宜敷樣である、玉瀧村や石戸村は、區に分ち、組に分ちて居るが、之が賢いやり方である。

一、農會は一面に於て代表機關である以上は、代表者は飽くまで其農會を代表し得る人物を選ばねばならない。

一、農會は官設のものでなくて、民設のものである。即ち農民の自治機關であると云ふとは、根底に於て承知せねばならない。從つて會の活動に要する費用の如き、又會のために奔走するが如きは、決して吝ちな考を以てしてはならない。

一、農會は事務の方と技術の方と兩面ある、事務の方は役場吏員や村役人でも出來るが、技術の方は別に專門家を招聘するが得策であるし、また左樣すべきが當然である。

一、農會は固有の目的を以て居るが、之を達するには各種の機關と連絡を保ち、此等の機關とも協同共助をせねばならない。

一、町村農會は最も活動せねばならぬのであるが、最も活動せぬので、何人も其方法に苦んで居るのが世間一般である樣だ。之れは土地を持てる人が收穫のない土地であると嘆つと同樣で、上手なる百姓は養分を增す肥料があれば出來る樣にするものである。上手な百姓とは、よい農會長であつて、養分を增す肥料とは、農民の智能を啓發することであるとせねばならない。

一、農會に盡力せねばならぬ、同業のものは地主である、地主の最も利用すべきものは農會であるから、農會と地主は寺と僧の如くならねばならない。もし佛、法、僧が宗教上の三寶であるならば、農業、農會、地主は農村に於ける三尊であるべきである。

一、農會は各種の機關と連絡を保たねばならないが、さりとて其の旗色が鮮明して居らねばならない。

別けて郡以上の農會に於て然りで、試驗場や講習所のある所では、仕事の衝突を來さぬ工夫が大事である。

一、上級農會は下級農會を監督せねばならぬは勿論であるが、監督せねばならぬ下級農會をもたぬ工夫が肝要である。

維新の頃には妻子までおれに不平だつたョ、廣い天下におれに贊成するものは一人もなかつたけれども（山岡や一翁には、後から少し分つた樣であつたが）おれは常に世の中には道といふものがあると思つて、樂しんで居た。また一事を斷行して居る中途で、おれが死んだら、たれかおれに代るものがあるかといふことも、隨分心配ではあつたけれども、そんな事は一切構はず、おれはたゞ行ふべきことを行はうと決心して、自分で自分を殺すやうな事さへなければ、それでよいと確信して居たのサ

第五節　農事改良の事業

農事改良の事業といへば色々あり、また農事改良といへば農會の活動に伴ふべきものであれば、此處に改めて云ふ程の必要なき樣なれども、所にありては只だ一の農事改良が出來た爲、農村人心の統一が出來、自治の發達をたすけた例が澤山ある。或は農會が振はないで、篤志の人の計畫せし小なる改良事業がよく各種の事業を起すことになり、農會活動の動機を與へ、自治の進步をなさしめた例もある。故に此等を列擧するは、自治興振の手段を講究するものによい參考たるに相違あるまい。今其の主なる事業の種類を揭ぐれば、左の如きものである。

耕地整理（惡用水の開修）

共同苗代（共同耕作、共同飼育）

年中行事

農業倉庫

何んでも共同でやらねばならぬ事業、共同でやつて始めて効果のある改良事業であれば、必ず自治に貢献するものであるから、彼の害虫驅除の如き、麥奴豫防の如き、或は品評會、競技會や競犁會の如きものでも、其方法を考へ、其の活用を巧みにせば、農村の人心を集め、知らず〳〵自治の仕事に引張り込むことが出來るものである。乍去之も人によりけりで、之をすゝめ　之を應用するものゝ考へ次第であるは云ふまでもないことであるのだ。

(耕地整理)

耕地整理は一區域をあげてやる丈けそれ丈け利益が多い、故に一町村ばかりでなく、數町村に亘ることもあらう、數郡にまたがることもあらう。故に耕地整理がよく出來る所なら、一町村のみでなく、數町村の人氣をまとめ、人心を統一することも出來るのである。何故なれば耕地整理をやるには、

一、耕地整理區內に於ける土地所有者の三分の二以上の同意あること、

一、整理地區內に於て同意者の所有する土地の面積(及地價額)整理地區の總面積(及地價總額)の三分の二以上なること、

といふ條件を具備せねばならぬにより、地區內の協同が出來ねばやられぬ仕事であるからである。此の三分の二以上の同意を得ることを、たゞ耕地整理をなすてふことに止めず、凡て附帶の事業を起し、事業をなすが上にも應用したならば、それこそ面白いことが雜作もなく出來るのである。若し其地域が大き過ぐれば、村々で纒めてもよからうし、字が試みてもよからうが、兎に角耕地整理をやるてふことによりて纒りたる人心を、他の利益ある事業にも應用することが肝要である、之れは一に耕地整理の委員長や發起人の大に計畫すべきことで、また町村の自治に焦慮するものゝ見逃がすべからざることであ

輕野耕地整理信用組合

る。滋賀縣愛知郡秦川村大字輕野といふは、日露戰役紀念にとて、耕地整理を計畫し、今日では立派に出來上つたのであるが、其の地積は僅に三十町歩餘で、其費用も約六千圓といふことであるから、耕地整理としては、左程稱揚すべきものでもあるまいが、所謂纏めた人心を活用したことが、實に感心なのである。それは戰役中餘分の賃銀が手に入りて、一般奢侈にでもなりては大變であるといふので、一は風紀の嚴肅をはかり、一は貯蓄をすゝめ、一は組合の効力を知らしめんとて、耕地整理信用組合といふを成立したことである。之が中々面白く出來て、利益を與ふることも多いので、或は三十町歩の耕地を整理した利益よりも効果があらうかとも云ふのである。聞く所によれば農工銀行は、保護奬勵の目的に依り、特別の利率を以て日歩貳錢即年七朱參厘に當る割合にて預り、又一面には組合員の請求あれば、農工銀行より預金の一部を引出して、肥料の購入等、農家の必要に應じて、同利率を以て貸與し、農家經濟の圓滿を計りつゝあると云ふことである。今日は此方法が、愛知縣額田郡幸田村の耕地整理地區内にも應用されて、更に多大の發展をなしつゝあるのである。

右の幸田村耕地整理は、やはり日露戰役紀念に計畫されたもので、總面積は略千町歩にわたる大地積である。三十八年四月に認可を得、同年十月に工事を起し、四十三年に竣功したものであるが、其大字に大草といふ部落がある。此の部落に屬する整理面積は略二百三十町歩許で、此の整理に要する費用は四萬參千餘圓で、此の費用は大抵工事に從事する部落の人の手に入るのである。然るに整理費の大部分は工事の進捗すると共に、日々飛散するといふ不幸を發見した委員長足立信次郎氏は、深く之を憂ひ、遂に輕野の方法に則りて、耕地整理信用組合の必要を說き、整理協議員會亦之に贊同して、左の規約によりて三十九年の十月から實行することになつた。

幸田村の耕地整理に伴ふ事業

幸田村字大草耕地整理信用組合規約

一、本組合員は耕地整理の役員を始め地區內一般の參加土地所有者を以て組織す、

一、耕地整理役員へ支拂ふべき報酬及旅費等を始め耕地々均工事並に工賃請負金の十分の三以上の貯金をなすものとす、

一、耕地整理委員長を以て組合長とし文書部長を以て貯金取扱主任とす、

一、組合長は本組合の事務を總理し、取扱主任は組合長の指揮を受け一切の事務に從事す、

一、貯金は左の場合の外一切拂戻さゞるものとす、

い、耕地整理費及耕地掟米差引不足額徵收に際し凶荒罹災又は農產物市價暴落其他避くべからざる爲金員調達し得ざる時、

ろ、耕地整理工事完了後精算不足額並に增步地買入代金收納の時、

は、無限責任相見購買組合員にして同組合へ拂込べき出資金に充つる時、

右の外本組合長に於て組合員の申出を至當と認むる時、

一、本規約は耕地整理役員に於て協議の上改訂することを得、

右の各項を耕地整理協議員會に於て協定し參加土地所有者の協贊を經て直に實行すべき旨を玆に誓約候也。

之がため毎年少からざる貯蓄が出來たのみならず、融通が極めて圓滿になつて來たと云ふことであるが、此の勢で組合員が撓まず倦まずやつて行つたならば、整理の出來上ると共に多大の貯蓄をも出來たことになるのであらう。元來此時には三十八年十一月に設立した相見購買組合があつて、今日の處一ヶ年の購買高は略五千圓（主に日用品農具肥料等を取扱ふ）に達し、其の準備積立金や特別積立金も次第に増加し、村民の之がために得る利益と便利が日を逐ふて著くなり行くのであるが、更に信用組合の必要をも感じて居るのであれば、耕地整理信用組合を、整理後には純粹な信用組合にする相談が出來て居るそうである。足立委員長の話によれば、益此の信用組合を盛にし、其の利益金を以て、村有の山林を整理經營し、將來安全なる村基本財産をも作くる計畫であるといふことである。現在の貯金は六千四百七十五圓餘に達せり。

斯くの如き耕地整理で、ある地區内の人氣をまとめることが出來、耕地の整理より得る利益の外に、益村民の協同を將來に確固ならしむべく組合を設けることが出來、其上貯蓄をすゝむることが出來たりし、又農村に於て最も遺憾を極むる金融機關を得たり、尙將來に基本財産をも作ることが出來たりし

て、所謂農村の福利を増進し、共同の利益を増進せしむるを得るが故に、耕地整理てふ一農事改良の事業も、優に農村の自治をすゝむる手段であるのである。世の耕地整理をすゝむる者又は耕地整理をなす所に於ては、深く此邊に思を寄せて、遺算なき樣にせねばならないのである。

（共同苗代）

廣い農業の内で米作はほんの一些事である。其の苗代の仕事といへば、話にならぬ位小な仕事である筈であるが、共同苗代といふからには、二人以上組合つて出來すべき仕事であるので、中々小な仕事ではないのである。之も其の共同の力を色々に活用することによりて、苗代の改良よりは餘程大な、而も進んだ仕事が出來る樣になり、見事、農村の自治を發達せしむる動機をつくるものとなるのである。然し之も夫を勸誘する人や、之に盡力する人のやり樣次第であるのは、今更云ふまでもないことである。

左の成績によりて共同苗代でも、農村の自治に如何に多大の影響を與ふるものであるかを示すであらう。而して其成績や功德の大なるものには、之に盡力する人の覺悟が如何程大切であるかをも話すであらう。

尾張知多郡上野村字名和前共同苗代の成績

昨年知多郡下に於ける共同苗代中實蹟を擧げたる者尠なからざるが内に付き上野村字名和新田大地主阪勘一氏の小作者の爲めに設けた

ろ名和前共同苗代の如き其最たるものなるべし該苗代は阪氏所有の田地九反餘歩を提供して地區の整理をなし之れが爲め道路畦畔等の潰地一反餘は永久小作米を免除し尚苗代掟米は之れを半減し當時該地に於ける麥蕓苔等の立毛は自ら參拾餘圓を投じて買收し四月中旬に至りて始めて地區の整理に着手せり斯の如く既に苗代時期に切迫せしを以て其成績如何に付ては多少の疑惧なき能はざりしも組合長たる阪氏の小作者に對する深厚なる温情と組合員たる小作者の精勵は空しからず實に稀有の好成績を得たり然れば世間には初秋に於ける氣候の激變の爲めに意外の減收を來し檢見に忙しき地主、收穫不足に力落せし小作者多き内に獨り名和新田は平均一割五分以上の增收に村氏一同豐作を謳歌するの奇觀を呈せり今該苗代に關する精算書を得たれば左に之れを掲げん

名和前共同苗代費用精算書　（苗代總面積六反五畝二十九歩）

金拾貳圓四拾五錢	苗代地區整理人夫六十一人五分	地主阪氏寄附
金八拾錢	同　測量人夫四人	同上
金壹圓七拾四錢	土管三十本代	同上
金四錢	郡農會寄附種籾配達賃	同上
金壹圓拾五錢五厘	水路橋板廿一枚	同上
金拾壹錢	同上六尺物一枚	同上
金六拾五錢	標柱一本	同上
金參圓參拾貳錢	灌、排水口止板七十四枚	同上
金七圓貳拾錢參厘	天野式捕蟲網用金巾八丈八尺	同上
金七拾六錢五厘	同上竹材及金具	同上
金貳圓	土管不足代	同上
金四拾九圓八拾參錢	鰊粕四俵	組合員負擔

金四拾壹圓貳拾五錢	大豆粕	組合員負擔
金四拾八圓〇五錢	鰊粕四俵	同上
金四圓九拾貳錢	大豆粕三俵	同上
金貳拾參圓貳拾錢	硫曹五號八叺代	同上
金七拾五錢	鳥追人夫五人日當	同上
金六拾九錢	人糞尿二十三荷	同上
金九拾四圓六拾四錢	苗代地拵より跡作植付迄二百七十八人二分　一人參拾五錢	同上
金拾圓五拾貳錢	藁灰（壹圓に付廿貫）　二百十貫四百匁	同上
金拾四圓貳拾八錢	毎朝害蟲驅除人夫四十八人　一人一日二時間位づゝ	同上
金貳拾貳圓四拾錢	管理人五名　灌排水見廻り人夫六十四人	同上
金六圓七拾壹錢參厘	金肥代借入利子（名和前信用組合）	同上

計　金參百四拾七圓四拾八錢六厘

右は苗代に要せし費用（從來は別に計算す）なれども地主寄附不用品賣却代及品評會賞與等を差引く時は左の如し

金參拾圓貳拾四錢參厘	地主寄附（前述地主寄附の合計）
金拾壹圓貳拾五錢八厘	鰊粕不用賣却代
金拾五錢	硫曹袋賣却代
金壹錢壹厘	移植後日待費用殘額寄附
金拾九圓	郡農會苗代品評會賞與金
金拾七圓八拾貳錢	村農會同上

金參圓　　　縣同上

金四圓七拾八錢　　　捕蟲網代として村農會より補助

計　金八拾六圓拾六錢貳厘

元金を差引き組合より支出せし總額は

金貳百六拾壹圓貳拾貳錢四厘

右を作付反別三十六町六反七畝二十二歩に割當つる時は本田一反歩に要する苗は金七拾壹錢五厘弱にて仕立て得たる割合なり

同苗代掟米勘定

苗代總面積　六反五畝二十九歩

此の掟米　十一石二斗八升二合

苗代掟米を本掟の二分五厘と定めたるを以て此の掟米　二石八斗二升一合

内

一石四斗一升一合　地主阪氏補助

一石四斗一升一合　組合員負擔苗代掟米

右を作付反別三十六町六反七畝二十二歩に割當つる時は本田一反歩に要する苗を仕立つる苗代の掟米三合八勺五才弱に該當す

苗代跡共同耕作

苗代跡は組合員の共同耕作となりたるが之れ亦豫想以上の成績を得たり即ち左の如し

跡作實測面積　七反五畝十六歩

收穫米　二十二石六斗六升五合

内

十石八斗三升四合　跡作掟米（本掟七分五厘）
十一石八斗三升一合　組合所得米

跡作支出

金參拾九圓八拾貳錢八厘　豆粕代
金壹圓四拾九錢八厘　豆粕購入に付き名和前信用組合より借用金利子
金貳圓九拾錢　硫曹肥料
金六拾壹錢五厘　籾摺土臼借賃
金拾　壹錢　半紙二帖
金參　圓　土臼一臺
計　金四拾七圓九拾五錢壹厘

跡作收入

金百八拾貳圓壹錢五厘　組合所得米十一石八斗三升一合壹圓に付き六升五合
金拾　五　圓　藁賣却
金壹圓貳拾八錢　跡作不足人夫賃組合員より徴收
金拾圓四拾五錢　小米、粃、惡米賣却
計　金貳百〇八圓七拾四錢五厘
差引利益　金百六拾圓七拾九錢四厘

苗代組合は將來基金を作り苗代地購入の計畫にて既に地主阪氏と契約し每年跡作の收益を積立つ事に決せり而して組合員中直接農業に從事せざるもの二名あり此等の人は每年跡作收益の分頭割を出資して基本財産の共有權を得故に本年の（收益金を苗代跡耕作に從事し

たる三十七名に割當つる時は一人金四圓參拾四錢五厘）積立金は二名の分頭割八圓六拾九錢を加へ金百六拾九圓四拾八錢四厘となれり

備　考

前勘定書によれば苗代跡作面積に比し割合に多くの苗を仕立てたる如き觀あれども昨年度は地區整理以外の地に豫備苗代を作り豫備苗代の跡地は之れを共同耕作に附せざりしを以てなり

跡作收穫米賣拂收入金を壹圓に付き六升五合と見積りたれども此の稿を草した後六升四合に買手あり故に積立金は一戸の增額を計るべし

已上の如き有樣にて組合員の談によれば一般組合員は其本田に於て一反歩平均一俵の增收を穫たるよしにて之れを三十六町歩に計上せば正に三百六十俵の增收ありたるわけなり既に本年度苗代用の種籾は組合員の本田に付き昨秋立毛品評會を行ひ、二十石餘を撰拔し悉く阪氏保管の下に貯藏し置き而して本年度に於ては倘ほ約二反歩を增し完全なる苗代を經營すべき計畫なり

因に同組合員一同は成績の今日の如きあるは一に同郡巡回技手鈴木準造氏の盡力にありとし米二斗に感謝狀を添へ贈呈せしと云ふ倘鈴木技手は「報德のしるし」一部宛を組合員に贈り一層將來の發奮を望みたりと云ふ洵に美はしき事と稱すべし

明治四十四年跡作

共同耕作收支決算

跡作收穫米　玄米二十四石七斗八升

内跡作掟米　十二石五斗三升六合

殘高　十二石二斗四升四合　收得米

摘要	收入	支出
收得米賣拂代	二二〇、一〇〇円	
藁賣拂代	二一、〇〇〇	

粃賣拂代	一七、八五五	
地主より補助金	一五、〇〇〇	
地主へ貸付利子	一二、〇〇〇	
上半期利子	三、一六五	
下半期利子	二、五二〇	
成瀬子爵補助金	一、二五〇	
春季頼母子講掛金		一三、〇〇〇円
四十二年度苗代費用割合仕拂		六、六〇一
昨年度積立金勘定落		二、六一八
早川寅吉積立落分		七、三八二
小計	二九二、八九〇	二九、六〇一
摘要	收入	支出
前業合計	二九二、八九〇	二九、六〇一
跡作肥料代		七二、二四四
冬季頼母子掛金		一三、〇〇〇
信用組合より借入利子		一、二四八
苗代倉庫世話料		一、五〇〇
土臼借貸		一、一〇〇
苗代帳簿記入者へ謝禮		四、〇〇〇

跡作植付用苗（苗代組合へ）　八、八八〇
日待費用へ　一、三一七
合計　二九二、八九〇　一三二、八九〇
本年度利益　金一六〇圓

本年度利益金は前年度決議に基き積立利殖すべき處本年度は非常不作につき組合員一名に付き金五圓（組合員三十二名）宛割て特に悉皆拂戻することとせり故に組合積立金は前年度積立高即ち金参百参拾圓なりとす

即ち知るべし、苗代を共同にすると話が纏りたる以上は共同苗代組合をつくるべしとて、此處では共同苗代組合が出來た、且つ苗代跡の共同耕作もした、而して跡作の收益を積んで、將來苗代地購入の計畫をなした、其の上播種も立派に出來たのみならず、敎へても容易に分らぬ謝恩の道も出來たのである。そこで爾來組合員の意氣込は大したもので、苗代面積が更に二反歩增し、區劃の整理が完全になり、苗代期中の作業も面白い程遺憾なく出來たのである。加之隣の字にも、近接の他の村にも、之に見習ふて共同の苗代をつくり、敎を此處に請ふ樣になつたので、從來期節になれば必ず水論を始めたのであるが、今年は一度も喧嘩をなすに至らず、目出度植付が出來たといふのである。抑も三十九年の町村合併當時に於ては、此部落は用水の關係で川上の村と合併して、水論を避けようと非常な運動までやつたことがあるのであるが、今は共同苗代の御蔭で合併せられないでも、自由に水を得ることが出來、村喧嘩をやらないですんだと、非常な喜びをして居るそうだ。今日では貯蓄組合も出來、

共同苗代のため水喧嘩止む

人望は阪氏に歸して今は農會長に推薦したり

五支會と云ふも組織され、圖書館も出來たが、共同苗代の功德も此處に至りては、其の大なるに驚かざるを得んのである。而して如斯共同苗代の功德は、一に之をすゝめたる、巡回技支の手腕と、地主阪氏の親厚なる盡力に外ならざるを思へば、如斯効果を上げんには是非共其の裏面に、如斯手腕と盡力を得ねばならぬ所以が分るのであらう。兎に角共同苗代ですら如斯功德を農村の自治に與ふるのであれば。他の共同事業、たとへば共同飼育や、共同耕作に於ても亦然りであらう。要は自治をはかる手腕と、盡力の如何によるものである。

《年中行事》

年中行事とは一ヶ年內の作業を豫め定めおき、之によりて月々の農事に手落なく、又違算なきを期せんとするものである。故に農民に於て之さへ定まりて、實行さるれば、監督廳よりの督勵を待ちて働きたり、御役人の指導によりて氣がつく樣なぶまなことがなくなりて、自治村らしくなることが出來るのである。彼の三河北設樂郡の稻橋村といへば、文明の利器を距ること二十里といふ僻邑であるが、村民殷富、倉庫充實、加ふるに敬神愛國の念につよき模範村である。茲處では大分前から年中行事を明かに定めて居るので、假令改良を唱ふるも、行事を誤れば、其得る處は失ふ所を償ふに足らずと云つて居る。實際此村が之によりて得たる所夥いので、今日では人の注意をも引く樣になつて來た。之れ四十年の七月此郡民一同が、平和克復の御詔勅に對し、飽くまでも其趣意を奉戴するてふ立誓式を擧行するに際し、各村各計畫する所は異なるも、報徳的組合を設くることと、年中行事を定めることは、何れの村に於ても必ず決行すると約束した所以である。當時各村長が相寄りて定めたる年中行事は左の通りであるが、之は其の標準であつて、村により所により所により多少の相違あるべきが實際である。北設樂郡の各村が之によりて得たる實蹟は、日尚淺く、之を知ることが出來ねど、何處に於ても、年中行事を定めて改良に着手し、農會が之を督勵することになつたら、農事改良の實行は決して今日の如く、瞬昧なものでなく、遲々たる譯でもなからうと思ふ。又自治農村であれば、此位なことはするのが當然である。

金の割に仕事の出來ぬ所以

何故なれば、經費の收入に於ては既に豫算をつくり、決算をつくり居る以上は、行事の豫定をなし、實行の模樣を調査すべきが義務であるであらう。今の人多くは金錢の上にのみ豫算決算を見て、事業の上に之を見んとせざるは、笑止な話ではなからうか。參考のため北設樂郡の各村に於て實行すべき、年中行事の模範を示せば左の如し。

三河國北設樂郡 農家年中行事表

一月

祭日其他　一日　四方拜　二日休日　三日元始祭　五・六日寒ノ入リ　三十日孝明天皇祭

製造　上旬　蠶具　馬具　農具ノ修理　繩草鞋其他蓮蓆蓑背負具等（初旬ヨリ二月下旬迄）

中旬　堆肥其他肥料ノ製造　炭燒

下旬　同右

整地下種　上旬　樹木苗圃拵ヘ植栽地拵ヘ（三月中旬マデ）
　　　　　中下旬
移植
手入　上旬
　　　中旬　麥ノ第二回補肥土寄　第二回踏壓（下旬マデ）
　　　下旬　桑の害蟲驅除　林木ノ間伐
收穫　上旬　葱　人參（中及下旬ニ亘リタル）林木ノ間伐薪炭（中及下旬ニ亘ル）
其他　前年度日誌ノ調査其他農場諸帳簿ノ整理農具ノ寒水浸シ（五、六日ヨリ二月四日頃マデ）家族會（三、又ハ五日ニ行フ）農蠶講習會ノ開設（農閑ヲ利用シ）

二月

祭日其他　五日立春　十一日紀元節
製造　一月ト同ジク藁仕事堆肥慣木寄セ（全月ニ亘ル）
整地下種　上旬　樹木苗圃拵ヘ（中下旬共）
　　　　　中旬
　　　　　下旬　柿　桃　梅　杏　栗
移植　上旬　梅（中旬ニテモ宜シ）
　　　中下旬
手入　上旬　三麥ノ土寄　油菜ノ補肥土寄
　　　中旬　豌豆ノ補肥踏壓　麥三回踏壓
　　　下旬　林木ノ間伐

收穫　　薪炭楮及三椏（十一月下旬ヨリ二月初旬マデ）
其他　　道路ノ修繕　農談會　講習會　家族會　農具ノ修繕　果樹ノ接木

三　月

祭日其他　　十八日、十九日彼岸　二十日、二十一日春分
製造　上旬　堆肥ノ積換　藁細工（上中旬ニ大部分終ル）榾木寄セ
　　　中旬　榾木寄セ
　　　下旬
整地下種　上旬　樹苗床替準備ヲ始ム（全月ニ亘ル）
　　　中旬　夏大根　牛蒡　人參　樹苗圃
　　　下旬　藍床　樹苗圃下種　夏大根　牛蒡　人參
移植　上旬　杉檜等ノ二三年苗替床替　桑苗（全月ニ亘ル）
　　　中旬　樹苗山植　杉檜等二三年苗床替
　　　下旬　里芋　柿　桃　梨　杏李樹苗山植
手入　上旬　刻ミ榾木寄セ　桑茶果樹ノ害蟲驅除
　　　中旬　畦畔雜草燒却　桑茶楮ノ肥培　麥三回補肥耕耘（十七八日迄ニ）
　　　下旬　畦畔雜草燒却　桑茶ノ肥培　杉檜ノ疎伐
收穫　　二年子大根　三葉　ウド等（全月ニ亘ル）
其他　　果樹ノ接木揷木（全月ニ亘ル）本年度內ニ購入ス可キモノ、購入幼植物又軟弱植物ノ霜害豫防

四　月

祭日其他　三日神武天皇祭　十八日土用

製　造　上　旬　堆肥ノ整理(積換)雨天等ニハ藁細工

整地下種　上　旬　稻苗代田ニ馬肥ヲ入レ荒起シ(中旬ニ亘ル)

中　旬　樹苗圃拵ヘ下種(中旬ニ終ル)秋牛蒡　夏大根　葱(已上中旬迄)

下　旬　玉蜀黍、蜀黍、黍、菜豆、胡瓜、茄子、蕃茄、蕃椒、甘藷、青芋、陸稻、稻(水稻)(廿三日ヨリ始メ五月三、四日迄)

移　植　柿、梨、檜、杉、櫟、桑苗、夏甘藍、夏葱ノ根分

手　入　上　旬　畦畔ノ修理　山道耕作路　用水路ノ修理(已上初、中旬ニ亘ル)

中　旬　桑及茶ノ施肥　大麥ノ終耕　楮株直シ　桑心止メ

下　旬　小麥豌豆ノ終耕　楮株直シ　桑ノ心止メ　果樹ノ剪定

收　穫　二年子大根、芥菜、三葉、椎茸(已上初、中、下旬共)

其　他　上　旬　蠶室蠶具ノ消毒(初又中旬迄ニ)

中　旬　稻ノ種ノ選種及浸種(中旬乃至下旬)蠶室ノ掃除及蠶室蠶具ノ消毒

下　旬　蠶種ノ催青及掃立　仔馬ノ飼育　牛馬ノ交尾　育雛　製茶ノ準備

五　月

祭日其他　二、三日八十八夜　七日立夏

製　造　製茶(中旬)　椎茸(上旬)

整地下種　上　旬　粟、稗、陸稻、黍畑ノ整地下種

中　旬　大小胡豆、菜豆、胡麻、胡瓜等本田(下旬ニ亘ル)

移植　　　　藍、茄子、胡瓜、蕃椒、甘藷(已上中又ハ下旬ニ植ウルコト)　(稲二十八日ヨリ)

手入　上旬　針葉樹ノ苗圃ニ日覆ヲ設ク　苗代田ノ實干シ(一週間三回ヅヽ)苗代田ノ灌排水ニ留意

　　　中旬　苗代田害蟲驅除　麥奴第一回ノ拔取リ

　　　下旬　同上第二回驅除　麥奴取リ　玉蜀黍、菜豆、胡瓜、茄子、甘藷

收穫　中旬　芝刈フキ(欵冬)菠薐草蕗菜(已上中旬又ハ下旬)紫雲英、苜蓿(下旬)一番茶(中旬又ハ下旬)夏葱ヲ收メ始ム桑葉

　　　　　　茶葉(全月ニ亘ル)

其他　上旬　蠶兒ノ掃立(十五日頃マデニ)蠶ノタメ忙シ、夏秋蠶種ノ注文

　　　中下旬　蠶兒掃立(十五日迄ニ)　山草刈(二十四日ヨリ)

六　月

祭日其他　　七日芒種　二十二日夏至　十一日十二日入梅

製造　　　　堆肥、製茶

整地下種　上旬　稲本田(春田)　大豆(晩)

　　　　　中旬　稲本田(十五日迄春田)　稲本田(麥田)桑

　　　　　下旬　夏蕎麥、早生人參、杞柳煙草桑(二十五日頃迄)

移植　上旬　稲苗、茄子、胡瓜、其他藍

　　　中旬　同右、秋葱、煙草

　　　下旬　秋葱、煙草

　　　上旬　稗、粟、玉蜀黍、陸稲、茄子、胡瓜等

　　　中旬　第一番除草耕耘　施肥(中旬ニ亘ル)

下旬　秋蒔牛蒡桑ノ株直シ施肥（液肥又粕類）林木ノ下草刈樹木苗圃ノ除草

収穫　上旬　麥刈、蠶繭

中旬　麥刈、蠶繭、蠶豆

下旬　晩麥刈（小麥）同右

其他　上旬　夏蠶ノ掃立　麥脱粒（五日ヨリ中旬ニ及ブ）

中旬　蠶種ノ製造　茶ノ剪定　蠁蛆驅除

下旬　蠶室蠶具消毒（十三四日頃ヨリ始ム）

七月

祭日其他　三日半夏至　二十一日夏土用

製造　蠶種、堆肥、乾麪

整地下種　大根、人參、菠薐草、菾菜（整地下種已上、中下旬迄）

移植　甘藍ノ床替（初又中旬迄）

手入　上旬　稻ノ二番除草　螟卵採收

中旬　桑樹天牛捕殺　稻ノ三番除草

下旬　林苗二番除草　稗、粟、黍、陸稻二番除草補肥　胡瓜、茄子ノ肥培　甘藷ノ除草　林木ノ下草刈　莓ノ根梁

樹ノ夏芽取リ

収穫　上旬　夏萊菔、馬鈴薯、豌豆

中下旬　早生胡瓜、早生茄子、桑葉（夏蠶）

其他　本月下旬ハ稍々農閑ニ付稻作桑樹害蟲驅除ニ注意セヨ秋蠶ノ掃立（下旬）

八月

祭日其他　八日九日立秋　十五六日村社ノ祭典　二十四日處暑

製造　堆肥、乾草

整地下種　上旬　二期生馬鈴薯、晩大根、時無大根、二十日大根（四月ヨリ八月ニ至ル）中下旬他ナシ

移植　上旬　馬鈴薯　中下旬ハ別ニナシ

手入　上旬　稲ノ四番除草　萊菔菜類ノ間引

中旬　樹苗二番除草　甘藷ノ日除ケ　施肥　稲ノ止草　枯莖拔

下旬　萊菔菜類間引及補肥田稗拔取リ樹苗二番除草桑畑ノ除草

收穫　桑、茄子、胡瓜（已上全月ニ亘ル）

其他　上旬　果樹ノ剪定、除枝、除芽、秋蠶掃立

下旬　蠶室蠶具ノ消毒

九月

祭日其他　一、二日二百十日　八日白露　二十一日彼岸　二十四日秋分

製造　堆肥　雨天ニテ他行ナサザル場合藁仕事

整地下種　下旬　蕎麥、菜類、栽植地拵ヘ雲苔牧草

中旬　牧草、綠草、同右

下旬　牧草、綠草、栽植地拵ヘ

移植　上旬　百合、草苺、中下旬ハ別ニナシ

手入　上旬　一、二日頃稲田水落シ畦畔草刈林苗三番除草

中旬　萊菔菜類間引馬鈴薯ノ土寄セ

下旬　秋大根、蕪菁ノ間引

收穫　秋蠶繭

其他　蠶室蠶具消毒

十　月

祭日其他　十七日神嘗祭　二十一日、二十二日土用

製造　蠶種　堆肥

整地下種　上旬　麥床(移植)豌豆、蠶豆、菜類(小松菜)

中旬　時ナシ大根(中旬ニ亘ル)　栽植地拵ヘ(下旬ニ亘ル)

下旬　麥畑

移植　上旬

中下旬　夏甘藷　歇冬

手入　上旬　秋萊菔其他菜類ノ間引及施肥蕈木付ケ揚ゲ

中旬　同右

下旬　椎茸木伐木

收穫　上旬　胡瓜、茄子、椎茸、晩秋蠶繭

中旬　茄子、大根、人參、里芋、甘藷

下旬　稻刈

其他

十一月

祭日其他　三日天長節　二十三日新嘗祭

製　造　上旬　椎茸(堆肥全月ニ亘ル)

整地下種　上旬　畑麥(小麥)

中旬　畑麥(小麥及大麥)

下旬　畑麥及田麥(裸麥及大麥)

移　植　上旬　京菜

中旬　麥、京菜、果樹及桑

下旬　種子、大根

手　入　上旬　桑園ノ秋耕、結束(十二月上旬マデ)

中旬　稻種田ヲ選ブコト　麥ノ第一回補肥(堆肥)及土寄セ　林苗ノ四番除草

下旬　樹苗四番除草　間伐

收　穫　上旬　稻(十五六日マデ)　萊菔其他菜類(十二月中)菜豆晩大豆

中下旬　馬鈴薯、晩大豆、菜豆、甘藍(九月下旬ヨリ)　陸稻(中旬)

其　他　床下ノ大掃除　蠶種ノ注文　凍傷植物ノ防寒手當

十二月

祭日其他　八日大雪　二十三日冬至

製　造　紙類、堆肥整理、木綿類、炭及薪(已上全月ニ亘ル)

整地下種　栽植地拵ヘ

移植

手入　上旬　桑園及果樹ノ害蟲驅除間伐

　　　中旬　麥ノ第一回補肥土寄セ第一回踏壓間伐菜類ノ土寄セ

　　　下旬

收穫　上旬　晩大根、葱、人參、牛蒡(全月)

其他　中旬　屋内外ノ大掃除、螢蛆驅除、肥ヲ溜メ新年ヲ迎フルコト、蠶種ノ貯藏、諸帳簿ノ整理、來年度ノ帳簿調製、漬物ノ用意、新年ノ仕度、收穫物ノ片付ケ

《農業倉庫》

米劵倉庫

佛國では農業の倉庫事業が大變に發達して居るそうであるが、我國では昔は鄕倉とか義倉とか常平倉などありて、今よりも却て氣のきいたことを見ることが出來たが、今は秋田縣や熊本縣に見る米劵倉庫位なものであらう。米劵倉庫と云ふは、倉庫に米穀を預入すると、其預人に對して預米劵を交付する方法で、預入するを得る米穀は檢査に於て及第したものに限るのである。それで小作人なれば小作米に代へて米劵を地主に納むることが出來、自作農者なれば米劵を以て自由に之を賣却し得るの便がある。故に米劵倉庫は地主側より見れば、米質の良否を調査したり、桝量の點檢をなすの要なく、隨て其手數と費用とを節約することが出來、小作者にありては、運搬の勞を減ずることが出來ると同時に、米質の等級を明にせる米劵を以て拂込をなすが故に、米作改良の効果を十分に認め得らるゝの便

がある。加之賣買上の利便、農村の金融に資する等の利益が頗る大なるものなれば、何れの地方に於ても大に奬勵すべき價値はあるが、若し不幸にして空劵を發行するが如きことありては、其の弊の及ぶ所も亦甚だしきものがあるから、德義信用の低き所に於ては、容易に望むことの出來ぬものではあらうが、自治の發達せる農村に於ては、村事業として是非共發達せねばならぬものである。現に熊本縣の八代郡鏡町に於ては、明治三十七年十一月より此制を採用し、鏡町外五ヶ村が一區劃として此事業を經營し、大に効果を上げて居るといふことである。其他梅雨前後米質に變化を來すを防ぎ、蟲害に蝕害さるゝを避け、價格の騰貴するを待ちて販賣する目的を達するが爲めに、米穀を預る倉庫が大切である。倉庫を少く入念に行れば米質を惡變することもなくすることが出來、二硫化炭素の燻蒸も誠むることが出來て、蟲害の憂を少くすることも出來、其價の騰貴するを待ちて賣出すことが出來れは、之がために得る利益は決して些少のことではあるまい。此の上米穀を預けば六掛とか八掛けで金を貸す方法があれば、農業の金融を圓滑にすることも出來やう。特に近來は需要者が仲人の手を經ずして、直接生産者より購入せんとする風があるに至つた故に、是非共倉庫事業が發達せねばならぬのである。現今此事業で農村の自治が發達したと云ふ所はないが、自治の發達せる農村に於ては是亦此事業が出來ねばならぬのである。まして貯穀を備荒のためにする所に於ては、特に然りである。近江の浦生郡鎌掛村や伊賀阿山郡玉瀧村などでは村立で、此倉庫を有し多大の利益を得て居るのは、何れに於ても則とすべきである。

兎に角衣食足りて禮節を知るは古今の常で、品格も懷次第であると云ふが凡人の常である以上は、如何なる農事改良の事業でも、農村の福利を增進し、農家の經濟を豐にするものであれば、必ず農村の自治をすゝむるに効果があるに相違ない。別けて事業が協同的に經營さるゝものであればある程、其効果が著しいに相違ないのである。乍去之も志のあるなしによるので、如何に多大の利益を與ふる事業をなしても、之を自治の上に活用すべき考や、之を自治の發達に應用する人がなかつたならば、利益のために却て爭を生じたり、喧嘩をなすに至りて、自治の圓滿を缺くことも隨分例に乏しからぬのである。然らざれば、遊惰に流れ、放逸に陷るの弊を生じて、自治の退歩を來たすこともあるのである。故に如何なる農事改良でも、如何に有利なる事業でも、之を以て自治發達の手段とする考でやらざる限りは、農村の自治から見ては難有からぬこともあるのである。之は農事改良をすゝむる人や、改良事業をなす所に於て、特に注意をせねばならぬことである。

〔敎育會〕

世に幽靈と云ふものがあつたなら、又は福助といふものがあつたなら、それは農會と敎育會であると云はねばなるまい。活動せねばならぬ筈のもので、下級のもの程有効なる働きが出來る筈のもので、働かず、殆んどあるかないかを疑はしむるものは、實に農會と敎育會ではあるまいか。法律の保護がない丈けそれ丈け、教育會の振はないのが多いのであるが、實に遺憾とすべきである。如何なる人でも教育がなくば旨い働きが出來ず、如何なる業でも教育の力をからずして出來るものもない。之をたとへば基礎の如く、根本の如きで、凡ての事物は之によりて出來、此の上に立つべきである。されば教育の普及を計り、其の進歩を企てるために出來る教育會の農村自治に必要なるは云ふまでもないことで、從て各町村に此の會のあるべきは、自治より論じて大に喜ばねばならぬことである。が今其存在すら分らぬ位であると云ふに至つては、自治の發達、福利の增進に於て見るべきもの丶多からぬ所以ではあるまいか。

自治不進歩の一原因

埼玉縣の學事會

埼玉縣北足立郡に郡教育會があり、其下に町村教育會があつたが、どうも面白くゆかない。寧ろ改造して之を新にするに如かずとなし、三十四五年の頃に學事會と改め、之を事務部と學務部といふ樣な二部に分ち、事務部の方へは郡にありては郡會議員や町村長や郡の主なる有志を網羅し、學務部には郡視學を始めとし主なる教員を集めることになし、町村に於ては事務部は役場吏員や村會議員並に有志を寄せ、學務部へは村內學校の教育に任ずることになし、而して教育の事務と、教育の教務とを區別し、互に助け、共に競ふ樣にしたがため、大に活動する樣になつた、とは同郡長早川氏の實驗談であるがさもあらんと思はれる。愛知縣にも十數年來の星霜を經て、今日では其基本金の利子で、町村民の貧民兒童に筆墨を給して就學を獎めたり、或は町村教育に功勞ありし人を表彰などして、比較的活動せる町村教育會もある。が大抵は春秋兩期に講話會でも催して、お茶を濁して居るのが普通であるまいか。三重縣員辨郡十社村といふは、神社が十もある村で、隨分大きな村であつて、報德社もあり、購買販賣組合もあり、農會も仕事をして居る所であるが、此處には村教育會といふ代りに十社奬學會といふのがある。早川郡長の學事會見た樣な組織であつて、隨分面白いものであるから次に揭げやうが、要する所町村にある學校を中心とし、町村を教育する別働隊となつて、遺憾なく働くことが出來れば、村教育會の役目がすむのである。又教育會は如斯役目を果たし、町村に貢獻する所がなければならないのである。まして今日の如く、戶主の會とか、母の會とか、或は青年會とか、少女の會とか、村內社會教育の施設が出來る樣になつた以上は、是非共町村教育會なるものが世話役ともなり、案內者ともならねばならないのである。夫れは隨分厄介な話で、苦勞の多いことではあるが、彼の夜學會の如き、或は町村娛樂の改良の如き、主として教育會があたらねばならんものである。而も此會の活動と否とは、もとより町村長の人物にもよるが、町村小學校長の熱心不熱心による方が多いのである、故に今日まで町村に教育會が出來ず、出來て居ても活動をしないと云ふのは小學校教員が活動しなかつた證據であると云つても仕方があるまいが、事實も亦然りである。之は郡でも、縣でも同樣であるのだ。

三重縣十社村の奬學會

今の世は教育者を重んじ、教育者の勞を多とすべく色々施設も出來て來る。從て俸給も上るだらうし、

祿盜人

家屋も出來るだらうが、此處で奮發する所がなく町村の敎育に進歩が出來なかつたなら、これこそ祿盜人の汚名をきねばなるまいと思ふ。吾等は町村自治のために、また天下の敎育會のために、町村敎育會といふ。地方團體の活動を希望して止む能はざるものである。

十社奬學會規則

第一條　本會ハ十社奬學會ト稱シ事務所ヲ十社尋常高等小學校內ニ置ク

第二條　本會ハ本村學事奬勵風紀矯正ノタメ文庫ヲ起シ講話會ヲ開キ青年會、處女會ノ善行者ヲ表彰シ本村所在ノ學校兒童ノ出席多數者、品行方正學力優等者ヲ賞與シ又運動會、修學旅行、學藝會等ノ事業ヲ援助シ併而貧窮兒童ノ就學ヲ容易ニスルタメ書籍ノ貸與、學用品ノ支給ヲナスヲ以テ目的トス

第三條　本會ノ經費ハ左ニ該當スル金品ヲ以テコレニ充ツ

一、本會ハ事業ヲ贊助スルモノヲ贊助員トシ一ケ年一口ニ付金五錢ヅヽノ年醵金ヲ五ケ年間出スモノトス

　但シ一人ニ付數口ノ申込アルモ妨ゲナシ

二、篤志者ノ隨時寄附金品

三、村又ハ區ヨリ下付ノ補助金

四、基本金ヨリ生ズル利子

第四條　本會ニ左ノ役員ヲ置ク

會長	一名	本村小學校長ヲ推選ス
副會長	一名	本村小學校訓導ヲ推選ス
幹事	數名	本村役場收入役、書記、學校訓導
顧問	數名	本村長、助役、學務委員、村會議員、區長

第五條　會長ハ本會ニ關スル一切ノ責ニ任ジ本會ヲ統理ス

第六條　副會長ハ會長ヲ補助シ會長事故アル時ハコレニ代ルモノトス委員ハ會長ヨリ委託セラレタル事業ヲ掌理ス

第七條　本會ノ年醵金ハ毎年四月コレヲ徴收ス

　但シ申込第一年ニ於テハ隨時徴收ス

第八條　本會ハ毎年一回以上役員會ヲ開ク

第九條　本會役員會ニ附スベキ事項左ノ如シ

　豫算及決算ニ關スル件

　第二條ノ目的遂行ニ關スル件

　第二條所載以外ノ事項ニシテ特ニ必要ナリト認メタル施設

第十條　本會ニ賛助員名簿、篤志者名簿、補助金下付臺帳、基本金臺帳ヲ備フベキモノトス

第十一條　本會ニ金品納入臺帳ヲ作成シ賛助員年醵金、寄附金品、補助金、基本金利子ノ納入ヲ受クル時ハ記入スベシ

第十二條　本會收入金ノ十分ノ一ヲ積立テ基本金トス

第十三條　本會基本金ハ役員會ノ決議ニヨル方法ヲ以テ利殖スルモノトス

第十四條　本會ノ基本金五百圓ニ達スルニ非ザレバ其ノ利子ヲ經常費ニ充ツルコトヲ得ズ

第十五條　本會事務執行ニ關スル實費ハ支辨スルモノトス

第十六條　本會規則ヲ更正セントスル時ハ役員二分ノ一以上ノ同意ヲ經ルヲ要ス

余輩の愛する仕事に對しては、余輩は直に起つて愉快に之に赴く　（セキスピア）

第六節　地主と小作の和協

地主は地親といふべく、小作者は子作者といふべきが實際であらう。地主に親たるの慈悲あり、小作者に子たるの從順ありて、始めて農地に面白く働かれ、良き作物が出來、愉快なる生活が遂げらるゝ筈である。もし農村にして地主と小作者の二階級よりなる所であれば、之が一家に於て親子の團欒するが如き案配に行かねば、面白い、愉快な農村とならぬものであるは、今更彼是云ふ必要もない位である。が世間の地主に親たる觀念のあるは少く、小作者にして子の義務を辨へてるものも少いのが、殆んど普通であると云はねばならぬ。別けて地主は土地に於て、財產に於て、地位に於て、名望に於て、社會の上流に位するものであれば、農村の上に於ては、小作者よりもより大なる責任を有てるは勿論である。特に上の好む所下之に習ふ風ある我國に於ては、地主のやり樣、仕向け樣で小作者はどうでもなるのであれば、農事改良の上からしても、農村繁榮の方から見ても、地主の斯業に熱心なること、農村に盡力することは、實に大切なことである。換言すれば地主の一擧手一投足は、實に農村の消長、盛衰に關すると云つてもよい位だ。故に人もわれも、地主の發奮興起を望んで止む能はざるのである。吾等は三十三年と三十四年に於て、地主論といふものをして大に世間に問ふたことがある今日から見ては如何にも若い議論の樣に思ふ節もあるが、左りとて此議論を取消す樣にならぬは痛嘆の至りである、參考として揭ぐることにしよう。吾輩の地主に對する意見も分らうし、又世間地主のためにも或は參考となることもあらうと思ふのである。其の言の危激にわたり、文の拙劣なる所は、之れ吾輩の未熟淺學の致す所で、容赦を請ふより外はない。

地主論（三十三年一月稿）

嗚呼黃金とは、大阪新聞紙上の小說とのみなすべからず。實に黃金は、權利なり、自由なり、名譽なり、勳賞なり、爵祿なり。悍々たる武士の魂も買はる丶なり。淑々たる貴女の德も購ひ得べし。嗚呼世の中は實に黃金なりけり。黃金の色香に、心も目も潛悶せる今の世ぞ憂し。

滿つれば缺くる月、咲けば散る花、榮枯盛衰の、常に變りなく定まるものにあらざるの理を示すものとせば、何時かは黃金の花の色香も衰へざるべき、散る時節の來らざるべき。思へば花の跡、眞果を見るの日なからんや、美味を賞すべからざることあらんや。

小作者に對して地主と謂へば、貧乏人に對して黃金持物持と云ふの義なり、下層農民に對する、上層富貴の人と云ふ語なり。生は此の一義より、今は他を述べざるなり、實に地主なるものは、黃金持なり、物持なり、上層富貴の人なり。營々乎として陋屋に齷齪し、粒々辛苦して跼促する、所謂小作者に比すれば、權利の大なるものなり、自由の自在なるものなり、名譽勳爵も、擅まゝになるものなり。然れば、云ふ迄もなく、十分なる活動力を有するものにして、完全なる進步をなさざるべからざる者なり。彼れ等にして、一片農民たるの念慮あり、農業を職業とせる觀念あらば、農民として國家の活動に資するあるべく、農業なる職業に於て、進步を計らざるべからざるなり。

今の地主なる人々は、如何に、大地主てふ人は如何に。何處を見ても、誰を見ても、押し並べて、黃金持、物持ならざるはなく、富貴に驕るものならざるはなし。而して彼れ等が職とし業とする處、徒らに小作者を貪り、下層農民を婪ぼり、飽くことを知らざる虎狼の如くにして、邸宅の美なるが上に美なるを欲し、庭園の廣きが上に、廣からんことを勉め、有るが上に積み、重なるが上に殖やさんとするにあり。如斯くして小作者の何時までも、旦那と稱し、下層農民の何處までも、御主人と稱することのあり得べきや。

熟々之を見るに地主又は大地主なるものに、富の增進する社會の狀態に鑑み、農業と云ふ薄利に滿足する能はず、小作者の關係五月蠅きに堪へやらず、一度より二度、二度より三度、足を都市に入れ、株式に夢中に相場に耽けり、反て增さんとする身代財產の減少を招くもの比々然らざるはなし、是れ自ら招くの災難なりと雖も、反響は下層農民、小作者に響きて、益々貪婪の基をなす。如斯して小作者は永く地主に依るべきや、下層農民は常に大地主に賴むべきや。

諺に地主の足跡は地を肥すと、宜なる哉。今の世に於て農民の上層に立らて廣大なる權利を有し、自在なる自由を有し、何事をも我儘になすべき黃金持ち、物持なる地主の、斯業に盡くすことなくして、誰か之に盡さんや。實に今日の農事改良は、地主に俟つもの大なり。若し夫れ地主にして、其權利自由、黃金の力を餘所に費すのみならば、地主は、我農界の敵、農事改良上の害物ならずとせんや。噫、今の世の大地主又は地主の多數は、不幸にも我農界の敵なり。農事改良上の害物なり。彼等が金力は、徒らに衣屋を飾るに費さるゝ而已にあらずや、彼等が權利は、只々小作者の感情を害するが爲に用ゐらるゝにあらずや、彼等が自由は、漫に株式相場に手をつけて、損耗を招くの因ならずや。警戒せよ地主の輩、訓敎せよ天下の志士。月は滿ちて缺け、花は盛を告げて散るにあらずや、喬木は風に忌るゝこと多く、人心は弱きに同情を表するに非ずや、地主の輩にして今に思ふ所なく、改むるに吝なれば、悔ゆるも及ばざるに至るべし。今日天下の志士にして、大聲叱呼せざれば、我農界の大資本は、都市商工業者の間に流れ去り、土地は益兼併されて、社會主義の胚胎を大ならしめ、德義的思想に代ふるに、義俠的關係を以てするに至り、平和の基礎益破裂するに至らん已耳。

見よ北陸地方に於ては、左の如き廣告を新聞紙上に出すに至れり。

絶交廣告

河北郡木越村　北山八次郎

同　中野小左衛門

同　北川小右衛門
同　柑上市次

右の者儀擅りに不當なる小作料を貪り獨り個人の利益を計り村內の小作人を苦しむることを希望する者につき玆に同人等と何事に拘はらず一切の交際を絕斷仕候に付此段廣告候也

明治三十三年一月　河北郡木越村小作人　百十七名

大阪府下に於ても、亦屢々此に類する傳聞あり。之れ豈に地主の其職分に冷淡にして、斯業に不忠なる反響に非ずや。如斯して、自作農の比較的少き本邦に於て、農業の發達を計り、農事の改良を欲するも、豈得べけんや。商工業の發達益步を進むるに及んでは、下層農民は無慈悲なる地主の膝下に止まるなく、小作者は慾心深き大地主の配下に甘んずるなきは、火を見るよりも明なり。果して然らば、農業は何を以て振ふべき、地主は何を以て地利を擧ぐべき、農民は何を以て進步す可き、大地主は何を以て、長く富貴を享くべきや。

嗚呼農事改良は、地主を警戒して之を改めしむるに在り、農業發達は、地主の黃金にて買はざるべからざるものなり。實に農事の改良や、農業の發達は、地主の黃金花散りて、花蘂に殘る美果なり、香實なり矣。

再び地主を論ず　（三十四年一月稿）

曩に我輩は地主論を草して云へり、農事改良は地主の義奮によりてなるものなり、農業の發達は地主の黃金にて買はるるものなりと論じ去り論じ來る所は數百言に達せり。而して歲月を經ることも亦凡そ年に及び、此の間吾黨先覺の士亦大に警告する所ありたり。而も未だ地主の奮起するものあるを聞かず、況んや之を見るに於てをや。嗚呼地主なるもの果して聾者哉、盲者哉、白痴者哉、否な、彼には妓に戲むれて管絃を聞くの耳あり、故に聾せる者にあらざるなり、庭宅を飾り美服を欲し、僕婢亦美ならざるべからずと云ふ、故に盲なるにもあらざるなり、農業の金利に薄きを知り、寒暑の勞多くして益尠きを知るが故に、白痴者にあらざるや明けし。旣に耳あり而して世人が警戒する所に傾くる能はず、目ありて而して吾人が議論に注ぐ能はず識ありて而して這般の消息を解する能はずと云ふ、抑も何が故ぞや、蓋し彼等の多くは父祖の積徳に寄生するものにあらざれば先代以來の金利に衣食するものなり、夏凉冬暖の裡に生長せるものにあらざれば餓鬼根性の中に養成されしものなり、奢侈放樂を希ふと雖ども勞働の神聖なるを知らざるものなり、金銀財寶の貴きを知ると雖も義理人情の功德を解せざるものなり。利益報酬は一文も多からんことを望むと雖ども施與貸給の如何なる效果あるやを知らざるものなり、他業人事の羨むべきことを知るも自家自業の利益を求むるに悟らざるものなり、目前の暴利に工夫すと雖も永遠の增收を求むるに精念せざるものなり。已れが利欲のためには國家も民衆もなきものなり。公德私德に聾なるものなり慈善博愛に盲なるものなり、熱心忠實に無意識なるものなり。此の故に高利貸根性までも出して下層農民を婪り、鬼や畜生と呼ばれても尚ほ二三升の石油を出し吝み、而も株式相場に手をつけて損耗を招くの悔を前にする能はず、市人の煽動に乘りて暖婦に鼻毛を數へられて悟る能はざるの痴態を呈するなり。夫れ如斯して何んぞ吾人が警告する所に醒むる者ぞ、世人の忠言に聞くものぞ、況んや自ら農事改良の爲めに奮起するものぞ、又斯業の發達に盡瘁するものぞ、これ我輩が再び地主論を草する所以なり。新年早々地主の夢面白からざらしむる所以なり。而も之れ事體の國家の爲め默過すべからざるものあるが爲めなり、所謂地主なるものも同胞と思へばの婆心あればなり。

云ふまでもなく、今や商工業發達して國家の富、民衆の生活、當年の比にあらざるなり。然れども商業貿易の進歩せるが如く我農業も亦進歩し、工業製造の發達せるが如く我農業も亦發達し、商業者の機智に富みたるが如く我農家も世情に通じ、工業家の學理を應用するが如く我農家も道理に明かなりせば、我日本の國勢は此の如く怪しきものにあらざるべし、恐らく支那の舞臺に於ても斯くの如く遠慮勝なる、引込勝ちなる婦女子の如き態度はなさざるべし。世人が農事改良の遲々たるに嚙齒し、其發達の希望に伴はざるを慊し、農業を國本としては危懼に堪へざるものとなし、農家は古代人物の標本なるかの取扱をなすが如き、乃至吾人が其同胞を惡口するの不快を忍び、筆や口をば晝夜の區別なく縱橫にする所以のものは他なし、皆之れ農業を發達せしめて國利民福に資たらしめ、農家を啓發して農業を發達せしめんが爲めなり。夫れ農工商は鼎の脚の如く、其の一長一短は以て全鼎を安定すべからざるが如く、商工業如何に繁昌するも農業振はずんば遂に實業の隆盛を來すべからざる者なり、況んや我國の如き古來農業を以て國本とし、農家を以て國民の多數を占むる所に於てをや。近くは昨年末の不景氣に於て見よ、其の原因種々ありと雖も農家購買力の弱かりしを以て其一大原因となすに非ずや。不景氣は事業の發達を妨障するものなり、人氣を損碎するものなり、而も之れ農家に購買力を減じ而して來る、農家の一盛一衰何んぞ夫れ商工業に影響することの大なるや、國運の發達に關係することの如何に甚しきものなるや。此の故に英國の如き獨逸の如き、或は米國の如き所謂世界の列强國にして而も生産業の隆盛は優に飯麵を購ひて餘りあり、廣大なる領土開墾地は長しなへに衣食を給するに足れりと雖も、尙自國の農業を衰へしめんとはせざるなり。保護税法を設け奬勵金を下げてまでも一層の盛大を期せり、勞力問題は農家を困難に陷らしむると雖も新嗜好を以て尙ほ農業の進歩を促しつゝあり。然れば我國の如き富の稍や增さんとし、生活程度の漸く昂まらんとし國運の將に天に冲せんとする所にありては、三業幷進の必要は目下の急務にして、三業の補足は農工商三者の忘るべからざるものなりとす。而して今や商工業獨りよく發達して農業は然らず、商工者よく協力すと雖も農家は加はらず、豈に慨嘆せざるべけんや。

既往は逐ふべからず、十九世紀は慨嘆に終れりと雖も新に迎へたる二十世紀の舞臺は三業幷進して富國强兵を得ざるべからざるなり、三業者協力一致して國利民福を生まざるべからざるなり。我輩は茲に於て地主の責任を問はんと欲す、今夫れ商工業に伴ふて農業發達せざるべからず、商工業者と等く農家進歩せざるべからずと雖も、農業の發達は人の力で相撲とるものには望むべからず、地主の田地に衣食する小作者には到底賴むべからざるなり、まして衣食に逐はれ資本に餘裕なきものに於てをや。故に精勤なり熱心なりと雖も多くの自作農にも亦依賴すべからざるなり。果して然らば農業の發達農家の進歩を計らざるべからざるもの、否計るに足るべき資格責任ある者は地主に外ならざるなり。夫れ地主は資本に裕かなり、自家の勞力は使用されずして有るなり故に勞力に餘あり、茶や花を慰み圍碁管絃さへに遂するものあり故に時間に有餘あり、庭宅は廣大なり美麗なり故に百姓すべき土地も多きなり。而して農業に投ずべき資本なく、百姓すべき腕はなく、作の出來柄病蟲害の有無程度を視巡る時なく、小作米を斟酌すべき土地に有餘なしといふ、誰れか首肯するものぞ。抑も地主の資本は如何にして之を得たるものなるや、彼が先代は如何にして之を貯へたるか、恐らく皆之れ株式に暴利を得たるに因るものならざるべし、高利の日歩にて加增したるものにもあらざるべし、小作米より飯米を控制し其餘より得たるものなり、小利を積んで大となし、節儉貯蓄して加增したるものなきを得んや。然らば則ち利殖の道を講ずるや株劵に代へ、會社事業に投下すべき資本あるは敢て我農の怪む所にあらざるも、其一半乃至過半は農業に投下すべきものにあらずや。地利を舉げ人和を求むるに使用して可ならずや、慈善事業てふものに投資する世の中に於て如斯國家經濟上に大關係を有する農業に投下すること豈に至大の功德ならずや、己れが本業に專らなる豈に至當の方法ならずや。而して爾來之をなさず、之れ果して己れが責任を知るものとなすべきか。又曰く地主の足跡は土地を肥やすと、是れ地主の一舉手一投足斯業に大關係を有するを示すものなり。夫れ然り、去ればこそ酒田の本間氏は己が田畑を見て居るに隣郡までも促さずして農事の改良をなしたりと云ひ、仙臺の飯満氏は破笠を着て農場を巡れる間に附近の農家は晴衣を新調するに至れりと云ふ。然らば則ち地主の勞力は鋤を握らずしてよく田を肥し、戴星踏月の苦を嘗めずしてよく一村を賑はすに足るものと云ふべし。

斯ばかり不思議の功德あれば鬱散の樂み多少花を挿み茶を煮、管絃を弄するに腕を捻り力瘤を出すも我輩は敢て非難せんとは思はざるなり。然れども食時の前後四季の節季行事に際しても尙己が田畑を顧みざるに至ては默過すべからざるにあらずや、偶出るものあるも收納に際して小作米の桝アテとは豈に驚かざるを得んや害蟲發生せりとの報を得れば小作米減少の嘆願かと心得て假病するとは豈に沙汰の限りにあらずや。之れ果して己れが責任を知るものとなすべきか。彼が庭宅は美麗なり、廣大なり、家の周圍には堅牢なる壁あり立派なる柵あり。珍草名花もあり、奇岩怪石もあり、實に富裕なる生活程度は斯るものなり、之に我輩は敢て驚かんともなさず。然れども庭宅を飾りて腹中の美に盡くさず、壁柵は鐵や石と稱へて父子兄弟乃至小作者に向て心中の隔離を除かんとはせず豈に笑止の至りならずや、珍草名花を肥培し、防害避寒の方法を講じ、灌水排濕の策を施すも己れが米麥の施肥、播種の改良法を知らざるに至ては豈に驚かざるを得んや、奇岩怪石の配置に工夫して小作奬勵に彪然たるは豈に言語同斷にあらずや、是れ果して己れが責任を知るものとなすべきか。嗚呼、此に於て我輩は大喝せざるを得ざるなり、地主は己れの責任を知らず故に同人の間に齒すべからざる者なり、地主なるものは多く責任を盡さんと欲するものにあらず、故に國家の害物、人類の敵なり、今の世に當て尙且つ己が責任を盡さず故に斯業の妨障物なる寄生物なりと。

然らば則ち地主は農事改良上なくもがなるものなりあるべからざるものなり。然り今の地主なるものは農業上の土地と資本に比較的有餘あるものと云ふに過ぎず、故に彼等の田地が商工者の所有に移り、資本は悉く都市に吸收さるるに至れば、是れ一の無職者厄介者たるに過ぎざるなり。十九世紀に在りては尙餘命を農業上に保てるは事實なり、然れども二十世紀の舞臺に於ては將に破滅すべきは理の正に然るべき所なり。近時勞力の日に缺乏し、小作者の地主に慊焉たらざる事實の益發生する之れ其の前兆にあらずや、衆議院被選擧權所有者の年々減少するてふ統計は之れ其證據にあらずや。夫れ然り、然りと雖も之れ果して國家の慶事なるや、斯業發達に望む所の現象なるや、嗚呼、國家の不幸、斯業の衰頽蓋し之より大なるものはあらざるべし。此に於てか我輩は尙地主を棄つるの情に忍びざるなり、再三警告の勞を吝まざるなり、之を醒まし之を奮起せしめざれば已む能はざるなり、地主なるもの亦顧慮する所なくして可ならんや。

地主はあながち侮るべからざるものあり、笑ふべからざるものあり、又感謝せざるべからざるものも之れあるなり。實に法令も彼等の一言に及ばざることあり、吾人の千言萬語も彼等の一辭に如かざることあり、官吏の權威を以て動かすべからざるものも彼等の顔を以て出來ることなり、官省の命令にても行ふべからざることの彼等の口入れにて行はるゝこともあるなり、此の故に地主の義奮は法令よりも功あり、吾人が檄文よりも效あり官吏の威權よりも多くの事業をなし能ふなり、官省の命令よりも効果の確なるものなり、此の故に農事の改良は地主に俟つもの多しとせざるべからざるなり。農業の發達は地主の手を以てすること最も効果の速かなるものとせざるべからざるなり。且つ夫れ地主が義奮して行ひたる改良上の利益は株式相場に投資したるより確實にして安全なり、農業上に改良をなさんと欲する工夫は如何なる商賣に投資せんかとの心配より容易にして効果あり。都市に出入して縉士紳商に交を結ぶより己が家庭の團欒を計り小作者に且那と呼ばるゝ方が得策にして氣のきゝたる話なり、茶花に師匠を取り管絃に太夫を迎ふよりは農産物の製造に專門家を聘し田畑に雀を逐ふ兒童を講ずるは費少うして樂其の中に多し、庭宅を飾り壁柵を堅固にするよりは田園を整理し區劃を正くするは勞少うして稱賛を得ること大なり、況んや地主が如斯して得る所の名譽大なるに於てをや世人の與ふる感謝の甚だしきに於てをや、又況んや國家の害物人類の敵てふ惡名を負ふことなきに於てをや。故に地主の義奮は自他を利するものなり、地主の其職に忠實なるは國家に忠實なるの道なり、地主豈に夫れ思はざるべけんや、奮勵せずして止むべけんや。

論じ去り論じ來る所の議論は之れ地主の責任を問へるなり、地主の義奮せざるべからざる所以を示したるなり。吾輩は徒に其道を敎へて其行く所を敎へざるの愚をなすものにあらざれば、今や地主のなさゞるべからざるものを說かんと欲す、以下列擧せるものは之れなり。

一、地主は必ず世襲者の弟子をして農學を修めしむべし若し然るべからざる場合にありては農場管理者に專門家を置くべし

二、地主の資本より生ずる利益の過半は必ず農事改良に投下すべし

三、一村一字の風紀德義は必ず地主の身を以て改良漸進すべきものと思ふべし

四、社會の秩序を圓滿ならしむるが爲め小作者を愛撫すべし

五、時々自資を投じ農談會品評會等を開設し自ら啓發し兼ねて地方小農を進歩せしむべし

六、病蟲害の驅除、改良上の施行法は必ず小作者に卒先すべし

七、地主なるものは商工業と農業との連鎖と心得、其の勉不勉は農工商業盛衰にも關すと思ふべし

八、勞働は神聖、農業を營むてふことは自然な樂しむものなりと觀念すべし

九、利得は金錢財物とのみ思ふべからず、義を以て利とし德を以て得を取るの功德を悟るべし。

十、農村の先覺者たる心得と工夫とあるべし

試に今十ヶ條を示せり、其一を行ふも亦斯業の改良に資たり、況んや其全きに於てをや、今や世は二十世紀となれり、斯業の將來に於て又地主の身上に於て、幾多の艱難辛苦や之れあるべし、之れ吾等が此の論を再びする所以なり、敢て地主の威嚴を犯す所以なり矣。

地主と小作者　（三十九年十二月稿）

何事も釣り合が肝要である、釣合がよく保てないと轉覆は免れぬものである、夫婦の間に釣合がよく取れぬと、一家は常に治まらぬ、君臣の間に釣合がよく保たれないと、一國は平和を缺くものであることは何人も知る所であらう。

經濟國運の發展につれて、釣合がよくならねばならぬは、外交と內治であり、尙武と右文であつて國力の充實に關しては、商工業と農業、都會と田舍、資本家と勞働者の間柄である。

就中人目に立つ社會問題となり、安寧を攪亂し、秩序を破壞する事件を生ずるものは、資本家と勞働者の間に釣合を缺くことであ

る。而して商工業に於ける資本家と勞働者の間に釣合を缺くことは、物質的にして且つ集合的なるが故に、顯はれ易く、又解決し易いものである。卽ち利益をより多く與へ、納得する樣に話をつければ、纏まるのである。然るに農業に於ける資本家(地主)と勞働者(小作者)に於ては、獨り物質的にあらず且つ散在的なるが故に、不釣合の現象は、顯はれ難く、又解決し難いものである。卽ち利益を與ふること易からざるが故に精神的慰安の術を講ぜねばならんし、從つて納得する樣に話がつけ難いのである。之れ商工業は近來發達したるものなるに、既に幾多の喧しき問題を見る所以で、其の問題喧しき間にも益商工業の盛昌を致す譯である。而して農業界に於ては、近來地主對小作者の問題漸く起り來りて、何時も其の度每に農業に衰頽を來たす所以である。

地主對小作者の問題は、實に農業の死活問題であつて、都會と田舍との釣合を保つ上にては、此問題を措きて他に是を解決するものはないのである。して見れば今まで此問題に就いて、餘り多く講究しなかつたのは、不思議といふより外はなからうと思ふ。

世に農業勞働者卽ち小作者の減少を云ふものあるが、農業資本家卽ち地主の數も減少するのである。

世に農業勞働者の薄利を論ずるものあるが農業資本家も薄利なるのである。

世に小作者の無智を嘆ずるものもあるが、地主も亦氣の毒な程無智なるのである。

世に小作者は利益多き方に走ると云ふものあるが、地主も亦利益多き方に走るのである。

世に小作者は都會に移ると云ふものあるが、地主も亦都會に移るのである。

世に小作者の我儘を批難する人あるが、地主の我儘も隨分困つたものである。

世に小作者の同盟罷工を論ずる人あるが、地主の同盟運動あることは忘れてはならぬのである。

世に小作者の境遇に悲哀の涙を濺ぐ人あるが、地主の境遇にも亦同情すべき點があるのである。

世に小作者は膏血を絞り骨肉を削り居ると云ふ人あるが、地主も血の涙を呑み、其の親を食み其の子を喰ふて居るものがあるのである。

斯く巨細に論じ來れば、小作者も地主も同格であるのである、故に相依り、相援け、互に思遣り、察し合をして行けば、茲處に釣合がよく保てるだらうが今日の處は、同格のもの丶共喰ひと云ふ形である、然らざれば勢よき方が打勝ちて、卽ち釣合を失するのである。共喰ひは雙方共滅絶せざれば止ます、釣合を失ふものは轉覆を免れぬのであれば、斯くして小作者も地主も減少し、地主對小作者の紛擾は益多きを加へ來るのである。

農業と云ふ天秤には、地主と小作者は同等の重さでなくば、釣り合はぬである。釣り合はぬ以上は、農業なる天秤は、正しく立つことが出來ぬのである。されば地主が土地を提供したとあれば、小作者は眞面目に小作料を拂はねばならん、小作者が勤勞する以上は、地主は土地改良の資本などは吝んではならない、地主が増税を負擔すれば、小作者は肥培除害に精を出さねばならん、小作者が額に汗すれば、地主は足に土をつけねばならない、地主が小作者を劬はれば、小作者は地主に報恩せねばならん。斯くして雙方が農業なる天秤の兩皿となり、獨り重がりを計らず、我儘勝手を企だてざれば、決して釣合はぬ筈はない、釣合て農業の成立たぬ筈はないのである。

不幸、地主も小作者も今は誤解の社合である、共に疑惑の境遇に居るのである、雙方とも迷つて居るのである。即ち農業では面白く行かないと思つてゐるのは雙方の誤解である、又小作者は無理を云ふものだと思てゐるのは地主の誤解、地主は勝手なものだと思てゐるのは小作者の誤解である。商業に投ぜんか、工業に出さうか、或は銀行株を買はうか、債劵にしやうか、と人まれに煩悶するは、地主の疑惑、商業家にならうか、工業家にならうか、車を曳かうか、土方にならうか、と他の職業に思を焦すは、小作者の疑惑である。金さへ取ればよい、多額の金圓さへ得ればよいと金や物に熱心するは、雙方の大なる迷である。迷つてゐるものは到達すべき道を知らぬものである、疑惑の人は正金を握つて居ても偽物ならんと心配するものである、誤解せる人は人間をも鳥獸と思つて發砲するのである、世に憐むべきは、地主と小作者とである、氣の毒なるは地主と小作〻である、嗚呼、何人か之等を善導するや、解悟せしむるや。

釣合はぬは不穩のもと、地主と小作者の不釣合は、農業不振の基、農村衰亡の源、國力傾倒の因である。して見れば之れが解決されずして、戰後の發展もあつたものにあらざるべしと思つて、敢て識者の敎を請ひ、地主者に猛省を促すものである。

和協は生産なり

和協は生産といふことがある位で、地主と小作者はどうしても親子の如く和協せねば、獨り雙方に幸福を生ぜざるのみならず、一字一村の安寧をも來さぬものである、まして農事改良の如き、農業の進歩を計るが如きに於ては勿論である、されば農村の繁榮をはかり、其の進歩發達を欲せば、是非共地主と小作者の和協をはかるを以て、農村自治をすゝむる手段とせねばならぬのである。

昔ながらの地主と小作者

愛知縣尾張の海西郡に彌富といふ村がある。其の大字に荷上《にのうへ》といふ所があつて、其處に服部種二と云ふ地主がある。其の祖先は四百年前に居を玆處に定めたる以來連綿として今日に及び、當主は正に十一代目といふことである。氏の所有に屬する土地は略八十丁歩で、之を小作するものは、何れも昔からの小作であつて、今日でも服部家を見ること、主家の如く、本家の如くで、左の如き小作證文を相續者の變り目に一度入れたきりにして居るのである。

差上申證文の事

御當村の義は貴下樣御先祖御取立被遊候以來、私共代々安穩に御百姓相續仕來り候御恩忘却仕間敷候、就ては農業出精仕り他の業に不携樣仕り、第一御年貢筋を大切に相心得可申候、且つ銘々先祖を尊び、父母に孝道を盡くし、兄弟妻子等睦間敷相暮し、家産を散財仕らず、相立候樣心懸は勿論、何事に不寄被仰出候事、相背き申間敷、萬端風儀宜敷可仕候、依て村方惣代にて一札差出申所如件、

明治三十九年午二月

荷之上頭百姓　服部定藏㊞
〃　青木英一㊞
小前百姓　服部善七㊞

小前百姓　服部治郎右衛門　㊞

服部種二殿

右の通り今般御代替に付一札差出申候通相違無御座候以上

常設委員　服部久三郎　㊞

明治の今日に於て、代替に證書の入れ直してそするが、昔の儘なる小作證文で滿足する地主が何人位あるであらうか。服部家は地租の增徵につれて重き負擔を負ひながら、小作人には小作料を增さぬのである。排水工事のために隨分と費用を出したが、之がため小作人に何等の求むる所もなかつたのである。維新前と今日に於ては小作料は餘程差が生じて居つて、大抵小作料を上げて居るに關らず、服部家は一粒も上げやうとはせぬのである。故に此處の小作人は、漸次に產を高め、財を積み來り、中には他村の地主に劣らぬものも少なくない樣になつた。が何處々々までも服部家には服從して居る、服部家を尊重して居る、何事も服部家の命令なれば行はれるのである。現に共同苗代の如き、服部家の一言にて、此の大字は一時に出來したのである。今や服部家は更に小作人に果樹の仕立方や、其手入の方法を示さんとて、家庭果樹園をも作りつゝあるのであるが、地主の尊嚴を落さす、小作者の幸福を增す樣は、實に珍らしいと云はねばなるまい。斯る所に於ては、地主と小作者の喧嘩みた樣な野暴なとは、藥に仕度くとも出來ぬのである。而も昔は皆此の通りであつたらうが、聖代の御代になりて、此道地を拂ふて空しくなるといふは、實に慨嘆に堪へぬ話である。又た申譯のないとではなからうか。

自治を生みたる蟹江家

同郡鍋田村といふに鎌島新田といふのがあり、其の處は戸數五十八戸の部落なるが、皆地主蟹江史郎氏の小作人である。明治二十三年頃までは、氏の支配人の管理に任かせてあつたが、當時人氣惡く、人心狡猾にして、界隈でも評判の惡い部落でありしが、氏が居を玆處に移し、彼等の世話をなすに至れる今日は、產業組合が出來て資本の融通も圓滑に出來、日用品や肥料も廉價に購ふことが出來、恒產も次第に殖え、恒心も次第に發達するに至り、誰れの目からも見違へる樣になつた。之がためには蟹江氏の苦心は一通りならぬことで、或は自ら朝起の範を示して部落を勤勞に導き、或は自家の東京見物を止めて、小作人に視察の費を給し、或は名士を聘して小作人の頭腦を開拓し、或は資金を融通して組合の運用に便を與へ、或は果樹園を設置して智識の開發と協同の娛樂を計り、或は月末會といふを催して毎月智識の交換、行事の相談をなさしめ、或は小作米品評會を開きて優等者に授賞し、或は夜學を開設して敎育の普及に資する等、枚擧するに堪へざる程である。今や此部落の人が蟹江氏の客人を部落の客人として迎へ、すゝめざるに庭內の整理をなし、敎へざるに雜木を倒して有用樹に代へ、諭さずして皆蟹江家に謝恩の念あるに至り、一日も早く地主に厄介をかけぬ樣にとて、仲間の無精を戒しめ、改良に精進しつゝあるは、全く之がためである。斯く五十八戸の小部落とは云へ、面白く發達し、自治の出來るに至れるは、一蟹江氏の篤志に基けると思はゞ、地主者のやり樣次第で、如何にでもなるものであるを知ることが出來るのである。

又名古屋より中央線で行けば、三つ目の停車場に高藏寺といふがある、其處より一里程の處に諏訪の原新田と云ふ所がある。略百町歩餘りの處で、中島郡の大地主山田佑一氏の所有であり、小作人が百二十戸ほど居るのである。四年前までは地主と小作は犬猿の間であつたが、山田氏が奮發して、左の會を設け、特別に小作愛護をやつてから、今は親子の如き間柄となつた、其規約は左の如し。

東春日井郡志段味村諏訪原新田共濟會規約

本會ハ農家ノ道德ヲ振揮シ親睦協和ヲ旨トシ善ヲ積ミ業ヲ勵ミ地主小作協力シテ土地永安ノ法ヲ立ツルヲ以テ目的トス

第壹條　本會ハ東春日井郡志段味村諏訪原新田共濟會ト稱ス事務所ヲ同郡同村大字中志段味番戸ニ置ク

第貳條　本會ハ志段味村諏訪原新田地主山田家及同關係小作人ヲ以テ組織ス

第參條　本會ハ組織ノ日ヨリ滿貳拾ケ年ヲ以テ一期トス但シ滿期ニ至リ總會ノ決議ヲ以テ更ニ繼續ノ方法ヲ議定スルコトヲ得

第四條　本會ノ基金ヲ分チテ左ノ二種トス

善種金　備荒貯金

第五條　善種金

會員ノ共同耕作ニ依テ得タル利益並ニ各自夜間餘業ヲ以テ得タル金錢物品其他特殊事業ノ爲メ得タル利益ヲ特志ヲ以テ寄附ス

地主ハ特ニ組織ノ年ヨリ五ケ年間毎年掟米ノ八歩以內ヲ寄附ス

第六條　善種金ハ協議員會ノ決議ニヨリ左ノ各號ニ支拂フモノトス

一、善行賞

一、救　助

一、公共事業ニ對スル寄附

一、養　老

一、冠婚葬祭

一、會ニ要スル費用

第七條　前條支拂殘金ハ年々積立置クモノトス

第八條　備荒貯金

小作ハ毎年平年作ニアリテハ掟米ノ二分以上ヲ分度外トシテ積立ツ地主ハ夫レト同額ヲ積立テ組織ノ年ヨリ滿五ケ年ヲ一期トシ備荒貯蓄トナシ滿期後ノ積立方法ハ總會ノ決議ニヨリ之ヲ定ム

第九條　積立米ハ毎年　　月限リ會長ニ申告シ理事ニ預ケ入ルモノトス

第拾條　會長ハ理事ノ收入報告ヲ調査シ領收證ヲ本人ニ附與ス

第拾壹條　會長ハ　　月限リ協議員會ニ於テ事務報告、財産報告及ビ決算報告ヲナシ認定ヲ經タル上更ニ總會ニ報告スルモノトス

第拾貳條　備荒貯蓄ハ左ノ場合ニ限リ協議員ノ評決ニヨリ使用ス

第壹項　一般凶年ニシテ定メノ掟米ヲ納入シ能ハザル場合

第貳項　地主小作共有ノ土地ヲ購入スル場合

第參項　小作人ニシテ若シ掟米ヲ不納シタル場合

第拾參條　第拾貳條第壹項ノ場合協議員ノ評決ニヨリ一定ノ額ヲ定メ會長ノ承認ヲ經テ現耕作反別ニ應ジ會員ニ給與スルモノトス但シ掟米ノ一割以內ニ於テ之ヲ定ム

本會財産ニ對スル會員ノ權利ハ一半ハ地主トシ他ノ一半ハ各會員ノ現在小作反別ニ應ズルモノトス

第拾四條　地主若シ他ニ土地ヲ賣却スル場合ト雖モ第八條ノ貯蓄金ハ拂戾シテ請求スルコトヲ得ズ

小作人自己耕作ノ地ヲ離ルヽ時モ又同ジ

第拾五條　會長ハ第八條ノ收入金ヲ協議員會ノ決議ヲ以テ產業組合若シクハ信用アル銀行ヘ預ケ入ルモノトス
第拾六條　滿期ニ際シテハ地主小作共有ノ土地ヲ買ヒ入ルヽカ或ハ確實ナル銀行ニ預ケ入レ永遠凶荒ノ變ニ備フルモノトス
第拾七條　本會ハ每月　　日總會ヲ開キ協議員會ハ必要事件アルトキ之ヲ開ク但シ招集ハ開會三日前ニ會長之ヲ通知ス
總會及ビ協議員會ハ出席者半數ニ達セザルトキハ開會セズ
採決ハ起立又ハ投票ニヨリ之ヲ定ム
但シ規約ノ變更ハ會員三分ノ二以上出席ヲ要シ其過半數ヲ以テ之ヲ決ス
第拾八條　總會ノ爾評議研究スベキ事項左ノ如シ
一、勤儉ヲ行ヒ窮民ヲ救濟シ共同救護ノ方法
二、農事改良ニ關スル研究
三、風俗ヲ淳良ナラシメ德義ヲ篤クナス等ノ事
四、家庭教育ヲ進步セシムル等ノ事
五、業務報告、財產報告及ビ決算報告等ノ事
第拾九條　本會ニ左ノ役員ヲ置ク
會長　一名　理事　二名　協議員　十七名
第貳拾條　會長ハ地主之ニ任シ理事ハ會長之ヲ推選シ會長之ヲ認定ス協議員ハ會員投票ヲ以テ定ム
第貳拾壹條　本會ハ顧問ヲ推戴スルコトヲ得
第貳拾貳條　會長ハ總會及ビ協議員會ノ議長トナリ役員勤怠ヲ調査シ本會ニ關スル一切ノ事務ヲ總理ス事故アルトキハ理事ヲ以テ代理セシム
第貳拾參條　理事ハ會計事務ヲ掌リ議案報告ヲ整理ス
第貳拾四條　顧問ハ本會ニ關スル一切ノ相談役トナル但シ本會ニ對シ會員ノ有スル義務及ビ權利ヲ有セズ

第貳拾五條　協議員會ニ於テ決議スベキ事項左ノ如シ

一、會計ノ出納ヲ檢査スル事

一、業務ノ報告、財産報告及ビ決算報告ヲ認定スル事

一、財産ノ處分ヲ決議スル事

一、其他凡テ本會ニ關スル件ヲ處理ス

第貳拾六條　前條々ノ役員ハ凡テ名譽職トシ三ケ年ヲ以テ滿期トス但シ滿期後再選妨ゲナシ

第貳拾七條　本會ノ會計ハ每年三月一日ヨリ翌年二月末日ヲ以テ一ケ年度トス

第貳拾八條　會員若シ重罪ノ處分ヲ受ケ又ハ規約ニ違反スルモノハ協議員會ノ決議ニヨリ會長之ヲ除名ス

其他寳飯郡の渡邊平内治氏、幡豆郡の志賀壽太郎氏、西春日井郡の大野松藏氏、知多郡の坂勘一氏、海東郡の安井甚右衛門氏等を列擧せば、愛知縣丈けでも隨分奇特な地主があつて、農村の自治に多大の貢獻をなしつゝある。故に之を他縣に求めば更に感謝すべきがあるであらうが、此等は皆中地主であつて、大地主ではない。大地主でない地主でさへ、如斯功德を自治の上に與へる以上は、大地主の篤志が及ぼす効果は更に大なるがあるに違ひない譯である。彼の酒田の本間家の如き、靜岡縣の高林家の如き、兵庫の伊藤家の如き、牟呂の神野家の如き、一番よい例である。が如何にせん大男には智慧が廻はり兼ぬると同樣で、多くの大地主には農村や農業に熱心が出來兼ねるので、遺憾千萬なことである。然し近來東北の大地主や、北陸の大地主や、關西の大地主が、次第に田園生活の貴きを知り農村の極樂なるを悟り來て、大に地方に活動せん氣勢の見ゆるに至つたは、誠に明治聖代の慶事として

大男智慧が總身に廻はりかね

喜ばねばならぬことである。

斯くの如き時節になつた以上は、少しく地主の事業に就いて話すも無駄事ではあるまいと思ふから、出來得べきものを列擧して參考に供して見やう。

出來得べき地主の事業

一、地主の事業

一、農會の設立及活動。兵庫の伊藤家は之を一の事業として居るが、農會の活動は確に農村の自治を促す手段であるは前述の通りなれば、自家の農會を設立せぬまでも、自家小作人を督勵して、農會員として活動すべく、地主自家の奬勵が一事業である。

二、耕地整理其他農業土木。耕地整理の如き根本的事業は地主の事業として最も好適である。愛知縣の地主中には個人で大排水機を備へて、自他の利益を得て居るが多くある（海西郡大寶氏同佐野氏等）。又神野家の如きは、新田の築造、用水の開鑿にて多大の功徳を得て居る。此等の事業は到底自作や小作の人に容易に望むべからざることで、而も國家のためにも、自家の爲めにもなる事業である。

三、組合の設立。組合の功徳は今更云ふを待たない話であるが、如何なる組合でも金がいる、世話方が大切である。金の融通や其の世話をするのが一の事業である。（組合附帶事業として又別にしても倉庫の建設も大切である、）

四、試驗事業。小作人や自作者に試驗や試作を強ふるは無理なことである、此等にはよい成績を行はしめるが肝要であつて、よしあしの判斷をして見てやるのが地主の事業である。（普通は現今各府縣にある農事試

驗場は其府縣の地主が負擔すべき者と思ふ）

一、講話講習會の開催。何の業でも智慧の足らぬ程困ることはないのであれば、之れ等を開催するは獨り小作人のためのみならず、自家のためでもある。之と試驗事業の擔當に、有爲の專門家を傭聘するが如きは、支配人を置くよりも氣のきいた事業なるべし。（講習講話は單に農事と限るものにあらず）

一、種子の交換印刷物の配布。種子の交換を一斗の増量といふ位なれば、各地主間に種子の交換が行はるれば其の利や莫大なるべし。印刷物によりて時節柄の注意や、時世の進歩や改良法を知らしむるを得ば、之亦意外の効果あるべし、雙方共地主のやるべき趣味ある事業である。（神野家か小作人に配布せる小作人心得並に農事奬勵法は一寸面白ければ參考として後に附加せり）

一、品評會。小作米品評會に限らず、何んでも品評會を開催して、作物の優劣を知らしめ、其の優等を賞するが如きは、改良心を誘起せしむる唯一の手段であつて、面白い事業である。

一、娛樂の工夫。果樹や花卉を植付けて、時には花を賞し、果實を味ひ、地主小作の共樂園藝會といふ樣なものが始まり、或は蓄音機に東京の名人を思ひ、幻燈にて各地の模樣を畵くなど、云ふに云はれぬ樂みがあるが、斯くの如きは地主の慈善や公共の心に訴へねばならぬ事業である。

一、表彰、慰勞。勤勞の人、眞摯の人、功勞ある人は何處にも居るものである。此等を表彰慰勞するは地方の風紀を改良する所以でもあり、また地方の人心を興新せしむる所以であるのみならず、之が唯一の小作奬勵法である。一流の地主者がなして、其効果は特によいものである。靑年會や敬老會を設けて、之を實行しつゝある所があるが、何れもよい成績である。

一、視察の勸誘、百聞は一見に若かずで、他所を見せるが一の樂である、地主自ら引卒すれば更に妙であるが、さはなくも有爲の人を選び、之に添書をつけ、補助をする位、意外の効果を生ずる事はないのである。表彰や慰勞を兼ねてやれば、更に妙味があるのである。

一、育英、貸資。子の可愛さは人情であり、子の出世を望むは親心である。故に貧困なる小作人や村民の子弟に學資を給して、育英の道を講ずるが如きは、小作を撫育する秘訣と云つてもよいのである、肥料金を貸し、農具代を取かへ、牛馬の如きを貸與するが如きも、改良をすゝむる妙法である。

一、面倒を見ること。要するに面倒を見てやることや世話を燒きてやるが、地主の事業である、朝起で精勤をすゝめ、夜學で講學をすゝめ、圖書館の世話をするが如き、隨分いやなことではあるが、小作人や地方の人は喜ぶことである。如斯してゆけば小作人のいやがることでも、地主のために敢てする樣になるものである。世間の地主の中には、道樂友人の出入はあるが、小作人の出入のない家がある、此等は河の淵《ふち》の主《ぬし》と同樣で、文明になると住み慣れた所に住めぬ樣になる輩で、氣の毒なものであるのだ。

一、寄附。寄附には色々ある、智慧の寄附もあらう、世話の寄附もあらう、金の寄附もあらう、物の寄附もあらう、が何んにしても寄附は地主の一事業と觀念せねばならぬことである。但し寄附は名を得、譽を得んがための寄附ではだめである。寄附は棄つるのと區別ある樣にせねばならないのである。

二、事業をなすに付けての注意、

一、個人の事業は小なる上に、崩れ易ければ他の地主と連合してなすべきこと。

一、小作人と意思の疏通を十分に計り、雙方誤解の生ずる隙なき樣にすべきこと。

一、依賴心を起さしめず、小作人相互に自助共濟をなすに至らしむべきこと。

一、小作人の向上を主とし、之がためには己が地所をも讓與すべきこと。

一、何事も理屈で行かず、情を以て向ひ、利を以てのみすゝめず、誠を以てすべきこと。

一、地主の足跡は地を肥やし、地主の汗は果實を豐產にすとの格言を座右の銘となすべきこと。

一、事業は永遠を期し、急ぐべからず、別けて貸與融通せしものを返濟せしむるに於て然るべきこと。

一、自家の言がよく行はるゝことあり、他人の言がよく聞かるゝことあり、よく勘考すべきこと。

一、自己が賞めてよく効くことあり、他人に賞めさしてよく難有がることあり、注意すべきこと。

一、小作米をまけねも悪し、まけても悪し、まけて呉れと請求せぬ樣に工夫すべきこと。

一、小作者と爭ふは醜き頂上と思ふべし、爭端を生ぜぬ工夫が肝要、止むを得ざれば再びせぬ工夫をなすべきこと。

一、監督は直營たるべし、然らざれば專門家を聘するか、身內を以てすべきこと。

一、自家の修業を怠らず、事情に通じ、人情に通じ、同情あるべきこと。

一、賞罰は公平なるべし、親類身內のものや、出入のものは寧ろ嚴にすべきこと。

一、小作人の養成を計り、よい靑年者後繼者をつくる工夫あるべきこと。

一、國縣郡の農事專門家と常に連絡をとり、意見を徵して參考とすべきこと。

一、公共事業に卑怯なるべからず、別けて地方鄕土のためには好意を捧ぐべきこと。

一、金錢は賴むべからず、賴むべきは人の同情、有力の個人はあてにすべからず、多數の團結力をあてにすべきこと。

一、官衙上級團體の讚辭は喜ぶべきも、下級人民や小作者の謝辭を貴ぶべきこと。

一、有志の人は遠近を論ずべからず、事業の相談、成績の交換、意見の批評を戰はすは勿論、互に事業の視察をなすべきこと。

一、如何なる事業にも娯《たのしみ》はなかるべからず、信仰もあるべきなり、之が工夫をなすべきこと。

一、法律上顧問を置くよりも、殖産上、道德上又は經濟上の顧問を置くべきこと。
一、家本位より村本位、自己本位より公衆本位とすべきこと。
一、人は自己の天職を守りてこそ茲に絕大の權力を有するなれ、直に是れ宛然たる一個無冠の小國王なりと、地主者たるもの此處に悟るべきこと。

安全は必ずしも城廓めきたる大厦に伴ふ者にあらずして、恐れなき所にある者なり、自ら耕して食ひ、自ら織りて着、お上に御手數をかけず、社會に迷惑を與へず、餘力を公共に致せば、居る所は何處も極樂なり。

別莊や控邸や門衞に餘計な費をなさで、愉快に安全に暮す境遇は一種の收入なり。

（參　考）

神野家の小作人心得書

一、事務取扱方　當事務所は數百人の小作其他が相手でいろ／＼の取引がありますゆゑ何事も偏頗のない樣に取扱つてをりますが是からは農事奬勵法がいろ／＼出來又改良する事なども澤山ありますからます／＼えこひいきなく又規則も堅く行ひますから諸氏は此心得書にある事や當事務所より話したる事に間違はぬ樣に注意しなさい僅かの不注意で諸氏の損になる事があります

二、事務　は毎日取扱ひますが格別急ぐ用事の外は毎月一日十一日二十一日か雨のふる日においでなさい其日には大概各事務員がをります

三、勘定拂日　毎月一日十一日二十一日の外は支拂ひ又は貸附しません

四、肥料金　は毎年四月中に其年度内に各自借入れる金額を申出なさい諸氏の小作反別と信用により相談の上定め約定證に保證人貳名の加判をなして差入るれば入用の時は帳面と實印とを持參すれば貸します

此約定の金高の外は借入たき入用の道を申出相談の上別の證書に保證人貳名の加判がいります

約定の金でも中途に不信用の事をしたり又は小作人の心得書に反きたる人には金を貸しません

五、選種　籾種は毎年四月二十日より三十日までの間に麥種は十月二十日より三十日までに苦鹽撰種をせねばなりませぬ其時には當事務所から立會ひます

六、苗代　は共同苗代規定及奬勵法により共同して作らねばなりませぬ共同以外の苗代にはいろ／＼の特別扱ひや褒美を受ける事は出來ません

七、田植　は毎年舊六月ちう三日前よりはんげ三日下りまでに植付の日割を告示しますから其日限に植付をせぬと不作でも定免より引きません

字々の日割に植付をせぬと用水をかける事ができぬ時がありますゆゑ成べく日割に植付なさい
田の繩張は成だけ縦にすべし
田植の繩張もせぬ人は不作でも定免より引きません
八、畦　今年から地界には必らず畦をつく事にしましたから舊冬中につくべし
畦の巾は地界を中心とし巾一尺高さ五六寸とす
初めて畦をつく時は兩方にて半分づゝつくべし例へば二十間の地界には一方にて十間づゝつくべし
畦の無い田に裏作をする人は半分畦をつき殘りの半分は畦土を殘し置くべし
畦の草は互に成だけきれいに刈り隣り地の迷惑にならぬ樣になさい
九、草除　田の草は植付の日割後二十日目に一度其より十日目毎に三度及び秋草を二度見廻りますゆゑ三度以上草取のわるき田は不作でも定免よりひきません
取草は道や畦へ上げる事は堅く禁じます此草を田の中へ踏込むと田肥になります若し踏込むとわるい草があれば家へ運んで堆肥にしなさい
十、浮塵子驅除　浮塵子は二番草三番草の時分には一株に大概二三匹位居りますゆゑ其頃に除蟲液にて驅除すれば手數も藥で油も澤山入りません
土用明頃に浮塵子がふえましたら二度目の驅除をしなさい若し其時に驅除の知らせをしても驅除せぬ人は不作でも定免より引きません用水其他の都合で或區域だけ共同驅除する事があります其費用は反別に割付ますゆゑ支拂はるべし
十一、道　作道や又は車道のふちに豆を植る事は今年よりさし止ます
作道をけづり込だり畑ぞひの道をせばめぬ樣注意しなさい若し道へ作物をしたらあらされても苦情はいへません
用惡水の堤防や道ぐろにある木の枝は九月中に作地續きの人が幹をいためぬ樣に切り薪や堆肥にすべし立木ははざかけに使つても差支へありません

十二、稲の種類届　毎年各自の作地稲の種類を十月十五日迄に一筆毎に口頭にて届けるべし

十三、小作掟米　は毎年十二月十日までに日割をしらせますから間違はぬ様當事務所へ又は指圖した所へ納めるべし

掟米に左の米は納りませんゆゑ持參しても取替へさせます

一二番換や三番換を混ぜたる米

一乾燥がわるくて蟲害の憂ひがある米

一外皮が古俵であるか又内皮が新藁の俵であるとき

一不動繩が規定通りかゝらぬ俵

一籾が一さしに四粒以上あるか又は碎米や粉米のある米

十四、引方　汐出の爲めに不作の人は毎年十月十五日迄に届け出なさい檢見の上引方いたします期日までに申出ぬと引方しません今年よりは不耕作の爲め不作の田は引方しませんゆゑ成べく丹精して作りなさい

多勢不作引方の爲め寄合をなし又は引方勘辨に付大勢當事務所へ強迫がましき願ひ出等は堅く禁じます若し一般の人に引方しても このきまりに反きたる人は定免より引きません

十五、農事奬勵　堆肥緑肥奬勵法。共同苗代規定及奬勵法。小作米改良奬勵法。正條植奬勵。竈の改良奬勵。競作試驗。肥料試驗法等を定め本年から行ひますゆゑ奬勵の主旨に從ひ成丈丹精して下さい追々時宜に應じて尚改良の方法を告示します

十六、農事試驗場　試驗場は農事の改良をする方法の研究と又諸氏に見せる爲に當事務所が澤山の費用を使つて模範田。一坪の株數試驗。肥料試驗。種類試驗。肥料施用季試驗をいたし其外畑作物の試驗もいろ〳〵いたしますから諸氏はをり〳〵見廻りにおいでなさい不審の事はいつでも試驗場員がくはしくはなしてあげます

堆肥緑肥奬勵法

當新田は開拓してから十三年になりますがまだ七八年前迄は汐氣のあるので米の收穫せぬ田が餘程ありしが此頃は大概汐枯のせぬ様

になりたり其かはり鹽分作用のために海の時の肥は殘らず吸上げられし故此二三年は純粋の無肥料地となりました是から諸氏の丹精で追追土地のちからが出來米の收獲も增します時代になりました然るに金肥は年々高くなり又一年每に增して入れれば効能が見へませぬゆゑ米を澤山收穫しても勘定に合はぬ樣になります其ゆゑ金のかゝらぬ肥を作り其補ひに金肥を使ふより致方ありませぬ此度金のかゝらぬ堆肥や綠肥を栽培する奬勵法を設けて三年間續けていろ／＼諸氏に補助しますから成だけ勉強して下さい然るに當新田に居住の小作は外々と違ひ作地が割合に多いのですから迚も堆肥では出來ぬ人もあります其ゆゑ堆肥の足らぬ所へは綠肥を入れるのです紫雲英を作りますれば一反步に出來た紫雲英が上出來なれば三反步中位でも二反步の肥になりますまだ足らぬ所へは藁の外積をなして一番打の前に振つて鋤込む樣にし成べく金肥の入らぬ工夫をしなさい堆肥。綠肥。泥肥などは其年に効く殘りが一割位はありますが其年に効くだけが金肥にくらべると骨折を勘定しても餘程安くつきます

堆肥及堆積肥料小屋建設補助

一堆肥を作る人には每年五月を十月に屆出でしだい檢査して千貫目に（藁なれば凡百束位）金貳圓づゝ補助します併し出來工合により補助の金に差ひがあります

一堆肥小屋を新しく建る人には木。竹。瓦の代金を作り方により三年より七年迄の間に返金する無利足年濟法にて貸します

一金を借たる人は借金十五圓につき堆肥千貫目づゝ積まねばなりませぬ積まぬ人は年一割の利足を取ります

一金を借たる人には普通の半額を補助します

附　り

一新田に居住せぬ人は新田の中に小家のある人に限り補助します又新田の中に小家を建る人には金を貸します

綠肥栽培補助

一田の裏作に紫雲英靑刈大豆を作る人には蒔付る種をあげます

一紫雲英を作る田の肥料として蒔揚一反步に金壹圓五拾錢又は其代金に當る肥を補助します

一青刈大豆を麥作の無い田に作る人には蒔揚一反歩に七拾錢又は其代金に當る肥を補助します麥の間作に作る田には肥料は補助しません

一補助の肥料を入れる時は當事務所より立會ますゆゑ其二三日前に肥料の金品を受取に來て施肥の日時を申出なさい

一紫雲英を作る人は八月中に青刈大豆を作る人は二月中に其田の字番と反別を申出なさい

一紫雲英を作りたる人の內丹精の人を選み賞與をあげます

附　り

一小麥を裏作に作ることは田の植付耕作が遲れますゆゑ今年よりはなるべく止めるべし小麥の間作には青刈大豆の種はあげません

栽　培　法

一紫雲英

(一)種蒔　は秋彼岸入より十五日間位の內一反歩に三升位を蒔付けること

(二)蒔法　稻の穗首がたれてから水を干して一二日間を置き種を一晩水に入れてふくらまし藁灰と混ぜて蒔けば量がふえて蒔くに樂で又芽をよくきります

(三)作方　蒔付をしてからは必ず水を引入れてはなりません又稻を刈つたれば直に雨水の溜らぬ樣圖の如きしけ拔を掘り水落をよくせねばなりませぬ尙十一月中に霜よけの爲に藁二三十束を三つ切位にしてふるべし

(四)肥料　一反歩に付過燐酸五貫目　藁灰十五貫目位　人糞尿四五荷　藁灰は藁をふる前に朝露の葉にない時ふるべし此時に堆肥か土肥を混ぜてふれば尙よいのです

糞尿は三月中頃(彼岸前)五六倍にのばし過燐酸を入れてかけるべし

(五)刈時　刈時は花の盛りがよろし日和を見て一二日乾しておしぎりにて五六寸位づゝに切り直に鋤込むべし

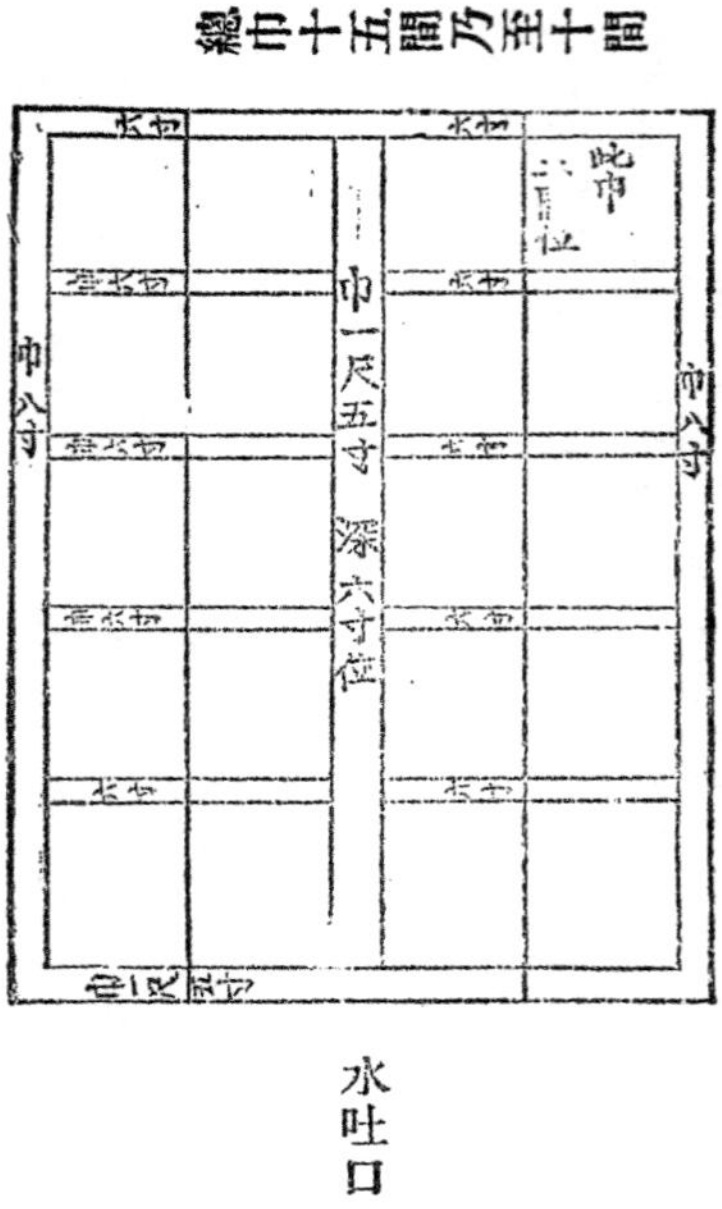

一青刈大豆

(一)種蒔　麥作の無い畝には春の彼岸入前後に麥の間作には彼岸過より二十日間位の内に蒔付るべし

(二)蒔法　麥の畝にそつて凡そ一尺間に孔を明け種を四五粒づゝ入れ田土え堆肥か又は藁灰を混ぜて孔をうめるべし

(三)肥料　種蒔の時に堆肥を少しづゝ入れ芽を出してから過燐酸を蒔揚一反歩に五貫目位施すべし

(四)刈取　麥を刈りてから少なくも一週間位過ぎて根こぎにし日和に一二日乾して鋤込むべし

屋外堆肥補助

藁と土とを外に積み堆肥として田に入れる人には藁十束に付掟米一升(二十束なれば二升)を定宛より引きます其上肥泥の乘賃として土一坪に金七拾錢宛補助します

(一)泥土は春夏の中にのり土して田のそばにて乾しあげ冬の寒氣にあてゝ二三月頃に藁をはさみて積むべし

（二）積塲は田より高き處にて成べく杭を打ち莚か藁にてかこふべし
（三）切返しをする時には米糠又は麥糠などを入れますれば上等です
（四）一番積の儘で切返しの出來ぬ人は泥土を澤山使はぬといきりがつよ過ぎて肥料がにげます
（五）田にふるには水の無い時にして直に鋤込むべし入れた儘にして置くといくらか肥料分が流れます

共同苗代規定及奬勵法

苗代は農業の技術にして又農家の最も大切なる作物であります苗の太い細いと長い短いとを揃へ極加減のよい育ちに作ることはなかなか六ヶ敷事なれども又苗の出來が不十分なるときは收穫に大へんの異ひがあり甚しきときは汐氣のある處や水かぶりのする處は丸で枯れたり腐りたりして皆無の事が時々あります誠に苗代を作る　は諸氏が第一に注意せねばなりません依て此度當事務所に於て共同苗代の定めを設け各組々共同して苗代の改良をする事に致しましたゆゑ此規定に記さぬ事は組々で定めを作り決して我儘の事をせぬ樣に互ひに補け合ふて改良の出來る樣につとめらるべし

一になへ二にはごやしに三手入れ四に蟲とればいつも豐年

（一）共同苗代は一區の内一號地以上に限ります
（二）一組毎に正副二人の管理人を置く事
（三）苗代地拵へより苗代跡の肥入及び田の耕作まで一切管理人の指圖によるべし
（四）苗代の堆肥は一塲所に共同して積み其原料は反別により割付ける事
（五）苗代の金肥は特別に當事務所より年六朱の利足で貸します故管理人より申出るべし
（六）苗代の蟲捕は二度。點燈捕蟲は三度。除蟲液驅除は一度。以上なすべし
（七）灌漑排水等は管理人にてなし其他の仕事は管理人の指圖によりめいめい共に行ふべし
（八）管理人の報酬反別により費用の割付法等は各組々にて定むべし

(九)共同苗代は審査の上丹精の組に(各區に二組位)褒賞をあげます

但反別と入數により褒賞の漾ひがあります

(十)苗の植付後の比較試驗をしますゆゑ各組より苗を三十把づゝ六月二十四日に當事務所試驗場迄持參すべし

注　意

苗代の共同堆肥をする小家の竹。木。瓦は補助します

小作掟米改良奬勵法

當新田は新開地なれども砂質壤土にして而かも旱田ですから產米の原質は善良なるべきはずなる上に數年小作米品評會を催して米質の改良を奬勵し諸氏又熱心に改良せられおひ〳〵宜しくなりましたが其の乾燥に至りては未だ他の產米に及びません殊に此兩三年俵裝の方法大に惡くなり甚しきは古俵を使ひますから是を市場に出す時は俵の造り直しをせねばなりませぬ其外又改良すべき事が澤山あります故今回掟米改良の奬勵法を改正したるに付諸氏よく此方法を讀んでます〳〵改良せらるゝやう望みます

乾　燥

一乾燥を十分にせぬ米はいろ〳〵損がありますが其二三を記せは

第一　夏まで貯へ置きますと蟲がわいて八九月頃には一俵で一升位甚しきは二升も桝べりがします

第二　臼摺の時碎米や粉米が澤山出來て米の收穫がへります此損はなか〳〵大したものであります

第三　臼摺して米と籾を別けるにたいへん手間がかゝります其上十分に別ける事が出來ませぬ故ゆり箱でゆらればなりませぬ乾きよければ千石か萬石で立派に出來あがります

第四　米の光澤がないのと米粒にどぶずれがして米の品質がたいへん惡くなります

右等の損はなか〳〵小さくありません故諸氏注意して左の方法により乾燥すべし乾燥の惡い米は掟米に納りません若し納りましても割增米を取立てます

一はざかけ　稲を刈取ると直にはざかけになし日和續きなれば一週間位雨天があれば十日間位かけて扱落すべしはざかけの杭や丸太は早稲晩稲と順番に使へば澤山に入らぬのであります

一むしろぼし　はざかけをした稲は一日か二日若しはざかけせざる稲は必ず三日乾しにして一晝夜籾に莚をきせてねかしたる上臼摺すべし

調　製

一籾ぬき　籾の多い米は白米に搗上げても十分籾がとれず食するに困ります故籾が米一さしに四粒より多いものは掟米に納りません

一碎米や粉米ぬき　碎米や粉米は何程米に入つてゐても桝量はふえません故十分たゝみ・か粉米どふしにてぬけば其れだけ利益です其上碎米や粉米があると米質が惡く見えます

一二番挽や三番挽の米を混じますと掟米に納りません

俵　裝

一米の俵裝が惡いと中の米が惡く思へます古諺に「馬子にも衣裝」と申します故俵裝をよくせねばなりませぬ殊に當新田は所々より移住して來た人ですから各自手馴れたる造り方の俵で一定してならず運搬や扱ひに困りますゆゑ此皮俵の拵へ方を定めました

(一)外皮　は新俵を用ひる事(成るべく古藁がよろし)古皮は納りません

(二)内皮　は古藁俵を用ひる事(古俵にてもよろし)新藁俵は納りません

(三)俵の編方　は此圖の寸法に造るべし

外皮

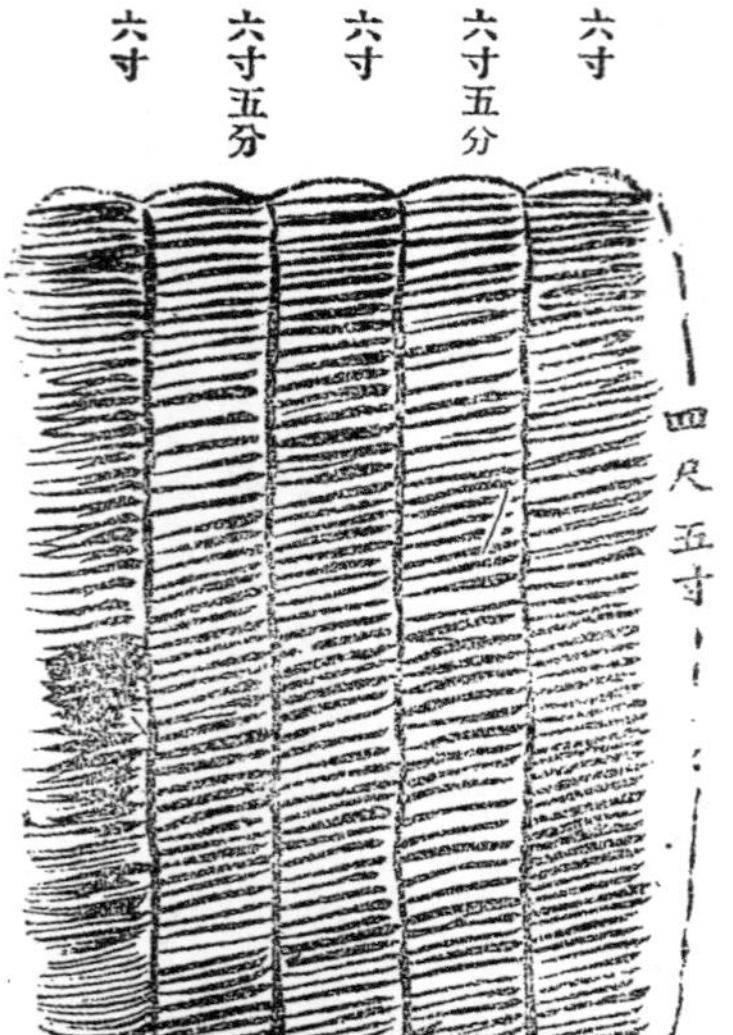

內皮

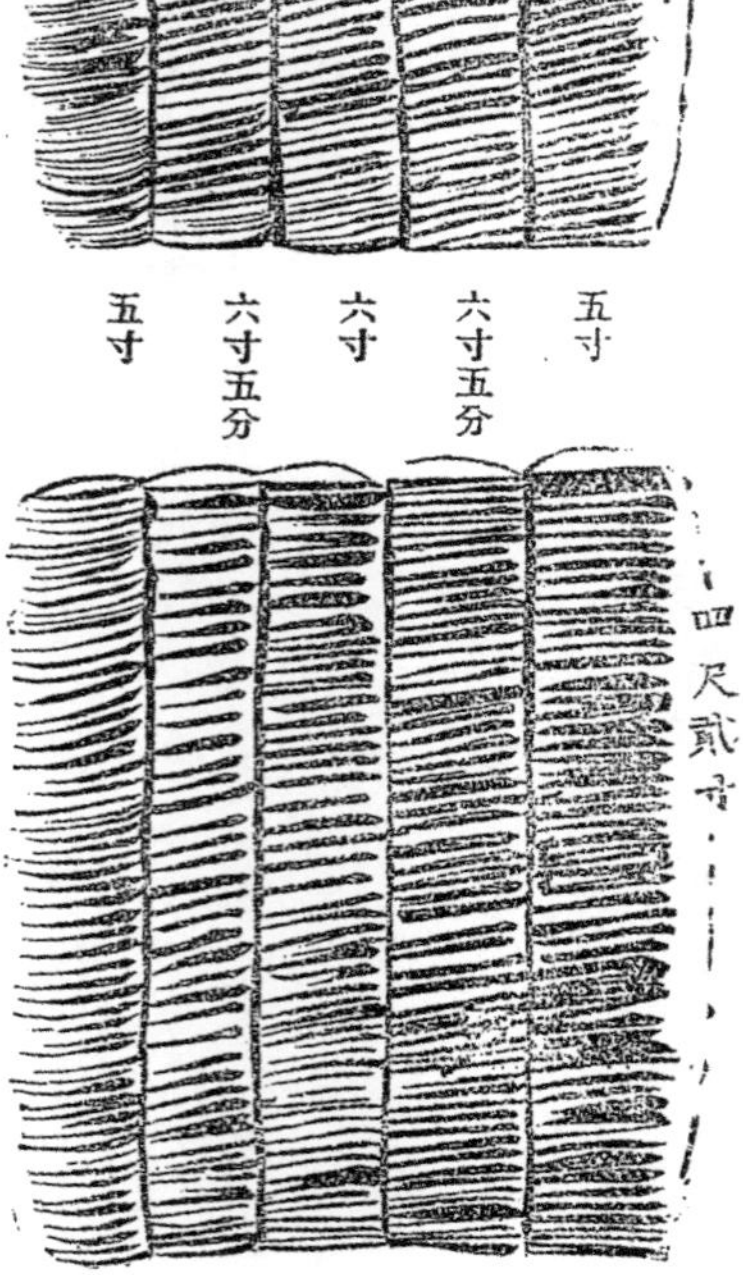

(四)横繩　は二重がけにて內外とも五ヶ所結とする事

(五)不動繩　は俵を十字形にかけ横繩一ヶ所に四ヶ所づゝ總體十二ヶ所引掛け横繩の動かぬ樣にする事

(六)繩の太さ　は横繩は徑二分五厘以上不動繩は徑四分以上となし凡てすり繩とする事(內皮締の繩は並のものにてよろし)

此規定に反きたる俵は納りません

一はまい　端米を納める時は必らず左の定めを注意して持參すべし

　一斗五升以上　內皮一枚

　二斗五升以上　內皮外皮共二枚

三斗五升以上　　内皮外皮の外に縄共

賞　罰

是迄の小作米品評會審査の方法を改めて掟米を納める時一俵毎に米質と俵裝とを審査し賞罰を行ひます

(一)一等より三等までを合格米とし一等二等に賞米を與へます

一等　賞米　　一俵ニ付米七合

二等　賞米　　同　ニ付米三合

(二)四等五等を不合格米とし割増米を取立ます

四等　割増米　　一俵ニ付米二合

五等　割増米　　同　ニ付米五合

(三)賞與米は翌年の掟米を納める時に渡します

(四)賞與米や福引の籤札を受くる人は當事務所より通知したる日限に納めたる人に限ります其外の日に持參したる米には賞與は出しません

(五)賞與米の外に一、二、三等米には左の俵數により籤札を渡し舊正月三日に籤引をして福引をいたします

一、三俵より五俵まで　　札一枚

一、五俵以上五俵ごとに　　札一枚

(六)福引には女のほしがるものをあげるから其日にはぜひ主婦が出ておいでなさい時間は午前十時から始めます

(七)一等は上等絹反物より順番にてからくじは一本もありません

(八)割増米は掟米を納める時に取立て其米にてはざかけ用の丸太や其外改良米用の農具を買入れ割増米を納めたる人に貸します此農具は五ヶ年間保管して使用させた後其人に與へます

(九)俵をあむ道具は諸氏が持參すれば定めの寸法に直してあげます

(十)はさがけの丸太は無賃で貸します諸氏が保管して翌年當事務所より調べました時不足の分は代金を取立てます

注　意

一俵裝の見本として一俵づゝ各區長の宅に備へてありますからよく見て其樣に拵へてください

一はざがけの丸太を無賃で貸す事は新田の住民に限ります

農事各種奬勵法

一正條植奬勵　田植を定規植にして一坪に四十株以上植ゑる人には一反歩につき金拾五錢づゝ補助します

(一)定規植は一二年手間取ますが馴れゝば格別手間取りません

(二)定規植をすると風通りがよく根元へ日がよく射します

(三)定規植をすると田の草取に器械が使へますのでもはかがゆく得があります

一竈の改良奬勵　改良竈を築く人には煉瓦、さな、と竈築職人を補助します改良竈に使ふ薪の買入代金に貸せる金は壹圓に月五厘の利足より取りません

(一)改良竈を築いて堆肥の原料にする藁や麥殼を成だけ焚かぬ樣になさい

(二)改良竈は普通の竈より焚物が四割より二割位減じます

(三)改良竈は二ツ焚けば三ツの釜が煮えます

一競作試驗

(一)一場所三反歩を十人に分けて一人に三畝歩づゝ作らせます

(二)一場所に審査して丹精の人三名に褒美をあげます

(三)賞與は一等に米半俵　二等に米一斗　三等に米五升まであげます

一肥料試驗

(一)一區内にて諸氏の内から正直にして而かも農業に丹精の人を一人づゝ選み其人に肥料試驗をさせます
(二)試驗田は一二反歩に十種位づゝ作らせます其肥料は當事務所より補助します
(三)試驗田はなり〳〵諸氏見廻りて翌年の稻作をなす參考になさい

一、不慮の仕損じは能く人の上にもある者なり、恥辱にあらず。我仕損じを人の仕損じにするは、大なる恥辱なり。人の仕損じを我仕損じに引受くるは見事なり。

一、苦勞を逃れんとすれば義理に背き、不覺の名を得る事あるを知るべし。人の苦勞を我身に引受けんと思ふは、義に叶ひ人にも稱美せらるべし。歌にも

はやければ、なす事ありて身は樂し　遲くていそぐ、道ぞくるしき

一、美麗を好むべからず、無用の費をなさず、正に儉約を守るべく、儉約と云ふは只我身の不自由を堪忍するにあり、是則ち足るを知るなり。歌にも

事足れば、足るにまかせて事足らず　足らず事足る、身こそ安けれ

（德川吉宗）

第七節　矯風共濟の施設

善良なる風紀は模範村の服裝なり

如何なる時代に於ても、如何なる處に於ても、風紀が頽破してよい村の出來た例もなく、利己の人のみ集り、自分勝手の事のみある所で、よい村てふ名を得たのも聞かぬことである。よい農村には風紀のよいのが附き物であり、幸多き農村には隣保相助の美風あるが普通である。故によい農村をつくり、立派な村落を建て、自治の進める町村を見るのは、是亦矯風共濟の施設がなければならぬ譯である。之れ近來農村問題起るにつれ、各地に矯風共濟の施設を見る所以であつて、農村の自治を進むるに於て、之れが手段であるを知るに足ることが出來るのである。然し矯風共濟の施設は、所によりて異ならざるを得ざるものであるから、これ〳〵であると明記することは出來ないが、今各地方を渉覽して、事實農村の自治をすゝめつゝある二三の主なるものにつきて、少しく述べて見やう。が此等の施設も亦他の施設と同樣で、世話する人がなければ、其の必要を感じても出來ぬものであり、又導く篤志家がなければ、此の施設に思到らぬのである。されば苟も農村の自治に熱心なる人は、よく其處に鑑み、其の人を察し、其の適したる施設を選びて、之を自治發達の上に運用するの工夫がなければならぬは云ふまでもないことである。

（一）　矯風の施設

我國古來の美風なり

一、**耆老會、敬老會。**頑迷は惡德であり、固陋は不德である。老人は今までの時世をつくり、今日の人を育てたる點から見て、國家に相當の役目を果たし、仕事をなしたるものであるから、其の功勞は認めねばならず、また慰勞すべきが正當である。且つ老人は多年の經驗を積み居るものであるから、是非の判斷や成敗の數にかけては、相談相手として不足のないものである。故に老人は大切になし、相談相手とせねばならぬものではあるが、兎角老人は疎まれ易く、遠ざけらるるは、何の爲であるかと云へば、頑迷固陋の弊があるからである。乍去人道の上からしても、社會の經濟上から云つても、老人の役に立つ樣に、又何處までも功勞者で暮らせる樣にするが至當であるからは、之を善導し、之を活用する道を講せねばならぬのである。耆老會や敬老會は斯くして出來る矯風の施設である。伊豆の稻取に於ては之を以て、村治の樞府として大に利益を上げて居り、三河の六栗部落に於ては之を以て、村治の圓滿を致す動機として居る。其の老壯の間に自ら生ずる同情の交換等によりて來る功德は、想像以外のものがあるのであるから、何處に於ても出來ねばならぬ施設である。

慰老は少壯な勵ます手段でもある

一、**戸主會、婦人會。**大字のこと、一村のことは、其處に在住する戸主や主婦の所謂同心協力に待たねばならぬものであるは云ふまでもないことである。自家のため或は自己のためにのみ、如何に働き如何に忠實なるも、之を以て大字や一村の事業が必ずしも出來るものでない。個人主義や利己主義は、或る場合には立派な惡德である。之を矯正して、大字のため或は一村のために、何事も相談し、互に盡力すべく、向上發展を目的として出來る施設が所謂戸主會や婦人會である。稻取の戸主會や母の會、小國村の有志會や婦人會の活動を見ば、農村自治の上に此等の施設が如何に大切であるかゞ分かるであらう。別けて家庭に留守勝なる婦人を啓發するは、今日の時勢に於ては最も大切なことである。左は即ち肥後の小國村に於ける婦人會の活動を記せるものであるが、如何に偉大の力を村治に及ぼすものなるかを知るに足ることが出來やう。

男子の施設のみにて滿足するは片輪車にて行かんとするが如く骨折る割合に進まず

一家の勤儉は主として婦人の力に俟たざるを得ず、されば婦人會は勤儉節約を圖るを以て第一の要義となせり。

陰暦を廢して陽暦を用うることゝなしたるも婦人會の主唱なり。

道路の掃除、井戸の浚渫も亦擧げて一切婦人の負擔とし、各受持區域を定めて之が實行に努めつゝあり。

風俗の改良にも留意し、一着手として子守の風儀を改めんとて善行者の表彰を行ふの制を創めたり。之が費用も各自副業により得たるもの也。

會員相勵まして養蠶の副業を始めたり、品評會をも開設す。

戰役に際し國債應募の郡內第一位なりしは、各其夫を助けて奉公の誠を竭したるによるなり。

講話講習會も主唱して開設す。

幽靈的教育

二、青年會、少女會。男盛り、娘盛りほど人生に大切なる時はないのであるに、今まで之に教育の施設がなかつた。小學校時代は學校教師の世話もあり、親も注意をして居るが、卒業してからは放任するが普通であつた。世に足のない幽靈を見んと欲せば、今日の國民教育を見よ、と加納子爵が罵倒さるるは實に無理もないことである。之がために都會に子女を送りて墮落の機會を與へ、自然主義の考違ひをも生ずるに到るのである。加納子爵はよく此邊を洞察して、青年會の必要を述べ盡して居られる。

青年を放任する弊

（一）普通教育は殆んど無駄にして仕舞ふ、

（二）青年者を懶惰の惡習慣に導く、

（三）父祖の業務を相續しても不學無識で自家の幸福を進める力がない、

（四）國家の中堅となるべき者反て社會の厄介者になる、

（五）國家の元氣國力の衰弱を來す、

青年を放置せば此弊を生ずるにより、是非共青年會を立てゝ之が教育をせねばならぬ、と云はるゝのである。特に農村は國民を生産する所であつて、農村の青年は云はゞ國民の粗製品であるからは、仕上がらぬ内から腐敗したり、粗末な者であつたりしては、第二の健全なる國民を如何にして得ることが出來やう、實に心配に堪へぬ話である。事實我國の現狀に於て、不良少年の數次第に增加し、惡少年の輩出する雨後の筍を見るが如きは、實に青年教育の缺陷を證するもので、我國次期の國民を豫想することが出來、寒心に堪へぬ譯である。故に青年會を立てゝ、此の趨勢を挽回すべきは、正に今日の急務であつて、有志の大に力を致さねばならぬものである。近來廣島縣を始め兵庫、愛知、靜岡等の諸縣が、銳意此處に留意して、施設の見るべきものあるに至れるは、誠に人意を强うするに足ること

青年は次期の國家に對する豫言者なり

である。就中加納子爵が舊藩地一の宮町にて組織されたる青年會は、創立日尚淺けれど恐らく組織に於て、事業に於て白眉であらう。今加納子爵の談話の概要を述ぶれば左の通りである。

一の宮町青年會の組織

扨此青年會は一の定欵の下に規約を作り、其會員たる資格は尋常小學卒業、或は高等小學卒業以上丁年以下の青年を限り、同會の役員は正副會長評議員幹事等にて、是等の役員は皆會員の投票を以て青年者中にて之を選擧し、先づ第一に投票の經驗、第二に役員として會務の經驗、第三に金錢出納及び帳簿記入の經驗、第四に社交的通信往復の經驗からして青年會組織の目的に進み入らしむるのである。故に役員の任期は一年位とし、可成新陳交代して多くの會員に經驗させる樣に仕組んだのである、而も我々老人株は直接會務に關係せず、唯だ是が藩屛となり後援ともなり、時あつて黒幕ともなりて同會を支持して、適當の地歩に導くを以て勤めとするのである。又青年會の客員として賛助員名譽員を置くの規則とし、皆多少の金圓を寄付したる者、又は本會に功勞ありたる者を以て之に充つるので、是れ青年會組織の概要である。

青年會の財源事業

青年會の財源は地上權を有せしめて樟杉松等の造林をやらせ、之を基本財産とす。豚鷄の飼育田畑の小作地よりの收益、高等小學にてやりたる竹細工を擴張し、其製作品の賣得金、其他學員より毎月拾錢か拾五錢の會費を納付せしめて、諸般の設備費に充てしめ、若し收支相償はざる場合は、私等有志の寄附金で維持して行く趣向である。青年會の事業は、實業を主として學問を從とするのであるから、一週間に二三時間づゝ夜學を開き讀書算術作文等を實用向に敎授する。毎週一回宛兵式調練をなさしめ、入營後の進退動作、執銃及射撃其他入營心得を修得せしむ。次には農工商の實業である、農業研究の材料には、二三反の土地を借り、其一部に園藝試驗場を置き、土地に適當する果樹其他花卉を培養せしめて、園藝上の趣味を與へ、町村内の害蟲驅除、黑穗の拔取等、農業的公衆衞生に行はしめ、公共心の養成と町村自治の精神を涵養せしむ。又養蠶等の副業を實地に修習し、又耕地整理、排水工事等の勞役につきて之が研究を怠らざらしむ。商業家の青年に對しては商業簿記とか、銀行簿記とか、官廳簿記とか、法式ある帳簿の記載方法を修習させ、且爲替手形、約束手形等の法律的研究は勿論、其往復授受の實地假設的應用をも結びつけ、商業取引の演習を行はしめ、又商業往復文書の速成演習をなさしむるのである。

此等の仕事には相當の敎師を聘し、指導者を依頼するは勿論である。

大略右の通りであるが、之は單に加納子爵の理想ではなくて、着々之を實行し成績を上げて居るのであるが、そは此の子爵の文通によりて知ることが出來る。(此の手紙は明治四十年五月頃廣島縣山本瀧之助氏に宛てられたるものゝ一節にて、事業の現に見らるゝ所のみを掲載したるものなり)。

一、青年會が町有の山地二十町歩を借用し二町歩餘の面積は既に第一回の造林を了し候。

二、同會は田五段歩畑一町歩を借受け改良農事實習中に候。

三、畑の內五段步は園藝場として此に柑橘、桃、梨樹、枇杷、葡萄の五種を各一段步に植ゑ付け剪枝、接木、培養等の練習を開始致候(是等の果樹は鹿兒島、和歌山、靜岡等の名產地より取寄せたる苗木なり)。

四、園藝地域內に鷄舍四區を設立し優良なる種鷄を飼育致候目下人工孵卵器を購買して孵卵實驗を行ひ去勢術修習の準備中に候(養豚の拂下未だ濟まず)。

五、青年會事務所は客月初旬新築既に落成致候。

六、青年會役員中園藝部造林部家禽部等の主任者青年會員各二名宛與津の園藝場農商務省主管の山林試驗場及種禽種豚場等に出張し實地修習の許可を得て短期は十日位長期は五週間位の實修を遂げ申候。

七、兵式操練は五月より訓練を開始致候。

八、商業應用夜學は目下適當なる講師を得たるも未だ開講に至らず候(農事園藝、植林等は既に一二回短期講習を行ひ會員演說會は數回相開き申候)。

馬伏青年會

如斯して此青年會が發達したなら、一の宮町の自治は實に愉快に發達する事であらう。現に此れ程の理想もなく、後援者もなくて、立派な自治農村を作つた所がある。之は三河國渥美郡泉村字馬伏の青年會であつて、其の創立は三十一年の五月である、之が創立に盡力し、其の培養に助力したるは、稻垣と云ふ僧侶と伊藤といふ學校長であるが、何れも金錢の助力をなさず、たゞ精神と勞力を以て後援したに過ぎないが、元來報德の敎を奉じ、此の敎によりて萬事を行ふといふが主義であつたからして、何時も青年會の獨立自營を鼓吹したのである。三十二年に部落の全部は、報德社を組織し、三十八年に母の會、處女會、耆老會、青年會を更に組織し、益活動をした。勤儉貯蓄は云ふも更なり、米は俵裝を一定となし共同販賣をなし。三十七年より各戸何れも養鷄をなし、毎月一、十一、廿一の日、一個宛を各員順次集めて共同賣却をなし、郵便貯金に預け入れ。三十九年度より養蠶期に得たる全收益の百分の五以上を積立、年內薪二束宛を醵出し、講話其他の費用に供し、或は貸付をなし。毎年一月二日早朝仕事始めとして村の道路修繕をなすを例とし。肥料は共同購入し、收繭は共同販賣し、毎年米麥立毛堆肥蔬菜藁細工の品評會をも開催し。三十九年には墓地の整理をなし、今や他村と連合して耕地の整理に着手し、同時に宅地の整理をもなし、家屋の改築をも計畫し、神社、報德社を中心とせる農村を建設するの運を立到つたのであるが、之れ皆當年設立したる青年會の活動に外ならぬのである

昨年末に於ける此部落（二十八戸あり）の貯蓄を見るに左の通りで、如何なることあるも他村の厄介にならず、他に迷惑をかけぬ自治の體を得て居ることがよく分るのである。（社長は三十歳餘の大久保作吉氏にて役員皆青年なり）

土臺金	百七拾貳圓貳拾五錢四厘	加入金	四百參拾五圓八十八錢九厘
特別加入金	千七百七拾參圓貳拾四錢壹厘	特別貯蓄金	四百八十六圓八十九錢五厘
鷄卵貯金	百九拾參圓參拾參錢四厘	玄米	四十貳俵
割木	百束		

眞正の國民學校は青年會なり

青年會の功德も亦此處に至つては大なりと云ふべく、而も何處に於ても活動する青年會は皆此の如き功果をいたすものと思へば、何人も盡力すべきは正に青年會の設立、幷に之が活動にあらずや。

青年會の設立は如斯して、今や各地に見るに至つた。全郡擧げて青年會の設立を見ざる所もない樣になつた地方もあるが、さて幼稚なのは少女會の設立である。元來處女は未來の母にて、一家の主婦となるものであるから、一面から云へば之れがための施設は、青年會よりも更に必要を認めねばならぬ譯である。不思議と云へば不思議、笑止なといへば笑止なとであるが、左程此が設立を見ず、其の活動するを見ぬは事實である。之亦現代に於ける恨事にして、敎育上の一大缺陷にあらざるなきか。

現代の一大忘れ物は處女會の設立

抑も離婚の多きは自治制の恥辱にして、人生の慘事なり、而も之れ多くは處女の修養足らざるに起因するを思へば、之が矯風の目的にて處女會の設立も亦急務ならずや。人のよく知れる稻取の處女會は會員たりしものに未だ離婚者を出さずと云ふが、之獨り稻取のみにあらず、三河の六栗部落に於ける處女會の成績に鑑みるも亦然りである。同部落は村長たりし地方の地主なる志賀家、小學校長たりし熱心なる加藤充丸氏あつて、青年會も非常に活動せるが、處女會も亦非常に好成績を擧げた。

六栗處女會

師範學校の禮式作法の敎師を聘して之を修習し、工業學校の敎師によりて染織の技術を敎はり、裁縫女學校の敎師から進みたる裁縫の手を覺え、農林學校の指導を受けて蔬菜の料理に熟し、部落の視察員を接待して見聞を廣める傍、客の取扱を習得し、眞綿造りの講習を受けて、廢物の利用を知り、志賀氏の令室の感化を享けて婦人の淑德を養成され、素朴にして恭謙、貞淑にして溫雅の風あり、誰が見ても田舍の娘とは思はぬ位なり。されば親も之に動され兄弟も之に化し、親戚も之に習ひて、今や一村を美

處女會は少女の國民學校なり

化せんとするは、寧ろ當然とすべきである。實によくゆける處女會は立派なる處女學校であつて良妻賢母を產するは寧ろ女子大學などの遠く及ばぬ所であらう。何處の農村に於ても斯かる學校が必要であり、斯る敎育が大切であるので、都會の女學校を卒業せしものでは、到底農村の自治をすゝめる譯には行かない。之を思へば靑年會の設立と共に勃興すべきは處女會であり、靑年の活動につれて隆盛なるべきは處女の敎育でなければならぬのである。

靑原村の卒業生會

一、卒業生會。何處の村に於ても小學校がある以上は、卒業生が居る筈である、而も今日は不具者を除くの外は皆就學するのであるから、やがて村民一同は卒業生たるに至るべきである。之等の卒業生を世話したる學校が、飽くまで連絡を保ち尙且つ村治に結付け、村の方針は直に之を卒業生に傳へ、以て村治に益せしめ、兼ねて自ら村治上の訓練をなさしめることが出來たなら、更に妙と云はねばならない。島根縣鹿足郡靑原村の小學校長幸田虎太郞氏は、從來の靑年會は學務の當局と村自治に對して關係薄きを嘆き、此目的にて卒業生會といふを組織し、卒業生にして滿三十歲に達する迄は、必ず其の會員たるの義務あるものとし、(卒業生に非ざるも會長たる氏の同意を得ば會員となす)目下會員は二百有餘名居るそうである。一村を大字によりて十部に分ち、各部に部會を置き、各自の風俗矯正、言語の改良、善行者の表彰、勤儉貯蓄を實行せしめ。尙本會にては文庫を有し會員外にも縱覽を許し、隨時講習講話會を開き、時には體力養成の目的を以て角力を勵行するといふことである。特に愉快なるは、敎育の御勅語を服膺し之を實踐するを目的とし、會員は毎朝之を奉讀して然る後仕事にかゝると云ふ事である。故に夜業として鞋や繩を作るが、之を賣るには路傍にかけて旅行人のとるに任かせ、記入の金錢を箱の中に投ぜしむる裝置をなせる由なり或は地方慣行の休日祭日等には、附近の鑛山に就きて運搬の業に服し、以て得たる金は貯蓄をして公益を計るの資に供するなどの美談がある。又勤勞の趣味を悟らしむるとて、部會毎に三畝歩以上、五畝歩以内の小作地を設けしめ、試作をなさしめて居るそうな、之がため父兄は頼母子講を設けて費用を助けつゝある部落があるといふとである。養蠶の如き副業でも、蔬菜の如き栽培でも皆會員から試みるそうで、之がため品評會を開きて優劣を比較し、優等品を知らしむる趣向をやつて居るといふことである。此村にては十年を期して校舍の改築を計畫して居るが、之がため役場にて調製したる一定の紙袋を村民に配布し、季節毎に農產物を寄附せしめ、其の賣却金を費用に充つるとのことであるが、之を蒐集する役目は卒業生會員だそうな。如斯して當年疲弊せし青原村も、今は殆ど救濟されたと云ふことであるが、青年會に似て居て而も面白い方法であり、學校のある所必ずしも出來して出來ぬものではないのである。而も斯くの如きを見る稀れなるは、出來ぬにあらずして、敎育家が不熱心で出來さぬのであらう。

一、節酒申合。酒の暴飮が大なる弊害を生み、秩序を亂し、安寧を害ふは云ふまでもないことであるから、節酒や禁酒の申合は、確かに矯風の白眉であるだらう。之で有名なるは遠州濱名郡の村櫛村であるが、此處には村方酒專賣仕法と云ふを設けて、其の賣上の純益を敎育費に充てゝ居るそうである。

節酒が一の矯風事業であるに、之が費用の一分を教育費に充つるが如きは、所謂一擧兩得の策といはねばなるまい。三河の寶飯郡大塚村字赤根といふは先づ禁酒部落と云つてよからう。如何なる場合でも二升の酒を買つたものは區長に選擧せぬといふ不文律がある。故に新年宴會でも祭典でも、或は日待、軍人の送迎でも、酒の入用ある時は、飲んだものと見て其費用を徴集し、悉く共同貯蓄に積立と云ふ。特に振舞酒は飲むべからず、之を飲みてよい氣になるが如きは、抑も意氣地なしとして居るので、酒を振舞ふものもなくば、飲むものもないといふことである。凡そ百戸の部落であるが、よく協同一致の出來る所で、日掛貯金もやつて居れば、火災に對する共同救護も出來る樣になつて居る。

酒飲まぬ功德

而も何れにも規約の條文なくて、ずん／＼實行が出來るそうであるが、之れ所謂酒飲まぬ功德とでも云ふべきであらう。

以上述べたる外に各種の矯風會はある、賭博を禁ずるためのもあれば、時間の勵行、約束の履行を目的とするもある。風紀の嚴粛、品性の向上は、自治に伴ふものである以上は、如何なる目的を以てするも矯風といふからは、何れも自治の進步を促すものである。之を詳論するも餘りに煩はしければ、有志の工夫に訴へて、茲處には述べぬことにする。

（二）　共濟の施設

共濟は團體の獨立自營に缺くべからざる要件で、町村自治の本領であると云つてもよいのである。故に獨立自營をなす團體、自治の進める町村部落に於ては此の施設がない所はないのである。彼の產業組合も報德社も一面から見れば立派な共濟事業であり、稻取に於ける農家共同救護社も亦然りであるが、此處には之等以外の異なる施設を示さんとするのである。

一、靜岡縣濱名郡有玉村（今日では積志村）の積志銀行。

今日の農村に於ける缺陷は金融機關のなきこと也

明治七年の創設で、當初は積志講社といつたもので、學校設置のために出來たる負債（七百餘圓なりしと云ふ）償還のため、社員の貯蓄を奬勵し、之を貸附けて利殖をはかる目的で出來たものと云ふことである。明治十四年に其負債を償還し得たるも尙有志は其事業を繼續し、廿二年町村制實施の當時に於て、資本金壹萬圓の銀行とし、其の收益の百分の八は學校の資金とすることになし。爾來幾多の難關を通りて、今日は資本金拾貳萬圓拂込九萬圓の銀行となり、預金貳拾七萬餘圓を有する信用を得る樣になつたが。單に此村の金融機關であるのみならず、之によりて學校基金が積立られ（學校寄附金六百七十六圓）信用組合の事務は取扱はれ、納稅機關ともなり、其他農事改良の基金、社寺維持金の取扱をもなすに至り、殆んど財政に於ける唯一の自治機關である樣になつて居る。之が村治に及ぼす功德の大なることは云ふまでもないことであるが、之れは積志村の獨占物ではないので、志あれば何處にでも出來る施設である以上は、自治に熱心なるものは工夫すべきことである。

一、岡山縣深安郡の福山義倉財團。

凶歳饑饉に農民を救助し、又は年の豐凶に拘はらず農民の生業を助け、其他一部分公共の利益を擧ぐるために、寛政八年といふに石井武右衛門なる篤志家の遺金から生れ出たものである。文化の年となり七八名の篤志家が更に多くの出資をして、此處に義倉の名稱を立てたもので、現今に於ては其等の子孫が事業を繼承し、貳拾萬圓以上の財産を有し、社會公共の凡百事業に盡して居るのである。其の成績を金額に見積つて見ると、三十九年には慈善事業、學生の高等教育貸費、郡農會補助、神社佛閣寄附、教育費支出、戰時恤兵救護費等のために貳千貳百四拾六圓を支出して居り、三十八年には四千七百參圓、三十七年には參千六百九十六圓を出して居るのである。尙今日では此等篤志家は各土地を提供して、其收益を積立てて居るそうであるが、如斯事業の計畫は、地主者の當然なさねばならぬことで、地主者自家の萬年を計るためにも、此上ない巧妙な手段と云はねばならぬのである。之がため福山地方が如何に便利を得、地方人民が如何に幸福を受け、出資者の子孫が如何に連綿として繁昌するかを知らば、何人もやらずに置けぬ事業である。斯くの如き施設が農村に出來たなら、地主が連合して作つたなら、今日の農村自治は如何ばかり進歩發達するか分らぬであらう。

積善の家には餘慶あるもの也

一、新潟縣新潟市の積善組合。

英國の親宜組合、佛國の共濟組合に對して遜色ない本邦に於ける共濟的組合は、新潟縣の積善組合である。勤儉貯蓄の風を養成して、災害其他疾病死亡等の場合には、相互救濟の實を擧げんとの目的を以て、明治三十年の十月に出來たもので、今では組合員略五萬四千五百餘人、積立現金七拾參萬圓を超え、拂戻總額百貳萬七千圓を超えてるといふのである。此組合は福山の義倉財團と異なり、如何なる貧民でも日に壹錢五厘づゝを積むことが出來れば其の恩澤に浴することが出來るので、一期五個年の終りには利息付には參拾圓を手渡し、加入後三十六個月を過ぎて、若し死亡あらば金拾圓宛の割合とし、若し火災にて類燒すれば金五圓宛の割合として掛金以外の見舞料を贈るのである。更に其特徴として見るべきは、組合加入後の十二ヶ月を過ぎて若し資金を要することあらば、直に之が融通に應じ、疾病の際には名譽贊助員の醫員をして無料診察をなさしめ、藥價の割引、施藥等一切の便宜を供するといふことである。其他敎育學資金の貸與に從ふが故に、未成年者の是に加入して學資の補助を得るは勿論、或は嫁入をなさんとするも尠からぬそうである。今や富山縣、長野縣にも波及して之が組合員たらんとするものあるも、無理のないことで、如何に此の組合の難有いかゞ分るであらう。自治といふは斯る共濟の施設がありて始めて面白く出來、圓滿に進歩するのである。而も始めより多額の金圓を要するではなくて、日に壹錢五厘の剩餘さへあれば、何人も組合員たるを得べく、何處にでも出來るのであれば、福山義倉のそれに比し平民的共濟施設とでも云ふべきであらう。世には隨分壹厘講といふもあり、日掛貯金をなす所もあるが、たゞ積むでは惜しいものであるから、如斯活動して自治に貢獻することの多いものにしてもらひ度いことである。

一、愛知縣寶飯郡大塚村字赤根の火災相互救助組合。

前述の如く、此部落はよく人氣の纒まる處で、協同一致の出來る所である。或年のこと火災保險の勸誘に來りし者ありて、保險の必要を懇々說きたるに、斯程の必要を知るからは、何も保險會社の厄介になるに及ばない、此の部落でつくるがよからうと云ふので出來たものである。三十七年より實行しつゝあるが、元來何事にも規則をつくらぬ主義の村であるから、たゞ各自の申合によりてやつて居つたが、追々世間に知られて、各地より規則は如何に〳〵と申込まれ、四十年の三月に出來したのが次のものである。滿期後に至るまで火災がなければ、各自の掛金は區の財產に寄附するといふのである。之が難有い考である。自治に志ある所であれば、何處に於ても斯くあるが、當然であらうと思ふ。

火災相互救助組合規定

第一條　本組合ハ火災ノ相互救助ヲ以テ目的トス
第二條　本組合ハ本區民ノ協贊ヲ經テ組織シ火災相互救助組合ト稱ス
第三條　本組合ハ建物（居宅、門、障壁、物置、納屋等）ヲ相互救助シ其以外ハナサズ、但シ建物ヲ有セザルモノハ此限リニアラズ
第四條　救助金ノ目的ハ金貳千圓ノ建物ヲ有セザルモノハ金拾圓ヲ超過スルヲ得ズ
第五條　本組合ハ其目的ヲ達スル爲メ左ノ事業ヲ行フ
一　頼母子講ヲ結ビ講元落札金
一　建物ニ評價ヲナシ一定ノ歩合ヲ以テ年々掛金ヲナス

第六條　資金ヲ二種ニ分チ一ヲ固定資金一ヲ准資金トス

固定資金ハ五千圓ト定メ又三種ニ分ツ

一　土臺金　（頼母子講落札金貳千圓）

二　準備金　（區ヨリ借入金貳千圓）

三　豫備金　（勤儉貯蓄金壹千圓）

准資金ハ規定ノ掛金ヲ云フ

第七條　規定ノ掛金ハ毎年九月一日限リ組合ヘ納入スベシ

第八條　規定掛金ヲ滯納シタルモノハ除名スベシ

第九條　掛金ハ三名以上ノ名義ニテ貯蓄銀行ヘ預ケ入レ累次准資金ヲ增加セシム

第十條　准資金ハ組合期限滿了後出納ヲ控除シ過剩アルトキハ本區内貯蓄財產トス

第十一條　本區内戶數割五分持以下ノ者ハ事情ヲ以テ其掛金總額ヲ拂戻シナスコトヲ得

第十二條　本組合ハ滿拾ケ年ヲ壹期トシ爾後繼續ナスヲ貳期トシ以下之レニ準ス

第十三條　期限中資金總額ヲ支出シタルトキハ直ニ組合ヲ解ク

第十四條　本組合員ニシテ火災ニ罹リシトキハ救助標準原簿ニ基キ損害ヲ救助ス

第十五條　救助ノ場合ハ役員之レヲ調査シ損害割合ニ依ツテス

第十六條　被救助者ハ貳人ノ評價人ヲ定メ組合ト評議スベシ若シ双方ノ意見一致セザル時ハ合意ノ上一名ノ仲裁人ヲ選ミ判斷セシム

第十七條　救助ノ額資本金ヲ超過スルトキハ（類焼ヲ云フ）按分比例計算ニヨル

第十八條　救助ヲ得ンガ爲メ惡意又ハ法律命令ニ違反シタルトキハ之レガ損害ヲ塡補ナサズシテ除名ス

第十九條　除名又ハ退員者ハ總テ權利ヲ組合ヘ沒收シ組合ノ行動行爲ニ參加セシメズ

第二十條　本組合員ニシテ火災保險會社ト保險ノ契約ヲ締結セントスルトキハ豫メ本組合ニ申出ヅベシ

第二十一條　救助ノ出納ハ左ノ順序トス
　第一、掛金　第二、利子複利　第三、土臺金　第四、準備金　第五、豫備金
第二十二條　本則變更又ハ訂正ノ場合ハ總會ノ決議ニ依ル
第二十三條　本則以外ノ事情生ジタルトキハ臨時評議員會ヲ開キ議定スベシ
第二十四條　本組合ニ入會スル時期ハ隨時タルベシ
第二十五條　建物ノ評價ハ滿三年間宛据置キ翌年目ノ初メニ増減ヲ生ジタルトキハ會長ト合意ノ上訂正スルヲ得
第二十六條　規定ノ年掛金ハ滿三年間宛据置キ三年目毎ニ評議員會又ハ總會ヲ開キ定ム
第二十七條　本組合ニ組合長及副長各一名及ビ評議員八名ヲ置ク事
第二十八條　本組合ノ役員ハ本區内ノ區長、前區長、評議員ヲ以テナス即チ區長ヲ組合長ニ前區長ヲ副長ニ區議員ヲ評議員トス
第二十九條　組合長副長ハ本組合ノ事務ヲ取扱フ
第三十條　役員ノ權利義務ハ當區内ノ村則ト同一トス

明治卅七年十二月廿五日創立

愛知縣寶飯郡大塚村赤根
組合長　山本孝平

備考

平均保險金額	金五百圓
平均建物坪數	三十二坪（但シ土間十二坪並ニ庇ハ含マズ）
平均建築ノ種類	平屋木造瓦葺
一ケ年ノ保險料	保險金額千圓ニ付　金貳圓五拾錢
一ケ年ノ總保險料	金百十五圓
現在准資金（保險料ヲ貯蓄シタルモノ）	金三百七十六圓三十八錢八厘

第八節　有志家の團結

産業と貯蓄のなき所は時勢の變化に抵抗力なし

農村自治の型式に於て述べたる如く、一人の有志家がありても塔型の自治農村は出來るのであるから、數多の有志家や篤志の人が團結して、農村自治のために盡瘁したなら、何時如何なる所に於ても立派な事業は成立し、模範の町村は出來るのである。加之衰微せし町村を挽回して、新生命ある町村を建設することも出來るし、荒村の興復も敢て難事ではないのである。故に有志家の團結は、農村の自治を進捗せしむるに於ては、最も重きを置かねばならぬ、手段の一であるのだ。

京都の傍にある伏見町は、維新前は京阪の衝にあたれる所で繁昌を極めた所であるは、何人も知つてることであらう。然るに維新後は旅客、貨物の輸送は鐵路によることゝなりてより、産業のなき貯蓄のなき同町は恰も亡町の運命に出遇つた。此の時に當り同町の有志人見喜三郎氏外十五名は慨然立つて之が挽回の策を講じ、遂に十六會といふを組織する樣になつた。今日十六新聞を發行したり、社團法人伏見十六會有限責任伏見信用組合を有したりして（組合員略五百餘、口數略千四百、貯金略十四萬圓貸付金略十四萬圓）伏見町自治に多大の貢獻をなしつゝあるは、皆此會の賜物である。實に伏見町の今日あるは、明治二十八年に出來たる十六會なる有志の團結が、十年一日の如き活動盡力に外ならぬのであれば、如何に有志家の團結の貴いかゞ分るであらう。世に隨分斯くの如き例が澤山ある、またなければならぬ譯であるが、どうかすると之れと反對のものが出來、破壞的に働き、邪魔する道具となるもありて、建設に有力であり、挽回に有功である如く、此方にかけても恐るべき害敵となることがある。故に有志の團結は、其の目的の善良なるを選び、其主義の正しきを希はねばならないのである。

有志團結の目的は善良なるを要す

濁川村に於ける兩家の團結

濁川村は新潟縣北蒲原郡にある農村で、濁川なる川が村の中央を流れ、之によりて一村が兩分されて居るそうである。川の一方に近藤といふ資産家あり、他方に眞島といふ之に劣らぬ財産家があつて、之を濁川村の兩家と謂ふのだ、十數年前村に紛議おこり、村政ために擧がらざること久敷、或は近藤家をかづきて威勢を張り、或は眞島家を中心として氣張るもありて、一時は川の兩岸に甲越の感を生じたといふ位であつた。兩家之を憂へ、之れ畢竟兩家が懇切を結び、村政のために團結助力を致さゞるの罪なりとて、兩家の相談熟せしは勿論各分家(三軒ありと云ふ)をも語らひ、爾來出入共に兩家の主人は勿論分家の人も手を携へ、袖を連ねて知己の交を示し、村民に喧嘩の不利なるを暗に諷し、益五家は共同一致して村治に盡せしかば、さしもの難村も今は變じて縣內の模範村になつたといふことである。世人濁川の今日あるを稱して、一手組(五家を五本の指に譬へ)の賜物なりと云ふは、誠に偶然ならざるを知るべきである。聞說眞島氏は劍道に達せる人の由にて、一劍會なるを組織して、毎月一回擊劍會を開催し、壯年者の元氣を養成する傍ら、其の和衷協同を謀り。近藤氏は文學に通せる人の由にて、一吟會といふを組織し、毎月二回俳諧の運座を催し、老若談笑の間親睦を厚うすることを期し、尙一致會といふを組織し、村内の高等小學校に入學し得ざるものに對し、夜學を開催して讀書算術兵式體操を教授し、少女のためには少女會を設け、老年者に對しては尙齒會を立て、所謂一手組の活動盡瘁は、遂に今日あるに至りしなりといふ。されば濁川村の自治は、全く同村篤志家の團結が賜物なりと云つて、何等の差支はあるまいと思ふ。

東湯野村も有志の團結で助かつた

福島縣伊達郡東湯野村といへば、村稅を徵收せぬ村で、有名な所であるが、其の此處に至れる所以を尋ぬれば、やはり有志の團結に外ならぬのである。之と川を隔てゝ飯坂といふ溫泉場がある、自然に湧き出づる溫泉が財源で、此部落は福島縣下の遊び場所となり、何時も管絃の聲絕ゆることなく、客人の置きて行く金も隨分多いといふことである。東湯野村は川一條にて如斯自然の財源を有せず、只村民の腕によりて衣食の料を得ざるべからざる所であれば、飯坂に比して一時は火の消えたが如き感じがしたのである。然るに明治卅四年分離獨立の際五萬四千圓を蓄積して居つたが、寧ろ之を增殖して村民に村稅を賦課せざる樣になさんとて、五ヶ年間に八百圓宛村稅で積み立てることにした、然るに有志家の一致共同で一時に蓄積することになつたが、當時有志の寄附したる模樣は左の通りであつた。

二、〇五五円	鈴木文七	一、一三九円	後藤榮
一、五二五	永倉孝太郎	六五三	鈴木助七
一、三五七	鈔木兵七	四四〇	堀江廣吉

四四〇	橋内文七	三〇三	鈴木宗衞
四一五	鈴木武左衞門	三五四	橋内源藏
三七四	黒須忠兵衞	以下百名	

有志の團結は自然より大なる功徳を與ふ

之がため忽ち四千四百七圓の寄附を得て、村税の賦課をせぬことになり、村民は村費を支辨せぬでもよいことになつたのである。飯坂が一向進歩せぬのに、此處が非常に樂な村となり、自然の温泉が與ふる功徳よりも、尚大なる幸福を村民に與へることになつたは、之れ全く村內有志家が村治に團結した熱誠に外ならぬのだ。故に有志家の團結は村有基本財産をも豐かにし、村費に心配せぬ農村をも作るのである。

辱めの骨頂は上流の墮落なり

愛知縣の尾張に、戶數略七八百で、副業だけで年に百萬圓位の收支ある農村がある。本業と副業は何れの年に於ても餘り經濟上の打擊を受けぬので、中々富有な所であるが、如何にせん道義が頽廢して居て、立派な所とは云はれないのであつた。特に中流以上の家庭が惡くて、中には賭博に耽るもあり、墮胎を平氣でするもありて、始末にならぬので有名であつた。上流の墮落ほど厄介なものはない、役場も制する能はず、警察官も押さへる事が出來ず、小學校の先生は勿論だめであるのだ。開け行く時世に斯くては遂に疲弊に陷ることもあらう、進み行く此代に斯くて窮乏に苦むことあるに相違なからうと云ふので、明治四十一年一月二日に五人組と云ふのが出來て、大に活動することになつた。それは町長、

聖代の五人組

五人組の活動

農會長、學校長、駐在巡査、縣會議員といふ肩書のある有志五名である。其の活動を開始するに先立ち、五名は數度の會合をなして、種々討究もなし研究もなし、然る後作戰計畫を立てた。即ち町長は規則の表より改むることとなし、農會長は勸業の奬勵に絶叫し、學校長は子弟より家庭に侵入し、巡査は劍を鳴らして遠方より威嚇し、縣會議員は村の體面に訴へて上流者に懇願することとし、且つ隔月に一回は知名の士を聘して人心の覺醒を計る事とし。爾來半年の間夜を日につぎて殆んど倦む所を知らざる勢であつたが、至誠神に通ずる譬に漏れずして、今は賭博既に絶滅し、有力なる青年團が出來、風紀嚴肅の中堅となつて五人組に聲援することとなり、町風の一變するも近き將來にあるならんと思はるゝ樣になつた。如斯町弊を打破し、民俗を矯正し、町政の基礎を強固にするも亦有志者の團結の著しき効果である。此町のやがて模範町となるも必ず遠き未來にあらざるを信ずるのであるが、乍遺憾町名は茲處に秘して置く。

至誠事に當れば天祐あり

有志の向背は一村の消長に關す

三河の或る地方に産業組合あり、青年會あり、處女會ありて、民は勤儉貯蓄に精勵し、一時は模範部落の名を上げた所がある。然るに町村合併ありて後、茲處の一流の人で、産業組合の主唱者でもありし男が、役場吏員に公選されざりしとて、所謂燒け根性を起したものであらう。他の一名の有志を誘ひて、何事にも破壞的の行動を執つたがため、折角模範部落といふ名を取つた所であるに拘らず、今は氣の毒な村になつてる所がある。此頃聞けば正氣ある村民は漸く醒め來り、二有志の不都合を怒りて、區内の人を說き廻はり、彼等を村八分にしたとかいふ、騷動が始つたといふことである。有志の向背が一村の自治に及ぼす影響は、凡そ如斯甚しいのであるから、どうしても村行政に盡瘁すべく有志の團結を見ずんば、自治の發達も進步も出來るものではないのである。

我儘を云はず邪魔せぬ樣になる丈けでも得なり

如斯有志家や篤志家の村治に協同一致することは、町村自治に至大の功德を與ふるものなれば、町村の當局者及び町村自治に工夫するものは、所謂有志家の團結を計り、以て自治を促がす手段とするを心掛けねばならぬのである。何處に於ても聞くことは、町村の有力者が我儘を云ふことであつて、一時役場の强制權で押さへつけてやつても、後から打破されることが往々あるものである。故に此等の有力者を豫め說きて、村治に盡瘁する樣、町村の進步に同情を以て助力する樣導くは、實に町村長の手腕と云つてもよい。

有志團結せしむれば之に隷屬する團體諸會も和協をいたす

世の町村を監督し、町村政を指導するものも亦思を此處に到し、町村の行政機關のみを見ずして、後援のよき團體をつくるに盡力せねばならない。出來る樣で出來ず、容易なるが如くして容易ならざる、左程有力のものならざるが如くにして村治に至大の勢力を有するものは、實に有志家の團結である。

之を要するに農村の自治を促がし、之を進步發達せしむる手段は多々あるが、所により、人情により又之れを運用すべき人によりて、異なる手段工夫のあるは當然であるが、何れにしても左の心得が大

切であらう。

手段を用うるの心得

一、法の巧妙なるよりも民度に適したるものを撰擇すべきこと、
一、如何に良法とて多食は効なし、行はれ易きものより採用すべきこと、
一、他所に有効なるもの必ずしも自村に適するものにあらず、行ふに先だち熟慮すべきこと、
一、自己の精力に依るものは別として、人を賴むべきものなれば、よく其人物を見て然る後に事を始むべきこと、
一、中途にて止むべきは寧ろ始めよりなさざるがよし、何事も本末あるべきこと、
一、人智の啓發、正念の開發は何よりも先にすべきこと、
一、當事者は私心あるべからず、公平なるべきこと
一、急くべからず、緩漫なるべからず、機會をつくりて、機會を利用すべきこと、
一、嚴なるべからず、寛に過ぐべからず、熱誠を以てあたるべきこと、
一、感情を忽にすべからず、同情を重んずべきこと、
一、事業は敵なりとあり、順境なればとて油斷すべからず、故障と困難は飽くまでも忍ぶべきこと、
一、規則は妄りに振り舞はすべからず、法律命令は漫りに弄ぶべからず、功德によりて承知さすべきこと、

一、時節相當の心入、時世に伴れての更正は大切なり、昔の明法とて丸飲みは愼むべきこと、

一、人を見て法を說き、釋迦にも方便の理を辨ふべきこと、

一、協同は勢力なり賴むべし、されど一二有力家の同情も亦賴むべきこと、

一、何事も村本位となすべきこと、

和協は幸福なり幸福は自治の主なる目的なり和協を破壞するは自治の目的を失ふものなり

一、如何に有益なる事業なりとも、村自治を犧牲に供するものは見合はすべきこと、

畢竟自治を計るための手段方法である以上は、如何なる場合に於ても、如何なる時に於ても、手段のために自治を阻害する樣なことはしてならぬのである。同時に手段方法を講ぜずして、自治の進歩を欲し、發達を希ふてもだめなことゝ承知せねばならぬのである。今や擧世滔々乎として自治のために焦念し、自治制の進歩に工夫する樣になつたが故に、隨分巧妙なる手段もあらう、面白い方法も出ることであらうが、吾等は飽くまでも、法の精よりも人、手段の巧妙よりも人の精力によりて、其效果を信ずるのである。之れ農村自治の進促をいたす手段を講ずるにあたり、默して止む能はざる所であるのだ。

法の運用は人に在り

農村は人間を出し、都會は人間の墓場である。

第七章　農村自治の信條

語に曰く活動する鼠は陥穽に死す

農村の自治を進歩發達せしむるには、もとより自治機關の活動を要し、其活動のためにはそれ相應の手段あるべきは、云ふまでもないことであるが、活動は必ずしも自治に十全の効果を致すべきものにあらず、時には働き損の草臥れ儲けに終はることもあらう、手段は巧妙を盡すと雖も、自治の豫想の成績を來たさずして却つて案外の思をなさねばならぬこともあらう。何事にかけても活動といふには基礎がなければならず、手段を講ずるには主義が明かになつて居らねばならぬものである。今多くの町村に於て自治の興進を望めるは、恐らく趨勢であらう、されば大に活動せんとしつゝあるものなれば、手段に腐心して居るもある樣だが、或は無駄働ではなからうか、或は巧詐拙誠にしかずといふものではなからうか、と思はれる所がある樣である。なるほど意志の任ずる所道ありて、志だに立ち、やつて見るは結構なことで、其中良い方法手段の見付かることもあらうが、今日の形勢はそんな手ぬるいことは許さぬのである。一日も早く健全なる農村となし、立派なる農村の自治を擧げねばならぬのであるから、始より間違なき方法を採り、動かぬ手段を用ひてかゝらねばならないのである。之れ玆に農村自治をいたすべき基礎ともいふべき點を指摘して、自治の信條として述ぶる所以であるのだ。

第一節　町村行政の固有事務と委任事務とを明かにし、其の併進を計るべきこと

固有事務とは何ぞや

農村の自治を進捗せしむるには、何はさておき町村行政が立派に執行されねばならない事は勿論である。之がためには行政機關の町村長が立派な人でなくばならないのみならず、其の頭に此信條が明瞭になつて居らねばならぬのである。且つ一般町村民に此信條を呑み込ませ、其の代表機關たる町村會議員も之によりて進退する樣に仕向けねばならないのである。

抑も固有時務とは何んであらう、之が則ち町村公共の事務であつて、町村が公共團體として生活し行くに付けて、必要缺くべからざる事務で、町村の自存目的を達するには、是非共此事務の振張を要するのである。語を換へて云はゞ、町村てふ自治體の當然なすべき事務であつて、町村の興廢は一に此事務の消長に關して居るのである。彼の敎育事務とか、勸業事務とか、土木事務とか、或は衞生事務とか云ふは、實に其の主なるものである。城北生松山氏は、便宜のために左の如く之を分類して居るが、誠に分り易く出來て居る。

村行政事務（固有）

- 第一　財産
  - 1. 資産
    - イ　資産
    - ロ　財産管理
    - ハ　村債
  - 2. 收入
    - イ　收入
    - ロ　村税
    - ハ　徴收
    - ニ　手數料
  - 3. 會計
    - イ　豫算
    - ロ　決算
    - ハ　會計檢査
  - （以上）財産管理
- 第二　內政
  - 1. 經濟
    - I　土地
      - イ　農業
      - ロ　林業
      - ハ　漁業
      - ニ　鑛業
    - II　商工業
      - イ　商業
      - ロ　工業
      - ハ　金融機關
    - （以上）產業行政
    - III　交通
      - イ　道路及橋梁
      - ロ　水路
      - ハ　河川
      - ニ　船舶
      - （以上）土木行政
  - 2. 敎化
    - イ　學校敎育
    - ロ　社會敎育
    - ハ　家庭敎育
    - （以上）敎育行政
  - 3. 衞生
    - イ　衞生
    - ロ　傳染病豫防
    - ハ　醫師藥劑師及病院
    - （以上）衞生行政

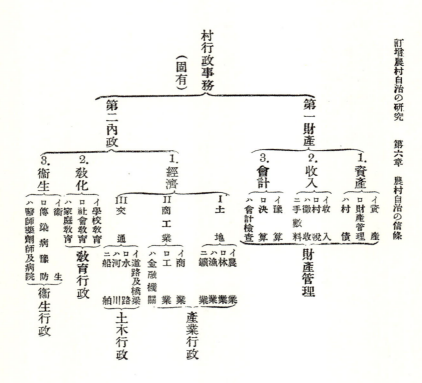

之によりて大體町村行政が如何なる狀態の下に施行せらるゝものであるかを知り、職に町村長に居るものは更なり、町村會議員や其他町村自治に志あるものは、自己の町村福利の增進、公安の發達に工夫せねばならないのである。

委任事務とは何んぞや

さてまた町村の委任事務とは何んであらう、之即ち國の行政並に府縣郡の行政で、法律命令により町村長へ委任されたる事務であつて、國家行政の系統的機關として當然行ふべきものである。換言すれば町村が國家のために、委任の責を全ふすべく眞摯に正確に行はねばならない事務である。彼の戶籍事務の如き、徵兵事務の如き、召集事務の如き、或は司法警察補助事務の如きが、其主なるものである。此事務は町村のために、或は町村長が自分の意見で、改廢增減することの出來ぬもので、たゞ法律命令又は上司の命令を其儘忠實に實行さへすれば、其責任を盡すことが出來ると云ふてよいものである。

町村幸福の增進は固有事務の執行に在り

故に固有の事務は、町村が自己の幸福を進め、利益を增すためには、如何にしてもよいのであれば、町村の上下は擧げて此事務の發展進行を企圖せねば、決して自治の發達は望んでも得べからざるのである。さればとて國家の委任事務を之がため忘れたり、忽せにしたりしては、到底立派なる自治體の體面を保つことが出來ぬのみならず、自治體最後の目的即ち國家の隆興に資することが出來ぬのであるから、飽くまでも雙方の事務を明かに區別して、其の併進を計らねばならないのである。

今の町村の多くを見よ、固有事務であつて當然自己が自己のためになす事務でありながら、何んたる冷淡なことであらう。窮乏を嘆きながら勸業に精勵すべく考もせぬではないか、不便を叫びながら道路の開修をなすべく工夫もせぬではないか、流行病に苦みながら其根源を絶つべく氣付もせぬではないか、商賣人に踏み倒され、仲買人に蹴倒されて尚敎育の必要を悟らないではないか。偶忠告善導するものあれば、人のことと思ひ違へ、いらざる世話を燒く、餘計な文句を言ふと云ふではないか、補助でもすれば漸く首肯し、威嚇すれば仕方なしてふ顏付をなし、賞與でもやれば賞與のために動くといふではないか。開けぬと云はゞ云へ、無智と云はゞ云へ、さりとは町村制實施以後二十ケ年も經たる今日の狀態として、餘りに情なきことではなからうか。箸もてくゝませてもらうた幼年時代は既に過ぎて、今は一人前の人間となつた世の中ではないか、飯も獨りで食へず、小便も獨りで出來ぬとは、言語に絶した馬鹿げたことではないか。如斯して如何に農村の自治が進歩しやう、如何して面白い農村が出來やう、進歩もせず、發達もせぬが當然である、故に飽くまでも其の固有の事務を知りて、其の進捗に各自の努力奮勵をなさでは、到底自治は得られないのである。

之れ今日の通弊なり

自治の進歩せぬ所以は此處に存す

何處の町村役場でも比較的出來てるは委任事務の方である。之も國家行政の分任てふ立派な職責を考へてゞはなく。法律命令で止むを得ずやつてるが多いのである。中には委任事務を役場事務と心得、之さへ如何にか果せば、それで村長や助役の務がすむかの如く考へてる向がある樣である。人民も亦

痛慨々々

今日の自治制度に於ける名譽村長哉

之れで此の信條の必要なる所以

役場を斯く解釋し、町村長を如斯き役目の人と考へてるが多い樣である、故に町村長に農事の獎勵をしたり、衞生の注意でもすると、妙な顏つきするのみならず、聞き流しにして仕舞ひ、强ひて八ヶ間敷云へば、御前さん方の知つたことでないと云ふ所すらある樣である。如何に法律の世なればとて、上司の命令が貴いとて、法律でなくば動かず、命令でなくば働かず、制裁がなければ恐れぬときては、恐れ入らざるを得んではないか。されば上司の届け物、人民よりの受付けさへ濟ませば、後は新聞でも讀むが職掌であると思ふ町村長のあるも怪むに足らず、町村長は酒がたゞで飮める役目、何んだか儲かる御職であると考へてる町村民のあるも、無理のないことではあるまいか。愛知縣の某所に、農事改良の反對者てふことのために、官廳より來る役人相手の屁理屈を并べることが上手といふことのために、特に多數の投票で村長に選擧された人もあつたが、敢て珍らしいことではないのである、こんなことで如何して自治が進むであらう、町村の福祉が來るであらう、自治體の面目があるであらう、明治聖代の今日、抑も斯くの如きことを云はねばならず、聞かねばならぬといふは、何のためであらう。之を思ふても此信條を明かにして、其雙方の發達を計らざれば、到底自治の進捗を圖ることは出來ないのである。夫れ自治體としての活動は、云ふ迄もなく、其の固有の事務上である、少しく極端かは知らぬが、委任事務は物慣れた人なれば誰れでも出來ることである、形式あり、書式あり、明文あり、期限あることなれば、忠實にやれば必ずやれる仕事である。故に器械的の事務であり、御上的の職業であるから、助

委任事務は國家に忠節を盡くす所以

役任せでも出來る仕事である、吾々は國家のために忠節を全ふする點からして、國民として聖代の恩澤に酬ゆる手段として、また自治國民の體面を全ふする所以の道に於て、お上に手數をかけず、お心配をかけず、法律に服し、命令を守り、諭達を實行せねばならぬは云ふまでもないことであるが、自治體の智嚢をふるひ、手段を弄し、工夫をこらし、思ふまゝに活動すべきは、實に固有の事務に於てである、之れ自治制の精神でもあり、自治體當然の本領であるのだ、此の故に比較的自治の進歩せる町村に於ては、よく此邊のことに注意がとゞいて居るので、町村民に之が覺悟を促し、之を悟らしむるに親切が盡されて居るのである。何處の町村に於ても、其の町村の事務報告をせねばならない規則であるが、其の事務報告を見れば大抵それが分るものである、即ち多くの町村は事務報告といへば、ただ形式に過ぎないので、議員や町村民も事務報告は斯かるものと思つて居る、甚だしきは事務報告を知らないものすらあるのである。模範村となる樣な所へ行くと、如何に町村長が之がために心血を濺ぎ、如何に町村民に責任を盡くせるかゞ、よく分るのである。吾輩は不幸にして今多くの材料をもたないが、左に三重縣の模範村なる玉瀧村役場の事務報告書と、千葉縣白濱村の村長が報告せしものとを掲示して、參考の一端に供しやうと思ふ。

繰返して言ふ、農村の自治を奬めるには、是非とも固有事務と委任事務を明かにして、其の併進を計る樣にせねばならぬといふことを。法律のために動かず、命令のために働くといふにあらずして、國家へ對する義務として、國民たるの本務として委任事務の進捗をはかり。自治體の本領を發揮すべく、聖代の恩惠を空うせず、飽くまでも自己町村の幸福と利益とを增進すべく、固有事務の發達をはかるべきことである。さもなくば如何に考へても、如何に工夫しても、眞正なる農村の自治は、得て得べからざるものであることを、絕叫して置く

座右の銘　白河樂翁

寧靜是養心　謹謙是保身
讀書是廣知　勤儉是治世
含容是待人　愼交是遠害
安詳是應事　知足是享樂
存厚是召福　寡慾是延壽

三重縣阿山郡玉瀧村事務報告

一、一般事務成績

明治四十四年一月ヨリ十二月三十一日ニ至ル一ヶ年間本村役場ニ於テ受理シタル文書ノ件數壹萬四百六拾七件進達報告照會往復等發送文書ノ件數四千五百四拾八件總計壹萬五千拾五件ニシテ之レヲ前年ニ比スレバ實ニ參千五百七拾六件ノ增加ナリトス蓋シ近年事務ハ勉メテ簡捷ヲ計リ敏活ヲ主トシ口頭申告簿稟議簿ヲ設ケ大イニ文書取扱數ノ減少ヲ企テツヽアルモ事實ハ斯ノ如キ增加ヲ示ス所ノモノハ時勢ノ進運ニ伴フ自然ノ結果ナルト村ノ事業ハ凡テ積極的方針ヲ執リ產業ノ發達教育ノ普及各種團體諸會ノ活動等改善發達ヲ獎勵スル事業ノ施設年ト共ニ倍々多キヲ加フルモノアリ殊ニ本年紀元節ノ佳辰ニ當リ內務省ノ選獎ヲ蒙リタル結果トシテ各府縣郡市町村其他ノ團體ヨリ視察員ノ來村頻ニ多キヲ加ヘテ年中殆ンド間斷ナク事務及事業ニ對スル參考事項ノ照會往復等又頗ル頻繁ナルモノアリシガ如キ事務增加ノ主タル原因ナリトス然レドモ村吏員ノ熱誠ニシテ勤勉ナル全ク自己ノ家業ヲ顧ミズ日曜ニ祭日ニ將タ夜業ニ孜々トシテ其擔任事務ヲ處理シ臨時事務ハ互ニ相補助シ產業組合ニ農會ニ吏員ガ兼掌ノ事務頗ル多キモ曾テ澁滯シタルモノナク學校職員ヲ初メ區長總代委員組長等又各方面ノ事務ニ鞅掌シテ村施設事業ノ實行ヲ容易ナラシメタル効果又決シテ尠ナカラズ賴リテ以テ圓滿ナル村治ヲ維持シタルナリ

二、村會ノ狀況

本年中村會ノ開會五回日數七日ニシテ議員一人僅カニ一回旅行不在ノ爲メ缺席シタルモノヽ外悉ク出席シ又定刻出席ヲ勵行シ會議ハ曾テ流會延會等ノ弊ナシ提出案件ハ決議三十三件報告七件ニシテ一モ否決セラレタルモノナク當年度ノ豫算金額ハ特別會計ヲ合シテ歲入貳萬貳千四百貳拾六圓四拾八錢貳厘歲出壹萬八千八百七拾參圓八錢貳厘ノ巨額ニ上リタルモ議員等皆誠實ニ村勢ノ現狀ニ鑑ミ又深ク村ノ將來ヲ計リテ輔賛協贊ノ任ニ當リ村當局者ヲ信ジテ悉ク原案ヲ可決シ此間壹錢ノ修正ヲモ加ヘラレタルモノナシ村會ノ決議ハ村民ヲシテ之レヲ周知セシムルノ必要アルヲ以テ議員等其住居區人民ニ對シ常ニ能ク決議ノ顚末ヲ說示シ又其重要ナル

決議事項ハ特ニ戸主總會ヲ召集シ村當局者詳細ニ之レヲ一般ニ通告スルヲ以テ皆其決議ノ精神ヲ諒シ曾テ異議ヲ唱ヘ又其執行ヲ拒ミタルガ如キモノナシ

三、諸稅徵收ノ狀況

滯納ノ弊ナキハ町村制實施以來二十餘年ノ久シキヲ維持スル良習慣ニシテ曩キニハ名古屋稅務監督局長ヨリ感謝狀ヲ附與セラレタルガ如キ徵稅事務ノ整理ト其實績ヲ證スルニ足ルベキモ此種ノ事務ハ常ニ納稅感念ヲ鼓吹スルト共ニ勉メテ納稅者ノ便利ヲ計リ決シテ過怠ノ行爲ナカラシムルノ施設ヲナサヾルベカラズ故ニ本村ニ於テハ各戸ニ納稅切符袋ヲ配付シテ納稅期ヲ豫告シ各納期ノ二日前ニハ收入役又ハ其代理者役場所在地以外ノ大字集會場ニ出張シテ徵收事務ニ從事スルガ如キ或ハ納稅申合規約ヲ設ケ共勵區ヲ定メテ其組内ノ共同責任トシ産業組合ニ連絡シテ納稅成績ノ佳良ナルモノヲ推奬シ苟クモ期日ヲ過マリ催告ヲ受クルガ如キモノアル時ハ隣保相互間ノ制裁ニヨリ其共勵區委員ヲシテ嚴ニ戒告セシムル等此良風ノ維持ニ勉メツヽアリ從テ現今ニテハ諸稅ノ徵收ハ勿論各種ノ義務釀金等ニ對シ苟クモ期日ヲ過チ約ヲ違フルガ如キモノナシ

四、人民生計ノ狀況

本村ノ現住戸數五百四十三戸ニシテ農耕ニ從事スルモノ四百九十七戸庶業若クハ商工業ノ爲メ全ク農耕ヲナサヾルモノ四十六戸又農閑一種ノ商工業ヲ兼ネ或ハ勞役ヲ副業トナスモノ百二十九戸ヲ有ス村民概ネ質朴ニシテ勤勞ノ美風ニ富ミ遊惰放蕩爲メニ一般ノ民風ヲ害スルガ如キ徒ナシ民産階級ハ三十六等ニ區別セラレ現今ニ於テ縣稅戸數割一戸當リ以上ヲ負擔シ得ルモノ二百二十九戸平等額以下ノモノ三百十四戸課稅ノ標準トナルベキ資力個數最高三百二十個最低四個平等額四十一個ニシテ最高ニ對スル最低ノ差額八十分ノ一ニ當リ資力個數十個以下ニアルモノ五十七戸ハ本村ノ下級細民ナリ之レ等ノ細民ハ家族勞働シテ僅ニ其家計ヲ維持スルモ一朝疾病其他ノ災厄ニ遭遇スルトキハ忽チ救助ヲ要スベキモノナリトス本村ハ明治二十年前村勢ノ衰頽甚敷之レガ挽回ヲ爲サンガ爲メニハ村民等寸陰ヲ惜ミテ能ク勤勞シ生計ノ狀態又頗ル質素着實ナルモノアリ其結果漸次ニ資力ヲ回復シ曾テ他町村民ニ占有セラレタル土地ハ買戻シ又ハ買埋メヲナシテ小作米ハ收入超過トナリ他町村民ヨリ借入レケル巨額ノ負債ハ漸次償却シテ今ハ却テ村外ニ幾多ノ債權ヲ有スルガ如キ順況ニ趣キツヽアリ殊ニ近年地方重要物産タル米ハ毎年豐收ヲ繼續シテ價格又昂騰シ農家ノ收入

ハ漸ク增加シ銀行預金ニ各種ノ貯金ニ或ハ有價證券ノ購入ニ民間ノ餘資ハ次第ニ增殖セラルヽニ至ル然レドモ一利一害ハ數ノ免レザル所ニシテ農家經濟ノ順況ハ直チニ日常ノ生計ニ向上ヲ示シテ購買力ノ增進トナリ稍モスレバ衣食住共ニ其分限ヲ越ユルモノナシトセズ就中其弊ノ認ムベキ者多キハ子女ノ婚禮ニ於ケル衣服調度ト儀式ニ要スル雜費ニシテ弊ノ增長ハ年一年ニ漸ク甚ダシキヲ加フル者アリ今ニシテ能ク此弊ヲ矯正スルニアラザレバ多年勤勉蓄積シタル民間ノ餘資ハ不知不識ノ間ニ之レヲ消耗スルノ虞アルノミナラズ奢侈ニ伴フ弊害ハ那邊ニ其害毒ヲ及ボスベキヤモ計リ難ク村ノ有志須ラク玆ニ留意スベク局ニ當ルモノ又躬行實踐シテ範ヲ村民ニ示シテ此弊害ノ增長ヲ防ギ阿山郡訓令ニヨル戊申詔書共勵實行ノ趣旨ハ徹頭徹尾之レヲ皷吹督勵シテ以テ一般生計ノ安固ヲ計ラザルベカラザルナリ貧富ノ懸隔ハ往々ニシテ村治ノ圓滿ヲ害スルノ虞アルヲ以テ村當局者常ニ注意ヲ拂フ處アリ本年八月米價ノ昂騰其極ニ達シ中產以上ノ農家ハ收益頓ニ增加スルニ反シ一部細民ハ新穀收穫ニ達スル迄ノ生計甚ダ困難ノ狀態ヲ認メタルヲ以テ有志ヲ勸誘シ金ヲ醵シ老幼者ノ多キ細民ニハ玄米ヲ給與シ家族能ク勞働スルモ米價騰貴ノ爲メ一時困難ニ陷リタルモノニハ資金ノ無利息貸付ヲナシ以テ細民ノ生計ヲ容易ナラシメ米價昂騰ノ爲メ飢餓ヲ訴ヘ或ハ高利ノ負債ヲナスガ如キ困難ヲ救濟スルコトヲ得タリ此方法ニヨリ食費給與ヲナシタルモノ三十六戶資金ノ無利息貸付ヲナシタルモノ五十戶此無利息貸付ヲ受ケタルモノハ米作ノ收穫ト共ニ全部之レガ返濟ヲナシテ深ク其厚意ニ感ジタリ以テ本年中ニ於ケル村民生計ノ概況ヲ知ルニ足ル

五、產業ノ狀況

本村ノ產業ハ明治卅五年決定シタル村是ト明治四十二年調查ニ係ル村治方針勸業上ノ計畫ヲ基礎トシ縣ノ諭達ニ因ル農事必行事項阿山郡訓令ニ因ル戊申詔書共勵實行規程ヲ遵守シ最モ力ヲ稻作ノ改良ニ注ギ原種栽培共同採種ニヨリテ品種ノ統一ヲ計リ堆積肥料ノ製造綠肥ノ栽培ニヨリテ金肥ノ需用ヲ節約セシメ共同苗代ノ施設正條植除草管理害蟲驅除ヲ督勵シ特ニ正條植ハ長方形密植ヲ奬勵シ或ハ稻架乾燥二重莚乾シヲ實行セシメ調製ハ勿論俵裝ノ改良ニ留意シタリ其効果著敷本年米ノ收穫八千九百七十石之ヲ村是決定當時ノ實收六千九百石ニ比スレバ實ニ長足ノ進步ナルノミナラズ產米ノ多クハ一旦共同集積倉庫ニ收集シ嚴重ナル檢查ヲナシテ後之ガ販賣ヲ行フヲ以テ信用年ト共ニ加ハリ本村ノ優良米タル錦關取ノ類ハ石代金最高二十五圓ノ賣行ヲ示シタルガ如キ好成績ナ[illegible]トス麥大豆蘘荷其他各種ノ農作物モ亦近年改良ノ効果ニヨリ漸次產額ヲ增加シ農家ノ經濟ヲ補クル者尠ナカラズ養蠶ハ近年拔

術員ノ養成ニ努メ時々講話會ヲ開キ或ハ蠶種ノ共同購入ヲ行ヒ稚蠶共同飼育ヲ奬勵シ或ハ成繭ノ共同販賣ヲ行ヒ桑園ノ新植改植ヲ補助シ苗木ノ無代配付若クハ共同購入ヲ斡旋スル等相當指導督勵ヲ怠ラザルモ當地ハ水田ノ耕作最モ困難ナルト製茶事業ト期ヲ同ウシ勞力ノ關係上專業農家ハ殆ンド之ヲ行フノ餘地ナク養蠶家ハ多ク農耕ヲナサヾル庶業又ハ商工業者ノ副業ニ之ヲ行フニ止マリ其收繭量ノ如キ春夏秋蠶ヲ通ジテ僅カニ二百三十石ニ過ギズ桑園モ又其反別僅ニ十二町歩ニ止リ其地質概ネ桑ノ栽培ニ適セズ止ムヲ得ズ毎年幾多ノ桑葉ヲ他地方ニ求ムルガ如キ養蠶業ノ成績ハ甚劣等ナリトス製茶ハ近年好況ノ後ヲ承ケテ收利漸ク多ク當業者又奮勵シテ園地ヲ整理シ混植物ヲ排除シ施肥耕耘剪枝方法ヲ改良シテ專心其增收ヲ計リ新ニ園地ヲ開墾スルモノアリ又村費ヲ補助シ毎年數名ノ傳習生ヲ出シテ製法ヲ傳習セシメ宇治靜岡ノ製法中其長所ハ之レヲ村內當業者ニ敎ヘテ倍々改良ノ實ヲ擧ゲントス本村ノ內大字楨山ハ土質茶ノ栽培ニ適シ其製茶ハ海外輸出品トシテ又內地需用品トシテ各市場ニ歡迎セラルヽヲ以テ粗製濫造ノ弊ナク四十四年製茶ノ產額四千五百貫ニ上リ尙將來市場ノ商況好順ヲ維持スルニ於テハ倍々產額增加スベキ見込ナリトス山林ハ村苗圃ヲ設ケ靑年團員ヲシテ樹苗ヲ育成セシムルモノ幷ニ縣郡ノ苗圃ニ配付ヲ受ケ之レヲ殖栽用ニ充ツルモノニシテ本年栽栽シタル樹苗數松五萬六千五百本檜一萬二千二百本杉五千六百五十本櫟七百五十本又來年度殖栽用トシテ現ニ苗圃ニ育成シアル者松七萬八千九百本檜五千本櫟五千本山榿五千本之ニヨリテ毎年公有林ニ豫定ノ造林計畫ヲ遂行シ殘餘ハ之ヲ私有林殖栽用トシテ實費配付ヲ行フ者ナリトス本村ノ山林ハ杉檜ノ良材ヲ產セズ近年植栽スル杉檜ハ殆ンド試驗的ニシテ未ダ其成績ヲ認ムルニ至ラザルモ多年保護ニ勉メタル松雜木ノ天然林ハ毎年相當ノ收益ヲ揚ゲ本年中炭ノ產額八萬千百貫工業用燃料四十三萬千二百貫松茸香茸雜茸ノ類五千三百六十二貫ヲ產出シ或ハ陶土石材ノ採取等住民ノ生計ヲ補クルモノ尠ナカラズ將來倍々山林ノ保護ニ勉メ其利用ヲ計ルアラバ尙幾多ノ收益ヲ增加スベキ見込ナリトス副業ノ內藁繩ノ產額六萬六千七百貫ヲ其重モナルモノトシ經木眞田六千九百三十五反檜藤細工一萬二千九百個之レニ次グ其他婦女子ガ農閑ニ於テ製織スル木綿及絹綿交織ハ其數量三千九百反悉ク村民ノ需用トナリ之レニヨリテ收入ヲ得ルモノニアラザルモ自家用被服トシテ他地方產品ノ買入ヲ要セザル利益尠ナカラズ家畜家禽ノ飼養ハ農家ノ廢物ヲ利用シ又堆肥ノ原料ヲ得ル上ニ於テ複數ノ利益尠ナカラザルヲ以テ近年勉メテ之レガ飼養ヲ奬勵シ產業組合ヲシテ低利ノ資金ヲ供給セシメ以テ犒牛ト家禽ノ飼養ヲ奬メ特ニ家禽ノ種類ヲ改良セシムルノ目的ヲ以テ毎年一回家禽品評會ヲ開催シ或ハ畜產ニ關スル講話

會ヲ開キ指導奬勵ニ勉ムル處アリ現今村内ニ飼養スル牛馬頭數百十八頭出七産頭牛乳搾取高六十六石二斗家禽ノ總數二千四百七十七羽産卵十一萬五千個ニ上リ産卵ノ多數ハ共同販賣ノ方法ニヨリテ之レヲ他地方ニ搬出スルニ至ル商工業ノ内清酒ノ釀造二百八十石陶器ノ製造四十六萬三千三百個賣藥六十二萬五百四十四個ヲ其ノ重モナルモノトシ製糸製油織物瓦等又之ニ亞ギテ漸次其産額ヲ增加セントスルノ趨勢ニアリ其他一般ノ商業ハ日用品雜貨若クハ土地ノ生産品ヲ賣買仲介スルモノニシテ營業ノ勢力範圍廣カラザルモ種々ノ方法ニヨリ購客ヲ誘引シ或ハ行商販賣ヲナシ年一年ニ其取引金額ヲ增加スルノ狀況ナリトス

之ヲ要スルニ本村ノ産業ハ農業其主位ヲ占メ商工業之ニ次ギ副業又之ニ次グ者ニシテ農村トシテハ其生命タル耕地反別豐富ナラザルヲ以テ之ヲ林業ニ補ヒ或ハ商工業ニ或ハ副業ニ能ク其調和ヲ計リ倍々改良シテ以テ其發展ヲ計ラザルベカラズ就中普通農事ハ當業者最モ勤勞ノ美風ニ富ミテ困難ナル耕作ニ堪ヘ地主小作人ノ關係親密ニシテ何等ノ紛紜ナキノミナラズ農村會ノ活動ハ農業上ノ施設方針ヲ指導シテ農制ノ統一ヲ計リ産業組合ガ此間ニ立チテ生産資金ヲ供給シ物産ノ共同販賣需用品ノ共同購入ヲ行ヒ以テ農家ノ利益ヲ保護スルコトニ勉メタリ就中共同乾燥倉庫ヲ利用シテ米ノ共同販賣ヲ行ヒタル數量七千七百三俵肥料ノ購入二萬四千九百八十一〆食鹽ノ購入二萬四千五百廿斤ヲ其重モナル者トシ一年取扱フ處ノ購買販賣品ノ價格六萬八千七百七十圓ニ上リ産業組合ガ供給スル資金ノ融通額三萬七千五百貳圓ヲ算スルガ如キ直接ニ間接ニ住民ノ産業ヲ保護シ資力ノ發達ヲ援ケタル者尠ナカラザルナリ勤勉貯蓄ハ本村是トシテ夙ニ實行シ來リタル處ニシテ本村民ハ之レニヨリ衰弊セル村勢ヲ回復シ又之レニヨリテ向將來民資ノ充實ヲ計ラントスル者ニシテ村當局者多年勤勉貯蓄ノ必要ヲ鼓吹シ村民又其趣旨ヲ諒シ質素勤勉以テ蓄積シタル各種團體ノ貯金尠ナカラズ其十數年繼續スル特殊ノ貯金組合ヲ擧グレバ玉瀧寺檀徒組合ノ貯金七千百九拾參圓拾六錢大字横山弘通社組合ノ貯金七千貳百貳拾參圓九拾七錢ヲ其重モナルモノトシ戊申詔書實行共勵規程ニ基キ明治四十二年以來村民ノ全部ガ實行シタル勤勉貯金壹萬八千七拾九圓八拾錢ヲ合シテ各種組合ノ貯金總額參萬九千八百貳拾參圓拾貳錢ノ多キニ上リ何レモ郵便貯金銀行預金勸業債券若クハ信用組合ノ貯金トシテ確實ニ利殖セランツヽアリ其他小學校生徒ガ自己ノ勤勞他人ノ惠與等ニヨリ得タル處ノ金員中時々必要ナル書籍其他ノ學校用品ヲ購入シ殘餘ヲ貯蓄シテ之ヲ郵便貯金トシ通帳ノ保管ヲ學校ニ委托シアル金額千四百七拾五圓五錢ニ上リタル

ガ如キ多延村是トシテ奬勵鼓吹シタル勤儉貯蓄ノ事業ハ一種ノ習慣トナリテ村民ハ老幼ヲ問ハズ悉ク之レヲ行フノ美風ヲ養成シタルモノナリトス

產業組合ハ全村一圓ニシテ無限責任ノ組織ニ成リ明治四十一年八月之レヲ設立ス事業ハ先ヅ信用組合ヲ經營シ本年一月定款ヲ變更シテ購買販賣事業ヲ兼營シ村内ノ要所ニ共同蓄積倉庫ヲ設ケ村農會ト協力シ農村ノ振興上全力ヲ傾注スル處ニシテ現住五百四十三戶ノ內入寄留者ニシテ未ダ永住ノ目的確立セザルモノ十一戶ヲ除外シ其他ノ五百三十二戶ハ悉ク組合員ニシテ出資口數千八百五口金額參萬六千百圓ナリトス而シテ組合員ハ每年一回一口金貳圓宛ノ出資拂込ヲナシ又每月金參拾錢以上ノ勤勉貯蓄ヲ實行シテ之レヲ組合ニ預ケ入ルヽヲ以テ一種ノ義務トシ本年末ニ於テ拂込ヲナシタル出資金額壹萬五千貳百五拾貳圓貳拾五錢貯金ノ現在額六千六百拾四圓參拾五錢本年度事業ノ純益壹千百參拾五圓拾八錢ニ上リ七百五拾圓ノ準備金ト七拾八圓參拾貳錢ノ積立金ヲ有シ創立以來本年末迄三ヶ年五ヶ月間ニ於テ全ク勤勞ノ餘資ヲ以テ造成シタル組合ノ資力ハ貳萬參千四百八拾壹圓ニ達シ即チ組合設立當時ノ豫定計畫ニ基キ二十年間ニ貳拾萬圓ノ資力ヲ造成スベキ見込確實ナリトス而シテ之レ等ノ資金ハ之ヲ組合員ニ分布シテ生產ノ發達ヲ計リ或ハ組合員中ニ高利ノ舊債ヲ有スルモノヽ爲メニ年賦償還低利貸付ノ方法ヲ設ケ約束貯金ヲ實行セシメテ以テ借入資金ノ元消償還ヲ行ハシムル等何レモ隣保相扶ノ習慣ニ基キ社會的制裁ヲ設ケ組合員ヲシテ勤勞ノ風諄厚ノ俗ニ導カントシ孜々經營スル處アルナリ

六、土木工事ノ狀況

村費主擔ニ屬スル道路橋梁ノ掃除并ニ修繕工事ハ青年團員ヲシテ各受持區域ヲ定メ之レガ常時修繕ヲ行ハシムルヲ以テ幸ニ大破ニ至ルコトナク一般ノ交通至便ナリトス河合川改修工事ハ前年度ニ於テ數次ノ補修工事チ行ヒタル結果兩岸ノ堤防漸次堅牢トナリ本年度ニ於テハ一部小破修繕ノ外殆ンド工事ノ執行ヲ要セザルニ至リタルヲ以テ豫テ計畫シアル兩岸ノ耕地整理ニ着手セントシ目下關係地區ト協議中ニ屬ス本村里道ノ內大字楨山地內長野道及兩國橋破損ニ付郡費補助ヲ申請シ既ニ許可チ得タルチ以テ本年度內ニ於テ之レガ修繕工事チ完成セシメントス其他玉瀧尋常高等小學校々地ノ擴張木柵ノ建設隔離病舍ノ修繕等凡テ村會決議ノ經費豫算額以內ニテ悉ク之レガ工事チ遂行シタルナリ

七、學事ノ狀況

本村ノ學齡兒童ハ男二百九十八人女二百七十九人計五百六十九人ニシテ在學生徒ハ男二百八十八人女三百八人尋常九學級高等二學級裁縫補習科一學級計十二學級ニシテ高等三學年裁縫補習科二學年ノ科程トシ本科正敎員ノ外圖畫手工農業裁縫等ノ各專科正敎員ヲ聘用シアリ就學步合ハ明治四十年以來常ニ百ニ對スル百ノ成績ヲ維持シ出席步合ハ四十四年中ヲ通ジテ九十六八〇二ナリ兒童ノ就學ハ學年ノ開始以前其父兄ニ通告シ學務委員又其家庭ニ就キテ準備ヲ促ス等督勵宜シキヲ得加フルニ近時向學心ノ普及ハ就學ノ始期ニ達シタル兒童ノ就學ニ對シ何等ノ手數ヲ要セザルモ義務年限延長ノ結果ハ細民ノ子弟ニシテ尋常五六學年ニ達シ往々半途退學ヲナサントスル者アリ之等ハ概ネ生計ノ困難ヨリ來ル者多キヲ以テ一面學費救助ノ恩惠ヲ與ヘ敎育ハ國民ノ當然履行スベキ一種ノ義務ナル旨ヲ說キ以テ之ガ在學ヲ獎勵スルノ必要ヲ認メ夙ニ就學兒童獎勵規定ヲ設ケ敎育會ヲシテ之ガ保護獎勵ニ勉メシメ一家數人一時ニ在學スルモノ若クハ貧困ノタメ學資ノ支辨ニ苦ムモノハ敎科書學用品ヲ給與シ家計ノ狀態最モ困難ナルモノニハ更ニ被服食費ヲ給與シ以テ就學ヲ容易ナラシム而シテ之レ等保護獎勵ニ要スル費用ノ財源ハ戊申詔書實行共勵規程ニ因リ村民祝慶弔祭ノ儀式ヲ行フニ當リ勉メテ無用ノ雜費ヲ節約シ得タル處ノ幾分ハ必ズ之レヲ公共事業ニ寄付セシムルモノニシテ其金額ノ稍多キモノハ學校基本財產ニ或ハ敎育設備費ニ指定寄付ヲナスモ其大部分ハ就學兒童獎勵保護ノ目的ヲ以テ金品ヲ寄付スルモノニシテ之レニヨリテ一年中幾多貧窮子弟ノ學資ヲ補助シテ尙餘リアリトス出席ノ獎勵ハ部落及ビ學級ノ二途ニ分チテ獎勵ヲナスモノニシテ部落ハ村内ヲ十二區ニ分チ每月出席步合ノ最モ高キモノニ精勤旗ヲ授與シ學級ハ各學級每ニ共勵セシメ月末調査ニヨリ其出席成績ノ優良ナル者ハ精勤ト題スル額面ヲ授與シテ敎室ノ入口ニ之ヲ揭出セシメ斯ノ如クシテ一年中最モ多ク精勤旗ヲ授與セラレタル部落並ニ最モ多ク精勤ノ額面ヲ揭出シ得タル學級ニ對シ學年末團體賞與ヲ行ヒ以テ兒童ヲ鼓舞獎勵スル者ニシテ兒童等互ニ相勵ミ相誘フテ以テ次第ニ出席成績ヲ佳良ナラシムルニ至リタルナリ敎授訓練方法ニ就テハ職員等常ニ師範學校優良學校ヲ參觀シテ其範ヲ採リ或ハ講習會ニ入リテ研究講習シ職員會ヲ開キテ研究事項ヲ交換シ家庭ト聯絡ヲ保ツ爲メニハ父兄母姉會ヲ開キテ親シク授業ヲ參觀セシメ成績品ノ家庭回覽ヲナサシメテ以テ甲乙兒童ノ優劣ヲ周知セシメ學藝會展覽會ヲ開キ父兄ヲシテ勉メテ學校ニ出入スルノ機會ヲ多カラシメ以テ各自ニ子弟ノ敎養上注意セシムル處アラシム敎員ノ配置ハ本科正敎員九名專科正敎員三名準敎員一名合計十三名ニ

シテ村內出身者十名村外ヨリ招聘シタルモノ參名皆能ク多年勤續シテ熱誠其職ニ盡シ早出晩退殆ンド日曜祭日ヲ廢スルノ狀況ナルノミナラズ校長幷ニ一名ノ正敎員ハ常ニ校舍內ニ寄宿シ他ノ職員等ハ村內各所ニ散宿シ校外ニ於ケル兒童ノ監督ハ勿論青年處女會員等ニ對スル指導監督又頗ル周到ナルモノアリ從テ現時ノ王瀧尋常高等小學校ハ五百六十九名ノ在學生徒ヲ敎授訓練スルニ多大ノ力ヲ集注シアルノミナラズ青年團體ノ敎育ニ處女會ノ指導ニ或ハ同窓會ニ敬老會ニ苟クモ村民ノ敎化ニ關スル事項ハ學校ヲ中心トシテ之レガ施設經營ヲナシ自治ノ施設ト兩々相俟チテ以テ一村ノ風敎ヲ開發セントスルモノニシテ校長以下職員ノ精勵實ニ推奬ニ値ヒスルモノアルノミナラズ學務委員等又能ク敎化事業ヲ補ケ其年末受クル處ノ慰勞手當ノ如キ悉ク之レヲ兒童ノ體育奬勵費ニ寄附シ一學務委員ノ如キハ校舍校地ノ修理改善器械什器ノ手入等其經費ハ之ヲ村當局者ニ計ルモ其事業ハ自ラ指揮監督シテ之レヲ施行セシメ曾テ村當局者ヲ煩ハサヾルガ如キ以テ其篤志ノ一班ヲ知ルニ足ル學事ノ狀況斯ノ如クナルヲ以テ村民モ亦敎育事業ヲ重ンジ學校ヲ愛スルノ觀念最モ深ク明治三十四年以來三回ニ渉ル校舍ノ新築ノ增築ヲ初メトシ各種設備經常敎育諸費等一年多キハ八千六百圓少キモ貳千八百圓ノ敎育費ハ全部村民ノ申合寄附ニ成リ十數年ノ長キ曾テ村稅ニ賴リタルコトナク又其寄附金ガ一錢ノ缺損ヲモ釀シタルコトナキガ如キ以テ敎育ノ効果ガ能ク村ノ民心ヲ收攬シ向學心ヲ發揮セシメタルノ狀況ヲ知ルニ足ル

八、衞生ノ狀況

衞生ノ設備ハ村醫學校醫ヲ置キテ常ニ其意見ヲ聞キ夙ニ衞生組合ヲ設ケ村內ヲ四十四組ニ區劃シ組ニ一名ノ組長ヲ置キ春秋二期ハ勿論臨時ニ數回ノ淸潔法ヲ勵行シ種痘ノ普及トラホーム患者ノ檢診並ニ治療花柳病ノ豫防家鼠ノ買收ヲ實行シ或ハ衞生講話會ニ或ハ注意書ノ配布ニ衞生思想ノ發達ニ勉メ特ニ傳染病流行ノ季節ニ際シテハ他地方トノ交通者ヲ監視シ隣保互ニ相警戒シテ以テ絕對ニ病毒ノ侵入ヲ防禦スル等最モ細心ノ注意ヲ拂ヒ幸ヒニシテ近年傳染病ノ發生ヲ見ルコトナク村設隔離病舍ノ如キハ明治三十六年以來之ヲ使用シタルコトナキニ至ル現今本村ノ住民ハ三千百九十八ニシテ本年中ノ出生百八死亡七十二八八口年々增加ノ順況ニアルモ茲ニ最モ將來ヲ注意セザルベカラザルハ肺結核患者ノ撲滅トトラホーム患者ノ豫防治療ノ方法ナリトス而シテ本年ノ死亡八員中肺結核患者三八ヲ算スルガ如キハ大ニ警戒セザルベカラザルノミナラズ發病ノ原因ハ概ネ健康ナル子弟等ガ或ハ製絲紡織工場ニ或ハ機業場ニ其他ノ製造工場ニ職工徒弟タランガ爲メニ都市生活ヲナシ此間病ニ罹リテ歸村シタルモノナルガ如キ或ハトラホー

ム患者ガ昨年以來一般檢診ノ結果ニヨリ幾多ノ村費ヲ投ジ幾多ノ時間ヲ損耗シテ一年有餘ノ久シキ豫防救治ヲ行ヒタル其效果著敷檢診當時發見シタル帶患者一千三百八十一人ノ內一千三百五拾八人ハ幸ニ全治セシムル事ヲ得タルモ尚百二十三名ノ患者ヲ存スルノミナラズ該病ハ各家庭ニ於テ常ニ能ク警戒豫防スルニアラザレバ再發シテ之レヲ全家族ニ散蔓セシムルノ虞レアリ其根絕ハ實際ニ於テ頗ル困難ナルモノアリ其豫防施設ト之レガ監督ハ寸時モ等閑ニ附スベカラザルナリ

九、兵事ノ狀況

現役兵ハ陸軍二十八名海軍五名內陸軍四名海軍五名ハ何レモ志願ニヨリ服役シタルモノニシテ現時ノ等級ハ下士三名上等兵十一名一等卒以下十九名ナリトス尚武ノ氣象ハ年一年ニ發達シ徵兵適齡者ニシテ服役ヲ忌避スルガ如キモノナク又在營中犯罪行爲ヲナスガ如キモノ絕無ニシテ成績至テ佳良ナリトス蓋シ曠古ノ大戰役ニ從軍シタル軍人等ガ殊勳ヲ立テ、行賞恩典ニ服シ年金又ハ恩給ヲ受ケタル者多ク之レ等ハ常ニ村民尊敬ノ中心トナリテ永ク軍人ノ名譽ヲ維持シ得タルガ如キ常ニ地方青年ノ腦裡ニ善良ノ反映ヲ與ヘ又明治二十一年以來間斷ナク行フ青年夜學會ニ於ケル補習敎育ノ効果ハ自然ニ忠君愛國ノ途ヲ敎ヘテ青年等兵役ノ義務ニ服スルヲ無上ノ光榮トシ父兄等モ又喜ンデ之ガ服役ヲ許容スルガ如キ近年陸海軍ニ多クノ志願者ヲ出シ加フルニ農村空氣ノ清良ナルト日常ノ職業ニ勤勞スルガ爲メニ自然ニ心身ヲ練リテ體格比較的能ク發育シ合格步合ノ佳良ナルハ多數ノ現役兵ヲ出スノ結果トナリ明治四十三年ハ十五名四十四年ハ十六名ノ多キニ上リタルガ如キ郡內他町村ニ多ク見ザルノ數ナリトス召集事務ハ戰役ノ實驗ニ鑑ミ又各般ノ法令ニ準據シ書類ノ整頓非常用人夫材料ノ準備ヲ完成シ在鄉軍人身上ノ異動馬匹ノ出入等常ニ事務ニ遺漏ナキヲ留意シ現役兵ノ應召滿期又ハ歸休兵ノ歸村等ニ際シテハ村民ノ全部相集リテ盛ニ送迎ノ意ヲ表シ應召軍人留守宅ニハ勞力ヲ補助シテ其家業ノ衰ヘザルヲ保護シ或ハ記念服ヲ送リテ其入營ニ餞シ或ハ慰勞金ヲ贈リテ其歸鄉ヲ犒フ等凡テ村振武會ノ事業トシ村民等共同一致シテ以テ軍人ヲ優待スルコト戰役當時ト異ル處ナシ

在鄉軍人ハ帝國在鄉軍人會ノ規則ニ基キ大津支部監督ノ下ニ玉瀧村分會ヲ設立シ現時ノ會員ハ將校三名下士六名上等兵拾六名（內下士適任證書ヲ有スル者七名）一等卒以下六十三名未敎育補充役兵六十二名計百五十名ナリ軍人會ノ事業ハ兵事ヲ研究シ風紀ヲ維持シ軍人ノ精神ノ涵養ニ勉メ軍人遺家族廢兵ヲ保護シ毎年一回弔魂祭ヲ執行シテ以テ亡友ヲ追吊シ戰歷談ヲ聞キテ以テ戰役當時ヲ

回想シ現役入營者ノ爲メニハ村教育會青年會ト力ヲ合セテ豫備教育ヲ施シ或ハ在營者ノ慰問通信ヲ行ヒ或ハ村事業ヲ幇助シ現ニ軍人會ヨリ出デヽ村事業ニ參與スルモノ村吏議員區長總代委員等十五名ノ多キヲ占ムルニ至ル戰役恩賞賜金ト遺族特別賜金ノ保護ハ本會ガ最モ力ヲ注ギタル處ニシテ夙ニ村振武會ノ援助ヲ求メテ共濟會ヲ組織シ軍人ニシテ生計困難又ハ事業資金ヲ要スル爲メ賜金ヲ使用セントスル者ニハ年利六朱ノ低利資金ヲ供給シ賜金ノ利子ト勤勞ノ收益ヲ以テ長期ノ年賦償還ヲ行ハシメ以テ絶對ニ恩賞賜金ヲ消費スルコトナカラシム此間公債ノ償還セラレタルモノハ勸業債券又ハ農工債券ニ應募セシメテ以テ確實ニ保存ノ方法ヲ授ケ賜金拜受後既ニ七年ノ星霜ヲ經過スルモ一人ノ之レヲ消費スルモノナク現今軍人恩賞賜金遺族特別賜金ノ元利保存セラレアル總額壹萬八千八百九拾壹圓ノ多キニ上リ其證券種類ハ特別五分利公債勸業債券農工債券郵便貯金並銀行預金等ナリトス又在鄕軍人中勳章年金ヲ受クルモノ七名金額七百圓恩給年金ヲ受クルモノ十五名金額千參百四拾圓遺族扶助料ヲ受クルモノ十四名金額六百二拾三圓年金合計貳千六百六拾參圓ノ多額ニ上ルガ如キ以テ軍人等カ獻身的國家ニ奉公シタルノ跡ヲ追想スルニ足ル

十、會計ノ狀況

會計事務ハ收入役ヲ督勵シ毎月收支計算書ヲ提出セシメテ例月檢查ヲ執行シ或ハ議員ノ立會ヲ求メテ臨時檢查ヲ執行シ常ニ其監督ヲ怠ルコトナシ簿冊ノ調製書類ノ整理ハ法令規則ニヨルモノヽ外時々優良町村ヲ視察セシメテ其長所ヲ求メ出納上ノ取扱ハ確實ニシテ便宜ナル方法ヲ取リ特ニ稟議簿ヲ設ケ各課分擔ノ事務及各種ノ奬勵事業ハ常ニ會計ト聯絡ヲ通ジ經費ノ運用其宜シキヲ得テ以テ豫算決議ノ趣旨ヲ貫徹セシメ冗費ヲ省キテ以テ有益ナル事業ノ進行幷ニ奬勵ニ勉メシタメ本年度ノ如キ各種ノ經費ヲ節約シ得タル處ノ剩餘金中ヨリ金百七拾七圓ヲ支出シテ村吏員區長總代委員等ノ精勵村事業ニ盡力シタルモノヲ慰勞シタルガ如キ或ハ來年度繰越金豫算ニ四百圓ノ剩餘金ヲ計上シテ尚餘リアルガ如キ會計事務ハ常ニ順況ヲ示スモノナリトス

基本財產罹災救助資金ハ夙ニ條例ヲ設ケ蓄積豫定表ヲ調製シ特別會計ニヨリテ出納ヲ整理シ鋭意其蓄積ニ勉メツヽアリ特ニ時勢ノ進運物價ノ昂騰ニ鑑ミ既定ノ計畫ニテハ尚充分ナラザルノ憾アルヲ以テ毎年蓄積額ヲ增加シ或ハ特志家ノ寄付金ヲ繰入レ本年度ニ於テ蓄積シタルモノ金千九百拾四圓現在基本財產ノ總額金壹萬九千五百五拾參圓ニシテ此内村基本財ヲニ屬スルモノ壹萬八百拾八圓學校基本財產ニ屬スルモノ六千六百三拾五圓罹災救助資金ニ屬スル者貳千百參圓證券保管種類ハ甲ロ號五分利公債券面三千四百

圓大阪商船株引會社擔保付社債券面貳千圓三重縣農工銀行株式九拾七株同農工債券々面壹千圓擔保付銀行預金九千五百八拾壹圓ナリトス別ニ學校基本財產トシテ實測面積四町步ノ山林ヲ有スルモ未ダ收益ナキニ付基本財產價格ニ計上セズ要スルニ各種ノ基本財產ハ最モ確實有利ナル方法ノ下ニ孜々トシテ其蓄積ニ勉メ又年々村經濟ノ許ス限リハ豫定以上ノ積立金ヲ繰入レ基本財產ノ收入ハ以テ經常歲出ヲ支辨シ村稅徵收ヲ廢スル日ノ速カニ到達センコトヲ期待シテ鋭意計畫スル處アルナリ

十一、災害ノ狀況

秋霖數回ノ出水ハ玉瀧堤防ノ一部決潰シテ耕地ニ浸水シ山地畦畔ノ崩壞ニヨリ耕地ヲ埋沒シタルモノ或ハ道路ノ上荒橋梁ノ破損等多少ノ損害ナキニシモアラザリシモ年々歲々水害ノ激甚ナリシ大字槇山地內ハ河合川河身改修ノ効果ニヨリ數回ノ暴雨出水ニ當リテモ毫モ氾濫ノ害ヲ蒙ルコトナク玉瀧川ノ滿水ハ河合川ニ於テ水量僅ニ根方石積ノ上端ニ達スルニ過ギズ從テ耕地ハ勿論農作物ノ被害全ク之レナキガ如キ多年苦心慘憺大工事ヲ遂行シタルノ効果ニシテ人爲ノ能ク自然ヲ防禦シテ禍害ノ根本ヲ未久ニ絕ツコトヲ得タルハ最モ喜フベキ事柄ナルモ新堤防ノ一部ニハ尙根閫石積ノ未ダ充分ニ堅牢ヲ認ムル能ハザルモノアリ出水每ニ多少ノ缺損補修ヲ要スルハ甚遺憾トスル處ナリトス本年中ノ災害ハ上述ノ如ク暴雨出水ノタメニ被ムリタル一部ノ損害ニ止リ幸ニ農林產物ニ何等ノ被害ナク又兩三年村內ニ失火ナク著敷盜難被害事件ヲ耳ニセザルガ如キ平穩ノ間ニ能ク生命財產ノ安全ヲ維持シ得タルハ共同保護ノ力ト一般警戒ノ結果ナリトス蓋シ天災地變ハ人力ノ能ク防止スル能ハザルモノアリ其被害又止ムヲ得ザルモ火災盜難ノ如キハ各自ノ警戒ト注意ニヨリ全ク其禍害ニ防止スルコトヲ得ベク農作物ニ於ケル氣候ノ變遷病虫害ノ發生ヨリ被ムル損害ノ如キ或ハ風雨災ノ如キ自然ハ人爲ノ及ブ處ニアラズトナスモノアルモ人心ノ和能ク此禍ヒヲ防止シテ其損害ヲ輕カラシメタルノ例証又尠ナカラズ願クハ共同團結シ互ニ相賴リ相扶ケテ以テ災害ヲ未發ニ防止シ又之レガ警戒ニ留意スルコト最モ緊要ナリトス

十二、青年團及處女會ノ狀況

青年團員ハ總數二百四十九名內學生軍人職工徒弟等村外ニアルモノ七十八名在鄉團員百七十一名ニシテ在外團員ニハ常ニ通信聯絡ヲ取リテ團ノ主義綱領ヲ敎フルモ事業ノ施設經營ハ全ク在鄉團員ニヨリテ行ハルヽモノナリトス團ノ事業ハ夜學會講習講話會ニヨリ修養研究セシメ以テ其品性ノ向上ト常識ノ發達ヲ計リ共同ノ習慣ヲ作リ勤儉ノ美風ヲ養成スルノ目的ヲ以テ盛ニ共同作業ヲ行ハ

シム即チ團ハ教務部ヲ設ケ學校長ヲ教務部長ニ學校職員ヲ講師ニ推選シ教務部ハ之レヲ修學部研究部ニ分チ修學部ハ毎月十回夜學會ヲ開キテ讀書算術修身農業ヲ教ヘ研究部ハ團員等自カラ研究修養シ其成績ハ之レヲ蒐集編纂シテ隔月一回通信綠リ草ト稱スル冊子ヲ發行シ會員相互間ニ分チテ其研究事項ヲ論評スルガ如キ或ハ夏期及冬期ノ農閑ヲ利用シ農事講習英語講習會ヲ開催シ毎年一回事業成績展覽會ヲ開キテ公衆ノ參觀批評ヲ求ムルガ如キ娛樂ヲ意味シテ教養シ青年ヲ鼓舞奬勵スルヲ目的トス事業部ハ村團ヲ十三部ニ分チ部ニ組長ヲ置キ村農會ヲ指導機關トシ共同作業ニヨリテ農業上ノ實習ヲナシ進ミテハ範ヲ一般ニ示シ傍ラ公共事業ヲ幇助スルモノニシテ共同作業ハ試驗田種作田ノ經營共同苗代村苗圃ノ管理桑園ノ開懇山林ノ殖栽道路ノ修繕山林ノ巡廻看守等トシ增業ニアリテハ藁繩ノ製作乾草ノ採取購買販賣物品ノ運般等トシ得タル處ノ收入ニヨリテ會費ヲ支辨シ又之レヲ分配シテ阿山郡青年團戊申詔書謄本交付記念貯金ヲ實行シ既ニ造成シタル貯金ノ總額貳千百壹圓拾七錢ニ達スルニ至ル然レドモ事業ハ單ニ收入ヲ得ルヲ目的トスルニアラズ能ク其範ヲ示シテ村民ヲ益シ又公共事業ニ干與盡力スルノ美風ヲ養成スルモノニシテ隔月一回役員會ヲ開キ村團長ヨリ常ニ協議事項ヲ發案シテ以テ事業ノ統一ヲ計リツヽアリ青年ノ風紀ハ最モ善良ニシテ弊風惡習ハ年ト共ニ改善セラレ成績漸ク見ルベキモノアリ故ヲ以テ曩キニハ阿山郡長ヨリ旌表セラレ次デ本縣知事ヨリ旌表セラレ本年又文部大臣ヨリ選奬ノ榮譽ヲ荷ヒタル等責任益加リ團員等一致共力能ク其成績ヲ擧ゲ以テ聊カ報效セザルベカラズトハ教訓上常ニ執ル處ノ方針ニシテ團ノ上下ヲ通ジテ互ニ相誓約セシメ村當局者又之レガ指導監督上細心留意スル處アリシモ多數ノ團員中ニハ未ダ其趣旨ノ徹底セザルモノアリ本年十一月第五部團員中一名ノ犯罪者ヲ出シ遂ニ法ノ制裁ヲ受クルニ至リタルガ如キ本團創設以來曾テ在ラザルノ不祥事ニシテ團ノ歷史ニ一汚點ヲ印シタルハ實ニ遺憾ノ極ナリトス然レドモ既往ハ追フモ及バズ只能ク其覆徹ニ鑑ミ倍々奮勵努力シ一人ノ過失ハ全國員ノ力之レヲ償フノ覺悟ナカルベカラザルヲ說キ深ク將來ヲ戒メテ以テ倍々督勵指導ヲ加ヘツヽアリ

處女會ハ現在會員百十三名青年團員ノ如ク事業ニ活動ノ績ナキモ常ニ婦德ノ涵養ニ勉メ各種ノ講習講話ヲ行フノ外巡廻文庫ニヨリテ讀書ヲ勸メ技藝ノ練習ハ裁縫補習科ト連絡シテ裁縫造花編物其他ノ手藝ヲ教ヘ日曜休日ニハ禮儀作法插花茶道簡易ナル割烹法ヲ實習セシメ敬老會ヲ設ケテ老人ヲ優待シ學藝會運動會ニ參加シテ手藝品ノ展覽會ヲ開キ或ハ日ヲ定メテ學校ヲ參觀スル等勉メテ處女ノ品位ヲ高メ智識ヲ磨キ技藝ヲ習ヒ以テ婦人ノ本分ヲ盡スノ素地ヲ作ラシムル等徐ロニ其發達ヲ奬勵シツヽアリ會員ノ風紀ハ頗

ル善良ニシテ會ノ設立以來數年間曾テ忌ハシキ風評ヲ耳ニセシコトナク會員等又質素醇外ノ美風ヲ維持シ此間浮華ノ風潮ニ心醉シテ農業ヲ嫌忌スルガ如キ惡傾向ヲ認メザルナリ

十三、旌表及褒賞其他ノ獎勵

本村ハ本年紀元節ノ佳辰ヲ以テ內務大臣ヨリ選奬セラレ同時ニ奬勵金壹千圓ヲ交付セラレ本村青年團ハ五月二十七日海軍紀念日ヲ以テ文部大臣ヨリ選奬セラレ同時ニ奬勵金五拾圓ヲ交付セラレ又本年三月三十一日學校基本財產蓄積成績佳良ノ廉ヲ以テ奬勵金百圓學童保護規定ノ實行完全ナル廉ヲ以テ奬勵金貳拾圓ヲ三重縣知事ヨリ下付セラレタリ其他金員ヲ公共事業ニ寄附シタル廉テ以テ銀杯ヲ賜與セラレタルモノ三團体木杯ヲ賜與セラレタルモノ十一名又在鄉軍人西田九兵衞ハ大津聯隊區司令官ヨリ旌表セラレ特志農家廣瀨藤吉ハ三重縣農會ヨリ彰功狀ヲ交付セラレ岩島健三郞西田九兵衞遊免重吉藤島文次郞ノ四名ハ米撰俵裝改良成績特ニ優良ナルヲ以テ本縣知事ヨリ賞狀並賞品ヲ交付セラレ學生池田金兵衞飯田豊次ハ學業操行共ニ優良ノ廉テ以テ阿山郡敎育會ヨリ旌表セラレ大字玉瀧字中ノ村區共同苗代組合外七組合並長谷川勝三郞外十三名稚蠶共同飼育組合ハ事業成績優良ノ廉ヲ以テ阿山郡長ヨリ賞狀並奬勵金ヲ交付セラレタリ村ニ於テモ又團体並篤志者ノ旌表ヲ行ヒ產業組合事業ニ盡力シタル川島文彌秋本慶次郞ニ彰功品ヲ贈リ共同一致事業ノ成績佳良ナル大字玉龍字鈴鹿區ニ團体賞與ヲ行ヒ勤勉貯金ノ成績最モ佳良ナル森井彌三郞外十六名ニ金品ヲ賞與シ小學校生徒中成績特ニ優良ナル福島安之輔川島篤太郞遊免惣七藏田まさノ四名ニハ木津奬學資金利子ヲ支出シテ賞狀並ニ賞品ヲ交付シ青年團事業ノ成績佳良ナルモノ四組並ニ團員十四名ニハ特ニ記念ノ硯箱ヲ調製シテ之レヲ賞與シ以テ奬勵ヲ加ヘタリ

十四、雜　件

有田本縣知事湯池內務部長山宮事務官北野勸業課長福地地方課長ヲ初メ本縣郡官公吏ノ本村ニ出張セラレタルモノ多ク村行政ノ各般ニ涉リ常ニ懇篤ナル指導ト敎訓ヲ與ヘラレタリ縣外ノ視察員ハ三府四十二縣來村人員一千二百廿一名ノ多キニ上リ一年殆ンド間斷ナク滯在最モ長キ者ハ五日ニ涉リ產業ニ敎育ニ將タ一般ノ民情ニ外觀內容共ニ詳細ナル調査ヲ遂ゲ特ニ視察報告ヲ印刷配付セラレタルガ如キモノ尠ナカラズ之レガ爲メニハ應接回答等村行政事務ニ幾多ノ支障ヲ釀サヾルヽコトナキニシモアラザルモ互ニ地方ノ

狀況ヲ異ニスルニ從ヒ其見聞自カラ異ナルモノアリ此間有益ナル談話ヲ聞キ或ハ參考書類ヲ交換シ或ハ地方物産ノ取引ヲ試ムル等相互間ニ研究裨益スル處決シテ尠ナカラザリシヲ信ズ

右町村制第百十三條ニヨリ報告ス

明治四十四年十二月三十一日

玉瀧村長

木津慶次郎

百姓は正直なるものなり素朴なるものなり、頑固なものなりといひたるは、まー此間のことなり。まうけがあれば虚言も方便と心得、都會に入つては百姓といはれまいの掛念にて縞の羽織となりすまし、はやりじやと云へば徒に後れざらんことを欲し、變らぬは馬鹿の程度なりとは、恐れ入つた變りならずや。

明治四十四年廣島縣加茂郡廣村事務報告

一、事務全體ノ狀況
明治四十四年中本村役場ニ於テ受理シタル文書四萬八千四百四十七件上司他廳ヘ發送シタル文書五萬四千三百五十八件合計十萬二千八百五件ニシテ之ヲ前年ニ比スルニ二百十四件ヲ增加セリ左ニ各般ノ事務ニ就キ其經過ノ概要ヲ叙ス

一、事務件數
別紙ノ通

一、事務ノ分課及附屬員配置
事務ノ分課ハ前年ト異ナラズ即チ庶務係、財務係ノ二係ニ分チ庶務係ニ議事、統計、兵事、學務、衞生、戶籍、勸業、土木其他財務係ニ屬セザル事務ヲ財務係ニ徵稅、會計ニ關スル事務ヲ分掌セシメ庶務係ニ書記六名雇三名財務係ニ書記五名雇一名ヲ配置セリ然レドモ事務ノ繁閑ニ依リテ各係相援ケ尙一名ノ書記退職者アリシモ各員ノ勵精ニ依リ幸ニ事務ノ澁滯ナカラシメタリ

一、議　事
九月二十五日廣島縣會議員選擧ニ付本村役場ニ於テ投票ヲ行ヒタリ
九月三十日賀茂郡會議員選擧ノ爲メ本村役場ニ於テ選擧會ヲ開キタリ
村會開會度數ハ十七回ニシテ會議日數合計二十日議決件數四十三件ナリ之ヲ前年ニ比スルニ回數ニ於テ五回日數ニ於テ四日ヲ增加セリ其原因ハ主トシテ吏員ノ改選、學校敷地買入、村稅增加等臨時ノ事件アリシ爲メナリ

一、兵　事
前年徵兵適齡者ハ百二十五名ニシテ內現役合格者四十名猶豫出願者四名翌年廻シ一名兵役免除者五名ナリ而シテ適齡者身元調書ノ如キ本年ヨリ甚ダ複雜ナルモノアリタリ

年末現在役人員ハ百二十三名ニシテ在郷軍人數ハ七百八十九名ナリ

一、戸　籍

前年中取扱ヒタル身分幷ニ戸籍ニ關スル届書左ノ如シ

身分ニ關スル届書　千三百二十六件

戸籍ニ關スル届書　四十四件

戸籍謄抄本交付件數ハ千三百七十四件ニシテコノ手數料百八拾參圓九拾錢ナリ

一、教　育

三月三十一日現在學齡兒童總數二千六百九十五人ニシテ內就學ノ始期ニ達シタルモノ二千三百七十三人是ヲ前年ニ比スルニ總數ニ於テ二百四人始期ニ達シタルモノニ於テ二百三十七人ヲ增加セリ

就學歩合ハ男九九、四二ニシテ女九九、三〇ナリ

三月三十一日現在就學者ハ尋常科千八百八十五人高等科百四十五人合計二千三十人ニシテ前年ヨリ三百三十五人ヲ增加セリ

十二月十三日ヨリ十五日ニ至ル三日間村內各小學校兒童成績品展覽會ヲ尋常高等小學校ニ於テ開催セリ

一、衞　生

春秋二季ノ清潔法ハ縣令ニ基キ從來ヨリ一層嚴密ニ施行セリ不幸ニシテ一部落ニ腸窒扶斯ノ患者ノ發生ヲ見シガ蔓延スルニ至ラズシテ撲滅スルヲ得タリ

種痘人員八百十九人ニシテ內第一期四百六十八人第二期三百五十九人ナリ

一、勸　業

例年ノ通リ稻苗代品評會ノ開催、綠肥栽培、麥黑奴拔採、堆肥改良、害蟲驅除豫防、蔬菜改良ノ獎勵等ニ努メ尙ホ產米改良ノ目的ヲ以テ阿賀、廣仁方、川尻各町村聯合產米品評會ヲ本村ニ於テ開催セリ

一、土　木

道路橋梁等ノ修繕ハ概ネ常態ナリシモ尋常高等小學校舍ニ充テ平家建一棟ヲ增築シ尚公會堂建增工事ヲ施行セル等ニ付繁務ヲ見タリ

一、地　理

前年中取扱タル地類變換四十二件、地目變換六十九件、土地分割六十六件、荒地年期明三十七件ニシテ前年ヨリ其數ヲ減少シタルモ明治三十九年四十三年マデノ地目、地類變換、地價修正幷ニ宅地價修正ニ關シ本事務ハ甚ダ繁忙ヲ極メタリ

一、徵　稅

國稅、縣稅、村稅各徵收額ハ別表ノ如シ之ヲ前年ニ比スルニ總計ニ於テ千七百五拾參圓七拾貳錢ヲ增加セリ而シテ徵收手續ノ如キ繁鎖ナル手數ヲ要スルモノアリタリ

一、會　計

從來ノ如ク例月檢査及臨時檢査ヲ勵行シ常ニ收入役ヲ督勵シテ收支ヲ正確ナラシメ村費ハ可成節減ヲ加ヘタルヲ以テ時世ニ伴フ幾多ノ施設ニ付費用ヲ嵩ムノ止ムヲ得ザルモノアリシト雖モ尚幾分ノ剩餘金ヲ後年度ニ繰越シ得ベキ見込ナリ

一、基本財產

明治四十三年末現在額ハ金參萬五千百四拾六圓五拾九錢貳厘ナリシガ豫期ノ如ク之ヲ潤殖シ得タルヲ以テ各加入金ヲ合セ四萬四百貳拾壹圓九錢四厘（明治四十四年十二月三十一日現在）ニ達シ前年末ニ比スレバ五千貳百七拾四圓五拾錢貳厘ヲ增殖セリ

一、雜　件

前年中モ村治視察ノ爲メ各地ヨリ來村者幷ニ書狀ヲ以テ治績取調方ノ照會ニ接シタルモノ多ク其應接回答等ニ付異常ノ手數ヲ要シタリキ

右町村制第百十三條ニ依リ報告ス

明治四十五年二月二十六日

廣村長　藤田讓夫

第二節　致富と進德の兩道を重んずべきこと

金の切れ目が緣のきれ目と云ふことあり、窮乏に苦みては何人も鈍になる、と下世話にもあるが、貧乏で面白い村の出來るものでなく、借金で苦む村に立派なことの出來るものでない以上は、自治の進捗をはかるに致富の道を講ずべきは、云ふまでもないことであるが、致富の道を講じ、富を得ればとて、自治を得るものでは決してないものである。若し財產さへ出來れば、富さへあれば自治が出來るものであるならば、模範村に貧乏なものはない譯であり、富める村に自治は發達すべきに、斯る事實はないのである、故に富を致してのみ自治が得られ、財產に伴ふて模範村が出來るものと思ふは大なる間違であるだらう。現に借金を拔いて稻取村は模範村とはならなかつた、富める樣になつてもならなかつた、近頃聞く所によれば、愛媛縣の餘土村は村是實行のために餘程富有になつて來たが、隨分困る事が出來て來たといふのであるが、之は富に伴ふ惡德の增長であるさうな。伊豆の加茂郡なる白濱村は、風波の每に石花菜が自然に採集され、働かないでも富める所であるさうなが、模範村とは誰れも云はない。之皆致富は必ずしも自治を生むものでないと云ふ證據である、自治のためには富といふ有形の財物のみの賴みとならぬ實例である。さはいへ、身貧なれば仁義ありと雖行ふこと能はずで、如何に自治に焦心するも、資本なしに何事をも行ふことの出來ぬは分りきつたことなれば、どうしても致富と進德

自治の進歩とは道德を右脚とし富を左脚として歩むこととなり

の兩道は車の兩輪、人の兩脚に配當して、偏重なく發達する樣にせねばならないのである。自治農村の歸一に於て既に其の必要を說きたれば、餘りくど〳〵敷云ふ要はないが、兎に角自治をはかるには、此觀念を基礎として行かねばならぬのである。

偖而致富をはかるには、色々の注意がある、

一、專門的智識が普及せねばならぬ、

一、技術に熟せねばならぬ、（即ち專門的智識の應用が出來ればならぬのである）

一、世事經濟に通ぜねばならぬ、（時勢の變遷、物價の變移、需要供給の實情に通ぜればならぬ）

一、時、所、位の利用、活用が出來ねばならぬ

一、廢時、廢物のなき樣にせねばならぬ、

一、勞力の平均がとれねばならぬ、（即ち餘りに繁忙なるも惡しく、餘り暇な時あるも惡し、閑忙宜しきを得る樣に仕事を割ふればならぬ）

而して飽くまでも信用を重んじ、勤勞を敢てする勇氣がなければならぬのであるが、吾輩の持論としては、是非共家業の經濟と家政の經濟とを明かにして、其の宜しきを得る樣にやらねば、まだ致富の秘訣に入るものではなからうと思ふのである。

之を簡單に說かんか、先づ以て左の通りであらう、家業の經濟は所謂少費多額が本能であつて、たゞ足らざるを知りて、精勵倦むことを厭ふてならぬ道理である。家政の經濟は分度が本能であつて、た

致富の祕訣は農家の經濟を巧みにすること也

だ足るとを知りて、儉約で驕らぬのが其道であるのだ。語をかへて言はゞ家業の經濟は、生産の道であつて、家政の經濟は消費を意味するのである。此の雙方を案配よくして、出づるものより入る方が多くなり、其差引の殘りが餘計になればなる程、財産が出來、富が增すので、之を農家の經濟といふのである。此處では其詳細を盡くすとは出來ず、又盡くすべき處でもないから、大體を示して詳細は別に著はず農家の經濟（近著の積なり）に讓ることに仕樣。（吾輩は所謂經濟學者にあらず、故に云ふ所に笑止なるもあらうが、眞摯なる農家を相手にしては、此方が却而分り易からうと思ふてのことなり）

農家の經濟を分ちて、家業、家政の二方面となす。

（一）家業の經濟

イ、本業と副業とを明かにし、本業は本業らしく副業は副業らしく經營すること、

本業で失敗する農家は少く、副業で倒産するもの多し、よく心掛くべきこと、

本業と副業と配當をよくし、釣合をよくし、勞力の分配を巧みにすること、

ロ、資本は寢かさぬ樣にすべきこと

農具、肥料、種苗等は便利なるを選び、正確なるを廉價に求むる工夫をすべきこと

家畜、果樹其他農作物は營養を吝みて瘠せざる樣すべきこと、一文吝みの百知らずは、一大禁物也、

資本の融通をよくなすべきこと、

信用は一の有力なる資本と心得うべきこと、
權利も一の資本なることを忘るまじきこと、
八、勞力を遊ばさぬ樣にすべきこと、
家畜や機械の勞力を應用すべきこと、
家族共同の勞力を貴ぶべきこと、
勞力は永久的なるを要し、有効ならしむべきこと、
勞力と腕力とは別なり、智力もあり精力もあるを忘るまじきこと、
年中間斷なく勞力を工夫すべし、閑居して不善をなすは小人のみならず、大人でも然りと思ふべきこと、
二、土地は寸時も利用を怠るまじきこと、
地力の消耗せぬ樣、瘠せたるは肥培を怠るまじく、深耕は新に土地を得ると悟るべきこと、
耕地の整理は改良の根本なり、宅地の整理、用惡水の開修は決して枝葉のものとて忽にすまじきこと、
出來得べくば山林原野田畑宅地の配當宜敷を得べきこと、
農家は必ず土地を持つべき心掛け肝要のこと、

ホ、隣保團結は如上の三要素をよく活動せしむるものにて、協同一致は勞力に餘力を生じ、資本の運用を圓滑にし、土地の利用を有効ならしむるものなれば、何事の上にも和協を貴ぶべきこと、之がため組合など盛に應用すべきこと、

改良進歩は時勢の要求なり、此の要求に應ぜざるものは、時勢も亦自己の要求に應せぬものと思ふべきこと、

作るものは需要に應ぜんがためなれば、需要者の好惡を明かにし、物價の移動に注意すべきこと、

慣れたる仕事に改良を加ふるは、人のよいと云ふ慣れぬ仕事をやるよりも効果ありと思ふべきこと、

種類を選ぶよりも、所に適したるものを選ぶべきこと、

よい物を採用するには、立派な腕を持つてかゝる用意あるべきこと

やりかけた事は一二度の失敗に懲りず、よい事は熟練するまでやり通す決心あるべきこと、

へ、農業の經營法は大事と心得うべきこと、

自作農を貴ぶべきこと、

地主小作者は常に家族的の和協をすべきこと、

分益農法は研究し精々採用すべきこと
大地主の農場は地主の直營とすべきこと、
專門家の利用を忘るまじきこと、
粗放農よりも集約農は我國の多くに於て利益ありと思ふべきこと、
之を統べるに少費多額を以てし、勤勉努力を以て行ひ、啓發を怠らざる智力の應用を巧にし、常に需要の如何に注意して販賣を誤らざれば、其の生産を多くし、其の品物をよくし、其價を高くし、其の收益を多くすることの出來るは、受合て間違ふことではないのである。其の如斯することの出來るは、即ち農家が家業の經濟をよくする所以であるのだ。

（二）家政の經濟、或は家事經濟

イ、生計費、衣食住は簡易を貴んで其の費用は成るべく節約すること、
ロ、敎育費、敎育は役に立つ人間にするが目的にて虚榮のために無駄な費用は費すべからざること、
苦學は智識を生むといふことあり、心すべきこと、
ハ、交際費、事業のための交際、和協のための交際はすべし、酒色のための交際、遊藝逸樂のための交際は避くべきこと、

ニ、旅行費、百聞は一見にしかずといふことあり、旅行は大切なれど、物見遊山目的の旅行は後に廻はすべきこと、

ホ、吊祭費、法事、節句、盆、正月、祭禮は敬意を失せざるが肝要なり、之をだしにして騒ぐは惡事と思ふべきこと、

ヘ、娯樂費、庭園、茶、花、圍碁、將棊、觀劇、酒、煙草等娯樂は色々あり、娯樂は大切なれど人も喜ぶ家族も樂むものがよし、如何なるものでも家業に累を及ぼすものや風紀を亂すものは斷じて不可なり、賭場など娯むは以ての外の曲事たるべきこと

ト、冠婚費、冠婚は人生の大事なれど、分度に超えたることをするは、一種の罪なりと思ふべきこと、

チ、公租諸入費、節約の出來ぬ費目にて、之は期限〳〵に正直に出すがよし、請求されてしぶ〳〵出すは不心得たるべきこと、

リ、寄附費、近來の大流行物なり、寄附もよいが納税に差支へを生せぬ程度にすべきこと、數へ來ればまだ〳〵あるが、何れも出る方のみなれば、此方面にかけては質素儉約を旨とし、廢物利用を巧みにし、分度を立つるを法とし、無駄費をせぬ勘考を大事とすれば、消費の割合に効果は多くなるであらう、之れ即ち家政の經濟に上手といふのであつて、物の粗末にならぬ所以の道であ

るのだ、

語に曰く、民の生は勤に在り、家道は儉に在り、たゞに儉して勤めざれば財に源なく、たゞに勤めて儉せざれば財に餘りなし、皆足らざるの道なりとあり、甘い語ではないか。今それ家業の經濟によりて財を生じ、家政の經濟によりて財を餘すことが出來るのである、富と貧の岐路は此處であり、生財と散財の分け目は此處であるのだ、即ち

貴賤貧富の分岐點

家業經濟＞家政經濟　即ち　生產＞消費
家業經濟－家政經濟＝x　xは財來、產富なり
家業經濟＜家政經濟　即ち　生產＜消費
家業經濟－家政經濟＝－x　－xは借金、貧の因なり

古人の語を之に配當して更に分り易く說明すれば

家業の經濟	勤、（至誠、勤勞） 足らざるを知れ、 生產、 財の出來る所、	富與貴是人之所欲也、不以其道得之不處也、 生財有大道、
家政の經濟	儉、（分度） 足ることを知れ、 消費、 財に過不足の生ずる所、	貧與賤是人之所惡也、不以其道得之不去也、 生之衆、食之寡、爲之者疾用之者舒、財恆足矣、

貧乏する所以

今人其の勤むべき所に勤むるを欲せずして、衣食や娯樂の上に勤め、其の儉なるべきに約するを欲せずして、稼穡の道に働きを約せんと思ふの風がある、之れ致富を欲して得ざる所以である。加之衣食住や冠婚に足るとを欲せずして、農事上のとには足るとを知りて、改良をせんと思はぬが一般の風であると云つてもよからう、之れ財産を欲して得ざる所以ではあるまいか。故に致富の道は、農家の經濟に達して、之に巧者なるにあり、之に上手となるにあらざれば能はざるものと思はねばならないのである。

進徳の基礎觀念

徳を進むるに對しては、色々の觀念もあらうけれど、吾輩をして云はしむれば、左の條項を基礎とせねばならぬものと思ふ、即ち

一、祖先に報ゆるの道を思はねばならぬこと、
一、子孫に對する責任を果さねばならぬと云ふこと、
一、天地の恩はわが徳行を以てせねばならぬこと、
一、聖代の鴻恩に感謝する所以の道を盡さねばならぬと云ふこと、
一、人道を重んじ、之を貴ばねばならぬと云ふこと、
一、人生の意義を悟り向上（人格的）せねばならぬと云ふこと

之より打算したるものにあらずば面白くないのである。而して己れ一人の徳行も大切なるが、それで

は至つて効果の薄きの者なれば、少くも字なり村なりの風潮とせねばならぬ、即ち一村の風が徳義を重んじ、一字の習が皆徳義で固めるといふことにならなければ、農村の自治に貢獻する事が少ないのである。彼の農家の經濟を講究して、致富の因を得るも、一人や二人では村の富、字の財産を增す譯には行かないし、又之が一村一字の風とならねば、其の經濟を上手に行ふことも六ヶ敷いのである。されば農事改良を奬勵し、殖産興業を計畫して、農村の福祉を增進せんには、他方に於て矯風、共濟、保健の道を講じ、清爽なる娯樂を敎へ、健全なる慰勞の方法を授け、大に修養の必要をも鼓吹せねば、富んで驕らざるは少しの境遇に陷りて返つて民衆を墮落せしむる樣な結果を見るに到ることもあるであらう。而も致富は人の好む所なれば、其道や講じ易く、又た行ひ易しと雖ども、徳義はどうしても固苦しきことにて、餘り人ずきのせぬものであれば、中々容易に行はれ難いものである、故に古人も財は末なり、徳は本となりとも謂つて居るので、進徳を第一にし、致富の道は次として丁度よいことになるものである、今の人或は利を以て導き、然る後道徳に入らしむべしと云ふもあれど、そは方法であつて、徳義を重しと見るは同一である、此點から見れば、致富と進徳とを併び行ふことの出來る報徳結社の如き、産業組合の如きは、實に巧妙なる方法であると云はねばならぬ、要するに今日に於ては、何處の町村でも、組合か報徳結社の如き、善を衆とともに行ふ團結をつくらねばならないので、唯だ農事改良の一點張りでは、改良も容易に行はれず、行はれても農村に及ぼす効果が少ないものと

徳は本なり財は末なり

改良論者の正に心得べき所

思はねばならぬのである。

第三節　下民の地位を高むべきと

喬木は風に折れ易く、深井は雨に崩れ易し、とは古來の格言であるが、人事に於て亦然りで、富貴餘りに群を拔けば倒され易く、貧乏餘りに甚しければ亂れ易きは、古今其例に乏しからぬのである。加之貧富の階級が遠く隔絶すればする程、近く秩序を亂すとが激しくなるのは、今世の流行とも云つてよからう。故に富むもの餘りに富み、貧しきもの常に貧乏を增す樣では、決して社會の幸福を生むものではない。平和なる村は財產が大抵相似たり、よつたりであるのみならず、思想趣向の上に於ても大差ないのである。或人の我國が二千五百年間平和であつたのは、主權の偉德が及ぼせる功德であるは勿論なれど、一面に於て財產の分配が比較的よかつたのであると云つた位である。又シフブラントと云ふ人は、露國の弱い原因を論じて、中流民の發達遲く、且つ其公德の程度淺薄なるに歸して居るのである、されば中流の人を多くし、之を發達せしむるとは、自治の進步をはかる上に於て、尤も大切な要件と思はねばならぬ、然し上流の富者に貧乏を强ひ、財產を滅せよと云ふ必要はないので、下流の民富をすゝめ、下民の地位を引上げて、之を中流にすればよい。斯くして上下の間を近づけ、貧富の差を少くし、更に進んで中流をも上達せしめ、中產者を富者の位地に上ぼせばそれでよいので

中流民の發達せざるは國家を危くす

ある。之れは農村行政の當局者や、農村自治に焦慮するものゝ工夫せねばならない信條であるのだ。

分配の意義は廣大なり

經濟學者は富の分配を八ヶ間敷云つて居るが、富のみにて下民の地位を高むる譯には行かないが、それでも分配せぬよりはよい。富者の中には土地の兼併に熱心するものがあり、地主の中には如何なる場合でも小作人に土地を讓り渡さぬと云ふものがあるが、之れは誠に困つたものである。地主の子孫を考へても、富者の後繼者を思ひやつても、果して其土地を有用に使用することが出來るであらうか、大事に維持が出來るものであらうか。寧ろ之を下民の有力者に讓り與へ、熱心家に分割してやつて、將來におこる秩序を亂す樣なことを豫防した方が得策であるであらう。國家の土地經濟の上から見ても、農村の幸福を增進する點からしても、左樣するのがよいのである、又た一は貧者の勤勞を奬勵し、小作者に精勵を促がす手段ともなり、藥餌にも相當する方法であるのだ。

西袋村長の工夫

福島縣は岩瀨郡といふに西袋村と云ふ村がある、戸數略四百戸に對して、所謂貧乏で寸尺の土地も持たぬといふ輩が八十三戸あるといふのである。農事の改良をやるにも、基本財産の蓄積をするにも、衞生の設備を促がすにも、敎育の普及を計るにも、足手纏ひとなり、邪魔が入るのも、此八十三戸である、之がために自治も圓滿に進歩せず、村の幸福も旨く增さないのを憂へて、工夫慘憺したのは、村長安藤文三郎氏であつた、氏は此の心配を村の有力者に訴へ、之が救濟策を相談した結果、何れも氏の熱誠に動かされ、應分の寄附をする事になつたさうだ。明治四十四年の十一月までに申込みたる寄附は、山地の寄附で多いのは一人で一丁五反歩、金で多いのが一人で千五百圓出したといふことである。それで八十三戸のものは一戸當り兎に角五反歩以上の土地を有し、貧者一朝にして自作の民となつた譯であるが、其成績は未だ聞かないから分らぬが、此の熱心あり、計畫ある村長なれば、必ずや自治の上に面白い成績を上ぐるに相異ないと思ふ。事實の如何は兎に角、自治を思ふの士は之れ位の計畫がなければならず、此處に注意がとゞかねばならないのである。

小作人の横着に油を塗る所以

人を救濟する極意又慈善の極意

智德の分配も分配なり

之れは土地の分配で一面から云へば富の分配でもあるが、之れのみでは面白くない、地主の中にはよく小作米を負ける者があつて、之をよいことに考へてるものが多い、甚しきは慈善でも行ふた積りのものがあるが、そは大した間違でなければならない。何故ならば小作米をねだると負けてもらへると云ふ觀念を小作人に持たしむるは、人を卑劣にするものと云ふべく、小作人の境遇を脱せしむる考のないことで、極端に云へば惡德であると云つてもよからうと思ふ、相成るべくは、小作人に如何なる場合でも、負けろなどと云はしめぬ考が必要で、又負けてもらうと云ふ考の起らぬことにしてやらねばならぬのである。之れぞ地主相當の考で、眞正なる親切であるだらうと思ふ。それをするには、是非共智德の分配をしてやらねばならないのである。

富榮會

愛媛縣の温泉郡に素鵞村といふがあつて、農業の進むだ良い村である、殊に際立てるが大字小坂で、其小作人の一團に富榮會といふが組織されて居る。是れは農耕者の自助的共濟機關で、云はゞ報德社の樣な仕組で、勤儉貯蓄をすゝめ、農作物の改良をはかり、會員中不幸や災害にかゝれる者あるときは、之を救護し以て會員の幸福を致すを目的とし、行々は小地主たらしむることを期するのである。

目的

此の名稱が富榮會といふので、其の名稱は即ち其究極の目的を表明して居るのである。

起原

此會の起原が聽くべき値のあるので、一言せば、去三十二年の凶作に際し、大字の小作人は三十八餘り徒黨を組むで、掟米每反一斗宛を輕減せむことを大に地主に强ひたが、地主は耳を假さなかつた。夫れも其筈で、其年は大字の作柄が寧ろ並みであつたが、當時本村以西を通じて小作掟米の輕減が行はれた者故、其眞似をした理けで、畢竟紊りに安逸を希ふ筋合であつたのである。然し小作人は團結して、時の村長門田晋氏を介して飽くまでも、其意を貫かんとした。門田村長は大いに其根性の腑甲斐なきを嘆き、頻る自助的精神を鼓吹したのには、小作人も物の道理の正面に喰つて掛ることが出來なかつた。機を視るに敏なる村長は隙かさず、團結の力を用ひ獨立自營の途を立つることとした。本會はかくて生れたもので、乃ち實踐を主として規約も出來て、引きつゞき行はれて居るのである。

組織

三十三年二月を以て組織した本會は向ふ六十年を一期とし、各自每月一回金十錢宛を積立つる外、更に初めは年の豐凶に依り米麥若干の蓄穀を爲し來つたが、去る三十五年中より、之に換ふるに、一反六畝步の田を共同耕作して、依りて穫る收益金を積立てることゝ改め、これ等の積金は之を富榮金と總稱し決して引出さぬ定めで四十四年度末の調査に依れば凡そ千六百有餘圓に達した。此等の金は第一に肥料購入の資として、極低利に融通せられ、其共濟保險的の備としては、會員中に不幸や災害に遭遇して積立を爲す能はぬ者を生じた場合には、會員協議して若干の救助金を贈ることゝして居る、相互德義を硏き、智能を啓く機關としては、每月廿五日月並會を開いて(一)勸業、衞生、敎育の普及、(二)勤儉貯蓄の奬勵、(三)窮民の救濟方法、(四)怠惰を戒め、僞善を悔いしめ、公德心の涵養、(五)道ある人の言行に付きて訓話する等夫々盡くすは勿論、若し(一)神祇を敬はず、朝廷を誹議し、(二)怠惰奢侈の爲め產を傾けむとし、(三)僞善以て私利を圖かるが如き行ある者は之を除名することゝし、進むでは、會員本來の面目を發揮するが爲めに、特に米質製俵に改良を施し、小作掟米は決して枡切なき樣に注意を加へ、以て小作人の模範たらしむる樣に勗めしむるなど記す可きことが少くない。要するに哀を地主に乞はむとして自ら省みて奮發するに至つた本村小作人の如きは、眞に能く己を持するものといふ可きであるまいか。

如斯小作人を獨立自營に導くといふことが即ち下民の地位を高むることであつて、門田氏のやり口こそ眞正の慈善的行爲で、之れぞ智の分配、德の分配といふべきである。之れが何處の町村長も則るべきことである。地主のとるべき方針であつて、農村自治に多大の功德を及ぼすことである。

片平氏の奬勵亦其宜を得たり

靜岡縣の模範村落なる、庵原郡庵原村の杉山に於ては、片平九郎左衞門氏常に小作人を奬勵して『各自速に自作の人となれ、土地が入るなら何時でも讓るが、自分のは何時でも讓りてやるが、人樣のものはそうは行かぬ、故に賣り手あれば、質流れでもあれば、必ず工面して之を買取ることを忘るゝ勿れ。資本がいるなら報德社で貸す、金がないとて買へる機會を取り逃がすなよ。何んでも百姓は土地を持たねばならぬ、土地なき百姓は眞の農家ではない、從て眞摯に愉快に働かれるものではない』と、督勵を怠らないと云ふことである。一時杉山地内の土地が大概他所へ出て行つたこともあるに、今日では悉く之を取り返し、尙ほ隣村の土地を四百町許買込み、何れも小作ばかりする人のなくなりて、誰れが見てもよい村となつたは、實に此の用意があつたからである。地主にして小作に土地を讓るはつらいことであらう。乍去斯くして小作のために計り、其地位を高むるに至れば、何人も其德に服するであらう。地積の主となるよりも。其の土地人民の主と仰がるゝことこそ、眞正の地主なるべけれと思ふ、何人も斯る觀念を以て部落農村に臨み、斯る同情を以て小作人や貧者を導き、斯る理想を以て己が所在地をも惜しげなく讓り渡し、たゞ彼等の地位をすゝめ、彼等の境遇を高むることが出來たなら、それこそ農村の自治に多大の功德を及ぼすことであるのだ。

所謂智の分配、德の分配

安藤氏の如く行らないでも。門田氏の如く導かぬでも、片平氏の如く力の出來た小作人や貧乏人に土地を割安に賣ること位はせねばならぬ。又た時々講習講話會を開催して、時勢の進步、種藝の改良法位は會得せしめねばならない。或は宗敎家に計り、學校敎師に相談じて人道の如何なるものか、人間の本務位は知らしめねばならないのである。然らざれば到底下層の民をして上達せしむること難く、下民をして其地位を進ましむることは出來ない。從て幾久敷農村の安寧を保護し、幸福を増進することも出來ないのである。

稻取の田村氏は常に農村興亡の因を調査して、貧富の懸隔ほど村に惡影響を及ぼすものはないと云つて居るが、眞に左樣なければならぬ理である。故に下民の地位を進め、中流人士の養成、即ち擧げて自作の人にする方針が、確に農村自治をすゝむる唯一の信條である。加之正に國家の大患たらんとする社會問題に對する唯一の解決手段でもある。

> 頃日尊徳翁を夢みたり、翁甚だ喜ばず、樂まざるものゝ如くにて、私に語りて曰く、われ死後五十年にして、今各所に己が道を說き、己が教と云ふを語るもの日に多きを見ろ、而も或は之を以て時代精神を見ろに足るとし、或は風教の上に於て喜ぶべき現象となす。さても迷惑の甚だしき哉。わが志を知らざるも亦酷しきかな。汝は知りつらん、わが道は言ふべきにあらずして行ふべきにあり、わが主義は語るべきにあらずしてやり上ぐるにあり、わが教は講究すべきにあらずして實際に適用するにあり。

第四節　協同一致の風を養成すべきこと。

協同をいたす三要素

協同は勢力、和協は生産といふ語がある位で、何事にも關らず、協同で行へば勞少く、和協でなせば苦も少く、加之大きなことも六つヶ敷ことも出來るものであれば、農村のことは一切協同に訴へ、一致に依りてなすべき風を養成すべきが、即ち農村自治の進捗を促がす信條である。故に農事改良も精々耕地整理の如き、共同苗代の如き、共同採種の如き、共同飼育の如き、或は共同耕作の如きをやりて、協同の利益と共に改良の功果を知らしむべく努め。資金の融通、貯金の取扱も信用組合の如きを設け物品の購入、又は販賣の如きも、購買組合なり販賣組合を設けて、協同でなす癖をつけ。致富進德の兩道を講ずるに於ては、或は報德社の如き結社をなし或は申合をなして、人と共に事をなすの必要を鼓吹し。盜難豫防や火災保險の如き防害事項も、一村を擧げて之をなすの申合をなし。祝祭日を迎ふるが如きも、貧富老幼を論ぜず貴賤强弱を分たず、平等和樂の出來る工夫をなし。道路の開修用惡水の開鑿等も、擧村の人皆之を手傳ふの機會を作り、勤儉貯蓄の如きも、熱心不熱心の兩派の出來ざるに注意する等、其他所謂共濟矯風の施設などをなし、萬事和協によりて其効果を大ならしむる算段が肝要である。而も一村一字の協同一致を見んとするには、何事を始むるにしても、村民一同に其事を周知せしめねばならぬ。一人でも之を知らざるものがあり、之を疑ふものがあつては、決して和協の出來るものでない。又た公平と云ふことが一般に會得されねばならぬので、若し地主が勞を吝むだり、權勢家が無暗に威張りたり、財產家が吝なことをしては、決して協同一致の出來るものではない。且つ夫れ太陽系統の衆星が進行を都合よくなし、秩序を亂さぬといふには、太陽といふ中心があるからである。又は獨樂のよく廻はるといふも、獨樂には心棒があるからである。されば一字一村が和協してよく活動をなすと云ふにも、其中心となり心棒となるものを選ばねばならぬ。之亦協同一致を工夫し、和協を希ふもの丶大に考慮を要する處であらう。

周知により和協をいたす廣村

曩に廣島縣の模範村であるてふ廣村は公開主義であると云つた。同村に明治二十二年以來每年一回各字に村民を會して、勸業敎育自治衞生等あらゆる出來事を說示し、或は法律規則の改廢をも敎示し、或は將に起さんとする事業につきては、丁寧反覆其の性質や其効果を講說し、村民に會得せしめざれば發せずと云ふヿである、之れ世界の理想都市なる英國のグラスゴー市に於て、年々一回市氏を公會堂に集めて、市のあらゆる事項につき趣味ある講談會を開くと同樣で、村民や市民が村當局者や市當局者に同情を捧げる所以であつて、之が即ち模範村市となる譯である、斯くの如きは和協を求むる方法であつて、何處に於ても出來さんと欲せば、必ず出來ることであるのだ。

周知は同情を生む

稻取村も周知を怠らず

彼の伊豆の稻取村入谷部落に於ては、村民の集會する場所に榮昌院と云ふ寺がある。其處へ行けば肥料の分析表や、其年の收繭賣上高や、永安家資金積算表や、農家共同救護組合の事業進捗表や、村內一般のヿが皆揭示されてあつて、何事も知らぬ他國人でさへ、稻取村の一般が分り、勸業に精勵し、勤儉の必要を感せずに居れぬ趣向になつて居る。之れ稻取の先覺者が和協を致すの秘訣を知つて、改良の功能、精勤の功德を周知せしめ、民をして倦まざらしむる用意のある所であらう。其の表の一を上げて見るなら左の如きものがある

勞働者一人平均作付反別三反四畝一歩
一戸平均作付反別一町一反七畝八歩
六十歳以下十五歳以上勞働者二百十五人（男九十九人 女百十六人）
内六十歳以上十五歳以下二百十四人（男九十二人 女百二十二人）
戸數六十三戸　人口　四百三十一人（男百九十一人 女二百四十人）
柑橘七千七十三本
畑五十八町一畝十五歩
内田十五町八反六畝歩
反別七十三町八反七畝十歩

稲取村入谷農家共同救護組合

第一部落

合計

戸數　百三十六
反別　百三十五町五反一畝一歩
柑橘　一萬百三十九本
人口　八百五十八

第二部落

反別六十一町六反三畝廿一歩
内田十一町三反六畝二十三歩
畑五十町二反六畝廿九歩
柑橘三千九十六本
戸數七十三戸　人口　四百十九人（男百九十八人 女二百二十一人）
内六十歳以上十五歳以下二百一人（男八十六人 女百十五人）
六十歳以下十五歳以上勞働者二百十八人（男百十二人 女百六人）
一戸平均作付反別八反四畝十三歩
勞働者一人平均作付反別二反八畝八歩

此表は年々改むるものなるが故に、累年比較をなせば稲取村の消長が解り油斷も出來ず、樂みにもなるものである之亦何處の村に於ても、志だにあらば出來ることである。

公平は和協の一大要件

右は何れも周知の功德によりて和協の實を得たる實例であるが、吾輩が所謂公平を一般に會得せしめて、和協を得る道を之より述べて見よう。

グレンヂ組織

米國合衆國には「グレンヂ」組織といふものがあるそうである、そは合衆國農民の利益を謀らんが爲めに、主要なる人々が組み合ひて設けるものだそうで、今より四十五年前に初めて出來たと云ふ。當時彼等は政事的方面に活動して種々農民に利益となるべく法律の制定等に盡力したものであるが、近來は政治方面に盡力することを止め、主として社會的方面に、農民の利益を增進することを努むることになつたのである、則ち各地方の「グレンヂ」は大抵一の家屋を建て、之に二三町步の土地を附屬せしめ、家屋には內外に適當の裝飾を施し、又圖書を陳列して供覽に便し、家屋周圍の地は庭園の樣になり、一年一回宛園遊會を催す樣な組織である。此組織が出來てから地方農民は、淸爽なる娛樂場を有し、圖書の閱覽も出來、會遊もすることが出來るので、非常の喜をなして居るので、或は呼んで農民の恩人と

農民の恩人

言つてる位だ。而も之皆主要なる地主連協同の事業で、上流たるものゝ正になさねばならぬことである。

家庭果樹園

愛知縣には個人事業ではあるが、地主は土地と營理費を提供し、小作人や下流村民は勞力を提供して、娛樂園をつくり、開花の時、結果の時、地主と其小作人とが共同の樂みをなし、兼て村民に改良の功能を知らしむることをして居る、之を家庭果樹園と名づけて居る。地主は土地と營理費を出すにより收

穫物を所得とするのであるが、小作人は勞力を提供するから、種苗をたゞで分けてもらうことにして居る。花を見るは地主も小作も同樣であり、改良法に浴するも亦同樣である。故に此組織がよく行れたなら、極めて公平な幸福を享くることになるだらうと思ふ。今や進んで講じつゝある方法もあるが、之は其成績を見て追て發表する積りである、兎に角此の法を地主連合でやることになれば、即ち米國の「グレンヂ」組織よりも、更に趣味あるものになるだらうと信ずるのである。

地主は是れ位のことをするが公平なり

三河の渡邊平内治氏は、市に近き所に土地を持てるが、別に改良法も加へず、耕地の整理もせぬのに、世間の相場で地代がずん〳〵上る。他の地主は皆小作料を上げたが、氏は自己の勤勞によるものならざればとて、獨り掟米を上げなかつたが、地主連の交渉が八ヶ間敷ので、遂に上げることにした。當時氏は小作人一同を呼んで曰く、「之より世間並に自分の方の掟米を上げる、諸子等右樣承知せよ、但し此處で約束せねばならぬことは、今回上げた掟米は自分の働きでするものでない故、之を自分のものにする了見はない、さればとて諸子に持て來る要はないとは云はない、故に此分丈けは自分と諸子との協同貯蓄になし、次で雙方が信用組合を設立する時の資本とすることに承知されたし」とあつたが故に何れも大滿足で。益圓滿なる和協が繼續されて居るのであるが、如斯は公平なやり方であると思ふ。

公平なる平内治氏の處置

地主會の事業とすべし

然し此の如き奇特の考も一人二人の地主がやる樣では其効果が著くない、少くも近所近村の地主が皆其氣になつて、所謂地主の連合事業となすべく工夫することが大切である。若し一字一村の土地が悉く一人の所有地でゞもあるなれば、一人の考でも斯かる考は一村一字の協同に資し、自治に多大の効果を來すに相違ないのだ。

地主會設立の必要は此處に在り

隨分今の世には小作米品評會が開催されて、其の優等を賞揚することになつて居り、誠に結構なことであるが、之等の事業も地主連合のものとならずば其効は擧げ難いのである、其他捉米の増減や、小作人との關係等は、何れも地主側の申合が出來て居らねばならぬ、換言すれば地主の協同で何事もやらねば、たとへ善良なることでも、面白い結果を來さぬことになることがある。故に地主の協同一致を計るが如きは、凡ての事業に於て大切なことであるであらう。

協同の心持は大なるを要す

協同一致をなすには中心がなければならず、心持が大事と前に述べたが、此事につきては隨分世間でも氣をつけて來た樣だ。

御詔勅を和協の中心とするものあり

明治四十年七月二十七日の事である、三河北設樂郡に於ては、戰後經營といひながら、國民益浮華に流れて、國費財用愈足らざるに至る、何を以てか聖代の鴻恩に浴するもの〻座視するを敢てすべき時ならんや。平和克復の御詔勅には何んとある、益々其事に勤め、益々其業を勵み、以て國家富强の基を固くせむことを期せよ、と宣言あらせ玉へるにあらずや、されば我等は飽くまでも此聖旨を奉じて、粉骨止むべきにあらざるを誓ひ、而して聖代の民たるに恥ぢざらんことを期すべしとの趣意にて、郡民の主なるもの相集り、平和克復に對する立誓式を行ふた。其の立誓文に曰く、戰後經營の今日に方たり我邦をして益富强の洪基を確立し國威を萬邦に宣揚するに至らしむるものは我國民四千五百萬同胞の和衷協同して一は勤儉力行興產の道を開き以て國本を培養すると一は敎化洽及して忠良の民風を奬進し以て國勢を亢旺すると二種の要素に須ちて其効果彰然たるべきものあるは復掩ふ可からざるものなりとす。

我郡は最蕞爾なりと雖茲に三萬の同志は實に國民一千六百分の一なる重責の復た避くべからざるは宜しく銘肝して忘るべからざる所にした夙夜聖旨を奉體し滿腔の赤誠を捧げ涓埃の微志を竭盡せざるべからず況んや今や列强虎視耽々の間に立ちて極東の平和保維の急なるは我國民一日の怠を許さず國民一日の怠は百年の悔を遺こし噬臍及ばざるを如何ともするなきに於てをや。

我郡民は玆に鑑みるあり三萬の同志は異體齊步益斯業に勉め斯敎を張り以て偃武の聖世に答へ誓つて國民の重責に背かざらんことを玆無窮に期せんとす。

明治四十年七月二十七日　町村長、學校長、農事奬勵員、各自書署名

而して各村何れも、此立誓文を反古になさざるべく、年中行事を定めて之を實行すること、報德的組合の如きものを設けて、致富進德の兩道を踐むことを約し、爾來何れも之によりて、所謂一生懸命の有樣であるが、次年七月二十七日即一週年を期して、各町村の主腦は、何れも郡役所に會して、一ヶ年に於ける各自町村の實行した話をなしたが、實に民風の興新、農村の改善に一大進捗を認むるもの

があつた。妙なもので物は斯くなると、奬むるものも、すゝめられた町村民も、各前途を樂むで益勢よくやるものである。

明治四十一年三月二十五日に於ては、同趣旨を以て尾張愛知郡にも、等しく平和克復に對し立誓式を擧行し、各村何れも之によりて、奉公の義を全うし、戰後の國民たるに恥ぢざらんことを期した。其立誓文に曰く、

立　誓　書

我愛知郡農民は明治三十八年十月十六日平和克復の詔勅を遵奉し共同一致戰後經營の實を擧ぐるため左の立誓をなすこと、

第一條　自治の發達を圖り農村の基礎を鞏固にすること、

第二條　勤儉力行を旨として家業を勉むること、

第三條　産業を奬勵し國本を培養すること、

第四條　敎育の普及を圖り智識を開發し風俗を改良すること、

第五條　公德を重んじ信義を守り慈善を行ふこと、

何れも立誓後日淺けれど、或は三個年の未納稅金が三日間の內に集まつたと云ふもあれば、人情や義理を知らぬ所に敬老會や靑年會が出來て、溫き農村の美風、眞摯なる民風の作興を見た所もある。

如斯は和協の中心を巧みにつくつたもので、御詔勅に對する立誓であれば、文句の並べ樣がない譯である。

神社を和協の中心とする稻橋村

三河の稻橋村事績は前にも述べたが、村長古橋氏は神社を村治の中心、和協をいたすの心棒として居る。即ち戸籍の變動、人口の增減、民力の消長は、村長必ず神前に奉告し、就學の模樣は村民より申告することにして居るがために、村民の勤惰向學心の消長は神之を知し召とある所からして、村民一般は横着の出來ぬことになつて居る。聞けば如斯して養成された村には、他村より入込む盜難はなく、自村のもので高利を貸しつけ良民を苦むものも、出來ない樣になつて居る、(盜難あれば村民一同は逮捕する迄で腰辨當にて追廻はす慣例になつて居る、故に盜賊も之を恐れて足を稻橋に入れずと云ふ。偶高利貸出來るも村長並に有志の命令で營業することの出來ぬ樣にするといふ。)協同一致も此に至つては、其功德の大なるに驚かざるを得ないではないか、今や島根縣の簸川郡あたりでは一郡擧げて此方法によりて和協を得んとして居る。

神社、寺院、學校は偶然に存せず

兎に角神社や寺院や學校を中心とし、村民の會合をやつて、親睦をはかり、相互の意志疏通をはかるが如きも、和協をいたす所以の道である。所によりては三大節に村民一同、貴賤を論せず、小學校に集りて、兩陛下の御眞影を拜して、村民平等の喜びをなし、以て和協を養成せんと勉むる所もある。之等は簡單なことで、而も當然なすべきことであるが、よい思付と云はねばならぬ。

太陽を中心とせる富貴村

尤も面白いのは、愛知縣知多郡富貴村長森田萬右衞門氏の主義である。氏は我國は古來太陽を理想とせる國であつて、國賓の璽も太陽に則り、國旗も日章である、而も圓きは圓滿を表はし、和協を示すので、我國を昔より大和といふも偶然ではないのだ。されば我等は何事をなすにも太陽と共に働き、太陽の如き節操を持し、太陽の如く公平であり、太陽の如く正直であり、太陽の如く赤誠を以て終始せねばならぬ。朝は太陽と共に野に出で、夕は太陽と共に家に歸り、太陽の如く四季共働きを止めず、太陽の如く公平であれば、何事かならざらんとありて、今年の如きは共同苗代もつくれば、共同飼育もやれば、青年會の如き共同團體もつくつて、中々活動をして居るが、之は太陽を和協の中心として居るのである。

世に其例乏しからざる悲む小

如斯説き來れば實例はいくらでもあるが、要するに一人より二人、二人より三人と、多數共同でやればやる程効果が多大である、如斯一字が纒り、一村が一致さへ出來れば、自治を進める仕事は何んでも出來るのである。故に一字一村の協同が出來る樣、一致の働きが出來る樣、全力を盡くすべきが、即ち自治の大切なる信條であるのだ。

今日世間に於て報德社もある、産業組合もあるが、之等は單に有志の團結では決して滿足することは出來ない。何故なれば社員たり、組合員たるものは利益をすゝめ幸福をも得るであらうが、他に社員外のものがあり、組合に加入せぬものがある以上は、之を放置せば、感情に於て、貧富の程度に於て、益阻隔する許りになるであらう。如斯は農村の將來に於て決して面白き結果を來すべきものではない、却而之がため村內に派を生じ、黨を作るのを偏くることゝもなることがある。此の故に如何なる善良なる事でも、小にしては一字大にしては一村を一纏めにしてなす勘考がなくばならず、之に同意せぬものあらば、たとへ久敷に亘るも、骨が折れようが、是非仲間に入れる算段がなければならぬ。故に擧村の和協を度外し、全村の一致を輕視して、自治の進歩を期待せんと欲するは、尙木を據りて魚を求むるが如く、水に入りて月を捕へんとするが如きもので、勞して効なきに終はるものと思はねばならない。

小より大に及ぼす手段の一

三河の幡豆郡豐坂村といふは舊三ヶ村を合併した所で、三ヶ村は宗敎に於て、地理に於て、人情に於て、多少相異のある所で、中々協同一致の出來る所でない。當時村長たりし志賀壽太郞氏は之が和協をいたす方法として、各字に靑年會をつくり、之を聯合して一村の靑年團をつくり、春秋の兩度大會を開きて和親をはかり、相互助力の機會を作りつゝあるが、如斯は用意の周到なるものと云はねばならぬ。中々始から一村の和協をはかると云ふは困難なものであるから、纏まる方から、或は一區一字を纏めることから、始めねばならぬ。頭から大きくまとめるべく骨折りても、容易にまとまるものでない故、寧ろ簡より繁に入り、小より大に及ぼすことが肝要である。

當事者と人格

何れにしても和協をいたすには當局に立ち、人に周旋盡力する人の人格が至大の關係を有するは、言ふまでもないことである。智德兼備の村長か、信用と德望とある地主か、或は熱誠温厚の君子人なれ

有志の團結
諸團體の連合

ば、事をするに容易ではあるが、さもなくば一人や二人の力では中々六ヶ敷ものである。之れ有志の團結、諸會社諸事業に連結をとるの必要ある所以にて、たとへ微力ながら小團體を有する人が協同し小團體が村治の上に一致せば、夫れが大なる働をなすことになる。之亦農村自治をすゝめる上に、和協を來さんと欲するものゝ必せねばならぬことである。

獨立自營の鼓吹は和協の一要素なり

又た和協を致すに最も大切なるは、獨立自營の鼓吹である。何んとなれば和協は依賴心を起し易く、一致の行動は責任のなすり合を生じ易きものであるからだ。故に協同一致をいたし、其の効果を大ならしめむには、是非共獨立自營、自治自助の精神を鼓吹し、飽くまでも他に迷惑をかけず、人に世話をやかせず、他の補助によりて働き、人の忠告で動く樣な意氣地なしを生ぜざる樣に癖をつけるとが最も大切である、之をたとへば綱曳の遊戯をなす時に於て、綱につながる人は十人であらうが、百人だらうが、千人であらうが、各自は懸命の力を出し、而して氣を合はせ調子を揃へ、掛け聲を一所に出して、始めて勝負を爭ふが如きものである。個人の力が十分であつて、皆の調子氣合が揃へる方は必ず勝つに定つて居るのだ。此時に於ては、個人の出す懸命の力が即ち獨立自營の形で、衆人の擧動を一にし調子を揃へるとが即ち協同一致の形である。もし個人がいくら力を出したにしろ、衆人の擧動がまち〳〵になり、調子が揃はなかつたなら、決して勝を制するとは出來まい、又如何に氣合が合ひ、調子が揃つて居た所が、赤子の樣に力がなかつたなら、到底勝てるものでもあるまい、之即ち協

今や我國は諸強國と綱曳最中なり必勝の秘は國民の自營と和協の如何による

協同一致と獨立自營は衝突せず

同一致と獨立自營が衝突するものにあらずして、共に〳〵働かざれば大なる仕事が出來ぬ所以を證據立てるものである。故に協同一致の功德を大ならしめむには是非獨立自營を皷吹せねばならず、獨立自營の効果を多大にせむには、飽くまでも協同一致を奬勵せねばならないのである。もし獨立自營を貴ぶとて衆に和するを知らず、協同一致が大切なりとて個人の力の振はざるが如きものあらば、大なる仕業や事業の出來ぬもので、氣の毒な者であるのだ。今の世不幸にして隨分斯くの如き事も少しとせず、また如斯誤解をなして悟らざるものも多い様だが、誠に情なきことと云はねばならぬ、他はいざ知らず、農村自治に工夫するものは、此邊にも用意して其の誤なきに渾身の勇を振ひ、一日も早く町村をして皷腹擊壤の境遇に導かねばならぬのである。

蠶業は農業の副業にあらずして、福業なりと云ふものあり。されば農業の片手間にやりては濟まぬものにて、福の神を番するが如き心持にて精神を捧ぐべしと云ふなり。さるひと或は曰く、蠶業は農業の福業にもあらず、副業にもあらず、覆業とこそ云ふべけれ。神樣と思ひ番するならば、貧乏神と思へ、うつかりせば本業までも顚覆させでは止まざるとなり。

第五節　隣保相助の習慣を育成すべきこと

古今の美徳

我國の民政に於て美點と認むべく、自治制に於て特徴とすべきは、古來農村に發達した隣保相助の習慣である。之は祖先を同うする民族であつて、萬世不易の皇統の治下に生育せし臣民であつて、他人交へぬ國民であるからであらうが、實に美はしき、温かき民習と云はねばならぬ。若し文明が人に幸福を齎らすものであるならば、開化が人に便宜を供するものであるならば、進み行く世につれて、此習慣は益面白く發達せねばならぬ道理である。此の習慣があればこそ和協も出來るものであらう、此の民俗があればこそ和樂も出來るのであらう。されば自治の進捗をはかり、農村の福祉の增進をはかるには、是非共此習慣を助長すべきことを信條と心得ねばなるまい。

無形の大なる收穫なり

隣家に出征者あり、入營ありて、後に老幼のみ殘れる場合に、近所の人が勞力の補助として、田も作つたり、畑も耕すことが出來たなら、出て居る人はいかばかり安心するであらうか。留守居の家族は如何に喜ぶであらうか。而も人道の極致をなし得た人の心持は如何に愉快であらうか。たゞに收穫物を得られ、荒れ地が出來なかつた利益のみではない、人情の上に於て春の如き溫き感情を生み出すことが出來るに違ひない。此の感情こそ、人心を和げて和協の動機ともなれば、農村の自治をたすける藥餌ともなるのである。

都會に寂寞あり

火災、盜難、其他の災害、或は疾病は人の悲む所であるが、斯る時人より受くる同情ほど難有い者はない。同情は一切の道德に始まりであると云ふ位で、之れ位人心を和らげ、人氣を勵まし、慰安を人に與ふるものはないのである、金よりも、物よりも、藥餌よりも、より大なる効果を來たす事すらあるものなれば、喜憂を一にし、哀樂を共にすることは、人道の上から見ても、事業の上から見ても、實に大切なものである、或は曰く、都會は繁昌なれど恐るべき寂寞あり、田舍は物寂しけれど親むべき和樂ありと。之れは農村に於ては特に隣保相助の美習あるを示し、其功德を說明したものである。成程思へば農村に於ては、火災に出遇ふても皆なで家を立てゝくれる、厄介な子兒が出來ればとて世話するものもあるが、斯ることは都會の地に於ては見ることの出來ぬことであらう。

宿子

今でも所によりては、宿子（とまりこ）とて、男子十五六歲に達すれば、村內の名望家若くは識ある人に、己が子を託して、薰陶敎化をしてもらう習慣がある。賴まれた人は、皆我家に寄宿せしめ、第二の親として萬事の監督をなし、迎妻の世話までもしてやる。今日では各家の宿子を一所に集めて夜學をやつたり、夜業をしたりして、智を學び業を修むるの外に、談話會など開きて趣味ある娛樂をやつて居る所もある。三河の渥美郡赤羽根村に於ては、現に面白く之が行はれて、入ては宿主の世話を受け、出でては學校敎師の世話になり、親も喜べば子も喜ぶと云ふ風にやつて居る。尙各地に於て春秋兩度、近所隣の小兒をまはり番に宿泊せしめ、小兒の親睦を計り、行儀を授くる趣向もあるが、斯るとは、誠に面白い方法で、而も考へてやれば意外の効果を來すものである。

今日に於ては、有志の人がそれ〳〵暇と志を寄附して、近所隣の小兒を世話し、勞働に逐はれ、家業に勵みて、小兒の敎養に手がとどかぬ輩に、敎化の手をかすが如きは、最も有効なる隣保相助の方法であらう。斯くして間違つた人間が出來ず、厄介物が出なかつたなら、將來農村の自治に及ぼす功德の大なるは云ふまでもないことである。

近來靑年會が各地に起るが、中には其事業の內に獨立自營の習慣を養ふべく、閑時繩をなひ、蓆を織りて、其賣り上げを貯金し、以て父兄の厄介に精々ならぬ趣向をなすと共に、村內の鰥寡孤獨者のために、田畑の耕作、或は播種收穫の手つだいをすることを事業として居る所があるが、吾輩は之を聞きて淚が流る許りに喜ばしく感ずる。まして哀むべき人の身に於て其芳志を喜ぶ狀は、如何ばかりであらうか。靑年會や少女會は云ふに及ばず、母の會なり、戶主の會に於ても斯ることを唯一の事業にせねばならぬものである。又世の之等の會を主催する人は、之を此の信條に應用する位の心得がなければならない、實に情けは人のためのみではないのである。

幸に隣保相助の習慣が能く出來、立派に行はるれば、惡しきは相戒め、無精は互に警め合ひ、足らざるは補ひ、及ばざるは敎もすることであるから、五軒あれば一家の如く働くことも出來やう。之を區に及ぼし字に及ぼし、村に及ぼせば、即ち立派な自治村が出來る譯けである。之れ自治制法裁可の當時に於て、隣保團結の舊慣を存重せよと、特に宣詔あらせられたる所以で、五人組時代の經驗ある農村に於ては、特に之がために奮勵努力せねばならないのである。

通弊の大なるもの

今日の世、如何なる村方に於ても多少は其の習慣が殘つて居るが、貧乏人同志の隣保相助が多いので、地主や資產家は、白亞の障壁を以て、四隣と交際を絕つて居る傾がある。而も大きな人程、大きい財產家程其傾が甚しい樣である。自治のために其位忌むべきはなく、恐るべきはないのである。思へば宗敎上の信仰は、貴賤の差別なく、敎育も上下の別を立てぬのであるから、寺なり學校なりを利用して、どうかして上下の和睦、貴賤貧富の相助を計りたいものである。町村自治の當局者は勿論有志の正に工夫せねばならぬ所は、此處にあるだらう。而も急務として講究せねばならぬ問題であるであらう。

尾張の鎌島新田は五十八戸の部落で、何れも蟹江氏の小作人であるが、蟹江氏の所に多數氣の張つた客人があると聞けば、何れも部落の掃除をなし御用はないかと待つのである。斯くの如くならざればだめである。三河の六栗部落に於ては、志賀氏の處へ客人があれば、少女會員や青年會員は皆招かずして手傳に來り、給仕役を勤むるのである。斯樣な案配にならずば面白くないのである。然も如斯は威を以てするにあらず、利を以てするにあらずして、先方の情を以てするのであるから、結構であるのだ。如斯は蟹江氏や志賀氏の獨占では決してない、專賣物でも決してないので、なぜなれば何處でも出來ることである、すれば誰にでもなせることであるのだ。

之を要するに隣保相助は我國古來の美慣でもあり、人道の極致でもあれば、是非共養成すべきものである。特に農村は之によりて、便利と和樂を得て寂寞の感を起さぬ工夫が大事であるのだ。之れやがて自治の出來る所以であつて、其の進歩發達を促がす秘訣となるのである。

支那の文中子の言に

詩書盛にして秦國亡ぶ、孔子の罪にあらず。淸談長じて晋國亡ぶ、老莊の罪にあらず。佛教盛にして梁國亡ぶ、釋迦の罪にあらず。

亦ヨンガの言葉に

多くの快樂は猶ほ花の如く、之を集むれば必ず死す。

とある。至言なりと云ふべし。

熟々古今東西の盛衰を顧みるに。商工盛にして富弱と化し、遂に其國滅す。之れ文明の罪にあらず。都市は花の如し、之を集むれば即ち散る。農村は果實の如し、之を播けば永遠に榮ゆ。鑑みざるべけんや。

第六節　向上發展の氣風を興起すべきこと

不進步の一大原因

獨り農村のみでもなからうし、農民のみではなからうが、兎角今昔の比較をなして、昔は斯くあつたから、今も夫れでよい、爺翁の時代もこれこれでよかつたから、今日も改むる要がない、之は昔からの法であつて、今日とても之にまさるものはない筈であるなどと云つて、改良進步を好まぬ風があるのである。特に生產の方面に於て、勤勞の方に於て然るので困る。彼の農事改良の遲々として進み行かぬのも、智慧の進まぬのも、氣のきいた働きの出來ぬのも、皆之がためである。然し衣食住の道にかけてはさうは云はない、いつの間にやら西洋酒の味も知つて居り、舶來の日用品も使つて居れば、衣服の如きは流行に後れざらん事を之れ欲して居る、故に收入の道は昔の儘であつて、支出の方が世と共に進むから、差引益が漸々少くなつて、借金が次第に增して來る、そこで家業に金は精々出さぬ樣になり、益其人格を墮さねばならず、其生計に苦まねばならぬ樣になる、之れ農村の疲弊する所以であつて、自治の破壞さるゝ原因の一であるのだ。故に今昔の比較もよいが、比較するならば、比較は左の如くせねばならぬ。

貧乏の一大原因

一、昔の父祖ですら此土地此家をつくられたり。文明の世に生れたる吾々は之を倍にも百倍にもせずば今日に生れたる甲斐はあるまい。

一、開けぬ時代の爺父ですらも、反に四俵や五俵は穫つたものだ。開けた今日に働きて昔ながらの收穫では、子孫に合はす顔もあるまい。

一、泰平な昔でさへ、朝は五時、晩は十時までの間働いたと云ふことだ、此の忙しい時節では、寢ぬで働く位の覺悟がなくば、働くとは云はれまい、而も働きは手足の働きに滿足してはならない。

一、世間を知らぬ時代ですら、男一疋女一人前と云へば稼織の道は知つて居たといふことだ、食ふことばかりや着ることのみ言つて、家業に精出すことを知らぬでは世間への面目もあるまい。

一、昔でさへ田畑山林の仕事を程よくやつたと云ふことだ。今日では更に副業の三つ四つ位はせねば、貧乏離れの稼とはなるまい。

一、昔は溜めて身代が出來たと云へど、今日では儲けた上に溜めねば逐付くまい。

一、昔はこれでも兩親が住んだものだ、何の自分等が住めぬことがあらうか。建てたくば儲けてからだ、廣めるも溜めてからだ。

一、身代作つた父祖は、帽子も二重廻はしも着なかつた、身代作らぬ内は之れで堪忍するがよい、よい物着度ば働きて作るべしだ。

一、麥飯で爺は立派な體格であつた、美食は必ずしも立派な身體をつくるものではない。働くに限るわい

一、昔は隨分重税を課せられたものじや。而も生きぬ樣死なぬ樣な待遇を受けたと云ふことぢや。聖代の德澤に浴する今の吾等は、税金に小言云つたり、未納などしては、罰があたるだらう。

一、昔はお上から萬事世話をやかれたものじや。今は世話をやかれぬ樣にせねばならぬ世の中、人に厄介かけたり、難題になつたりしては、此世に生れた甲斐もあるまい。

一、昔は運上とか御用とかで、兎角お取上げに出遇ふたものじや。今は力次第で天下一の財產家にもなれるのだ、遠慮なしに儲けねばならぬ。

一、昔ですら義理や人情は貴むだものじや。まして文明の今日に生れた以上は、無理非道は斷じてすまい。

一、昔ですらお百姓と貴ばれたものじや、今日人權を重んずる世に生れて、土百姓と呼ばるゝは何んたることだらうか。

一、昔も今も農は國の本と云ふではないか。其依賴に應ずる覺悟なくては、父祖をも恥かしむる譯になり、子孫にも申譯のないことになるだらう。

一、自分の生れた時代よりもより優つた時代を作りて死なねば、世に生れた甲斐がないぞ。

如斯考へ如斯思ふて行かば多少の向上發展は出來るであらう。又た其の氣風を興起せしむることも出來ようと思ふのであるが、寧ろ吾輩は其比較を內外に改めた方がよいと信ずる。即ち我國と他の先進

古今といはず内外を比較せよ

國の比較をなして、常に之に及ぶべく、進んでは之を凌駕すべき、氣風と覺悟を興起する樣にするとが、民風の作興、自治の振張に最も有効なる信條であると信ずる。試みに農民に示すに

一、領土の比較（地圖を以て示す）
一、國富の比較（統計で示す）一人當りの比較、
一、貿易額の比較、一人當りの比較、
一、生産力の比較、貯蓄力の比較、
一、組合事業發達の概要（道德の應用として）、
一、公德の進步せる狀況
一、事業經營の方法（智識の進步應用を明かにす）、
一、國民生計程度の比較、
一、交通運輸便否の比較、外國貿易の趨勢、
一、國民勤勞の模樣自治の模樣等、

農民とて血もあり骨もある

を以てせよ、如何なる頑迷なる農民でも、神經のないこともなく、血の通はぬものでないから、非常に感じて、所謂發奮興起の色が顏に漲る。其上疊みかけて、諸君は世界の强國民ではないか、第一等國民ではないか、其體面を考へざるか、其面目を思はざるかと說けば、中には座を蹶つて起ち上るも

のも出來るのである。機會さへあれば、折さへあらば、手をかへ、品をかへて、常に内外の比較をなし、國民に自重を促し、人心に興奮劑を供せば、必ず發奮する樣になるに相違ない。斯くして協同一致、精勵事に從ひ、改良進步に怠らざる樣にすることが、自治の進捗を促がす所以の道である。

所謂向下墮落

大臣大將は向上發展の目的物にあらず

今日の世に於ては向上發展といふは、流行の語であり、猫も杓子も言ふ文句である丈けそれ丈け、氣を付けねばならぬことである、うつかりせば向上發展と思ふて居ても其實向下墮落であることもあるが、今の世の中である。彼の己が力を修めず、己が德を養はず、己が人格を磨かずして、徒に俸給や地位の高さを望み、或は收益や身分のよくなるを希ふものゝ如きは、偶俸給や收入に就て多くを得、地位や待遇に於て等級の進むことあるも、そは俸給收入の向上、地位待遇の發展であつて、其人物の向上發展ではない、語を換へて云はゞ人爵は必ずしも、其人物の向上發展を意味するものでなくて、却而向下墮落たることのあるものと思はねばならない。古の偉人豪傑にして名を竹帛に垂るゝものにつきて之を見よ、大に發明する所があるであらう、故に大臣でも向上發展の的では必ずしもあるまい、大將でも然り、三井岩崎亦然りであらねばならぬ。考へても見よ、百年前の將軍と云へば誰れでも答は容易であるまいが、二の宮尊德翁の居つたとは誰れでも知つて居るのではないか。二百五十年前の大人物としては、時の將軍よりも大老よりも、近江聖人中江藤樹先生を皆は數へるではないか。二百七十年前の瑞西の文部大臣は何人も知るまいが、ペスタロヂー先生と云へば、洋の東西を論せず、知る人夥多あるではないか。佐倉宗吾を罰した時の大名は、當時に於ては貴い人であつたらうが、今でもやはり人であつて、佐倉宗吾の神様には及びもなからう。

向上發展の眞意義

向上發展は人間の生命であつて、人生の目的である丈けそれ丈け感違ひ、心得違をしてはならないのである。されば農村の人に向上發展を望むは、桂馬の高上り卒《ふ》の餌《えじき》といふ運命に到るを希はないので、飽くまでも獨立自營の出來て、文明に伴ふ利益、聖代に隨ふ幸福を遺憾なく享受する國民たらしめんとするのである。また自治制下に立ちたる國民として面目ある、體面を全うし得る、所謂仰ぎて天に恥ぢず、伏而地に恥ぢざる的の國民たらしめんとするのである。

稻取村の向上的觀念

稻取村に於ては、既に時勢に伴ふて進歩發達をなすべき抱負を有し、之が實行に怠らぬは人の知る所であらう。故田村又吉氏は此間の消息を漏して曰く『吾々農民が常に三等の汽車に乘るものと思ふべからず、たとへ吾々は今三等車にて往復するとも、吾々の子孫にまで三等車に乘らねばならぬ樣にして置くは、子孫に申譯もなし。若し吾々及吾々の子孫までが、三等車で旅行をせねばならぬものならば、汽車の三等車は農民車と改名さるゝも知らず。之れで吾々は滿足すべきか、斯くて吾々農民の體面を全うすべきか。之を思ひ、之が用意のために、稻取村には永安家資金積立あり、救護社の活動を怠らざるので、今日の儘に棄て置くも、百年後の曉には、今日稻取の最下級の人でも、一萬有餘圓の財産を得ることになり居る。此れ位の用意がなかつたなら、何を以てか子孫に見ゆることが出來ようか』

と、云つて居るのである。之が即ち一村の向上發展の觀念と云ふもので、獨り稲取村に於てあるべき筈のものではないのだ。

向上發展の石崎石次郎氏

個人ではあるが、世には隨分見上げたものが澤山ある。愛知縣の東春日井郡に味岡村字岩崎といふ所があつて、此處に石崎石次郎と云ふ人が居る、幼にして父を失ひ、母弟妹及妻女の五人暮らしで、三町歩餘りの土地を有する、所謂中產の農家である。氏は自ら勞せずして單に相續により得たる土地の收入を使用するを肯んせず、小作者同樣の掟米を先づ祖先に納め、其餘の收益を以て家族の生計を立つる方針を立てゝ居る。そこで愉快なる生活をなすには、收益を多くせねばならず、自分が購ひたる土地を持たねばならぬと云ふので、それは〳〵非常の精勵と改良に孜々として居る。忙しき時は三時間位の眠りに過ぎずと云ひ、田の草とるには日中最も暑き時を選ぶと云ふことである。常に勞力の有効なる使ひ方及婦人の仕事を研究して、所謂草臥れ儲の働きをなさぬ樣、家族に廢人の出來ぬ樣、氣をつけてやつてる樣は、實に模範農家と稱するに足る者である。今年三十六歳の青年であれば、將來必ず恐るべき發展をなすに相違あるまいと思ふが、今の人は皆斯る抱負を以てやる樣にせねばならぬものだ。口には隨分獨立自營を唱ふる學者もある、筆には盛に自治自營を皷吹する先生もあるが、自ら其の範を示す氏の如きは、確に時勢に超然として立つ眞面目の農民に向上したものと云はねばなるまい。氏の小學校を卒へて家業に就くや、從兄とかは中學に入りて、今は中學教育に從事する先生であると云ふが、吾輩は此先生よりも石崎なる獨立自營の人を貴しと思ふ。若し農村の青年が、何れも斯る考を以て、此處に悟る所あつて、眞面目なる農民たるを得ば、而も夫れが村の風となつたなら、農村の自治は決して六ヶ敷事ではゐるまい。

向上發展の活標本

曩に新潟縣が、地主會、斯民會、産業組合總會の三會合同大會を開きし際、同縣内務部長であつた林氏が特に『生ける教訓』として紹介された、親松廣作といふ人も亦石崎氏同樣、眞摯なる模範農民の一人である。今林氏の紹介文があるから、之を揭載して見よう。

生ける教訓

親松廣作氏を紹介す　　內務部長　林　市　藏

本縣知事は本日の三會合同大會を機として、縣下公私團體個人數十の篤農者に對して其功績を表彰せらる。惟ふに此數十氏は、其町村の爲めに將た國家の爲めに、獻身的に農事の改良に盡瘁し、其功績を擧げられたるもの、余の深く感謝する所なり。而して其表彰者中偉大なる生ける教訓に接し、特に余をして感激せしめ、口之を言ふ能はず筆之を記す能はざる如き思ゐらしめたるものあり、曰く親松廣作氏即ち是去明治十七年五月、本縣の小學校卒業生中、二人の好成績者を出したり、其一は北蒲原郡横越校卒業生建部遯吾氏にて其一は南蒲原郡見附校卒業生徒親松廣作氏是也。建部氏は學科得點滿點二百に對して百九十五點を得、親松氏は同上百九十七點を得たり。建部氏と親松氏は、其生地を異にし其出身校を異にす素より何等の關係なし、然れども其時を同うし其成績を同うするもの、宿命論者にあらずと雖も、豈多少の感慨なきを得むや、知らず運命の神は此兩者の前途に對して如何に其手を揮はむとするか。

建部遯吾氏の閱歷成功は既に縣民諸氏の知悉せる所、系統的に高等敎育を受けられ、文科大學の秀才として歐米に留學し、歸朝の後文學博士を授けられ文科大學敎授に任ぜられ、社會學の蘊蓄深き斯學のオーソリテーと稱せらるゝに至る、然るに建部氏の得點より約二點を超越せる親松廣作氏は如何にせし、學界に其名を聞かず、社會に其存在を認められず、海か山か將た川か、杳として其消息を耳にせず。余私かに思ふ、少年高科に登る人生不幸の一、世に麒麟兒神童と呼ばるゝ人の其靑年時代に於て、往々失敗蹉跌に終るもの其例乏しからず、建部氏の如きは幸に其名を成したりと雖も、親松氏の事測るべからずと。是余が此兩氏の小學校時代の成績を手にしたる時、一種の趣味を以て默想せし所なりし也。

先日命あり、南蒲原、古志、三鵬、刈羽各郡に於ける農事督勵の狀況を視察するや、見附町に至り親松氏の事に關し聞く處ありしに、氏は小學卒業後家庭の事情敢て講學の途に出でざりしと雖も、退て家道を守り、着實農業を勵み、其施設は村民の夙に模範とする所なりと謂ふ、余之を聞き誠に是ある哉と、驚喜して其家に至る。蓋し親松氏は餘りに富める人にはあらず、先祖傳來の耕地二町五反歩ありて、氏は自ら力行して農業に從事する者なり。氏は其日持田の挿秧を爲し、令閨と愛兒は留守し居られたるが、余の來意によりて氏の許へ導かる。余は近時本縣の農事督勵に關し、正條植の如き農民中には繁鎖堪へ難しと嘆つ者あるを耳にせしが、爾く實際に於て其手數容易ならざるものなるかに就て氏の實驗を確むべく質問せり。氏の答へらるゝには余が家數代前より持田二町五反歩に就て約三十人の手間を要したりと謂ひ傳ふ。然るに余の代に至り數年前より正條植となし來れるが、其經驗上三十八人五分六厘を算するに於て、之を古來の植法に比較して差したる徑庭なきを認む。此數語既に余をして天來の福音を聞くの思あらしめたり。氏は余の爲めに挿秧の手を止め、足を泥に沒したる儘余と談話を交換し、其着實なる農事改良の精神と、的確なる經驗談とは言々皆肺腑より出で、肅然として襟を正さしむ。新潟縣廳十七名の技師諸君あり其專門の智識と經驗とは決して人後に落る者に非ず而も余は此親松氏の虚飾なき天眞なる實驗上の議論を聞き本縣農事督勵方針に、非常なる大賛成者を得たるが如く衷心より歡喜の情に堪へざるを覺えたり氏が家先代慶應年間より『永代稻刈帳』なる日誌を作り農作物の狀況と社會上特殊の出來事を記載して怠らず、現主廣作氏は去廿七年より家道經營に任じたる由にて、日清戰役の始めに於ける宣戰の公布より年を起し、百般の事を網羅す、中に就て其米作の收穫を聞くに、亂雜植より片條植はより收穫多く、片條植より正條植はより多くを示しつゝあり。其收穫の點に於ける氏の經驗に徵するも正條植の効果の大なるを斷言して憚らざる也。夫氏の如きは之を小學卒業の成績に徵するに或時間と或資力を以て學業に從事せんか、博士たるべき素質充分あるものなり。然るに氏は草深き片田舍の一農民にして、其胸を飾るべき燦爛たる勳章なく、其名を飾るべき赫々たる學位あるなし。然れども爲すべき事は爲し行ふべき事を行ひ、天職を守り人道を踐み、一鄕民風の模範たるもの、其高潔なる品性と其偉大なる人格とは俯仰天地に恥ぢざるものと謂ふべし。氏が胸氏が手足の泥は天職の勳章なり、氏の言、氏の說は農業界の大著書なり。斯くして建部文學博士と、時を同うし成績を同うせる當年の秀才は、或意味に於て博士と遜色なき偉大なる地位を占むるものと謂ふべく、若し世に宿緣なるものありとせば、建部博士と親松氏の儔の如き、正に此範に入るべきものにあらずや。

知事深く玆に見る所あり、本日を以て親松氏を篤農者として表彰せらる。余や曩日の事を思ふて感激禁ずる能はずこゝに氏を諸君に紹介するは余の深く光榮とする所なり。世に隱れたる偉人頗る多し、若し縣民諸氏にして報道發表するあらば、啻に其人の名譽を發揚するのみならずして、希くは一縣一國の民風を作興するに力あるに庶幾からん乎。

如斯風に向上發展が出來ねば、生氣ある農村の事業も起らねば、清新なる農村も勃興するものでない。故に農村に於ては是非共、此氣風を養成し、此氣風の興起する樣に工夫をせねばならぬので、昔から民をして倦ましめざるを以て、政治の要とせしも、亦全く斯る風に民を導くといふに外ならざることと思ふ。

第七節　村是を確立すべきこと

茲處に村是といふは、所謂前に述べたる町村是の調査云々の村是にあらずして、村の方針と云ふべきである。即ち村に一定の方針が確立せねばならぬと云ふのである。語をかへて言へば、方針なき村に自治は容易に出來るものでなく、方針なき村は既に不幸なりと云ふのである。故に吾輩は農村の自治をはかり、其進捗を促がすには、是非共方針を確立せねばならぬと云ふ事を、一の力ある信條とするのである。

方針なき村は既に不幸なり

昔、西班牙に一老翁ありき、或日孫を驢馬に乘せ、自ら之を牽きて城下に下りぬ。或人之を見て嘲つて曰く、孫は馬上にあり祖翁は轡を執る、誠に不順の所業ならずやと、老人其言の理あるに感じ、則ち孫を降し自ら馬を騎して進む。人あり之を見て曰く、か弱き童子に馬をひかせ、己れ安然と馬上にあるとは、心なき翁かなと。老人此言を尤もなりとし、則ち孫と共に馬背に乘りて進む。人之を見て曰く、斯る小さき瘠馬に二人まで打乘るとは何事ぞと。老人此言を理なりとし、馬より下りて共に轡を取りて進む。或人之を見て笑ふて曰く、二人ながら馬に騎らで、只轡を執りて行くとは可笑しき人なり、乘らぬ位ならば飼はぬこそよけれと。老人之を聞きてなす所を知らず、遂に路傍に立ち盡くしたりとなん。

方針なきもの如斯

右は方針なきものゝ不幸を諷したる寓話なるが、方針なきものは恐らく、何處に於ても皆如斯最後を見るものであらう。今の世、夥多ある町村にして、方針あるもの幾何程ぞや、村是らしきものあるは如何許りか、思へば自治の發達せしものゝ少きも、亦無理のないことゝ云はねばならぬ。彼の町村是の調査をなし、町村是を立てゝやり居る所は兎に角、左もなき所に於ては、何か出來さなくてはだめである。今參考のため二三吾輩の考を述べて見よう。

模範村の具備する要件

一、村治に對する方針

云ふまでもなく自治、即ち村の獨立自營、村民の獨立自營の出來ることを以て、方針とせねばならない。利源の開發。人智の啓發、交通運輸の便宜、保險の施設、財産の蓄積等、皆他の勸誘を待たず、人の補助に賴まず、自分自己の利益と幸福を上ぐるに勤め、進んでは公共に貢するを以て其方針とすること。

滯納者なく、犯罪者なく、相場師なく、不就學者なく、離婚者なきを期すること。

百事を律するに時勢に後れざるを期すること。

苦狀買、高利貸などの營業者を出さゞること。

賭博者、醜業婦などを出さゞること。

傳染病の發生なからしむこと。

一、勸業即ち利源開發に對する方針

土地の利用を誤まらず、また忽にせざること。

資本の融通、金融は圓滿なるべきこと。

改良は根本的を貴ぶこと。

事業は安全にして利益多きを選ぶべきこと。

本業副業の配合を巧みにし、副業を以て本業を傷けざること。(組織の改善をなすこと)

銀行は支店より多く破産の厄にかゝり、農家は副業より多く損失を招くものなり、注意を要す。

勞力及時間に不用を生ぜざるべく、經營に注意すること、

奢侈を誘ひ、元氣を損ふ仕事は採用せぬこと。

協同的に經營すること。

一、敎育即ち人智の啓發に對する方針

眞面目なる國民、眞摯なる村民の養成を期すること。特に村敎育に於て然りとす

生産的の人物、役に立つ人物養成を期すること。

經費のために人の敎育を犧牲に供せざること。

兒童敎育に偏せずして、青年少女敎育は勿論戸主婦人敎育をも必要とすること。

長男及次三男の敎育を區別すること。

高等の敎育を受くる者は、村にて選擧すること。

高等敎育を受くる者は、多くは村に歸らず、且つ俊才で、學資があつて、體格のよいものにあらざれば、卒業は覺束なきものなれば、學校長や學務委員位の鑑定を經ることこそ適當なるべし。若し俊才であり、體格強健にして、村よりも國の舞臺に差出すに適當のものなれば、親が貧乏でも、村費で修業させる位が肝要なり。有用の人物養成を目的とする以上は此の位の覺悟あるを要す

學校敎育に偏重せず、家庭敎育、社會敎育をも怠らざること。

公德の進步、自治思想の發達を期すること。

兒童は　陛下の赤子、各自の後繼者てふ觀念を以て敎育すること。

一、財産に對する方針

不生産的財産は貴ばす、生産的財産を重んずること。

不生産的財産はあつて却而出費を要するもの、生産的財産は生産の資本となるものなり、二三の例を擧て對照すれば左の如し。

不生産的財産		生産的財産
庭園（座敷前にある）	之等は保存する丈けに多額の費用と勞力が費るもの也	果樹園、桑園
茶室		肥料小屋、堆積場
書畫骨董		專門的書籍雜誌、器具機械
餘計な衣服の類		必用なる勞働服の類

確實なる基本財産を蓄積すること。

財産は勤勞よりなりしものを貴ぶこと。

如斯掲げ來れば限りのない話であるが、兎に角如斯夫れ〴〵の事に各方針を明かにして、從事する事を村是とせねばならぬ。即ち何事にも方針を立てゝ進むといふことが村是があつて、而も其村是が確と立つて行かずば、村に統一したる業業も、一貫した精神もない事となり、所謂村風といふものが出て來ない。彼の村内の制裁力當年の如く働かず、村の決議亦昔日の如く守られざるは、一に村風の作られず、村是の振はざる所以である。即ち村民が各自勝手な意見を持ち、我儘に振舞ふて、一致の出來ぬは全く之がためである。

方針なき村に村風興らず

如上の各項に對する方針は、もとより吾輩の一家言であるが、如何なる時代になつても動き樣のないことであると思ふ。橫井小楠先生は、日々其主義を新にす、之れ我が主義であると云はれたさうなが、之は小楠先生であつて始めて云ふべきことであらう。吾々は朝令暮改の弊に陷らぬ、一定不動の方針を立てゝ、之によりて何事をも遂行すべく、覺悟することが肝要であると思ふのである。故に其地方と人情習慣に應じて、然るべく取捨をなし、其土地相應の村是を確定することが、最も大切であつて而して其方針に依つて、各項の目的を達するには、それ〴〵手段方法の講究を要することは勿論のことである。

田村氏の用心

伊豆の稻取入谷はあれ程の模範部落であるが、故田村又吉氏は私に中等敎育の効果を心配して居る。それは中等敎育を受けたるものが多くなれば、或は稻取の今日を破壞することがありはすまいかの問題である。之を思へば稻取より出でゝ中等敎育を受けてる人の中には、歸宅して實業を嫌ひ、親の臑を齧るものがあると思はれる。然らざれば所謂ハイカラを輸入し、突飛な自然主義の皷吹者があると見へる。そこで吾輩は故田村氏に問ふて、貴村の敎育方針は如何にと曰へば、悲哉未だ確定せずとの返答であつた。之を思へば隨分稻取の將來が推察されて、同情に堪へぬことである。之に反して一家庭ではあるが、尾張の愛知郡に日進村といふがあつて、其處に出原三郎といふ人がある。もと村長も勤めた人で、里人は奇人と呼ぶ位に主義を實行する人である。子女九人の親として、氏は役に立たぬ人を作らず、徒食の子を出さずと云つて居るが、實に敬服に堪へぬことがある。長男は今や帝國大學を卒業して工學士の肩書ある人であるが、在學中歸宅すれば必ず農夫として家業に働き、時には名古屋まで肥をとりに通へりと云ふことだ。長男にして如斯ば後の子女の敎育方針も分るであらう、聞說氏は每朝子女をして敬神の誠をいたさしめざれば食を與へず、勤勞を以て日常を送らざれば承知せずと云ふのである。氏の子女に厄介者を生せず、臑齧りの出來ざるは、之れ氏の敎育方針が確定して、之に依つて子女の薰陶を怠らぬ結果に外ならぬことゝ思ふ。獨立自營の村風が立つて居り、眞面目なる國民養成が村の敎育方針である所に於ては、何れの子女も皆出原式に出來る筈である。三重縣の玉瀧

出原三郎氏の敎育方針

村や静岡縣の杉山部落に於ては、村風として遊手徒食の青年が出來ぬと云ふことである、之れでなくば自治の將來に於て安心は出來ぬのである。

英國民の教育方針

「アングロサキソン」人種の中でも、特に英國民は己が子女を目して、自分と等しき英國民であるから、之を私有物視してはならぬ。親の義務として之を立派に教育し、第二の英國民たらしめねばならぬと云ふて、子女を呼び棄にせず、愛に溺れず、虛言に對しては一歩も斟酌する所がない樣にやつて居ると云ふことだ。故に英國民は虛言といふことを知らず、何れも勞働を神聖視し、獨立自營を貴び、而も紳士の道風が國民の間に滿ちて居て、何人も足を一度英國に投せば、歸ることをも忘るゝに至ると云つて居る。我國に於ても、若し國民が子女を私有物視せずして、何れも、陛下の赤子を預り、之が教育に任ずる者と云ふ考になることが出來たならば、更に一段の有効なる教育が出來るだらう、當年吾々の祖先は士道によりて、君子國の稱すら受けたのである、今日の　陛下に對し奉り、之に劣らざる子孫養成を以て方針とせば、更に立派な國民を作ることも出來樣と思ふ。抑も我帝國は、帝國民の開拓したる所である、自己の運命は自分で開拓せねばならむと云ふは、之れ國是である以上は、獨立自營は我國民の生命であると云ふ風にやつたなら、今少し人の懷を目當てにするものはなくなるであらう。今や世界に或る使命を帶びて居る。我國民であるからには、今少し大なる教育方針が立たなくてはならないのである。

斯くあるべきものなり

擧世滔々乎として皆然り

今の世少しく儲くれば直に驕り、少しの豐年を迎へば直に跳り出し、蠶をやれば稻作に手を拔き、株で當てれば本業を顧みぬ風潮がある、而も極めて小なる國民の風潮がある。之亦勸業の上に於て、財産の上に於て、確固たる方針が立つて居らぬからである。之れもとより向上發展の精神に乏しきにもよるだらうが、亦大なる方針の定らぬによるものと云はねばならぬ。彼の廣島縣の模範村廣村に於ては四十年計畫で事をなし、稻取村では六十年を一期として事に勤むるのみならず。特に此處では常備、豫備、後備の陣立をなして、事業の經營をなして居るのであるが、流石は模範村丈けあると云はねばならないのである。

如斯優越の國でも村でも家でもであれば、皆方針といふものがあり、主義が明かになつて居る。之から考へて見ても、是亦村是を確立して自治の進歩發達に資せねばならぬことが分るであらう。

古語に「己自ら侮りて然る後に人之を侮る」今日農民の一般は、自己人格の修養に勉めずして、自ら價値を下すべく働いて居る者が多い、農業者は多く此弊を脫せない、青年は啻に外形の美を衒ふのみならず、其行ひに於て、益々人格を下げつゝある、老人は頑固にして改良心に乏しく、智識を得んともせず、又之を實行するの氣力を有して居ない。

第八節　勤儉貯蓄の目的を明かにすべきこと

富は目的を達すべき手段也

所謂民の生は勤に在り、家道は儉に在るものなれば、勤儉の大事であるは云ふも愚かな話である。勤は財の源、儉は財を足す所以の道なれば、勤儉によりて貯蓄の出來、富の出來るは云ふまでもないことである。されば財を得、富を得るには勤儉貯蓄に限るのであるが、財は恐らく目的ではあるまい、富は必ずしも最後の的ではあるまい。之を譬へば食は人生に缺くべからざるものであるは云ふまでもないことだが、飯を食ふてふことが目的ではない筈で、立派な身體を養ふて遺憾なき活動をするてふことが目的である筈だ。財に於ても富に於ても、亦然りで、之を以て偉大なる國民生活をなそうとか立派なる獨立自營の人たらうとかゞ目的である。即ち財といひ、富と云ふも、或る目的を達すべきために入用の者である以上は、勤儉貯蓄をなすためには、豫め何のためにするかを明かにせねば、或は金錢の奴隷となり、或は富の僕婢となつて仕舞ふ樣になる。故に勤儉貯蓄を奬勵鼓吹するには、よく其邊を考へて、何のためにする者であるかを明かにせねばならぬ。世間には困るものは多くあるが、譯の分からぬ金持や物持ほど厄介な物はないのである。うつかりして、勤儉貯蓄を唱導しながら、斯る厄介物を作つては、自治の進捗所か、却て退歩を促がす樣にもなるから、餘程用心すべき問題である。

眞正の目的

之も厄介物の一也

聞說、「アングロサキソン」人種は、最もよく其目的を明かにし、最もよく其目的を果して居る者であらう。彼等は人格と家格を高むるための勤儉貯蓄であるとして居る、即ち人格と家格の向上は、彼等がなす勤儉貯蓄の目的となつて居るのである。それで第一に彼等は勤勞を神聖視し、天は何物をも人に與へず、只其働きに與ふるものと解釋して、勤勞は人の天賦、勤勞せぬ人間は一椀の飯も食ふ權利のないものとして居る。而して身分不相應の生計は恥辱の極、沐猴の冠と同樣に心得て居るから、奢侈贅澤は間違つてもせぬ。之がため財の源は多く、財の消費は少ないから、差引殘る所が多くなる、即ち貯蓄すべき額が餘計に出來る。佛國人なれば其の全部を擧げて銀行にでも預けるだらう、日本人でも亦然りであらうが、英人は左樣はしない。即ち一半を銀行等に預けて貯蓄とするが、一半は家庭の品位を高むる材料の購入に費つて仕舞ふのである。故に佛蘭西人や日本人は金で貯へるが、英國人は金と物で貯へる譯である。之がため佛、日人ほど英人の貯蓄は進まぬが、佛、日人の品格が上らぬ代りに英人の品格は次第に上る。即ち佛、日人は百萬圓溜めた小作人であれば、英人は五拾萬圓の自作者に進むのである。之が子孫に如何なる影響をなすかと云へば、佛、日人のは子孫を害ふことになり、英人のは益子孫を立派にすることになるので、百年二百年を經て之を見れば、佛、日人よりも英人の貯蓄や富がずつと勝つ樣になるのだ。今分り易く之を線にて顯はせば、左の通りで、我國民の二千五百年來の貧乏である所以も分るであらう。

英佛人の異なる點

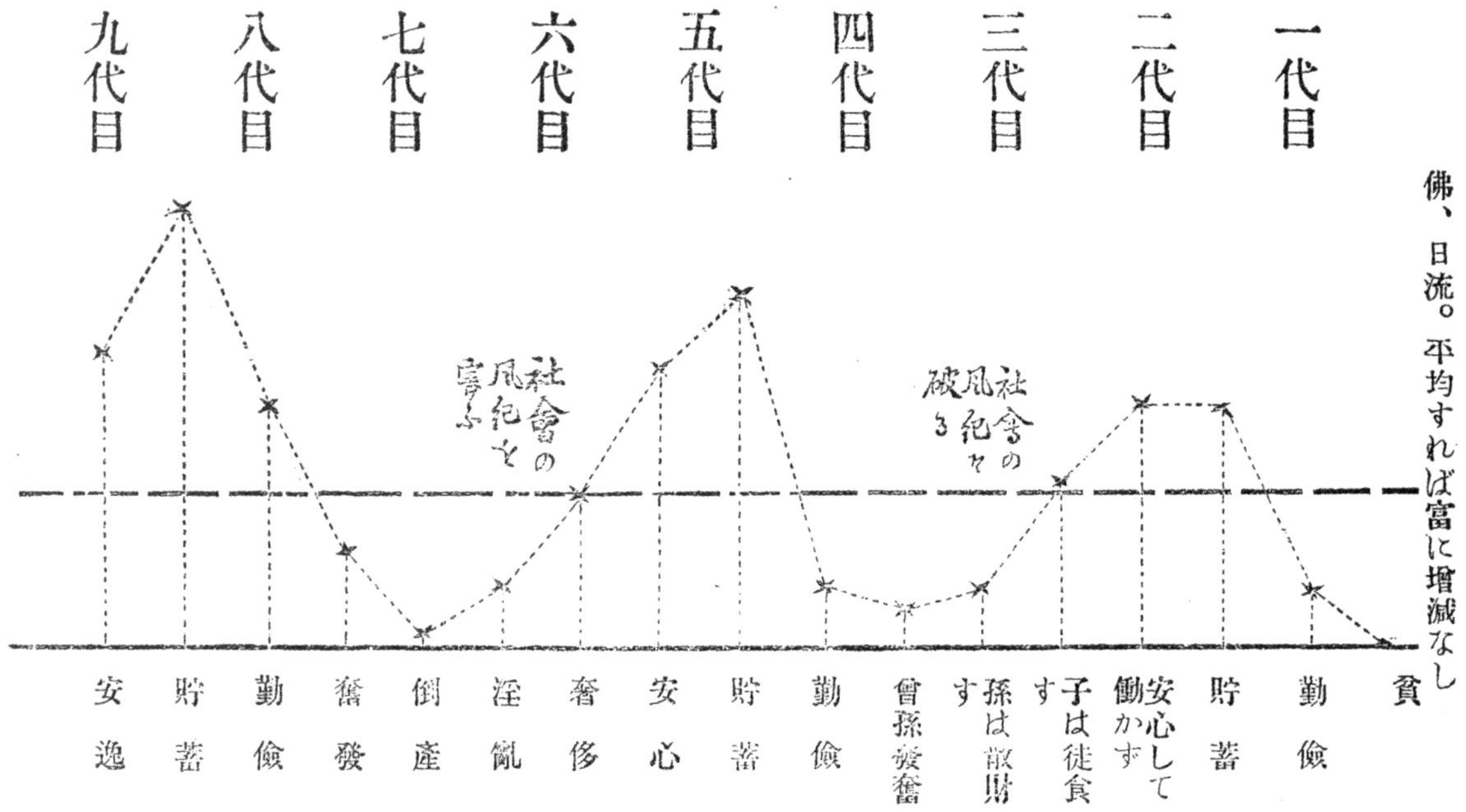

一代目
二代目
三代目
四代目
五代目
六代目
七代目
八代目
九代目
佛、日流。平均すれば富に増減なし
社會の風紀を害ふ
社會の風紀を破る
貧
勤儉
貯蓄
安心して働かす
子は徒食す
孫は散財す
曾孫發奮
勤儉
貯蓄
安心
奢侈
淫亂
倒産
奮發
勤儉
貯蓄
安逸

英國流。平均すれば富は時代を逐つて增す

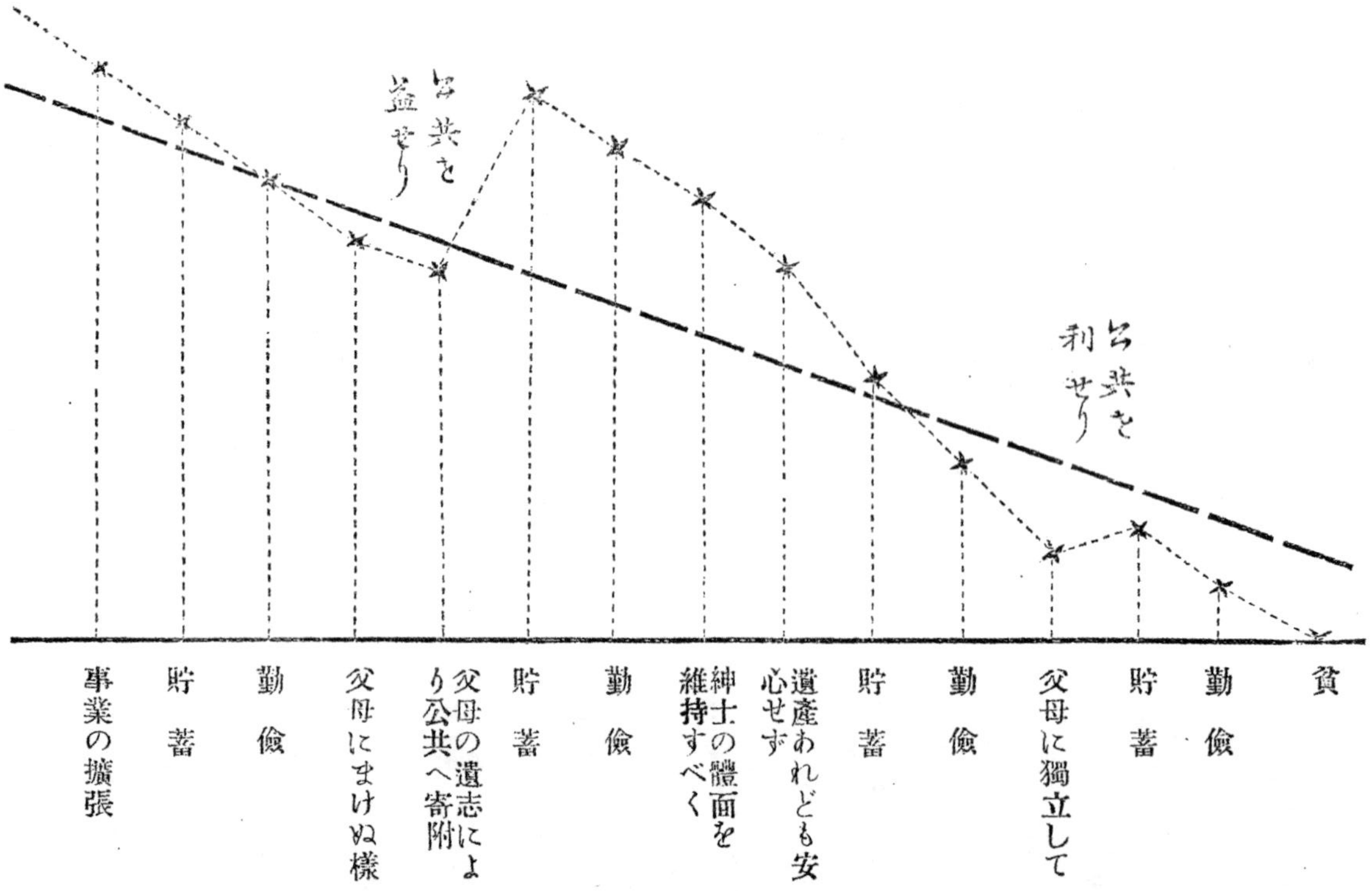

即ち我國民の貯蓄して致富の結果は、子孫を損ひ、其の人格を害ひ、家格を破る様に多くはなつて居るが、英國人の致富は己れを益し、人を利し、社會の公益に資することになつて居る。故に勤儉貯蓄を奬勵せんと思はゞ、必ず先づ其目的を明かにしてかゝらねばならぬ所以が分つたであらう。

勤儉貯蓄の目的

今勤儉貯蓄の目的を二三列擧して、有志の參考に供しやう。

一、國家の進歩に伴ふ國民の生活をなすがためなること。其日暮らしは進歩に伴ふべからず。

一、獨立自營の國民となるがためなること。如何なることあるも人に厄介かけぬ積なれば、必ず用意を要す。備荒の用意もせねばならぬ。其他臨時火急のことに應ずるための用意も大切なり。

一、事業擴張のためなること。

一、社會公益のために推讓せんがためなること。推讓は文明國民の資格なり。

一、子孫をして累を社會に及ぼさゞる様、教育の資をなすがためなること。

一、人格及家格の向上をはかるためなること。

一、一家の團欒、一村の和樂、國家の安寧に資せんがためなること。

一、共濟慈善の美擧をなさんがためなること。

一、遺憾なく人道を行はんがためなること。

而して自己の私慾を充さんため、或は名譽利達のためのみに供して、利他公益を思はぬ貯蓄は、斷じてよからぬものと思ふべきである。

一國に於ても、一家に於ても勤儉貯蓄を奬勵するには如上の目的を明かにしてかゝらねばならぬのであるが、農村に於ても亦然りで、其目的によりて勤儉が村風となり、貯蓄が村習となれば、必ずや農民一般に功德を及ぼす事業も起らうし、幸福も出て來るに違ひないが、然らざれば厄介な物持や金持が出來て、却て村治に少なからぬ邪魔をなし、障害をなすに到るであらう。思へば今の町村の多くに於て所謂金持や物持の村治に功德を與ふる者よりも、厄介をかけるものゝ多いのが事實であるであらう。即ち祖先の勤儉によりて得たる貯蓄が、村政を助け、村治に益を與ふるよりも、寧ろ其子孫を損ひ、近所界隈に何等の便利を與へぬと云ふが普遍であるであらう。中には彼等が倒産して、所有の村地が皆都會の人手に渡り、村治に非常な迷惑を及ぼせる所も隨分多い樣だ。財産家の倒るゝは自業自得とは云へ、村內の地所が他に行きて、累を町村に及ぼすことは、實に厄介な話ではないか。夫れを思ひ、之を察せば、どうしても勤儉の意義を正當に解釋し、貯蓄の目的を明瞭にすべきことは、農村の自治をはかる上に於て、最も注意すべき信條であるは疑を容るゝ餘地のないことであらう。

悲むべし
惡むべし

模範村の二事。富者の貧者を見ては救助せでは置かぬと云ふ親切なり、貧者の富者より救助を受くるは意氣地なしとして奮勵する自治心なり。即ち一は救はんとし一は救はれざらんとす。

第九節　基本財産の蓄積に方針あるべきこと

內務省に於ては全國町村自治の基礎をして益々鞏固ならしむべく、努めて基本財産の蓄積を勸誘して居るのであるが、之れ獨り內務省の勸誘のみでない。苟も自治を欲する町村である以上は、何處に於ても之れを貯蓄すべき必要を認めて居らぬ筈はないのである。然るに目下村有財產を以て村費を裕に支辨し得る樣になつてる所は、僅に神奈川縣下の元箱根村、三重縣下の錦村、及び靜岡縣下の白濱村に過ぎない。而して半額以上の村費を支辨し得る樣になつてる處は、全國に二十六ヶ町村で東京一、神奈川六、廣島一、和歌山一、愛媛一、岐阜一、福島二、長野一、兵庫二、三重三、愛知三、靜岡一、北海道三ヶ村等に過ぎずといふ。逐年增加の傾向があるといふから、今日では更に其數を增して居るかも知れないが、さりとて一萬二千有餘の町村の中で、兩方合せても三十ヶ町村に充たないとは、何たることであらうか。

內務省の勸誘もあり、町村の鋭意計劃する所にして如斯は、何かの原因が伏在して居るに相違ないのである。吾等は今日の地位として少しく言を憚るので、其多くを語るを敢てせぬが、其原因の一は確かに基本財產の蓄積に方針が立つて居らぬと云ふことである。之を詳論すれば

一、基本財產の蓄積法に方針が確立せず、

一、基本財産の種類選擇に方針が確立せず、

基本財産の出來ざる所以

一、基本財産の處分法に方針が確立せず、

即ち財産は欲しくはあるが、如何なる者を蓄積して之を得んかの問題に、決着する方法を見出さぬのが其の一である、學校のために積むべきや、村財源のために積むべきや、社寺保存のために積むべきや、或は道路水路開修のために積むべきや、區有財産を村有に移すべきや、各區有財産を作るべきやに思案の定まらぬのが其の二である、ない内は喧嘩や爭論はないが、稍財産が出來れば分配をし樣か、區有財産に移さうか、などゝて分りきつたことに餘計な爭ひをなし、笑止なことになるのが田舍には隨分例のあることで、如斯處分法に方針のないのが其の三である。

基本財産は必ずしも自治を生むものにあらず

人或は如斯は問題にならぬ話であると云ふもあらんが、實際に於ては問題にならぬ問題が、自治に消長をいたす大問題になつて居るのだ。

第一の蓄積法については、町村當局者の腹さへ定まれば大抵出來ることであらう。今二三の財源につきて其の蓄積法を上ぐれば、

蓄積の種類

一、國庫よりの交付金を積立つること、

一、各種の手數料を積立つること、

一、歳計年度の決算剩餘金を積立つること、

一、豫算にて毎年幾分の支出をなし之を積立つること、

一、山林の經營をなし之を基本財産とすること、山間地方では是亦部落有山林の統一をなし村有財産とすべし、此等の地方では山林の經營ほど安全にして有利なる財産はなきなり

一、共有地或は借地に自作或は小作をなさしめ其收益を積み立つること、獨り農作物とのみ思ふべからず、池などには養魚するも可なり、

一、耕地整理等の增步地よりの收益を積み立つること、

一、寄附金を積み立つること、

一、品評會等に寄附出品をなさしめ其賣上を積み立つること、

一、橋梁などの渡賃を積立つること、

一、提防道路敷地などの草改良して牧草を植うれば更によしを販賣し之を積み立つること、

一、出來初穗米、麥、繭、等或は冠婚葬祭の節費寄附を積み立つること、

之等は各地に於て實行せるもので吾輩の聞知せる分であるが、考へてみれば地方〳〵によりて如何程でも財源はあるに相違ない、其何れにか定めた以上は、村長が變らうが、村會議員が更らうが、村の方針として蓄積を怠らぬことが肝要である。あれがよからうか、之がよからうかと思案投首は決して財産の出來る方法ではない。されば馬糞拾ふて堆肥を作るでも何んでもよい、小を積みて大となす心得が最も肝要である。白濱村の如き天然が齎らす石花菜が財源となる如きは、外には望むで得べからざることとであるのだ。

貧乏は苦しいものであるとは誰れでも知つて居る、町村費が年に四五百圓も增して、貧乏の上塗りをせねばならぬ心配は誰れでも知つて居るのであるから、基本財產を出來すと云ふことは、案外纏りが早いのであるが、さて何處へ積むかとなると、話が六ケ敷なるのが、農村に於て普通あり勝のことである。之に就ては個人の貯蓄をするに、所謂目的貯金をするが便宜であると同樣に、先づ以て町村に於ける目的蓄積の方法が、村民には相談がなし易いであらうと思ふ。即ち

目的蓄積が便なり

一、學校基金のために積み立つること、
教育費基金をつくること、（此基金にて一文も要せずして各自の子孫を學校へ出すことが出來る樣にす）
一、社寺保存の基金をつくること、
佛事祭典費の基金を積むこと、
一、共有山林經營基金蓄積のこと、
一、保健、消防、保險の基金をつくること、
一、道路、營造物、其他土木費の基金を設くること、（島根縣八束郡熊野村に此制あり）
一、農事改良費基金積立のこと、（靜岡縣有玉村に此制あり）
耕地整理基金、產業組合基金、用水費基金、惡水排除基金等、
一、慈善、共濟基金をつくること、（罹災救助基金）

其他町村としてなすべき事業がいくらでもあらうが、其事業〴〵に基金をつくるが便宜であるといふのである。國費地方費其他の負擔が輕からざる今日、町村費を多額に徴集するは、事實出來ぬことであれば、此際村有財產を蓄積して、凡て町村費をそれから支出する樣にするは、自治經營の先決問題であるが、漠とした話では會得が出來難いにより、一々面倒ではあるが其目的を明かにして、其必要と認めた方から蓄積してかゝるが、最も便宜であらうと云ふのである。同じ話であるならば分り易く、同じ結果になることなら、出來易い方面から始めるのが賢い仕方ではあるまいか、之亦町村長や監督廳に於て考一考せねばならぬことで、規則や型に無理にはめるは出來ぬ原因であると思はねばならぬのである。兎に角それの何れかに決定して、それでどん〳〵やる樣にすることが肝腎である。

何んでも物は始め易いが遂げ難く、作り易いが役に立て難いのが普通である。基本財產の蓄積も其の通りで、蓄積するは易いのであるが、其目的を果たすは中々困難のことである。ない樣であるは、虛言の樣なれど、基本財產が出來て自治が退步したり、村に苦狀が持上つたり、役人の競爭が生じたり財產分配の議論が出たりして、立派な村が無茶苦茶になつた例は、いくらでもあるのである。之等の原因につきては、大に講究すべき價値があるので、中には案外の思をせねばならぬこともある、甚だしきは捕へて見れば我子なりと云ふもある、乍去最も主なる原因は、其の蓄積を始むる當初に於て、處分法に確たる方針が立たなかつたことである。元來田舍の人は考が單純であるから、唯無暗に積め

ばよい樣に思ふて積む、恰も食へばよい樣に思ふて食ひ、腹が一杯になつて動けぬと騷ぐ小兒見た樣なものだ。之に就ては、

基本財產蓄積の基礎觀念

一、基本財產とて積みたるものは捨てたものと心得べきこと、あると思へば油斷が生じ易く、我物と思へば未練が殘る、早く使用したくなる。山林の如きを基本財產とするは此の所以也。

一、基本財產の處分は町村長の處分に一任すること、

一、基本財產の處分に就ては權利よりも義務を全うすべき心得あること、

一、基本財產は自治經營のために處分さるれば滿足すべきこと、

町村民には少くも如上の覺悟をなさしむることが必要であらう。兎に角基本財產の蓄積は。自治經營の先決問題とも云はれ、自治進捗の一大武器でもあるが、事實に於ては必要を感じながら立派に出來てる所の少ないのは、不思議な位であるから、之が方針を明かにして、一日も早く確實に出來ることを欲し、又出來てる所に於ては、之が自治の進捗を促がすに至ることを望んで止む能はざるのである。之れ特に自治の信條に加へて、其必要を鼓吹し注意をいたした所以である。

極めて小部落ではあるが、よく方針を立てゝ各種の方面に基本財產を蓄積して居るもの、並に蓄積されたる財產を時代に應じて巧みに處分したるものを、左に參考として揭げん。

民育社

民育社ハ實飯郡國府町大字久保ニアリ大字ヲ繁榮セシメ子孫ヲ幸福ナラシメンガ爲ニ明治七年ニ於テ富田治右衛門、故白井勘左衛門兩氏ノ計議セラレタルモノ也爾來汲々トシテ諸種(左記)資本金ノ積立ヲ實行シツヽアリ

一、民育社仕法金

一家一字ノ永續基金ニシテ左ノ金ノ積立ヨリ成ル

1、舊御傳馬金、國縣道掃除金、水源米等所謂ハシタ金

2、積立金貸附ヨリ生ズル收入ノ一分

此積立現在額ハ四千六十八圓五十五錢九厘ニシテ一戸平均壹千圓ニ達スル毎ニ其半額宛ヲ配當スベキ約束ナリトイフ。

二、小學校資本金

學校費教育費ノ凡テヲ支辨センガ爲寄付金品ヲ積立ツルモノニシテ明治十四年十二月以來實行シ居レルガ現在額ハ八百五拾八圓貳錢參厘也目下其費途ニ向ツテ夫々使用中也ト。

三、奬學資本金

富ヲ造ルト共ニ又有用ノ人材ヲ養成センガ爲一般教育ノ奬勵資金トシテ積立ツルモノニシテ凡テ寄附金ヨリ成ル秀才ニシテ將來大字ニ於ケル有爲ノ人物ナルベシト想像サルルモノニ對シテハ給費ノ道ヲ設ケアリ明治十六年十二月ヨリ實行シ現在額八拾七圓參拾貳錢九厘アリ。

四、衞生資本金

衞生ニ關スル互助共濟及一般公衆衞生ニ必要ナル資金トシテ積立ツルモノニシテ寄付金ヨリ成ル明治十六年十二月ヨリ實施シ現下積

立金百五拾九圓四拾七錢アリ。

五、勸業資本金

勸業事項奬勵及實行ノ爲ノ資金ニシテ又寄附金ヨリ成ル明治十七年十二月ヨリ積立チ實施シ現在金百拾壹圓四拾六錢七厘アリ。

以上ハ民育社其ノモノ、所有ニ屬スルモノナルが更ニ個人ノ所有ニ屬スル次ノ如キモノアリ

六、各戸積立金

大字久保内ニ一戸ヲ構フル者ハ自家永遠ノ繁榮ヲ劃スル爲其分限ニ應ジテ必ズ積立スルモノニシテ轉籍、天災、地變、土地購入其他役員ニ於テ不得已ト認メタル時ノ外妄リニ拂戻ヲナサザル仕組也明治十四年十二月ヨリ實施シ現下ノ積立金合計參千六百貳拾四圓六拾五錢ニ達シ居レリ。

七、各名積立金

當大字内ニ籍ヲ有スルモノハ男女老若ヲ問ハズ各自必ズ其節約ノ餘財ヲ蓄積スベキ約束ヲ設ケ入籍ト共ニ實施セシメ退籍ト共ニ還付スルノ法ヲ立テ明治十四年十二月ヨリ實行シ居レリ積立現在金ノ累計額貳千百五拾七圓七拾貳錢五厘アリ。

以上七種ノ積立金ハ民育社ニ於ケル主要ナルモノナレドモ尙此外神社ノ爲ノ積立金アリ寺院ノ爲ノ積立金アリ信心講代參金アリ非常積立アリ豫備積立金アリ其他各種ノ積立金ヲ合セテ現在金壹萬參千五百參拾五圓八拾壹錢參厘ニ及ベリ又別ニ民育社仕法金ヲ以テ購入シタル八反二畝二十八歩ノ田地アリテ之ヲ小作ニ付シ其小作料ヲ以テ區費ニ充用シ居レリ

此部落ニハ民育社ノ外尙神迪社ト云フモノアリ神社ト氏子トノ關係ヲ密ナラシメ且之ガ繁榮ヲ計ルヲ以テ目的トシ明治卅三年四月一日ノ創設ニ係ル、各人ノ壹拾金ヲ集メテ之ヲ積立テ其額一戸平均一千圓ニ達シタル時毎ニ其半額ヲ配當スル計畫ニシテ積立金現在額ハ貳百參拾參圓五拾錢貳厘ナリ

此等二社ノ現任世話人ハ白井文治郎、富田治右衞門、白井磯次郎ノ三氏ニシテ社員ハ大字久保ノ現住者全部廿六戸也故ニ民育社ハ即

チ大字久保シテ大字久保ハ即チ民育社ナル也其共同心ノ深厚ナルチ想見スルニ難カラズ更ニ美トスベキハ此社ガ如此大金ヲ取扱フニモ拘ハラズ一切口約ノミニ成リ毫モ規約等ノ面倒ニヨルコトナクシテ全然精神的ノ結合ナリトイフノ一事ナリトス

愛知縣有限責任加治信用購買組合ノ沿革ト其發達

一、設立前地方ノ狀況

當大字加治ハ渥美郡田原町ノ一部ニ屬スル一小部落ニシテ戸數百十三戸ヲ有シ專ラ農業ヲ營ミ人性質朴ナリシガ今ヲ距ルコト三十年前即チ明治十年ノ頃當大字(元加治村)ノ人民ニシテ他村ヨリ多額ノ負債ヲナシ年々一割八歩乃至二割ノ利子ヲ支拂ヒツヽアリシ者アリシガ偶々西南ノ役起ルニ及ビ遽ニ物價騰貴ノ結果當字ノ細民ハ益々困難ヲ極メ遂ニ倒產ノ悲境ニ陷ルモノ頻々トシテ續出スルニ至レリ村内ノ有力者等大ニ之ヲ憂ヒ日夜救濟ノ道ヲ講ゼシガ未ダ策ノ得タルモノアラザリキ

二、設立事情

當時戸長役場ノ筆生タリシ金子九郎右衞門ナルモノ其ノ性質寡默ニシテ能ク熟慮ニ富ミ曾テ己レノ企劃セル事業ヲ實地ニ施シ一トシテ成功セザルナク人皆先見ノ明アルニ心服ス夙ニ郷黨ノ疲弊ヲ慷慨シ其原因ヲ探究シタルニ村民ノ斯ク悲慘ノ境遇ニ沈淪セルハ必竟勤儉貯蓄ノ思想乏シキニ因レリトナシ時ノ戸長鈴木半四郎同筆生河合莊右衞門等ト謀リテ東奔西走大ニ勤儉ノ尊ブベキヲ說キ又貯金奬勵ノ方法トシテ日掛講ナル團體ヲ組織スルノ考案ヲ立テヽ之ヲ實行セリ。時ニ明治十二年一月ナリ是即チ本組合前身ノ呱聲ヲ擧ゲシ濫觴トス依テ村内ニ居住スル戸主ヲ悉ク講員トナシ講員ハ必ズ一日一厘ヅヽノ貯金ヲナスベキ義務アルモノトシ村内ヲ八組ニ區別シ講員ハ十日目每ニ順次己レノ組内ヲ集金シテ之ヲ戸長役場ニ預ケ入レ戸長ハ即チ取扱人トナリテ之ヲ整理保管シツヽアリシガ明治二十年度末ニ至リ貯金ノ總額六百四拾有餘圓ニ及ベリ此レヨリ先村民ニシテ他村ヨリ負債セルモノニ漸々貸付シ茲ニ始メテ他村ヨリノ舊債ヲ償還セシメ較々村內ノ衰微ヲ輓回スルヲ得タリ

明治二十一年一月ヨリ益々貯金奬勵ノ方法トシテ家族ト雖モ貯金ヲナスモノハ講員タルコトヲ得セシメタル結果今日ニ至リ當大字ニ

居住スルモノニシテ老幼男女ニ拘ハラズ貯金セザルモノハ殆ンド無キニ至レリ其方法タルヤ各家ニ子女ノ出生スルアレバ七夜又ハ神置等ノ儀式ニハ親戚知己ヨリ衣服料トシテ金錢ヲ受ケ之ヲ貯金スルノ習慣トナレリ又一方ニハ此ノ金ヲ以テ講員ノ需用者ニ貸付シ複利法ニヨリテ貯金ノ增殖ヲ圖リタリ

明治二十九年六月縣令第三十二號ニ依リ貯金同盟會ト改稱シテ縣知事ノ認可ヲ得タリ之レマデハ別ニ規約書ノ如キモノナク只精神的ノ結合ナリシガ縣知事ノ認可ヲ得ルニ際シ作成シタル規約書ハ左ノ如シ

貯金同盟會規約書

一本會ハ貯金同盟會ト稱ス

一本會ハ田原町大字加治ノ住民ヲ以テ組織ス

一貯金ハ預リタル翌月ヨリ起算シ年七朱ノ割ヲ以テ計算シ貸付ハ其當月ヨリ月七朱ノ割ヲ以テ徵收シ毎年十二月之ヲ精算シ會員ニ報告ス

一貯金ノ證ハ取扱人即チ加治總代ノ印章アル割印ヲナシタル證書ヲ附與ス貸金ハ相當ノ抵當ヲ以テスルコト

一本會ニハ貯金取扱人一名ヲ置ク但シ義務役トシ服務年期ハ一ケ年トス再選ヲナサズ

一本會ニ於テ貸與シタル金員返濟ノ期ニ至リ怠納スル時ハ借用證書面ノ處分ヲナシ尙不足スル場合ハ保證人ニ於テ速ニ辨償シテ本會ヘ損失ヲカケザルコトヲ契約スルモノトス

一本會ハ會員以外ヘ金員ノ貸與ヲ許サズ

但抵當權取得ノ登記ヲ申請シタル確實ナル證書ト引換貸與スルハ此ノ限リニ非ズ

一本會ハ監査役二名ヲ置ク但義務役ニシテ服務年期ハ二ケ年トシ會員中ヨリ選擧スルコト

一本會ノ剩餘金ハ準備金トシテ毎年積立ツルコト

右規約書ノ如キモ只形式的ニ止マリ役員ノ外一人トシテ閲覽シタルモノナク尙且從來ノ精神的結合ヲ重ンゼリ

明治三十年一月ヨリ取扱ノ煩雜ヲ避クル爲メ從前ノ集金法ヲ廢シテ各自隨時適宜ニ金額ノ多寡ヲ問ハズ直接ニ貯金預ケ入ヲナスコトニ改メ益々之ヲ奬勵シ一方ニハ依然トシテ貸付ヲナシテ會員ノ便宜ヲ圖リツヽアリシガ會員ハ專ラ信義ヲ守リ創立以來未ダ曾テ一人ノ貸金返濟ノ期限ヲ誤リタルモノナシ明治三十五年產業組合法ノ發布セラルヽニ際シ之ニ據リテ社團法人ノ組織ニ變更セントテ之ヲ會員ニ謀リシモ素ヨリ質朴一途ノ農民ナレバ其ノ組合ノ性質効用ガ或ル一部有識者ノ間ニ解セラレタルニ止マリ唯一般ニ蛇足的ノ感ヲ抱キ未ダ深ク知得セザリシカバ折角ノ苦心モ水泡ニ歸シ彼是スル間ニ日露開戰トナリ荏苒トシテ歲月ヲ經過セリ

明治三十九年二月既ニ東亞ノ平和克復シ國資漸ク膨脹シ諸種ノ產業從テ發展セントスルノ氣運ニ向ヒタレバ乃チ戰捷ノ紀念トシテ此ノ機ヲ逸セズ同盟會ヲ解散シテ組織ノ變更ヲナサントテ金子長吉、河合助藏、河合莊右衞門、河合和三郎等之ガ發起トナリ極力組合法ノ最モ有益ナルヲ說キ組合員ノ募集ニ盡力セシニ何レモ發起者ノ熱誠ナル勞ヲ多トシ競フテ之ニ贊同シ其結果組合員百三名ヲ得タリ依テ定款ヲ編製シ役員ノ選擧ヲ行ヒタルニ理事ニ金子長吉、河合助藏、河合和三郎、監事ニ河合莊右衞門、金子作平、河合德三郎當選就任セリ

斯クテ明治三十九年三月二日設立許可ノ申請ヲナシタルニ同年六月二日本縣知事ノ許可ヲ得タレバ百二名ノ組合員ハ各出資一口宛ヲ取得シ同年六月二十六日第一回ノ出資金一口ニ付金貳圓ヅヽノ拂込ヲナシ同年七月七日登記ヲ申請シ茲ニ始メテ公然タル有限責任加治信用組合ノ設立ヲ見ルニ至リ當時貯金同盟會ニ於テ蓄積セシ金額無慮八千七百四拾圓五拾錢アリシガ同會解散ト同時ニ悉皆本組合ニ引繼貯金スルコトヽナレリ

三、經營ノ狀況並ニ事業上遭遇セル困難

事業執行ノ方法ニ關シテハ專務理事自宅ニ於テ專ラ其ノ衝ニ當リ執務時間ハ大抵夜間及朝餐前之レヲ取扱フ組合員外家族等ノ貯金ハ何ノ誰取次何印トシテ帳簿ノ番號ヲ異ニシ便宜取扱フコトヽセリ貸付ハ重ニ對人信用ナレドモ多額ノ金員ニシテ償還期限一ケ年以上ニ及ブトキハ擔保ヲ供セシメ或ハ保證人ヲシテ其ノ責ヲ負ハシム

信用程度ハ性行五十點財產五十點トシ得點ノ多寡ニヨリテ之ヲ定メ居レリ貸付金ノ用途ハ土地及工業用（製糸）原料類ノ購入ヲ最トシ

原野ノ開拓、桑園ノ新設又ハ植替、農舍蠶室ノ新築又ハ修繕等之ニ次ギ其他種苗、農具、肥料ノ購入等何レモ産業上必須ノ資本ナラザルハナク而シテ未ダ曾テ違約滯納等忌ムベキ事實ノ現ハレタルコト更ニナシ

第二回以後ノ出資拂込ハ毎年六月末日限リ各一口ニ付金貳圓以上宛拂込ベキ規定ナリシガ明治四十年度養蠶ノ豐饒ナリシタメ些ノ苦痛ヲモ感ゼズ一時ニ全部ノ拂込ヲ終リタリ

業務執行ニ付聊困難ヲ感ゼシハ組合員各自ガ未タ組合ノ性質ノ如何ヲ解セズ組合行爲ニ多少ノ疑惑ヲ挾ミシモノ有リシ事ナルガ漸次良好ノ經過ヲ見ルニ至リ今日ニテハ一人トシテ銀行ヘ預入レヲナスモノナク却テ銀行ニ預入レタル貯金ヲ拂戻シテ本組合ニ預入ル、ニ至リタリ然ルニ組合員ニシテ平素貯金預入ヲナスモ年末ニハ悉ク拂戻シテ厘毛ヲ止メザルモノ多數ヲ占ムルモノアルヲ以テ之ガ習慣ヲ打破スル爲メ特別貯金規約ナルモノヲ設ケ各自應分ノ餘財ヲ蓄積シ永ク子孫ニ傳ヘシメント四十年六月ヨリ之ヲ實行セリ其ノ規約書ナルモノ左ノ如シ

特別貯金規約

第一條　本組合員ハ勤勉ト節儉トヲ力行シ因テ得タル餘財ヲ特別貯金トシテ蓄積スルノ義務ヲ有スルモノトス

第二條　組合員ハ前條ノ目的ヲ達スル爲メ左ノ諸項ヲ實行スルモノトス

一、早起晩寢業務ニ勉勵スルコト

二、副業ヲ選ミ夜間及本業ノ餘暇之ニ從事スルコト

三、衣服居宅家具等ハ質素ニスルコト

四、時間ヲ重視シ公私ノ集會等ニハ指定時間ヲ誤ラザルコト

五、酒宴ハ慶事又ハ慣例上止ムヲ得ザル場合ノ外之ヲ開カザルコト

六、歲暮、年始、祝日、祭日、旅行等ノ場合飮食物其ノ他物品ノ贈答ハ之ヲ廢止スルコト

但死亡其他災厄ノ際金穀ノ贈答ハ此ノ限リニアラズ

七、佛事及葬式ニハ一切酒ヲ用ヒザルコト
八、奢侈ニ渉ルベキ遊興ハ一切廢止スルコト
九、前各號ニ掲ゲザルモノト雖モ勤儉ノ趣旨ニ副ハザルモノハ廢止又ハ節減スベキコト
第三條　特別貯金ニ充ツベキ金ハ第二條實行ニ依リ得タル分ヲ以テシ各組合員ノ等級ニ應ジ毎年一圓以上拾圓以下ノ範圍ニ於テ蓄積スルモノトス
但組合員ノ便宜ニ依リ此範圍ヲ增シ或ハ減ズルコトヲ得
第四條　本規約ニ因ル貯蓄ハ春夏秋ノ三期ニ分チ春期ハ毎年六月十日限夏期ハ同八月十日限秋期ハ同九月二十日限應分ノ金ヲ貯蓄預入ヲナスモノトス
但組合員ノ便宜ニ依リ隨時貯蓄預入ヲナスコトヲ得
第五條　本規約ニヨリ爲シタル貯蓄金ハ組合ヲ脫退シタル場合ノ外左ノ事由アルニ非ザレバ拂戾ヲナスコトヲ得ズ
一、天災地變ニ遭遇シ再興ヲ計ルニ必要ナル時
二、有利ノ生產的資本ニ投ズル時
三、公益又ハ慈善事業ニ投ズル時
第六條　前條ニ依リ拂戾ヲ請求セントスル時ハ其事由ヲ證明スベキ書面ヲ理事ニ差出スコトヲ要ス理事前項ノ請求ヲ受ケタル時ハ理事會ニ提案シテ其ノ當否ヲ審議ノ上拂戾スモノトス
第七條　本規約ハ明治四十年六月ヨリ實施シ本組合存立期間繼續スルモノトス
右特別貯金ニハ出征軍人ニシテ恩賜金ノ拂戾ヲ請求シテ預入シタルモノアリ

四、有形無形ノ効果

本組合ノ設立以來組合員ガ直接間接得タル利益ハ頗ル多シ第一低歩資金ノ融通ヲ得テ高歩ノ舊債ヲ償還スルト共ニ更ニ進ンデ積極的

ニ農工業ノ改善進歩ヲ促シタル事第二勤勉力行、餘財蓄積ノ美風ヲ養成シ漸次多額ノ貯金ヲナシ現在實ニ貳萬有餘圓ノ巨額ニ達シタル事トハ其最モ見易キ利益ニシテ組合ノ發達史上特筆大書スベキモノタリ玆ニ最近四十四年度末ノ貸借對照表及損益計算ヲ掲グルコト左ノ如シ

貸借對照表

（明治四十四年度末）

貸方 種目	金額	借方 種目	金額
預ケ金	七一七三三〇	出資金	二、〇六〇〇〇〇
什器	二三五〇〇	借入金	三、〇〇〇〇〇〇
貸付金	二五、一一四六七二	準備金	四六六四六四
年賦貸付	一二、四四一二八四	特別積立金	七〇四七九五
株券	二〇〇〇〇〇	貯金	二四、〇九五三三八
未收入利息	五八一二三四	定期貯金	六、六二七六三二
現金	一〇四〇七七	特別貯金	一、七二四七八三
		本年度剰餘金	六〇三〇八五
合計	三九、一八二〇九七	合計	三九、一八二〇九七

夫レ如斯ク組合員ノ產業狀態ハ村勢ノ要求ト組合ノ活動トニ依リ益隆盛ヲ極メ土地ノ開墾利用ヲ始メ農產種子ノ鹽水撰、病蟲害ノ防除、堆肥舍ノ築造、綠肥ノ栽培、稚蠶ノ飼育、蠶種ノ保護及催靑、蠶病豫防等悉ク行ハレザルナク又近來餘業トシテ養豚事業ヲ始メタルガ頗ル有望ニシテ毎戸二、三頭乃至五、六頭ヲ飼養シ盛ニ之ガ蕃殖ヲ圖リ而カモ其蓐草及尿糞ハ頗ル有効ノ肥料トシテ肥料經濟ヲ助ルコト實ニ大ナルモノアリ

神社ハ數年前已ニ合祀セリ

古來當部落ハ一般ニ一向宗ニ屬シ檀徒ノ信仰心頗ル厚ク獨リ風敎上ニ見ルベキモノアル而已ナラズ總テノ事業上ニ補益スル所尠ナカラズ、組合ト寺院トハ猶姉妹的關係ノ如ク兩々相携ヘ組合ノ奬勵風化ニ力メ又一面小學校ト氣脈ヲ通ジ青年會、婦女會、老人會等ヲ設ケ益々之ヲ社會的ニ向上セシメタルノ効果空シカラズ一般ニ共同ノ利益ヲ會得シ漸次德義ヲ守リ信用ヲ重ンジ納税ヲ怠ラズ家事ニ勵ミ衞生ニ力ムル等茲ニ自治、敎育及宗敎上ノ活模範ヲ實現スルニ至リタルコソ洵ニ意ヲ強ウスルニ足ル哉

五、將來ノ計畫

漸次資金ノ豐富トナルニ從ヒ大ニ產業ノ發達ヲ圖ルヲ得ベク近キ將來ニ於テハ專務吏員ヲ置キ購買組合ヲ兼ネ便利ト實益トヲ計ラントシ兩三年以前ヨリ試ミニ附帶事業トシテ肥料及日用品ノ共同購入ヲ實行シツヽアリ尚剩餘金ノ幾分ヲ割キテ青年夜學會ヘ補助ヲナシ益々青年ヲシテ處世上ノ智識ヲ研カシメントスル計畫ニテ已ニ有志者ノ寄附金ヲ募リ之レガ機關タル青年倶樂部ヲ建設シタリ又組合員ノ互助法トシテ各自ノ火災保險的ノ事業ヲ起サントテ目今之ガ調査中ニ屬シ又模範養蠶場ヲ設置スルト同時ニ健全無毒ナル蠶種ヲ配附シ或ハ共有山ヲ開墾シテ模範桑園ヲ設置シ或ハ既設ノ諸團體及諸般ノ事業ヲ益々指導誘掖シテ活動ノ佳境ニ入ラシメントスル等將來ノ理想的抱負ハ頗ル深遠ナルモノアリテ存ス

その事業の爲めに全身全力を注ぐ者は即ち勝利者なり　（バクストン）

害蟲の驅除は人間社會に於ても大事なり

良風善行の奬勵は人間社會に於ける病害蟲の驅除豫防法なり

奬勵其物が即ち良風善行なり

第十節　良風善行を奬勵すべきこと

類を以て集まるといふことあり、同じ考、同じ嗜好、同じ職業のものは、相寄り相集まるものであるとの義なるは、何人も知れる所であるが、悲哉、此諺は惡德醜類の上にのみ應用さるゝことが多いのである。若し善人が相集り、篤志家が相寄るものなれば、惡風や醜俗は容易に蔓こる者ではなからう、

世には良風よりも惡風が流行し易く、美俗よりも醜俗が出來易きものなれば、爲政家や敎育家は常に油斷をしてはならないのである。分けて世間に疎き農村に於て然りであるから、農村を憂ふるものは特に此點に留意せねばならぬ。而して之を豫防する唯一の方法は、良風善行を奬勵すべきことであるのだ。今夫れ如何に考へても、賞せられ、旌表されて惡い心持をするものなく、尊敬され、歡迎されて立腹するもののなき道理なれば、勤勉力行よく公事に力むる者や、孝子節婦、或は篤實家を表彰することは、所謂世道人心の機微を濟ひ、風敎を刷新することが出來るに相違ない譯だ。而も之れ良風善行を奬勵する所以にして、亦人道の美事でもあらうし、益民をして安じて善行を遂げしむる手段でもあらう。近來各地に此目的を以て色々の施設が出來、善行者の表彰が頻繁になつて來た樣だが、確に民風の作興、人心の刷新を來す兆として、歡ばざるを得ぬのである。

聞說、大阪府豐能郡に於ける興風會、愛媛縣周桑郡に於ける周桑善行奬勵會などは、地方の自治公共

の事業に貢獻したる功は尠からぬと云ふことであるが、確かに之れに相違あるまいと思ふ。福井縣敦賀郡松原村と云ふは、敦賀港に隣し、內外人の來遊する所で、隨分風紀の亂れそうな所であり、村が極めて細長く六里半もある故、村治の統一も出來難い樣に思はるゝ所であるが、優良村として令名久しく活動村とて有名な所である、其處の役場には篤志篤行家臺帳といふがあり、村民の一善一行の以て範とするに足るあれば、役場は之を表彰して其の臺帳に事蹟を登錄し、寫眞を徵して、一見人物と事行を知ることの出來る樣にして居る。其人の操守久しければ郡に推擧して、郡より表彰してもらひ、更に久しく變らされば之を縣に推擧し、國に推擧するの道を講じて居る。村長山本氏は常に曰く、苗床に於ては馬鹿苗や不良苗は除却せねばならぬが、町村に於てはそうは出來ぬ、宜しく善良を揚げ、篤行を選び、村民をして常に則る所を知らしめ、覺る所を知らしめ、以て自奮自修せしめねばならぬ、何人も惡人たるを欲するものはない、不良の徒と罵らるゝを好むものではない、故に年々善を揚げ美を奬むるに勤めなば、遂に一村を擧げて善人化することは敢て難くはあるまいと。之れ松原村の村風が附近に超えてよくなり、村民に活動の生氣が認めらるゝ所以であると思ふ。

西端積善會

三河の碧海郡に西端桃とて、桃で有名な所がある。昔は春は花に、夏は桃の實に、集り來る人も中々多かつたそうであるが、餘り改良が出來なかつたがために、今日では當年の名稱を落した傾があるので、今や大いに其の改良をやつて居るが、之豈に獨り桃のみならむや、人事に於て亦然りであると云ふ

改良は獨り作物の上のみに非ず

ので、明治二十一年町村制の發布と同時に、西端積善會といふのが出來、爾來風紀の矯正、善行の奬勵につとむる外、慈善事業をもやつて居るのである。會長は原田高敏（今は故人）とて、自治の發達、公共利益の開發に盡瘁した廉を以て、明治二十七年に藍綬褒章を賜はつた人である。如斯人を會長に得たのと、風紀の餘り頽敗せない内に會が出來たのと、役員各位の熱心なるのとにより、青年の風紀に於ては、獨り超然として四隣に冠たるものがあるのである、今日では桃を賞する人よりも、此部落の風紀のよいのを貴ぶ人が多くなつて居る位だ。聞く所によれば、既に基本金は百參拾壹圓ほども積み立てられ、外に七拾五圓の有價證券もあり一ケ年の經費も貳拾五圓内外支出して居ると云ふことである。

新川町奬勵慈善會

其隣は即ち新川町であつて、世人は此處に三名物を稱へて居る。其の一は服部長七と云ふ發明家が出たこと、其の一は奬勵慈善會てふ慈善團體があること、他の一は揚水機を以て水源を得たる耕地整理であるといふことだ。就中奬勵慈善會は、孝子義僕等の善行を奬勵し、鰥寡孤獨等の貧窮救恤を目的となし、明治三十三年の五月に、皇太子殿下の御成婚奉祝の紀念として、土地の有力者が創立したものである。今日までになしたる事業の大要は左の如し

善行表彰　　每年十一月三日三四名を選拔表彰せしもの累計卅九名

貧民救助　　每年十二月末施米するもの二十餘戸

從軍者慰問　　百九十六人、

出征軍人家族賑恤　　四十八、

饑饉、災害等へ義捐　　百四拾五圓、（四十五年度調査）

其他尙齒會（七十歲以上）あり每年招待するもの二百餘名

尙現今一ヶ年の支出經費は略參拾五圓で、基本金は現金千五拾圓、有價證券百五拾圓を有し、益之を增殖して、會の基礎を强固にすべく、有忠の盡力最中であるといふことだが。當年名もなき小邑に過ぎなかつた所が、今や物產に敎育に改良事業に、郡內第一の成績を占めて、町の繁昌も優に大濱町を壓し、郡內の主位となるに至りしは、偶然にあらずと云はねばならぬ。乍去惡魔は繁昌を喜び、貧乏神は富貴の後を逐ふて來ると云へば、新川町の將來大に留意する所なくば、或は惡習醜俗を助成して、町政の紊亂を來すことなきにしもあらずだ。況んや耕地整理によりて、更に大なる利益を得るに於てをや。此時有志先覺の人が益重きを此處に置き、其隆盛をはかり、其活動を期し、良風善行の奬勵に怠りなきは、新川町の將來に於て賀せざるを得ぬのである。

惡魔は繁昌を喜ぶ

一の善行奬勵會が町村の風紀に及ぼした影響は斯くの如きものであるから、農村の改良と其繁榮を欲するものは、是亦此の處に思をいたすべきである。

語に曰く、孝子の節は九天を動かし、匹夫の勇は三軍を感ぜしむ、と。されば古より民政に志したる者は何れも善行者を貴んで、或は自ら其家を訪ね、或は人を派遣して之を見舞はしめ、王侯の位を以て

奬勵の極意民政の要

しても、其善行に値せずとまで誠意をいたしたものである。彼の水戸烈侯の如きは、僞でも孝道を盡くせば之を賞すべしとて、僞善者を賞し、遂に眞正の善行者たらしめたと云ふが、旌表は實に人を化するの妙劑と云つてもよい。之皆一人の善行者でもあれば、之が感化の偉大なるを認むるからである。

之亦自治の主なる事業也

今日は自治の世である以上は、王侯貴人や上級官廳の旌表をのみまつべきではない、自村の善行者は自村で旌表すべきが當然である。又自村の美風良俗は、人から彼是云はれないでも、自ら之を保維發展すべく勉め、同時に惡風醜俗は改良せねばならないのである。實に風紀の嚴肅は自治の最大要素にして、之をいたすは良風善行の奬勵である、此處に氣がつき、此處に晝策することの出來ぬ樣な町村であるならば、決して自治の發達すべき農村でないと云つてもよからう、之れ特に此信條の必要を認むる所以である。

奬勵、授賞に當り注意すべき要點

唯戒しむべきは、奬勵も其當を得ずば、或は奬勵せざるに若かざることがあれば、此處に思をいたさずば、勞して効なきに終らんこともあらう。依て二三の注意をして措く、

一、奬勵は町村の最も有力なる、信用ある、德望ある人々にてなすべきこと、藍綬褒賞等の受賞者が之をなすが如きは最もよし。

一、旌表は極めて嚴密にして公平なるべきこと。

一、受賞者の善行は何處に於ても認むべきこと。

一、集會の席上等に於ては特に其の席を設くるが如き用意あるべし。

一、町村民をして常に受賞者に敬意を致さしむべきこと。

一、金品の授賞よりも、名譽、待遇がよき効果を生ずることあり、熟慮すべきこと。

一、表彰は極めて壯嚴なる式場もてなすべきこと。

一、親よりも隣の爺さんが賞して効果の大なることあり、應用すべきこと。

一、奬勵事業は永久的なるべきこと。

一、受賞者の惡變するは授賞者の責任となす心得あるべきこと。

一、濫賞は愼むべきこと。

一、賞を望み、表彰を求むる心を起さしめざる樣注意すること。

> 衣服は多く着て暖かなる者にあらず、體溫は働きて出るものなり、勞働は時に一重の溫袍にも値す、美食は必ずしも美觀を呈する者にあらず、立派な顏色、滅多に風邪ひかぬ皮膚が重寶なるなり、男らしき容貌、女らしき振舞は勤勞で磨き出さる。

第十一節　自治思想を養成すべきこと

正直に云へば農村に於て自治を解するものが未だ多くない、換言すれば自治とは如何なることを意味するや、自治制とは如何なるものかを知らぬのが多いのである。之れ自治制しかれて以來二十年を經たるに、未だ其自治經營に見るべきもの多からざる所以である。故に農村自治の進歩發達を計るには何よりも此思想の養成が肝要である。

自治思想と謂つても、詳く云へば、自治的精神即ち德義的の方面もあらう、自治的智識即ち智能的の方面もあらうが、其何れにしても之を養成することが肝要である。就中智識の方面は養ひ易いが、精神は中々養ひ難きものであれば、其積りでかゝらねばなるまい。故に自治思想を養成するには、先づ以て自治の必要なる所以や、自治制の精神や、自治の發達したる所に於て町村の享受する幸福の大なることや、又は自治機關の如何なるものかを知らしむることが第一着であらう。次は如何にして自治の發達を得べきや、如何にせば自治的經營が出來るであらうか、また自治的機關は如何に運用して可なりや、或は此地方に於て如何なる自治的施設を急とすべきや、などの研究が大事であるだらう。而して各自の自治的行動、自治的經營、自治機關の活動などの、所謂實行如何の練習琢磨が出來ねばなるまい。

近來各地に於て自治講習會などの開催を見るに至つたが、是等は至極機宜に適したるものと思ふが、或は自治會といふ樣なものを設けて、之を知り、之を研究し、之を實行するは、更に妙であらう。或は有志の會合、學校の訓育、寺院の説教、其他あらゆる機會を應用して、自治思想の喧傳、自治的行動の奬勵をなすも、簡便なる方法であるであらう。獨り之には限らず、何事にしても、やらうと思へば出來るものであるが、心からやるべき決心が出來ねば、何んと云つても出來るものではないものだ。故に之が衝にあたりて盡力するものは、必ず非常の決心を以てかゝらねばならぬのである。少しやりかけて功を奏せずば、農民の頑愚度し難しなど云ふ連中では、到底話になつたものではない。何にしろ制度が布かれて以來、正に二十年も經て今日の如きことなれば、餘程の難事と考へてかゝるが正當であらう。特に今日の世は、理窟や道理には耳が慣れて居るから、單に理論の説法丈けではきかない、必ず理窟以外に之を動かす武器が大切である。即ち信用もなくばならず、德もなければならぬが、所謂熱誠や言行一致は、最も人を動かす武器である。故に自治を説き、自治の功德を論ずるものは、先づ自己の行動を自治的になし、誰れが見ても自治的精神の權化であると思ふ位に、自治的精神の活動がない限りは、効果がないものと思はねばなるまい。

感化の最大武器

兎に角、何事によらず之を知るは之をなすの始めと云へば、之を知らしむること、悟らしむることが肝要であると同時に、自ら知り、自ら悟つてかゝることが第一であるから。參考のため自治思想を養成するに必要なる目次を示せば、凡そ左の如きものであらう。

一、村は一人のものにあらず、村民全體の村なれば、全村民、心を一にせざるべからざる意義を明かにすること。

自治思想養成の基礎觀念

一、自治制の精神を會得せしむること。

一、自治制の下に在りて、自治の實を擧げ得ざるは、國民の資格なき所以を明かにすること。

之がためには、少くも

精神方面

甲、自治的精神

一、獨立自營、他に依賴せず、他に迷惑をかけぬ氣慨。

一、不撓不屈の氣象。

一、自治體を見ること自家を見るが如き觀念、即ち公共心。

一、相互扶掖するの慮見。

一、和協、同情の德。

一、信用、公德を貴ぶの念。

等の精神涵養に工夫し、進んでは

智識的方面

乙、自治的智識

一、自治體各機關の作用を如何にすべきか。
一、如何なる人に如何なる機關が適するか。
一、如何に公務執行の秩序を維持すべきか。
一、如何に敎育を進むべきか。
一、如何に相互の智德を進むべきか。
一、如何に風俗習慣を改善すべきか。
一、如何に運輸交通を便にすべきか。
一、如何に衞生設備をなすべきか。
一、如何に天災地變に備ふべきか。
一、如何に生産を增加すべきか。
一、如何に勤儉の美風を養成すべきか。
一、如何に納税を便利にすべきか。
一、如何に歲出入を調理し、經濟的基礎を鞏固にして、諸般の需めに應ずべきか。
一、如何に中央行政を補助すべきか。
等の研究をなさねばならぬ、之が相互の關係、及び是等に對する村民の思想が實際如何なるやを視て如何に是等に關する思想を擴充すべきかの方法をも研究せねばならないのである。

尚自治會に關して現在愛知縣の寶飯郡に計畫中のものがある、何處にも應用して可なるものであるから之を示すことにしやうが、要するに斯ることは、献立よりも當事者の熱心が肝要である。而も此信條が大切である丈けそれ丈け、人の熱心の度が高くなければならぬのである。

> 二宮翁の一代記を知らざるを憂ふる勿れ、報德記を讀まざるを恨とすること勿れ、翁に關する著書を知らざることを嘆くこと勿れ、たゞ爾の鋤の銹びぬ様、掌上肉塊《まめ》の薄くならぬ様、自己の本業に油斷せぬ様、我儘勝手の振舞なき様にすることこそ肝要なれ。
>
> 人皆飲食に向上せんと欲して、働くことを好まず、故に貧乏し、偶働くに精勤するも、智能の啓發に熱心せず、故に働き損の草臥れもうけの嘆きあり、噫。

- 自治會
  - 大會（各團體網羅講演）
  - 協議會（各團體各部落主動者）
  - 視察―必要ニ應ジ
  - 表彰（各團體ニ於ケル模範者）
  - 農會
    - 部落會（各部落ニ於テ隔月一回農蠶業ニ關スル談話會）
    - 蠶業組合（五人乃至十人ヲ一組トシ養蠶期中交互巡回）
    - 其他（上級農會ヨリノ普及事項及改良事項）
  - 尚武會在鄉軍人會
    - 銃鎗劍擊劍舞（隨時各部落ニ於テ擧行壯丁者、在鄉軍人、青年會員）
  - 青年會
    - 運動會―毎年一回擧行
    - 講農會（青年會乙部）
      - 講習會―農閑ノ際三日―五日間
      - 競作―趣味增進ノ爲會員相互
      - 品評會―競作成績品
      - 試驗―良種良法發見ノ爲
      - 模範作―良種良法普及ノ爲
      - 其他（農會ヨリ委托事項、農商務省諭達事項）
    - 夜學會（青年會甲部）
      - 修學―修身、國語、算術、農業
      - 展覽―修學成績品
  - 教育會
    - 講演會（各部落ニ於テ毎月一回教育、實業、道德等ニ關スル講演）
    - 圖書館（圖書ヲ蒐集シ隨時縱覽セシム）
  - 衞生組合―清潔法其他一般衞生法督勵

信仰上の施設なく、從て宗教機關と連絡なきは考へ物なるべし。

第八章　自治の障礙

自治の障礙とは、讀んで字の如く、自治の進捗を妨げ、其發達を害ふものである。元來物のなるは容易のことにあらず、又多少の歳月を要するは、寧ろ當然であらうが、さりとて二十年の歳月を經て、尙自治體の萎微として振はざるは、餘りに念が入り過ぐるの傾あらざるか。語に曰く過ぎたるは尙及ばざるが如しと、思へば念の入り過ぐるは確に自治の進步發達の域に未だ及ばざるものにあらずして何ぞや。抑も自治は人の希ふ所にして、又其發達を望んで止む能はざるものなるに、今尙斯くの如きは、其の因て來る所なかるべからずである。此章に於て述べんと欲するは、即ち其の進步を妨げ、其發達を害ふものに就きての研究であるが、之れもとより單純の問題でなくて、なか〳〵複雜なるものであれば。茲處にはたゞ吾輩の認めて、以て其主要なる障礙と思ふものゝみを列擧して、聊か自治に焦慮する人の參考に供せむとするのである。

前述したる各章は專ら自治の正面的研究であるとしたならば、此章は裏面的研究と云はねばならぬ。自治研究に於て其正面的研究は、最も必要であるは言ふまでもないことだが、さりとて裏面の研究をなさでは、所謂皮相の見に陷る弊があるものと承知すべきが正當である。故に其の障礙を論ずるにあたり、最も犀利なる觀察を下し、忌憚なき批評を試みねば、其正鵠を得ぬのであるが、悲哉吾輩の地位は、或る程度に於て今は言論の自由を許されて居らぬ。故に言或は靴を隔てゝ痒を掻くの虞もあらんが、そは豫め承知を希はねばならぬのである。たゞ同志の人が之によりて益研究をすゝめ、其障礙の因て來る所に豫防し、其現に伏在する障礙を除却するに、工夫する所あるべきを欲して止む能はざるものである。

予が此稿を草しつゝあるの時。東京毎日子は左の題下によりて一論文を掲げた（明治四一、八、八）

地方政務の實狀

租稅以外の誅求

府下某學校の敎授其平素薰陶せる處の學生を率ゐて東北地方に旅行せし者あり、途上書を我一社員に宛て其見聞せる地方の狀況を報ず書中左の一節あり。

頃日到る所の地方に於て、濫りに國家的事業例へば赤十字社、愛國婦人會、武德會、體育會等の如き專ら政務に屬せざる事業の發達に關し、地方官吏の勸誘悉さざる所無く、其實際は勸誘の域を通り越して殆んど干涉の姿を呈し居り、會員數の多寡を以て自治體爲政の優劣を判ずるが如き有樣に候、之に反し直接自治體の進步發達の爲にする事業には各地方とも殆んど見るべき者無きの姿に候、又途上目睹する所の各都市孰れも警察署の宏大なるは之を外國の各都市に比して異樣の感に撲たれ候市民の家屋は矮小にして、其治安を維持する警察署は巍々たる美觀を見るに至りては、保護せらるゝ者の生活低くして、保護ずる者の威嚴を逞うするの狀其外觀に現はれ申候、之を要するに地方當局者にして眞に自治體の精神を知る者少なく、民政の何物たるを解せず、又人民に代りて爲政の世話をなすべき公人は自治團體を以て政爭の目的物となすが如き狀歷々として吾人の耳目に映じ申候、之等の事物を以て見れば吾國民が自治の道を理解し、自立自由の趣味に感ずるは尙ほ遠き將來の事たるを思ひ候、中央の有識者が地方開發の爲め大に努力せざるべからざるの時機既に迫りたるを感じ候

書中言ふ所の者恰も其地方に赴いて實況を目擊するの感あり、地方官が中央權勢ある者の委囑を受けて職掌以外なる社會事業に奔走し、政權をかりて其事業の擴張を人民に强ひ、其裏面に云ふべからざるの弊害あるを察するに足れり、其名は甚だ美なるが如きも、之が爲めに租稅以外に多額の費用を人民に課し、本心に非ざるの運動に驅使せらるゝも、其名の美なるが爲めに之を辭し得ざるの狀想見すべし、而して地方官は之を以て己の働き振りを他に示し、虛名を博するの具となすに至ては一方に其當然の本務を曠廢して他の一方に人民の勞苦を增すに至るべし、地方官の人民に對するの措置此の如くなりとするも、又他の一方に地方官の權威を適當の範圍に制限して、よく民意を伸張するの公人あらんには、尙ほ地方自治の爲めに幾分の氣勢を吐くに足るべしと雖、不幸にして今日の公人其職分を理解する者甚少く、地方團體を以て政事の目的物となす者滔々皆然り、果して然らば人民は何に依りて其利益を保全し、其安寧を保つを得んや、吾人は某氏と共に大に此形勢を痛歎せずんばあらず、と

第二節　監督指導普及せざりし事

監督者の不行屆

自治の進歩せざる、町村制の精神が發揮せぬ原因には色々あるが、其の原因の一は確に町村行政を監督する當局者の親切が普及せず、町村事業を指導する專門家の注意が行屆かなかつたことである。今二三の事實を指摘して見るなら、左の通りである。監督者は中央政府より來た人であらうが、府縣より來た人であらうが、何れも

町村吏員を見て、其の町村民に對する信用程度を見ず。

町村役場を見て、其町村を見ず。

帳簿書式を見て、町村事業の成績を見ず。

委任事務を見て、固有事務を見ず。

其缺點短所を見る割合に、其長所美點を見ず。

自治は役場内に閉塞されたり

の弊があつた。之がため役場の仕事に重きを置きて、役場外の仕事に精を出さぬ、即ち自治は役場内に在つて、村内に及ばずと云ふ嫌があつた。而して上級の御役人といふものは、帳簿書式をのみ見て小言をのみ云ふものと心得て、眞に自治の發達をいたす農事の改良などは見るものにあらずば、どうでもよいものと心得たが多いので、之は今でも矢張り左樣である。と云ふものは、町村行政の一事務

たる委任事務に重きを置き、戸籍、徵稅、其他國家のためになすべき方面のみを調査して、町村の自治には缺くべからざる勸業や敎育のとは餘り尋ねもせぬと云ふ風であつたから、御役人と云ふものは戶籍帳を整理し、會計帳じりに誤りなき樣にして置けばそれでよいものと心得てるものが多かつたからのとである。即ち委任事務にのみ役場吏員が腐心して、固有の事務に熱心せぬ癖をつけたは、役場委員の罪もあらうが、吾輩は寧ろ監督者の不親切不注意の結果であると、敢て斷言しても憚らぬのである。何を云ふても、田舍の人は正直である、加之御役人と云へば貴いものと思つて居るが多いのである。故に役人のする所、なす所に彼等は習ひ、彼等の勸めるは決して無理もないのである。斯る正直にして朴柄なる民を驅つて、自己町村の幸福安寧につとむる餘裕も與へず、癖もつけなかつた、監督者の不親切は、確に農村自治の一大障礙であると云ふべきである。即ち農民の頑迷痴愚の罪もあるが、其一半は監督者に目がなかつた罪であると云つても、宜敷からうと思ふ。乍去斯るとも近年は次第に少くなつて來て、よく自治の大體に注意を與ふる風になつて來たのは、地方自治のために大に賀すべきである。近來民風の興振し、自治制に於て色々愉快なる話のある樣になつたは、全く之が爲めである。とは云ふものゝ、尙地方によりては當年の片眼的視察をなし、片脚的の監督をなすものもあるから、油斷をしてはならないのである。地方自治に苦心するのは、大に警戒を要することであらうと思ふ。

指導者の不注意

次は町村の事業を指導すべき人のやり方が不味《まづ》かつたことである。即ち

　專門を見て、町村を見ず。

　創業に盡力して、守成に補力せず。

　事業の成効に得意なるが如く、失敗に責任を帶ばず。即ち無責任なること。

の弊があつた。之を譬へば、農業技師が來れば農事改良さへやればよい樣に云ひ、山林技師が來れば事業は山林に限るものゝ如く云ひ、養蠶家が來れば、蠶さへ飼へば唯で儲かる樣に云ひ、衞生家が來れば、衞生の施設こそ一大事であるといひ、誰れが來ても、村から打算した話ではなくて、自己の專門から打算した話許りである。正直で世間見ずの田舍漢は、遂に取捨に迷ふて立往生をなすと云ふとが、殆んど普通であつた。處によりては今も之が普通である位だから、之がため何事も出來ぬといふが、事業に進歩を見ない原因である。其の上事を起す樣になれば、之を成就さすに色々の助力もせねばならぬのが、初歩の時代に缺くべからざる所であらうに、初めありて終なきのやり方が多い。偶出來上がれば自分の力で出來た樣に吹聽し、中には御馳走の請求もしかねぬのもあるに、失敗に歸する樣だと、寄ても見ず、賴みても來ず、果ては分らぬ漢に相手になる暇がない、と云ふ風がある。田舍の人がよい話と言つても、容易に實行せぬ所以は、確に田舍漢が馬鹿であるのでなくて、之を指導する人の足らぬが多いと言はねばならぬ場合が事實あるのである。

如上の譯だから、自治的行政が町村に發達せず、自治的行政が町村に進歩せぬ原因は、穴勝町村民が悪いとばかり言へない、全く農民の無智なるためとは斷定が出來ぬので、悪いと罵り、無智と叫ぶ、立派な御役人や專門家の、監督方法が悪く、指導の仕方が智慧のないのにもよるのである。即ち監督指導が丁寧に適切に普及せぬと云ふことが、確に自治の進歩發達を阻害する原因であることを、認めねばならぬのである。故に自治の興振を計らむには、一面町村長や村民を警戒して、公共のために盡瘁すべく教導するのは大事であるが、一面に於てはまた、町村行政を監督し、町村事業を指導する人を選みて、所謂目のある、頭のある方法を以て、之に臨む樣にせねばだめであるのだ。

監督指導者に誠意なし

少しく極端であるかは知らぬが、町村のために視察したり、町村のために監督する氣の人は、眞實少ない樣である。町村利益のために自己の專門を活用したり、町村民の幸福のために自己の專門を致さうと云ふもの稀れである。正直に云へば役目丈けの監督をしたり、町村に來て一寸氣取つて見る藝を演ずるに過ぎない役人があり、或は自己の利益のために町村を犧牲に供し、自分の物識てふ名を賣らんがために親切に裝ふものもある、とは多少町村民で骨のあり、目の明《あ》いてる人は、實際云つてることである。或は中には馳走さるれば賞もするが、一杯の番茶位では是が非にも穴さがしをやつて目玉を喰はすと云ふ筆法のもあるかに云ふ。或は袖の下の金次第で、道路が開けたり、學校の位置は動くものおやと心得てるものもある位で、鬼見た樣なものが時々町村に來るとも云ふのだ。それで人は田舎漢

あり得べからざる事實で大にあること也

も油斷がならず、農民とて到底正直ではない、喰へぬものであると云ふのであるが、斯る風を町村に仕入れ、斯る農民に導いた先生は、確に斯く云ふ監督指導に任ずる人の仲間である、と云ふのは恐らく公平な話であると思ふ、要するに町村こそは迷惑なもの、農民こそは哀むべきもので、吾輩の如きは之がために常に同情を捧げて居る一人である。今日では斯るとは夢にも見るべからず、虛言にも云へた話ではあるまいが、過去に於ては實際であつた。此の印象が町村民の頭に殘つてるのも、亦自治の進捗を阻害する一因たるを失はないのである。

更に一つは、之までの町村監督は地方に任かせたのであつた、之れも屬官任かせであつた。明治二十二三年頃で、自治制發布當時は、隨分高位高官の人で田舍廻はりをした人もあつた、加之よく視察しよく監督をしたものであつた。時勢の進步で、仕事が多くなり所謂暇がない樣になつたが原因であらうが、兎に角監督指導の如きは、其後極めて冷淡となつたが事實である。之亦地方人心から自治といふことが拔けて仕舞ふた一原因である、地方官吏の頭からも眞摯な氣風の拔けた所以である。自治といふことが眞實大事な事業であるならば、もう少し地方長官や、或は部長の地方巡廻があつて可然と吾輩は思ふて居る。否地方自治の衝に立つてる町村長側では、非常に熱望して居るが實際である。日露戰爭當時から、大分世間が異つて來た樣だが、誠に難有い事である。之から斯る案配で行つたなら、必ずよいに相違はないが、今までは確に少しく難有味のある方面からや、えらいと思ふ人の直接監督指導のなかつたは、事實であつた。而して之が地方の人心に面白からぬ影響を與へ、之がため進むべき自治の障礙をもなしたものであるのだ。

兎に角此條目については大に述ぶべきことがあるが、正直に云へば吾輩も罪人の一人である以上は、餘り多くを語る勇氣がないのである。

○朋友は天然の傑作と云ふべし。
○人は人の爲に天使よりも貴重なり。
○友とは二體一心の者なり。
○起つて如何なる運命にも從容として之に處し務めつゝ、勵みつゝ勞して其果報を待たしめよ。
○友情は世界最大の帶なり。
○逆運は交友を檢す。
○友を失ふほど大損はなし。

第二節　賞罰正しからざりし事

今では古い話となつたが、吾輩は嘗て此に對する意見を書いたことがある、參考のために掲載して見るも亦一興であらう。

民政の要

民政の要

國を治むるは、民を愛するに在り、とは古今の名言なり。さるを徒に民の過ちのみを責めて、其善行を表彰せず、何を以てか治國、民政の要を得たりとせんや。其要を得ずして、何んぞ治國平天下を得、民政の美を見るを得んや。今の世、會計檢査院ありて會計を整理し、行政の監督ありて行政を全からしむと云ふと雖も、會計の檢査は其の誤りを正うすと雖も、正しきを賞するに至らず、行政の監督は帳簿書式の統一を得べしと雖も、其施政の宜しきを譽むるに盡くさず。見よ、間違あれば事の輕重によりて、叱かられてすむことあり、始末書を徴せらるゝことあり、罰俸を食ふことあり、免の字を頂戴することあるにあらずや。而も整理よきもの、施政の善なるものに向つて、賞詞、或は感狀、或は賞金、或は授勳の恩典、彼の所罰に伴ふて正しきや、明かなるや。吾聾の無智甚だしきによるならむも、未だ人よりしても、恩賞の呵罰に伴ふものあるを聞かざるなり。狡智あるもの世に蔓り、猾識あるもの地位をしめ、さもなければ、過なきを能事と心得て、徒に其日を送るものゝみ椅子によりて、善行者、正直者の影を潜むる所以は、此處にあらざるなきか、試みに下情に通じて見よ、此男は苦狀を云ふに勇敢なり、農會長に選ぶべし、此人は塗抹に上手なり、村長に擧ぐべし、と。然らざれば、此男は仕事嫌なり、會長に宜し、此人は八ヶ間敷人なり、村長殿によし、と云はざる地方は何程なるや。之れ善事をなしても誰れも譽めず、感心すべき思切つたことをしても見て呉れ手がなければなり、況んや、七善三惡の場合は罰せられても譽められはせぬなり。八正二不正の時は叱かられても賞せられはせぬなり。且つは善行者となれば兎角の寄附を強ひ、慈善家と云へば何んでも持ち込むの風あればなり。夫れ惡人を罰し、不善を罪するは、もとより民を愛するなり、さはあれ罰は輕きに從ひ、賞は重きにとるといへば、善行者や正直者は、之を表彰せずして可ならむや。今夫れ如斯賞罰正しからず、明かならずして、何んぞ民を愛するの道を得たりとせむや、何を以てか民政の要を蔑くせりとせむや。國政の日に頽れ、自治の月に進まざるが如きは、其因茲處にありと、誰れかなさゞらんや、悲むべきかな。

民政の要、既に蔑くされず、農事改良の容易に行はれざるも亦無理ならざるなり。其根本立たずして、何んぞ枝葉の繁茂を見むや、美果を收むることあり得べけむや、敵は備中にあらずして本能寺に在り、我徒の士、それ之を察せずして可ならむや。

然るに頃日、內務省は地方自治の指針を出し、今亦稲取村始め、三模範村の表彰ありたり、豈に大旱の甘露に値せずや、思ふに民政の要を得る近きにあらん。吾輩は當局者の其道に盡くし、其法を極むるに、益熱心なるを望んで止む能はざるなり。(三十八年三月稿)

成程考へて見れば、國家は賞勳局を設けて、善行者や發明家や、其他公共に盡くせし人を表彰して居るのであるから、如上の不平は國民として申間敷ことではあるが、人心の機微に入りて、所謂民政の要を得、國家富强の基を立てむには、どうしても云はねば、却て不忠に陷るの感じがしたのであつた。兎に角物の分らぬ男ではあるが、斯ることを云はねばならぬ様に感ぜしめたは、確に時世の罪であらうと、吾輩は思ふのである。

如此にして自治の實が擧がらうか

又事實、國家が無上の名譽を負はせながら、いざと云ふ場合には、赤十字社や愛國婦人會に寄附した人ほどに、町村長は待遇されなかつた事があつて、憤慨の極泣いたのも現にあるのである。町村第一流の人で、多年町村自治に貢獻した人が、一度の手落で痛く譴責の恥辱を受けて、慨然職を退いた町村長もある。或は町村制の精神を楯に取つて、上級監督官衙に喰つてかゝり、遂に監督者をして謝せしめたと云ふ奇談を作つた、氣慨ある町村長もある。或は半泥棒の樣な行動をして居ながら、何等の所罰を受けず、さはらぬ神にたゝりなしの風で見逃がされて居るもある。或は侃々諤々の辯をふるひ、阿諛諂佞の醜態なき結果、所謂其筋に睨まれて、とんと功績を認められぬのもある。人民の選擧による町村長で如斯、學校長や職員になると、それは〳〵血の涙が流れる樣な話がいくらでもある。或は學閥のために首を切られたり、或は視學の意を迎へなかつたといふことでもあるまいが、折角父兄の信用を得て、自治のために盡瘁せる人を無暗に轉じたり、などして心あるものに憤慨せしむる例は澤山あるのである。其他民間の篤行者や、善行者は、聖代に伴ふべき產物である以上は、いくらでもある筈であるが、とんと目をくれる人もないと云ふ風がある。斯る事實を見ては、志あるものは、如何にして歎ずることが出來樣か、慷慨の涙を振はずに居られ樣か。所謂群小朝に議して、聖明を蔽ひ、下民の美風上達せずと、昔の慷慨家が云つたことを、眞似せざるを得なかつたのが、確かに事實であつたのだ。

教育家には自治の觀念なきが如し

今日各地に於て、表彰、賞與の擧ありて、偉人を野に求め、善人を草莽の間に穿議する風が、滔々乎として上下に擴充する時に際して、當時を思へば、實に隔世の感に堪へられぬのであるが、之は現在の話である。過去にあつて、自治の進捗を妨げた障礙の一は、確に賞罰明かならず、正しからざりしことであつたのだ。之がため善人は潜みて、狡才の徒跋扈し、篤實者が隱れて、巧詐の徒が縱横に往來し、眞摯な人が事業に手を引いて、利己に拔目なき輩が儲けのために事を企つるに至り、偶其職にあるも、所謂戰々兢々として、只其の型式を逐ふに過ぎざるに至り、町村自治の精神が死して、只形骸の横はるが如き觀あるに至つたのが、自治の今日まで進歩せざりし所以である。今でも町村長になれば親類一同の抗議を受くるものあり、或は近所隣から非常な恨みを受けるものすらあるのは、全く當年を想起すに足るべき、よい證據であらうと思ふ。されば民政に職を有するもの、自治の進步に焦慮するものは、之がため工夫畫策することなくんば、或は勞して甲斐なきに終ることもあらむ哉。

民心を治むる法

尙書に、禮を以て心を制し、義を以て事を制すと云へり、聖人の心を治むるの法なり、とは徂徠の言ひける文句なり。民に臨むもの人の上に立つものゝ、以て則るべきものなり。今の世、民心を治むる能はざる所以のものは、法律を以て心を制し、儀式を以て事を制すれば也、經に曰はずや、儀式《フホーム》は殺し靈《スピリット》は活す、と、察せざるべからず。

第三節　町村民の無智なること

最も恐るべく最も悲しむべきは自治思想の缺乏なり

過去に於ても、亦現在に於ても、町村民の比較的無智なりと云ふは、恐らく誰れでも首肯する所であらう。カーラエルではないが、

不運を憂ふる勿れ、不幸を嘆つこと勿れ、吾人の最も恐るべきは、智慧の乏しきに在り。

で、智慧の乏しき程、世に悲しむべきもなく、哀れむべきもなく、また恐るべきもないのである。農民はあはれにも、其智慧が比較的乏しいのであるから、何事も時勢に伴ふて進み、世人と競爭して優ることが出來ないのである。偶進むと云へば、虚飾や虚榮の方面ばかり、優るといへば、汗や脂を出す分量が多い位であるのだ。されば自己の營業なる農事にも改良が遲れ勝であり、自己の收支を勘定することすら滿足に出來ず、雨が降れば致方なしとあきらめ、蟲がつけば之も自然にわくものとあきらめ、遂には窮乏に苦しみながら、貧乏にもあきらめて騷がぬ。騷ぐものは、とるべき方法に考慮もなさで、無理算段をなし、更に貧乏の上塗りまでもするものが多いのである。故に町村制が布かれても、自治體とは如何なるものであるか、自治と爺《ぢい》と間違つてるものすらある位に、何事をも辨へぬが多いのである。何んでも今日は八ヶ間敷時代になつたものだ、餘計に世話をやかれる時節になつたものぢや、他はいざ知らず世の中が便利になつた丈けが結構である位に、今日を感じて居るが普通であ

るであらう。而も開け行く時勢につれて、なくてはならぬ武器と、智識開發の必要をも認めるものが少ないので、農談會と云つても、農事講習會と云つても、教育會と云つても、衞生會と案內したとて、一向平氣の平左であるが何處に於ても然りと思ふ。故に話をきかせるにしても、福引や、說敎や、蓄音機などの餘興を以てするにあらずば、辨當を出すか、菓子を出すか、補助金をくれるか、然らざれば巡査が劍を以て威嚇して出すにあらざれば、中々出て來ぬのである。さればとて、福引を出せば買はぬでもよい肥料を買に出たり、一杯飮めるならば、賴まない喧嘩も仕兼ねぬのである。故に役場が何を云つても勝手惡しと思へば聞かぬ風もする、學校から案內しても面白くないと思へば知らぬ顏もする位は、平氣であつて、其れが自己のためには多大の損であることも知らぬのである。故に水上に流れてる浮草同樣で、風の吹き廻はしで、彼岸にいつたり、此岸に來たりするのであるから、よい人が導けば善くなり、惡人が勝手に振舞へば、知らぬが佛で居るのである。あれでなくば長命が出來ぬといふ人もあるが、さりとて貧乏で長命するほど情ないことはないと、彼等はこぼすのであるが、さりとて貧乏を防ぐ方法はといふと、如何してよいか分らぬのが、農民の常であるのだ。故に議員の選擧があれば、難有い世の中で、今日は札が金になると云つて喜び、農民に反對する議員をも選擧して平氣で居る位である。されば何のため子女を敎育するかも知らぬので、子女がよく物を辨へ來り、偶々意見を述べれば、生意氣になり、生意氣を云ふ、のが學問と心得て、成るべく學校に通はせぬ事にし

氣の毒の骨頂

たり、或は隣の太郎がやるから、是非にやらねばならぬと云つて、餘計な所に力を出すもある、斯る有樣であれば、經濟界の趨勢や、世界貿易の大勢や、或は國內農作物の需要如何などは、夢にも知らぬ。

世事に通ぜず

故に賣れぬ樣になつて始めて、作物を更新したり、人の儲けを見て、始めて新に副業に取りかゝるのであるから、之を改めてなす前には必ず損をしてかゝるのである。或は人の仕事が無暗によく見えて、腕をも計らず行ふと、さんざ〳〵失敗した果に、再び農にかへる、所謂僧侶仲間でよく云つてる、

自己の業務に關する智識なし

後さき坊主で、中やつて。農民の方ではあとさき百姓で、中やつて。

の藝を演ずる位のものは、何處にでもある。斯る有樣で如何にして、自治思想の發達を望むことが出來樣、自治制下の自治民であると云はれ樣。其の思想の發達せず、自治的行動の認むべきもののなきは寧ろ當然ではあるまいか。

今日に於ては、農民は斯く無智なるものではない、斯く智慧を度外にするものでもないが、やはり比較的智慧には乏しいと云ふのが事實である。故にどうしても尙智慧を進ませなくば、容易に自治の進捗を見ることが出來まいと思ふ。之れ亦自治制に熱心し、自治に工夫し、農村の振興を望むものゝ、大に顧慮を要すべき問題である。故に如何にして、

一、自治思想の缺乏、

一、世事に迂遠、

一、經濟的思想の缺乏、
一、高尚なる娯樂を解せず、
一、學理應用に未熟、
一、利用の道に暗愚、
一、宗教に迷信、

等の缺點短所を改良すべきかゞ解決さるゝにあらざれば、何時まで待て居ても、町村の自治は容易に進むものでないと、思はねばなるまい。

> 知るに三あり、生れながらにして知るあり、學んで知るあり、苦むで知るあり、知は一なりと雖ども、學ばざれば多くを知る能はず、苦まざれば確に知る事能はざるなり。今や四民の內、獨り農民學んで其多を知るを欲せず、苦むで其知を正確にするを欲せず、之れ農民の四民の中につきて最も後るゝ所以なり。天下に愚なること多しと雖ども、其後るゝ所以を知らずして、是後るゝものほど愚なるはなけむ。

第四節　農村の重んぜられざること

所謂當世流

都會は人之を造り、田舍は神之を造り賜へりと云ふと雖も、世間並の人間は、田舍と云へば何んとなく寂寞を感じ、農村と云へば氣のきかぬ人間の寄合場所と心得て居る。故に田舍に住むと云へば、如何にも不便不自由の處に居るが如く思はれ、農村に居ると云へば、如何にも氣のきかぬ田伍作連の仲間であるかの樣に感ぜらるゝ所からして、何んでも田舍に住んでる風を見せぬ樣、農村の人でないと思はせる樣に振舞ふのが、所謂當世風とでも云つてよからう。宿に泊つても村名をかゝぬ樣、職業はと尋ねられても、力めて農業者と云はぬ樣にするのである。之れが町村の上流者になればなる程甚しいから、上を見習ふ下の人情で、何れも皆然りである。斯くの如くして何んぞ農村を貴ぶものがあらうか、誰れか田舍を重んずる者があるだらうか。斯くの如きは皆自ら侮つて然る後人之を侮るもので、所謂自業自得、自分で招く災であると云はねばなるまい。

農村の價値を下す五原因

其外諸大名、舊藩主で、農民が此上なき貴き地位の人と思つて居た人が、維新後皆都會生活をなしたがため、何んにも分らぬ人は、えらい人は都會生活をする者と考へたが一つ。多少學問をした人は皆都會に止まつて、田舍に歸らない、そこで世間を解せぬ人は、學問のある人は皆都會生活をするものと思つたのが二つ。所謂目先のきいた人、氣のきいた人が、何れも農村を去つて都會に出でゝ、兎に角食つてるのを見て、實情に迂きものは氣轉のきいた人は都會に出るものと思つたが三つ。都會の外觀が年を追ふて立派になり、施設が月を追ふて綺麗に出來、交通運輸の便が次第によくなる所からして、內狀を知らぬものは、何れも都會はよいものと考へたが四つ。所謂高位高官の人は何れも都會と都會とを往來するが、田舍へは滅多に來られない、農村へ巡廻は容易にない、其處で譯を知らぬものは、何んでも都會は立派な人の居る所と思つてるのが五つ。少くも如上の五原因からして、都會の價値は次第に認められて來たが、其れ丈け田舍や農村の價値は下落して來たのである。之等は皆外面から農村の重んぜられぬ樣になしたもので、農村から云へば迷惑千萬な譯と云はねばならぬことである。

其上西洋人の言つた、

文明とは金のいるとなり、即ち費用なり。

の格言通りで、文明になればなる程金のいるとを好む樣になり、人は皆金の餘計にかゝる所に集ると云ふ譯からして、文明を好むものは自ら都會に集るの風潮は、開けゆく世の中には止むを得ぬとであらう。此風潮によりて、人は都會を好み、都會に集り、從て田園は凋落すると云ふともあるのだ。

農村を重んぜざる結果は農村より：を奪ひ去る

如上の原因は、田舍から人物を奪ひ、農村から人才を奪ふ結果を生ずる。甚だしき所になれば、田舍に殘るものは老幼の如き役に立たぬもの、文章のなき盲目同樣のものか、然らずんば不具者にして用に立たぬものか、さもなくば家事に係累のあるもの丶みである。即ち人間の屑が殘つてると云ふ所があるのである、何處に出しても役に立たぬものが取り殘されるのである。如斯して如何に町村自治の發展を望むことが出來様、町村の幸福利益の增進を計ることが出來様、故に自治の進まぬ、出來ぬのが、寧ろ當然ではあるまいか。

近來田園生活の功能を說き、田舍住ひの功德を說くものが次第に殖えて來た樣だが、之れ即ち町村自治の上に稍進捗を見ねばならぬ氣運を卜するに足ると云つてよからう。抑も何事によらず、事をなすは人にある以上、もう少し人物が田舍に來り、農村に止る様にならなくては、決して農村の自治は進步發展するものではない。故に町村自治に進捗を計らむものは、農村を重んせざると云ふ人氣を一變して、農村在住のものは勿論、輿論も亦農村を重んずる樣な風潮を作るにあらざれば、決して自治の進步を見ることは出來まい。今日華族連の田園生活を勸告し、舊藩主が何れも舊領地の田舍生活に甘んせねばならぬと論ずるものもあるが、此の如きは獨り華族自身の幸福のみならず、農村自治の上に於て此の障碍を打破する所以なるを思ひ、歡迎せねばならぬのである。若し夫れ金原明善翁の如く、功成り名遂げて、晚年を町村に捧げる人が多くなつたなら、實に愉快に堪へぬことである。更に進んで國家成立上町村の至大なる地位を辨へ、町村長の職責大なるを悟り、有爲の人才が町村の事業を樂むに至らば、更に妙と云はねばならない。斯くて世上の人皆、町村自治の大事なるを悟り來て、町村を重んずる様に至らば、之れ獨り町村自治の幸福のみではあるまい。故に自治の進捗を計り、自治制の精神を發揚せんには、是非共此障礙を打破せねばならないのである。

今や加納子爵は經綸の材德を一ノ宮町長に輸されつゝある、徒に社會の上位を汚かす華族連の取つて以て範となし、則とするものゝあるは疑はしきも、乍去農村の自治に焦慮し、地方の發達に努力する者は眞に滿腔の熱情を捧げて感謝せずには居られないのである。

男子一戰して敗るゝとも已む勿れ、再戰して已む勿れ、三戰して已む勿れ、刀折れ矢盡きて已む勿れ、骨摧け血盡きて已むべきのみ、眞理の爲に擲つに非ずんば、吾人の生命も亦無用ならずや。

（新島襄）

怠惰は猶ほ錆の如く、使用せざる鍵は、錆によりて腐蝕し、日常使用する鍵は、光輝を放つ。

（フランクリン）

人を相手にせず天を相手にせよ、天を相手にして己れを盡し人を咎めず、我が誠の足らざるを尋ぬべし。

（南洲翁）

第五節　政治熱

維新の大業は、四民に平等の權利を與へ、國民をして國政に參與することを得せしめた。古來封建の制下にありて、農工商民は頭を上ぐることが出來ず、屈服したる長き時代を考へなば、誠に聖代の賜物と喜び、各其人格を上げて、士民に劣らざる品位を保ち、士民に讓らざる見識を備へて、以て國家の施設に貧し、國利民福を計るに盡瘁せねばならぬ筈であつた。然るに悲哉、事は豫想と反し、宛然道樂息子が嚴重なる監督をなしたる父の死によりて、益々放逸を敢てするといふ形に陷つたのである。即ち何處までも、土百姓根性、素町人の下司根性を發揮し來り、妄りに自由を稱へ、擅に我意を主張し、黨爭、政見の戰に、隣保團結の美風を破壞して顧みず、上下の秩序を打破して敢て意とせず、甚だしきは政治を商賣とし、國利民福を犧牲に供して、自己の腹を肥すものすらあるに至つたのであるが、而も此惡弊は滔々乎として、水の低きにつくが如く、今や一般の風となるに至つた。之がため政見あるも資力なきものは、容易に國政に參與すること能はず、主義なき識見なき人間でも資力あれば、或は代議士の肩書を持し、或は政治家と威張るの痴態を見る樣になつた、さても斯くの如くして、眞摯なる政治を行ふことが出來樣か、卓拔なる政見の實現を見ることが出來樣か、國利民福を犧牲に供することなくすむだらうか。

所謂三つ子の魂性百までもの意義

既に政事に奔走するものは、皆父祖の産を破るものと認められたのである。當年地方の名家、名門の人は、政治を談せざれば男子にあらず、大臣や顯官と言論を戰はすにあらざれば肩幅狹き心持したる結果、何れも政界に打て出で、今や破産の厄に遇ひ、住み慣れた故郷に居ることすら出來ぬ輩も多々あるのである。彼等の失敗、彼等の破産は、農村にとりて少からざる打撃を與ふるものであるが、さりとて自業自得、止むを得んことである。たゞ彼等の輸入したる都會の弊風や、潜越の行動は、長く農村の眞摯なる風紀を損ひ、農民の質朴なる特徴を害して、餘す所なきに至つては、實に痛恨至極なことである。彼の農民が輕躁の惡風に陷り、亂訴を意とせず、無暗に權利義務を唱へ、農村の自治を打破するも辭せざるの風あるに至つたは、皆政治に狂奔したるもの丶罪と認めてよからう。如斯して、如何にして健全なる農村の繁榮を見ることが出來樣か、如何にして農村自治の進捗を計ることが出來樣か、民政の基礎を覆へし、民風の根底を破ることとなくてすむだらうか。

其弊今日に至りて更に甚しきを極む

さはさり乍ら今迄は、尚分らぬ乍らに政治を論じ、國務を議するに幾分の熱心を認むることが出來た。金錢にて投票を買ふものも少く、之を賣るものも少かつたからして、其弊の及ぶ所も比較的少かつたが、今日は政治を論ずるよりも儲け口を考ふるが多く、國務を談ずるよりも私慾を充たすに汲々たるものが澤山である樣になつた。萬千の金圓を棄てた人であれば、斯くなるも致し方がなからう、叩頭主義で出た人であれば、大局を棄て一地方に便利をはかつて選擧民に媚びるのも無理はあるまい。が、

政治熱の恐るべき所以

如斯して國民が次第に奉公の精神を失ひ、公益に盡瘁するの氣風を削ぎ、其弊害の及ぶ所に一度考へ來れば、誰か慨嘆せずして止むことが出來樣。地方自治に献身の誠を致すもの少く、共同の利益に和協の力を盡すもの尠く、農村の次第に衰頽するも、誠に故ある哉である。

昔は幕末にあたり、四方に勤王の志士が起り王政の復古に身命を犧牲に供し、國利民福のために妻子の愛をも放棄し、大義明分を鼓吹した當時に於てすら、猶

　議論より、實を行へ、なまけ武士、國の大事を、餘所にみる馬鹿、

と喝して、徒に議論に日を送るよりも、各自の本務に勉强せよと警告したものもあつたのだ。今の政治家とえらそうな顔付をなすものが、一家の財政を整ふる術も知らず、家族を役立つ樣に教ふることも辨へず、町村の行政に盡瘁することもせずして、國家を論議するは、正に千百の痛棒を喰はすべきである。況んや、町村長の職務こそ眞正の政治であり、町村長こそ神聖なる政治家なるをも知らずして、議員を爭ふことや、政黨員となることが、如何にも政治家であるが如く思ふ田伍作連が、一度議員となり政黨員となりては、節操も主義も打棄てゝ、利益のある所に浮草同樣動きあるく輩は、正に致命の痛棒を喰はせて可然である。

眞正の政治家

愛知縣には第一期第二期の議會に、代議士をつとめた政治家で、今は地方地主に範を垂れ、開墾をなして國力の增進をはかり、果樹栽培に盡瘁して農家に副業の收益を教へつゝある人がある。頃日述懐

を吟じて曰く、

誤參國政竟忘分、狂躁慚無尺寸勳、回顧半生何所作、不如隴畝説耕耘、

と。蓋し此の人が國政に參與した當時の心持に比し、悟の開けた今日は寢醒がよいことであらうと思ふのである。何故ならば、當時に比して今日の彼は、政治の實を行ひ、國家今日の窮乏に貢献して、所謂財政と經濟の基根を養ひつゝあるからであるのだ。

新潟縣にも初期の議會に代議士となり、名聲嘖々たりし人で、今や村長に隱れて居る者がある。村役場に一人の助役を置かず、收入役をも賴まず、小使をも置かないで、村政一切は皆彼一人でやつて居るのである。而も定期の屆書を怠りたることなく、規則上の調査をおろそかになしたることもなく、事務多忙を極むる際は、書類の調製は妻女に命じて之をなさしむるといふことである。今や新潟縣の模範村となり。村民の歸服すること神の如く、如何なる產物でも初穗は先以て此人に供ふるといふのである、宮城縣にも亦如斯人がある。之れ等の人は即ち神聖の政治家であり、眞正に國政參與の實を行ふものである。斯る政治家が殖へ、斯る風潮が出來て、斯る政治を見る樣にならずば、決して農村の自治は容易に進むものでないと心得て可然である。今の如く、黨爭が激しく、選擧が金錢で左右せられ、眞摯なる人物が避けて政治に近づかぬ樣になりては、國家の生命たる神聖な政治を知り、國利民福を齎らす貴重な政治を見ることも出來ぬ樣になるであらう。國家の不幸之より大なるはなく、國民の禍之より甚だ

しきはなしである。故に政治熱は地方自治を害ひ、立憲の政治を損ふ障礙である。之を冷却し、之を治療し、以て眞摯なる政治家を得、神聖なる政治を見る樣、決心工夫すべきは、正に國民の責務であつて、而も急務である。

黨爭を村内に許さぬ中原村

三重縣の一志郡に中原村といふがあり、三重縣模範村の一である。戸數四百七十戸の内で、其半數は特種部落に屬するものであるが、村長は四十年近く、學校長は二十年以上も勤續し、和協の美風は遂に今日あるに至りしものである。此處では衆議員でも縣會議員でも、村議によりて決し、一旦決したる以上は、誰れが頼むでも、如何なる運動を試みてもだめであるので、何時の選擧時期にも、中原村は、運動者の運動がきかぬ所となつて居るそうである。衆議員の選擧權を有するもの百三十戸、縣會議員選擧權を有するものは百五十戸と云ふことであるが、誰れ一人村議に背きて他へ投票するものがないと云ふが、誠に自治農村として斯くありたきもので、農村の自治上からは斯る見識を持たねばならぬのである。中原村が自ら重きを、三重縣各町村の上に致さるゝ所以は、一に此處にあることゝ思ふ。斯くの如くならずんば、眞正の立憲政下の町村ではあるまい、斯くの如くならざれば神聖なる政治をも行ふことが出來まい。徒に政黨政派に攪亂されて、其始末に困り、或る二三の野心を逞ふする政治家のために、村治を紊亂さるゝ所は、此處に覺醒せねばならぬ。實に民政を破るものは、政治上の熱病であつて、民風を害ふものも、亦政治上の狂奔に因るものである。

第六節　投機熱

農業によりて破産するものなし

農業は利益少く、儲け多からず、斯るつまらぬ業はないと、自己の營業を侮る農村の人は多くある樣だが、此の利益少き、儲尠き、つまらぬ仕事を眞面目に營むで、破産や、家資分散、乃至大なる損耗を招いたものは、殆どないと云つてよからう。然るに名門の人にして、舊家の人にして、忽ち破産の厄に遭ひ、分散の憂き目を見るに至るは、多くは投機に手を出して失敗するものである。抑も投機によりて成功するものゝ裏面には、多數の失敗者があり、巨多の利益を占むるものある時は、莫大の損失を招けるものあるに必せるを思へば、投機の恐るべき罪惡たるは、分るべき譯である。而も農村の人にして世事に疎く、機敏の才に乏きものが、之を長所とせる商人と勝敗を爭ふの危險なるは、云ふ迄もないことである。況んや己が力をはからずして、徒に人の儲け振を羨み、他人の利益にあこがれて、一攫千金を夢見るものに於てをや、さるを、夫れ之を悟る能はずして、投機に熱中す、之を投機熱と云はずして、將た何んと云ふべきだらう。

如何に時勢が輕噪浮薄に趁るとは云へ、放肆安逸を好むの風に流るゝとは云へ、農村にまで此熱病の流行を見るに至るとは、實に長大息に堪へぬことである。此熱病に感染して、農村の名家が產を破りて農村の繁榮に資する能はず、地主が失敗して、農事の改良に投資する能はざるに至る、其の影響は確

投機熱は農村の眞摯なる氣風を害ふ

投機熱は農村より資本を奪去る

投機熱は農村に奢侈を輸入す

秘訣に曰く商工の富は儲けて作るべく農者の富は溜めて作るべし

に農村自治の進歩を害する障礙である。況んや、手に鍬とりて、額の汗もて、收穫物を得ねばならぬ筈の小農者までが、眞摯に働くを馬鹿げた話の如くに解し、或は權利の優先を爭ひ、或は株相場の高下に腐心して、其職務を忘るゝに至つては、農村自治も抑も末である。

農村に於て最も必要なるは資本の融通が便なる事である、而も農村に於ては資本乏く、金融圓滑ならざるが常である。されば農村の自治をすゝめ、農村の事業をなすには、資本の潤澤を計らねばなるまい。然るに投機熱のために、年々歳々農村より資本を奪ひ去らるゝと尠からず、融通の杜絶することは、實に夥いとである。如斯して、何んぞ農村の幸福を得、地方の公益を進むる事が出來やう。且つ夫れ自ら勞せずして得たる利益は、使ひ易く、失ひ易いものである。古人の所謂、『得るに易きは失ひ易く、逆つて入る財は、逆つて出づ』、であるから、投機によりて得たる利益の費途は、所謂成功者を驕らしめ、放逸ならしめざれば止まぬものである。田舍にあるまじき奢侈の風が輸入され、農村に出來べからざる贅澤品の流行は、皆投機に伴ふ結果である。されば之によりて、商工は儲くべく、農業者は溜むべきの格言も破壞されて、長く農業者は致富の秘訣を失ふに至らむ。如斯んば如何にして農村の風紀を維持し、農村の美風を養ひ、農村の特徴を發揮することが出來樣か。

實に投機熱は、農村の富を奪ひ、農村の舊家を滅し、農村の風紀を害し、農村の特徴を破り、農村の繁榮を阻害するものである。故に農村の自治を欲し、其進捗をはからむには、どうしても投機熱を驅

逐せねばならぬ。換言すれば、飽くまでも粒々辛苦を敢てし、自己の額に汗して、小を積むで大とし、

溜めて以て富を致すべき風潮をつくらねばならぬのである。

普通的の投機熱は賭博なり

今日に於ては、農村上流者の株式場裏に於ける投機熱は、大分減じた様であるが、中流以下の賭博は今尙甚いのである。中には上流者の娯樂に賭博が流行し、警官權の及ばぬ所に勝敗を爭ひつゝあるもあれば、甚しきは、警察官も見て見ぬ振で居ねば、其職務が勤まらぬと云ふ所もある樣である。實に農村に於ける賭博の流行は、農村に通ずるものにあらずば、到底想像の及ぶ所であるまい。之を娯樂になすは尙恕すべきも、之を以て渡世となすものあるに至つては、所謂投機熱の患者であつて、農村の風紀を害ふこと最も甚しいのである。今日多くの農村に出來る借金や、高利貸營業は、皆賭博熱の流行に伴ふ產物であると云つてよからう。若し夫れ賭博は、昔からの習慣であつて、今日に始まりしものにあらず、之を放棄するも妨げなしとするものあらば、之れ所謂農村自治を眼中に置かぬ者である。今多くの農村で最も恐るべき惡風で、既に骨肉を犯かせるものはと云へば賭博であるであらう。故に農村の娯樂を改むる要も、風紀矯正を叫ぶ所以も、骸骨的論法を以て云はゞ、一に賭博を禁止せんとするにあると云つてよいのである。

賭博は高利貸を產す

今や都會附近の地に於ては、土地の自然增價を目的とし、或は人意的增價を企てゝ以て一獲千金を利せんとする、土地熱なるものが瀰漫する樣になつた。惡事千里を走る諺に漏れなく、農村にも此風潮

が及むで來た。又電話の開通を利用して、都會の地と米相場をやる惡風が田舍の物持間に流行る樣になつた、之がため或縣の如きは地主の倒産數なく、遂に縣令を出して干渉するに至つたこともある。一時殺到せんとしたる競馬熱や、やがて大火にならんとせる賭博熱は、或は禁止され、或は警戒されて、漸く下火となりかけたが、新に萠芽したる土地熱や米相場熱は、更に猛烈なる害毒を流すに至るであらう。一惡去りて一惡來り、一善亡びて一善起らぬは、文明の弊害に浸さるゝ所に於て比々皆然りである。地方の利益をすゝめ、公衆の幸福を增さむには、何處までも眞摯な職業を皷吹して、賭博や投機に類似する熱病を驅逐せねばならぬ。之れ農村の先覺者當事者は勿論苟くも農村を指導誘掖するものゝ、常に忘るべからざることである。

○それならぬところ〲を染めてこそ
　すみゑのさぎはあらはれにけり
○引寄せて結べば草の庵にて
　とくればもとの野原なりけり
○折々は濁るも水の習ひぞと
　思ひ流して月は澄むらん
○見る人の心々にまかせおきて
　高根にすめる秋の夜の月
○もろこしの山のあなたに立つ雲は
　こゝにたく火の煙なりけり

第七節　虛榮熱

虛榮は都と田舍とを分たず、貧富を論せず、今や一種の熱病と認むべく、而も其の害毒の及ぶ所、或は政治熱や投機熱よりも、更に恐るべきものがある。而して虛榮にも色々の種類はあるが、就中恐るべきは、教育と社交と生活の上に於けるものである。

敎育上の虛榮

ホブソン曰く、

半知半解の智育のみ授けられ、品性の修養を缺き、自ら食ふ術を知らざる、無數の學生は、皆泰西都市生活に見るべき、唯一の特有產物なり。

と、而も此の產物は泰西都市生活の獨占的產物でなく、今や我國の都市にも多く產出するのである。天下を知つても自己を養ふことを知らざる、金錢の貴きを知るも、自己の君父の難有さを知らざる、外國の文字を讀み得るも、自己の身の上を讀み能はざる、自然主義は實行も敢てするが、田園の自然を解する能はざる、所謂半知半解の厄介物は、恰も屍體に蛆の生するが如き勢で出て來る。彼の社會の秩序を破壞しても敢て意とせず、安寧を阻害しても敢て辭せざる、危險千萬なる國民も、斯かる者からの變化物である。徒に天下の米穀を喰潰し、良民の手腕を噛りて生活し、國家の經濟基脚を危ふするものも、亦斯る輩から出來るのである。或は華嚴の風致を害し、淺間の噴火口を汚がし、貴重の

教育は大切なり、教育熱は忌むべし

生命を土芥の如く取扱ふ馬鹿者も、亦彼の仲間から孵化する者である。五千萬が六千萬になりても、國民が益粃米の如くなりて、其價値を下落するに至るも、實に此輩の賜物であるのだ。天下患ふべく、恐るべく、忌むべく、悲むべき者は、蓋し之より甚だしきはあるまい。而も斯る產物、斯る現象が、一に敎育の虛榮から來るものと思へば、敎育熱も亦慄然として恐るべきではあるまいか。見よ、農村に於ける風潮は、其の頭腦をも顧みず、其資力をも察せず、其體力をもはからず、無暗に程度高き敎育を受け、中學よりも大學と上の學校に入らざれば、人にあらざるものと心得、無我夢中都門に入る現象を。斯くして學ぶ者も、學ばしむる者も、敎育は何のためにするものかを知らず、何が故に學ぶものかをも心得ずして、徒に敎育々々といふ、之をしも敎育熱と云はずして、何んと云ふべきだらう。抑も敎育と云へば其名美しく、學問すると云へば其聲や結構なり。之れ人の迷ひ、その弊を悟る能はざる所以にて、其弊害の大を致す所以である。世事に通ぜざる乳臭き靑年の思想、田伍作連の昔ながらの頭では、此迷も無理はあるまいが、識者や先覺者を以て任ずる人の、尙此點に留意するに至らざるは、實に國家の不幸である。斯ることは過去の事實であると云ふもあらむが、そは農村に通ぜざる人間の言である、論より證據、農村に於ける風潮は低度の實業學校を認めないが、中學校や高等女學校と云へば大に歡迎するではないか、實業學校へ入學するを恥とし、中學や女學校へ入學するを誇として居るではないか。而も田伍作連や靑年少女が斯く思へるのみでなく、堂々たる自己から名乘縣會議員や郡會議員が、今も尙そう思ふて居るのである故に、田舍に子弟を置くよりも、都會に出すを名譽となし、地方の學校に學ばするよりも都門の學校に學ばしむるを、如何にも立派な手柄の樣に考へて居る。其愚や愍むべく、其痴や悲むべしと雖も、之が弊の農村に及ぼす影響は實に情ないことである。即ち都會に出でたるものは再び田舍に勤むるを欲せずなるが故に、

敎育熱は農村より人材を奪ふ

の結果を生じ、之が敎育費には一ヶ月少くも貳拾圓内外を要するが故に、都會に修業するものが多ければ多い程、農村より都會に送らるゝ學資が多くなる、故に之がため、

敎育熱は農村より資本を奪ふ

の結果を生じ、彼等都門に學べる徒が、或は寒中或は暑中に歸省すれば、都會の虛榮を輸入し來るが故に、農村固有の質實なる風紀を害せらるゝことは尠からぬのである、ために、

敎育熱は農村より健實なる美風を奪ふ

てふ結果を生ずるのである。されば敎育の虛榮ほど恐るべきはなく、學問てふ虛榮熱ほど懼るべきはない。之をたとへば政治熱や投機熱は、流行に間斷あれば、間歇熱の樣なものであるか、敎育熱は肺病にかゝつた樣なものであらう。更に忌憚なく言へば、政治熱は農村の政治の何たるを敎へ、國政參與の如何なるものかを敎ふる功德もあらう。又た投機熱は、人心を大膽ならしめ、機敏ならしむる功

敎育熱は肺病の如し

徳もあらうが、教育熱と來ては、人を誤り人を害ふの外、徒に虚榮を増長せしむるに過ぎない。（一少女の唱歌の會に出席するとて衣裝料七拾圓を要した例もあり。）之をたとへば狂人に刀を持たしめ、赤子に火を弄せしむるが如きものであらう。之がため農村自治の根底を破り、農村繁榮の基脚を斷ち、其進歩發達に大なる障礙をいたすは、實に痛恨に堪へざることである。

社交と生活上に於ける虚榮

又社交と生活の向上に就ては、文明の進むに伴ふ自然の趨勢であると云へば、そうも云はるゝが、それが分外に馳せ、其身の程をも辨へぬ、贅澤、奢侈の風を装ふを敢てするに至つては、即ち虚榮熱と云ふより外はない。一度農村に入りて冠婚の仕度調度を見よ、都會の虚榮熱は既に之にも及びて、婿をとるのか、嫁をもらうのか、將たまた衣服道具をとるのか、簞笥長持をめとるのか、殆ど分らぬ位である。息女三人もてば身代限りをせねばならぬと云ひ、一度嫁取騒ぎをなせば、財産の半ばを犧牲に供せねばならぬと云ふのは、全く此の消息を説明して餘りあると云つてよい。斯る風潮は、葬祭の上にも見らるゝので、神佛に參詣するよりも、衣服裝飾の競ひ合をする傾がある。或は家庭の圓滿を破りても料理屋に飲食せずば、紳士にあらざるが如く思ひ、妄狂ひをなさずば、大きな顏が出來ぬ樣に考へ、田伍作連の酒色に贅を競ひ、奢を爭ふは、實に想像以外のことである。故に子女が紅粉に思をこらし、衣服に浮身をやつし、青年がコスメチックや香水に性根を腐らし、父兄が醜業婦に鼻毛をよまるゝの醜體を呈し、農村健實の風を害ひ、農村の質朴の氣を損し、以て農村自治の障礙をいたすは、敢て都會附近の農村のみではない。都會を距ること遠く、文明の利器に接すること尠き山間僻地にありても、尚此種の虚榮熱は流行して居るのである。所によりては建築に贅を競ひ、數寄をこらせる茶室を二つも三つも建てゝ威張つて居るものがある。或は風氣清爽の田園に住みながら、別莊を建てゝ喜んでるもある。其收入を計らず、其身分を計らずして、徒に都人を學び、都會の風に習はんとする風潮は、實に農村を呑まんとする大蛇の吐き出す毒氣の如く、次第に農村の元氣を枯らし、農村の正氣を衰へしむるのである、故に虚榮熱は、農村の生命を奪ひ、其自治の進歩を根底から阻害するものと云つてもよい。

今日に於ては、教育の上にも多少考へて事をなし、社交、生活の上にも隨分注意する樣になつて、次第に其弊を悟り、其禍の及ぶ所に目が醒めて來た樣であるが、乍去未だ以て安心すべきことではない。故に識者は一日も早く田舍の教育機關を整へ、實業を皷吹して、獨立自營の風氣をつくることが必要である。尚報德の教義を輸入して、大に分度を確守せしむることは、農村に於て目下の急務である。

而して曾子の所謂

晉楚の富は及ぶべからず、彼は其富を以てし、我は吾仁を以てす、彼は其爵を以てし、我は吾義を以てす、吾何んぞ慊ならんや。

の氣慨を養ひ來り、農村は其質朴の風を以て、剛健の筋骨を以て、堅忍の氣象を以て、都門の人と優を爭ふ樣にならねばならぬ。田村又吉翁の所謂農業心、百姓魂を發揚するにいたらずば、農村の自治は根底に於て立つべからざるものと思はねばならぬのである。

美服を誇とするは殃の因たり、衣服を新調せんと欲するには空想に議るに先ち、汝の財嚢に議れ。（フランクリン）

服裝を以て自己の主たる部分となすものは、遂に服裝以上の價値を有する能はず。（ダヴリユー、ハズリツト）

人格に價値なき人ほど金鎖り付の金時計、金の入れ齒に、金縁の眼鏡などかけ、其價値を高めんとするものなり、今の世斯る品物の流行するは、人格の下落を證するものなり。

第八節　都會熱

都會熱

近來の著しき現象は、有爲の人物と有爲ならざる人物とを論せず、資本家と勞働者とを分たず、男子と女子とを問はず、我もくと田舍を去りて、都會に集中することである。之がため田舍は、蟬の脫け殼然たる光景を呈し來り、所謂田舍の精神がなくなつて仕舞ふ趨勢が現はれた。如斯現象を以て如何にして農村の健全なる發達を望むことが出來樣か、農村の自治を見ることが出來樣か。實に都會熱は田舍の繁榮を根底より阻害し、農村の進步を基脚より斷絕するものである。されば農村の自治を計らむものは、此熱の因つて生ずる所に工夫し、農村の人心を治むるに努むべきは勿論、健全なる分子の農村に入り込む算段をせねばならぬのである。

勞働者の都會に入る原因

勞働者が都會に集中する原因に就ては、河上學士は左の如く解釋して居る。

(一)都會に於ける勞働は農業上の勞働に比して苦しからず、少くとも苦しからざるが如く見ゆ。之れ其の一原因なり。

(二)都會に於ける生活は社會的快樂に富むこと多し、演劇、寄席、角力等を始めとし、田舍に於ては見ること能はざるものと雖ども、都會於ては屢々之を觀るの快樂あり。之れ第二の原因なり。

(三)人類は凡て群居生活を好むの性あることも亦一原因たらん、田舍に於ける寂寞たる生活は、人類固有の性情たる群居性を滿足せしむること能はず。故に都會に於て別に社會的快樂を求むるの念なきものと雖ども、何となく人家稠密なる都會の地に居住せんとするの傾向あり。
(四)都會が精神的利益を享くるの機會に富むことも亦一原因ならん。凡そ都會は、敎育、宗敎、華美、政治其他一切文化の中心たり。此地に居住することは、種々の點に於て、不知不識の間、自己の智見を發達せしむる原因となる。
(五)都會が經濟上の地位を上進せしむるの機會に富むことも亦其一原因たらん。少くとも之を田舍の人よりして見れば、都會に入るは成功の門に入るが如きの感あり、是故に自己現在の經濟的地位に甘んせず、其收入の增加を計らんとするものは、相率ひて都會に流入するの傾向あり。
(六)都會の生活は自由なり、田舍に在りては、戶口尠少なるが故に、一家族の一擧一動は凡て一村に知れ渡り、種々なる噂の種となりて面倒窮屈なること夥し、之れ田舍漢が都人たらんとするの一原因か。
(七)殊に農業上の勞働者にとりて重大なる關係あるは其勞働が不規律なる點にあり、蓋し農業なるものは四時氣候の關係よりして一定の束縛を受くるものなれば、或場合には非常に多忙なれども、或場合には甚閑散なり。是故に日雇勞働者の如きは、或季節に於ては相當の賃銀を得べきも、或季節に於ては全く賃銀を得る能はずして生活上困難すること少からず。

思ふに此の如きは啻に勞働者のみならず、凡そ有爲の人士が、亦等しく村落を棄てゝ都會に入るの原因たらん。

之に附加して學士は、猶是等の事情の外に於て更に有力なる一大原因の存在することを痛言せり、何んぞや、女子その者が村落に生活して農家の嫁たるを嫌ふに至ること是れなり。而して其の此の如きに至るは畢竟女子に對する農事敎育の閑却せらるゝが爲めに外ならず、との斷定を敢てしたのである。

更に大なる女子の都會熱の原因

勞働者の都會に入る原因は、學士の所論によりて大要を盡くせるが、地主連の都會に入る原因に就ては、尙少しく附加せねばなるまいと思ふ。即ち、

地主連の都會熱の原因

(一)地主が地主相應に子女を敎育せんとするにあたり、田舍では出來ぬものと心得、子女の敎育監督とて都會に出るのが、其一原因である。

(二)地主が地主との交際に滿足せず、都會の所謂紳士縉商の仲間入を欲するのが、即ち都會に移住する一原因である。

(三)地主は土地よりの收入に滿足せず、或は銀行に關係し、或は會社に關係する所からして、都會生活を便利とするが、其一原因である。

(四)虛榮は一の流行であり、人間の弱點である、繁華なる都會に住むをよいことゝ思ひ、立派なことと思はしむゝ虛榮よりして都會に住むが、確に原因の一である。特に之は婦人の方に於て甚だしい。

（五）文明は費用なりとか、地主連の文明がらんとするには、田舍は餘りに物資に缺乏す、故に費用をかけんがために、都會に出づるは蓋し開け行く世には免るべからざることならむ、之亦一原因である。

（六）地主は鳥なき里の蝙蝠なり、從て我儘なものである、非道なことも敢てするものが少くない。妾狂などなすがため、都會てふ人目に障らぬ所に妾宅を設けて宿房とするもの少からず、之亦田舍より地主連を都會に吸集する原因である。

（七）子女の敎育が農業的ならずして、都會を目的とするのが多い、之がため子女の生長は其職業の關係からして、どうしても都會生活をせねばならぬ樣になる、之れも確に其の原因である。

農村涵養の實を擧ぐる要件

されば都會熱を冷却して、人物を農村に止めんとするには、どうしても、

（一）敎育の機關を完備せねばならぬ。

（二）適當なる娛樂を多くせねばならぬ。

（三）田舍に有利なる事を起さねばならぬ。

（四）田園生活の貴く、且つ便利なるを悟らしめねばならぬ。

（五）稻取村の如く農村の勞働を均一ならしめ、其の報酬を大ならしめねばならぬ。

（六）之がためには有爲の人、有志の人は强ひて田園生活を敢てせねばならぬ。彼の非職の官吏、退職の軍人などは、是非故鄕に引込みて、果樹園や蔬菜園などの經營をするに限る。

（七）近來新聞紙上田園生活を大に鼓吹するものがある、虛榮のため移動する連中には、極めて有効なものである。斯くの如きを益多くし、其聲をして愈大ならしむるも、亦一策とせねばならぬ。

（八）農業の經營法と云へば、餘り大袈裟であるが、もう少し上品に農業の出來る工夫をせねばならぬ。たとへば牛耕、馬耕を奬勵し、簡易な農具を使用し、果樹や蔬菜の栽培や養魚を加味するが如き其一例である。

（九）農家の家庭生活を更に愉快にすべき工夫もせねばならぬ。それには婦人に料理法を敎へたり、細工物の出來る樣仕込も必要であるが、相成るべくは隣保團結の美風によりて、協同の娛樂をなし得る樣にすることが宜敷からう。

（十）農村の生活を面白くする勘考をせねばならぬ。近來各地に於て、敬老會や戶主會、或は靑年會や處女會の設けをなし、互に連絡をなして同情を交換し、時には宗敎家の法話を聞き、時には敎育家の理化學實驗を見、又時には蓄音機を聽くなどして、一村或は一字は宛然春風の靄然たるものあるが如きは、其宜敷を得たるものと云はねばならぬ。（愛知縣幡豆郡豐坂村字六栗の部落に其例を見る。）

（十一）農村の生活を容易ならしむる施設をせねばならぬ。資金の融通に困まらざる樣、金融機關を設くるが如き、或は飯米に苦しまざる樣貯穀倉を建てゝ貸出をするが如き、（愛知縣の山間部には鄕倉といふを立てゝ備荒貯蓄の目的を兼ねて、每年田植時より飯米を貸出し、年一割にて收穫時に返納せしめ居る所あり、地方の細民は之がため非常の便利を感じつゝあり。)其一例である。

(十二)所謂隣保團結の舊慣を尊重して、之を擴張利用するの策を講ぜねばならぬ。即ち吉凶禍福に際して隣保扶助を交換するは勿論、協同共濟の方法を立てるが如きことが必要である。彼の火災保險の如き、盜難豫防申合の如き、其一例である。

之を要するに農村の自治が進んで來なければならぬのである。

近頃都會の紅塵萬丈に堪へ兼ねて、漸く田園の清風を羨み來り、市街の騷噪に懲り果てゝ、農村の閑靜を慕ふもの輩出し、市内生活の安心出來ぬに愛想を盡かして、田舍の氣樂を喜ぶもの出づるに至りしも、農村の人に未だ其悟りの開けざるは、實に痛恨な事である。彼の飛んで火に入る夏の蟲も同樣、都會の暗黑を照らす電氣燈や、瓦斯燈を、開運の光明とも見て、祖先傳來の田地や屋敷を賣却して、都會に出でたる者の、凋落枯死するもの多きに目が醒めず、慣れた家業に改良を施して利益を享くるよりも、慣れぬ商賣に手を出して利益を得る事の如何に艱難なるかに氣がつかず、學問した青年すらが、尚此消息を解することを得ずして、農村の貴きを知らざるが如き、よく〳〵惡魔に魅られ居るものと謂はねばならぬので、誠に懸れとも、氣の毒とも云ふべきである。故に農村を思ひ、農民を愛し、尚國家の前途を憂ふる者は、どうでもして、自然といふ神の手に農民を近づけ、天然物てふ神の賜物に接せしむる樣、盡瘁せねばならぬ。今日此處に工夫計畫する所なくして、徒に農村の自治を云々す

宛然飛んで火に入る夏の蟲

るも、駄目のことである。

第九節　個人主義の擴充

個人主義の弊

茲處に所謂、個人主義とは、利己主義、我利々々主義のことであるからして、公共心や公徳心の缺乏を意味するものである。即ち自己のためには一村の利益を犧牲に供して辭せず、自分さへ都合がよくば隣人の幸福を奪ひても敢て意とせぬ。此主義は今や農村に擴充して、所謂和協の村俗を破壊し、隣保團結の舊慣をも退嬰せしむるのである。之がため己が家屋を立派に營造しても、校舍の狹隘や腐朽は棄てゝ顧みず、己が口腹を充たすに隨分思切つた散財をなすものあるも、納税の義務は督促を受けざれば果さず、己が儲けになることなれば、村有財產をも胡廝化して敢て顧みず、己が名譽を得ることあれば、村内の和協を打破しても意とせず、己が虛榮のためには、村俗の美點を破りても平氣である。其甚だしきに至りては、人の丹精にて出來し農作物を盜むの風盛なるが爲めに、よい種類は作られぬと云ふ所もあり、又た我田引水のために、人の良田に溝を掘りて苦情を敢てし、温順の農民に不幸を嘆《かこ》たしむる所もある。更に甚だしきは、村長に落選した燒糞根性を滿足せしめんがために、進みかけたる組合に難くせつけて、之を解散せしめんとするものあり、或は土木を受負ふて利益を得んがため、村内の不幸不便をも顧みず、工事を胡廝化して平氣なものもある。數へ來れば、吾等の目擊す文明の意義？

所謂天下の大勢？

る所に於てすら、其詳細を盡すの勇氣が出ぬ位、惡むべきことが多くあるのである。而も富みたるものにも、貧しきものにも、公職者にも、非公職者にも、此主義は平等であると謂つてよからう。教育がすゝみ、世が開けて來たといふ理由に、此主義の擴充を以てするものがある位で、古老の頭には、文明とは我儘勝手を働くことであると心得るものすらある。夫れ如斯して何んぞ農村の利益を發達させ、

幸福を增進させることが、出來るだらうか、實に個人主義の擴充は、農村の自治を害ふ障礙である。

國家のために生命をさへ捧げ、妻子の愛をも犧牲に供したる人の連中に、敢て脫税を試み、或は女婿のために官を設くるものもある世の中なれば、之れ位なことはありそうなことである。己を愛するが如く官職を愛せず、己が子女を思ふが如く治下の民衆を思はぬ役人もある世の中、之れ位なことは敢て怪むに足らぬ。自己の利益を希ふ如く公益に盡くさず、自己の便利を主張するが如く公利を計らぬ役所もある世の中、之れ位なことには彼是云ふ價値はあるまい、各人自己のために奔走し、利己のために盡瘁するは、所謂優勝劣敗で、天下の大勢として仕方があるまい、と云ふ人もあるが、都會はいざ知らず、商工業に於ては吾之を知らず、天地を敵手に戰ひ、和協を以て優勝の地位に進まねばならぬ農民に於ては、恐らく之れ位拙きことはあるまいと思ふが、仕方がない。

就中個人主義を以て、獨立自營の極致でもあると心得て、孤立するにいたるを悟らぬものもある。人に迷惑をかけず、人の難題にならず、人の補助に依賴せぬと云ふものなれば尙恕すべきも、人には迷

惑のかけらるゝ丈けかけ、人に難題の言ひ得らるゝ丈け言ひ、人の褌で相撲とることのみ考へて居るに到つては、實に厄介物と云はざるを得ない。利己のためには、他人を陷れても利を奪ひ、私慾を充たし得ることとなれば、人を傷けても己に收めんと試み、自己の技量なきを棚に上げて、人の榮譽利達を猜み、人の名譽をも惡みて、敢て奸策を弄す。其醜陋はやがて社會の許す所とならず、劣性は久しからずして、公衆の惡む所となり、遂に四面楚歌の聲を聞かねばならぬ、あはれ孤立の悲境に陷るも、其窮極にいたらざれば尙悟る能はざるの類もないではない。而も如斯沒人情、人非人の行動を敢てするものは、農村の下流民にあらずして、相等資産あるものに多いのであるから、堪へられたものではないのである。

此輩の少なからざるを悲む

其他農村に金融機關なく、資金の融通惡しきに乘じて、高利貸を營み、高利により良民を苦めて尙飽き足らず、賭博などを無理に强ひて、果ては着の身着の儘に剝がずむば止まぬと云ふ、鬼みた樣なものもある。

鬼

彼等相當の資産家が連合して、小作人を足腰の立たぬまでに追窮すべく、高利貸を營むものもある。或は千町歩、百町歩の大地主にして、家の二つも三つも所有し、贅澤のあらん限りを盡くす家柄にして、細民の膏血を搾り、水呑百姓をいやが上にも虐ぐる、惡魔の化身みた樣なものもある。

惡魔の化身？

或は數十萬の資産を有して、家に放蕩の悴あり、又内緣の妻女には數萬の手切金を要求され、家運の滅亡は旦夕にちゞまれる家柄にして、尙隣人の窮乏に一錢の金圓をも融通せず、孤獨の良民が瀕死の瞽

大馬鹿者

者となりても、尙一飯の救濟をもせぬと云ふ、愍むに堪へたる大馬鹿者もある。無教育のものや、世事に通せざる輩の斯る行動を敢てして、累を農村に及ぼし、災を農民にいたすは、其罪惡むべしと雖も、亦氣の毒な點もないではない。が、立派な議員をもつとめ、名譽職にも居り、重きを町村に置かるゝもので、尙如斯を敢てするものあるに至つては、實に言語同斷の沙汰と云はざるを得ぬ。

風上に置けぬ奴輩

之等に比しては、其罪小なりと雖も、公職者が徒に金錢のために働くのみで、其餘力を盡くすの慮なく、御役目だけの仕事をして事足れりとするものや、當局者にして、己が地位の安きを之れ求めて、將來のため爭ふべき所にも爭はず、公衆のために犧牲となるべき所をも避けて顧みざる、不忠實不親切の行動も、亦個人主義に化せられたものと云ふべきであつて、風上に置けぬ奴輩である。而も斯くの如き卑陋な輩がだん〳〵多くなり、黨をなし、勢をなすの風潮あるに至つては、恐れ入らざるを得ぬのである。

公私を分たざるは今日の通弊

古は、國のため身命を捧げたものもあり、一村のために犧牲となつたものもあつたのであるが、今日は身のために國事を廢し、己がために一村を捨つるも平氣で、夫れが賢きやり口で、上手なやり方といふのである。命あつての物種とは、彼等にはよい口實であるが、國家町村のためには遺憾な話である。斯くて己が責務を思ふものなく、己が職責を貴ぶものなきにいたり、國家や町村は、たゞ彼等を養ふのみで、彼等によりて國家町村の得ること少きにいたるも、致方なしとなさねばならぬであらうか。噫、悲しむべき哉。

個人主義は凡てに向つての敵なり

吾輩の如き世間を解せぬものから云へば、個人主義は凡ての問題に於て敵である。人の動かぬのも此主義からであり、金の働かぬのも此主義からであり、物の役に立たぬのも亦此主義からであると思ふ。故に公共心を基礎とし、公德の發達に待つべき自治の遲々乎として進まぬのは、實に此主義の擴充に歸せねばならぬのである、思へば如何に自治進捗の手段を講じても、自治進步の要點を研究しても、此主義の擴充が大勢である以上は、決して自治の發達は出來ぬものとあきらめてもよい位である。どうしても排斥すべきは此主義であり、撲滅すべきも亦此主義である。之れ自治に焦慮するものゝ正に念として忘るべからざることで、亦大につとむべきことである。

文明とは國家外裝の美を誇稱する謂乎、近時愛國の源泉たる田園、丈夫なる國民の生聲を擧ぐべき農村を蔑如して目前の苟安を偷み、永遠の禍害を顧みず、農村を破壞し、農民の自由を奪ふて迫害を加ふるの何ぞ酷だしき、洵に是れ國家大計の憂にして今にして人心を提撕し、時弊を拯濟するに非ずんば、邦家を險淵に立たしむるも未だ測る可からず。

第十節　金融機關の不備

生産之に伴はず故に穴ある桶に水を盛るが如きは吾農村の現状也

農業は資金の回收が容易に出來ず、一度投下したるものは半歳や一ヶ年は臥て仕舞ふから、農村に於ける金融は都會の如く圓滑に行かぬ。其上勤儉によりて得たる貯金は、一は銀行の支店や出張店によりて都會に輸送され、一は郵便局によりて國庫に廻送されて、等しく農村に運轉せぬ。其の上煙草や鹽が政府の專賣となり、鐵道が國有になつた今日は、一包の煙草を買ひ、一升の鹽を求め、一度の乘車によりて、支拂ひたる金圓は、悉く國庫に吸收されて、再び農村には返つて來ない。一錢五厘の葉書を買ふても、手紙を出し、電報を打つ其の切手代も亦然りである。故に農村の金融は次第に緊縮し、資金が惡くなるは、之れこそ大勢であるといつてもよい、然るに農村の人は、それ之を思はずして、徒に都會に出て散財し、甚しきは酒色に大金を投じて辭せず。之れ所謂貧乏の上塗りをするもので、また農村自殺の愚を演ずるものである。

業によりて得る利益は多からず、資本の回收は速かならず、加之日用缺くべからざるもの丶購入によりて、再び返へらぬ樣に資金が飛んで行く、其上入營の壯丁、都門に學べる學生の消費も再び返て來ない、爰に於てか馬鹿なことをせずとも、農村の金融は非常に圓滑を缺き來るは當然である。而も金融の機關なきが故に、事業の發展も止むを得ず中止す、然らざれば高利の借金をせねばならぬ。之れ

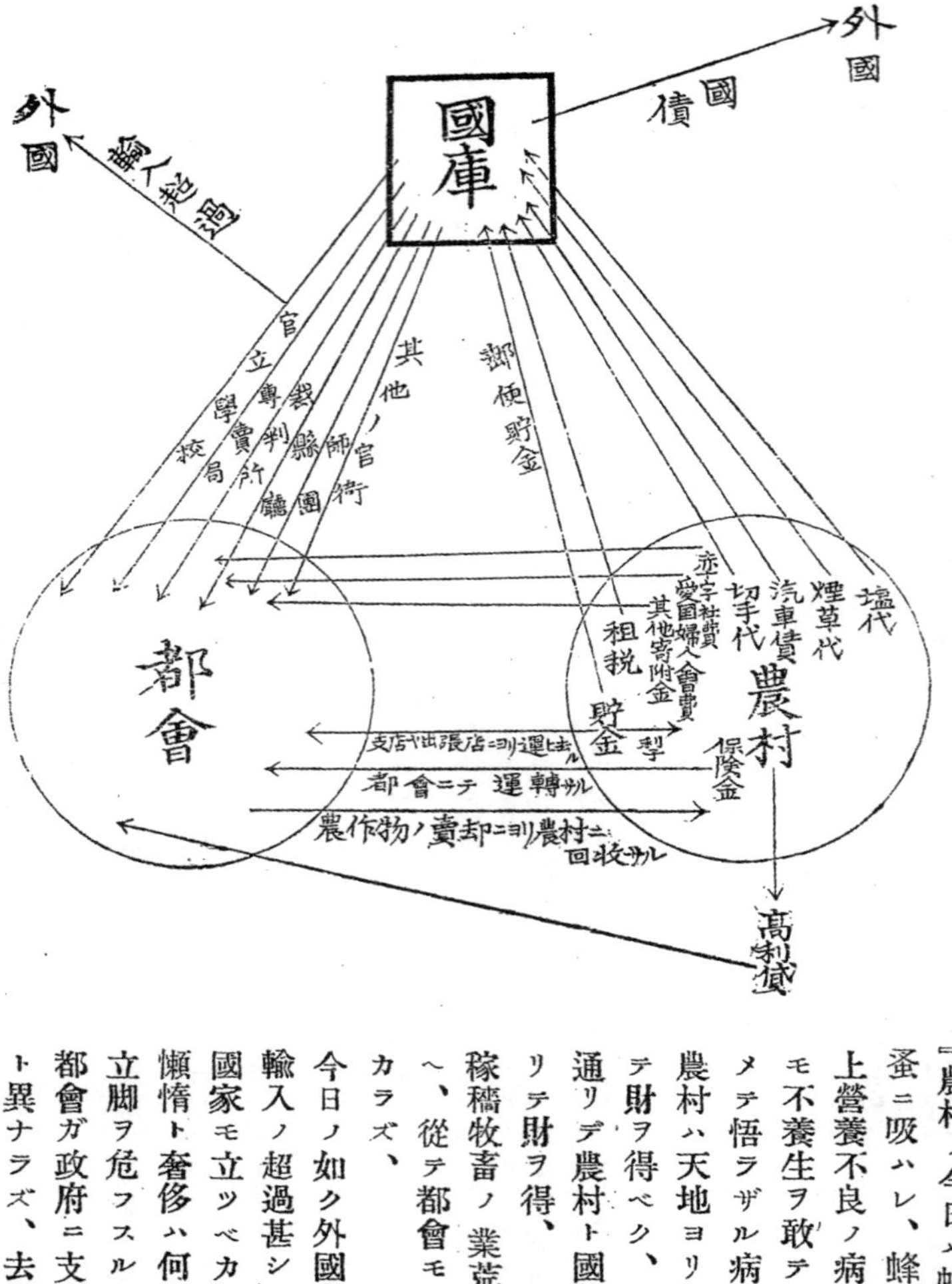

『農村ノ今日ハ蚊ニ攻メラレ、蚤ニ吸ハレ、蜂ニサヽレ、其上營養不良ノ病人ノ如シ、而モ不養生ヲ敢テシ不攝生ヲ極メテ悟ラザル病人ノ如キカ、

農村ハ天地ヨリノ生産ニヨリテ財ヲ得ベク、都市ハ如上ノ通リデ農村ト國庫ノ庇護ニヨリテ財ヲ得、

稼穡牧畜ノ業荒メバ農村衰ヘ、從テ都會モ政府モ立ツベカラズ、

今日ノ如ク外國貿易振ハズ、輸入ノ超過甚シキ樣デハ遂ニ國家モ立ツベカラズ、

懶惰ト奢侈ハ何處ニ於テモ其立脚ヲ危フスルモノナリ、

都會ガ政府ニ支拂フモノ農村ト異ナラズ、去レド形ガ變ジテ戻リ來ル、』

高利貸の農村に蔓る所以にして、實に止むを得ざるものである。抑も高利貸は農村に於ては、恐るべき貧乏神にて、之が一軒出來れば必ず賭博や投機や奢侈が流行する、酒色のドンチャン騷が盛になる、斯くて民心を荒廢するは、當然のことである。故に金融機關の不備は、農村に高利貸を生み、高利貸は賭博や投機や奢侈や遊惰を誘導し、之等の惡風は、遂に農村の衰亡を齎らすものである。之れ農村の自治が破壞され、農村の窮乏に陷る道行である。吾輩は何處までも、其の恐るべき所以を、農村の人に知らしめむ婆心よりして、尙之を右に圖解して置いた次第である。

所謂貧乏神

農村窮乏の道程

されば農村の金融が不融通を極め、緊縮して高利貸が跋扈し、農村の根底を危ふし、遂に疲弊した例は、世に乏しからぬので、伊太利の如き其最も著しきものであらう。當時不幸の國民が高利貸に惱まさるゝ狀況を記したるものを見るに、

猶太商人等は土人の人情風俗性質等を利用して、盛に怪しげなる物品を高價に賣りつけ、且つ高利の貸付を强ひて年中債務の覊絆を脫せしむることなく、遂には以前の華主一轉して白人の奴隷と化せざるを得ざるに至れり、云々。

とあり、其細民の膏血を絞りたる光景をよく見ることが出來る。之を見て憤然立つて、彼等高利貸に對し宣戰の旗幟を飜したるは、實に彼の國民銀行の建設者ラサーチ氏であつた。氏が當初一四〇弗の資本を以て創立したる一銀行が、今や一躍して一萬七千八百六十八の組合員を有し、一三〇乃至一四〇名

ラサーチ氏のミラン銀行

の無給書記及百名の有給書記を使傭し、拂込資金千六百五十九萬四千七百十弗餘、口數十七萬千九百六十六、積立金八十二萬九千七百三十五弗餘、預金二千四十萬六百五十三弗餘、貸附金三千三百八十八萬八千四百六十七弗餘の多額に達せし大銀行となつたを見れば、如何にラサーチ氏の奮鬪の激しかりしか、伊太利國民の救濟されし者多きかを知ることが出來る。

伊太利を救濟した國民銀行のやり口

彼は勗めて地方の預金及貯蓄を奬勵し、一口五弗乃至十弗の小株を發行し、可成多數の口數を募集し、加入料の如きは極めて之を低廉にしたのである。其上信用を重んじ、責任を貴び、貸附に對しては名譽貸附とて、信用あるものには擔保や保證人の提供を免除したのである。

所謂一擧兩得の策

如斯は伊太利に於ける此種銀行の特色とも云ふべきもので、之によりて救濟を得んと欲する者は、自ら泥醉を愼み、浪費を戒しめ、不德の行爲を愼む樣になつたので、風敎の上にも非常の功德を呈した。

自助的精神の發達は社會主義を撲滅す

如斯して伊太利は、今や勤儉貯蓄の眞義を解し、共濟の必要と其道とを悟り、自助的精神をも發せしめて、其危懼の境界を免れた。故に此種の銀行事業は、廣義に於ける慈善事業であつて、單に金品を給與する博愛家の救貧法に優るものと云はるゝのである。恰も獨逸の農村がライファイゼン氏の信用組合によりて、救濟されたと同軌一轍である。

敢て策なきにあらず

彼を思ひ、此處に察せば、我農村に於ける今日の窮狀を輓回し、其疲弊の根源を斷ち、其自治の障礙を除却せむには、敢て策なきにあらずと云はねばならぬのである。さても誰かラサーチ氏を以て任じライファイゼン氏を以て立つであらうか。そは云ふまでもないことで、農村を思ひ、農民に同情あるものは、此際皆ラサーチ氏を以て任じ、ライファイゼン氏を以て事にあたらねばならぬのである。今や凡百方法手段の穿議が出來て居り、加之法律の保護さへあるからは、只だ斷じて行ふと否とによりて存亡が決定さるゝのである。

斷じて之を行ふのみ

今二三の方法を列記して、志あるものゝ參考とせむ。（政府又は爲政者には別に多大の注文あれど論ずべき所にあらねば茲には略す）

一、獨逸の諺に

ライファイゼン式信用組合を設立する者は、自ら救貧院を破壞するにいたる。

と云ふことあり、如何に信用組合が偉大の功德をもてるかゞ分るではないか、されば信用組合を設くるが如きは、最も適切の方法である。

農村の金融を滑にすべき方法

一、日本固有の信用組合は、即ち二宮翁の敎義によりて立つ報德社である、されば其の設立と活動も亦大事である。稻取の農家共同救護社の如く、所により、人によりて、工夫すれば面白いものが、いくらでも出來る。

一、米劵倉庫の如きも亦立派な金融機關である、信用を以て行ふことが出來れば心配はない。

一、火災保險の如きを村で組織し、火の元用心を大切にし、其掛金を融通するが如きも、賢き方法である。

一、寺のために積み、神社のために積む所がある、其の積金を確實に實行し、之を信用貸するも亦一策である。

一、村で銀行を建てゝる所がある、村民の勤儉貯蓄を奬勵して、之に依りて銀行を經營し、資金の融通をなし、貯金を取扱ひ、納稅の機關とするが如きも亦自治行動として、然るべき方法である。

一、伊國に於ける國民銀行の普及も亦試むべき方法である。

一、頼母子講の如きもよい考である、更に改良をせば尙面白くゆくであらう。

一、貯蓄組合を設け、其貯金を信用にて融通するも亦一方法である。

一、備荒貯蓄をなせる所も隨分ある。それには金にて貯蓄する所もあれば、穀にて貯蓄するもあるが、何れにしても之を融通するがよい、但し何處までも、信用を重んじ、依賴心のおこらぬ勘考をすべきである。

一、地主が小作人の正直を擔保として、勉めて低利に融通すべきは、地主相應の仕事であらう、否地主の責務であるから、之を奬勵するも亦一つの方法である。

一、勤儉を奬勵し、奢侈を警戒し、勞働を皷吹し遊惰を嚴禁するが如き施設は、金融を滑にする根本手段であることを忘れてはならぬ。

一、正直、同情、報恩の觀念は所謂信用を生むもので、之が高まらねば決して資金の融通が圓滑に出來ぬものと承知せねばならぬ。

一、家業に改良を企つるは資金を得る所以にして、養費を節するは資金を潤澤ならしむる方法であるからは、知識の修養と矯風の申合は、金融を好都合ならしむる、根本義なることを承知せねばならぬ。

一、一利を擧ぐるは一害を除くに如かずと云ふことあり、村内に高利貸を出來さぬ勇氣を養ひ、出來ても之を驅除することが出來れば結構である。愛知縣の北設樂郡稻橋村といふは、故人となつた古橋源六郎氏を村長に戴いて居た模範村である。近來養蠶の勃興につれて、幾分奢侈の風が始まり、從て金融に縮迫を來たし、遂に高利貸が出來た。凡ての營業は自由である今日は、之を招きしも村民なれば、之を驅除すべきも村民でなければならぬ、と云ふことからして、村長古橋氏は村民を代表して、高利貸を敵として開戰を布告した。此勢あたるべからざるものあり、遂に高利貸は村長の前に降服することゝなつたので、今年初夏までに跡仕末をして、今は高利貸に苦めらるゝものもなくなり、高利貸は普通の資金融通機關となつた。此話は聞いた丈でも氣味のよい話であるが、自治農村といふ以上は、之位のことが出來ねばならず、又之が出來ねば自治農村ではないのである。

村内有志の和協は勢力なり

之を要するに金融機關の不備は、確に農村の自治を障礙するものであるが、之が設備をするものは農村其ものでなくてはならぬ。即ち其障礙を除却し、之が融通を圓滿ならしめて、如何なる仕事を企つるにも事缺かず、如何なる事が出來ても窮乏に苦まぬ丈になすは、自治農村當然の仕事であると承知せねばならぬのである。之が自治の進捗を阻害する間は、農村の自治が發達せぬ反響であると覺悟すべきである。故に目下の急務は、些少の收入、餘裕も大事に之を貯蓄し、妄りに都會の腹を肥すの愚

之位の見識は自治農村に於て當然なり

貧すれば鈍する農村は今の流行なり

をなさずして、村内に融通する工夫が大切である。と同時に資金の融通に田地や家屋を抵當になさではならぬといふ不便を感ぜぬ樣、各自の正直を磨き、信用を重んぜねばならぬ。語をかへて言はゞ、正直を抵當として、何處に於ても資金に融通が出來る樣にせねばならぬのである。語に曰く貧すれば鈍すと、今の農村に於ては窮乏に苦みつゝ空言詐僞を敢てするもの多きを加ふ、氣のきかぬにも程があるにあらずや、さりとはよく／＼貧乏神に狙はれたものにあらずや。噫、情けなき哉、愍むべき哉、斯くて農村の自治は進まず、幸福も秩序も出來ないことになつて居るのである。

夫れ大人なる者は、天地と其の德を合し、日月と其明を合し、四時と其の序を合し、鬼神と其の吉凶を合し、天に先だちて天違はず、天に後れて天明を奉ず、天すら且つ違はず、而るを況んや人に於てをや、況んや鬼神に於てをや。（周　易）

天下の難事は必ず易きより作り、天下の大事は必ず細かきより起る。（老　子）

賢者は其の身の死するを悲まずして、其の國の衰ふるを憂ふ。（蘇老泉）

第十一節　土地の兼併

一人の所有に多くの田地が屬するは、其所有するものゝ手腕によるものなれば、敢て所有者を惡むべきものにあらざれど、之がため貧富の懸隔を甚しくし、貴賤の區別を大ならしめ、從て社會的物事を惹起する弊を釀すにいたるは、恐るべきことである。若し富豪が一旦所有した以上、所謂世襲財産として、之を賣却せざるに至つては、小作人の奮發心を削ぎ、小作人の地位を高むること能はざるの弊を生ず。不幸にして慾張りたる地主によりて大面積の土地が所有され、而も數郡數個町村に跨るといふに於ては、之がため紛擾屢々起り、村內共同の利益を擧ぐる能はず、村治の圓滿を缺くことが續出するものである。故に何れにしても、土地の兼併は面白からざる結果を生むものにて、而も農村に居らざる富豪の農地を兼併するより生ずる弊害は、筆紙に盡し能はざる程である。

農村に居らざれば其弊の大なるを知るべからず

今日の世は所謂優勝劣敗であつて、弱肉强食は到る處に流行す。人智の進歩遲く、學理の應用十分ならざる農民は、何事につけても都會商工業の人に劣り勝である。此現象は農村の上下を論せず、貧富を分たぬので、爲めに上下の失敗、貧富の蹉跌は滔々乎として風をなし、斯くして都會富豪の人に土地の兼併を催促するのである。而して富豪の人は、固定財産として土地を所有するを安全なることと思ひて、其の隙に乘じて買收を試み、知らず〳〵兼併の風を馴致する。而も多くは世襲的に之を所有して、小作人が買はんと申込みても賣らず、自作人が購ふべく賴み込みても容易に賣らぬのである。其上農業によりて生計を營むと云ふのでなければ、如何に改良を勸告しても之を行はず、甚しきは改良の必要をも認めぬ。故に斯る人の所有田地を有する町村に於ては、何事も一齊に進むことが出來ず、又た協同の利益を擧ぐることも出來ぬ。甚だしきに到りては負擔の增額を恐れて、小作の尻押をなして農會に反對せしめ、村會に異議の申立をなさしめるのである。更に甚しきは誰彼の遠慮なく、亂訴の弊に堪へざらしめて、所謂治外法權の樣を演ぜざれば止まぬと云ふもある。故に何處の町村に於ても、他村人の所有地あるは、人體の一部に病ひの出來たると同樣で、厄介至極なものである。之がため隣保團結の舊慣も破壞され、村內和協の秩序も打破され、衆庶の幸福も望むで得べからざるに至るは、止むを得ぬことで、之れ土地兼併の自治に障礙ある所以である。現に恐るべき社會主義の實劇や、社會平和を攪亂する騷動や、愍むべき自暴自棄の行動や、燒糞根性の振舞は、皆土地兼併の地方に起る特有產物と云つてもよからう。されば農村の幸福安寧を希ひ、農民の向上發展を期待するに於ては、土地の兼併程恐るべきはなく、悲むべきもない。故に既に兼併されたる地方に於ては兎に角、未だ其の累の少き所に於ては、豫め之が豫防を講じ、之が救濟を講ずべきは、實に地方自治の進捗を促がす急務である。

土地兼併の地方に起る特有の產物

町村の盛衰を計る尺度

凡そ町村の盛衰を卜するに足るべき尺度は、土地の移動を見るより正確なるはない。村民にて村內の土地を所有し、之に滿足せず他村に土地を有するもの多きは、必ず繁榮すべき農村であり、村民にて村内の土地を所有し、一歩も他に所有を許さゞる村ならば、未だ衰へざる農村であり、村民村内の土地も持ち切れず、他村のものに賣渡すもの多きは、正に衰徴の運命になれる農村である。故に土地の兼併を見る農村は、必ずや一度失敗の歴史を持てる所か、然らざれば失敗しつゝある農村に限つて居る。之に反し賣却したる土地を買返し、進むで他に土地を買收する農村は、必ず復興したる農村か、然らざれば正に繁榮の域に進める所に相違ない。出入なく、賣買なく、土地の移動なき所は、必ず裡に自治の精神があつて、自治的施設のある所である。現に稻取が難村であつた當時は、村内の地所は皆他村に出たと云ふが、今日の稻取は盛に他村へ土地を買ひに出るではないか。而して自村の土地を一歩も他へ出さぬ所に於ては、賣る人あれば村内の規約で誰れかゞ買ひ、質流れで他村へ行く土地あれば、村の有志が受出してやるではないか。故に土地の兼併は、一面に於ては農村の衰徴を示す尺度であつて、自治體てふ農村に於ては、是位恥づべきことはない譯である。之を自治進捗の障礙として指摘し、此の弊を未然に防ぎ、其弊を救濟せねばならぬと云ふ所以が知られる。

土地兼用の弊を少くする方法

之に就ては、左の條件を記憶し、其の氣勢を起す樣にせねばなるまいと、吾輩は思ふのである。

一、土地兼併をなせる富豪は、奮發せる小作人の要求に對しては、分割讓與相當代價にてを承知せねばならぬ、相成るべくは小作人に土地を持たしむる樣仕向けてもらひ度い、（一半を自作せしめ、一半を小作せしむるが如きは、賢き方法の一であらう。）

如何に働き儲け出しても、自作にもなれず、地主にもなれぬと思へば、有力熱心なる小作人程、其土地に止まりて小作する慮見がなくなり、他に去るに相違ない、此の如きは地主、小作、双方の損失なるべし。

一、世襲的財産に土地を得んと欲する富豪は、開墾して土地をつくり、埋立して良田を得るとにしてもらひ度い。　藤田家の兒島湾埋立の如き、神野家の幸呂新田經營の如きは、其の一例にて、富豪として最も趣味ある事業なるべし。

一、自村のために、自村の土地を持つはよし、自己のために自村の土地や、他村の土地を持つは宜くない、況んや所有した上は、決して讓與せぬと云ふは、糞度胸も惡い糞度胸である。　古橋家は自村に土地の賣物が出づれば、買手のない時は何時でも買ふて置く、買手が來れば何時でも賣る、而して自家の所有地を增さぬと定めて居る、之はよい手本である。

一、他村へ土地を出さぬ村規約が出來し度い、之が出來ずばせめて有志の間に此の考を起してもらひ度ひ。　伊勢の大橋氏は、他村の富豪が氏の村地を賣拂ふと聞けば、小作人や村民を激勵して之れを買はしむ、資金がないと云へば、氏の所有地を質に入れても融通して貸すのである、之も難有い事なり。

一、村民は必ず自作をせねばならぬといふ村風をつくらねばならぬ。　杉山村の片平家は先祖傳來の土地を割き、一家の存立上必要なる土地を世襲的とし、其他は一切小作人に賣ると宣言して居る、而して自分の土地は何時でも賣つてやるから、必ず他村他人の賣物から買つてか丶れと助力して居る、故に此村では如何な小作人でも自作をする樣になつた、之には是非共村內有力者の覺悟が大切である。

一、既に兼併した地主で、之を賣ることが出來ぬ樣になつて居れば、小作人に永久安心する樣、また發展の出來る樣に、施設計畫を立て丶やらねばならぬ。　永小作權を與ふるも一法、組合など設けて他に資産をつくりやるも一法、神野家及富田家の神富農會は、三重縣の小作人に、將來小作米は斷じて上げぬ、現在の儘に据ゑ置くと言つた丈けでも大に人心が落付いた。

一、農業の經營法を改めて、一村の土地を纏めて社會組織になし、地主は土地に對する配當を受け、小作人は勞力に對する配當を受ける樣にするも、亦一方法である。　加納子爵や余土村の森恒太郎氏は此の理想を持つて居らる丶が早く之が實行をしてもらひ度きものである。

一、行政官は地主間を說きて、甲地に所有する乙と、乙地に所有する甲に、土地を交換させて、甲は甲地に、乙は乙地に所有地を纏めしむる周旋をすべきである。他村への入會地は、必ず苦狀のもとである。村行政の上に是位厄介なものはないのである。

一、無理な注文かは知らぬが、新田や開墾地を除くの外の、村落をなせる所に於ては、一人にて所有する土地を制限することにしたいものだ。英國アイルランドの土地方案を考へれば、夫位なことは何んでもないと思ふ。

一、農工銀行や勸業銀行の、土地への貸出は、もう少し考へてもらひ度いものである、農工者のために貸出すことにして、銀行自身のために貸出さぬこと丈にせめてしてもらひたい。別けて府縣の多くの農工銀行は、農工者の敵であつても、味方でないのがある。農村の金融機關にでも役に立てばよいが夫れにもならず、只農地を奪ふ機關になる樣では困つたものだ。

一、貸借は農村に於ては信用を以てすることにせねばならぬ、土地を擔保や抵當にせぬでも融通の出來ることにせねばならぬ。而も之れ目下の急務にして、之がために工夫と計畫が大切である。

一、農業の趣味を感せしめ、農地を愛する觀念を更に一層養成すべきことも大事な問題である。土地に執着する意見の薄らぐは、慥に土地の農村を去る一原因である。

之を要するに、農村の要素は、土地と人民とであれば、土地が平均に分配されねば、面白い農村の形の出來様がない。何人も自分の土地は大事にするものなれば、農村の土地が各人に分配されて、初めて土地もよくなり、愛郷心も起るのである。之れ自治のすゝむ根本義であつて、愛土心がなく愛郷心がない樣で、其土地に獨立的施設の出來る譯がない。故に農村の自治を進めんには、第一に土地の分配を考へて見なければならぬ、又町村民の土地に對する觀念を視察することが肝要である。若し愛土心なく、此町村は吾々町村民の町村なりとの觀念がなくば、容易に自治の發展はないものと考へねばならぬ。されば町村の幸福安寧を希ひ、地方共同の利益を欲するものは、何處までも土地の兼併を防遏し、其分配宜敷を得る樣に工夫せねばならぬ。別けて他村へ土地の出ぬ樣、又た都會の富豪の如き他の業務者の手に入らぬ樣、心掛くべきは、實に爲政家の忘れてならぬことである。當年五人組制度の如く、或は部落でもよからう、或は一村でもよからう、申合規約によりて、自村の土地は自村で仕末をすることにすべきである。今日に於ては、農會の費目に豫備費を多くして、斯る場合に買收することにしてもよからうと思ふ。兎に角自治的計畫を立つるにあらざれば、到底其弊を防ぐとは出來まいと思はねばなるまい。其弊害の大なるに一度考へ來れば、何處に於ても其位の奮發は出來るものと、吾輩は信じて疑はぬものである。

吾輩は町村の自治を阻害する障礙物を、十一數へて之を論じたのであるが、此の外にまだ大なる障礙物なきにあらざるも、それは今暫く沈默を守ることにする。世人之が研究を進めなば、必ず之を論ずるものがあるに相違ないと、吾輩は私に之を期待して置く。兎に角町村自治の進捗は、單に町村行政の衝にあたる人のみに待つべきにあらず、又た有志先覺者の盡瘁のみにも依頼すべきにあらず。其の關係する所、案外廣大なるものなれば、よく彼を知り己を知るにあらざれば、町村を自治發展の域に誘ひ難いのである。而も冬來れば萬物凍り、春來れば百花笑ひ、夏來れば萬木深翠を呈し、秋來れば百穀實るといふ譯で、大勢の赴く所には抗し難きものがある。故に自治の觀念を高め、自治の進歩發達を實現せむには、外界より來る障礙を除却し、以て自治の必要を知らしめ、自治の發展を促がす氣勢をつくることが、最も大事な仕事であると思ふ。今や民政復興の聲四方に起り、民風振張の輿論各所に於て盛なるにいたれり、此の氣勢に掉して、自治の彼岸に達する決心をなさでは、又と乘ずべき機會はあるまいと思ふのである。吾輩は、天下の同志諸君と共に益其氣勢を大にし、町村自治史の上に今日を維新とする活動を試みむことを希ふて止む能はざるものである。

他人の研究に待つ所あり

時や到れり、今にして起たずんば再び起つの時はなけん

人多き時は天に勝ち、天定つて人に勝つ。

第九章　村格

自治の目的は村格に在り

村格といふ文字は、餘り世人の耳目に觸れぬ文字であらうが、國に國體といふもあれば、人に人格もある以上、村には村格を認めねばならぬ。村格は即ち町村自治の目的であつて、村の品格性格である。世人曰ふ、自治とは法律の許す範圍に於て、公共團體自己の費用を以て、各自共同の利益を增進し、幸福安寧を發達せしむることである。略して云はゞ惡いことをしないで、各自の欲する所を成すことであるといふのであるが、吾輩は之では滿足が出來ぬのである。否決して滿足してはなるまいと、思ふのである。苟も町村の自治といへば、たゞに共同の利益を高め、幸福と安寧を擅にすることを得、愉快に暮らせることになつた以上、立派な性格あり、品位ある所にまで達せねば、眞に其の目的を達したとは云はれまい。財產あり、生活難を感せず、悠々自適する人が果して立派な人であらうかを考へて見れば、誰にも分るであらう。他はいざ知らず、我が日本帝國の基礎をなす町村に於ては、是非共品格ある町村、見識ある町村となすを以て、自治の目的とせねばならぬのである。之れ最後に於て村格を論じ、世人の反省を需め、町村自治に更に一層の奬勵を望む所以である。吾輩は便利のため、之を以下三節に分ちて論ぜんとする、乞ふ其所論に於て、町村自治をいたず根底と、其の終局の如何に大切なるかを知られむことを。

第一節　人　格

人格の定義

六ヶ敷云へば、人格には一の定義がある、即ち

各人は皆自立自存獨立の目的のため其主體たる權能を有す、之を人格といふ。

のである。之れでは中々分るまいが、之を平易に説明して、

芥子一粒に砂糖が附て金米糖が出來る如く、人間各自の生得の氣質に、生存中に得たる、宇宙の現象に向つての思想觀念がくつ附きて、出來た性格が即ち人格なり。

と云へば少しは分ることになる。兎に角接して自ら崇敬の念が起り、語つて自ら衣紋を整ふにいたるは、即ち其人の人格である。俗に所謂人の氣品とか、品性と云ふことである。

人の貴き所以

凡そ人の貴きは、財産によりてにあらず、又た地位によるにもあらず、只に學識才能にもよることが出來ないので、其人格によるのである。故に人として財産を得る目的も、地位を得る目的も、亦學識才能を得る目的も、其人格を得んとするにあらねばならぬ。然らざれば五千萬が六千萬になつた所が、日本帝國の價値は上るものではない。今の世修養の必要を説く所以は、此處にあるので、修養も人格の修養を目的とするのである。

人格の三要素

吾輩の見を以てすれば、人格をつくるに三つの要素がある、故に偉大なる人格を得るには、偉大なる

三つの要素を具備せねばならぬ譯である。三つの要素とは何んぞや、曰く
一、偉大なる精神、主義、見識、信仰等を包含す。
一、正確なる態度、一口に云へば立派な動作擧動なり。
一、端嚴なる容姿、俗にしまりのある容貌風采である。
であつて、就中貴ぶべく、修養すべきは、精神の方面である。何故なれば、精神は態度を左右し、容姿をもつくるものであるからだ。吾輩は骨相學の研究をしたことがない故、其詳細を盡すことが出來ぬ。が、慈悲圓滿なる釋迦の像は、誰れでも慈悲の相で書き、精進勇猛の不動尊は、何處に於ても、確乎不拔の氣象を示す樣につくらるゝのである。之を現代の人物に徵しても見よ、門閥家の富豪には、所謂大家の旦那然たる態度容姿の爭ふべからざるものがあり、一代に數十萬の富をいたせる人には、まけぬ氣や拔からぬ氣が眉目の間に見へるにあらずや。若し夫れ一度足を監獄や感化院に運ばむか、必ず態度容姿に於て、普通人と異なるものあるを發見せむ。之れ精神修養の大切なる所以にて、人格をつくる上に、尤も重きを置かねばならぬ所以である。

古より英雄よく人を欺くとか、英雄は喜怒哀樂を色にあらはさずとか、或は憎愛によりて色動かずとか云ふのであるが。そは不出世の英雄に於て、或は之あらむも、普通の人に於ては、思內にあれば必ず外に顯はれ、腹の思案は確に容顏の上に於て讀まるゝものである。されば吾等は、常に精神を高尙

にもち、主義を明かにし、見識を磨き、信仰を確かにせねば、立派な態度や容姿が出來ぬものと心得ねばならぬ。實に態度と容姿は精神の影であつて、隱すに隱されぬものであることをよく承知せねばならぬのである。

態度容姿は精神の影なり

エマーソン氏曰く、

善良なる態度は、微細なる献身的行爲よりなる。

と。又シドニー、スミス氏曰く、

態度は道徳の影なり。

と。之を思ひなば、態度の上に別に注意する必要はないので、たゞ精神の如何、且つ其の發動の如何によりて、自ら立派な態度が出來る譯である。それ之れを思はずして、漫りに英雄の風を學び、豪傑の眞似をして得々たるは、愚者を欺くべからむも、識者の前には極めて醜態を暴露する所以にして、氣の毒なものとは云はねばならぬものである。

所謂状候の冠するもの歟

ラ、ローシユフローコー氏が所謂、

眞に溫順ならんとせば、確乎不拔の意志を有せざるべからず、形容溫順なるものは、多くは意志薄弱、動もすば酷薄に陷る。

と云へるは、容姿の上にも精神が筋をひける所以を示すものである。即ち不拔の意志より來る溫順の

相でない以上は、眞正の温順ではないといふ譯である。彼の

忍ぶれど、色に出にけり、我が戀は、
物や思ふと、人の問ふまで。

と讀みたる宗盛は、平家の惰落息子であつたに相違なからうが、其邊の消息を道破した丈けは、今のハイカラ連中より勝れて居る、今の人、學びて尙悟る能はず、見聞によりて尙知る能はず、徒に形容に修飾し、貌姿に煩惱す、其痴や笑ふに堪へたりと雖も、其愚や誠に愍むべしである。

愚の極

聖人と云はるゝ孔子でさへ、容貌によりて人を見損ふたと云ふとなれば、容姿の大切なるも尤もなれど、さりとて香水やチックで防臭し、石鹼や鉛粉にて防腐をせねばならぬとあつては、鼻持もならぬ話ならずや。

醜の極

文明は人を馬鹿にするとはよく云ふたことだ、ダブリユー、ハズリツト氏の所謂、

服裝を以て自己の主なる部分となすものは、遂に服裝以上の價値を有する能はず。

で、近來金時計や皮鞄《カバン》の御供をして宿屋に泊るものや、自己は價値なきを嘆きて、寶石入りの半襟や指輪をかけて、漸く價値を補はんとするもの丶多きをいたせるを見ては、人間も餘程馬鹿になつたものにあらずや。

文明は人を馬鹿にす

片肌ぬぎの佛に詣で、野に餓ゑて喪家の犬と間違へられた聖人の教を聞き、十字架に上りたる救世主

を祈る輩にも、彼徒の多きを見れば、彼等の眼球は何處に附けるものか、彼等の腦味噌は如何相成り居るやを怪まざるを得ぬではないか。ましてフランクリン氏の、

美服を誇とするは殃の因たり、衣服を新調せんと欲せば、空想に議るに先ち、汝の財嚢に議れ。

との戒めをも思はずして、借金を各所につくり、出でゝ得意なるはよいが、入つては借金取の前に叩頭を敢てする醜體を演じ、人をして

陋の極

帽子きて、車に乘りたる、乞食哉

の題目たらしむるに至つては、呆《あ》きれて物が云へぬではないか。

抑も貿易の大勢は、輸入超過にして、今年は正に其額一億にも及ばんかとの説である。就中裝飾品や贅澤品の輸入が愈益多きを加へ來り、戰前の當時に比し五割より十三割に及べるを見ては、彼の馬鹿者の如何に多きを致すかゞ分る、之れでも文明の賜物と喜ぶべきや、一等國民と誇るべきか。思ふて茲處にいたれば、誰れか我帝國の精神界萎靡を認めざらんや、戰後國民の人格下劣を識さゞらんや。今や上下財政に困憊して急を叫び貧富共に生活難を訴へて、喧噪聞くに堪へざるも亦故ある哉である、徒に枝葉の末に修飾して、根帶に肥培するを思はず、外面の美に煩惱して、内腹の充實を忘るが如きは、眞に國家を危ふするものと、云はねばならぬ、愼むべき哉、恐るべき哉。

農民の人格

農民の人格

之を繪畫に見よ、之を彫刻に徵せよ、軍人は威風堂々、如何にも軍人らしく、役人は衣冠正しくして、如何にも役人らしく、裁判官は威儀揚々、如何にも正邪を裁斷する人らしく、商工業者は端然として而も氣がきゝ、如何にも實業家らしく、宗敎家は超然として、如何にも脫俗の人らしく、畫かれもし、刻まるゝ中に、獨り農業者は如何に畫かるゝや、如何にも間の拔けた風で、着たる衣服はほころびが

世人の眼に映ずる農民の人格

なくば似合はぬものゝ如く、家といへば茅屋の而も傾けるものならでは面白からざるが如く、之を示さゞるは殆んど稀れだと、云つてもよからうと思ふ。即ち今日の美術家や彫刻家の頭には、維新前の農民はあるも、まだ今日の農民の人格は認められて居らぬとが分るのである。而も之れ獨り美術家に於て然るのではなく、世上一般の人に於ても、亦然りと思ふ。さては帝國臣民の凡ては、各職業に伴ふ人格を認めらるゝにいたれるも、農民に於ては未だ其人格が出來ぬものと思はねばなるまいか。思ふて玆處に至れば農民のために慷慨の情止む能はず、悲憤の心起らざるを得ざるに非ずや。さても農民はしかく人格に於て見るべきなく、品性に於て下劣なるもの哉。兎に角農民自ら侮れるは事實で

知らぬが佛

あつて、人が如何なる形に畫き、如何に輕侮を加へて居るかも、知らぬが佛であるは、間違のないとであらう。夫れも其の筈である、彼等は自己の人格を高めむと欲する考や、又た抱負が殆どないかの如く、或物はつとめて、我は農民にあらずとの風を裝ひ、或は商工業者其他の眞似をなさむとに汲々乎として居るのである。然らざれば進む世に處して改むべきを知らず、進むべきを悟らぬものである。

所謂意氣地なしの骨頂か

忌憚なく之を云はゞ、彼等は恰も是非の判斷力がなく、正邪の區別もなし能はざる有樣であつて、彼の脂粉によりて醜陋を塗抹し、金銀をちりばめて以て自己の價値を高めんと欲する、彼の風上にも置くべからざる人間の眞似をしても、農民の本領たる質朴、剛健の氣象を示すの勇なく、人を相手に狡詐をも敢てし、一攫千金を夢みて浮雲の如き富に滿足せむとする業務者を羨みても、天地を相手に自己の力に食み、神と共に働くてふ貴き職業に手腕を振ふの慨なく、紅塵萬丈の巷に齷齪し、自然の餘澤に浴する能はざる不幸の國民に伍せんと欲しても、淸風明月に膓を洗ひ、綠葉紅花に眼を樂ましむる、田園の生活に安んずるの心なく、好むで自己の職業を侮り、自己の地位を賤め、自己の特徵を馬鹿にするのである。夫れ斯くの如くして、何んぞ農民の人格を向上するを得むや。世人が之を侮りて、土百姓、土掘り、と云ふも、之れ云ふものゝ罪にあらずして、農民自ら招くの過と云はねばなるまい、事茲處に至りては悟る能はず、益世に後れ、人に馬鹿にさるゝとは、さても哀れの極みならずや。

如何考へて見ても、農民は今も國民の過半を占めて居る、即ち帝國民の多數は農民であるのである。

農民の人格問題は國家問題なり

然らば即ち、西人の所謂、

國家の價値は畢竟國家を組織する人民の價値なり。

の論法よりせば、我日本帝國の價値も亦哀れならずや。然らば即ち農民の人格を向上せしむるは、單に農民の地位を高めしむる問題ではない、又農村の自治を進歩發達せしむる上に於てのみの重要問題でもなく、實に國家の價値を高むる大問題であるのだ。されば農民の人格を高むるは、獨り農民間に於て必要であるのみならず、爲政家、愛國家の正に焦慮せねばならぬ問題であるだらう。

如何にせば農民の人格を高むべきや

如何にせば農民の人格を高むべきか。之れ正に講究を要する重要の問題である、之につきては飽くまでも、彼の人格の三要素を修養せねばならぬのである、之より外に可然方法手段はあるまいと、吾輩は信ずるから、逐次意見を掲げて參考に供して見やう。

一、偉大なる精神の修養

特徴の發揮に滿足すべし

(一)　物の價値は特徴である以上は、何處までも、農民の特徴を發揮する觀念を養成せねばならぬ。即ち飽くまでも質素に振舞ひ、剛健なる筋骨を有し、忠實なる行動をなして、以て滿足する氣慨をつくることが大切である。之が爲めには農業其物に對する熱烈なる信仰か信念がなければならぬと覺悟すべきである。

農道を振興すべし

(二)　所謂農道、百姓魂を出來さねばならぬ。當年の武士道はそつくり、今や農民に繼續さるべきである。彼の富貴も淫する能はず、貧賤も移す能はず、威武も屈する能はず的の、大丈夫の魂は獨り農民が獲得せねばならぬものである。又彼の、

雖食鐵丸不受心穢人之物、雖座銅炬不到心濁人之處。

の操持は農業に於て、始めて完うし得べきものであらう。

犧牲的觀念を養成すべし

（三）國民の母でもあり、强兵の父でもあり、國費豫算の重寶でもあることを思ひて、自重の心を磨き、犧牲の觀念を養成すべきこと。事實已に然れば敢て女々敷愚痴を云つてはならぬのである。

（四）私慾私利にのみ汲々とする下《げ》素根性は、間違つても出さぬ心掛が大事である。

（五）金と食物にかけて意地汚さは醜陋の極である。金は使ふべく使はるべからず、食は甘く食ふべく食はるゝべからざること。

（六）過失は己れに引受け、功名は人に讓る俠氣を養ふべきこと。

（七）智識の修養、正直の錬磨、勤勞の習性は精神修養の三要素なることを忘るべからざること。

娛樂の選擇は大事なり

（八）娛樂の種類は人格を上下するものである。之に就きては左の心得を以て撰擇すべきこと。

職分を盡すと云ふことにより得らるゝ娛樂は淸らかなり。讀書、體育、等に關係するものが多くある、選擇すべし。

職分を盡さんと欲せずして望む娛樂は濁れるものなり。飮酒、弄妓、賭博等此種も亦多くある、近づくべからず。

娛樂により職分を助け、職分によりて娛樂が求めらるべきものでなければならぬ。

（九）學問して主義を持ち、宗教によりて信仰を得ることは最も肝要である。主義なく、信仰なきものは骨なきに等しきものと心得ねばならぬ。頑固と迷信は避くべし。

(十)　報恩、報德の義を忘れてはならぬ。常に四恩の尊きに報ゆるの覺悟あり、天地人三才の德にゆるの心掛あるを要す。

(十一)　間違つても義理と約束は缺くべからず。

(十二)　公私の區別は明かに立つべし、公を先にして私を後にすべき心掛が肝要である。國家町村のためには、一家一身を犧牲にする覺悟は見事な者也。

(十三)　雅量に富み、玉石併呑の氣慨あるべし。

(十四)　克己、忍耐は飽くまでも養成すべし、勇氣は之より生ずるものと心掛くべし。

(十五)　奉公心、共同心は最も人を偉大にするものである、夢にも忘るべからざること。

(十六)　自營と自活の觀念あり、大に進取の氣象を養成すべき事。

(十七)　人に負くることを忌みて上なる人を犯し、長たる者をも凌ぎて亂をなすは、見惡きことの極である、愼むべきこと。

(十八)　不ㇾ取㆓於人㆒謂㆓之富㆒、不ㇾ辱㆓於人㆒謂㆓之貴㆒。的の富貴を得る樣心掛くべきこと。

(十九)　倚ㇾ勢而凌ㇾ人者勢敗而人凌　持ㇾ財而侮ㇾ人者散而人侮、と云ふことあり。よく心得置くべきこと。

(二十)　其來らざるあることを恃む勿れ、我に以て待つことあるを恃め、其攻めざることあるを恃む勿れ、我に攻むべからざることあるを恃め。とは孫子の語であるが、天然を相手に業を營むものは、以て自守

儉者不奪人、恭者不驕人と云ふことあり、亦以て則とすべし

の銘となさねばならぬ。

（廿一）　自ら欺き、人を欺くはよからぬとの第一なり、識者の前には是位見惡き樣はなきものである、何事も天眞爛熳の心懸肝要たるべきこと。

（廿二）　其人を知らむと欲せば、其の友を見よ、と云ふとあり、交友は選むべきこと。まして交友によりて得る精神の修養大なるに於てをや。

（廿三）　困難に出遇ひ、失敗したる際には、よく人の腸が見ゆるものである。操持を變せず、勇氣を阻せず、益綺麗に振舞ひ、愈猛進の覺悟あるべきこと。

（廿四）　物事は相手によるものと思ふべし、子弟と爭ひ、召使と爭ひ、小作人などゝ爭ふは、品性の下劣あるも他に得る所あるものにあらず、心得べきこと。

（廿五）　借金は漫りにすべからず、職分のためになし、人のためになし世のためにするは尙恕すべきも、單に利己がためにするは、往々にして破滅の端となることあり、愼むべきこと。

（廿六）　理想は高尙にして、實行は低きより始むる心掛けあるべきこと。

（廿七）　同情心に富むべきこと。

（廿八）　敎育の御勅語や戊申詔書によりて何事をも律し、之を守本尊になすべきこと。斯くて飽くまでも團體の擁護者たる氣慨あるべし。

（廿九）　如何なることにも動せず、迷はず、疑はず、常に歡喜の情を持して事に處するの信仰に入るべきこと。宗教を賴むべし。

如上の心得にて行ひ、其の心掛にて進みなば、自ら偉大の精神を涵養し得べきである。然したゞ心に之を思ひ、胸に之を考へて居ても、之を身に行ひ、行爲に示すことが出來ぬ樣では、萬事だめである。

二、正確なる態度の修養。

（一）　偉大なる精神の發動、實行は即ち態度を正確にするものである。

（二）　言語は意志の發表なり、最よく腸が分るものである。漫りに云はず、徒に語らぬこと。

（三）　衣紋の整否は、よく其人の意見を示すものである。八ヶ間敷云ふ人は、六尺の褌に角帶でなくば、百姓に品は出ぬとまで云ふのである。心得置くべきこと。

（四）　輕噪、狂態は斷じて談ずべからざること。

（五）　漫りに流行の末に走るべからざること。

（六）　驕侈、驕慢の態度は、或は沐猴に冠するが如き滑稽となり、物笑の種子となることあり、愼むべきこと。

（七）　凡人之所ニ以爲ㇾ人者禮義也、禮義之始在ニ於正ニ容體一、齊ニ顏色一、順ニ辭令一。とあり、禮義を正うするは、立派な態度を得る秘訣たるを記憶すべきこと。

客人に接して襟巻をも取らず、安座して平氣なものあり、不體裁千萬なり、愼むべきこと。

（八）朴枘と粗暴とは似て大に非なり、粗暴に流れぬ用心肝要のこと。

（九）曖昧の態度は最醜し、勞働する時は向鉢巻にて凜然たるべく、休息する時は泰然自若たる心掛けあるべきこと。

（十）漫りに恐るべからず、徒に懼るべからず、悪いとせぬ人間なれば何處に出でゝも恐懼の態度はなさですむものである。怯懦の形は最忌むべきこと。

市街へ出でゝ小くなり居るが如きは、愚の至りである、威張るも餘計なことなれど、普通人位の態度はせねばならぬことである。

（十一）從順は美德なり、情誼と道理とには飽くまでも從順なる態度を改むること勿れ。

（十二）人の眞似をする程、見下げらるゝものはない、農業者は農業者らしき態度を取ることを、忘れてはならぬのである。

（十三）目のすわらぬこと、口の開いて居ることは、立派な態度を生むものにあらず、注意すべきこと。

（十四）起てる農夫は座せる紳士よりも貴しと云ふことあり、思ひきつて勞働せる態度程見よいものはあらず、飽食暖衣して逸居するは禁物のこと。

（十五）不義の金錢には屈すべからず、不理の威武には驚くべからざること。

（十六）酒色によりて周章すること勿れ、珍味によりて媚態を呈すること勿れ。若し如斯によりて動くものあらば、之れこそ土百姓と云はれても致方があるまいぞ。

（十七）油斷は大敵である、村祭、盆休、正月、婚禮等に際して醜態を露はすものあり、一度之を暴露しては、拭ふべからざる汚名と輕侮とを買はねばならぬものと覺悟すべきこと。斯る習慣は一日も早く打破せねばならぬ。

（十八）凶作に騷ぐべからず、凶年はいざ知らず、凶作に騷ぐは、如何にも平常の心得が察せられて醜きものなり、心すべきこと。己れの力を盡さずして、敢て哀を訴ふるは醜陋の極である。

（十九）僚友に接して漫りに圭角を顯はすこと勿れ、狹き慮見が見えて面白からぬものである。

（二十）外見に意をそゝぎ、內容の進步をはからぬ振舞は、恰も虎を眞似する猫の如しで、醜きことの骨頂である。

（廿一）飽くまでも獨立自營をなして、決して人の補助を待つの動作あるべからず。之を要するに不體裁を演せず、無禮の擧動なく、卑劣の振舞をなさず、無謀なことをなさずば、態度は自ら正確なるを得るのである。之れを之れ思はずして、徒に市人の眞似をなし、漫りに富人の態度を擬するも、何の甲斐があらうぞ。醜陋の上塗り、卑劣に辶《しんにう》をかけて、益其態度を惡しくするのみである。故に正確なる態度は、どうしても立派な主義、信仰、若しくは見事な見識、意志がなくては、

ます鏡、手にとる毎に、うつし見よ心の塵もありやなしやと、

出來るものではないのである。

三、端嚴なる容姿の修養。

（一）顏は心の影である、故に先づ心立を立派に、綺麗にすべきこと。

（二）ジンマーマン氏曰く、

美人は美服によりて得る所なく、醜婦は之によりて失ふ所大なり。

と、よく勘考すべきこと。

（三）色の黒きよりも、腹の黒きは、誰れが見てもいやなものなり、心すべきこと。

（四）勞働によりて手足の皮の厚きは寧ろ誇とすべし、彼の義理を缺き、恥をかき、事を缺きても、當世の三角術とかや三文とは思はぬ、面の皮の厚きよりも、貴くもあり、立派にも見ゆるものである。

（五）都人美を以てせば、我は淸を以てし、彼艶を以てせば、我は善を以てし、彼裝飾を以てせば、我は眞を以てすべし。美は飽き易く、艶は衰へ易く、裝飾は限りあり、我の變らず盡きざるに比すべくもあらず、勝利は我にありて彼にあらず。此消息を悟るべきこと。

（六）天然は美色を與ふるものである、花の美、果の色皆天然が賦與するものである。天然に接し、自然に浴する農民の色は天與の美色である。此の色を享受する能はざる不幸の人は、即ち都民若しくは富豪の深窓に育つ人である。彼等の顏色は宛然袋かけたる果實の如く、陰に生えたる南瓜の如しで

ある。之れ彼等が脂粉によりて彩色する所以である。それ之れを思はずして、徒に都人に擬するが故に、滑稽を演せねばならぬ譯である。注意すべきこと。

（七）不潔は何處までも忌むべきこと。

（八）目口のしまりをよくすべきこと。

（九）美服を飾るよりも、整頓せる容姿は立派なり、心すべきこと。

（十）手袋や足袋を大切そうにはき、襟巻を首筋に大事そうにつけるよりも、寒暑にも弱らず、風雨にも差支へぬ剝き出しの手足を以て濶歩する方が、立派な形に見ゆるのである。

（十一）各職業には夫れ〳〵一定の服制がある、農業者には農業者らしき服制を設くるも肝要である。

（十二）昔は額傷《むかうきず》、面瘤《ゆひだこ》は武士の名譽としたものである、されば今日の農民は掌の肉塊《まめ》、足の皹《あかぎれ》は、名譽とこそ思へ、恥づべきものではない。

（十三）手足の指の細さを誇るは亡國の民である、其の太き指がありてこそ、國脈の綱も確かと握らるゝなれ、決して恥づべからざること。

（十四）土いぢりを決して恥づべからず、死地を踐まざれば善士となる能はず、糞尿を掬せざれば善農となる能はざることを思へ。彼の徒に辯口に馳せ、文學を鼻にかけ、ろくに働くことも知らざる輩は、皆人を養ふものにあらずして、人に養はるゝものである。而して盛裝したる犬や猫の類は皆人に養はるゝものであることを、知らねばならぬ。
（十五）立食や買食は見よいものにあらず、愼むべきこと。
（十六）口と胸の開けるは醜きものである、多言は愼むべく、衣紋は整然たるべきこと。
（十七）他人の非を語り、己れの能を云ふは、見ともなきものなり、愼むべきこと。
（十八）辭義挨拶は自ら容姿を立派にするものなり、心掛くべきこと。
（十九）漫りに人を羨み、人を猜むの狀は醜し、戒むべきこと。
（二十）溫容は人を化するの形なり、禮容は人を敬まはしむる形なり、共に心掛くべきこと。
之を要するに容姿は人の看板なれば、何人も之に留意し、之に焦慮し、常に鏡の用意すらするものであるが、端嚴なる容姿は、役者が劇場の舞臺に於てするが如き藝によつて得べからざるもので、どうしても內から整ふて來ねばならぬのである。之を思はずして徒に人工の技を以て之を修飾せんとす、修飾すればする程本來の美質を害ふの嘆あり。然らざれば限りなき價を之に向つて支拂はねばならぬ、運命に接するのである。

眞正に人格の向上を得よ

我農民は須らく、玆に悟りて其源泉を清むるの智を得、以て眞正に人格の向上を得ねばならぬのである。
云ふまでもなく物を興し、事をなすは、皆人の力に待つべきものである以上は、農業の振興をはかり農事の改良をなして、之よりの收益を增大し、以て一家、一村の富强をいたすは、農民の力に待たねばならぬ。又農村の自治を改善し、之を進步發達せしめて、安寧と幸福とを農村にいたすも、亦農民の力に待たねばならぬ。斯くして國家の基礎を强固にし、國民の生產を安全ならしむるも、亦農民の力に待たねばならぬのである。故に農民の人格向上して、偉大の力を振ふにいたるは、實に農村の幸福のみならずして、國家の幸福である。されば我農民たるもの、宜敷此處に三省して其人格を高めねばならず。又農民指導の當事者は、凡百機會に於て、之が人格の向上に於て工夫慘憺を敢てせねばならぬのである。

人多き、人の世なれど、人はなし人になれ人人になせ人

思へば敎育令出てより、學校は各町村に普及して、正に四十年を閱數するに、未だ農民の人格に之が功果を見ることなきは、抑も何の故ぞや。即ち佛作つて魂入れず、人を畫きて點眼を忘れたるものではあるまいか。果して然らば敎育の效果も亦怪まねばなるまい、町村費の殆んど全部を之に投ずるは、愚の極にあらざるなきかを考へねばなるまいと思ふ。噫、明治聖代の恨事、何物か之に勝るものあらんや。思ふて此處に至れば、四方同感の士は將に奮然として立つべきにあらずや、苟くも天下の志士を以て任ずるものは、決然として事に當るべきにあらずや。

聖代の恨事

さはさりながら、人格は容易に得べきものにあらず、また單に學校敎育の力にのみ依賴して待つべきものでもない。米をとるにも、稻は豫め苗代にて作らねばならず、芋をとるにも、種芋は先づ苗床に

身體を丈夫に育て上ぐるは今日に優るあるを見るも魂を入るゝは當年に及ばず

入れねばならぬのである。故に人格をつくるにも、此位な手數はかけねばならぬ譯である。即ち今日では、社會教育、學校教育、家庭教育の三教育を以て薫陶するにあらざれば、人格は出來ぬものと思はねばなるまい。而も今日の教育は、徒に學校教育にのみ馳せて、未だ社會と家庭に於て、立派な教風を見ることが出來ないのである。即ち教育は學校内に閉塞されて、未だ社會と家庭に功德を及ぼすに至らぬ。其聲のみは近來漸く聞くに至りしも、其實際に於ては尙靴を隔てゝ痒をかくの感が免れぬのである。而も家庭の人、當年の如く、育兒に氣がきかず、人物養成に注意が及ばずと來て居るから、家庭に於て農民の人格を作るが如きは、猶木によりて魚を求むるの類である。まして社會の陶冶に於てをや。

人格は家格に待たざるべからず

之れ特に家格の必要を論じ、家格の觀念を喚起し、家格の活動を絕叫せねばならぬ所以である。

不名譽の三副對。

昔は大名の籠側に御鎗持とて、鎗を打ちふりつゝ肩で風を切りたるものありき、而も彼は鎗を用ふるを知らざりき。

一に曰く、鎗持、鎗を使はず、

今は都市狹斜の巷に藝者なるものあり、之が宴席に赴く途中、三味線を持ちて伴する堂々たる男子あり、而も彼は三味線をひきて自ら食ふ能はず。

一に曰く、三味線持、三味線をひかず、

昔から今にかけて、國民中最正直なるは農民なりと云ふ、自らも而か思へど、而も窮乏に苦みながら、正直を用ひ、信用によりて組合ひ、以て資金の融通をなす能はず。

一に曰く、正直者、正直を用ひず、

第二節　家格

家庭敎育は家格に待たざるべからず

今日は家庭敎育の大切なるを悟り來り、誰彼を論せず、之が敎育の興新を唱導しつゝあるのであるが、多くは笴を授けずして的を射れと云ふと同じ筆法である。斯くの如くして何んぞ其目的を達することを得むや。思ふに家庭の敎育は家格を待つて始めて其全きを得るものなれば、之が効果を大ならしめ、其貢献を正確にせむには、是非共家格に對する觀念を高めねばならぬのである。換言すれば智的の學校敎育と相待つて德的の家庭敎育を盛ならしめむには、家格の活動を望まねばならぬのである。今の世、凡百事物に研究が積み、理論も進み來りしが、猶未だ家格を認め、之を向上せしむるに至らざるは、實に奇怪の至りである。昔は五人組制度に於て、組頭の撰擧に家格を認めたものである、武士の仕官にも家格を貴むだものである。夫れも其筈、今日國家地方のために活動せる人を見るも、猶其多くは家格の人であるから、爭はれぬことであるを悟らねばならぬ。即ち杉山の片平氏、掛川在の岡田良一郎氏、和田村の金原明善氏、稻橋村の古橋源六郎氏、六栗の志賀壽太郎氏、豐田村の故齋藤勝四郎氏島根縣。一村一鄕を敎化して、既に藍授褒賞を受けし人なり等數へ來れば制限もない話であるが、之等諸氏は皆當年里正（庄屋）の家柄に生れた人である。又た彼の酒田の本間家、鎌島の蟹江家、熊野の長澤家（島根縣八束郡）今市の伊藤家の如き地主であつて、範を一世に垂るゝが如き事業をなす人の出るは、何れも皆當年より公共に盡力したる家柄である。之を思へば地方にありて、家柄と貴ばれ、門閥と敬はれ、舊家と重んぜらるゝ所にありては、自ら人を敎化する或物の伏在するを認めねばなるまい。之れ家格のよつて生ずる所にしてまた家庭敎育に家格を認めねばならぬ所以である。

家格とは何んぞや

夫れ家格は、即ち其家の品格であり、性格である。詳しく言へば祖先より子孫に傳はりたる性格に、永續中に歷史が附て出來るもので、即ち永續なしたる其家に顯はれたる、人物と其活動によりて出來たる事業が中心となりて出來るものである、古より重んじたる家名と云ふは、即ち之れである。

積善は家格を生む

凡そ名門舊家なるものは偶然に出來るものにあらず、數十年、數百年の久しき歲月を經る間には、浮沈盛衰は免れぬことであるが、積善の家には必ず餘慶あつて、其相續を全うするものなれば、斯る家には必ず社會公共に盡瘁したる事績や、奉公に忠勤したる歷史が、必ずあるものである。其事績や習慣は、即ち子孫を敎化する自然の敎訓であり、又其家に品位を齎らすものである。今夫れ進むで、

我國民は家格を重ずるを以て一の義務とすべし

萬世一系の皇統は、萬國に比類なく、我帝國の國體は天下一品であることを一度思ひ來らば、我國民は又た以て其家系を重んじ、益其の家格をつくり上るに盡瘁せねばならぬ所以を知るべきにあらずや。尙當年國家の中堅となり、其の興亡を雙肩に荷ひたる武士が、各其家系を重んじ、其家名を貴むで、相續を大事になしたるに思をいたさば、今日に於ける我國民は、益其家格を向上して、立派な子孫の相續に工夫せねばならぬ所以を知ることが出來樣、まして國體の藩屛を以て任ずる我農民に於てをや。

實に家格は人格の宿るべき所にして、且つ人格の育て上げらるゝ所であるが故に、人格の向上を望む以上は、是非共家格の貴きをいたさねばならぬのである。之れ古より家名を重んじ、家柄を大切になしたる所以である。而も今日の人未だ家格に論及せず、之が研究に從事したるものを聞かざるは、抑も人格の向上を見るべからざる所以ではあるまいか、實に痛嘆の極みならずや。此際吾輩の意見を掲げて、世人に反省を促がすも亦敢て徒爾ならぬことであらう哉。

家格は如何にして向上すべきか

人格の向上に三要素の修養が大事であつた如く、家格の向上にも三要素が具備せねばならぬ。即ち

一、立派なる家風。

一、見事な家族の働き振り。

一、和協團欒の家庭。

が得らるゝにあらざれば、到底敬意を表すべき家格は出來ない、從つて偉大なる、有爲なる、人格が生れて來ないのである。

(一)、立派なる家風。

連綿として永續せる子孫を有する家系は、必ず立派な家風の下に生育するものである。而して家風は祖先の精神が存在し、其歴史が生きて働くによりて、出來るものであるから、家風の下に生長したる人には、自ら祖先の精神が宿り、其行動は祖先の遺志によりて左右されねばならぬ樣になる。之れ家

風のよく立てる所に於て馬鹿が比較的に少く、馬鹿などが比較的出來ぬ所以であつて、之亦家系の亡びざる所以である。

家系の亡びざる所以

故に人格に於て精神の修養を第一に數へ、偉大なる精神を養成して以て、正確なる態度を得、端嚴なる容姿を得たるが如く、家格の向上に於ては、立派な家風を確立することを以て大事とせねばならぬのである。之れ昔より名門、舊家に於て家風を貴びたる所以にして、家格を重んずる用意、周到なるにあらざれば能はざることである。實際家風さへ立派に立ち居れば、家族の働き振も立派になり、家人に秩序ありて自ら和協團欒の家庭をも組織することが出來、家門の繁榮、子孫の相續も求めずして得らるるのである。されば名門の人にして益其家格を高めんと欲する者は勿論、新に家格を立派にし、家系の繁榮を千歳に見んと欲するものは、是非共立派な家風を確立することに工夫せねばならぬ。近頃產を高め、地位を得たる人が、或は家憲を制定し、家訓を將來に遺さんと欲するは、皆此の消息を解したるものと云ふべく、實に結構なことゝ云はねばならぬのである。

さても立派な家風は如何にして成立すべきかは、大切な問題であるが、之を名門に徵し、舊家につきて研究せんか、左の條々を發見するのである。

一、立派な家憲、家訓、家語の類がある。之には成文のものと、不文律の二種がある。

一、祖先の精神と遺志を見るべき遺物が働いて居る。

一、奉公或は公共に盡力したる立派な歴史と習慣がある。

家憲制定は最も便利なり

されば名門となり、舊家となるべく立派な家風を立てむには、家憲の制定、家訓、家語をつくり置くは、最も出來易きことにして、又効果も顯著なるものであらう。何んとなれば、歴史は俄につくり得べきものにはあらず、又た遺物は保存に困難なればである、故に吾輩は今日に於て各自家憲を制定して、以て子孫に中興の遺業を示し、以て萬世不易の基礎を固めむことを切望して止む能はざるのである。

以下名家の家憲及家訓を列擧して、參考に供せり、就きて之を見ば、名門と云はれ、舊家と稱へらるる、所謂家格ある門閥家は、偶然に出來るものにあらず、又た家憲と家訓の下には、馬鹿な眞似する子孫の出來ざる所以をも知るに足らむ、而して家格のよつて來る所以をも知ることが出來樣と思ふ。

本間家の家憲

本間家の家憲　酒田

一、皇室を尊崇し神佛を信仰すること。
二、慈善を旨とし陰徳を重んずること。
三、質素を守り勤儉の美風を發揚すること。
四、國家地方鄕里のためには全力を竭すこと。
五、教育は文武兩道を勵み忠孝を專にすること。
六、當主又は嗣子は相續前後必ず全國を巡迴すること。

七、事業は一家一門にて分擔經營すること。
八、飲酒を愼み蓄妾を許さゞること。
九、投機事業に從事することを許さゞること。
一〇、富豪の者と緣組するを許さゞること。

古橋家の家憲

古橋家の家憲

一、子々孫々敬神報國を忘るべからず。
一、祖宗を尊び、遺志に悖るべからず。
一、家は德に榮ゆべし。

右二ヶ條は祖先より家業の符牒として用ひ、一日も忘るゝことなからしむ。

一、公共事業に盡力すべし。

但し之に投ずる費用は當主の企業益を以てすべきこと。

一、一生勤勞すべし。
一、如何なる者をも無用視すべからず。
一、妾を置くべからず。
一、遊藝は一切なすべからず。
一、大禮を除くの外、六十歳以上ならざれば、絹布を纏ふべからず。
一、精神修養又は偉人崇敬のためにあらずば、書畫骨董を購入すべからず。

別に家憲の制定ありと雖ども、他に發表をなさゞれば、詳敷之を知ること能はず、右は源六郎氏より其大意を聞書したるものなれば、讀者之を諒され度し。

廣島 八田家の家憲八箇條

八田家の家憲

一、生命のあつての物種何より健康を第一と心得衛生を重んずべし。
一、金は儲けものと思ふ勿れ唯だ一心に勤儉貯蓄をつとむべし。
一、投機に類する事業に關係するは嚴禁たるべし。
一、山林事業は我家の生命なり之れが經濟は夢忘る事あるべからず。
一、出入の者を大切にして勉めて慈善を施すべし。
一、公共事業に對して他に後れを取らぬ樣に心懸くべし。
一、他家との交際を重ずべし。
一、佛教は我祖先以來信奉する處安心立命の地を此に求むべし。

三河國幡豆郡 岡安家の家憲

明治四十年一月元旦先祖より賜はりし家系を重じ我が家庭の繁榮と和氣靄々一家團欒を目的として左に家憲を制定せり依て子々孫々に至るまで遵守すべし。

岡安家の家憲

一、神佛を崇拜して神佛に對して恥づる心と行あるべからず。
二、毎年必ず收穫の五分を御初貯金として以て先祖の勞に答ふべし。
　但し收穫物賣却の都度勤儉貯蓄に預入るべし。
三、我が家庭は嚴寒の候にありても櫻花の下にありて春風に接する如くに暖かに圓滿なる家庭を實現すべし。
四、子女は父母を樂しましめ喜ばしめんが爲めに朝夕心掛くべし。
五、常に淸き直き赤き眞心によりて誠の道にかなひたる心と行とあるべし。

六、我が家庭は小にしては村内の模範たるべく大にしては人道の模範を理想とすべし。

七、年齢の階級により長は少を愛慈し少は長に絶對的に敬仕すべし。

八、時間は黄金なり黄金は我が樂しき家庭を作るされば共に失ふべからず。

九、勞働は神聖なり衛生に最も注意して勞働を樂むべし。

十、己を愛する心を以て人を愛し物品も愛すべし。

十一、口にて言所は必ず行に顯すべし。

十二、怒と私慾とは身を亡ぼすの基なることを知り若し起るあらば忽ち誠の道に一轉して樂むべし。

伊藤家の家訓

兵庫縣伊藤家々訓（第二世作る）五十四條

一、夫れ教訓ヶ間敷義我等の申事にはあられど漸々老の慰に子供に喩するものなり學文被成候茶中の笑ひ給ふな。

一、佛法は大切に無油斷聽聞致すべし。

一、シマツ致して働き其中で聽聞せよ此二つを片時も忘れては生きても難義死しても難義なり油斷あるべからず。

一、朝は隨分と早く起るべし無勿體事也。

一、宜き身代と云ふは調子のひくい家なり調子が高いと宜しき身代とは人が云はぬ衣食住をシマツせよ。

一、心得違の無き樣に色々と書き記すも皆佛法聽聞の爲めなり例へば此世は藥なり佛法は米なり藥と米となりシカシスミヤカニユケば親孝行子孫女房迄仕合せなり。

一、心得違でビンボしては先祖代々の汗油も水の泡にして子孫も女房も難義、又我身も難義して人に嫌はれてトントツマラヌ。

一、醫者には常に氣を付けよ生身の事故火急な病人もある者なり。

一、寺は隨分中よくせよ、敬せよ、布施は我身證相應に上げよ、輕きは、經を直切る罪なり。僧も又布施だけには讀經せずば經を盗む罪なり。自他の罪の心得あるべし。

一、乞食には通れとは云ふべからず家の大きなかまへなれば夫れだけに多分やれ大家が通れと云へば小家六七軒も斷り云ふ樣なものなり、夫を婆娑ふさぎと云ふ又士のふたとも云ふ。

一、禍福は門あらず唯だ人の招く處にありと云へり此招き鹽梅を色々と書き記るす、依而運次第と云ふ奴はアホなり。

一、仁義禮智信是を喩すには生學者の人が見たらゴザ〳〵と云ふ又五枚や八枚の紙にも書盡し難し併し佛法は仁義と裏表と成るなり殺生偸盗邪淫妄語飲酒是れ五戒とも佛法通戒とも云ふ仁が缺て殺生、義が缺て偸盗、禮が缺て邪淫、ヨキ智が無き故妄語、信が無故飲酒。

一、家内睦間敷致すべし一人勘忍致せば能く治まるものなり、家内の不和は貧敷なる基なり。

一、身を持つと云ふは心を改めて四六の瓦屋の旦那らしく致すが身を持つと云ふなり宜敷着物を着るばかりを身を持つとは云はず。

一、シマツは家々によりて致樣があるものなり兎角シハンボにならぬ致方が宜し。

一、年忌弔ひは丁寧に相勤むべし是を麁末に致すは至りてわるし。

一、不調法致した人を見て愼み手柄した人を見てまねすべしさすれば世間に笑ふ人はなし不調法する人も我師匠なり。

一、口に喰ふと云ふは中々無きものなり百貫目二百貫目の身代でも親より預りたるものもへらして口に喰ふとは云へずへらさぬ人は稀なり依而古き人も基を揃へる人は有つても保つ人は至て稀なりと云へり。

一、小分な家も口に喰とは稀なり借りたるものを拂ひ賴母子もせず義理禮義も能く勤め行き屆くなら吉。

一、女の美なるは傾國の端なりと云へり、依て女房は美女はわるし心ばえの宜敷を吉とせよ又姑に似た嫁が來ると云ふ、左すれば代代に惡方なり依而きりやう好みすな。

一、旦那も心得惡敷、愼みも無く行ひも惡敷は、結構な瓦屋に居るは蒔繪の重に茶の粕入れた樣な物なり又絹の着物で上下を付たら腐りたる瓜を錦のふくさにつゝむ樣なものなり愼むべし。

一、家を破る毒と身を亡ぼす毒と一緒なり、依而ヶ樣に書き記す。

一、食事は大喰わるし又先の食事の消ざるに其上に食ふはわるし、とかく腹八合に喰こと。食より病を起すなり病は口より入、禍は口より出ると云へり。

一、長壽の藥と家の調藥と同じ事なり。

一、酒は朝より九ッ時迄はわろし又一合位を度々飲むは吉、大酒は至て悪し、唯だよく働く人は一合位はいつもよし。

一、四十歳迄の無事仕合は役にたゝず若き時は難義して老て仕合が大に吉、依而出家も武家も難義致した程大德なり末を思ふてシンボせよ。

一、菜園を慰みに世話するは此上なき樂なり。

一、皆人は勤めも働きもせずに此世も未來も樂を兩方共にやる積りする。依而兩方共叶はぬ。

一、仕合は勤めとシンボとの報と知れ、外に仕合も運もなし。

一、朝早く起きて能く勤めたら八百萬の神々も能く守護しなさろ、どうらくものが頼みたりとて脇見してござるなり。

一、何程に大家なりとて高が町人百姓なり高ぶるは悪し。

一、牛麥飯に香の物を喰へ其上は驕奢りと思ふていたゞけよ。

一、道中で中食を致せば菜一つで外に茶の錢を置け。

一、ヶ様に色々書くはしらぬ事を書く様に思ふな皆知れてあることを忘れな。

一、其道を勤めずして祿を貪り、故無くして寶を得るは禍の基なりと云へり、拾ひものすな、無理な儲をすな、不義の富貴はうかべる雲とも云へり。

一、むさう働け、淸う喰へと云へり、たとへ牛馬の糞を手でこれても、家業ならば能く勤めよ、淸う喰へとはいげ豆一勺でも盗んだ物を喰ふな。

一、親孝行此上なし、結構な事なり併し敬と愛とあり能く勤めよ。

一、家内上下とも同じ菜に致すべし、別に菜を拵へるは驕奢なり。

一、菜は一日一度なり、一人前に三文より四文のもの、其上はおごりなり。

一、おごりさへせずば安穏にくらされる身の上が、奢りて腹を痛めるはアホ。

一、喧嘩は致すべからず、家內喧嘩は一夕より安き事は出來申さず。

一、呉服屋は表も口にも穏和な事を云て、內證しつゝかときまりてをるが大によし、干鰯屋は表も內證もしまつ顔をしてしまつするが大によし。

一、我身勤めて人にはくしや〱云ふな。

一、我子には慈愛は深く致して、稽古事又仕事抔は急度申附くべし、やだくさに致すべからず。

一、仕事は晝夜きつと致すべし。大家も小家も其家々の仕事あるものなり、ぶしようものわるし。

一、鷄は時を作り犬は盜人の番をする猫は鼠をとり、夫れ〱の役を勤む。

一、若き時に雪霜雨露を受けずば、老いてよろしからず若い時難義をせよ。

一、折々灸を致すべしあたら浮世にぶら〱致すは大に損なり、又不幸なり。

一、運は拵が大に吉、運次第々々とは云ふべからず儉約して能く働けば必ず〱運來るべし。

一、儉約は卽ち道なり、儉とは糺といへり、是は費へ、是は吝嗇、又是は勤むべきをしりわけるなり、約とは違へざる心なり、質とは産付の性質なり、素とは産付の白きなり、質素儉約とは大昔の事なり。

一、我身にしまつして、人には施心を持ち惠むべし。

一、能く愼み親孝行にして其上に惡敷事來るは因緣なり、やりばなしに致して前生と因緣と此世の報と一緒に來らば迚も叶はず。

一、今日より驕奢と思ふ人は一人もなし是丈の事は大事なし、是丈は大事なしと、ちり〱といつの間にやら驕奢となる、萬事分限をせよ。

一、きさまは其様にしていつまでいきる又持て死ぬるかと云ふ奴あり親の名跡あり、子孫あり家は末代なることを思はざるべからず。

澁澤家の家訓

澁澤家の家訓

第一則　處世接物の綱領

一、常に愛國忠君の意を厚うして、公に奉ずることを疎外にすべからず。

一、言忠信を旨とし、行篤敬を重んじ、事を處し人に接する必ず其の意を誠にすべし。

一、益友を近け、損友を遠け、苟も己れに諂ふ者を友とすべからず。

一、人に接するには必ず敬意を旨とすべし、宴樂、遊興の時と雖も、敬禮を失ふことあるべからず。

一、凡そ一事をなし、一物に接するにも、必ず滿身の精神を以てすべし、瑣事たりとも之を苟且に付すべからず。

一、富貴に驕るべからず、貧賤を患ふべからず、唯智識を磨き徳行を修めて、眞誠の幸福を期すべし。

一、口舌は禍福の因て生ずる所の門なり、故に片言隻語必ず之を妄りにすべからず。

第二則　修身齊家の要旨

一、父母は慈にして、能く其子弟を教へ、子弟は孝にして能く其父母に事へ、夫は唱へ婦は隨ふて、各其天職を盡すべし。

一、能く長幼の序を守り、互に相敬愛して、敢て憎嫉紛爭の事あるべからず。

一、勤と儉とは、創業の良圖、守成の基礎たり、常に之を守りて、苟も驕り且つ怠ることあるべからず。

一、凡そ業務は正經のものを選みて、之に就くべし、苟も投機の業、又は道德上賤むべき務に從事すべからず。

一、凡そ事を起すには、先づ其始めを愼み、旣に之に處しては、勉めて耐忍恒久の念を厚うすべし、猥りに之を變更し、又は之を抛却すべからず。

一、慈善は人の貴むべき所のものなり、故に緣戚、故舊の貧困なるものは、勉めて之を救恤すべし、唯其方法を鑑みて、之をして獨立自活の念を失はしむべからず。

一、家僕奴婢は篤實なるものを選むべし、寧ろ魯鈍なるも、浮薄佞辯なる者を使用すべからず。

一、家僕婢奴を遇するには、能く之を愛憐撫恤して、中心奉公の念を厚うせしむべし、然れども恩愛に狎れて僭上怠慾の心を生ぜしむべからず。

一、冠婚葬祭の儀式及通常招待等の事あるも、勉めて華美の風を避け、其分に隨て之を質素にすべし。

一、凡そ同族たるものは、同族會議に於て決議したる事項は瑣事たりとも、必ず之に違背すべからず、同族に關すると、一身に關すると を問はず、事の重大なるものは、必ず同族會議に於て、決議の後之を行ふべし。

一、毎年一日の同族會議に於て、家法朗讀式を行ふに際し、同族中智識德行ある、年長者、此家訓を朗讀し、更に之を講演して、同族は必ず之を遵守することを誓ふべし。

第三則　子弟教育の方法

一、子弟の教育は同族の家道盛衰の關する處なり、故に同族の父母は最も之を愼みて、教育の事を怠るべからず。

一、凡そ生兒幼稚の間は、身體健全にして、品行賤しからざる娛姆を選みて保育せしめ、父母たる者常に之を監督すべし。

一、父母たる者は居常其の言行を愼み、子弟の模範たることを務め、且家庭の教育を嚴正にして、子弟の性質を怠惰放逸ならしむべからず。

一、學校の教育は、其子弟身體の强弱を計り、寬嚴其宜に從て之を處すべし。

一、子弟滿八歲を超ゆれば、男子は娛姆を止めて、嚴正なる監督者を付すべし。

一、凡そ子弟は幼少の時に於て、世間の艱難を知らしめ、獨立自活の氣象を發達せしむべし、且男子は外出の時はなるべく歩行せしめて其身體の健康を保護すべし。

一、凡そ子弟十歲以上に達すれば、自己の小費を辨ずるために、小額の金員を給與するを得べしと雖も、よく其分に應じて其額を定め、之をして以て會計の注意を喚起せしむることを勉むべし。

一、凡そ子弟には卑猥なる文書を讀ましめ、卑猥なる事物に接せしむべからず、又藝妓、藝人の類に近接せしむべからず。

一、男子十三歲以上に至らば、學校休課中に、行狀正しき師友と共に、各地を旅行せしむべし。

一、凡そ男子は成年に達するまでは大人と區別して、之を取扱ふべし、且衣服は必ず綿物を用ゐ、器具の類も勉めて質素を主とすべし、唯々女子は外出、又は來客に接する等の事ある時は、絹布を用うるを得。

一、男子の教育は活潑勇壯にして常に敵愾の心を存し能く內外の學を修め、且其理を講究して、事に當りては忠實に之を遂ぐるの氣象を養はしむべし。

一、女子教育は其貞潔の性を養成し、優美の資を助長し、從順周密にして、能く一家の內政を修むる事に訓練せしむべし。

田澤家の家矩　（稲葉君山氏紹介）

田澤家の家矩

一、御本尊は當家御主に候へば大切に御崇敬仕事。

一、所持の田畑則御本尊幷に先祖よりの什物に有之私のものと相心得猥り成る義一切仕間敷候事。

一、身帶浮沈有之常に儉約を相守り、金錢出入を相考不時入用を相辨へ萬事質素にいたすべき事。

一、前々より農業渡世仕來候得ば餘分出來候共外商賣仕間敷。

一、衣食幷に諸道具何によらず、分限に不應奢侈は家衰微の基ゐ農家の風俗忘却不致樣相心得尤儉約と吝嗇との差別有之是又可相心得事。

一、親類緣者は勿論他人より金子外方より口入致候樣依賴有之候共前々より世話不致家風の趣相斷り可申もつとも手元に餘分有之候とも念書取置貸附不申候半には後年違論出來相對に濟不申少分の儀申立相成義も可有之心付事。

一、親子兄弟家內は勿論諸親類緣者の內疏遠不致心懸且他人に嫉まれざる樣萬端我意に任せず人道に違はざる樣心掛くべき事。

一、因果之道理を相辨へ惡と知て行はざれば子孫長久たるべき也。

右之趣書殘す不文恥入候得共子孫の長久を希ふまゝ後人そしる事なかれ。

明治四未年十月

稲葉君山氏が斯民二ノ九に精農の家矩と題して、越後岩船郡山邊村なる、四日市の精農故田澤十郞翁の家矩を紹介せられたる者なり。氏註して曰く、御本尊といふは淨土眞宗を奉じたれば、かくは第一に明記せられし者なりと。

蟹江家の家訓

蟹江氏の家訓

蟹江氏は尾張の舊家、もと十津川あたりより落ち來れる忠臣の後裔なりとか、今も歴として當時の面影を存し、地方公共に盡しつゝあるなり。頃日其の家訓といへるを見たるに、

訓話

神祇不可不敬。上令不可不奉。祖先不可不念。父母不可不孝。兄弟不可不睦。子孫不可不敎。職業不可不勤。行義不可不脩。用材不可不節。孤弱不可不恤。是禮義大經也。若夫敬神而不瀆。奉令而不犯。念祖而能述。義親而能敬。睦友而不鬩。教訓而有力。勤業而無慝。行義而能和。節儉而不吝。惠施而不德。則其謂之禮之善物乎。優游盛世樂以卒歲。其道如斯而已矣。

又今の蟹江史郎氏の高祖文足矣齋。佐藤宣衡氏、先代史郎氏の父なりが子孫に遺されし「十勿忘銘」といふ者あり左の如し。

一、泰平の御世に生れて諸民憂き艱難を知らず、安樂に處して安樂をも思はず、徒に世をふる人もあるべし。今斯る時節に生れ合ぬる歡を勿忘。

一、聖經賢傳の旨つと〱いふに及ばず、常々教誡を守り謙遜を忘るゝなかれ。

一、酒色財の弊を守り、衣食住の望を絶ち、足ぬを知るをわするゝこと那かれ。

一、雨露の惠廣大にして五穀成熟し一粒萬倍に及ぶ。粒々毎に辛苦を知らば糲食を嫌ふべからず。時候あやまらぬ天地の德を忘るゝことなかれ。

一、金銀は七寶の隨一にて世の至寶なり。猥りにもちひ容易に心得ば、天の冥慮にそむくことを忘るゝこと勿れ。

一、儉約と吝嗇と混じやすくして別ち難し。分別して己を守り質素第一に心を付け、慈悲憐愍の心わするゝなかれ。

一、强而無常を觀ずれば出家沙門の境界となり、在家の年業にそむく、時宜によりては生物を殺す事を忘るべからず。己が樂み口腹

のため、無益の殺生の戒、旦暮忘るゝ勿れ。

一、奢侈は我しらず日に長ずるものなり、平生心をつけて身の分限を忘るゝことなかれ。

一、國民おの／＼受得たる業あり、然るに己を忘れて酒宴遊興に溺るゝ人も有べし。よく／＼自己を省みたのしみ暮すことを忘るゝこと勿れ。

一、禍は舌より發り、病は口より入といへば必ず多を愼むべし。酒は百藥の長なれども過ぐれば其害甚だし。生を養ふ食事もまた同じ物を程よきに定め自制の辭を立てゝ忽にせず天年を終んことを忘るゝ事勿れ。

大橋家（誠一）の家法

大橋家の家法

一、遠津祖先を敬ふべし。

一、人たる道を守るべし。

一、惡しき行なかるべし。

一、家業を勵み勉むべし。

一、皇國の御恩を思ふべし。

右五箇條は確守すべし

一、客に接するに飲食を以てすべからず、誠意を以て之を待つべし。

一、時は金なりと云ふ格言あり時は大切にすべし。

一、食物は大切に取扱粗末にすべからず。

朝夕の物喰ふ度に豐受の神の惠みを忘るなよ人。

一、飲食物は人生最も注意すべき者なるも、美に過ぐれば、家計に影響を與へ、粗に流るれば、人體に害あり。故に日々の食物は大略を左に定む。炊事を掌るもの、時に臨み便宜に處置すべし。

白河樂翁公は、左の書讃を座右の銘とせられしとかや。

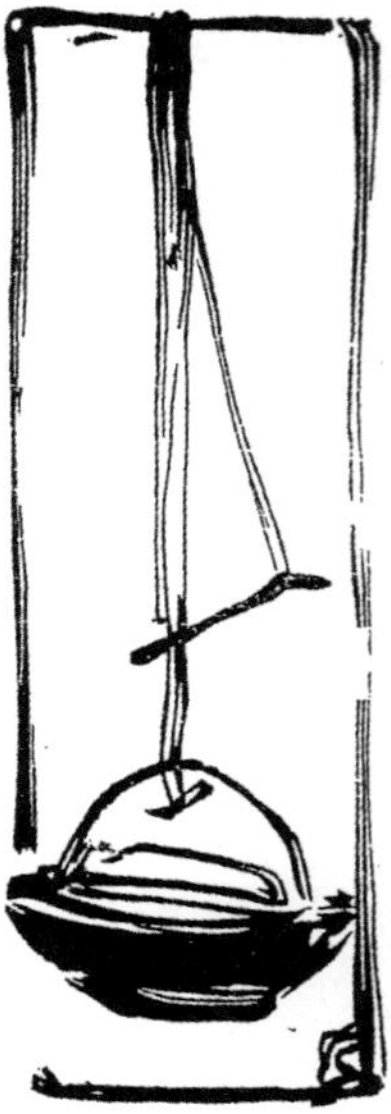

辞きは煮よ悪しきは煮るな鍋て世の、人の心は自在鍵なり。

此尻、三度焼きて天下平らか也、焼かざれば民苦む。おふけなくも、高きやの御製も、此尻より出でけり。みだりに焼時は家亡びしひて焼かざれば交り少し。吉凶貧富、此尻にあり。

右は簡にしてよく盡せり、心得置くべきこと。

一、朝飯　味噌汁。

一、晝飯　煮豆或は澄し汁。

一、晩飯　野菜の煮〆。

一、日曜日、水曜日の晝飯は、魚鳥肉類、其他滋養の物一品増し。

一、耕部は平等にして、上下の區別すべからず。

一、飯は白米一升に、精麥三合の割合を常食とすべし。

一、客ある時は、常食にて進ずべし。

一、飲食物は新鮮のものを用ゐ、煮置き或は夜越のものは、一切用うべからず。

一、特別の外は禁酒なり。

一、飲用水は必ず砂越にすべし、夏季には煮沸して冷却せしむべし。

（飯　櫃　廼　主　人）

右家人の心得と致置也

明治二十八年八朔の日

竹田師の家訓

家　　訓　　（竹田默雷師撰　辻喜代藏氏藏）

一莖の稻に能く數合の實を登らすは、其根長く其株大にして其穗思ふが儘に成熟すればなり、一本の木に能く數斗の果を結ぶは、其根深く其幹太くして其枝思ふが儘に繁茂すればなり。然れば世に未だ其根淺くして其枝繁りし實事を聞かず、其本弱くして其末の榮えし實物を見ざるなり。

恭く惟るに神佛は吾が心の根本なり、帝王は我が國の根本なり、祖先は我が家の根本なり、父母は我が身の根本なり、之を人生の四本と云ふ、如何とならば世に未だ神佛なくして心先づありし例を聞かず、祖先なくして家先づ興りし例を聞かず、父母なくして身先づ生ぜし例を聞かず、されば此身の發達を得んと思はゞ、父母の心を孝養するより善きはなく、此家の繁榮を得んと思はゞ祖先の志を發揚するより善きはなく、此國の隆盛を得んと思はゞ、帝王の掟を遵奉するより善きはなく、此心の安樂を得んと思はゞ神佛の教に隨順するより善きはなし、如何とならば神佛は我等の福德圓滿を守らせ給ふの外更に他の願おはしまさず、祖先は我等が家運繁榮を祈らせ給ふの外更に他の望みおはしまさず、父母は我等の富貴利達を願はせ給ふの外更に他の望みおはしまさゞればなり。然るに時移り世の降りて往々父母を疎略にし、祖先を輕蔑し、帝王に不親切にし、神佛に不歸依にして、己れが才智利口を頼み、唯眼前の利慾損益に迷ひ、特に我が家門の幸福、心身の安樂をのみ求むる者あり、是れ恰も根を截り枝を損して其の豐熟を望み、本を斷ち幹を傷けて其果の多穫を求むるが如し、世豈かゝる道理あらんや。

熟々世の產を破り、家を覆したる人を視るに、大抵世智學才あり、見識議論あり、人物中の發明なり、唯祖先の遺澤に依りて、安心氣樂の人となりし故に、自ら自慢高慢の心あり。又祖先の艱難を知らざるが故に、實に氣隨氣儘の癖あり、此氣隨氣儘の癖はやがて痼癖を養成して一家一門の和合を破り、自慢高慢の心は、即ち自惚を增長して先達先輩の教戒を侮り、益々己が才智利口に誇るが故に或は色慾に、或は物好きに大金を消費して顧みず、親族知友之が忠告を進むれば其は固陋卑劣の輩が、舊弊理屈の言草なりと冷笑して省みず、愈々思ふ存分に振り廻す、故に茲に始めて會計の不足を生ず、されば我平生の才智を奮ふは此時なりと氣取り、百方計畫して頻りに一攫千金の思案を運らす、然りと雖も未だ曾て一度も實地の事業に就て、實際の經驗なければ、其思案工夫する處悉く皆疊の上の水練ならざるはなし、されば佞人奸者此機に投じて其計畫に預り、始は少しく利益を見せて、終に大に失敗を取らせ、未だ數年を出でざるに、早く既に身代顚覆の兆候を顯はす、されど之が外聞を憚り、密に負債を起して其穴を埋め行くが、巨大の利益を占め、前損を一時に恢復せんと思へども、元來此人目上の人に親炙して其誨を聽くとを欲せず、常に目下の輩を昵近にして、我意を行ふ事を好むが故に、惡魔忽ち便を得て、之に一攫萬金の策を持込まば大に喜で思へらく、世に百戰百勝とはかゝる事をや云ふならんと、及ばん限り大金を投じて思ふ存分深入すれば、忽ち一敗地に塗れて又取收せん手段もなし、かくて其の形迹は最早世間に暴露して、包み隱さん樣もなければ、止むを得ず事情を明にして、之を親族の會議に問ふと雖も、事茲に至つては如何とも救ふべき道なし、されば書畫骨董珍器什物を賣却して不動產の幾分を存するの外なしとの評議に任せ、商人をして其價を積らしむれば積る所の價は買ひし時の半額にも當らず、因て之を抵當として又々甲より新借を起し之を乙丙丁の舊借の內入れとし、百方遣繰して一時を彌縫すと雖も、負債は雪を轉がす如く忽ち巨大の額に登り、督促は箭を射るが如く、四方の鏃一身に集り來て、今は片時も遁るべき術なし、是に於てか憐むべし、祖先の膏血を絞りて蓄積せられし、動產不動產を擧げて他人の手に分付し、父母妻子と共に破家散宅の客となり、流離困厄の憂苦を受くるとを悟らず、天を怨み人を咎め時を怒り世を託ち、遂に神經病を發し、恨を含で地に入るの鬼となり、其無氣力なる者は、義理を捨て耻辱を忘れ、所謂蛙の面に水、馬の耳に風の人となりて、生き乍ら禽獸の群に入る、嗚呼斯の如く人の義務を棄て世に損耗を流せし人は、啻に今世の苦腦を受くるのみならず、來世の苦患と變じて免るゝ能はざるべし、嗚呼祖先の靈が生々世々の悲歎思ひやるさへ氣の毒なり、如何に惡むべき人非人にあらずや。

又世の產を殖し家を興す者を視るに、強て學識才智あるに非ず、人物野鄙に似たりと雖も、唯內に省み己を見るの眼力を具へたり、されば我が今日の德は能く是程の福分を受くるに足るや否や、我が今日の働きは能く是程の財產を有するに當るや否やを省み察して、日々夜々に德を修め行を勵ますことを怠らず、第一に我儘を戒しめ、第二に奢侈を禁じ、第三に堪忍を強くし、第四に勉強高くして萬事に窮屈なり面倒なりと思ふ念を抱かず天道の働きを恐れて心を放ち身を縱にせず因果の道理を信じて己を責めて人を苦しめず我が身不省なるを能く知るが故に、先輩に謙りて悟る心なく、我が智の不明なるを能く悟るが故に目下に問ふに耻る氣なし、況して祖先の艱難を思ひては、我勤勞の及ばざるを慚ぢ、聖賢の教を聞き、我心術の不明なるを愧るをや、我意を捨て家內と和合し、便宜を與へて雇人を使役す、他の惡事を聞きては隱密に說諭す、君國の恩に報る爲には財を喜捨して吝嗇なることなく、神佛の教を奉ずる爲には、心を正直にして表裏することなし、又常に慈悲善心あるが故に、人の危急を見ては之を救ふに猶豫することなし、平常念願力に富むが故に、事の困難に當りては之を耐へて退轉することなし、凡そ此の如くにして才智ある者は、必ず能く家を起し產を殖やし父母の名を顯はし子孫に榮を貽す者なり、縱ひ才能なき者と雖も、苟くも斯の心得ある者は必ず能く前代の遺產を維持して之を後世に傳へ子孫永々其の福利を受けて祖先の精神を長く失墮せざらしむるものなり、如何に愛すべき孝行者にあらずや、如何に賴母しき篤實者にあらずや。

偖て此產を殖し家を起す人は、先づ己が踏立する現在の脚下に能く氣を付て一歩〱丈夫に向ひ進み行く者なり、之を重厚篤實の人と云ふ。彼の產を破り家を覆す人は、先づ向ふ己が望みの目的を立てゝ、其目的に飛び附かんとて、脚下旣に空に浮きたる者なり、之を輕躁浮薄の人と云ふ。重厚篤實の人と如斯判別するは何に因て然るかと云ふに、前世の宿習に因るべけれども、亦之れ幼少の習ひ終に能く其性となりし者多きに因る、諺に三ッ子の心百迄と云ふ、正に此事を證明したる者なり、されば幼少の時父母が家庭の敎育は、實に其子其家の盛衰榮枯苦樂安危の由て岐るゝ處なり、爰に婦人なる者は志少く見卑くして、動もすれば小慈小愛に流れ易し、故に宜しく人の根本を懇諭薰誨すべし、人の根本とは凡そ神佛と帝王と祖先と父母となり、此根本を知て恩義を重んじ冥加を恐るゝ人を重厚篤實の人と云ふ、重厚篤實の人にして、未だ曾て一人も產を殖し家を興さゞるなし、又此根本を忘れて恩義を辨へず、冥加を思はざる人、之を輕躁浮薄の人と云ふ、輕躁浮薄の人にして、家を覆へさゞるはなし、深く戒め恐れざるべけんや。

以上記する處は、數年實地に經驗し來りし者にして、之を天地に宛て、之を神佛に質して謬りなき者ぞかし、爰に我家は何世の祖先が、恭敬儉約勤勉勞苦の四行を勵まし、神佛帝王祖先父母の四本を重んじ產を殖し家を興されしより以來、今に何世の其間幸ひにして、未だ曾て一人も輕躁浮薄の者を出さず、之を以て一家和合し、一族繁榮して子孫世々安易幸福の賜を受く、之れ皆神佛の冥加帝王の保護にして、亦之れ祖先の餘慶父母の遺德に據らざるはなし、如何となれば神佛に不歸依なる者は、多くは長上に見捨てられ、父母に不孝なる者は多くは子孫に不孝にせられ、世間に無慈悲なる者は多くは他に邪魔にせられて、己が他を苦しめし丈は、必ず他に苦めらるゝは、因果必然の道理なればなり、況や斯かる人は所謂稻の根を截り株を損し木の本を斷ち幹を傷むる者にして、必ず產を破り家を覆す者なるをや、若し我が一家一族にかゝる輕躁浮薄なる者を出さば、之れ我が一家一族滅亡の時節到來せりと知りて懇々說諭を加ふべし、而して其心底を改めざる者は早く除族し祖先の靈を安んずべし、又我が一族の婦人たる者は、其子の幼少の時より、上に擧げたる重厚篤實の者に育て上げんことを努めて上に記せし輕躁浮薄の氣風は痛く戒め置くべし、若し夫れ父母の申付に之は窮屈なり、面倒なりと云ふが如き念慮を起さば、之れ則ち我儘氣儘の萠芽なりと知りて、禍の根を二葉の時に必ず斷ち盡すべし、我祖先が後來の子々孫々に破家散宅の客となりて、流離困厄の憂目を見せず、長々家運繁榮の中にありて、富貴利達の幸福を與へん者との遺志を繼ぎ、爰に此家訓を定むれば堅く守りて永世失墜せず、勤勉事に從ひ此家訓を後世に傳へん者は我家の孝子順孫にして天地の間に生じ甲斐ある萬物の靈長なり、若し此家訓を忘れて一心定まらず、怠惰身を誤り、此家訓を失墜せし者は我が不孝者不順者にして、天地の間に活き甲斐なき人非人と知るべし。

農家訓

一、御所は大切に心得、國法は堅く守るべきこと。

一、祖先の恩は忘るべからず、家政を整へ、家業繁昌をいたすを報恩の第一義と心得べきこと。

一、各自は子孫の祖先と心得、己が身とて粗末にせず、子孫に惡性を傳へざる心掛肝要のこと。

一、一國安穩の基は家內和合にありと心得、各自慮見立てなさざること。

一、らくは欲すべからず、たのしみはなすべし、なすことなくして酒食遊興に時を費すは則ちらくなり、業に勵みて後心樂しく休むはたのしみなり、よく心得べきこと。

一、農具、客具、旅具は農家の三具なり、自分相應の備あるべし、過分は惡く、不足は恥と心得べきこと。

一、巧に勤めざれば財に源なく、儉して蓄へざれば財に餘りなし、勤儉は家運繁昌の基と心得べきこと。

一、餘財は金錢にてのみ貯ふべからず、一分は物にし、一分は情にし、其餘を貯金にすべきこと。
（情にするとは正直なる人の難義を救ふこと也）
一、凶事災難は己が注意誠實の足らざるものと奮發こそすべけれ、決して罪を天地と人に課すべからざること。
一、儉を守りて無駄を避け清潔を貴んで廢物の利用をはかるべきこと。
一、何事も粗末にすべからず、別けて時間と約束事を愼むべきこと。
一、朝五時に起き、夜十時に臥すは人の分なり、睡眠分外に進めば貧苦到るものと思ふべきこと。
一、非道人の富貴を羨むべからず、同情なき人の厚遇は喜ぶべからざること。
一、正道人の衰微は輕んずべからず、義理ある人の失敗は侮るべからざること。
一、村内は一家と思ひ、隣人は兄弟分と心得、吉凶禍福の思やりを大切にすべきこと。
一、物は餌によりて馴るゝ者にあらず、愛になつくものなり、まして人に於てをや、召使作人などに對しては此心得肝要のこと。
一、正直に働き、誠實に交り、奉公を大切にする人は尊敬すべきこと。
一、恭敬の意なくば禮とならず、謙讓の心よりやらずば仁とならず、人と交るに用心すべきこと。
一、喜びは分つべく、憂は知らしめざる心掛あるべきこと。
一、中返事はなすべからず、應答は明にして速かなるを要とすること。
一、人の事、餘所の事は輕々敷批判すべからざること。
一、病めば醫者に、思案に餘れば先輩に、問ふは一時の恥、問はで百年の悔を殘す間敷きこと。
一、學問修業は一生の要事なり、鼻にかくる者にあらず、油斷すまじきこと。
一、磨きて光るは玉なり、瓦にあらず、學問して立派になる者と思ふべからず、立派な心掛ありてこそ學問に功德を生ずるものと心得べきこと。

一、良土は豐作を來たすものと思ふべからず、播植せざれば生ゆる者なし、惰農に美田はなしと思ふべきこと。
一、物植へれば收穫ありと思ふべからず、不用心の人の畑には、蟲の喰殼のみ殘ることあると思ふべきこと。
一、肥すれば增大するものと思ふべからず、無智の人の肥料には實らざる事あるを思ふべきこと。
一、工夫は良智の母、熱心は良能の父たるを覺悟すべきこと。
一、信用あるべし、されど馬鹿正直、使へぬ信用は貴ぶべからざること。
一、餘所の火事は誰れでも消す者なり、類燒を恐るればなり、此心得にて世上の難義を救ふべきこと。
一、公用と私用を同視すべからず、兵役や納税は公事なり、さきにすべし、年忌法要安心の願事は私事なり、あとにすべきこと。
一、因果應報の理を恐るべきこと。
一、堅固なる信仰を持し、安心を持すべきこと。

家族の働き振り

（一）見事なる家族の働き振り。

家族の働き振りは即ち態度である。若し夫れ祖先の遺志によりて奉公に勵み、家憲によりて公共に盡力し、家名を重じて眞摯に働かんか、其家族の態度は如何に見事なることであらうぞ。實際祖先の精神が生きて居り、家憲が活きて働き、其上家名を重んずるの考だにあらば、何處の家人も皆見事な行動が出來る譯である。換言すれば立派な家風さへ立ち居れば、之によりて動く家族の働は、必ず立派でなければならぬ道理である。而して何處の家憲を見ても、私を先にして公を後にせよとは云つてない、誰れの家訓を調べても、自分の所さへよくば他は顧みるに及ばぬとは敎へてない、又如何なる人の家語を聞ても、一家一門のために鄕土國家を犧牲に供せよとは言つてない。故に家風の下に働く家庭には偶頑固因循の弊はあるも、沒人情や非道の行爲は見ることが出來ず、卑劣な振舞、醜陋の擧動は出來ぬ樣になつて居る。それは其筈であるといふのは、家門の繁榮を欲し、子孫の相續を重んじてあるから、なるべく餘殃の來る積不善主義を避けて、餘慶の到る積善主義をとつてあるからである。

家風に従ふて働けば自ら家庭の教育が出來る

如斯して家庭の人は何れも己の力に食みて餘力を公益に捧げ、己れを節して餘裕を公共に寄せ、公のためには私を堪へ、社會のためには己を忍ぶ家の風に生長せば、敢て家庭政育を喧敷云はないでも、立派な人間となり、人物をも出來すことが出來るであらう。若し不幸にして、不省の子孫が出來ても、家風さへ立ち居れば、立派な所斷も出來樣し、過つて改むる的の君子人を見ることも出來るであらう、之れを要するに、見事なる家族の働き振りは、即ち家に品格を與へ、性格を與ふる所以であつて、家格の因て來る所以である。故に家門の品格を高むるには、一家一門は互に相戒めて、世の厄介にならず、社會に迷惑をかけず、所謂自治自營をなして、餘力と有餘を天下國家に致さむ心掛けが肝要である。

志士の今日に處する覺悟

今日に於ては、當年の志士がなしたる如く、如何に奉公に忠勤すればとて、妻子を棄てゝ顧みず、其果ては世に厄介を殘し、或は如何に公共に盡瘁すればとて、一家を犧牲に供して、子孫をして他に難題をかけしむるの類は、餘り賞めたことではない。飽くまでも後世子孫をして、世の厄介者にせず、難題をかけぬ家庭を組織せしむるの用意が大事である。敢て後世子孫のために美田を買ふの必要はないが、さりとて子孫を窮乏に陷らしめ、累を社會に及ぼすが如きことありては、家名を傷づくるものでこそあれ、決して家格を高むる所以にあらざるを思はねばならないのである。

（一）、和協團欒の家庭。

家庭の團欒は一家の容姿なり

父子相助け、夫婦相和し、兄弟相睦み、以て和協團欒をいたすは、一家の容姿として、此上もなき美觀である。斯る所には暑中でも氣が清々し、寒中でも春風が吹くであらう。如斯一家の團欒をいたし、家族の和協を見るは、人生の一大幸福であるのみならず、家の品位も亦高まらざるを得ぬのである。既に『家庭は國民の隅石である』と云ふからには、我國民は何れも、立派な、而して幸福な家庭をつくらねばならぬのである。且つ夫れ家族の一致協同によりて、最も强き力が得られ、最も樂しき慰安が與へらるゝからには、之によりて大なる事業を而も愉快になすの覺悟がなければならぬ。「アングロサキソン」人種は、之によりて到る處領土を擴張し、子孫に活動の天地を與ふると云ふではないか。されば吾等は正に之を以て家格の向上と共に、大なる生活の出來る樣にせねばなるまい。

國法によりて國は治まり家風によりて家は治る

たゞ如何にせん、顏面の異なると共に思想の異なるものあり、ために父子必ずしも相容るゝ能はず、夫婦必ずしも相唱和する能はず、兄弟常に利害を共にすべからざることがある。まして男尊女卑の餘弊が殘れる今日、戶主に多大の權能を與へて居る此國にありては尙更のことである。されど各國の人民が國法によりて統轄さるゝが如く、家風によりて之を律し、家法によりて之を始めば、纏らぬことはあるまいと思ふ。之れ亦家風の大切なる所以にして、家風の立たざるべからざる所以である。即ち家人が謙讓の德を養ひ來り、一致協同の功德を悟りて然る後、團欒を敢てするものならば兎に角、さもなくば家風を中心として、一家一門の和協をいたすべく心得ねばならぬのである。

之を要するに一家の團欒程見よいものはなく、羨ましきものもない。其上家庭團欒は事業を生み、幸福を來たし、一門の和協は品格を高め、家名を向上せしむるものであるが、一度家庭に風波を起し、紊亂を來せば、凡百不幸災害が來るのみならず、遂に破滅の端をも開くことがあるから、吾等は飽くまでも一家の團欒を計り、其の和協をいたす工夫をせねばならぬといふのである。

結婚問題は大事なり忽にすべからず

最後に一言すべきは、一家の基をなす結婚問題である。凡そ一家の主婦たるものは、主人の玩弄物にあらず、又た一時の慰み物にもあらずして其家をつくり、其子孫を生むものなれば、是亦其家風の下に立ちて、品性上の發達が主人なる夫と同樣であり、夫の意志と事業に眞の內助を與ふるものでなければならぬのである。此の要點に於て釣合ふと否とは、家風の立つと立たざると、又家族の働き振りが立派なると卑陋なると、家庭の團欒が出來ると出來ぬとの因て生ずる源である。されば家格の向上に於て、特に注意すべきは婚姻の問題で、財產の釣合不釣合、或は容貌の美醜、或は道具の多少、持參金の有無は勿論左程の問題ではない、要は品性と性格の釣合不釣合、家風と兩立するやせずや、內助の力の有無こそ穿議をせねばならぬことである。

農民の家格

農民の家格。

悲哉農民の人格未だ世人に認められぬと云ふのみならず、家格も亦認められぬのである。其業務の性質よりしても、其存生の位地よりしても、我國民の中で、最も舊き家を組織し、家系が連綿として、家名が長へに相續し得るは、農民の家に如くものはない筈である。何處の都會に於ても一代二代の身代、分限者のみにて、數百年來の名門は曉天の星もたゞならざるのであるが、一度歩を田舍に入れむか、數百年は愚か、千年長者といふも少くないのである。天は罪惡多き都會に名門の家をつくるを好まず、只田舍の正直なる地方にのみ家系の相續を許せるかの感じがする位である。故に農村の誇りとすべきは、正に其家格ある家の多きを以てすべく、家系の連綿として盡きざるものあるを以てせねばならぬのである。

農民の誇とすべきもの

而も家名は單に巨萬の富を積むで出來べきものにあらず、家系は地位の高きを以て俄に得らるゝものにあらず、子孫の相續は權勢の大を以て必ずしも望むべきものにもあらず、相當の歲月と歷史を以てするにあらずんば能はざるものなれば、金にも地位にも、權勢にも代へられぬものである。近來米國あたりの富豪が、金は萬能の神にあらず、丈夫の魂も、淑女の操も買ひ得べきも、たゞ家名のみは、金錢を以てすべからずと愚痴を云つてるのは、無理もないことである。

然るに近來邦人の家名を重ぜざること何んぞ夫れ甚しきや、家格に觀念なき何んぞ夫れ如斯か。之れ未だ眞の文明に達せざるがためであらうか、また未だ富の力を解する能はざるによるのであらうか、兎に角狼狽の醜體は免れぬものと云つてよからう。而も數代の繁榮を見るべからざる都人の家に於ては、また止むを得ぬこともあらうが、抑も家格を以て誇りともし、連綿たる家系を以て名譽ともすべき農村に於て、其狼狽《うろたへ》と來ては、實に情なきことの極ではあるまいか。

農家の現狀は上下其家格を下落するのみ

見よ、生るれば即ち放逸に流れて、敢て稼穡の艱難を知らむともせず、また小作者の苦勞を聞かんともせず、たゞ淫樂に之れ從ふと云ふ風は、大地主の家庭ではあるまいか。能く禮義に依ること少く、荒蕩以て德義を凌ぎ、天道に悖りても奢麗を事とすとは、之れ所謂田紳者の樣ではあるまいか。利のある所は恥をも辭せず、欲望を達し得ることゝ云へば名聞をも犧牲に供し、たゞ儲け口にあせりて祖先の遺業も弊履を捨つるが如きは、之れ自作者の有樣ではなからうか。止むを得ずして强て畝圃に働き、働くべからずして餘義なく稻桑に從事し、以て他業他國に雄飛の機を待つが如きは、之れ今日小作者の通弊ではあるまいか。斯くの如くして上流者は倒れ、中流者は轉じ、下流者は走る、而も滔々乎として之が風をなす今日に於て、農民の家格を談ずるは、或は滑稽に類するなきやの虞がある位である。之れ即ち農村の特徵、田園の長所を沒却する所以にして、恐らく之位痛恨なことはあるまいと思ふ。

農家の衰頽は殆んど流となす

古人は窮せざれば通せずと謂つて居るが、農村に於ける農家の衰亡が尙激げしくならなくては、悟が開けぬのであらうか。其の力をはからずして徒に政治に奔走し、あたら名門の家を潰ぶすものや、或は己が力に食むことを欲せずして、一攫千金を夢み、投機に失敗して、祖先の面目を汚がすものや、或は都人の虛榮に迷ひて、驕奢に馳せ、淫樂に耽り、遂に祖先の遺產を蕩盡して家名を斷つものや、或は利益は業にあらずして腕にあるものなるを辨へず、徒に他人の業を羨みて轉業し、見事失敗して家系を亡ぼすものや、或は金錢の奴隷となりて、公益に盡くすこと能はず、巨萬の富を擁しながら社會の呪咀する所となり、衆怨の府となつて、家門を辱しむるものや、或は權勢を慕ひ、衣冠を貴むで敎育の方針を取損ひ、子孫を誤るものや、或は都門の生活をよきことに思ひ、市人風が此上もなき立派なものと心得て、居を都市塵埃の裡に移し、家門滅亡の端を開くものや、或は容貌の美、親の權勢を賴みて、家風に容れざるものと敢て婚姻を結び、家庭紊亂の基をつくるものが滔々乎として風をなし、流をなす今日に於ては、もはや悟が開けさうなものではあるまいか、夢から醒めてもよからうではないか。而も悟る能はず、醒むること能はざるは、よく〳〵神の怒にふれたものかなと、長大息に堪へざる次第である。

如上の間に超然として家風の向上につとめ、家族の活動を見事になし、家庭の團欒に工夫して、惡魔の一指をだに觸るゝ餘地なからしむるは、實に孤城に死守して三軍の勇を鼓舞する勇士の如しとも云ふべきであつて、其事や範を後世に垂れ、名を竹帛に殘し、其家格を向上せしむる大事業であると云つてもよい。故に今日に於て尙家風の見るべきあり、家人の働き振りが社會的であり、家庭に圓滿の團欒を見る所に於ては、須く此處に三省して、益其家風を發揚し、家人の自營自守を立派にし、團欒の餘力を公共に捧げ、以て其家格を向上せしむる樣努力せねばならぬのである。農村問題に焦慮するものも亦思を茲處に致して、農民の家格を高尙にし、其家庭に廢人なからしむる用意と工夫がなければならぬ。之れ恐らく農村を繁榮ならしむる根本義にして、農村に新生命を與ふる問題であると云つてもよからうと思ふ。

國家と云ふからには、國と家とは大小の別こそあれ、同じ運命でなければならぬ。國運の長久は國民の家系長久に基き、家庭の和樂は國政よく治まらざれば得る能はざるものである。故に萬國に比類なき國體は、連綿として榮ゆる家系と一致すべく、家格の向上は、國體の隆盛と離るべからざるものである。國あつて家なき國家もあらず、家あつて國なき國家もあらず、國と家とは異體同身であるとの觀念は、大和民族の特徵である。

第三節　村格

村格は家格と人格とよりなる

村は家の集塊である。卽ち農村は農家の寄合である以上、立派な家が集まらねば、立派な村は出來ぬ道理である。一人の偉人があればとて、其村は立派な村とは云へまい、一人の富人が居ればとて、其村は富裕な村とは謂はれまい。斯る人があれば、斯る人が出來れば、或は其村の譽であり、誇ともすべきであらうが、まだ以て其村がえらい、其村が富めりとは、誰れも首肯するものではあるまいと思ふ。村民を擧げて時勢に後れず、進取の氣象あつて、公共の事業をもなすに躊躇をせぬとあれば、實に立派な村である。村民の誰れの家を見ても綺麗であり、愉快に暮らし、餘裕を公益に捧げて敢て辭せずと云ふことであれば、夫れこそ富裕な村である。村民が何れも、自己の力に食みて人に依賴するを肯ぜず、獨立自營に勇みて敢て他に迷惑をかけず、而も奉公の誠を盡くし、公共に盡瘁するを喜ぶと云ふことなれば、誰が見ても進むだ村だと感心するに相違はない。故に村格は人格と家格とより組立てらるゝものにて、村民一般の人格が高く、村內凡ての家格が立派でなくば、村格の向上は望むべからざるものである。されば一人の偉人、一個の名門あるのみでは、未だ立派な村格は出來るものではない、村民一同皆其人に則り、其家に到らむことを欲して、奮勉努力する風ありて、始めて村格は出來るものである。然らば一の偉人、一の名門を中心とし、恰も心棒が廻はりて獨樂の廻はるが如く、一村悉く偉人の志によりて動き、名門の風によりて働くを得て、村格は向上するのである。島根縣美濃郡の豐田村と云へば、明治十九年に耕地の整理をなし、續きて凡百農事の改良を斷行して、範を他に示せる所であるが、之れ一に故齋藤勝廣といふ、名門の人を中心とし、其家風に則つて村民が活動するからである。勝廣氏在世の時は午前四時に齋藤家が、起床の板を戸外にたゝけば、隣家より隣家に傳へ、遂に村内響をなして起きたそうであるが、此くの如くして日本海岸不便の地に、東海便利の地にある農村よりも進むだ村が出來るのである。

村格の向上は自治體の本領なり

村格の向上は、自治體の本領であり、最後の目的であつて、町村自治も畢竟之にいたらむ手段に過ぎないのである。如何に自治が進歩して、各自の利益があがり、自治制が巧妙に働きて、衆庶の幸福が得られても、自治體そのものゝ品位が高まらず、性格が立派に出來ぬ樣では、到底自治は目的を達したとは云はれないのである。益富むで驕らず、其勢を得て油斷せず、其名譽高きを加へて誇らず、更に愈發展の工夫に盡瘁して、世をも、人をも善導せぬでは措かず、同化せぬでは止まぬと云ふ所は即ち村格にして、之に到達するのが、實に町村自治の目的とすべき所でなければならぬのである。

町村自治の目的

村格は家格と人格とを産む

村格にして向上せんか、村格の手前齋家修身の觀念も起るであらう、村風の面目上家を大切に身を大事にする自重の心も出るであらう。之れ家格の破れず、人格の墮落を防止する所以でもある。即ち村にして勤勞を重んずる風あれば、誰れが家族も働かずには居られまい、何人も怠惰で遊むでは暮らせまい。一村公益に盡瘁する習慣があらば、何處の家庭も、如何なる村民も公益に勤めずには居られまい。勤儉推讓を本領とする村であれば、誰れに氣兼もいらず、隣近所に遠慮もしないで、其の家風を維持し、其主義を實行することが出來るであらう。之を物に譬へば麻畑に萠出す蓬は、何れも眞直に生育すると同樣であり、杉林に生長せし松は枝ぶりも杉の木なりに伸ぶると同樣である。今日は眞摯の人なきにあらず、たゞ村格が不眞面目なるがために眞摯を行ふ能はず、家庭の謹嚴なる所なきにあらず、たゞ村習が放逸なるがために子孫を誤るの嘆あるものもあるのである。如何しても、交際する範圍がよくなくては家風も人格も上がらず、同業の者正しからざれば獨り其道を行ふことの出來ぬは、村方の常例である。故に町村の人格を上げ家格を高むるためにも、村格の向上に工夫せねばならぬのである。實に町村は町村民の家庭であるから、町村の品格が出來ねば、家にも人にも品格は出來るものではない筈である。

村格の三要素

村格にも三つの要素がある、即ち、

一、村風、（自治體の精神）、
一、村民の行動、（自治體の態度）、
一、村內の秩序、（自治體の容姿）、

である。

（一）、村風

立派な村風

村風は人を化す

就中村風は、村てふ自治體の精神が發表さるゝものであるから、最も大切なものである。杉山の部落では、如何に年老いても働かずには居らぬと云ふ風があり、隱れ潜みても公益をはかると云ふ風がある、即ち勤勞と公益をはかるの村風がある。德島縣の里浦村に於ては、奉公に盡瘁するの美風がある、之がため死しても公租を滯納せぬと云ふことである。三重縣の玉瀧村や島根縣の豐田村には、各種の事業に改良を怠らぬ風があり、勞働を厭はぬ習がある、誰れに聞いても改良を奬勵する役目の人であれば、玉瀧村や豐田村に行き易く、居心持がよいと云つて居る。稻橋村には敬神報國の精神がある、何事も神前に訴へて決せぬものがないと云ふことである。斯くの如く、或は勞働を重んじ、或は公益に勵み、或は奉公に勤め、或は進取に勇み、或は敬神の誠をいたすと云ふが、一村の風をなせば、之れ即ち立派な村風である、元來村風は一人や一家の風にあらずして、一村を擧げての風であるから、勤勞の村風が立てる所に於ては、無性な民の出來様なく、公益に勵むの村風ある所に於ては、利己を計りて大きな顏をするものはあらざるべく、進取を村風とする所に於ては、頑迷を誇とする厄介はなかるべく、敬神を旨とする村風の下に、祭禮に馬鹿騷ぎをなし、卑猥なる行爲を敢てするものもない。故に立派な村風の出來るは即ち村落を生ずる所以にして、村風を立派にするは即ち村格を向上せしむる所以である。之れ農村の自治に工夫し、町村てふ自治體の發達を希ふものゝ正に忘るべからざることである。

抑も村風は地方により、舊慣により色々異なるものであるが、苟も村風として誇るべきものといたさむには、是非共、

誇るべき村風を生ずる所以

一、奉公心に富む、（公を先にして私を後にす）、
一、公共心に富む、（衆と苦樂を共にす）、
一、自助心に富む、（己を賴みて他に厄介かけず）、

と云ふことが中心となるか、然らざれば他の習性よりも多分量を占めねばならぬのである。如何なる村でも頭から天國とはなられず、極樂淨土でもない、從つて神でもなく、佛でもない、人間の集まれる所である以上、十全を望み、萬能を希ふ譯には行かないが、如上の三心が餘計に働かず、三心の分量少き樣では、決して立派な村風の出來樣がないものと思はねばならぬ。即ち財力に富むよりも、地力に富むよりも、人口に富むよりも、戶數に富むよりも、村有財產に富むよりも、物產に富むよりも、風景に富むよりも、其の三心に富むで來なくては、立派な村風は出來ないのである。之れ村風を偉大ならしめて、村格の向上を計らんとするもの丶、正に心得べきことである。

村民の行動

（二）、村民の行動

村民の行動は、即ち村てふ自治體の態度である。村風によりて活動する、村民の行爲は、即ち村風の

動は自治體の態度なり

影であるから、村風のよき所に於ては、村民の活動は如何にも立派であり、村民の行動が立派なれば村風は問はでも立派なものと認めて宜敷のである。伊豆の稻取村では各部落民が百二十年後の曉に於ては、最下流の人でも壹萬餘圓の財產を有し、時勢の進步に後れぬ樣にするとて、自營の道に勤めて倦まざる態度は、流石に模範的の村民である。島根縣の豐田村に於ては、衣食住とも他の厄介になるは農民の資格がないものであるとて、山には植樹をなし、池には養魚をなし、田畑には穀菽の多產を計りて怠らざるは、實に獨立の國家を脊負ふ村民の態度である。熊本縣の小國村が有志會を組織し、婦人會を組織し、尙同情會を設立して、男女各其職に勵み、其事に從ひ、阿蘇山下に一の理想鄕を現出せるは、誠に立憲政治を飾る村人の行動である。如斯村民一致の行動は、よく其村風を發揮して遺憾なく、其の村治を進むるに於て多大の功德を與ふるものである。故に村民の行動は、善惡共に注意に値すべきもので、所謂鼎の輕重を知らしむるものなることを記憶せねばならぬのである。

或曰く、畝圃に耕す人を見て、三尺の手拭が向鉢卷になつて居れば、以て勤勞の村風なるを悟るべく、頰被《ほうかぶ》りをなせば、以て懶惰の村風なるを知るに足ると。或曰く、朝餐前に一仕事をなす村習なれば、以て將來の繁榮を卜するに足るべく、夜業をなさぬ所なれば、以て淫猥の風俗あるを認むるに足ると。又曰く、村風を知らんと欲せば、其村社の祭禮を檢せよ、馬鹿騷をなし、飲酒に度を失ひたる狂態を演ずる所に、村治の美なる所なしと。又曰く、往來の人に不體裁を見られて平氣であり、稠人胡座に侍して禮容なき所に、進歩せる村はなしと。されば村民の態度は、一擧手一投足の上にも、必すべきことにはあらずや。

今夫れ村民の行動を立派にするには、左の心得が大切である、即ち、

一、奉公と公共に協同一致すること。

一、同情を以て上下和協すること。

一、自治自營を貴むで時勢に遲れぬこと。

一、智識を硏ぎ頑迷に陷らぬこと。

一、下卑たる娛樂を求めぬこと。

斯くして村民步調を整へ、正々堂々として進步することが出來たなら、それこそ立派な行動が出來、自治體としての働き振りが見榮へ、村格の向上にも貢することが出來るであらう。之れ立派な町村をつくらんとするものゝ、正に踐むべき道である。

（三）、村內の秩序。

村內の秩序は自治體の面目なり

村內の秩序整然たるは即ち農村の容姿であり、自治體の面目である。彼の長幼に序あり、上下に別あり、治者被治者の間に義あり、男女間に禮あるが如きは、よく秩序の立てる所である。屋敷廻はりの掃除が行屆き、家庭に物の取亂しがなく、耕地の整理、宅地の利用、山林原野の始末もつき居るが如

き、亦秩序の立てる所である。物の奬勵に順序あり、事の計畫に前後あり、改良は次第を逐ふて出來、進歩は日を逐ふて認めらるゝ所も亦、秩序のある所である。稻取の救濟に腐心したる田村氏が、一度杉山部落の地を踐みて、此處こそ研究すべき所なれと、一目救濟の秘訣を得たりと喜びたりと云ふも、全く杉山部落の秩序井然たるに感じたのである。今や稻取入谷の里が模範村と稱へらるゝ所以は他にあらず、人事の進歩に方則あり、産物の發達に組織あり、事業計畫に實行の方法が立つて居り、誰れが見ても聞ても心持のよい程、物事に秩序が立て來たからである。されば山水明媚の地必ずしも立派な村があるものにあらず、又た戶數の多き家並の大なる必ずしも模範の村といふことは能はず、又物産に富み財産裕かなる所必ずしも理想鄕たりと斷ずべからず、又名ある社寺あり人の出入が多いとて幸福なる村とは云ふべからざるものである。要は人と物との雙方の進歩に道あり、發達の順序あり、見るから心持のよい程秩序の立てる所に、立派な村は出來るものである。

成功の三段

語に曰く、事業の出來るに三段の進歩を經ざるべからず、一に調和、二に秩序、三に發展、之れなりと。今夫れ村風によりて、村民に一致の歩調がとれ、和協相助が出來れば、即ち調和は自らなり、秩序は必ず立つて來る、此處に於てか、如何なる事業も發展し、如何なる物産も發達するといふことであるが、彼の模範村と云はれ、理想鄕と稱へらるゝ所につきて、其發達の蹟を見ば、何れも此三段を經ざるものはないのである。されば農村の自治をすゝめ、自治體の活動を得んには、人心の調和を旨とし、共同一致の習慣を養成すべきは勿論なれど、整然たる秩序を見るに至らざれば以て、未だ安心すべきものではない、秩序の大切なること、夫れ如斯ものである。故に村風は秩序を立つるを以て目的となすべく、村民の行動は、秩序を重んじてかゝらねばならぬのである。彼の一村の中に黨を立て競ひ、派を分ちて爭ひ、或は貧富相隔離して睨み合ひ、地主小作の間に喧嘩をなし、或は老農と青年が經驗と學理を以て戰ふが如きは、決して進歩發達を産むものではなく、又利益と幸福を齎らすものでもない。若し不幸にして斯くの如き爭論を見秩序を破らるゝが如きことあらば、貧乏神や惡魔の襲來と心得て可然である。

秩序は立ち難く破れ易し

之を要するに、秩序の井然たるは恰も人に於て容姿の端嚴たるが如きもので、人をして自ら崇敬愛慕の念を起さしむるものである。故に村格を向上せむには、是非共村治の宜敷を得て、村内の秩序を整へなくてはならない。故に事業の改良は大切なるも、之がため村内の秩序を犧牲に供すべきは考へ物である。又當事者が成蹟を上ぐべきは最ものことなれど、功を急ぎて秩序を破るが如きは忌むべきである。又村富を增進し、村の財産をつくるは自治體として大切なことなれど、秩序を破壞しても出來すべきものではない。又村道の開修、村民の啓發も大事なれど、秩序を眼中におかずして試むべきものでもない。之れ町村自治の衝にあたり、之が監督に任ずるものゝ心すべきことである。勿論改造の目的が確かで、改善の成算が十分に立ち居れば、進むで秩序を犧牲に供せねばならぬこともあるが、之は大なる決心と十分なる成算があつてのことである。

農村の現況

飜て農村を觀むか、一萬二千有餘の町村に於て、所謂村格を認むべきもの、果して幾何ぞや。或は紛擾により寄つくべからざるものあり、或は頑迷にして度すべからざるものあり、或は窮乏して益醜態を呈し見るに忍びざるものあり、或は濫訴により困憊に苦しみやけとなれるものあり、或は眼前の小快に耽りて馬鹿騒をなすものあり、或は村民離散して停止すべからざるものあり、或は苦情を稱へ喧嘩を吹きかけて誇りとし手におへぬものあり、或は自己の本領を沒却して徒に他に擬して喜ぶ意氣地なしあり、或は利のために相陷しいれ、名のために相爭ひ、共に齡すべからざる者あり、或は一攫千金の夢裡に奔走して自己の額に汗するてふ自營の精神を失亡せるものあり。數へ來れば日もこれ足らざる許りなるが、何れも語るに忍びざるものが多いのである。之れ一面に於て村格の墮落を示すものにして、他面に於て農村自治の振はざるを證するものである。

村格の向上は自治體の本領自治の目的である

之を思へば、村格の向上は、實に農村自治體の本領であつて、町村自治の目的であることが分るであらう。即ち農村てふ自治體の自治的行動は村格を向上せねばならず、町村自治の進歩發達は、地方共同の利益を發達せしめ、幸福安寧を増進せしむると共に村格を偉大ならしめねばならないのである。吾等は此處に着目して農村自治體の活動を鼓吹し、此處に思をいたして町村自治の振興を工夫せねばならぬのである。

所謂治國平天下とは何んぞや

古より、齋身、齋家、治國、平天下と云ふは、之れ人格を高め、家格を上げ、然る後に村格を向上して、以て天下の平和を望むべしとの意にあらずや。又曰く、古之欲明二明德於天下一者、先治二其國一、欲レ治二其國一者、先齋二其家一、欲レ齋二其家一者、先修二其身一、欲レ修二其身一者、先正二其心一、欲レ正二其心一者、先誠二其意一、欲レ誠二其意一、先致二其知一、致レ知在レ格レ物、と。之れ明治を國家に見大正を君國に致さむには、先づ其基礎たる町村自治體を治めて、以て村格を向上すべく、村格の向上は家格の向上に待つべく、家格の向上は人格に待つべく、人格の向上は人の偉大なる精神に待つべく、偉大なる精神はよく今日の國家を辨へ、國勢を知るによりて發揮すべしとの意にあらざるなきか。

志士の互に用意すべき處

苟も帝國の臣民であつて、血あり骨あるものならば、今日の國勢と農村の現況を知つて、奮然として起たざるものが誰れ一人あるだらうか。たゞ愛國の赤誠を捧げ、忠君の熱血を濺ぐものは、先づ以て其人格を修養し、其家格を高め、以て村格を向上せしむるの用意あつて、農村の自治を鼓吹し、町村自治體の活動を鞭撻せぬでは、或は勞して功なきに終らむこともあらうかを恐るゝのである。之れ吾輩が特に村格論を掲げて、人格家格の修養を鼓吹し、村格の向上を絶叫する所以である。

心志の力は人の品行の中心と稱すべし、一言を以て約すれば心志の力は即ちその人の人たる所以なり。

結論

君子は之を内に求め小人は之を外に求む

通弊

死すべき者が死せざるものをつくるは人間の快事にして亦人生の最大目的なり

數萬言、數十萬語を費したるも、要は町村は進歩發達せしめ、其繁榮の基礎を確立して、天賦の利益と幸福を享受し、其地位名譽を向上し帝國の隆興に資せねばならぬと云ふに過ぎない。之が目的を達するには、之を内に求めて、外に求めず、己が力を恃みて、他の助を恃まず、國政を頼まずして、自治自營を頼むべしと云ふに過ぎない。今の世、何處に於ても、又た何人も、利益を求め、幸福を欲し地位名譽の向上を望まぬものはないのであるが、何れも之を遠きに求めて近きに求むるを知らざるの弊がある。即ち人の目は千里の遠きを見るべしと雖も、其睫毛《まつげ》を見る能はざるの類にて、徒に他を羨み、外を穿議し、自己の力を振ふて以て之を得べく、自治の功徳によりて以て之を求むべきを思はず。如斯は迷へるも亦甚しと云はねばならぬ。且つ夫れ人は生るゝと共に死を思はねばならぬ、生者必滅は天理であつて如何ともすべからざるものであるが、町村てふ自治體は國家と共に長き生命を有するものである、死せざる様に工夫せば死なぬ者にすることが出來るのである。されば死すべき吾等が、死せざる町村を作るべく、國家と其基礎たる町村自治體に永久不滅の生命を與ふるは、蓋し人事の快事、人生の大目的ではあるまいか。然り如斯は人道の極意であつて、亦不滅の人たり得るの秘訣である。玆處に思ひをいたして、自治體の一致協同をはかり、渾身の智を捧げ、畢生の盡力をいたさねばならぬのである。茲處に於てか天必ず夥しき利益、大なる幸福、高き名譽をも賦與するであらう。之れ亦自治體の益進歩發達する所以にして、長へに繁榮する生命を得る所以である。

隆盛なる國家の下に人生の至樂あり

彼の支那人や土耳古人が、如何に哀れなる生活をなし、如何に情なき社會の待遇を受け、如何に氣の毒なる境遇にあるかを思ひなば、何人も國家の隆盛、國權の振張を希はずには居られまい。思ふて茲處にいたれば、誰れでも、國家のために、奉公の忠勤をいたし、國運の隆興に、國權の發揚に、赤誠を捧げずには居られまい。されば町村てふ自治體が國家の根底をなし、國家の基脚である以上は、町村自治體の活動を計り、農村自治の進捗をいたすは、たゞに自治體其者の利益と幸福を增進するのみならず、又た町村の繁榮する生命を享くる所以の道なるのみならず、實に國家の隆盛をいたし、其生命を新にするものであることを思はねばならぬ。換言すれば如斯して根底を固め、基礎を强うするは、即ち國家の進運に翼賛する所以にして、また地方自治や團體自營の振興する所以である。茲處に滯を固めて、吾等は地方公共の經營を完うし、國民の興新に盡力せねばならぬのである。

町村は之を魚に譬へば尚雄飛の具たり

世評に尾大振はずと云ふことがある。今それ國家を魚に譬んか、我帝國は太平洋上に浮游せる一大長魚である。東に馳せむか、西に驅けむか、將た又南に向はんか、或は北に進まんか、將に一大雄飛を試みねばならぬ、時に際して居る。魚頭に位せる中央政府は今や其行かんとする所を求め、方針を示すに汲々乎として居り、胴腹に位せる縣郡自治體は、各施設を怠らずして、骨肉を肥大にし、以て雄

ろ尾の如し其の發達を見ずば國家は進む能はず

飛を助成せむことに孜々乎として居る。が如何にせむ、一萬二千有餘の筋から出來てる尾部の町村は、敎育が惡く、舵としての活動をせぬから、所謂活潑潑地の雄飛が出來ぬ樣になつて居ると同じことである。故に尾大振はずと云ふ世評は、現今町村制の運用が不十分であつて、町村自治體の活動が出來ぬと云ふことを諷示したものであらう。實に頭大、肥腹の形は見た所立派なものであるが、尾の發育が之に伴はずば、躍如たる活動は望むべからざるものである。帝國が曩に西に進まむとして、三國の干渉を蹶破ること能はず、後には北を衝かんとして、所謂友國の輪索に阻められて進むを得ぬで、今も太平洋上に蠢々乎たるは、全く尾大所ではなく、尾小にして而も振はざるの形である。誰れか云けむ一等國とは、抑も人を馬鹿にしたる話ではあるまいか。

加之今や二十有餘億の國債に攻められ、米綿の日用品に逐はれ、人心萎靡振はず、内に蝸牛角上の爭をなして、外に侮を招くの愚をなすものがある。夫れ如斯して何れの日か帝國の名譽を發揚し、國權の發展をなし、國運の隆興を見ることを得るだらう。私に思ふ、明治初年の維新は、政權の移動、政治の革變、政體の更進であつて、換言すれば國家統御上の大業をなし、國政統一の偉業をなしたものであつた。故に下民に臨む所の上を整へたものと云つてよからう。今日は國家の財政と經濟の根底を強固にし、以て國家發展の基礎を立つるに於て、更に第二期の維新を覺悟せねばなるまい。即ち國利を起し、民福をすゝめ、公益を廣め、地方の發達を計り、以て上を戴き下を整へねばなるまい。而も曩

第二期の維新は實行を以て迎へればならぬ

には國民の正義なる言論を以て大業を完成したが、今は國民の眞摯なる實行を以て其大成を期するの覺悟がなければならぬことゝ思ふのである。試みに思へ、借金に逐はれ、買喰して暮らし、收入常に支出を償ふに足らざる境遇に於て、何人がよく財を維持し、富をなすものぞ、恐らく如斯は家資分散や身代限が關の山であるだらう。抑も今日の帝國は、正に其境遇にあると云はねばなるまい。即ち國債に於ては債權者にあらずして債務者であり、貿易の上に於ては、輸出國たらずして輸入國であり、而して社交上、又た世の進歩につれて生活は向上せねばならぬにより、借金で身を飾るの體裁なり。之れ金貨本位の國にして金貨を見る能はず、金貨を通貨とせる國民にして金貨を使用する能はざる所以であつて、世間に恥を晒らさねばならぬ譯である。之を思ひ、彼を察せば、何人か血湧き肉躍るの情に堪へむや。國の面目を思ひ、名を重んずるものは勿論、苟くも帝國臣民たるものは、正に奮然、慨然として蹶起せずして止むべけんや。さは乍去、借金は言論を逞うして返濟の出來るものにあらず、正貨の流出は學理の講釋を以て止むべきものにあらず、殖產興業は口を以てなすべきものにあらず、國庫民倉の充實は慷慨悲憤の情を以て得べきものにあらずして、ただ國民の勤勉力行にのみ期待すべきである。故に第二期の維新を大成せむものは、東西に奔走し、上下に議論するものならずして、各自の業に勵み、事に勤めて倦むことを知らず、以て隣人を感化し、鄉黨を同化し、之を以て一世の風潮を作すものでなければならぬ。民風の興新に言論は本より大切なれど、實行の伴ふ言論でなくばな

國辱を忍ぶは神州清潔の民にはあらず

今日の志士が資格

らず、民心の革正には奔走も大事なれど、躬行も附隨する奔走でなくばだめであるのだ。故に言行の一致せず、議論と實踐の結合を缺くが如きは、今日の志士に於ては最も恥辱とせねばならぬのである。

詩を作るよりも田を作るが當世の志士なり

されば幕末の志士が慷慨の詩文を弄し、悲憤の歌作を以て、當世を動かしたる代はりに、今日の志士を以て任ずるものは、或は農事改良を以て、或は開墾拓地を以て、或は矯風共濟の施設を以て、或は共同の福祉を擧ぐるを以て、或は隣保の團結をいたして以て、或は其他凡百團體の事業經營を以て、民風を作つて、氣勢を起すの覺悟がなければならぬのである。

農村の改良之れぞ第二期の維新事業なり

今夫れ全國に於ける町村數は、一萬二千有餘といふことである。一町村に一人の町村長あれば、我國の町村てふ自治體は、一萬二千有餘の人で左右することが出來るのである。幸に之等の町村長が、何れも當年の志士を以て任じ、自治制の運用に渾身の智囊をふるひ、自治體の活動に全力を擧げて盡瘁するを得ば、五千萬の國民を有する國家は、今日の窮狀より救濟され、五千萬の國民も、現世の地獄より脱出することが出來るに違ひない。

たゞ一萬二千有餘の人物を期待す

されば必ずしも人物の多きを望むを要せぬ、ただ一萬二千有餘の町村當局者の奮勵によりて、國家の興亡、國運の盛衰、國民の禍福が決する譯だから、吾等は全國の町村長に向つて萬腔の赤誠を捧げても、其奮勵努力を希はねばならないのである。語に曰く、

なせばなる、なさねばならず、何事も、
ならぬといふは、なさぬなりけり。

農村の救濟は志士活動の目的なり昔は勤王を叫むだ今は農村を叫ばねばならぬ

又國體の擁護を確實にするを得べし

と實に夫れに違ひない。熱心があれば、必ず町村制運用の工夫も出るであらう、自治の進捗發達に方法も案出さるゝであらう、また町村の民風も興新し、隣保團結の美風も振起することが出來るであらう。而も時は熟し、機もいたれるに於てをや。此際是非共國家の基礎たる農村の改良を以て任じ、國家經濟の基本たる農業の振興を以て生命とし、國權發展の要素たる農民の勤勞助長を責務となし、國運隆盛の素因なる自治體の活動を主義とする、篤志家と志士の輩出するを望むで止む能はざるのである。之等志士のためには、此の如き書も亦以て參考とするに足らむか。若し幸に之によりて、農村自治の研究が志士の間に進行し、其或る者は實地に活用されて自治體の活動に資し、或る所は制度の運用上に應用されて其自治の進捗を促がし、或部分は民風の興新に貢献して自營の精神を助長し、或意見は共同事業の振張に利用されて福利を增進し、以て町村の進步發達を來たさんか、獨り吾輩のみの歡喜する所ではあるまい。斯くの如くして、農村人格の向上をいたし、家格の貴きをいたし、村格の偉大をいたさば、實に國家富强の根源を固め、國權發揚の素因を確立し、國運の隆盛に尾大を得たる譯であつて、帝國のため萬歲を三唱せねばなるまい。此日の一日も早く到來せぬことを欲し、此成績の一刻も早く認識さるゝを希ひ、敢て數萬言、數十萬語を陳じて紙白を汚したのである。

附録

農村經營の實例

一、三重縣阿山郡玉瀧村

本村ハ三重縣ノ西北隅ニシテ戸數五百四十三人口三千百七十三人ヲ有シ見ラル丶如ク四圍山ニ包マレタル農村ナリ而カモ農村トシテノ土地豐富ナラズ田三百七十六町歩畑六十五町歩山林七百七十町歩山林ハ杉檜ノ良材ヲ産セズ悉ク松雜木ノ天然林ニシテ薪炭石材松雜茸香茸ノ林産物アルノミ住民ノ生計ハ四百四十一町歩ノ耕地ヨリ生ズル農産物ニヨリ支持セラル其耕地ハ三大字ニ分レ二大字ハ旱魃地ニシテ一大字ハ水害地ナリ舊藩政ノ頃ハ旱魃又ハ水害アル毎ニ普請米畦堀米ト稱シ多額ノ補助米ヲ交付セラレタルヲ以テ農家ハ旱水害ト共ニ之レヲ天災トシテ殆ンド防禦ノ方法ヲ講ゼザルモノナリシガ今ハ溜池ノ擴築水路ノ改良河身改修等ニヨリテ旱水害トモ概ネ之レヲ免ル丶ニ至リタリ

本村ハ山間僻地ニシテ交通ノ便少ク其住民ハ只何トナク人氣穩カニ幾分祖先傳來ノ土地ヲ所有スルモノハ下女下男ヲ使役シテ自カラ農耕ヲナサズ只徒ラニ安逸ヲ貪リ此間遊藝ニ耽リ演劇角力其他ノ諸興行ヲ樂ミ煙花ノ放蕩各種ノ賭事流行シ幾多ノ費用ト幾多ノ時間ヲ消耗シタリ明治十年西南ノ役平定シ世ハ次第ニ景氣附キ重要物産タル米ノ價格一石拾圓ヲ唱フルニ至リ遊惰驕奢ノ風倍々増長シテ又底止スル所ヲ知ラズ然ルニ其米價ノ高カリシハ一朝ノ夢ニシテ再ビ石代金四圓ニ低落スルニ至ルヤ痛ク農家ノ收入ヲ減ジテ生産消費ノ不均衡ヲ釀シ會計ハ次第ニ不如意ヲ訴フルニ至ル而カモ一度ビ習慣トナリタル遊惰驕奢ノ風ハ容易ニ矯正スルノ機會ナク只借金政略ニヨリテ一時ヲ糊塗シ徒ラニ米價回復ノ空想ヲ抱キテ其機會ノ到來ヲ待チタルナリ天ハ此惰民ヲ戒メ明治十六年ニハ雨降ザルコト六十餘日田面悉ク龜裂シテ當年ノ收穫ヲ減損シタルノミナラズ翌年耕作期迄ニ施行セザルベカラザル水漏留工事ノ勞費莫大ニシテ甚シキハ一反歩ニ五十八人ヲ要スルモノアリ止ムヲ得ズ美濃尾張方面ヨリ多數ノ勞役者ヲ雇入レ辛ウジテ復舊工事ヲ成シ遂ゲタルモ前

數年農家經濟ノ不如意ナルニ際シ此災害ニ遭遇シタルモノナレバ民力ノ萎靡最モ甚シク加フルニ村行政ノ紊亂風紀ノ壞敗犯罪者ノ續發等實ニ語ルニ忍ビザルモノアリ明治二十年ノ調査ニヨルトキハ土地建物ヲ抵當トスル村外ノ負債四萬千五百六拾圓金利最高一割八分ヲ示シ農村ノ生命タル土地ハ滔々トシテ他村人ノ占有スル處トナリ其反別二十町歩小作米六百俵ヲ算スルニ至ル若シ此儘ニ放任センカ本村ノ財政ハ村外ニ支拂フ利子ト小作米ニヨリテ全村破產ノ運命ニ遭遇スベク心アルモノハ漸ク覺醒シタルナリ然ラバ如何ニシテ此衰頽セル村勢ヲ囘復スベキヤ其途ハ只勤儉力行ノ一アルノミ村ノ先輩ハ此方法ニ就キ鳩首協議ヲナシタリ嚴重ナル勤儉規約ハ制定セラレタリ演劇角力煙花其他ノ諸興行ト遊藝ハ嚴禁セラレタリ冠婚葬祭ノ儀式ニモ祭禮緣日ノ客寄セニモ分限ニ應ジテ一種ノ取締規約ヲ設ケラレタリ現今ナラバ消極的節儉トシテ批難ノ聲高カリシナランモ當時ハ幸ニモ眞面目ニ又嚴重ニ行ハレタリ勤儉ノ半面ニハ必ズ貯蓄ナカルベカラズ而カモ多クノ村民ハ此貯蓄ヲ忌ミタリ村ノ有志奮發シ躬行範ヲ示シテ以テ一般ヲ勸誘スルコトヽナリ初メハ一部ノ有志ノミ貯金ヲ實行スルコトヲ約シタリ我等ハ青年時代ニシテ繩ヲ綯ヒ草ヲ苅リ以テ半ケ年一口貳圓五拾錢掛ケノ寄貸貯金ヲ勵ミタリ之レ現今ノ青年團員等ガ增業ニ均シキモノナリ而カモ此貯金ハ蓄積シテ土地買戾シ肥料購入村外負債償却ノ資金ニ寄貸付ヲナシタリ當時ノ金利ハ最低月一歩ニシテ增殖ノ歩合速カニ此團体ノ寄貸貯金ハ漸次利倍增殖シテ明治二十九年ニハ壹萬圓以上トナリ明治三十年ニハ此資本ヲ根基トシテ今ノ玉瀧銀行ヲ設立スルニ至リタルナリ

遊興ノ廢止ト一村一致ノ覺悟ニヨル勤勞ハ從前ノ如ク農耕作ニ他人ノ雇入ヲ要セザルノミナラズ各戸ニ勞力ノ餘裕ヲ生ジテ適當ナル村事業ノ施行ヲ望ムモノアリ他村ニ勞役ヲ供給スルモノアリ卽チ道路ノ改修溜池ノ擴築工事ヲ起シ或ハ農作法ヲ改良シ或ハ商工業ヲ奬勵シ遊惰ノ風全ク一變スルニ至ル然レドモ當時ノ村民ハ只負債ノ償却ト土地ノ買戾シニ腐心シ未ダ餘財ヲ蓄積スルニ至ラズ明治二十七八年戰役ニ當リ軍事公債壹千八百圓ノ割當ヲ受ケテ之レニ應ズルノ餘資ヲ有スルモノナク止ムヲ得ズ公有山林ノ立木ヲ賣却シテ國債應募申込ヲナシ以テ奉公ノ誠ヲ竭シタルガ如キ一村資力ノ枯渇ヲ證シテ餘リアリトス此戰役ニヨル人心興奮ノ利用ト戰後數年ノ好景氣ハ漸次ニ資力ヲ囘復シ村民ノ生計稍裕カナルヲ認メタルヲ以テ本村ノ生產ト消費ノ關係ハ那邊ニ歸着スルヤヲ調査セントシ三十四年村是調査ヲ行ヒタリ其結果ニヨルトキハ年末現在村外ノ負債貳萬六千六百圓他村人ノ所有地六町歩小作米百八十二俵トナリ全村ノ生產收入拾五萬六千七百六拾六圓消費拾四萬九千參百五圓差引七千四百六拾壹圓ヲ剩スノ計算トナリタリ此計算ハ村民ガ全部勤

儉力行シ又三十四年各種農作物豐饒ノ天惠ヲ蒙リタル結果ニシテ若シ農產物ノ一部減少スルカ村民ノ生活ニ幾分ノ向上ヲ示シ或ル種ノ娛樂ヲ與ヘテ農村生活ヲ喜バシメントスルトキハ此生產收入ニテハ或ハ猶多少ノ不足ヲ生ズルヤノ虞レナシトセズ而カモ既往數年ニ於ケル一般勤儉力行ノ狀態ヨリ鑑ル時ハ最早此上ノ勤勞ハ之レヲ強フルコトヲ得ズ此處ニ於テカ須ラク事業ノ方法ヲ改良シ利源ノ開拓ニ勉ムベク左ノ村是實行項目ハ設定セラレタルナリ

(イ)農作法ヲ改良シテ其產額ヲ增加スルコト米ノ現在收量一反歩一石九斗ナルヲ品種ノ統一堆積土肥ノ改良耕耘培養ノ注意金肥ノ選擇害蟲驅除ノ勵行等ニヨリ十ケ年間村內平均反當リ收量ヲ二石ニ增收セシムルニアリ

(ロ)米選俵裝ヲ改良シテ其價格ヲ向上セシムル事隣縣近江米ニ比シ石代金五拾錢ノ下位ニアル我地方產米ハ乾燥調製俵裝ノ改善ニヨリ近江米ト同一價格ニ進メントスルニアリ

(ハ)共同購入ト共同販賣ノ組合ヲ設クル事生產品ハ共同シテ高價ニ賣却シ日用必須品ニ可成精良ノ物品ヲ廉價ニ購入シ以テ農家ノ利益ヲ保護スルニアリ

(ニ)山林ノ整理ヲ完成スル事開墾造林入會地ヲ區別シ殖林ト天然林保護ヲナシ輪伐法ヲ設ケテ山林ノ利益ヲ擧ゲ幷ニ山林ヲ荒廢セシメザル事

(ホ)基本財產ヲ造成シテ自治團體ノ基礎ヲ鞏固ナラシムル事基本財產ハ每年參百圓ヲ蓄積シ二十年計畫ニテ貳萬千參百圓ヲ造成シ他日村費ノ負擔ヲ輕減セントスルニアリ

(ヘ)勤勞ヲ奬メ貯蓄ヲ實行セシムル事勤勉貯蓄ハ日掛壹錢貯金ヲ勵行シ二十年計畫ニテ貳萬參千四百五拾六圓ヲ蓄積セシメ無資無產ノ徒ニモ一種ノ恒產ヲ有セシメントスルニアリ

(ト)餘業ノ種類ヲ選擇スル事農耕ニ影響ヲ及ボサヾル簡易ノ餘業トシテ麥稈眞田ヲ奬勵シ增業ニヨリテ工賃ノ收入四千五百圓ヲ得セシム

以上ノ計畫ハ甚ダ平凡ニシテ別段村是トシテ制定スルノ價値ナク何レモ當然行ハザルベカラザル事項ノミナリシ而カモ計畫ノ平易ナルモノハ實行モ亦容易ニ加フルニ三十七八年戰役ニ因ル人心ノ興奮ヲ利用シ之レガ勵行ニ勉メタルヲ以テ實踐成績ハ豫期以上ノ効果

ヲ奏シ即チ一反歩平均一石九斗ノ收量ヲ十年計畫ニヨリ二石トナスベキ稲作増收目的ハ三十九年ニ二石六升五合ニ四十年ニ二石七升七合四十一年ニ二石二斗三升二合四十二年ニ二石二斗八升八合四十三年ハ稍不作ニテ二石二斗四升六合トナリ四十四年ノ稲作ハ一層好順ニシテ反當收量平均二石三斗八升七合ノ平均ヲ見ルニ至リタリ米價ハ近江米ニ比シ一石五拾錢ノ下位ニアリタルモノ米選俵裝ノ改良産地檢査ノ勵行ニヨリ信用漸ク加ハリ價格ハ次第ニ向上シ三十八年ニハ其價格近江米ト同一トナリ現今ニテハ四斗一升入ノ近江米一俵ト四斗入ノ本村産米一俵ト並米價格ニ於テ等差ナキノミナラズ優良米タル關取ハ東京ニ於テ錦ハ京阪地方ニ於テ全國第一位ノ高價ヲ維持シ昨年八月錦一等米一俵ノ價格産地放シニテ拾圓又竹成一等米ハ九月七日ノ第十七回共同販賣ニ於テ産地放シ九圓六拾貳錢四厘賣ニ未曾有ノ高直ニ賣行キ本年モ亦商況好順ヲ維持シ本月七日施行ノ第八回共同販賣米最高八圓四拾貳錢四厘之レヲ同日東京深川市場ニ於ケル全國玄米ノ最高直八圓貳拾八錢ニ比スレバ直段ノ差亦決シテ尠ナカラザルナリ共同購入ト共同販賣事業ノ成績ハ四十四年中米ノ販賣七千七百三俵鰊其他肥料ノ購入貳萬四千九百八十一〆食鹽二萬五千斤ヲ主タルモノトシ生産品ノ販賣用品ノ購入等遺憾ナク行ハレ地主會ノ事業トシテ各大字ニ設置セラレアル共同集積倉庫ハ信用組合ニ聯絡シ今ハ信用購買販賣組合事業トシテ倍々活動スルニ至ル山林ハ公有林野整理規則ニ基キ凡テ整理ヲ遂ゲ天然林ノ保護繁殖ヲナスモノ二百五十三町歩松雜茸香茸ノ類毎年貳千圓乃至參千圓ヲ産シ造林豫定地百六十町歩其内五十九町一反歩ハ既ニ殖栽濟トナリ其他ノ百六町歩ハ開墾小柴下草採取ノタメ除外地トシテ入會權ヲ行使セシメツヽアリ元來本村ノ山林ハ杉檜ノ良材ヲ産セズ從テ林業至適地トハ日ヲ同ウシテ語ルベカラザルモ林野整理ニヨル豫定ノ計畫ハ之レヲ遂行シテ敢テ等閑ニ附セザルナリ基本財産ハ明治四十四年度ニ於テ壹萬九千五百五拾參圓トナリ二十年計畫ノ貳萬千參百圓ニ較ブレバ豫期以上ノ蓄積額ナルモ時勢ノ進運ト經濟界ノ膨脹ニ伴ハントスルニハ斯ル少額ヲ以テ甘ンズベキニアラズ左スレバ條例チ改正シテ蓄積計畫ヲ増加シ明治六十九年ニハ拾萬參千五百圓ヲ造成シ基本財産ヨリ生ズル收入ハ以テ經常村費ヲ支辨スベキ計畫ナルモ此造成計畫ハ四十一年決算ノ經常村費支出額ニ對スル五朱利チ標準トシタルモノニ付今一層多額ノ積立ヲナスベク從テ四十三年度ヨリ蓄積額ヲ増加シ又篤志家ノ寄附チ繰入レ明治六十五年ニハ概ネ充實セシムベク現ニ四十五年度ノ蓄積豫算ハ壹千九百九拾四圓ニシテ實收積立額ハ尙幾分ヲ増加スベキ見込ナリトス勤勉貯蓄ハ四十一年六月末日ニ於テ參萬參拾七圓トナリ既ニ豫定ノ蓄積額ヲ超エタルモ當初ノ計畫ハ貯蓄ニ重キヲ還キテ其取締方法ヲ選バザリシタメ或ハ神社ノ造營寺院ノ再建其他當初ノ申

合セニ基キ資金ヲ使用セントスルモノアリ全ク統一アル貯蓄組合トハ認メ難ク殊ニ其資金利用方法ノ如キ何等ノ成案ナカリシヲ以テ監督上困難ナルモノアリ茲ニ於テ四十一年八月一村一團ノ信用組合ニ組織ヲ變更シ組合員五百二十二戸出資口數千八百口每年一回出資拂込ヲナシ組合員ハ每月參拾錢ノ義務貯金ヲ實行セシメ四十四年末マハ貳萬參千四百八拾壹圓ノ資力ヲ造成シ向フ二十年間ニハ必ズ貳拾萬圓ハ全ク勤勞ノ餘資チ以テ蓄積スベキ計畫確實ナリトス餘業ノ種類ハ初メ麥稈眞田ヲ選ミテ原料意ノ如クナラズ更ニ經木眞田ノ編製ヲ勸メ次デ檜藤細工ニ藁繩ニ將藁細工養鷄等ノ副業チ勵マシ此收入四十三年度ニ於テ壹萬壹千六百圓ヲ見ルニ至レリ

斯ノ如クシテ勤勞ノ美風ハ全村ニ益瀰蔓シ資力ハ漸次回復シ他町村民ニ占有セラレタル土地ハ買戻シ又ハ買埋メノ方法ニ因リ四十三年末ニハ本村民ノ他町村ニ所有スル土地却テ多キチ示シテ小作米六石ノ收入超過トナリ本年モ亦二石七斗チ增加八石七斗トナリ別ニ十六町歩ノ造林地ヲ村外ニ有スルニ至リ村外ノ負債モ亦全部償却セラレタルノミナラズ玉瀧銀行ニアル各種預金貳拾貳萬圓ノ內村民ノ預金約六分此金額拾參萬貳千圓郵便貯金九千四百圓戰役恩賞賜金壹萬八千九百圓ハ何レモ本村民ノ貯蓄力ヲ實現シタルモノニシテ勤勞ノ賜モノハ生計ニ幾分ノ融和ヲ生ジ人心ノ平穩ハ犯罪事件ノ減少トナリタリ而シテ今日迄幸ニ難關ヲ經過シ勤勞ノ美風ト風紀ノ善良ヲ維持スルコトヲ得タルモ之レガ後繼者ヲ養成シ堅實ニ一村ヲ維持セシムルノ方法ニ至リテハ偏ニ之レヲ敎育ノ効果ニ俟タザルべカラズ學校敎育ニハ明治三十四年二校ヲ合併シテ敎授管理ノ方法ヲ統一シ當時八千六百圓ヲ投ジテ校舍三棟ヲ建築シ三十八年ニハ三千五百圓ヲ投ジテ戰役記念講堂ヲ建築シ四十三年ニハ二千五百圓ノ工費ヲ以テ特別敎室ノ建チ遂行スル等其工費ハ悉ク村民ノ特志寄附金ニヨリテ支辨シ且漸ヲ追フテ內外ノ設備ヲ整ヘ高等三學年ニ尙二年ノ裁縫補習料ヲ兼設シテ專ラ子弟ノ敎養ニ勉メタリ明治四十年以來ハ學齡兒童百ニ對シ就學兒童百ニシテ出席ハ年中ヲ通ジテ九十六八二分出席稍低キハ極端ニ就學ヲ奬勵スルト農繁休業ヲナサヾル結果ニハアラザルカ現今ノ在學生徒ハ五百八十八人尋常科ヲ終リタルモノハ概ネ高等科ニ入ルヲ常トス學校ニハ奬學資金ヲ設ケテ優良學生チ奬勵シ就學奬勵規定チ設ケテ貧困兒童ノ就學ヲ容易ナラシム青年團處女會モ亦學校ヲ中心トシ常時指導訓育スルモノニシテ記念文庫巡廻圖書函等之レニ附屬シ靑年團處女會ハ相集リテ同窓會チナシ敬老會父兄懇話會等アリテ學校ト家庭ノ聯絡ハ最モ親密ニ保タレツヽアルナリ

村行政ハ五人組制度ノ遺風ニヨリ十戸乃至十五戸ヲ以テ一組トシ村內ヲ四十四組十二農區ニ分チ組ニ一名ノ組長ヲ置ク組ハ吉凶共ニ

相頼リ相扶クルモノニシテ風紀ノ維持就學ノ督勵農事ノ共勵納税申合規約ノ勵行衞生組合產業組合事業ノ奬勵等皆此組ヲ基礎トシ温和ニシテ而モ有効ナル社會的制裁ハ自然ニ人心ヲ感化遷善セシムルモノニシテ數組ヲ合シテ一農區ヲナシ數農區ヲ合シテ一大字ヲナシ區ニ議員總代及共勵委員ヲ配置シ大字ニ區長ヲ置キ以テ一村行政ノ補助機關トナルナリ終リニ臨ミ本村勢ノ現況ニ付一言セントス

明治三十四年村是調査當時ノ生產收入拾五萬六千七百六拾六圓ニ對スル四十三年ノ生產收入貳拾五萬七千八拾六圓消費關係ハ近年確實ナル統計ヲ調製セザルモ三十四年ノ消費總額拾四萬九千參百五圓ヲ基礎トシ今日ニテハ村外ニ支拂フ負債利子小作米代金等ノ減少著シキモノアルモ諸税負擔ノ增加生活費ノ向上等三十四年ノ消費額ニ比シ五割增ヲ豫想シテ四十三年ノ消費額貳拾貳萬參千九百五拾三圓トナリテ歲入ノ剩餘參萬參千百參拾參圓村是調査ノ二十年計畫歲入剩餘壹萬七千參百八十壹圓ニ比スレバ實踐第九年ノ成績ニ於テ既ニ大ニ超過シタルモノナリトス之レヲ以テ將來ヲ推ストキハ明治六十年ニハ民間ノ餘資貳拾萬圓以上トナリ產業組合ニ於テ造成スル資力又貳拾萬圓村基本財產ノ蓄積拾萬圓以上ヲ示シテ不動產以外ノ資力增加額五拾萬圓以上トナルハ極メテ確實ナルヲ信ズ之レヲ要スルニ本村ノ自治ハ非凡ノ人物アリテ之レヲ經營シタルモノニアラズ一人特志ノ人アリテ之レヲ指導奬勵シタルモノニアラズ只村吏員學校職員等誠實精勵其職務ニ從事シ村ノ有志又公共事業ノ爲ニハ自己ノ利害ヲ忘レテ之レニ奔走盡力シ村民ノ全部モ亦一度苦キ經驗ヲ嘗メテ風習頓ニ改マリ共同一致ノ覺悟ニヨリ能ク勤勞シタルニ原因スルモノニシテ此苦キ經驗ヲ嘗メタルモノハ決シテ再ビ過ツコトナカルベキモ之レ等ノ境遇ニ接セザル今日ノ青年處女等ニ能ク先人勤勞ノ事蹟ヲ敎ヘテ長ヘニ此農村ヲ維持經營セシムルノ基礎ヲ固ムルハ村當局者ノ最モ留意セザルベカラザル事柄ニシテ偏ニ之レヲ敎育ノ効果ニ俟タザルベカラズ町村ハ一國ノ縮圖ナリ町村ノ事業擧リ其資力充實スルニ至ラバ國富ハ從テ增進スルモノナリ山僻ノ寒村モ村是ノ實行勤勞ノ効果ニヨリ近キ將來ニ於テハ不動產以外ニ於ケル民資ノ增額五拾萬圓ヲ得ルトセバ一萬三千ノ町村ハ實ニ六十五億ノ富ヲ造ルモノナリ更ニ發展スル都市ノ富力ヲ加フルトキハ抑モ如何ナル數字ヲ生ミ出スコトヲ得ベキカ蓋シ斯ノ如クナラバ大戰役ノ後ヲ受ケタル我國家ノ財政モ困難ノ域ヲ脫シテ次第ニ整理セラルベク國家ノ事業モ亦積極的ニ着々其步ヲ進ムルコトヲ得ベク之ヲナスハ共同ノ力ニアリ之レヲ遂グルハ勤勞ノ德ニアリ自治經營者ノ常ニ留意セサルベカラザル處ナリトス

（明治四十五年三月）

二、福井縣敦賀郡松原村隆興策（村是）

（此村是ハ明治卅五年ノ調査ニナリ爾來之ガ實踐ヲ怠ラズ、大正六年ヲ期シテ理想ノ農漁村タラシメントシツヽアルモノニテ今ヤ既ニ優良村ノ名ヲ得事蹟亦村是ノ定ムル以外ニ見ルベキアリ）

第一章　風紀、教育

一、協力心の養成

村民協力心の美風をして益々之を助長せしめ以て事業の成功を期せざるべからずこゝに於てか明治四十二年九月廿一日東宮殿下行啓の日を以て村徽章を制定せし所以なり該徽章たるや正圓形内に二株の松の木を相配し中央に鍬と櫂とを交叉したるものにして此正圓形は村民の一致協力を意味し松の木は松原村を形容し鍬と櫂とは各生業に勉勵する意味にかたどりたるものなり今後この意味に基き益々其目的を達せしめんとす尚徽章と相俟つて村歌を制定するの必要あり

吏民懇談會の開催村報の發行自治會の活動等は此目的を達する上に於て効果少なからざるものと認む

以上の主旨なるを以て他に於ける同階級の公共團體が村内に於て事業を經營するを許さず

二、矯風奬善

本村の改良矯正すべき風習は時間の遲延受取仕事田植の手傳飲食の會合等其重なるものにして受取仕事については明治三十八年一定の規約の下に之を打破したるを以て今後再び繰返さゞる樣の注意をなし田植の手傳は農會決議の下に之を改め飲食の會合は勤儉貯蓄組合規約勵行の下に漸く之を矯め得るに至れりと雖もひとり時間の改良に至つては尚遺憾あるを免れず明治三十六年の規約幷に勤儉貯蓄組合規約を勵行せば遠からず改良を見るならんか

尚社會の進歩につれて舊來の迷信は打破されしと雖も時に或は迷信を輸入するものなきにしもあらずこれ等は大に排するを要す矯風事業と相俟つて行はざるべからざるは奬善事業にして報德社教育會青年會及婦人會を活動せしめ圖書館を活用して一村青年の向學心

を進め娯樂機關の設備をなして村民に慰安を與へ模範家庭青年婦女の成績優良なるもの其他善行者を表彰して大に孝子義僕節婦等の輩出を促し風化教育囑托員の活動により滯納者不就學者犯罪者及離婚者等を未然に防ぎ以て醇厚俗をなし去華就實の美風をなして益々盛ならしむべし殊に市街附近部落即ち松島は寄留者の出入頻繁にして農漁民雜居し加ふるに貧民多くして教育の程度低きが爲め風紀の改善教育の普及及納税思想の發達等は最も急務に屬す

三、勤儉貯蓄

各大字に設けたる勤儉貯蓄組合を活動せしめ規約を厲行して風儀を矯正すると同時に住民一人につき八圓の平均を保たしむるを要す而して之が申合條項を擧ぐれば左の如し

申合條項

第一、組合員ハ勤勉ヲ主トシ無爲ニ時間ヲ費スコトナク各自相應ノ家業及副業ヲ勵ムベキコト

第二、組合員ハ互ニ交誼ヲ厚クシ親睦ヲ旨トシ災厄アルトキハ相互ニ救助スベキコト

第三、衣服其他ノ需用品ハ華美ヲ飾ラズ實用ニ適スルモノヲ撰ビ且ツ濫ニ會合飮食スルコトヲ禁ジ無益ノ費用ヲ省クベキコト

第四、婚姻誕生葬儀祭禮ノ場合ニ於テ身分不相應ノ擧アルベカラザルハ勿論尙衣服飮食等ハ勉メテ節約シ儀式ニ必要ナルモノヽミニ止ムベキコト

第五、盆暮新年其他舊慣ニ依ル物品ノ贈答或ハ種々ノ振舞等ハ勉メテ之ヲ節約シ且ツ成ルベク代料ニ改ムルコト

第六、軍人入退營ニ際シ送迎等ノ宴會及虛飾ニ屬スル贈物ハ廢止スルコト

第七、休業日ハ新年三ケ日大祭祝日及氏神祭日ノ外左ノ期日トシ其他ハ特別ノ事情アル場合ノ外隨意休業セズ業務ニ勉勵スベシ

毎月六日十二日十八日二十四日末日各午后半日

但新年及盆ニ屬スル休日ハ從來ノ慣例ニ依ル

第八、集會等ノ時ハ公私ノ別ナク必ズ指定ノ時刻ニ會同スベキコト
第九、租稅其他ノ公課ハ期限内ニ納付シ苟モ之ヲ怠ルベカラザルコト
第十、規約第三條ニ依ル常時積立金ハ各自其金額ヲ定メテ組合ニ對シ誓約スルモノトス
　但シ本項ノ誓約ハ組合ニ備ヘアル誓約簿ニ各自ノ積立豫定金額及氏名ヲ記載シ之ニ調印スルモノトス
第十一、各自衞生ヲ重ジ其ノ法令又ハ規約アルモノハ能ク之ヲ遵守シ疾病ニ罹ラザル樣注意スベキコト
第十二、常ニ火ノ元ニ注意シ不慮ノ災難ヲ招カザル樣互ニ警戒スベキコト
第十三、遊惰ニシテ濫費ヲナスモノハ組合長副組合長世話役ノ協議ヲ以テ便宜之ヲ戒メテ本組合ノ主旨ヲ遵守セシムベキコト

四、義務敎育

義務敎育の普及を圖る爲め小學校の設備を完全にし其内容を改善して學童保護の方法を設け以て一人の不就學なからしめんことを期す學童保護に付ては既に本村敎育會に於て該規則を設け實行しつゝあれば近き將來に於て一名の不就學者なきを期す

五、補習敎育

近來青年の風儀改良については夙に其必要を認むる所なるが殊に本村は敦賀町に接近し居れるが爲め往々青年間に實業を厭ふの狀あるを見る茲に於てか實業補習學校の必要益切實にして之を有効に經營し以て農林及漁業上の智識を授くると同時に補習敎育の完備を期せんとす

第二章　殖産、興業

一、稻作の改良

稻作方法の改善につきては卽ち種子の鹽水選短冊形苗代稻苗正條植堆肥の施用成熟期の注意等を續行し大に增收を圖らざるべからず而して此等改良方法は當局の勸誘農會の活動に期待し精神的に實行せしむるに至らしめ度きものなり

二、副業の奬勵

副業の主たる製莚事業は保護を加へて益々之を助長し養雞果實蔬菜養蠶等の副業も亦大に之を普及せしむるを要す而して養雞は農村に飼養せざる家なからしめ其飼養數各戸五羽を下らざるを要し果樹は空地及原野を利用して柿栗梨及柑橘類を栽培し其の數壹萬本に達せしめ蔬菜は甘藍葱大根蕪の類最も奬勵に値す就中木崎に於ける蕪の栽培には相當保護を加へて發達せしむるの必要あり尚養蠶家を保護し益々之を增加せしむるも亦大に必要なり此等又農會の活動に期待するもの多く殊に農事試驗場は其衝に當らざるべからざるを以て最も摸範的に經營すべきなり

三、產米の改良

米質と俵裝との改良は夙に本村の唱導するところにして明治三十九年より村五ヶ所に撿査所を設けて大に米質を撿査し容量を四斗入に俵裝を二重制に改めたり今後益々之を厲行すると共に生產者をして品質の改良乾燥の周到成熟期の注意をなさしめ益々本村の產米の聲價を高からしめ米質撿査に於て如何なる產米と雖も三等より下らざるの米質たらしめんことを要す

四、小作保護

小作の奬勵保護は農事の改良產米の審査と相俟つて實行せざるべからず卽ち地主協會の活動により優良小作人を輩出せしめ農業資本供給の便を與へ地主と小作人との間に於ける紛議を調停する等專ら小作人をして從來の小作人根性なるものを根底より一掃せしめ尙進んで其關係恰も親子的の感あらしめ從來の小作証書の如きは斷然之を廢せざるべからず

五、耕地整理

本村の耕地五百六十町歩を有する內整理を要する部分少なからず中にも松嶋十六町一反一畝二十歩櫛川九町二反七畝十二歩原四町二反七畝六歩木崎十七町五反一畝二十一歩沓見二十四町三反七畝十九歩は灌漑排水をなす上に於て最も急施を要する箇所なり而して之れが施行の順序方法左の如し

一、松島は行啓紀念として三ヶ年計畫を以て實行すること
二、櫛川、原、木崎は井の口川改修を待つて實行するものとす
三、沓見は先づ粟野村と聯合し排水工事を施し一部の地盤を盛り上げ後全部の整理に着手すること

六、造林計畫

本村土地の大半は山林にして千四百五十三町歩を算す就中大字沓見地籍に於ける山林三十町歩は尤も造林計畫の急を要するものとす之れが施業の方法を講ずるは最も急務に屬するを以て左の方法により年々造林を計畫せしめ近き將來に全部の施業案を立て林想を一變せしむべきものなり尙竹藪に適するものは竹を繁殖せしめ併せて從來の竹林をも整理するものとす
一、模範林を擴張し益々有効に施業すること
一、杉檜の苗圃を設け苗木を配布すること
一、林業に關する講話會講習會を開催し若しくは林業地方を視察せしめ大に之が思想を發達せしむること

七、雜地の利用

松原國有林の内公園として借用せる部分は有利の方法を以て之を使用し原野其他荒蕪地は之又産業上に利用し切戸沼（本村松島にあり総反別六反六畝五歩）猪ヶ池（本村浦底にあり総反別五町三反四畝十八歩）の利用法を講ずること又必要なりとす

八、漁村の維持

沿家の部落即ち漁村の風儀を改め産業を上進し漁村の福利を增進せしむること農村の進歩と相俟つて又必要なり其方法左の如し
一、漁業組合の活動
一、遠洋漁業の奬勵
一、漁村民士の開發

一、漁民貯蓄

九、經濟機關の完備

信用組合は益々擴張しすべて產業に從事するものを加入せしめ耕地の購入越石の防止及買戻幷に耕地の開墾養蠶桑園殖林及漁業資本の供給債務の整理其他肥料農具漁具の購入の資を供し力めて產業上經濟機關の中心たらんことを期す

農產販賣購買組合又大に擴張を要し農家一般を加入せしめ農產物は直接需用地に向つて輸出し魚肥等は直ちに生產地より直輸入せしむるを要す

漁業に關する販賣購買組合及生產組合を設け魚市場を附設して漁獲物の販賣に便ならしめ漁具の共同購入漁獲物製造に便利を與へ力めて漁村の福利を圖らんとす尙故西野翁の經營にかゝる農漁組合の事業たる漁獲物が工場は生產組合の組織に改めて益々發達せしむるを要す農業に關する生產組合又必要にして養蠶に關する生產組合と共に必要を認む

第三章　財政、經濟

一、基本財產造成

條例を施行して連年村會の決議による外模範林其他財產より生ずる收入各種の使用料及手數料國縣稅徵收交付金を加へ助成規約なるものを設け冠婚葬祭の場合に篤志者の寄附金を得都合每年七百圓以上を蓄積するものとす

右の外小學校基本財產を造り教育費の獨立を計るは又必要の事にして授業料學校園の收入等を加へ尙助成規約により篤志者の寄附金を募集し財產の修理と共に年々參百圓以上蓄積するものとす以上の外松原國有林の拂下を受け財產の速成を期す

二、罹災救助資金の設備

條例を施行して速かに壹千圓を蓄積し以て罹災救助の豫備たらしめんことを期し其方法として助成規約によりて篤志者の寄附を受け之に縣費の補助を加ふるにあり

三、債務の整理

勤儉貯蓄組合規約の勵行及信用組合の活動により個人經濟に屬する負債を整理せしめ他町村民の所有地百五十五町五反餘歩を買收し同時に他町村民の所有となるを防止せんとす

第四章　土木、交通

一、河川の修繕

井の口川本村地籍に於ける延長千九百四十三間三尺にして其川改修の曉は人命を保護し得るのみならず增收二千四百石を得るの計算なり仍て明治四十年より繼續工事として實行しつゝある以所なり但し工費金壹萬四千五百六拾餘圓

二、道路の改善

村內に於て改善を加ふべき道路は馬坂の改鑿西浦道の改修なるが貨物の運搬上最も急務に屬するは馬坂の改鑿にして曩に二丈餘を切下げしと雖も今後每年切下工事の續行を要す

又本村常宮に通ずる道路は蜿蜒たる山腹の狹少道路にして到底車馬の往復に堪へ得べからざるを以て近き將來に於て大に工を起してかゝる不便を除かれんことを望む

三、地籍の交換

本村は敦賀町及粟野村とに於ける堺界、交互復雜にして不便尠なからずこれが地籍を組換ふるの必要なるは夙に認むる所にしてその互に交換すべき面積左の如し

兩町村より本村へ編入すべきもの

十七町二反二畝五歩

本村より兩町村へ編入すべきもの

十六町五反十六歩

第五章　衛生、慈善

一、保健及防疫

飲用水檢査村醫及村產婆の精勵等によりて人民の健康を保持し衛生組合の活動種痘の普及トラホーム全滅鼠族全滅を圖り以て傳染病をして村内を襲はしめざるべし

二、慈善事業

同情會の活動により村内の鰥寡孤獨其他貧困者の不幸を救護し同胞をして福利を得せしめんとす

三、伏見と伏見十六會

（伏見ハ今ヤ桃山御陵ニヨリテ天下ノ伏見トナレリ）

一、近世史中の伏見

◉社團法人伏見十六會の由來を說くに當りては、勢ひ我伏見町の歷史に溯らなければならぬ、史蹟を閑却しては何物をも語ることはできない、何となれば我十六會は時代の造れる產物であるからである。

◉併しながら太古の伏見は邈焉として明かでない、若し幾多の史籍を探り幾多の史實を捉へて千年の昔をたづぬるの時間を有せむか我吳竹の伏見の里は、必ずや床しき何物をか諸君の前に提供せなければやまないであらう、けれどもそは際限のない話であつて世の史家の研究に一任するのほかはない、唯我伏見の十六會のお話をするに當つて是非繹れなければならぬ即ち最も密接の關係を有する近世史よりはじめたいと思ふ。

●近世史中、我伏見町が最も著しき色彩を放てるのは、彼の交通、運輸に關することであらう、交通、運輸の歴史は其由來する所や遠い、併しながら我等に頗る顯著にして深刻なる印象を與ふるのは、まづ織田氏以降の時代である。

●泉州の堺はこの時代に於て既に大なる發展を遂げ、文明輸入の門戸として又海外貿易の要津として頗る殷賑を極めて居つた、當時我伏見と堺との間には早く既に交通の便、運輸の利、完備の域に進み、兩々相對して繁榮して居つたことは、織田氏の時代にまづ京師にキリシタンバテレンの南蠻寺が建立せられ、次で伏見堺と云ふ順序に教會堂は建立せられ何れも信者が少なくなかつたと云ふことによりて分るのである。

●斯の如く豐臣氏以前既に交通運輸の便に於て天下に冠たりし、伏見は曠世の偉人豐公の來つて大阪に金城を築くに至るまでの間は當時文明輸入の門戸として將た又海外貿易の要津として開化の先驅たる堺と京師との仲介者として、ひとり繁榮をほしいまゝにして居つたのである、伏見が斯の如き勢を以て進んで居る時代の大阪は如何であつたかと云ふにまことに微々たるもので何等世の注意をひかなかつたのであるが、一たび大阪城の巍然として雲際に聳ゆるに及んで、葦の枯葉に風渡る蕭條たる浪華の浦も俄然殷賑を極めた。

●豐公の威勢はこの時に於て殆ど其頂上に達し諸國より豐公の膝下に集るもの雲の如く又霞の如く、須臾にして一大熱鬧場を形造つた、堺より直ちに伏見を指して總ての人も物も滔々として大阪に向つて注いだのである、のみならず伏見よりも堺よりも機敏なる商人等は陸續として大阪に輸贏を爭ふべく集つた、當時伏見及び堺の商人等が、遠近より此處に集り來れる商人等の間に如何に雄飛したかは、今尚大阪市内に伏見町ならびに堺筋なる町名の存在せるによりて知ることができるのである、即ち當時伏見商人が移住した所は伏見町となづけられ、堺の商人等の集つた所は堺筋と稱へられたのである。

●運輸交通の便は、我伏見をして古代より堺と商取引を營ましめ、海外貿易の門戸たる堺に輸入せられたる文物は直に伏見を經て京師その他に傳播せられたことは前既に述べたとほりである、豐公が大阪に城くに及んで伏見よりも堺よりも太閤殿下のお膝元たる大阪に向つて滔々として押寄せたのであるが、伏見の繁榮は依然たるものであつて、寧ろ大阪に向つて民族的膨脹をなした最も有望の時代であつたと云ふことができるのである、要するに我伏見商業史上最高潮の時代であつた。

●後、幾何もなくして豐公更に伏見なる桃山に金城を築かし湯池をたゝふるに至つて、他に向つての所謂民族的膨脹は終に云ふに足らなくなつたが、伏見それ自身の繁榮膨脹は非常なものであつた、大阪築城の時、千里を遠しとせずして諸國より商人の集つた如く桃山々頂金甍銀壁燦然として眼を射るの頃には、既に一大繁區を形造つたのである、實にや桃山時代と云へば直に豐公の豪華を聯想せしむると同時に伏見の空前にして又絶後なる繁榮をしのばしむるのである。

●併しながら我伏見は豐公の築城によりて自然に繁榮を招いたのではなくして、豐公又伏見の爲めに力を注がれたのであつた、豐公勢力の最も盛であつた時代と云ひ且海內戰禍漸く治まりて四民太平を謳歌した時代であるから、其膨脹發展の度は能く筆舌の悉す所ではない。

●若し夫れ桃山を蔽へる金殿玉樓、魏々として雲に入らむとし、深き濠は巡り廻りて至るところに紺碧をたゝへ、城下幾萬の民家は軒を並べて櫛比殷富、豐公の威勢の絶大なるに旅客の膽を破つた伏見黃金時代を回顧するの時、そこに所謂歡樂極つて哀情の萠し初むるを見るのである。

●盛者必衰會者定離、定めなき世は曠世の偉人と雖、百歲の壽を保たしむることを惜む、蓋世の英雄、撥亂反正の豪傑豐太閤も寄る年波を如何ともするなく、天空海濶樂天的の偉人も「露と起き露と消えぬる我身かな浪華のことは夢の世の中」の哀吟を遺して、阿彌陀が峰頭永久の眠につくや時勢は急轉直下した、豐太閤の英姿が桃山に閃きそむると同時に、驚歎すべき未曾有の發達をもたらし得た伏見は、又豐公の永眠によりて名狀すべからざる大打擊に泣いた、伏見の發達史はこゝに一段落を告ぐるの餘義なきに立ち到つたのである。

●然り豐公逝きて後の伏見は主人を失つた家庭の如く、いとゞ寂莫、寧ろ凄慘を極め、難波の陣、關ヶ原の役を終るまでは唯惰力的の繁榮を保てるに過ぎなかつたのであるが、德川氏海內を統一するに至つて、堅實にして文華の弊なき繁榮の氣運は伏見の上に巡り來つたのである、豐公の遺愛物たる伏見は、德川氏又これを愛撫し少からず其力を注いだことは彼の壹萬石以上の奉行を特に此處に置いたことによりて分る、而して壹萬石以上の奉行は江戶と伏見のほかになかつたのであるから如何に德川氏の伏見に重きを置いたかはこれによりてほゞ推知することができるのである。

●伏見は壹萬石以上の奉行を有するのみならず、又諸大名の屋敷を各所に巍然として聳えたゝしめた、參覲交代の西國大名は、江戶への往復に伏見を通過し必ず伏見の邸に休養したのであつた、これ等の大名屋敷なるものは彼の大阪に於ける藏屋敷とは違ひ、始終多數の隷屬を抱擁し居然として分城の觀があつた、其他伏見繁榮の直接間接の基因をなしたるものは蓋し一にして足らずであつた

◉徳川三百年の太平は、我伏見をして極めて順調に且極めて堅實に繁榮の樂みを享けしめたのである、維新前後に於て戸數一萬餘、人口五萬餘と稱せられた伏見の發展は、今より殆ど想像の及ばざるところであらう、傳へ聞く當時最も殷賑を極めたのは京橋及び南濱附近であつて、肩摩轂擊殆ど通行さへできなかつたそうである。

◉交通運輸の至便なるによつて夙に海外貿易の門戸たる堺と有無相通じ彼此相交換して大阪をして、又容喙をゆるさなかつた伏見は、徳川時代に至つても依然として至利至便の交通運輸の慶によつて先繁榮を失はなかつたのである、云ふまでもなく伏見幾萬の民衆中には、商あり工あり其執るところの職業は種々樣々であるが、旅客および運輸によりて其大多數は養はれ來つたのである、自然的運輸交通の便によりて勃興した伏見は、何れの時代と雖、そが發展の一素因となつたことは疑ふべくもないのである。

◉西國大名が參覲交代に要する荷物は海路大阪に入り、大阪より淀川を溯つて伏見に着しそれよりはじめて陸上を運ばれた、即ち東海道の五十三次は伏見を發せる運搬人夫によりて繪卷物を見る如く美々しき行列を形造られたのである、その他の貨物は何れも海路よりするものは大阪に着し、大阪を發して淀川を伏見に、伏見に陸揚げせられたるものは、更に各地へ搬出せらるゝといふ順序であつた、西國よりするもの既に斯の如しであるから、東國よりするもの亦自ら然らざるを得ずで、交通往來、人も物も此處伏見の小天地に雲集したのである、揚陸場たる彼の京橋及附近の地が雜沓を極めて通行さへ困難であつたことは決して偶然ではない。

◉當時三十石と稱する淀川通ひの船によりて伏見に上陸した西國の諸大名は、さきに述べたとほり此處より江戸に向つて陸を辿るのであるから、一大名に付て約そ二百人乃至三百人の人夫を要する、この要求に應じて生れ出でたるものは、所謂雲助なるものであつたこの雲助馬方等を使役し大名の荷物を宰領して江戸にとゞけることを職として居る道中士なるものまた少くはなかつた、斯の如き有樣であるから雲助の伏見に集るもの無數に上り、伏見と云へば直に雲助を聯想せしむるくらゐであつた、併しながら無賴漢の常として彼等に相當の娯樂を許して置かなければ、集散常なき彼等の事として足を伏見に止めて居ない、何を云つても一大名に二百人乃至三百人を要する雲助のことであるから、若し不足を告ぐる場合に於ては、また如何ともすることができない、そこで彼等の足を伏見

以外に向けしめざらんがために、彼等の最も嗜好し且最も趣味を有せる賭博を公然默許したのである。

●陸上運搬の機關は十二分に調つてあるが上に、水上直に京都に送り込む高瀬船は、これまた淀川通ひの船舶と共に至便至利を極め、これに從事せる勞働者甚だ多く、陸上の雲助と相俟つて勞働者の數は、今より想像の及ばざるところであつた、而してこれ等の勞働者の入込みによつて少からざる繁榮を招いた、そこで伏見町民にして少しく資産を造つたものには彼等を唯一のお得意としての有利なる職業に從事せしめた、質屋は卽ちそれである當時質屋の多かつたことは他に其比を見なかつた。

●貯蓄心に缺乏し賭博を唯一の娯樂とし暇あれば卽ち大道に於てさへ賭場を開いて喧々囂々を極めた雲助等は、所謂宵越しの錢は使はぬと云つた江戸ッ子に一歩を進め、隨つて儲くれば隨つて散ずると云ふ有樣で、瞬時も貯へ置くことをせないのみならず、敗くれば直に質屋に走つて苟も纏へるものとし云へば褌の如きに至るまで典し去つて顧みず、裸體を以て賭場に出入し、少しも將來の備へを思はなかつた。

●併しながら然諾を重んずることは彼等の特色であつて、士君子尙且彼等に及ばなかつたくらゐであつた、一絲纏はざる赤裸々を以て東海道を馳驅して顧みなかつた彼等は、破褌一筋を以て一貫文を借り得るの信用を伏見の質屋に得て居つた、伏見に於て褌を質入した雲助は、道中如何程錢を儲くるとも伏見へ歸つてこれを受け出すまでは、どうしても他に褌を求めて纏ふと云ふ事ができない、一たび伏見に歸つて質受しはじめて褌を纏ふことができるので、若しこれを質受けせない雲助があつたならば直に雲助仲間から除外すると云ふ不文律が嚴として存在し、これが制裁は少しも假借なく下されたのである、彼の繪草紙などに竹の皮にて陰部を包める雲助を見るのであるが、これは實際の景況であつて當時の光景を髣髴せしむるものがある。

●斯の如く勞働者の雲集と質屋の增加とは正比例して維新の前まで及んできたのであるが旅客と運輸とで殆ど勞せずして生活し來つた伏見の人は、維新後年を逐ふて交通機關完備しゆきて、水には汽船、陸には汽車と云ふ有樣で雲助なるものを要せずなり雲助の廢滅によつて大なる打擊を被るの運命を如何ともすることができなかつた。

●云ふまでもなく伏見には雲助相手の質屋以外に幾多の商業者はあつたのであるが、要するに旅客と運輸機關を相手であるから、進取の氣象に乏しく、遊食の民の多き、京橋の上に懷手して立つて居れば二貫文や三貫文は何時でも儲かると云ふ有樣であつて、自ら安逸を貪らしむべく周圍の事情が然らしむるのであるから、商業家として起つ人は少く工業家は無論なく、產業振はず人心着實ならず桃源洞裡の夢さめざるに維新の激變は、これ等の人を驅つて生存競爭場裡に投げ出した。

●安逸遊惰、因襲俗をなせる伏見の土地は、必然の勢として產業の何等見るべきものがなかつた、勿論名產として鋸の製造などがあつたのであるが、これは一般的の產物にあらずして彼の谷口一家の製造にかゝり所謂株のやうなものであつた、そのほか伏見人形など人口に膾炙するものなきにあらざりしも、こは伏見と云ふよりは寧ろ草深村の產物であつた斯の如く伏見には產業なるものがなかつた、堅實なる產業は要するに堅實なる人心の反映である、人心堅實ならず遊惰安逸日もまた足らざる其時代の伏見に於て爭ぞ產業の見るべきものがあらうぞ。

●彼の伏見人形は當時の人心を遺憾なく語つて居る、今でこそ製法に改良を加へて稍見るべきものを出して居るが、當時の人形は唯伏見を通過する旅人が土產とするために買ふてゆくのであるから、唯その場さへ美麗であればよい提げて歸れば後は壞れても構はぬと云ふ輕薄なる人心によりて造られたものであるから、伏見人形と云へば直に破壞を聯想すると云ふ有樣であつた、されば遠方より注文し來るもの絕えてなく、又遠方へ輸出しやうとも思つて居ない、唯店頭を徂徠する旅客の眼を奪ひ錢に換へることに汲々たるに過ぎず、なほ宿場女郎が朝に北海の漁夫を送つては紅淚潸々として別離の悲みを訴へ、夕には南山の樵夫を迎へて喃々媚を呈すと云つたやうな有樣で何等誠意なるものはない、客の眼を奪つた其瞬間に於て錢を取ればそれでよいので一片客のためにすると云ふ眞情を有せない、されば伏見人形十個買へば五個までは鄕里に歸る迄に壞れる、壞れると云へばすぐ伏見人形を聯想せしむる有樣、輕薄なる商賣振りは、如何にも其時代の人心を代表して正に餘蘊なしと云つべきである、併しながら伏見人形なるものが始めて造り出された時代は、決して斯の如きものではなかつた、彼の伏見人形の始祖とも云ふべき一世の名工人形屋幸右衛門の作品の如き、今日一個十數圓、若くは數十圓にも値ひして而も求めんと欲するもそれが容易に手に入らないと云ふ有樣を以て見るも如何に立派なる美術品であつたかがわかるのである、美術品として尊重せらるゝこと斯の如き伏見人形が何故後世に至つて墮落の極に達したのであるか、他なし輕佻浮薄眼前の小利に汲々として何等遠大の目的を有せなくなつた當時の人心が何時の間にか然らしめたのである、而してこの輕薄にして恆久の信念なき民風は何處より釀し出せしか、他なし旅客を唯一の相手として所謂宿場女郎的根性を以て送迎し、而も利するところ少からざりし結果である、別言すれば當時の伏見町は一大桃源であつて、伏見町民は桃源洞裡花下に眠り昏々として而して覺むるところを知らなかつたのである。

◉されど桃源洞裡の夢は、明治維新てふ曉鐘により敢なく破られた、堅確なる基礎の上に築かれたる産業を有せず、着實なる人心を有せなかつた伏見の土地は、自ら孤城落日の慘狀を招くの餘儀なきに至つた、旅客を唯一の生活資料として居つた伏見は、交通機關の日を追ふて完備するにつれ、旅客の數は日一日と少くなつた、明治十二年早く既に京神間を往來したる汽車によつて、頓に寂寞を極めた、伏見街頭旅客の隻影をだにとゞめなくなつたと同時に、彼の伏見名物たる雲助等の勞働者は四散し盡して、明治十七八年頃には伏見は衰態その極に達し、そゞろにありし昔を翁媼の涙に腸を斷つの有樣となつた、軒を並べて店頭常に市をなして居つた大家巨屋は、しきりに破壞せらるゝのである、道路には悲しくも寂しき會話が交換される、曰く、昨日はどこそこの家が壞されたが今日は又どこそこの倉が倒される、明日は向ふの座敷、明後日はこゝの隱居、どうなるのでありましやうと、到るところにこの悲しき聲を聽き得る如く、又到るところに勁風に薙ぎ倒さるゝ枯葉の如く、朝までは巍然として聳えて居つた家々が夕には薪となるべく運ばるゝ哀れの姿を見るのであつた、幾代かの主人を送迎した大家巨屋の朽木を倒すが如く無殘の最後を遂げ、錯落として過ぎし全盛の夢を語つて居る風情の憫れさ、今なほ當時を回顧するものゝ眼に涙の露を宿さしめなければやまぬのである。

◉需用は供給を呼び起す、日々幾十軒、幾個所となく破壞さるゝ家は、遂にこぼち屋なる一種の職業を産んだ、此こぼち屋によりて多くの家屋や倉庫が草を刈るが如く薙ぎ倒されたのである、交通機關に除外せられたる土地が我伏見と同じ運命に泣くもの所在決して少くなかつたのであつたが、伏見町はことに甚しかつたのである、後明治二十一年に至つて行政區劃の改正と共に、七八百戸ばかりは附近の町村に編入せられたのであるが、十餘年前には尙一萬の戸數と稱へられた伏見町は、憐むべし約三千餘戸に減じたのである、是に依つて觀るも如何に其衰態の度の甚だ恐るべきものがあつたかを想ふに餘りあるであらう。

◉これ等の破壞せられたる家屋の多くは薪の代用として湯屋とか各種の製造場とかの煙と化するの運命を免れなかつた、當時は石炭の輸入未だ盛ならざりし爲め、破壞家屋の古材は斯の如く薪に代用せられたのである、けれども何を云つても日々こぼたるゝ家屋倉庫などが數軒、十數軒を算へらるゝのであるから、薪としても極下等の工場か湯屋でなかつたならば使用せないと云ふ有樣であつて、今より想像だにできない次第であつた、而してこれ等家屋は土地と併せて賣却すると却て廉價で、建物だけならば比較的高價と云ふ有様であつた、これまた今より常識を以て考ふることができない程であるが、其理由とする所は、土地には税が伴つてくるが上に街路に添ふたるところであれば板圍などせなければならぬ、收支はどうしても償はないと云ふにある、當時土地は品物を付けて貰つてもお斷りすると云ふ有様、衰態こゝに至つて極まれりと云ふべしで、今昔の感、轉た切ならざるを得ないのである。

◉併しながら物極まれば必ず變ずで、さしもに寒煙荒草孤城落日の悲況に陷り、何れの日か又一陽來復の曉に逢ふことができるのであらうと思はれた伏見も、いつの間にやら發展恢復の氣運が何處からとなく閃き初めたのである。

◉この時に當つて伏見酒界の人傑木村清助翁は、伏見酒販路の附近町村にのみ限られあることを慨き、蹶然起つて遠く關東及び北海道へ輸出を試み、伏見酒が前途に一道の光明を認めしめた。

◉伏見酒が遠く輸出を試みられなかつた以前に於ては、酒と云へば直に灘、伊丹を聯想せられたものであつて、其他の酒は唯地方的に需用せらるゝのみで絕えて遠く嘖々の名をほしいまゝにするに至らなかつた、木村翁が伏見酒遠征の濫觴を作るに及んで、これが風を望みて興起するもの相次で出で、伏見酒の名は漸く人口に上るに至つた、後明治二十七八年戰役に會し一段名聲を高め世上より伏見酒の存在を認めしむるに至つた、この時に當り一世の商傑大倉恒吉氏は伏見酒を世界に紹介すべく起つた、氏が明治三十七八年戰役當時の活動は隨分目覺ましきものであつた、氏の勞は空しからずして伏見酒の名聲は遠く海を超ゆるに至つた、爾來駸々たる進步の勢は灘を壓し伊丹を背後に瞠若たらしめんとして居る、旺然たる伏見酒の勢力は、人をして走り且偃れしむるものあるに至つた。

◉されども明治二十七八年戰役を經て數年、即ち三十一、二年頃に於ける經濟界の變動は伏見酒造家の頭上に一大打擊を加へた、こゝに於てか破産閉店相次で起り、頗る凄慘を極めたのであるが、ひとり打擊は酒造家の上のみに止まらず他一般商工業家の上に大なる影響を及ぼしたのである、併しながらこは唯一時の病的現象に過ぎずして、頹勢はいつしか回復せんとするに當り、さきに述べた大倉氏等の如き奮發家の輩出するあり、日露戰役を經ていよ〳〵發展の域に上り着々として堅實なる基礎を築き上げ、酒造家の年々釀出するところ優に六萬石を超ゆるの盛況を招き寄せたのである、而して前途の發展が俄に測り易からざるものありと云ふに至つて、まことに隔世の感なきを得ないのである

●ことに第十六師團の創設、交通機關の完備等が、如何に伏見酒をして彌が上にも發展向上せしめたか、而して伏見酒の隆盛は伏見町の發展に如何に資するところあつたか、これ等は最早說くの要を見ないのである、併しながら此間に於て最も堅實ならざるべからざる中産者、即ち伏見町の中堅として大に活動せざるべからざる中産者の危態を助け、彼等が將に倒れんとするを救ひ、伏見をして經濟的、道德的に蘇生せしめ、延て產業の隆盛を促し地に落ちんとせる德風を振起し、根底より生命あり希望あり意義あらしむべく起つたのは我伏見十六會であつた。

二、伏見十六會設立の動機

●時代の要求に應じて、我十六會が伏見町を經濟的に將た道德的に救ふべく呱々の聲をあげた以前に於て、伏見町には良友俱樂部と稱するものがあつた、これを組織する分子は何れも中流以上の士で、教育家あり、宗教家あり、實業家ありて、あらゆる職務にたづさはる青年階級が網羅されてあつた。

●良友俱樂部員は、每月一回宛會合して、各自の見聞感得した各種の說話を携へ來つて、互に發表し研究し以て各員が智德增進に資して居つたので、要するに一種の談話俱樂部であつた。

●これ等の會員のうちに、商店員として加入して居つたものは、村田久次郞及び安良藤吉人見喜三郞の三名であつた、而してこの俱樂部は、明治二十五年頃に創設せられたのであるが二十七年頃には、既に何等の活動をも見ぬと云ふ有樣になつた、こゝに於てかさきの三名は大にこの衰勢を慨し、何とかして振起せしむるの策を講じなければならぬとなし、なるべく繰り合せて會合し大に勉むるところあつたのであるが、それと同時に三名は熟ら思ふやう、我等は實業家であつて、他の會員とは聊か其趣きを異にし、獨立自營以て他日の計をなさなければならない、宗教と云ひ哲學と云ひ、教育文學甚だ結構ではあるが我等は主として經濟の方面に發展をなすべく勉めねばならぬ、互に相會して見聞を擴め意見を鬪はすことの必要は充分に認むるが、憾むらくは他一般會員とは其逕路を異にして居る、故に我等は我等と主義、目的を同うして居るもの別に一團を組織したいものであると云ふので、三人は俱樂部に向つて脫會を申込んだ。

◉もとより命、旦夕に迫つて居つた眞友倶樂部は、これ等三名の脫退によりて、終に崩壞の餘儀なきに至つた、一方三人の同志は、其懷抱せる目的を遂行すべく、熟慮審議の結果、一つの會を造つた。其目的とするところは、專ら實業上の研究に銳意し、各自業務的智能の向上、會員將來の發達をはかるにあつた。

◉新しく生氣ある靑年實業家の團體は、斯くして出來あがつた、意義あり生命ある有爲の會合はこゝに伏見町の救世主たるべき第一步を踏み出した、會すでに成る具體的規範なかるべからず、現在に於て爲すべき仕事及び將來とるべき針路それ〳〵定むるところなかるべからず、これ等總てのことは、予に一任せらるゝことゝなつた、予は即ち會則その他を立案し作製して提供することにしたのであるが、我等同志は當時なほ商店に仕へて居るものであつて、財力に於ても振はなかつた時であるから、會規等は悉く業務の餘暇に筆記して、伏見町に於ける各商店に仕へて居る雇人に宛てゝ配付し以て志を同うするものゝ來り會せんことを求めたのであつた。

◉ところが、第一回の會合に馳せ參じたものは、我等三名の發起人を合せて八名に過ぎなかつた、けれどもこの會合は最も趣味ある集りであつた、當時を回顧する毎に俯仰今昔の感に堪へぬものがある、この日八名の同志が齎し歸つたものは實にこの三ヶ條であつた、曰く第二回開會の時には各自一名宛の會員を勸誘し來ること、曰く會の名稱を考案し來ること、曰く會合に差支へのなき日を定め來ること。

◉第二回は果然十六名の會員によりて開かれた、時は明治二十八年の二月十六日、世は連戰連捷せる日淸戰役の終期、國威いよ〳〵八紘に輝きわたる時であつた、約によつて八名はそれ〳〵齎し來れる宿題の會名を發表する、或は實業靑年會を可なりとするものあり、或は商盛會が宜しからむと主張するものあり、各人各個、多少の苦心を重ねて案出せしもの、何れあやめと引きぞわづらふの感あらしめたのであるが、日は十六日なり、同志は十六人なり寧ろ十六會とするの簡單にして有意義なるには如かずと云ふことになり、伏見十六會の名稱は第一音波をこゝにあぐることゝなつた、最後は集會の日である、即ち各自職業上、比較的支障少なき日たらねばならぬ、九日、十一日、十六日、十九日、二十一日、二十六日と云ふが如き日は差支へ尠なき最も都合よき日と期せずして一致する即ち其中肴の十六日は如何と云ふことになつた、何ぞその事の奇なるや、集るところのものは十六名、集つた日は十六日、會名は十六會、而して今後の集會はまた十六日となつた。

◉斯の如くして毎月一回十六日を以て相集り、さきに述べた所の目的を遂行すべく勉めたのである、會員の集合場は予が當時の住宅を以てこれに當てゝ居つた、而してこれ等の會員は諸般の協議研究事項を熱心に協議し研究し孜々として理想に向つて進んで居つたのであるが、如何せん會員の多くは商店に仕へて居る身の上であるから財力に乏しい、有力なるものがない、されば例令如何なる好事業、如何なる理想の事業を見出し研究し畫策するも、これを實行せなかつたならば、水中の月を捉へんとする猿猴の如く、鏡中の花を探らんとする小兒の如く、何等の實益を生ずるものではない、實行せんとすれば、さきだつものは資金である、會當面の急務は、まづ資金を造り出すにある、資金の切要を感じた會員は憤然としてこの缺乏を征服すべく勤儉力行層一層を加へた、同時にこの要求に應ずべく十六會に貯金部なる一機關を設くることゝなつた。

◉當時の境遇は所謂環堵蕭然たるもので、會には何等の長物もなく、會員また何等の財力を有せなかつたが、物質的窮乏の甚しきに反し、勤儉力行、向上發展の精神は烈々として何物にも屈せず、何事にも撓まなかつた、番茶を啜つて時務を論じたのは尙彼の慷慨の志士が豆を咬んで天下の事を論じたと同じく、純潔なる青年の意氣天を衝くの概があつた、されど善行美事ありと雖、これを實行せなかつたならば、徒に口舌の雄を以て終始するに過ぎず何等人類の福利の增進をはかる能はず、實行は即ち金錢これが原動力たるを知り、資力の缺乏を痛切に感じた會員は、こゝに貯金部を開設し、大に本來の目的に接近し來つたのであるが、會員の現狀既に如上の有樣であるから、貯金の方法は一ヶ月五錢を拂込ましめ五ヶ年を以て一期とし以て貯金を奬勵し實行したのである、一ヶ月金五錢と云ふことは、たとひ丁稚と雖此くらゐの貯金はでき得るであらうと云ふので其最下限を定め、資力に應じて十口、二十口、多々益々致て差支へはないが、會員の資格としては商工業家の子弟及び店員に限ると云ふことに定めた、併しながら本會の趣旨を贊成し且會員の紹介を以てせるものは、何人と雖特別會員たることができる、この特別會員は補助の意味を以て毎月會費として金拾錢宛を出金することに定めたのである。

◉缺乏せる資力を充實すべく貯金部を設けた本會は、會員毎月一回の集會を繼續し、諸般のことを研究し修養し、會礎漸く堅く、會員また漸次增加し、明治三十一年の頃には、正會員、特別會員併せて數十名に達し、前途の光明を認め得るに垂んとし、數年の苦心漸く酬いられんとするに當り、端なくも一大打擊を被つたのである、一大打擊とは何ぞ、予が既に伏見近世史中に述べたところの伏見町第二の大打撃である、この打撃はひとり本會の打撃、伏見町の打撃に止まらずして、全國民をして驚愕せしめた日清戰後經濟界の不況を醸し出した空前の大恐慌であつた、而して當時に於ける我伏見町の經濟界は殆ど凄慘の哀れを極めた、酒造家は續々として破産閉店する、これ等の家に仕へたる店員にして我十六會の會員は、主人の不幸に殉じて退會を餘儀なくせらるゝ、ひとり酒造家の不幸のみに止まらず、これ等の打撃は他の商工業家をも襲ひ、而して酒造家子弟の如く、他の商工業家の店員たり子弟たる本會々員の不幸は、終に退會のやむを得ないことになり、斯くして發展の第一階段を上りたる我十六會は、また創業の苦心よりも更に甚しき苦心を再びするを避くべからざることゝなつた、されど我等は、彼の「天の將に大任を此人に授けんとするや必ずまづ其心身を苦む」の金言に思ひ到り、この慘状の寧ろ我會の將來に光榮あらしむるものなるを感悟し、敗將の殘兵を收めて而して他日の雄飛をはかるが如く、堅忍持久、よし砕身粉骨、當初の目的を達すべく、斃れて後止まんのみとの大勇猛心を奮ひ起し毅然として、死中に活路を求むべく努力奮闘を辭せなかつたのである。

◉併しながら經濟界の大恐慌に據る大打撃の斯の如く慘なるに似ず、心よりして退會せんとするものはなく止まりたいのであるが貯金部規約の定むるところ如何ともするなく、憾みを呑んで脱退を餘儀なくしたのである、卽ち貯金拂込を遲滯すること三ヶ月以上に及ぶときは脱退したるものと看做し除名すと云ふ制裁のもとに、脱退を餘儀なくしたものであつた、卽ち純然たる主家等の不幸に殉じて脱退の悲みを忍んだのである、斯の如き有様であつたから期間滿了たる五ヶ年目には會員數僅に七名であつたと云ふことによりて、當時の状態の凄慘を極めたことを想像し得るので、親しくこの間に處し共に辛酸つぶさに嘗めた同志の終生忘るゝことができない次第である。

◉恐慌の怒濤に震盪せられ、篩ひにふるはれて踏みとゞまつた五ヶ年後の貯金部は、さきに述べた七名の會員と而して五百貳拾圓の積立金とを殘した、今七名の會員を算ふると斯うである、村田久次郎、千歳喜四郎、高見音吉、辻喜代造、野村幾次郎、増井龜吉、人見喜三郎であつた、然るに五ヶ年間辛酸嘗め來つて漸く前途に光明を認め得るに當り、これまでの研究、協議あらゆる理想の事業施設をもなすに及ばずして、この際また脱退の人を見たことを遺憾とする、脱退を申込んだ人は千歳、村田、増井の三會員であつて、何れも貯金の全部を携へて會を去つてしまつた、後に殘りし四名の正會員は孤影まことに蕭然たるものはあるが、幾度か辛酸を嘗めて志はじめて堅して、既往數年間の經驗に鑑み、萬全の貯金法を定むべく種々これが制定に講究を重ねた、或は各地に於て行はれつゝある貯金の法制を參酌し、また或は各種頼母子講の規約を考覈し、更に勤儉貯蓄會の規定を引用し研究に研究を重ね熟議に熟議を重ね、苦心幾度か經き努力幾度か起ち、これならば些の間然するところなしとの自信のもとに作りなしたものを現行の甲種貯金となすのである。

二、貯金部の再興と規則の改正

㊀さきに近世史中に於て述べた如く、維新後の衰頽は今なほ人をして當時を回顧して思はず潸然として涙を催さしむるのであるが、二十七八年戰役後經濟界の順調は、稍町民の愁眉を開き、これに加ふるに酒造業の發展を以てせしため、一陽來復、絕へて久しき皷腹擊壤の樂み又遠からざる將來であらうと思はれしも束の間にて、全國に殺到したる三十一年の大恐慌は折角萌え出した民草をして倏忽の間に薙き倒した、當時また酒造家の倒産相次ぎ延て其他の商業家にも少なからざる影響を及ぼし、伏見全町が火の消えたやうな狀態となり我十六會貯金全部また爲に大打擊を蒙り、殆ど全滅の有樣となり、予と共に僅に四名の會員を餘すのみとなつた。

㊁この衰勢に見舞はれたる我等は、挽回の片時も苟にすべからざるを感じ、維新當時の狀況より降つて最近の土地經濟上の狀況を講究し、如何なる方法を以てすれば可なるかと、最適の方法を案出すべく苦心慘憺たるものがあつた、當時思へらく曩に制定した貯金方法は會員それ自身の利益をはかる極めて單純なるものであつて、何等他の困難せる人を救ふには足らない、希くは自他共に助くることができる方法を案出したいものであると云ふので、いろ／＼の方面から各種の參考資料を集め、講究に講究を重ぬること夜を以て日に繼いだのである。

㊂元來伏見は金利の高い土地であつて、加ふるに金融機關の完備せざるがため、月一割、一割二分、甚しきに至つては、一割八分と云ふ有樣で、一たび金を借るや唯利を支拂ふのみに汲々として、元金を償還するに堪へず幾年經つても元金は依然として、金利のために道途に倒るゝもの比々皆然りで、負債の苦境より免れ得ぬもの隨分多數に上つて居つたのである、十六會は即ちこれ等憫むべき多數の人を救はなければならぬ、我等はまづ第一にこれが救濟を講ずべく努力せなければならぬと云ふことに決した。

●凡そ土地が發展するにつれ、住宅に不足を告ぐるは必然の勢である、當時歩兵第三十八聯隊が、近く深草の野に設置せらるゝや、將校の多くは伏見に住宅を求めたので、伏見の家屋は稍不足を告げた、こゝに於てかこれまでの家賃よりは遙に高くなり隨つて商工業家の家賃まで騰貴し、中產者にして土地家屋を購入するなどは思ひもよらぬことゝなつた、然るに十六會は、これ等の家賃よりは少しく多額の金を月々納めたならば、一定の期限滿つるに及んで其土地家屋が己の所有に歸すると云ふ便法を案出したのである、又營業資金を借り入るゝものにあつても通常個人其他の金融機關に據るならば、利子を拂ふのみでさきにも述べたとほり元金は依然として殘り高利は終に償還の途を閉し何日までも償還はできない、然るに十六會の貯金方法に據れば、他一般の利子に比して低い金額を拂込むことによりて元利共償還し得るのである、又金の一時必要を見ない人にあつては、毎月本會より出張する集金人によりて座ながら貯金し得るのみならず、郵便貯金及び銀行等よりは、倍額の利益を得ることができる等、會員に對し及ぶだけの利便を與ふべく努めたのである。

●顧みれば本會創立の當時會員は商店等の雇人たる青年に過ぎなかつたが、既に五ヶ年を經過し、何れも丁年以上に達し獨立自營大に向上の一路に向つて奮進せなければならぬ時代となつたので、創立當時は專ら各自業務上の研究を主とし、併せて會員將來の發達を計ると云ふ趣旨によりて設立せられた本會は、今や社會のため伏見町のために盡さなければならぬことゝなり、趣旨は進んで

　本會は伏見實業界の改善發達を計り會員の幸福を增進するを以て目的とす

と云ふことになり、これを貫徹すべく從來の貯金法を改めて少くも次の四ヶ條に適合するの方法を講ずることゝしたのである。

　會員が貯金をなすには、可及的永遠にして且つ最も有利に貯金を實行し得らるゝ方法

　貯金積立期間內と雖、會員中に資金の必要を感ずるものあるときは其便宜を與へ得らるゝ方法

　會員中負債あるものは、其負債償却を容易に實行し得せしむる方法

　會員中住宅を所有せざるものをして容易にこれを求めしむる方法

の四ヶ條に就て講究し、即ち甲種貯金によりてこれが要求を充すべく最良の方法に到着したのであるから、當時町民一同の希望して止まざるところと符節を合すが如く、彼等は赤子の慈母を迎ふるが如く欣躍したのである。

●當時の會員四名は、この最進最良の方法を掲げ、大に本會の發展を試むべく、廣く會員を募り、彼の高利貸の徒を征服し伏見町中產者の危燃を救ふに鋭意熱心、汎く趣意書を配付して奔走甚だ勉むるところありし結果、忽にして十四名の同志を得たのであるからさきの會員四名は新入會者と相議り、以て貯金規約を定めだのである、時に明治三十四年二月十六日。

●この貯金規約は、今の甲種貯金であつて、其後多少の改正をなし現今では十二年制度になつて居るが、當時は十年制度であつた、即ち會員が持分一枚に對する貯金額を一箇月金參圓として十枚を一組とし、十年を以て一期となし、每年一回通常總會を開き、抽籤を以て拂込前の前渡を爲すことゝした、されば此抽籤に當つたものは、一時に三百五十圓の資金を受くることゝなり、その翌月からは受取金に對する元利一割二分五厘の割合を以て算出せる四圓三十八錢宛をば每月拂戾として十年の滿期に全く義務を免かれしむるの仕組であるから、二年以降の受取人もまた其割出しに依りて資本の融通を得、一期間貯蓄するものにありては、元利合せて遂に六百五十圓を受取ることができるのである。

●この故に一方には先づ貯金の獎勵となり、他方には更に中產以下の者をして容易に其資金を得せしめ、而も濟崩の仕組であるが故に、その利便や多言を要せない、されば十六會員となるもの日を追ふて增加し會運は駸々乎して進步發展したのである、後一期を十二ヶ年と改正するに當り、拂戾金も一割にて元利償貯法に低減し、最終拂渡の金高を七百二十圓となす等、頗る會員の利便をはかりこれがために資金のなきものは資金を得、負債あるものは其負債を償却し、住宅を所有せなかつた者は住宅を購ふことができ、何れも十六會の德を稱しつゝあつたのである。

●斯くて明治三十六年の頃に至つて會員の數は二百名に上り、貯金の口數は二百四十に達した、時恰も日露の間、風雲轉た急なるに會し、悲觀說のたかまつた結果、消極的の貯蓄論は唱導せられ、取り入るゝことゝし云へば何物と雖取入るゝのであるが、出すと云ふことになると病人があつても醫師に診せないと云ふやうな極端なることを行つて怪まない狀態となつた、この間に於ける十六會に對する迫害は非常なものであつて、豫て十六會を敵視せるものは該乘ずべしとなし、頻に流言飛語を放ち、あらゆる惡辣の手段を講じて反抗甚だ勉め、此際十六會を倒すにあらずんば又何れの日をか期せんと唱へて中傷讒侮の限りを盡した、ひとり十六會を敵視せるの徒が斯くの如き行動を取るのみならず、世人は嫌惡なる經濟界今回の犧牲となるものは必ず十六會であらう、伏見に於ては十六會が最先きに倒れることは鏡にかけて見るがやうであると稱へ、まことに四面楚歌の感あらしめたのである。

●この間にありて各地に於ては基礎の充分でない、內容の整つて居らぬ銀行會社は倒產閉店相次で起つた、伏見に於ても悲慘なる最後を遂げたものまた少くはない、併しながら最先きに倒るゝであらうと思つた十六會は巍然として頹容を示さない、雪中の松柏いよ〳〵靑々の槪がある、世人はひとしく驚きの眼を見張つたのであつた。

●されども敵視者が、あらゆる手段を講じて迫害至らざるなかつた影響は、流石に一部の會員をして貯金を躊躇せしめ又前貸金を受け拂戻金をなしつゝあるものも、美務を缺くに至るなど、これ等のものが續々生じてきたのである、この狀態を觀たる役員は、若しこの勢にして底止するところなかつたならば、十六會は世人の風說終に先見の明を誇らしむるやもはかりがたい、我等は粉骨碎身これが挽回の策を講じなければならぬ、一身の私を慮るの時ではない身を挺して會のために必死奮鬪せなければならぬ、もと〳〵我等貧產乏しきものが企てた事業であつて、而も二百有餘の會員が有り餘つた金を會に貯蓄を托したるのではなく、勤儉力行、苦心經營のうちより剩し得た汗の結晶とも云ふべき金を積んで居るのであつて、其目的たるや一に一身一家の向上發展に資せんとするにある、されば餘つた金を銀行等へ預けひたすら利殖を圖るのほか又他意なしと云ふのとは大に其趣をことにして居る、即ち彼等は經濟的全生命を會に托して居ると云つても差支へはないのであるから、一朝會の土崩瓦壞を見んか、彼等は盲人の杖を失つた如く向上の一路は爲めに塞がり、前途の光明は忽焉として消え失せ、失望落膽は如何にぞや、大多數の會員は再び社會に活動することができない不幸なる境遇に陷るのである、思ふてこゝに至れば我等は此際片時と雖、安んじて居ることはできない、一身を犧牲に供し、血と淚とによりて築きあげたる彼等の財產を保護せなければならぬと決心し、予がこれまで執り來つた事業、數年間苦心經營、漸く其緖につきいよ〳〵成功の域に進んだ人造肥料販賣を目的とせる殖產社を支配人たる安眞藤吉に讓り渡し、一意專心十六會のために寢食を忘れて盡瘁した、この間實に半歲、誠心誠意苦心奮鬪の結果、はじめ優に一年を費すであらうと思はれたのが、六ヶ月を以て整理を完了し、義務を全うせなかつた會員は前非を悔い、貯金を躊躇して居つたものは、進んで行ふと云ふことになり、止めて居つたものは再び加入を申込む等、新氣運はこゝに十六會の上に見舞ひ來つた、この時に當り世は日露戰役の初期で、連戰連捷國威いよ〳〵揚り經濟界は頓に活氣を呈し、四民歡呼の聲山野に滿ち、隆々たる國運と共に十六會はこゝに中興の業を終り、進んで發展を將來すべく新鋭の勇を振ひ起したのであつた。

◉經濟界の順調と共に、今迄不景氣の歎聲をあげて居つた伏見の商工業家も、漸く蘇生の思ひをなすに至つた、それと同時にこの經濟界の難關を經來つて毅然として些の頽容を示さなかつた我十六會を一種の奇蹟となし、必ず最先に倒るゝであらうと期待されて居つた十六會が斯の如くなるに反し、確固不動、如何に險惡なる恐慌の波濤と雖も、こゝばかりは覆へすことができまいと思はれた銀行會社が悲慘なる運命を免れなかつたのを見て、いよ／＼十六會の基礎の堅實なるに驚嘆したのである、世人の驚嘆は、やがて十六會役員の苦心慘憺の尋常でなかつたことを語るのである。

◉つぶさに創業の苦心を嘗めた上、更にこの經濟界の打擊と、反對者の迫害に打ち勝ち、一難經來る毎に更に一倍の勇氣を振ひ起し着々として理想の域に進みつゝあつたのであるが、三十七八年の戰役は我國運をして旭日の東天に赫々たるが如からしめたと共に、我十六會をして、いよ／＼向上發展せしめたのである、我軍が精鋭向ふ所風靡せざるなく連戰連捷、陸には堅壘を陷れ、海には艨艟を捕へ、日を經るに隨つて戰線の愈擴大するが如く、我十六會は日を追ふて會員の增加を來した、その增加率や豫想のほかに上つたのである、即ち戰役前二百名と註せられた會員は、戰役後一千有餘名の多きに達し、會の膨脹發展は一面に於て高利貸の撲滅となり、貪慾飽くなき彼等の爪牙に苦しめられて久しく發展の進路を沮害せられて居つたものを救ひ、伏見中產者が經濟的基礎を鞏固に築きあげたのである。

◉予はこの章を終るに當りて、十六會が如何に世道人心に裨益したかを證すべき一例をあげて見たいと思ふ、三十七八年戰役の當時今の本會理事にして伏見町質商の組合長を勤めて居つた松村忠三郎氏に、久しく金融の厄介になつて居た長谷川政吉と云ふ一人の鋸鍛冶があつた、この人は十數年の久しき、絕えず氏の家に二三百圓の負債を有して居つたが、その後本會が稍發展の勢を示した時會員となつて勤儉力行、僅に一二年の後悉皆さきの負債を償還してしまつた、松村氏はその事のあまりに不思議であるので、仝人に向ひどうして斯くの如く償還することができたのであるかと問ふた、處が、仝人は十六會貯金部に入會したお陰で斯の如き結果となつたことを詳細に傳へこれ迄の禮を厚く述べ且通常の負債は幾年利子を拂つても元金は依然として存するのであるが、十六會貯金部會員となり前貸渡金を受くれば通常利子よりも低い金額を拂込んで居ると一定の期限に達したならば元利金を償却することが、できるやうになつて居ることから、自分が十六會々員となつてからこの方、一方には資金の前渡を得たるがため爾來高利を仕拂ふの苦境を脱することができ、今日の餘裕を得るに至つたことを欣然として物語つたので、氏ははじめて十六會なるものゝ一班を聽き、進んで十六會に就いて其内容を充分に調査し、飜然として大に悟るところあり、斯かる至便至益なる金融機關の現出せる世の中に於ては、質屋は既に時勢に適するものではないとて斷然質商を止めた、併しながら多年營み來つた質商を一時に廢業することは事情の許さぬところであるので、取敢へず妻女の名義に改め、時勢に適する職業を物色して時計商を營むことゝし、質商には直接關係せず爾來十六會貯金部の會員となり、其熱心は遂に會員の推選するところとなり理事に當選し、今や十六會理事として盡瘁しつゝあるのである。質商を止め時計商に轉じた氏は、更に進んで蓄音機のレコードを製造販賣し大に活動して居るのである。

●質屋の組長たる松村氏がこの時代の推移に着眼した英斷は、當時善意の質屋を動かしたことは非常なるものであつた、質屋が細民の膏血を搾り、中産者が發達の途を塞ぐことの甚よろしからざるを悔悟せしめたことは蓋し尠少ではなかつた、さきに松村氏を得たる十六會は、更に溫厚篤實なる北村與三次郎氏を得た、氏も亦十六會の精神に感奮興起した質商の一人であつて、今は入つて十六會理事且つ信用組合專務理事として日々業務に盡瘁しつゝあるのである。

四、伏見圖書館の設立

●明治三十七八年の戰役は、皇軍の向ふところ連戰連捷、目出度その局を結んで洋々たる太平の風、東亞の天地に吹き遍からんとするや、經濟界は新しき興隆の氣運を喚び起し、さきにも述べたとほり我十六會貯金部會員の增加は著しきものであつて、貯金の口數も增加しその結果多少の剩餘金を見るに至つたので、何か戰勝記念事業を起したいと思つて種々研究の結果圖書館設立のことゝ決定し茲に伏見町の讀書界に貢献すべく、附屬事業として伏見文庫を設立するに至つたのである。

●且十六會を創立したものは、何れも商店に仕へて居つたので、その境遇は到底學校敎育を完全に受くることができなかつたことを遺憾とし、何とかして修學の途を求めたいとの希望が盛であつたので、所謂同病相憐むで、後進者にして我等が過去と同じ境遇にある子弟を導き又將來に於てもこの樣の境遇にあるものゝ絕えざることを慮り、其修養に資すべく圖書館を作りたい、且また伏見町にはこの種の設備なく、ために修學の不便を感ずるもの少からぬのであるから、これ等の要求に應ずべく豫て圖書館の設立を企てゝ居つたのである。

◉文庫の會員は、ひとり十六會の會員だけに止まらず、何人と雖入會することをゆるし、社會教育のために貢献すべく勉めたのである、この文庫は我十六會の附屬事業として第二に設置したので、これに鞅掌せしむべく文庫長一名、幹事十五名を置き、幹事の半數は教育家を以てこれに充て、他の半數は十六會の役員を以てこれに充てたのである。

◉文庫長には當地第一尋常小學校に三十有餘年一日の如く教鞭を執れる校長本谷音吉氏を推し教育家出身の幹事は書籍の選定等教育に關するの方面を擔當し、十六會役員出身の幹事は庶務會計を掌り、兩々相俟て文庫內容の充實を圖るべく孜々として勉めたのであつた。

◉現在の文庫は、貳千五百圓の基本金と、殆ど四千册の藏書とを有するの盛況に達したのである、而してこの文庫の特色として算ふべきは、他の圖書館に於て例の尠ない書籍を自宅へ持歸り家庭に於て閲覽し得ることである、卽ち伏見十六會々員及び伏見信用組合員にあつては、其家族が幾人あるも悉く無料にて貸與し、單に文庫の會員たるものにあつては、一人壹册を限り家に持ち歸ることを許し、公衆一般に對しては僅に一ヶ月五錢の會費を以て幾册でも閲讀することができる便利を與へて居るのである。

◉現在の伏見文庫を進め伏見圖書館となすべく目下建築計畫中であるが、その成功を待ちて別に伏見圖書館一班なるものを編纂し世人の參考に供したいと思ふ。

五、伏見信用組合の設立

◉我十六會貯金部は、幾たびか襲び來れる障害に打ち勝ちて、いよ〳〵進歩向上、ますます基礎を鞏固にするにつれ、社會の信用は旺然として貯金部の上に集つたのである、而して三十七八年戰役後に於ける我國經濟界の好況に伴ひ、我貯金部の盛況は、前すでに述べたとほりであるが、戰役の目出度平和に局を結んだ時、卽ち明治三十八年の末に至りて、我貯金部が收入した金額は既に金三萬八千四百九拾圓餘の巨額に上り、其支拂総額は實に金參萬六千七百八拾六圓餘に達し、幾分當初の目的を達することを得たのであるが、もと本會附屬貯金の事業たるや、會員をして一定の期間に於て一定の貯金をなさしめ、毎年抽籤を以て目的の金額を授受するの制度であつて、恰も彼の頼母子講の進化したものであるから、一時に纒りたる金融を得るの便利はあるも、日常不斷に金融の便利を必要とする中小商工業家の金融機關としては、未だ完備のものとは稱することができなかつたのであるから、一方に於て日常の金融機關の必須缺くべからざると同時に、他の一方に於ては是非とも日常金融機關の設置は、片時も等閑に附し去ることができなくなつた。

◉然らば即ち如何にすれば、この要求に應じて遺憾なきを得るであらうか、日々夜々金融の必要は中産以下の商工業家が痛切に感ずるところである、如何にすれば我十六會々員中の商工業家に對し、これが利便を與へ得るか、他に良法はなきかと種々考案をめぐらし、苦心研鑽怠りなかつたが、未だこれならばと思はるゝ良法に到着せなかつた折柄、予は京都帝國大學法科大學教授法學博士田嶋錦治氏の講話を聽き、端なくも産業組合法なるものゝあることを知り、其信用組合法を一讀するに及んで、組合の精神、目的等期せずして殆ど我十六會の精神目的と符合し一致せることを知り、これが設立許可の申請書を、明治三十八年四月八日を以て其筋に提出し其翌月許可せられたので、同年七月一日より十六會の事務所内に於て信用組合の業務を開始し、こゝにはじめて多年遺憾として居つた中産以下商工業者日常金融の機關を完備し整頓することができた、これ即ち我伏見信用組合の起原である。

◉なほ詳細に至つてはさきに編纂した伏見信用組合一班に讓りたいと思ふ。

六、新聞紙の刊行と附屬印刷部の設置

◉伏見町には未だ嘗て新聞の發刊を見なかつた、彪然たる我國有數の大町たる伏見町に町の輿論を代表すべき機關の設備がなかつたと云ふことは、本會の常に遺憾として居つたところである、そこで明治三十九年一月に、はじめて伏見實業新報と題する一新聞を創刊した、これ抑も我伏見町に新聞紙なるものゝ出來た嚆矢である。

◉併しながら、この實業新報は、僅に月二回の發行であるが上に、主として學術技藝、道德經濟等に關する名士大家の論說講話を掲載すると同時に十六會員及び信用組合員の營業を廣く一般に紹介するだけに止まり、多少世道人心に資するところあつたとは云へ、純然たる學術新聞であつたから汎く時事の問題を論議して輿論を喚起するの利便を缺き、ために頗る窮屈を感じつゝあつた折柄、且

つまた一方伏見信用組合は、漸次發展の域に上り、本會貯金部の業務日を逐ふて、いよ〳〵盛大となり、兩々相俟ちて伏見町が經濟と道德の調和をはかり、更に大に町の發展のため力を盡さんとする折柄、實業新報はこの要求に應ずべく餘りに不適當であると云ふので、他にこれに代るべき適當なる新聞紙を發刊せんと企てつゝあるうち、三十七八年戰後軍備擴張の結果、彼の第十六師團が、我伏見町近くに新設せらるゝことゝなり、且その師團の名が我十六會の名と相符合せることの奇を感じこゝに伏見實業新報の組織を變改して時事問題をも論議し、町の輿論を代表し得らるゝものとなし、その題名をも十六新聞と改め、發行日は一六の日となし、月六回宛發行し、以て伏見町のため大にその發展策を講じ奮勵甚だ盡すところあつたのである。

◉其後明治四十一年に至り我十六會が社團法人となつた頃、中野種一郞なる人が明治新聞と稱する日刊新聞を發刊することゝなつたので、伏見町の如き小市街に於て、同じ樣な新聞が二個保たれてゆくことは六ケ敷い、所謂兩雄並び立たずであるから、若し新に新聞を發行する人が、本會發行の新聞と其主義を同うし、これを繼紹し發揮するならば、何人にても十六新聞の後を繼がしめて差支へはないと云ふことゝなり、明治新聞を起さうとする中野種一郞なる人の意見を徵し、終に協議纏まり、十六新聞が嘗て實業新報の號數を追ふた如く、明治新聞また十六新聞の號數を襲ふて發行することゝなつた、爾來五ヶ年、間接に直接に本會が明治新聞に與へたる助力は尠少ではない。

◉はじめ伏見實業新報を發刊するや、その印刷は他の活版印刷業者に命じて居つたのであるが、甚だ不便であるので、十六新聞と改題すると同時に明治三十九年十二月を以て附屬印刷部を設置し、新聞の印刷と共に十六會及び信用組合諸般の印刷物をもこゝに於て行ふことゝしたのである。

◉これ等に關する詳細は別に小冊子に編纂されてあるのであるが、この印刷工場設置に就て要した經費は、約四千五百圓、その內譯は工場の設備として二千圓、機械活字購入費が二千五百圓と云ふ有樣である、これ等は十六新聞を明治新聞に繼紹せしむるに當り、全部を擧げて貸し渡し、以て全新聞紙が生長を補くるところあつたのである。

七、組織を社團法人と改む

役員の内訌

◉明治四十年十月、大日本産業組合京都支會の發會式を京都府廳内に於て擧行せられた時東京からは大日本産業組合中央會會頭男爵平田東助閣下をはじめ、農商務省の高等官が臨場せられ頗る盛會であつた、予また伏見信用組合を代表して出席したのであるが、平田會頭から面會をしたいから來てくれとの通知に接した、閣下の休憩室は府廳内の三八倶樂部樓上であつて、上つて見ると閣下をはじめ大森知事、その他農商務省より出張せられた數人の官吏が居られる、そこで予は一場の挨拶を申上げたのであるが、閣下の云はるゝやう君の組合は三十八年の創立であつて、全年は僅に半年の間に過ぎなかつたから、收支の相償つたゞけで、利益はなかつたことは其報告によりて見たのであるが、三十九年には相當の利益をあげたことであるから、このはじめて得た利益のうちから中央會の基本金として金五圓を寄付してくれたことは予の最も喜ぶところである、金高の多少に拘らす即ち君の組合の目出度き初穗をもらひ、基本金のうちへ加ふることを得たのは甚だ結構に思ふところである、今後ます〳〵組合のため盡力せられんことを望む、とのお話であつた、その際更に明日は一應君の組合を視察したいとのお話であつたから、其翌日組合でお待ちうけして居つた處が、平田會頭をはじめ農商務省、京都府廳の各官隨行者が我組合に親しく駕を枉げられたのであつた、閣下からは伏見信用組合の設立の動機から其他事業の大要を陳述せよとのお言葉があつたので、予は聊か自分の考ふるところを述べたのであつた。

予は伏見信用組合設立の動機を述ぶるに當つては、勢ひ伏見十六會のことに就て述べなければならぬので、まづ十六會より述べはじめたのであるが、これを聽かれた平田男爵は、お前のところは信用組合だけだと思つて居たのであるが、ほかにそんなものがあるのかと問はれ、且十六會のことに就ては熱心に耳を傾け且一々質問せられたのである。

◉而して尙事務所内を巡視せられ、その時集つて居つた伏見十六會の役員、伏見信用組合理事、其他各事務員に對し、十六會樓上に於て一時間に餘る訓示的講話をせられたのである、その際會頭閣下のお言葉に、今入見會長より十六會の經過を具さに聽いたのであるが創立以來今日に至るまでの役員の苦心少からず、又幾多の障害もあつたが、種々なる困難種々なる障害を排し、進んで文庫を造り、信用組合を作つたのは、其勞甚だ謝すべく又國家のため甚だ喜ぶべき次第である、尙十六會の内容を聽けば面白い實に有益なる方法と認める、希くは將來層一層奮勵せられことを望む、予また尙一層この事業に就て講究したい考であるが、明日は四國及び九州に向つて出發せなければならぬ豫定になつて居るので今回は旅を急ぐため充分なる調査をすることができぬのは遺憾である、併しながら十六會の內容に就ては、委しく承知をしたいのであるから、どうかこれが調査書を作製して旅行先へ送つてくれ、府のはうへも云ふて置くし、又今度行く地方々々の組合へ噺の材料としたいから是非送つてくれ、と語られ、なほ語を繼ぎて云はるゝやう、凡そ一事一業を起さんとせば、必ずや辛苦艱難のこれに伴ふことは避くべからざる數である、困苦に耐ふる能はず、障害に打負くるやうなことでは事をなし業を遂ぐることはできない、困苦に打勝ち障害を排して進んできたのは、なほ武士が戰場に倒れずして奮鬪力戰敵を擊退したやうなものであつて、即ち勝利を得たのである、何事業を問はず困難の伴ふのは避くることができないのである。

◉聞けば十六會は、まだ法人になつて居らぬと、この際政府の監督を受けて法人組織に改めたらどうか、創立以來失敗なくして、こゝまでやつて來たのは結構であつたが、又將來に於て如何なる事が出來ぬとも限らぬ、よろしく政府の保護監督を受くる法人組織にするを以て可とせずや、どうか、とのお話であつた。

◉予は平田閣下の御訓示、御講話に感泣し、一々肝に銘じて忘るべからざる旨を述べて、以來益々奮勵努力せんことをちかひ、閣下を送ると同時に、命の如く調査書の作製を督して其旅行先へ發送したのである、十六會を愛撫せらるゝ平田閣下は、なほ當時隨行して來つた有働農商務技師を以て周到なる注意を與へられたのである、予は乃ち層一層奮勵を加へ、內容を整頓し、更に法人組織となすべく考慮をめぐらしたのであるが、其手續等を知ることができなかつたゝめ、且は四十年の歲も漸く窮まらんとして餘日幾何もなかつたので、其筋へ願書を提出せずして、明治四十一年の春を迎へたのである。

◉明治四十一年內務省の囑托を受け、慈善事業その他公共團體の指導奬勵のため、これ等の詳細を調査すべく、留岡幸助先生が各地に出張せられた時、先生は內務省の命を奉じ一月十七日を以て我十六會へ來られた、其際先生は種々內容を調査せられ、又其經營談を聽かれたので予は具さに申上げたのである、先生は予の經營談が終つた時、さきに平田會頭閣下の云はれた如く、いろ〳〵と訓示奬勵せられ、且云はるゝには、凡そ一つの事業を經營しやうとすると、種々の障害が起ることは免るべからざる處である、十六會が今日まで先づ無難に經來つたのは、幸福と云はなければならぬ、內務省はこの種の事業を保護奬勵し、健全なる發達を遂げしむべく勉めて居らるゝのであるから、切に奮勵せられんことを望むとて諄々として述べられたのである、當時留岡先生と共に來會せられたのは、京都府の昌谷内務部長と櫻井紀伊郡長其他數人の屬官とであつた。

◎留岡先生は更に語をつぎて云はるゝやう、近來内務省は經濟と道德との調和策として、又地方民風の改善を圖るの、一策として報德主義を鼓吹して居るのである、而して十六會の如き團體は、二宮先生の敎を奉ずることを以て最も適切と考ふるのである、何となれば報德主義の敎ふるところは、勤儉力行をなすこと、分度を守ること、推讓をなすこと等であつて、これ等の勤儉力行、分度、推讓等の美德を一の至誠を以て貫くことを以て報德主義の神髓とするのであるから、他の如何なる宗敎を奉じ居るものと雖、すこしも背反するものでなくして、よく調和するものである、それ故に佛敎あり、神道あり、基督敎あり、あらゆる宗敎を奉ぜざるものを會員とする團體にありては、何宗敎にも能く調和し、所謂あたり、さはりのなき道德たらねばならぬ、一方に於ては善と認むるも、一方に於てはこれを排斥するやうなものでは宜しくない、報德主義は即ちこの要求に應じて遺憾なきものであつて、如何なる宗敎と雖抵觸するところはない、不可とする點は少しもないのである、十六會が報德主義を奉ずると云ふことは最も策の得たるものであるとて、道德と經濟の調和に就て懇々話されたのである。

◎留岡先生は最後に云はるゝやう、報德主義を奉じて事業を進めやうとするならば、彼の駿遠地方の如き報德會とか、報德社とか稱ふる團體が、社團法人となつて居るのであるから、これにならつたなら如何であるか、社團法人とするに付ては、一應府廳より手續をしてもらひ、内務省へ願書を提出するやうにせよ、内務省は、公益事業に就ては大に指導奬勵して居らるゝ折柄であるから、その手續をなすやう取計らふがよからう、予は一應府廳へ話しをして置くからと留岡先生は懇ろに敎へ示されたのである。

◎斯くて留岡先生は、本會を去らうとせらるゝに當り、平田閣下と同じく十六會の役員、信用組合理事をはじめ各事務員を集め、一場の講話をせられ、一同に多大なる感動を與へられたのである。

◎予は其後社團法人の手續につき府廳へまゐり、種々お話を聽いたのであるが、この當時府下には、公益社團法人なるものは一つもなく、慈善とか敎育とかの財團法人はあつたが民法による社團法人なるものはなかつた、されば其手續等に就ても詳細を知ることができないので、其旨を留岡先生へ申上げたところが、内務省にはこれ等の材料があるから一應内務省へはかつてやらうとのお返事を受けたのである。

◎その翌月の十日であつた、現内務次官にして當時内務省地方局長であつた床次竹次郎先生から至急東上せよとの予の名宛の電命があつた、そこで命を奉じて東上するについては豫てお世話になつたのであるから一應府廳へ行つて其意見をたしかめて置く必要があると考へ、電命のあつた翌日は紀元節であつたから、十二日を以て府廳へ出頭し地方局長からの電報を示したのであつた、府廳では然らば東上してくれと、内務部長及び庶務課長は申され而して内務省で取定めた事には異議はないとのことであつた。

◎そこで退廳するや否や、其日の午後東京に向つて出發したのである、其際予と同行したのは理事松村忠三郎、中村太三郎の二名であつて、ほかに定款その他書記の事務を執るものを選拔して田村忠吉を隨行員たらしめたのである、汽車の東京に着いたのは翌十三日の午前九時頃であつた、乃ち直に朝食を了へて十一時頃、内務省へ出頭したのであつたが、來意を受付に通じて待つて居ると、留岡先生も出廳して居られ、彼是晝食の時刻であるから辨當を與ふるとのことであつたので、食事を濟ませて待つて居ると、留岡先生は來られて云はるゝやう、内務省は晝食後の一時間を、地方に出張して居つた吏員が土產話及び地方から出頭したものゝ特種の事業經營談を聽くことになつて居る、それで地方局長其他の高等官も食堂に集つて居るのであると、晝食後行つたところが地方局長をはじめ井上參事官其他の高等官が二十名ばかり集まつて居られた。

◎地方局長は、予に向つて十六會の經營談をせよとのことであつたから、一通り創立以來今日に至るまでの間のことを、及ぶべきだけ述べたのであつた、この間殆ど一時半に亙つたのであるが、井上參事官の如きは、經營の苦心に非常なる同情を寄せられ、雙眸に涙を湛へて傾聽を忝くしたのであつた、こゝに於てか井上參事官は、人見の話はそのくらゐで措いてくれ、悲しくなつて來るからとて更に云はるゝには、今日同行してきた人の話を聽きたいとのことであつた、そこで松村忠三郎は、十六會へ加入の動機即ち予がさきに述べて置いた鍛冶と松村氏との話を實歷談として述べ、次に中村太三郎は起つて曰く自分は伏見町の西南部に居る百姓であります、十六會の設置後、熱心なる會員の誘導によりて加入したのでありますが、其後非常に十六會貯金部の組織方法に感心し、附近のものにも及ぶべきだけ勸誘いたしまして現今では其大部分は十六會會員となつて居ります、伏見町の西南部は字を三栖と稱へまして一部落をなして居ります、而して部落の大部分が會員となりまして以來、殖產興業の上に非常なる利益を得つゝあるのであります私は別にこれと云ふ仕事がありませんので、會のために勉めて居るのであります云々。

◎中村氏の談話終るや、田村忠吉は明治三十七八年戰役後事業失敗のため一時苦境に陷つたのであるが、幸にして十六會のために救はるゝことを得、今は相當なる生計を營むことゝなつたことなどを申上げた、これ等の談話は予の談話と通じて前後二時間の長きに亙つたのであつた。

◎晝食後、内務省の高等官が所謂テーブルスピーチによりて、各自地方視察の實驗談をなし又地方から上京したものと食卓を共にし、おの／＼其實驗談を徵せらるゝことは、一時間と云ふことにきめられてあるのであるが、予等一行の談話には特に二時間を割愛せられた、特別用事のある方を除くのほか、何れもこの長時間の間、ことに拙なき談話に耳を傾けられ、井上參事官の如き、予の經營苦心談に同情の涙を濺がれたと云ふことは、實に無上の光榮と云はざるを得ないのである。

◎ひとり我等一行の實驗談を熱心に聽取せられたのみならず、いろ／＼と社團法人出願に關する材料を與へられ、且なにくれとなく懇切に指示せられ、尙願書は御前の方から提出することにせよとて、その方の係りである五十嵐鑛三郎氏に紹介の勞をとられたのである、そこで予は更に十六會のことに就て、お話をした處が、氏は一々意見を加へられ、願書は宿屋に歸りて一通り作成してみよと丁寧に示されたので、敎へられたとほり作成することとしたのである。

◎その後四五日間は、折角上京したのであるから、成るべく有益なる事業の紹介をしてやらうとて農商務省の農品陳列所をはじめ各模範とすべき事業其他參考たるべき各工場等の參觀より折から開かれてあつた帝國議會の傍聽に至るまで誘導せられ、非常なる歡待を受けたのである、斯くていよ／＼京を去るに臨み、内務省が無限の厚情により、定款に對する同意を伺ふことを得、いろ／＼の材料を纏め、二月の十八日を以て歸伏したのである。

◎歸伏後直に臨時役員會を開き、内務省地方局長以下高等官の社團法人に關する談話訓示等を傳へ、十六會を社團法人となすの最も必要なることを語つた、多數の役員は何れもこれに同意し、社團法人に其組織を變更することを心よりして希望したのであるが、十六會創立以來、幾多の辛酸を共にした安良藤吉は、不幸にしてこれに反對することゝなり、辻喜代造、本谷萬次郎の如き又安良に贊同して反對の側に立つた、彼等が組織の變更に關し反對せる理由は、即ち彼等が社團法人なるものゝ性質を法律家について研究してみたのであるが組織は完全であるか知らぬが我等のこれ迄會のために勞したことは總て空に歸してしまふ、我等が積み來つた數千圓の財產は、十六會なる社團法人のものとなつて、我等は其財產に關して何等の權利をも持つことはできぬ、我等が會のために盡してきたのは無論會のためには相違ないが、一面に於て總ての財產を左右せんがためであつた、然るに社團法人は私に如何ともすることができぬ、私の自由にならぬ組織に變更することは絕對に反對である、と云ふので極力反對したのであつた。

◉社團法人に組織を變更し、千歲不滅の團體を形造ることは何人と雖、苟も社團法人なるものゝ性質を了解するものにあつては、些の異論あるべき筈のものではない、內務當局無限の厚意に浴し、あらゆる材料を調へ、幸多かるべき十六會の將來を祝福され、欣然として我等と創業の苦辛を嘗めた役員諸氏にこの絕好の土產を齎すべく召集した臨時役員總會は、少數沒分曉漢が極力反對のため、正義、反對の兩派を造り出さしめた、神ならぬ身の誰か斯くあるべしと思はんや、希くは予をして當時を語らしめよ。

◉予は反對派に向つて曰く、予は去る明治二十七八年即ち十六會創立以來、自己の專業を會の犧牲に供し心身の限りを盡し會のために粉骨碎身、東奔西走、席暖るに暇なきもの十有餘年、幾たびか身命を賭して難局を排き以て今日あるを得せしめたのである、而して予が會のために一身一家を犧牲に供したと云ふ所以のものは、決して會によりて私利私益をはからんとするに出でたのではない、はじめ十六會を組織するやたゞ十數人の創立當時の役員のために、私利私益をはからしめんがためにするの念は毫もなかつたのである、十數人の私腹を肥やさしめんがための機關として造つたのではない、伏見町實業界の改善發達と、會員それ自身の向上發展をはかるべく創立したのである、今回社團法人に變更せんとするのは當初の方針を數層擴大し、伏見十六會なる團體をして國家と共に其生命を無窮ならしめんとするのである、而もこの組織の變更たるや、予が發意にあらずして十六會の主義方針及其成績等が大官巨紳に認められし結果、これ等の人々より無上の恩遇を受け、この結搆なる組織に變更することの甚だ利益にして且國利民福をはかる上に於て、時勢の進運は是非この組織方法を採るの最急務なるを極めて懇篤に極めて丁寧に指示せられたのである、即ち自動的發意にあらずして他動的發意である、況やこれが一代の名士、一世の大官によりて導かるゝに於て、我等はこれを以て無上の光榮とし、我等と主義を同うし方針を同うし、一心同體、幾度か創業の苦辛を嘗め、幾幾か難局苦境に出入し、情義日を追ふて厚く骨肉啻ならざりし諸氏に、この無上の光榮を傳へ共にこの光榮に浴し、十六會が幸多き將來を共に樂むべく歸來欣然として諸氏に對すれば、何ぞ圖らん、骨肉啻ならざりし諸氏のうち此理想の組織に反し、十六會を以て私利私益の機關たらしめんとする諸氏の心情を見るに至りしは慨嘆殆ど云ふところを知らないのである。

◉諸君は當初よりして私利私益を圖るべく十六會創立の事業に當り、一點十六會の趣旨に合ふべく勉むるの誠意がなかつたことは反對諸氏今日の言によりて了解し得るのである、諸君が斯かる忌むべき邪念を以て各自業務の餘暇會務に鞅掌せし間に於て、予は全身全力を注いで會のために盡瘁したのである、碎身粉骨、會と生死を共にしたのである、予は念頭一日たりとも伏見町のためと云ふことを忘れず、予と其境遇を同うせるものゝために發展の針路を拓くべく奮鬪努力片時も懈怠せなかつたので、決して數人や十數人のために盡したのではない、若し數人や十數人の役員の利益を圖るのであつたならば、決して斯かる會を組織せなかつたのである、予は社團法人の如き絶好組織に變更せんとして、不幸數名の反對者を出せしことを最も遺憾とするのである、十數年の長き骨肉の交を結むだ間柄に於て、この不幸を見る、予は實に無限の感に打たれざるを得ない、併しながら誤れる主張に對しては飽迄爭はなければならぬのである、と述べた、而して予はこの爭ひを悲むうちにも、親友ことに義兄弟の誓ひを結んだ安貝藤吉君が、この反對説主張者の一人たることを深く悲むのである、安貝君は十六會創立當時共に苦辛を嘗め來つた同志の一人であるが彼れは去る明治三十一、二年の經濟界の大恐慌に當つて、當時なほ商家の店員たりし彼れには貯金の拂込の義務を盡さなかつたゝめ規約により脱退したのである、後最初の貯金期限たる滿五ヶ年を了り、更に繼紹し且これが組織の改善をはかるべく貯金部規約を制定した時、前に淺からぬ關係を有して居つた彼れのことであるから、再び勸めて入會せしめやうとしたが、當時僅に六圓の月收であつて到底誘ひに應ずることはできない、入會はしたいのであるが如何とも事情がゆるさない且自活の道さへつきかぬるのであるから、と云ふやうなことであつたから、予は其事情のやむべからざることを察し、彼れに代つて貯金の拂込みをして居つたのである、斯かる折柄予は病氣のために予が經營せる殖産社の業務を親しくすることができなくなつたので、彼を擧げて支配人たらしめ金拾五圓の月酬を給與して居つたのである、其後殖産社の業務發展と共に神戸に製造場を設け共同事業として營んだので彼れば社員と云ふことゝなつた、而して明治三十四年以降には十六會の書記たらしめ、間接に直接に彼れの身の上に幸多かれと祈つた間柄であつたが、遺憾千秋彼れは主義のための爭とは云へ、反目嫉視社團法人なるものゝ十六會の利益を圖る所以にあらざることを役員及會員の間に遊說し反對派の勢力を增大すべく勸誘甚だ勉むることゝなつた、勿論これは彼自身の意志であつたのであるが、幾分か他から煽動せられたところも認むるのである、斯くて反對派はあらゆる方法と手段を講じ組織變更を打破すべく極力惡闘するところあつたのであるが、大勢は如何ともすべからず、總會は遂に伏見十六會なる名詞の上に社團法人なる美しき冠を戴かしむべく一瀉一里の勢を以て決議を了したのであるこゝに於てか安眞藤吉、辻喜代造等は憤慨措く能はず隨時隨處に十六會の發達を沮害すべく惡辣手段を講じて憚らざる動機は此時に於て胚胎したのである、彼れは斯の如くにして會に就ては敗れたのであるが、彼自身の職業上に於ては一種の成功を贏ち得たのである、何となれば會務多忙のため殖産社を顧みるに暇なかつたに乘じ、いつの間にか安眞の物として總てを支配し今日の地盤を造つたからである。

◉安眞藤吉は、以上述ぶる如く組織變更に就て絶對に反對の意見を持し、固く執つて動かなかつたのであるが、予は個人として何等彼れに隔意するところはない、社團法人たらしむべく勉めた時の安眞君は彼れの如く反對したのであるが、安眞君と共に反對派として願書の調印を拒み妨害至らざるなかりし辻喜代造と本谷萬次郎の兩名は願書を府廳へ提出後わざ〳〵取戻して調印したのである。

◉我十六會が社團法人に其組織を變更するに當つて紛擾に紛擾を重ねたことは、さきに述べたところにより、略その一班を盡したことゝ信ずるのであるが、社團法人組織變更を總會にて決したる後反對者の重なる人々より抗議を申込むこと頻々たるうちに、彼等數年間の功勞に對し記念品を贈らんことを以てせるものがあつた、そこで會はこれ等の人々に對し貴重なる財産のうちから金五百圓を提供し、以て組織變更に關する願書を提出するの運びとなつたのである。

◉社團法人の設立認可は、これまでの出願者等の例に徵すると、どうしても一ケ年を要する、少くとも一ケ年後にあらずんば其認可を見ることはできないのであるに拘はらず、我十六會は三月七日に願書を內務、文部の兩省へ提出して其年五月十六日を以て認可せられたので、この間日を經ること僅に七十日、まことに異數と云はざるを得ないのである、ことに五月のはじめを以て認可せられ電報にてこれが恩命を拜したのであるが、會名の十六に因みて、その月十六日までとゞめ置かれ十六日の日付を以て認可せられたのであることを承るに及んで、如何にその筋の大官達が我十六會を愛し我十六會のために無限の同情を寄せられたかゞわかるのであつて予は當時を回顧する每に感涙の襟を濕ほすを覺えないのである。

八、認可を受けたる伏見十六會定款

第一章　總則

第一條　本會ハ伏見十六會ト稱ス
第二條　本會ハ事務所ヲ京都府紀伊郡伏見町字上南部七十二番地ニ置ク
第三條　本會ハ二宮尊德翁ノ遺敎ヲ遵奉シ會員相互ノ德義ヲ奬メ且ツ伏見町ノ改善發達ヲ圖リ町民ノ幸福ヲ增進スルヲ以テ目的トス
第四條　本會ハ前條ノ目的ヲ達センガ爲メ左ノ事項ヲ行フ
一、貯金部ヲ設ケ勤儉貯蓄ヲ奬勵シ之レガ實行ヲ期スル事但シ貯金部ノ組織方法ハ別ニ之レヲ定ム
二、圖書館實業學校ヲ設立シ敎育ノ普及ニ資スル事
三、公會堂ヲ建設シ有益ナル團體等ノ會同ニ便利ナラシムル事
四、雜誌等ヲ發刊スル事
五、產業組合其ノ他公共組合ヲ奬勵シ相當ノ援助ヲ與フル事
六、每月十六日會員ノ集會ヲ催シ政黨政派ニ關セズ地方自治ノ發達ニ關スル講話研究ヲ爲シ其實行ヲ期スル事
七、其他總會ニ於テ必要ト認メタル事項

第二章　會員

第五條　會員ハ貯金部ニ加入シ第三條ノ目的ヲ達センガ爲メ入會ノ際金拾圓ヲ出資スルモノトス
第六條　會員ハ本會々則ヲ遵守スベキハ勿論常ニ忍耐ト熱心トヲ以テ本會ノ目的ヲ達スルニ勉メザルベカラズ
第七條　會員ハ政治團體ニ加入スル事ヲ得ズ
第八條　本會ニ加入セントスル者ハ會員ノ紹介ニ依リ役員ノ承認ヲ得ルヲ要ス

第九條　本會ハ會員中不時ノ災厄ニ遇フカ又ハ一時事業上若クハ生計上ニ非常ノ不幸ヲ來ス者アル𪜈ハ役員會ニ於テ事實取調ノ上不正行爲ニ基クモノニアラズト認ムルトキハ救護スルコトヲ得

第十條　本會ハ財產餘裕ノ場合ニ於テハ本會ノ名義ヲ以テ公共慈善事業若シクハ罹災者ニ對シテ金圓又ハ物品ヲ贈與スルコトアルベシ

第十一條　會員ニシテ本會則ニ違反シ不德ノ行爲アルカ又ハ本會ノ名譽ヲ毀損スルガ如キ行爲アリト認メタル𪜈ハ総會ノ決議ニ依リ除名スルコトアルベシ

第十二條　本會ハ會員名簿ヲ備ヘ置キ會員ノ異動アル每ニ之レヲ訂正ス

第三章　役員

第十三條　本會ニ左ノ役員ヲ置ク

會長　壹名
副會長　壹名
理事　拾名
監事　五名
評議員　若干名

第十四條　會長ハ會務ヲ総理シ本會ヲ代表ス副會長ハ會長ヲ補佐シ會長事故アル𪜈ハ副會長之レニ代ル副會長事故アル𪜈ハ理事ノ年長者之ヲ代理ス

第十五條　監事ハ本會ノ業務ノ執行又ハ財產ノ狀況ヲ監查シ総會ニ報告シ其他理事會ニ出席シ意見ヲ述ブルコトヲ得

第十六條　評議員ハ會長ノ諮詢ニ應ジ且ツ理事會ニ意見ヲ述ブル事ヲ得

第十七條　會長副會長及理事ハ任期ヲ限定セズ會長副會長ハ理事ノ互選ヲ以テ之レヲ定メ理事ハ総會ニ於テ會員中ヨリ選擧ス

第十八條　監事ハ総會ニ於テ総會員中ヨリ之レヲ選擧ス評議員ハ総會ニ於テ會員中ヨリ選擧ス其ノ任期ヲ各四ケ年トス但シ再選スルモ妨ナシ

補欠選擧ニ依リ就任シタル者ハ前任者ノ任期ヲ繼承ス

第十九條　本會役員ハ名譽職トス但シ総會ノ決議ニ依リ報酬又ハ賞與ヲ贈與スルヿヲ得

第四章　會議

第二十條　總會ハ會員ヲ以テ組織シ通常總會臨時總會ノ二種ニ之レヲ別ツ通常總會ハ毎年壹回之レヲ開ク臨時總會ハ左ノ場合ニ於テ之レヲ開ク

一、會長又ハ役員會ニ於テ必要ト認メタルトキ

二、會員四分ノ三以上ノ請求アリタルトキ

第二十一條　總會ノ決議スベキ事項左ノ如シ

一、理事監事及評議員進退ニ關スル事

二、前年中事務及ビ會計報告ノ認定ニ關スル事

三、會員ノ救濟ニ關スル事

四、會員ノ除名ニ關スル事

五、定款變更ニ關スル事

六、其他役員會ニ於テ重要ナリト認メタル事項

第二十二條　役員會ハ理事監事及評議員ヲ以テ之レヲ組織ス

第二十三條　總會及ビ役員會ハ會長之レヲ召集ス

第二十四條　總會ノ召集ハ開會ノ五日前書面ヲ以テ會議ノ目的タル事項及ビ會場日時ヲ通知スルモノトス

第二十五條　總テ會議ハ總會員ノ半數以上出席スルニ非ザレハ開會スル事ヲ得ズ但シ召集再回ニ及ブモ尙ホ半數ニ達セザルトキハ此限ニアラズ

第二十六條　會員及ビ役員會ノ議長ハ會長又ハ副會長之ニ當ル但シ會議ニ於テ必要ト認メタル場合ニハ互選ヲ以テ議長ヲ定ムル事ヲ得

第二十七條　會議ハ出席者ノ過半數ヲ以テ決ス可否同數ナルトキハ議長之ヲ決ス

第二十八條　選擧ハ總會員半數以上出席シ出席員二分ノ一以上ノ投票ヲ得タル者ヲ以テ當選トス若シ二分ノ一以上ノ得票ナキトキハ最多數ノ得票者ニ就キ決選投票ヲ行ヒ當選ヲ定ム但シ投票同數ナルトキハ年長者ヲ採リ若シ同年月ナルトキハ抽籤ヲ以テ之ヲ定ム

第五章　會計

第二十九條　本會ノ會計年度ハ曆年ニ據ル

第三十條　本會ノ經費ハ出資基本金ヨリ生ズル利息及ビ寄附金ヲ以テ之ニ充ツ

第三十一條　本會ハ事業ノ基礎ヲ鞏固ナラシムル爲メ基本金ヲ設置スベシ

基本金ハ各年度經費ノ剩餘金又ハ指定寄附金等ヲ以テ之レニ充ツ

第三十二條　本會ノ資產ハ會長之レヲ管理ス

第三十三條　會計報告ハ每年壹月通常總會ニ於テ之レヲ爲ス

附　則

第三十四條　本會貯金部規約其他ノ細則ハ理事會ニ於テ之レヲ定ム

第三十五條　本會法人設立ノ際ニ於ケル役員ヲ定ムルコト左ノ如シ但シ第一回通常總會ニ於テ之ヲ改選ス（役員氏名ハ略ス）

九、伏見十六會長と伏見町長

◉伏見十六會がその組織を變更し社團法人となすに就ては、前述の如く困難に困難を重ね理事者幾多の苦心は遂に內務、文部の兩省に向つて社團法人に組織變更の願書を提出するの運びに至り、內務文部兩省が無限の厚意は、幾多の利便と指導を與へられた上、空前の短時日を以て認可せらるゝこととなつたことは、本會の長へに感謝の涙に咽ばざるを得ない處である。

◉回顧すれば、今を去ること十有八年前、即ち明治二十八年の二月、十六名の青年篤志家が、當時に於ける伏見町實業家の子弟が、怠惰放逸にして毫も勤儉貯蓄の思想なく、所謂今日あることを知りて明日あるを知らない極めて悲むべき實情あるを認め、甚だ慨はしきことゝなし、何とかしてこれが改善の策を講じたいものであると云ふので一日相會して協議したと云ふ極めて單純なる意志の發動を以て設立の萌芽とし、隨つて其會名を命ずるにあたつても、或は實業青年會を可なりとするものあり或は商盛會甚だ好しと云つたやうな有様で、極めて簡單なる形式と極めて單純なる意志によりて創められたる伏見十六會が、明治三十四年二月、附屬貯金部規約の制定後、專ら力を貯金部に注ぎたる結果、三十九年十二月末に至りて、貯金部會員の數、八百有餘名の多きに達し、その口數また九百有餘の盛況を見るに至り、勢ひ創立の際に制定した會則に改正を爲すの必要を感じ、大にその目的を擴大する處あつたのであるが、なほ

本會ハ伏見實業界ノ改善發達ヲ圖リ會員ノ幸福ヲ增進スルヲ以テ目的トス

と云ふに過ぎなかつたのであるが、超えて僅に二年餘明治四十一年五月十六日以後、即ち社團法人組織後の十六會、獨立の人格を有するに至つた我伏見十六會は次の目的を以て世に對することゝなつたのである、定款第三條に曰く

本會ハ二宮尊德翁ノ遺敎ヲ遵奉シ會員相互ノ德義ヲ獎メ且ツ伏見町ノ改善發達ヲ圖リ町民ノ幸福ヲ增進スルヲ以テ目的トス

本會の發展向上は終に斯かる大なる目的を以て立たざるを得ないことゝなつた、予が責や重く、任やまことに大なりと云つべしである。

◉はじめ其筋の大官の指導推奬により社團法人組織となさんとするや、これが定款を作製すると同時に會則第三條の目的を向上し範圍をも少しく擴大せんことを以てせられた即ち伏見實業界の改善發達を圖つて居つたのが、一躍して伏見町の改善發達を圖ることゝなるのであるから、不肖到底その任にあらず所謂瘦馬に重荷の歎を免れないのであるから固くこれを辭したのであるが、大官達の云はるゝやう目的は須らく大きく持たなければいけない、伏見實業界の改善發達を圖り會員の幸福を增進すると云ふだけでは規模甚だ

狹少であるから、進んで伏見町の改善發達を圖り町民の幸福を增進すると云ふことに改め、大に努力せられんことを望むのである、勿論伏見町治の甚だ困難であることは、旣に熟知して居るのであるが、屈せず撓まず行つてもらひたいと、いとも懇切に、いとも丁寧に指導し激勵せられたのである、人生意氣に感ず、功名誰かまた論ぜむ、こゝに於てか予はこの目的に向つて粉骨碎身すべく意を決したのである。

◉我伏見十六會が社團法人の認可を受けた當時の伏見町は、實に暗黑の時代であつた、この時を去る半歳ほど前から町長が缺員の儘で後任者が定まらぬ、町政は亂れに亂れて混沌また混沌、茫漠として捕捉することができぬ有樣であつて、町制布かれて以來蓋し此時ほど紊亂の甚しきことはなかつたのである、而して町民また其何れに適歸するかを知らず、人をして五里霧中に彷徨せしむる有樣であつた。

◉當時伏見町には町長たらしむべく適當の人物は敢て少しとせなかつたが、斯かる人物は町長たることを望まぬ、如何に推選せらるゝも悉く辭して動かない、自ら進んで町長たらんとする人は、町に於て望まぬ、と云ふ有樣で何日町長が定まるであらうか、まことに望洋の歎を發せざるを得なかつた、適當と認むる人物が、町長たるを避くるのは、當時伏見町治の困難の尋常にあらずして例令何人の來つて町長の椅子に凭るとも、一指町政の上に加ふることができなからうと恐怖の念を以てせられたからで、彼等は飛んで火に入る夏の虫たるの愚を敢てせず、君子は危きに近寄らずとなして、如何に熱心なる推選者の四邊を圍むも頑として應ぜなかつたのである、又この難局を知りつゝ敢て町長たらんとするものは、その勇や稱すべきも、決して快刀亂麻を斷つ底の敏腕家たり犧牲的の公人たるにあらずして、唯虛器を擁して難局をしていよ〳〵難を加へしむるに過ぎず、一片の虛榮は町長たらしむべく促すと云つたやうな手腕なく德望なき斗屑の人物であるから終に安んじて町長たらしむることができないと云ふやうな次第で、如何ともすることができなかつた。

◉この時に當つて予は端なくも町長たるべく交涉を受けた。

◉話は前に戻るが慘憺たりし當時の伏見を少しく詳細に述べて見たいと思ふ、當時の伏見は内町長の選定に困難を重ぬるのみならず外各種の問題が蝟集して所謂内外多事であつた、彼の軍備擴張に伴ふ師團の增設は深草の野に第十六師團を駐屯せしめたのであるが、官其新設地を定めらるゝに當り、伏見町及び郡内各町村の有志者等は、師團を紀伊郡内に置かれんことを請願せんため東上し運動甚だ勉むるところあつた、伏見町及紀伊郡内各町村が聯合して斯の如く奔走怠りなかつたと同じく京都の有志者は又北部の繁榮策として是非師團をこの地に置かれんことを希望し、ために京都市長及有力者は東上して運動するあり、乙訓郡の有志者は又同郡内に定められんことを請願し、大に運動を試むるところあつた、卽ち候補地は三つとなり陸軍省では第一は伏見、第二は京都の北部、第三は向町と云ふことに定められた、こゝに於てか紀伊郡の有志家は、委員を東上せしめて、ますく其運動に勉めしめた結果遂に今の處に設置せらるゝことゝなつたのである。

●これよりさき、有志者は伏見町附近か若しくは紀伊郡内に置かるゝならば金五萬圓を寄附すると云ふことに約束して置いたのであるから、師團既に設置せらるゝことゝなれば速に約を履まなければならぬ、五萬圓の寄附金の割當は伏見町三萬五千圓、各町村一萬五千圓と云ふことであつた、併しながら伏見町では三萬五千圓の負擔に耐ふることができない、非常に困難であるが何とかして義務を果さなければならぬ、伏見町はまづこれに惱んだのである。

●陸軍省への寄附金問題に苦める伏見は更に義務教育延長に依る小學校舍の改築增築に進退谷まらざるを得なかつた、伏見町はこの際是非六七萬の資金を要する、速にこれが財源を求めなければならぬ、のみならず伏見町が既に負ひつゝある六萬餘圓の短期債は其償還期限は迫りつゝあるのであるから、これが償還方法を講じなければならぬ。

●斯の如く當時の伏見町は内外多事で、何人と雖進んで町長たらんとするものなく、偶これあれば自己の野心を滿足せしめんとするに過ぎずして何等大手腕を提げて、伏見町の内外に瀰漫せる漠々たる雲霧を排せんとするものはなかつた、斯の如きもの一年有餘さなきだに紛擾に紛擾を重ねたる伏見町は、指導者その人を缺けるため、ますく混亂を極め、識者をして轉た浩歎に堪へざらしめたのである。

●この時に當りて、我伏見十六會は、新に社團法人の認可を受け、其定款の第三條には從前の目的をより一層擴大し「本會ハ二宮尊德翁ノ遺敎ヲ遵奉シ會員相互ノ德義ヲ奬メ且ツ伏見町ノ改善發達ヲ圖リ町民ノ幸福ヲ增進スルヲ以テ目的トス」と云ふことになり、各新聞は盛にこれを喧傳し、且伏見十六會は現下の亂れに亂れまた收拾すべからざらんとする町治を改善發達せしむべき大なる抱負を以て起つたのであると云ふ意味の記事を揚げたので、これまで伏見に於ける或種の上流社會に快くせられなかつた十六會が社團法人の認可を受けたことを嫉視し、なあに猪口才な生意氣野郎がとか、罵詈讒誣到らざるなかつた、而して伏見一部の人々をして一層十六會に對する反抗心を強めしめたのである、彼等は十六會は一種の投機事業である、伏見を誤るものは十六會であるとなし、十六會の發達を喜ばず、多年十六會を敵視せるものは十六會今回の發展を心よりして惡み反抗甚だ勉め何とかして十六會の衰態を招かしめんと畫策怠らなかつたのである、恰もよし人見を一つ町長に擔ぎ上げ伏見町無前の難局に當らしめ以て其自滅を速ならしめやう、其實力如何を顧みずして徒に目的を大にせる十六會は、會長が町長に就職するに至れば、旣に自滅の前兆を呈し初めたのであると苦肉の策甚だ憫むべきものがあつたのである。

◉惡意の推薦者等は更に曰く、十六會は伏見町の改善發達を圖り町民の幸福を增進せんがために起つたのではないか、若し定欵の示す處にして誤りなしとせば、この危急存亡朝に夕を測るべからざる現下の伏見を救ふべく起つは當然の責務ではないか、貴殿にして町長たることを肯ぜずんばまたやむを得ないが、定欵の第三條を如何せんとするか、定欵を削除し若くは修正するならば可なり、されど定欵をこの儘にして衆望の歸するところ最早如何ともすべからざる貴殿が、町の輿論を代表せる我等が推薦を無下に排し去ることをゆるさぬ、町長に就職するか定欵を削除修正するか何れかの確答を得なければ承知せぬと云ふ所謂膝詰の談判に逢ふたのである。

◉彼等は斯の如くにして予を是非町長たらしむべく極力推薦した、而して彼等は密に曰く人見が町長たらんとするは飛んで火に入る夏の蟲と一般、また薪を抱いて火中に投ぜんとするが如く、到底正氣を以て起ち得べき筈のものでない、我等は彼を殺さずとも彼自ら斃れん、十六會が伏見町の改善發達を圖り町民の幸福を增進すを以て目的となすとなせるは所謂自繩自縛せるものと云ふべきである、笑止や人見は町長に擔ぎあげられて會の廢滅の運命を早からしむるであらうと。

◉併しながら善意の人は町長たることは成る可く避くるがよからうと勸め、又これ等の人のうちで予を町長に推薦する人は、云ふまでもなく其心情は、彼等と月鼈雲泥の差であつた、予はさきにも述べた如く固くこれを辭した、不肖到底その器にあらずとなし、且十六會が漸く發展の曙光を認めたのであるから、こゝで大に會のために努力奮鬪せなければならぬ、この際到底町治に關係することは出來ないと數回謝絕したのであるが、どうしても聽かれない。

◉善意の人は、この場合町長たることを避くるを可とすと告ぐるに拘らず、惡意の人は、さきに述べたやうな意志を以て、極力予を町長たらしめんと百方計策をめぐらしたのである、こゝに於てか予は熟ら思ふやう、これは決して予一人の意見を以て定むべきものにあらずして、親しく恩顧を受けて居る府の意見を聽いて決すべきであると、乃ちまづ府廳に當時の内務部長昌谷氏を訪ひ、詳にその事情を述べたところが、内務部長は云はるゝやうそれは非常に困つたことができてきたものである、避け得らるゝならば成るべく避くるがよからう、併しながら是非行らなければならぬとすれば、一つ町のために起つたらどうか、町長に就職せなければ定欵を削除せよと云ふやうなことは甚だ困つたことで、そんなわけにゆくものではない、君はこの際心してやればどうか、若しやるとすれば君のために盡力するであらうとて、予が當時の境遇に同情を寄せられ懇々敎へらるゝところあつたのである。

◉而して予は昌谷内務部長の意見を聽き、更に内務省へも意見を承るべく一々事情を書面にて留岡先生宛にて申上げたのであるが、留岡先生また昌谷氏と同意見であつたから、予は非常の決心と非常の覺悟を以て町長たるべく承諾したのである。

◉そこで予は、先づ全家族を京都の親戚に預け、後顧の憂を除き、而して後一身を犧牲に供して伏見町のため碎身粉骨すべく町長の椅子に就いたのである。

◉予が伏見町長に就職したのは、去る明治四十一年十一月であつた、就職當時は彼の深草の野に於て新に設けられた第十六師團が竣成したので、天王寺附近に駐屯して居つた各部隊が、新設師團へ移轉することゝなり、續々として伏見に向つて前進してきたのである、されば予が就職當時の多忙は實に名狀すべからざる有樣であつた。

◉師團の各部各隊は既に移轉を了した、然るにさきにも述べて置いたところこの彼の師團への寄附金問題は何等の解決を告げて居ない紀伊郡より五萬圓を寄附すると云ふことは終に虛僞となつた、食言の罪は決して免ることができない、師團の新設を熱望して置きながら不都合にも軍隊の感情を害ふことを敢てした、必然の結果として伏見町と師團との間は感情の圓滿を期することができなくなつた、予はまづ師團と伏見町との間が圓滿ならんことを望み、何とかしてこれが調和をはからなければならぬと、いろ〳〵と苦心を重ねたのである。

◉予は當時の高級副官中村少佐を訪ひ、親しく師團の意見を聽いたのである、ところが副官の曰く、これは直接師團に關係のある問題ではないが、伏見町にして軍隊のために盡すと云ふ考があるならば目下缺乏に苦んで居る將校の住宅に利便を與へてもらひたい、とのことであつたから、予は將校家屋を建設すべく、伏見町の基本財產を整理し、これを賣拂して其おほよそを得たので、建築費としては甚だ不充分であるが、まづこれを以て大隊長若くは中隊長等の將校が住宅に充つるに耐ふる家屋二十戶を建築し、なほ町民を獎勵して一般將校の家屋建築に勉めしめ、以て將校の利便をはかり、これによりて寄附金問題による軍隊の感情を融和することを得軍隊と伏見町との間ははじめて調和の宜しきを得ることとなつたのである。

◉次に解決せなければならぬ問題は學區の統一である、伏見町は由來東西に短くして南北に長き市街である、即ち東西は十町ばかりに過ぎざるに南北は實に一里に近いのである、而して小學校は南北兩部に各一個と中央に一個を有し、これが統一制のもとに建設せられたのではなくして、所謂群雄割據のやうな有樣であるから、甲の學校が敷地を擴大すると乙またこれにならひ、丙は更にこれを凌駕せんとして競爭甚だ勉む、もし又丙にして校舍を立派にせんか乙これにならひ、甲また大に立派を競ふと云ふ有樣で、內容の改善をはかるよりかひたすら外觀を競ふに急であつて、南は南、北は北、中央は中央、それ〲壘を高うして感情の調和などは長へに見ることができなからうと思はしめた、學校がひとり斯の如きに止まらずして、町政の上に於ても南北その政見利害を異にし、南の是とするところは北は非となし、北部の主張する所は南部の對岸の火災視する所となるなど、感情の不調和は牢として拔くべからざる有樣であつた。

◉予は當時思へらく、まづ學區を統一するにあらずんば到底町の圓滿は期し難からう、これ等を打して渾然たる一丸とすることは伏見町の教育界をして一新生面を開かしむる所以なると同時に、また政界刷新の唯一良策であると、乃ち各學區の狀態を觀るに、甲の學區は資產家を包擁すること多く、また戶數は他に比して多數を占むるが故に、校舍の設備は十二分に整ひ、且教員各その人を得、而も學區民の負擔は比較的少く、教育上の成蹟良好なるものあるに反し、乙の學區に至つては戶數比較的少きが上に貧民多く、ために校舍は不完備、教職もまた適當の人を缺き、教育上の成蹟したがつて不良なるを免れないにも拘らず、學區民の負擔は甲に比して遙に重い、ひとしくこれ伏見町に生れ伏見町に生長せる兒童にして父兄負擔の難易に反比例して、受業に厚薄あるを免れないと云ふことは、何たる不幸なことであらう、學區の統一は一日も等閑に附し去ることはできない、速にこれを救ひ伏見町の兒童をして渾然たる一體のもとに學ばしめ、おの〳〵其天性を發揮せしめなければならぬ、而して學區制の樹立は、同時に伏見政界の調和をはかる所以なるに想到すれば、到底座視するに耐へないので、予は寢食を忘れて學區統一のために努力奮鬪したのである。

◉學區統一の急務なることは、識者の夙に認むるところであつて、學區の分立は百害ありて一利なきことこれ又十目の睹るところ十指の指す處である、學區統一は實に伏見町數年來の持論であつた、併しながら何人と雖、これを行はんとするの機會なく荏苒歲月を空過するのみであつた、若し學區の分立が有益なる方面に於ての競爭を惹起するのであるならば、即ち教授法の競爭とか學藝の競爭であるとか其他教育上に於ける有利の競爭であるならば敢て不可はないのであるが、其競爭たるや決して斯かる方面の競爭ではなかつた、學區の統一、一日後るれば一日伏見教育界の損害となり一月遲ければ一月伏見町民の不幸を見ると云ふ有樣であつた、學區統一の急務は町民の多くは贊成し熱望するところであつたが不幸これが斷行を見ずして此時に及んだのである、されど時勢は何日までもこの儘の狀態を以て推移することをゆるさぬ、まさにこれ電光石火の勢を以て斷行すべきの時である、たとひ如何なる事情の伏在するあるも決して躊躇して居るべき時でない、斷じて行へば鬼神もこれを避く、予は非常なる決心を以て學區統一斷行の門出に立つた。

◉予は乃ちまづ有志家を歷訪して大に學區分立の弊害を述べ、其統一の片時も忽にすべからざるものなるを述べ、又監督官たる郡長を訪ふて學區統一に就ての意見を述べこれが斷行に就て保護を受けんことを以てした、當時の紀伊郡長は櫻井丈太郎氏であつて、氏が意見また予の意見と期せずして一致するところあり大に盡力せんことを答へられた。

◉こゝに於てか予は更に府を訪ひ學務課長の意見をたゝき、又あらゆる方面からそれ〳〵力を注がれんことを賴み、又各種の研究を重ねいろ〳〵の方面から統一のことをはかり熱誠奮鬪寢食を忘れて心身を勞すること幾日、終に具體的立案を了しいよ〳〵學區會及び町會を開いてこれが決議を促すことゝなつた。

◉學區の統一に關しては、もとより何人と雖反對すべき筈のものではない、どうしても反對し得べきものではないが、たとひ表面に於て反對せずとも因襲の久しき意外の反對に逢會せぬともはかり難い、これは豫ての覺悟であつたが、機の熟するところか、一瀉千里何等の凝滯を見ずして滿場一致伏見町の教育界をして光明あらしむべく學區統一のことはこゝに決定するに至つたのである。

◉併しながら機の去來は倏忽の間にあり、機に乘ずれば事即ち成り、機を逸すれば萬事休す、予はこの巡り來れる機會を捉ふべく獅子奮迅の勇を皷して豫定の行動をとつた、時は明治四十二年の四月であつたが、一日四回四ヶ所に於て會議を開き殆ど間髪を容れざる刹那に於て統一に關する決議を徵した、即ち午前八時には町の南部なる第二學區會を召集し、仝十時には北部なる第三學區會を召集し、午後二時には中央なる第一學區會、午後四時からは町會を開くといふ順序に、甲の決議を了せば更に乙、乙より丙と腕車を飛ばせて電光石火の活動を行つた、多年町の持論として何等解決を見るに至らず又何れの日にかこれが解決を見るであらう、これが決行は百年河淸を見るよりも尙愚であらうと思はれた伏見町の學區統一は、實にこの一日の活動によりて決したのである、予が學區統一に就ての活動は例へば騎兵の襲擊の如くであつた、最後の白兵戰に移るまでの進行の急速なる、而して其白兵戰たる最後の一日の勝敗の分水嶺は實に痛快淋漓の致を極めた、はじめ予が町長に就職せんとするや、暗澹として混亂を極めたる伏見町政が、尋常一樣の努力を以てしては終に町百年の大計を畫すべからざるを洞見し、さきに述べたとほり、まづ妻子を遠ざけ後顧の患を除き、予を陷ろべく虎視眈々たる四面皆敵の政界に入り所謂背水の陣を張つたのであるが、果然白兵戰の時期を迎へたのである、一難排し終つて更に一難、快刀斷亂麻意氣自ら揚らざるを得なかつたのである。

◉學區統一の決行をなした翌日議事錄を調製せしめ、翌々日これを齎らして監督官たる紀伊郡長を訪ふた、郡長は豫てより予と其意見を同うして居らるゝのであるから、何等の異見を加へらるゝなく大に喜び直に府廳に進達せられたのである、府に於ては餘りに其決定の速かなるを怪み、伏見町の現狀は決して學區統一の如き重大なる問題が、そう早く出來得べきものではない、これは甚だ不思議であると云ふので容易に信ぜられなかつた。

◉大森知事は地方の良習慣は成るべくこれを保存し學區の如きも善用するに於ては又採るべきものなしとせないが、伏見町の如きこれを惡用して居るのであるから宜しくない學區の統一は最も急務である、併しながら無理に斷行すれば又破綻を生ぜぬとも限らぬ、斯の如く速に決行することができたのは人見が無理をやつたのではないか、統一は結構であるが統一後の爭がないやうにせなければならぬと云ふ意見であつたから、直に郡長に命を傳へて伏見町の學區統一の利害に關する調査を遂げしめられた。

◉知事の命を受けたる郡長は各學區の重なる人々を集めて、いろ〳〵意見を徵せられたのであるが、集つた人々は郡長の問ひに對し學區統一には何等の反對あるものにあらず且將來紛擾を起すが如きは斷じてあるべきものではないと答へたので、郡長は大に心を安んじ直に其旨復命したのであるが、知事また伏見町の報告が問然するところなく全く機の熟して理事者が努力の甚だ到れるものあるを喜び、更に愼重に調査せらるゝところあり且學務課に於ても愼重に愼重を加へ審議究査せられ、伏見町の前途を思ひ、斯くまで親切斯くまで丁寧に飽くまで注意を深くし極めて厚き同情を以て、終に統一のことを承諾せられたのは予の常に感泣してやまざるところなると同時に伏見町民の長へに忘るゝ能はざるところである。

◎至難であつた學區の統一は目出度功を奏した、次に解決せなければならぬ問題は、最早四邊を圍んで居る、曰く舊債の償還、曰く義務學年延長に伴ふ各學校の增築及び改築、曰く何、曰く何々、予はまづ順序を追ふて語らうと思ふ、舊債の償還は既に迫つて居る、これが解決と校舍增築改築に要する工費は新債に依らなければならぬ、さきに學區の統一をはかるや、各學區の希望通り各校舍の改築增築をはからなければならぬことゝなつて居る、即ち各學區が既に義務學年の延長に應ずべくそれ〴〵設計しつゝある校舍の改築增築を希望通りに行つてもらひたいと云ふのが、統一條件の一となつて居る、各學區が設計せし處によれば、どうしても六七萬圓の新事業費を要するのである、その上舊債の償還をせなければならぬ、これ等を解決してはじめて町は都合よく治まるのである、學區の統一は出來たが第二のこの問題を解決せなければならぬ、統一も至難であつたが、金を借るに就ては又一層の困難を極めざるを得ない、亂れに亂れたる伏見であるから餘程都合よくやらなければならぬ、例令借ることができても有利なる借り方はできない、けれども斷行するにあらずんば伏見町の將來は暗黑である、即ち舊債の解決と校舍工費の支辨は一に新債の成立によりて決する、一擧にして兩問題を截斷せなければならぬ場合となつた、町としてこれくらゐ最も困難に且最も重大なる問題は、町制布かれて以來空前にして又絕後と云はなければならぬ、義務學年の延長實施は迫つて居る、而も增加兒童を收容する建造物がない校舍の改築增築まことに焦眉の急と云はざるを得ぬ、これに伴ふ起債と舊債の償還、この問題を巧妙に解決するとせざるとは實に伏見町の消長に關するのである、最も心血を注ぐべきはこの一事であると考慮したる予は、更に獅子奮迅の勇を皷して、これに當るべく起つた。

◎起債に當つては最有利に募らなければならぬ、町のため最も有利なる方法で募債し、償還期限の既に迫つて居る舊債を整理すると同時に、一日も早く義務學年延長に伴ふ增加兒童を收容すべく校舍を完備し、安んじて教授することができるやうな方法を講じなければならぬ、舊短期債は高利であつて年一割に近い、斯かる高利を拂ひ來つたのであるから今回の募債を長期とするならば成るべくだけ有利の方法を講じなければならぬ、それ故に營利を目的とする銀行等で借入ると云ふことは策の得たるものとは云へない、わが伏見町には幾多の資産家がある、而してこれ等の人の多くは六朱くらゐの利子で銀行に預けて居るのであるから、今これ等の人々に賴んで借り入るゝことゝしたならばどうであるか、他の地方で借り入れ、また利子を他に出すのにくらべたならば、少しく利子が高くても町を利するのであるからよからう此際町第一流の資産家に話すに當つて、まづ有力者にこの實情を語り、これ等の有力者に起債委員になつてもらふことを賴むだらどうであらう、と云ふことに決したこれ等の有力者のうちから起債委員を選び、いよ〳〵起債のことに着手したのである。

◎有力者中二三の人は短期債を長期債に借換へるならば各々七朱位で壹萬圓ばかりは應じてもよいと云ふことであつたが、他の人々からは何等の確答がなく遂に要領を得ずして終つた、第一の策は斯の如くにして破れたのであるが、第二の策は如何、即ち伏見町の金を多く預つて居る銀行に交渉すればどうか、伏見町の急を告げて居る場合であるから必ずや交渉は纏ることであらうと云ふので、伏見町に出張所を有する第一銀行に向つて起債委員は交渉をはじめたのであるが、何分商業銀行のことであるから定まれる一定の利子を以て十ヶ年以上も貸すと云ふことは不可能であるとの回答であつた、されど伏見出張所の主任小林秀明氏は更に其本店に交渉してみたのであつたが、矢張いけない、次で交渉したのは伏見銀行であつたが、この銀行は地方銀行のことであるから土地の便利をはかり伏見町のために盡すことは進んでなすべき心であつたけれども募債引受け價格に付きて行き惱む所あり、終に起債委員と交渉が纏まらなかつた。

◎こゝに於てか如何にすれば乃ち可なるかと、いろ〳〵他の地方にも交渉を開始したのであつたが、當時伏見町として一口に拾數萬圓と云ふ纏つた金を借り入るゝことは不可能であつて、壹萬、貳萬、乃至數萬と云ふやうなるものを個人より澤山集むることはでき得ないことではなかつたから、委員の人々に語ると、それはいけない、そう小口澤山では整理上困ると云ふことで、委員中には利害問題で相爭はなければならぬと云ふ有樣となつた、今日までに於ける起債の狀況既に斯の如しとすれば其目的を達すること甚だ困難なるを想ひ、予はこれ等詳細なることを當時內務省の參事官井上法學博士に報告し何とか適當の方法はないかとお賴みした處が、井上參事官からは興業銀行で金を借すことになつて居る、しかしながら期限は既に切れて居るが取敢へず大藏省のはうへ照會してやらうとの回答があつた。

◉そこで早速町會を開き、起債の狀況から進んで井上參事官の話を傳へたのであるが、町會は滿場一致を以て井上參事官の厚意を謝すると同時に、その厚意によりて起債の目的を達すべく理事の盡力を希望することに一決したのである、處が興業銀行では貸出期限が既に過ぎ去つてしまつて居るのであるから、極めて迅速に其手續をせなければならぬ、償還の方法を認めた書類をはじめ小學校舍建築工事の設計書及仕樣書、製圖、その他の關係書類を調査し作製せなければならぬ、併しながらこれ等は豫め調製してあつたのであるが何分迅速を要するので、夜を日についでこれが完整を急いだ。

◉又手續に關しては府の方へも打合せをし指教を仰いだのであるが、幸にして同情深き昌谷內務部長あり、でき得る限りの便利を與へられ總ての手續を了することゝなつた、府の方に於ては、なほ非常なる便利を與へられ、頗る迅速に扱はなければならぬ書類であるから府を經由して內務省に提出するの手續を省略せられ、早く認可を受け工事に着手することができるやうにするには、普通の方法順序を以てすれば遲くなると云ふので、總ての提出書類が完成すると同時に、府より送達せらるべきものを、伏見町から直に內務省へ提出することができるやう非常なる便利を與へられたのである、こゝに於てか予は當時の助役浦幸次郎を隨へ一件書類を携へ內務省に提出すべく東上したのである。

◉內務省に於ける調査は頗る細密を極めた即ち舊債の起因、經過併に舊債に關する調査より新たに起す町債に關する調査、學校建築工事の設計ならびに十數年來の町收支決算書類の調査に至るまで細密に亘つたので約一ヶ月の調査日子を要し、幸に手續を了することゝなり歸伏するに當つても、はじめ提出の際府よりせらるゝの手續を省略せられた如く、內務省に於ても府を經由せしめず認可の書類を直接町に下附せらるゝと云ふ非常なる厚意に浴したのである、而して內務省に於て一件書類を調査せらるゝ時に當つても、內務省の問ひに答ふるに府は伏見町のため最も盡さるゝところあり又手續の上に於ても府は町のため非常なる利便を與へられ、特に內務省は他地方から續々起債の出願が數十件の多きに達しあるに拘らず、これ等の認可を後にし伏見町の起債を最も早く認可せられたのである、何がために伏見町のみひとりこの未だ曾て浴したことのない利便を得たかと云へば、とりもなほさず我伏見十六會を通して數多の大官の恩顧を受くることができるやうになつたのだ、ことに府の昌谷內務部長と云ひ、內務省の井上參事官と云ひ、何れも我十六會を愛せられ延て伏見町を愛せらるゝに至つた結果であると云はざるを得ないのである。

◉斯くて同年の十二月には早く既に第一回分拾萬圓の送附を受け、なほ府及び內務省の特別の盡力を受けたゝめ、總てのものが駸々として進行し豫定の如く完成するに至つたのである、我等町民及び我等町民の子孫、苟も伏見町の校舍によりて國民教育を受けたものはいつまでも其當時の高官が厚意に對し大に感謝せなければならぬのである。

◉實に府及び內務省の大官が伏見町のために注がれた厚意に向つては、予は其感謝の辭に苦むのであるが、ことに元來一件書類は先づ郡役所に提出し、郡役所から府廳、府廳から內務省と云ふ順序で、更に內務省からは大藏、文部と云ふ順序に廻送せられ、それ〳〵成規の手續をせらるゝのであるが、前すでに述べたやうに、頗る迅速の手續を要すると云ふので、それ等一切の手續を省略せられたと云ふことは感謝禁ずる能はざる次第である、又府を辭して東上する際昌谷內務部長は特に大森知事の名義を以て內務大臣宛に添書を認められ、入見伏見町長は町のため大に力を盡しつゝあるのであるから、可成的便利を與へられたき旨を予のために懇々依賴せられた厚意は予の長くに忘るゝ能はざるところであると同時に伏見町また大にこれを德とせなければならぬのである。

◉井上內務參事官が我伏見十六會のために、間接に直接に盡さるゝところ頗る大なるものがあつた概要は、既に述べたとほりであるが、町の起債に當つても其盡力や決して一通りではなかつた、氏の町債に關する盡力は、これ又以上述ぶるところによりて其一班を知ることができるのである、これ偏に井上參事官中川書記官が我伏見十六會を愛し延て伏見町を愛せらるゝの甚大なるものあるの然らしむる處である。

◉當時の內務省地方局長は今の內務次官たる床次竹次郎氏であつたが、氏は歐米視察中であつたので、井上參事官がこれを代理して居られたのである、而して伏見町が希望通り起債のことを完了し得たのは氏の盡力に俟つところ頗る多かつたのである、予は今これを語るに當り當時を回顧して感淚止め敢へぬのである。

◉翌四十三年の二月には殘りの貳萬有餘圓が到着し、これにて全く町債の授受を了した、こゝに於てか短期債の整理もでき學校の改築增築また遺憾なく完成することを得るに至り多年苦むだ問題もこゝに落着を見るに至つたのである。

◉起債問題に付ては斯の如く激忙を極め困難を極めたに拘はらずこの期間に於ける問題はひとり起債問題のみに止まらなかつた、起債問題に鞅掌する以前、即ち學區統一に關し大車輪の如く奮鬪し力戰し次いで起債に就て更に活動し寸暇もなき予が周圍には既に幾多の難問題が蝟集し來つた、ひとり解決を急ぐ難問題のみではない、役場内に於ける總ての事物の整頓、改善に少からず心力を盡さなければならぬ、一方には大刀を振りかざして大問題に向つて進擊して居る傍、他の一方に於ては快刀一揮亂麻を斷たなければならぬ、一事終れば更に一事、一問題終らざるうちに更に他の一問題に向つて歩を進めなければならぬ、所謂四面皆敵簇つて雲の如くなるもの、實に當時の予が境遇であつた、三面六臂なほ且足らざるを憂ふる多事多難、幸にして大官、先輩の助力によりて着々進擊功を奏し、さきには學區統一の大問題を解決し次で最も困難なる起債問題を料理し今や師團道路問題に向つて努力することゝなつたのである。

◉師團道路問題とは何ぞや、まづ談話の順序として、この問題の概略を述べて置きたい、はじめ第十六師團の深草の野に新設せらるゝや、京都府は新師團より京都市に達すべく師團道路なるものを設けやうとした、即ち市の希望する師團道路は、大佛前なる大和街道を南に向つて一直線を劃し以て直に師團司令部の前に出づるにあつた、即ち所謂山手線なるもので、たゞこの道路を擴築するにあつたのである、若しこの道路が師團道路として採用せらるゝに至らんか市が交通の上に於ける利便は云ふまでもなく、市の東南部が發展は蓋し豫想のほかにあるなるべく、又これがために地價の騰貴は著しく、市を富ましむることに於て所謂一擧兩得の策であつたされば、市は市會議員等に向つて運動奔走をさ〳〵怠りなかつたのである。

◉併しながら京都市が希望せる所謂山手線なるものは、一の遊覽的道路としては甚だ結構であるが、實用の上に於ては遺憾ながら其便益を認むることができない、況や伏見町の生命とする運輸上に於ては何等の價値がない、坦々たる一條の大路、花時遊客の絡繹たるを見るに至るであらうが、伏見町の生命たる運輸の上に於ては殆ど沒交涉である。

◉伏見町としては極力運輸の上に最も便利なる道路の新設を希望することは、當然の次第である、山手線既に伏見町と沒交涉なりとすればよろしくこれが適當の線を選ぶの必要がある、伏見町の希望は知事の提案せられた道路と期せずして一致した、知事提案の道路とは何處ぞ、そは竹田街道と伏見街道の中間に一大道路を新築するにあつた。

◉竹田街道は京都電車の往來するまでは唯古來伏見町よりする運輸機關の絡繹として僻村の寂寞を破つて居つたに過ぎなかつたが、京電開通以來、電車の往還頻繁なるが上に、老若男女のこの道をとるもの多きを加ふるに至り、交通の上に終始種々の障害を生じ旅客は少からざる困難を感じて居つたのである、而して伏見街道卽師團に沿ふて京に入れる道路は僅に三間たらずの幅員を有するのみに止まつて居るのであるから、軍隊が通過する場合荷車の如き、路傍にこれを避けて軍隊の全く通過し終るまで待たなければならぬ時によると二三時間の長きを空費せなければならぬ不便に勞働者は苦しんだ、これ等の不便は日に二三回を京伏間往來の間に嘗めざるを得なかつたのである、ひとり荷車のみではない、人車の如きまたこの不便を嘗めなければならぬと云ふ有樣であつた、京伏の間を連絡するの道路として人も悉く步み、車も悉く行く伏見街道は、斯の如くして幾多の勞働者、旅客等を苦しむるの餘儀なき狀態であつた、竹田街道既にさきに述べた如き不便あり、伏見街道また彼れの如しとすれば、新に坦々たる大道を作らなければならぬ、乃ち伏見町は竹田伏見兩街道の中間にあたつて一大道路を築造することを希望した、この希望は期せずして知事が提出せられた原案と一致するに至つたのである、公平なる大官の考案は決して相反するものではない、知事既に中央線を可とせらるゝと同時に師團に於ても又陸軍省と打合せの結果中央線に決定したのである、併しながら、ひとり府會の意見のみこれと一致せなかつたことは甚だ遺憾とせざるを得なかつたのである。

◉府會にては師團道路を鳥羽街道より迂回して鴨川を橫斷し東九條を經て七條に達する線を採らんと主張した、卽ち九條線なるものであつた、府會にて大に九條線を叫ぶと同時に東九條村の有志者は村長等と相呼應して非常なる運動を試みたのである。

◉九條線派は揚言して曰く、師團道路にして九條線を採用せらるゝに至れば、壹萬圓に相當する土地は無代價を以て提供しやうと、而して府會は知事提案の中央線に對抗して九條線を盛に主張し遂に決議を了することゝなつた、斯の如く知事の原案たる中央線のほかに二條の競爭線があつた、併しながら師團に於ては矢張知事說の中央線を望まるゝのであつた、師團既に中央線に意ありとすれば軍隊の道路として何等價値のない京都市が主張せる所謂山手線は、こゝに至つて勝敗の數、既に明かであるから運動の途中であつたが、突如として運動を中止した、こゝに於てか中央及九條線は兩々相對抗して最後まで競爭を繼續したのである。

◉激烈なる競爭も知事が原案を執行せらるゝに當り、さしもに喧しかつた九條線派も閉息し伏見町は凱歌を奏することゝなつたのである、伏見町の希望が貫徹するに至るまでの苦心は、反對線が運動の激烈であつたゞけそれだけ一通りではなかつた、併しながら伏見町が希望は、ひとり伏見町の利益をのみ打算して然るものにあらざるが故に、期せずして知事が原案と一致し、また師團の希望と一致し如何にしても中央線たらざるべからざる動かすべからざる確説は終に知事が原案執行のやむを得ざることゝなり、邪は正に勝ち難く、伏見町民が熱望どほり坦々として砥の如き一條の大道は京伏の間を繋ぎ理想的師團道路は我等の前に展開するに至つたのである。

◉師團道路問題は、彼の學區の統一を終へ更に長期起債問題に就て大に奮鬪力戰した前後に當つて試みた大なる問題の一つであつたこの間の多事多忙は予をして畢生の大活動をなさしめたのである、彼の寢食を忘れて盡瘁すると云ふことは其熱心を形容するの詞であるが予がこの時代に於ける多忙は寢食を忘れしむるにあらずして寢食せしめなかつたのである、殆ど寢食の猶豫を與へなかつたのである、出でゝは即ち幾多大問題の蝟集せる町治を料理し入つては即ち十六會及び信用組合の事務に執掌し、朝に出でゝ夕に歸るまでは總てこれ町のための奮鬪にして、夕に十六會の門を入れば又これ會及び組合の事に渾身の活力を傾盡したのである、この間に於ける予が睡眠時間は僅に二三時間を出でなかつた、時に數日を寢ねずして終日終夜内外の多事と鬪つたことも少くはなかつた。

◉四十二年の三十有六旬は多事多忙を以てはじまり多事多忙を以て終らんとする、奮鬪力戰夜を以て日につぎ一事終るに垂んとして又一事の來るに遇ふ、京阪電氣鐵道株式會社及京都市第二疏水事業等この時に當り伏見町に於ける軌道の敷設河線擴張に就て土地の買收をはじめた、伏見町はこれに對し、町として將來の發展をはかり得るやうこれが敷設をはからしめ以て線路の設定に遺憾なからしめなければならぬ、多事多忙の折柄これまた多少の苦心を重ねたのである。

◉由來伏見町は非常に道路が粗惡であつた、道路改修の急務を叫ばれてから既に十幾年を經過したのであるに拘らず、何等改修の計畫を見ずしてこの時に至つた、併しながら師團の新設は道路の改修を促してやまぬ、苟も師團の所在地たる以上、粗惡なる道路を以て甘んずることをゆるさぬ、府よりも注意あり速に改修をはからなければならぬ又軍隊の方からもこれが希望あり、町として改修のこと一日と雖も等閑に附することができなくなつたのである、こゝに於てか予は及ぶだけ費用を節し道路の改修に勉め、各部署を定め此處より此處までは何月施行し、此處より彼處までは何月と云ふ風に順序を追ふて漸次改修の歩を進むることゝし、着々工を督した結果、久しからずして面目を一新し、また昔日粗惡の態なきに至つたのである、當時世人は評して曰く人見が町長に就職して以來幾多多年の懸案となれる諸難問題を解決しまた一時に簇集し來れるあらゆる大問題に斧鉞を下したことは蔽ふべからざる事實ではあるが、これは多く外部にあらはれて居らぬから萬人を通じて一見直にこれを知ると云ふことは六ヶ敷いが、道路の改修に至つては何人と雖すぐ知ることができる、人見が町長以前の道路と人見が町長後の道路とは其差霄泥たゞならぬ有樣である、人見町長時代に於ける道路の改修は、たしかに氏が苦心の外にあらはれたる事業の一つであると、批評敢て當らずである、併しながら十分のことはできなかつたのであるが、盡せるだけは盡したつもりである、それ故に斯の如き說も聽くことができたのであらう。

●さきにも述べたとほり四十二年は多事多難の一年であつたが、その上になほ突如として起つた他地方の災厄を救ふべく努力したのである、突如として起つた他地方の災厄とは何ぞや、一は大阪北區に於ける空前の大火、他は江州の震災これである、大阪北區大火の慘狀は今尙人の記憶に新なる處であつて倏忽の間に一萬有餘の魏然として北區の偉觀を示せし大家巨屋と櫛比せる商家工屋は一堆の灰燼と化し去つたのである、時なほ炎威赫灼、家を失ひ產を失ひ業を失ふて茫然自失、心身兩ながら疲憊銷沈せる幾萬の同胞が窮狀を見るの時、誰かまた惻隱の情に切ならざるを得なからう、況や大阪と伏見は古より淺からぬ歷史的因緣を有し、隨つて最密接なる利害關係を有せる間柄であるから、極力この際同情を寄せなければならぬ、でき得る限りの便益を與へなければならぬと云ふので直に義捐金の募集に着手し、予をはじめ役場吏員に至るまで退廳後夜間を以て各戶につき勸誘はなはだ勉めたのである、連夜孜々として馳せ廻つた結果、伏見町として空前の好成績を得て義捐金は貳千百有餘圓と云ふ豫想外の多額に上つた、斯の如くして集めたる金は前後三回、大阪市に向つて伏見町の同情を贈ることができたのである。

●大阪大火の義捐金を集め、幸にして救助の實をあげ、大に安んずるところあつた折柄、又々江州の同胞は震災のために悲慘なる運命に泣くに至つた、近縣として捨て置くわけにはゆかぬ、乃ち直に起つて再び伏見町民の同情に訴へた、予が苦心空しからずしてこれ又數百圓の義捐金を集め得て憐れなる同胞の窮を救ふことができたのである。

●大火、震災何れも救濟の道を全うした時、伏見町は市に準ずる衞生諸般の設備をなさればならぬことゝなつた、爲めに豫算は千數百圓の增額をなさなければならぬ、又それ〴〵條例規則の制定をもなさなければならぬ、彼の汚物棄却に關する設備、組織の如き又監督巡視なるもの〻新設の如き何れもこの時代に創め、進歩せる衞生諸般の設備を遺憾なからしめたのである、又各種困難なる大問題を解決しつ〻ある際、一方に於て着々役場內諸般の改善をはかつたのである、即ちこれまで人民が願屆、納稅等の場合に役場に出頭するには必らず其係り係りの前に行くまでに先づ受付を經なければならぬ、隨つて少からぬ時間を要し且つ一々役場員執務室へ昇るの不便を忍ばなければならぬ、又係りの机の四邊には集り圍んだ人民によりて恰も砂潛きなどをして居るのを見物して居るが如き不體裁の觀を現出するなど亂雜一方ならぬ、事務の進行隨つて稱すべきものがなかつた、ひとりそれのみに止まらず因襲の久しき所謂お役人風は容易に其跡をたゝず、ために町民と役場吏員との間に意思の疏通を缺く等舊弊依然たるものあるにより、直にこれを改善すべく內部の設備を改造し椅子の配置を定め、受付を廢し各係り係りの椅子を直に受付口に進めしめ受付くると同時にこれを速決し、萬事受付の手を經ずして直に人民より聽くべきは聽き、達すべきは達し、以て意思の圓滿なる疏通をはかり人民をして怨嗟の聲なからしめたのである。

◉諸般の施設經營は、ひとり以上述べ來つたところに止まらない、小事を述べ來れば素より際限なく、なほ述ぶべき著しき解決事項經營事業また二三にして止まらないのであるが、餘り長くなるからこのくらゐに止めて置きたいと思ふ、兎にも角にも予は解決すべきを解決し、設備すべきを設備し、また整理すべき、あらゆるものを整理し盡し、實施すべき諸般の事を實施し、經營慘憺、所謂人事を盡して天命を待つたのである。

◉予が心身極度の活動により慘憺たる經營苦心によりて、新時代に處する伏見町の面目こゝに一新したのであるから皆々喜んでくれることゝ思ひのほか、所謂咽喉元すぎて熱さ忘るゝで何人と雖も町長たるを避けた困難時代のことを忘れ、難問題の悉く排し盡されなすべき總てをなし終りし今日、將來何人が町長たるも何等の困難を見ないと云ふ安穩なる前途を見て、そろ〳〵町長希望者が出てきた、善意を以て予に對する人々は終始一貫、困難には同情し成功には滿腔の喜びをさゝげ予が辛勞に感謝の辭を寄するのであつたが、惡意の人は依然として當初の如く中傷をほしいまゝにした、さきにも述べたとほり彼等は人見がこの困難なる時代に町長たるは飛で火に入る夏の虫と一般、また薪を抱いて火中に投ずるが如く、町長就職と云ふことによりて既に彼れの運命は決したのであり十六會、信用組合の土崩瓦解は火を見るよりも明であると、ひたすら予の失敗を期待して居つたのである、併しながら彼等の期待と反して予が就職後、會も組合も依然として變らぬ、變らぬのみならず益發展しつゝある、難問題は予の四邊に雲集した、快刀の向ふところ亂麻一斷、彼等の期待とはますく遠ざかる、されども彼等は尙思へらく今度の問題には流石の人見も失敗するであらうと、これまた彼等の所期と反對の結果を見る、今度は駄目だらう、今度は瓦解を免れまい、如何に人見と雖この難件には逃げ出すだらうと、予が一問題を捉ふる每に彼等は斯の如く叫び斯の如く考へた、併しながら事每に予の成功を見て悶々措く能はず、あらゆる中傷讒侮を逞うしたのである、而して惡辣なる彼等の陷穽手段も何等功を奏するに及ばずして予はなすべきの總てをなしたのに對し、執着なる彼等は町長の椅子を奪ふべく企てた、高木は風に惡まるとは千古同嘆、出る杭は打たれざるを得ない、予は思へらく予は旣になすべきの總てをなし來つた、予が内外に對する任務は遺憾なく盡してきたことゝ信ずる、任期餘すところ尙二年有餘を殘すと雖、もとく町長は予が志ではない强て推さるゝ所となり已むを得ずして町長となり以て十六會定欵第三條示す處の精神を遂行し聊か其實を示したるに止まるのである、且今後は何人が町長たるも先づ差支へなき狀態にあれば安んじて職を去ることができる、況や惡意の人々が虎視耽々として爪牙を磨げる間に依然町長の椅子にあるは予の甚だ好まざる所であるから斷乎として辭職の決意を固めたのである、ひとり辭職の目的が以上の事情によりて然るにあらずして一年有半に於ける予が町長として活動せる間に、駸々として進める世態に伴ひ十六會及び信用組合の發展は、例令予が公務の餘暇曉に徹しての拮据經營も終に及ばざる所遺しの憾あり、この際會のため組合のために大に渾身の活力を傾盡せなければならぬ、會のため組合のための努力は總て伏見町の爲めであるから强ひて町長の職を去ることゝした。

◉毀譽紛々たりし予は、伏見町の治蹟いよく擧がるにつれ、又我伏見十六會及び伏見組合の勢力增大するに伴ひ會及び組合は社會に認めらるゝことゝなり、善意の町民はますく予に同情を寄するのであつたが、彼の惡意の一派は其の結果を見て驚心愕魄意外の感をなし一層嫉視を逞うしたのである、併しながら予が何人と雖眞面目なる人は總て町長たることを避けた至難なる時代に町長となり、四面皆敵、十重二十重に圍まれ、失敗あれかし乘ずべき缺陷はなきかと凝視せる間に、隙もなく殺到せる幾多の大問題に應接し裁斷して、終に成功の彼岸に達することを得たのは、決して予一人の力でない、府廳內務省等監督官廳が直接間接に非常なる同情と援助を與へられた結果にほかならぬのである。

◉町長として活動したのは明治四十一年の十一月から四十三年の三月に至る一年有半の間に過ぎなかつたが、予が一生に於ける最も思出多き時代である、一難排し去れば一難また來る、今後は誰が町長たるとも決して困難はない順風に帆を擧ぐるが如く又坦々砥の如き大道を歩むが如く前途何等の困難のなくなつたことは、善意の人ならば何人も認むる所となつた一方に於て例の惡意の徒は、予の成功を嫉むと同時に、十六會及信用組合の勢力が日を追ふて增大することは由々しき一大事である、將を射んと欲すれば、まづ其馬を斃せとなし、十六會及信用組合に向つてあらゆる妨害中傷の方法を講じた、されども彼等の妨害中傷も大なる功を奏せなかつた、彼等が惡聲を放ち惡辣の策に腐心せる間に、會も組合も益々内部の整理外部の發展に努めたので其害も又大ならず駸々として進歩向上したのである。

◉執着飽くなきの彼等はなほも屈せず撓まず死物狂ひに肉薄しきたつた、曰く人見は學校の工事に際し請負人より收賄した、曰く町費を瞞着した、曰く何、曰く何、予の信用を傷つけ町治を妨げ事業の進行を沮害し、會及び組合に危害を加ふべく、手を換へ品を變へて只管謀れる努力を惜まなかつた、思へば彼等もまた勉めたる哉、而も其妨害たるや方法こそ異にすれ、今なほ試みつゝあるのであるから聊か驚く、妨害こゝに至つて寧ろ滑稽と云はざるを得ないのである。

◉加ふるに十六會創立の際盡力する處あり、又其當時より役員たり且十六會選出町會議員たる辻喜代造君の如きは、社團法人に組織變更の際に當つて極力反對し、其反對説が終に貫徹を見ずして、一敗地に塗るゝや鬱勃たる不平禁ずる能はず、何かなして此復讐をはからなければならぬと心ひそかに企圖する處あつたのであるが、又名譽心の強く且うぬぼれ心の強き氏は予が町長たるに及んで、時の名譽助役櫻井又兵衞君の辭職するや、これが後任は必ず予が氏を推選するであらうと豫想しつゝあつた、處が其選に入らなかつたことを恨み、不平は一層高じて、それより以來直接に間接に予に向つて妨害至らざるなきに至つた。

◉當時名譽助役の選擧會は、なるべく穩健なる思想を有し着實なる行動をなす人を推さんことを希望したので、溫厚篤實の士にして德望の聞え高き我十六會選出の町會議員中村太三郎君を推すことゝなつた、中村君を名譽助役に推薦することは、町の有力家及び町の各種團體の雙手をあげて贊成するところであつた。

◉辻君は事、志と違つて名譽助役たる能はざりしのみならず、同じ十六會より選出せられたる町會議員中村太三郎君が名譽助役たろに定まるや、予に對する怨恨は層一層を加へたのである。

◉町長としての予は、一人にても敵を多く造るの已に不利なるは勿論町としての不利益を知るが故に、なるべく大なる事件の發生する場合には衆言に聽き最も圓滿に最も穩健なる町治を希望し、町幹部の選任に當つても人格の高くして、公平の意見を有するものには、決して自黨と他派とを分たなかつたのであるが、大勢は如何ともすべからず、希望者にして其選に入らなかつたのは又止むを得ないことゝ云はざるを得ないのである、辻君はまづ助役問題に於て更に怨恨を抱いた、而して更に更に怨恨を重ぬることゝなつたそは町の常設委員選擧に當つて又辻君の落選の不幸を見たことである。

◉常設委員は辻君その希望者の一人であつた、不幸他の團体より選出せらるゝ處となり、辻君の感情はますます害はれざるを得ぬことゝに於てか辻君の不平は非常に嵩じ四十三年三月第一尋常小學校卒業式擧行の際平素不平怨恨最早訴ふるに處なく、悶々の情に堪へなかつた氏は、町會議員改選前のことゝて他に煽動せられつゝあつたのであるが、僅に言葉の行違ひより、無暴にも町長たる予を毆打する等暴戾極る擧動を敢てして憚らざるに至つたのである。

◉辻君は斯の如く復讐の念やむ時なく、事ごとに予に反對し、予の行はんとする事を妨害し、已れ十六會信用組合の理事でありながら又十六會信用組合の事業に向つて中傷至らざるなく、更に十六會に對する不平黨の一人たる安倍藤吉君と提携し、予の言ふ所、行ふ所の善惡に拘らず、ひたすら反對し中傷し、なほ進んで他の十六會に對する不平分子を驅り集めて、其如何なる時、如何なる場合如何なる事を問はず攻擊破壞これ勉めたのである。

◉併しながら予は、冷靜に彼等反對黨の言にも耳を傾け、常に意思の疏通をはかり、これが調和に苦心一方ならなかつたのである、それ故に敵軍重圍の中にありて、多年爲すべくして而も成らざりし諸般の大問題難事業を解決し施設して、僅々一年有半の間に豫想外の好成績をあげ得た主たる原因の一部は蓋しこゝにあるであらうと思はれるのである、予の成功は前にも述べた通り十六會定款の第三條の精神を辱めざるべく死力を盡し、これに對して監督官廳高官各位の援助せられたるにあるや云ふまでもなく、町の有力家、町の重なる人々の贊同に依るや勿論にして、またこの難局に當つて意思の疏通にこれ勉めた結果たるを否定することができなからうと思ふ、十六會よりの選出議員は議員全數の五分の一に過ぎず予を併せて五名であつた、而もこの少數の議員は一意專心、町あるを知つて己あるを知らざる廉潔の公人であつた、予は多事多難の町政に大斧鉞を加ふべくこの少数云ふに足らぬ弱勢を以て當つたのである、所謂蟷螂の龍車に向ふが如き感ありと雖、予は町本位を以て終始一貫、偏せず黨せず、事毎に何れの黨派へも交渉し協議し意思の疏通をはかり聊も無理なることをせず圓滿にして穩健なる結果を見るに至らんことを切に心掛けた、それ故に意思の疏通する處何等其間に城壁を設けざる、所謂肝膽相照して、さしもに困難であつた町政を料理し得たことゝ、他の同情愛護を感謝すると同時に不肖責を重んじ勉むる處少くなかつたことを回顧し衷心の喜悦禁じ難いものがあるのである。

◉唯遺憾とするのは意思の疏通に勉むること一方ならなかつたに拘らず、辻君とは終に圓滿を期すること能はず、感情の融和遂に望む能はずして、彼れは最後まで爭擾を極め、十六會に對し信用組合に對して讒誣中傷至らざるなき一事である、併しながら予は彼れの前非を悔い改めんことを望み、只管これを待ち、彼れの行動の斯の如きに拘らず依然十六會の理事として其名を止めて置いたのであるが如何せん予が待つ所と反することと愈甚しいので、所謂泣て馬謖を切るで、四十五年一月總會に於て除名することにしたのである。

◉遮莫、一陽は伏見の上に來復した、妖雲漠々として何れの日にか又千里一碧の快晴を見ることができるであらうと思つた伏見政界も、こゝに面目を一新したので、是亦前に述ぶる所あつた如く所謂咽喉元過ぎて熱さ忘るゝで、一年半以前に於ては町長たることを避けた人も進んで町長たらんとし、これが希望者の續出を見るに至つた、町長たることは素予が本意とする所にあらず、且予の本來の仕事は町長たるにあらずして十六會及び信用組合にあるが殊に會と組合の仕事の如き俗に所謂引合はぬ仕事は何人と雖予に代りて從事しやうとする人のないことを認めたので、この機會に於て辭職すべく決したのである、就ては一年有半の間過度に心身を勞した結果大に健康を害ひ、靜養の必要も迫れるので、是非職を退かなければならぬ場合となつたのである。

◉そこで予は明治四十三年の三月、卽ち四十二年度の終りに於て、いろ〳〵と留任を勸告せる間に、斷乎として辭任書を提出した、予は辭任書を提出すると同時に府廳に昌谷內務部長を訪ひ辭任の理由を具さに述べ且今日までいろ〳〵とお世話になつた御禮を申上げたところが、內務部長の云はるゝやう、伏見町は君の盡力によりて折角今日のやうに治まつたので寧ろこれからが大切であるから辭任は思ひ止まつてくれ、たとひ反對黨の中傷あり妨害あるとも、これを排してやつてくれ、四ヶ年の任期間はせめて町長の籍だけ殘して置いてくれ辭表を出すことはこの際中止してくれよ、まだ町會の議に上つて居ないのであるから是非其名だけを殘してくれとて懇々勸められたのであるが、いろ〳〵其事情をのべ辭任のやむを得ざることを說いたのであつた。

◉其後內務省へは、留岡先生を經て井上參事官へ辭任の事情を申上げたのである、一方町に於ては後任の町長選擧に付ていろ〳〵講究の結果各派の代表者千歲一兵衞、安田英之助、櫻井利三郞氏等はわざ〳〵予を訪ふて留任を勸めたのであつたが、予は終に其決意を飜さなかつたのである。

◉予は町長を辭任すれば、例の反對派は、其目的の一部を達せしにより、これと同時に予に對し會及び組合に對し反抗の聲を絕つであらうと思ふて居つたのであるが、何ぞ圖らん中傷讒誣はいよ〳〵甚しくなつた、即ち彼等は予が辭職の翌々月即ち四十三年五月を以て町會議員半數改選に當り新に選出せられたる議員中十六會に對し不平を抱ける分子を驅り集め、予が誠心誠意を以てなせし事蹟を探り牽強附會の說を捏造し、不明支出あり不當支出ありと叫び、一犬虛に吠えて萬犬これを傳ふるで、終に裁判所の手を煩はすことゝなつたのであるが、公明嚴正なる瀧川檢事自ら手を下して精査せられた結果、何等不明支出、不當支出なるものなく、事實全く捏造にありしことを認められ、反對一派の人々は譴責的の注意を受け且檢事正はこれ等の人々に對し自治制の何物たるかといふことから町民の一致和合の必要なることを懇に敎へ諭されたのである。

◉彼等の捏造說により少なからぬ迷惑を被つたのは、ひとり予のみではなかつた、終には累を府參事會及び府會に及ぼしたのである予は切にこれ等の士及び瀧川檢事正を煩はしたことの甚だ大なるを謝さなければならぬ、ことに師團道路問題に關し府下の名士及び知事其他の官吏に非常なる迷惑をかけたことを悲むのである、嗚呼大山鳴動して鼠一匹、彼等反對派のなす所槪ねこの類である、憫むべし彼れなほ事理を解せず爾來二閱年、依然として彼等は我十六會及び信用組合に向つて直接間接に中傷を怠らないのである。

十、附屬救濟部の設置　（濟生園）

◉伏見十六會附屬救濟部は、一昨明治四十三年四月を以て創設したのであるが、其目的とするところは、本會の名を以て廣く救濟の事業を行ふを以て專務とするのであつて、本會々員にして貧困のため敎育を受くることができぬものに對し、毎年定數を限り學資金を貸與し以て其修學の目的を遂せしむるのと、會員にして病氣等の場合貧困のため醫師の診察を受くることができないものに對し、無料診察をなさしむること、及び貧困にして職業を得んとするも資金なきもの、又は其不足を感ずるものに對し小資金の無利息貸付をなすこと、會員中不時の災厄に遇ふか又は一時事業上若くは生計上に非常の不幸を來すものあるときは、役員會に於て事實取調の上これが救護をなすこと、天災地變等に際しては廣く金品の給與を行ふこと等である。

◉而して救濟部細則第七條なる

會員ニシテ病氣等ノ場合貧困ノ爲メ醫師ノ診察ヲ受クルコト能ハザル者ニ對シ救濟部ハ本會囑托醫ヲシテ無料診察ヲナサシム又會員外ト雖モ市町村長所轄警察署長ノ證明アルモノハ無料診察ヲナサシム

により、その救濟部目的の一部の事業として無料診察所を設置することゝなつた、尤も救濟部細則第七條により從來これが實行に勉めつゝあつたのであるが、昨四十四年の紀元節に當り畏くも　聖上陛下より貧民御救濟の思召を以て金壹百五拾萬圓を御下賜になりこの難有き聖旨を奉戴して濟生會なるものを起さるゝに當り、その趣旨を拜するに及び、せめては萬分の一の奉公なりともなし社會公益のために盡さればならぬと、いろ〳〵考慮をめぐらして居る際、薩藩殉難九烈士の墓碑のある寺として、元老諸公をはじめ文武の大官に淺からぬ因縁を有せる當地字鷹匠町なる大黑寺が、その寺院維持の一策として境内の一部を賣却しやうとするの議があつたそこで我十六會は豫てよりこの寺に深き因縁を有し更に將來に於ても伏見義民文珠九助の遺髮塔の所在地として將たまた戊辰殉難九烈士が長への眠りにつける所として、間接に直接にいろ〳〵と利便をはかるべく期せる有緣地であるから、若し他の有となり寺の隣として相應しからぬ建造物を見るやうな事があつては甚だ困る、施療施藥の慈善機關を築くことは最もこの地に適せることゝ信じたので、直にこれを買ひ受け、以て救濟部事業の一部として伏見施療院なる無料診察所を建設することゝなり、救濟部多年希望の一を實現することゝなつたのである。

◉これよりさき大黑寺境内一部賣却說の傳はるや、予はひそかに思へらく大黑寺はさきにも述べたとほり有馬新七氏外八烈士が勇魂の眠れるところにして且つ伏見義民文珠九助氏が遺髮を埋むるところであるのみならず、稀世の土木家として名聲の籍甚たる平田靱負氏の墓所があり、且北淸事變及び日露戰役に壯烈なる最後を遂げ勇名靑史に赫々たる服部陸海軍兩中佐が、嚴父及び其祖先の碑がある、かゝる靈地の一部が他に賣抑せられやうか、これまたさきにも述べたとほり、これを買受けて隣りするものにして若し靈地を汚すやうな業務に從事するものであるかまたは餘り好ましからぬ事業に從事するものであつたならば、甚だ遺憾に堪へぬ次第であるとの顧慮からして、資を投じてこれを買收し以て我が十六會財産の一部となすに至つたのである。

◎買收の當時はその買收の趣旨に副ふべく、まづ圖書館を設置するの考であつたが、圖書館とするには地域稍狹隘の感があるので、これを見合せ濟生會の趣旨を奉じて、こゝに無料診察所を設置することゝなつたのである、こゝに於てか救濟部は、その財力のゆるす範圍に於て拮据經營、ひたすら其趣旨のあるところを貫くに努力しつゝあるのであるが、無料診察所設立のことを聞いた當伏見町在住の國手、醫學士阪本秀雄、岡山醫學得業士圓山幾彦の兩氏は醫療を、藥學得業士海老池太兵衞氏は調劑を、看護術に堪能なる大黑寺住職百萬盛空師の妻女は看病を、內務省免許の産婆狩野左衞門氏の息女は助産を擔當從事し、憐れなる貧困者の上に厚き同情を寄すべく、特志を以てせらるゝ事となつたのは予の最も歡びに堪へないところである、ひとり專門の技術が、これ等斯道熟達の人々によりて來り治を請ふものに充分の滿足と慰安とを與ふるのみならず、伏見町に於ける積善家として名ある本谷市兵衞氏の熱誠をさゝぐるあり、諸般の事務は百萬大黑寺住職及び狩野左衞門の兩氏がまた特志を以てこれに當ることゝなり、場所も人も悉く調ひ、まことに到れり盡せるものあるに至つたのである。

◎施療院の敷地は百三十坪に餘り、地代と工費とを合せて金參千圓の豫算を以て着手することゝなつた、而して其診察所の背面には借家建四棟の建築は第二工事として着手することゝなつた、この建造物は重症者にして來つて國手の診療を受くることができぬものゝ收容に充つる豫定である、無料診察所は斯の如き理由のもとに、斯の如き良好の成績を以て經過し來つたのであるが、又々この事業に向つて特志を寄せらるゝの士を見るに至つた、そは京都府立療病院及び京都府立專門學校の幹事として慈惠の心深き紳士として其名嘖々たる柿沼鉉太郎氏である、氏は我十六會が救濟部事業の一部として無料診察所設置のことを耳にし、若し憐むべき貧困依るところなく、自宅に於て充分なる治療のできない重症者にして、我無料診察所の手を經て來り診を請ふものは、府立療病院に於て特に引受け無料を以て入院をなさしめ治療せしむることゝしやうと特に申越さるゝところあつたのである。

◎斯の如くして我無料診察所は、他の享け難い利便と而して有望の將來を有して居ることは予の衷心甚だ喜悅に堪へざるところである、殊に其はじめ無料診察所設置の件を其筋に申請するや、其趣旨とする所は、濟生會が各地方々に此種の機關を設くべく發表せられた御趣旨と、期せずして相合致し、現今全國に於て此種の診察所を設置せるものは東京を除くの外何處にも絶えて見無いのであつて我伏見十六會救濟部が即ち其嚆矢たるの名譽を得たることを欣ばざるを得ないのである。

十一、公會堂の設置

◎本會の定款第四條の第三項に定むるところの本會目的の一たる

公會堂ヲ建設シ有益ナル團體等ノ會同ニ便利ナラシムル事

に據り速にこれが建設を企てたいとは予が多年の熱望であつたが、財政の都合上、今日に至るまで其目的を達することができず常に遺憾として居つたところである。

◎然るに、こゝに端なくも公會堂建設に理想の土地を得ることができた、元來十六會の基本財産は、現金を以てするよりも、土地家屋を以てするはうが完全であると云ふので、この方針によりて今日まで行ひ來つたのである、殊に土地の如きは、年を追ふて愈騰貴するのであるから基本財産としては極めて恰當のものであることを信じ、常に此心を以て基本財産の增殖に對して居つたのであるが昨四十四年の八月、本會及信用組合の接續地であつて、殊に伏見町の最も中央に位せる一千餘坪の土地を購入することができたのである。

◎希くはこの土地の上に理想的の公會堂を建設したい、何とかして多年熱望の公會堂を建設したいと思ふて居つたのであるが、到底本會の剩餘金のみを以て建造することは不可能である、併しながら本會々員の數は追々增加し殆ど際限なく膨脹してくる、又一方に於ては信用組合員も既に五百以上の多數に達し、いよ／＼增加しつゝあるのでこの多數の人を一堂に會せしむる一大建造物の設置は最緊切である、又五千の戸數と三萬の人口を有せる彪然たる我伏見町に一の公會堂を有せないことは、夙に識者の遺憾とせる處であつて、町の有力者はこれが建設の必要を唱へ、いろ／＼計畫するところあつたのであるが、何等其目的を達するに至らずして荏苒今日に至つた、而も今後に於てなほこれが建設は殆ど期し得べからざる状態であることを揣摩するに難からぬので、一般町民は大に遺憾としつゝあるのである。

◉されば公會堂の建設、一日遲ければ即ち一日伏見町の不利益に歸し、一月後るれば一月伏見町の不利益を免れないのであるから、公會堂の建設は片時と雖も緩うすることはできないのである、且や本會定款第四條第三項の示すところ決して等閑に附する事はできない各種團體の講演、講話、其他あらゆる有益なる會合の機關を供ふることは焦眉の急である而して本會が此定款示すところの遂行は聽て伏見町のためである、伏見町民の福利を增進する所以である、思ふてこゝに至れば建設のこと片時もゆるがせにすることはできないと云ふので、本年五月の臨時總會に於てこれが資金として農工銀行より十五ヶ年賦として金壹萬圓を借入るゝことを決議し、且二ヶ年の繼續事業として實施することに決し、此工事にして竣成を見るに至れば、會として最も理想の目的に使用すべく考慮をめぐらしつゝあるのであつて、同時に多年熱望の事業がこゝに其着手の歩を進むるに至つたことを予は衷心喜悅に堪へざる次第である。

十二、產業組合の奬勵

◉本會定款第四條、第五項は規定して曰く

産業組合其他公共組合ヲ奬勵シ相當ノ援助ヲ與フル事

これまた本會が目的とする、二宮尊德先生の遺敎を遵奉し會員相互の德義を奬め且つ伏見町の改善發達を圖り及び町民の幸福を增進するの一事業である。

◉併しながら本會は、ひとり土地の產業組合たる伏見信用組合の奬勵援助のみに滿足せず廣く天下の產業組合に向つて及ぶべきだけの便益をはかつて居るのである、即ち各地の產業組合から書面を以て各種の事項を問合はさるゝに對しては、予が伏見信用組合長として創立以來七八年間に於ける經營に關する實驗上の意見を文書を以て答へ、また遠近より來り視察せらるゝ人々に對しては組合經營談はもとより親しく本會及び信用組合の事務所内を案內し諸般施設上、執務上の說明をなしつゝあるのである。

◉是等文書を以て、將また親しく來り視察せらるゝもの、年々數百通、數百人の多きを迎へ、時としては一日なほ且數通の文書を領し、是等數通の問合せに對し一々詳細の說明を以て報ひ、又時として半日數十人の多數を迎へ、是等の視察員に對しては、又それく談話說明の勞をとり以て隔靴掻痒の歎なからしむべく勉めつゝあるのである。

◉予が產業組合經營の實驗は、七八年の短日月に過ぎないのであるが、他の土地に於て容易に嘗め得られざる特種の苦心を重ね、且土地の狀態、人心の輕薄による經營の困難を排し、又其間に於ける經濟界の大恐慌、その他幾多の困苦艱難に遭遇し猛戰苦闘裡に得來りたる產物は、聊か後進組合經營者に利益するところ尠少ならざるを信ずるのである。

◉本會定款第四條第五項に據る實施上のことは、ひとり以上に止まらずして、夙に本會諸般のことを誌せる小冊子をはじめ、伏見信用組合に於ける大小巨細の事項、經營實驗談等を網羅せる小冊子を、普く全國に配付し以て產業組合其他公共組合の指導獎勵の實を擧げつゝあるので、これ等の費用は年々參百圓內外を算するのである。

十三、會員德義心の涵養

◉我伏見十六會々員の德義心を進むることに就ては、常に予の腐心しつゝあるところであるが、十六會々員と伏見信用組合の組合員とは其人を同うし、十六會は卽ち信用組合員を網羅し、信用組合員は殆ど十六會々員の一部に過ぎずして、まづ其組合員の大部分十六會々員と稱することができる、斯の如き有樣であるから、每年一月を以て各その通常總會を開き、名士、大家を聘して精神修養に關する有益なる講話講演を聽かしめ、又各會員及び組合員の家族及び伏見町各小學校兒童に對しては、餘興として二宮尊德先生、または伏見義民の如き有益なる劇を觀せしめ、一は耳より一は目より各その固有の德義心を刺擊し、善良なる勤儉力行の國民として世に處し人に對せしむるやう、啓發指導を怠らないのである、年々歲々斯の如くせること玆に幾年、報德主義は漸く伏見町の上下に洽からんとして、各自覺自奮業務に精勵し、苟も浮華文弱の弊に染まざるべく勉め、劇の感化はやがて婦女老幼をして、己が道德を進むると同時に公共に對する道德を向上せしむることゝなり、勤儉力行、義勇奉公の精神は翕然として伏見町の上下を支配することゝなしたいとつとむるのである。

◉十六會は伏見信用組合と共に年々の通常總會を斯の如く最も有利に且最有趣味に其局を結ぶを例とせるのみならず、又每月一回、信用組合と共に一德會京都本部より講師の出演を請ひ、有益なる道德上の講話を會員及び組合員はもとより、一般町民其他に至るまで聽講せしめ、以て教育勅語戊申詔書の難有き御趣旨を奉戴せしむべく勉めつゝあるのである。

◎十六會に於ては、月毎に年毎に、會自身に於て此種の講演、講話の會合を開けるのみならず、各團體等に於て名士、大家の講演、講話會の催しあるに當つては、でき得べきだけこれに賛助し補助し以て其の事業のより一層盛大に且完全ならんことに勉めて居るのである。

◎それ斯の如く自他精神の修養、德義の涵養に勉め、共に善良の國民として少くとも理想の生活をなすべく、且意義ある生涯を送るべく勉むるに唯その及ばざらんことをこれ恐るゝ所以のものは、本會定款第三條命ずるところの精神を實現せしむるにほかならぬのである、而して毎月一德會の講師を聘して有益なる講話に會員及組合員、一般聽衆を啓發し指導する所以のものは又定款第四條第六項定むる所によりて、實行の歩を進めつゝあるのである、其第六項に曰く

毎月十六日會員ノ集會ヲ催シ政黨政派ニ關セズ地方自治ノ發達ニ關スル講話研究ヲ爲シ其實行ヲ期スル事

而して其成績は月は一月より、年は一年より顯著なるものあり、予のひそかに欣喜禁ずる能はずとするところである。

十四、實業學校の設立

◎本會定款第四條定むるところの、本會目的の遂行事項は何れも着々として實行し、急がず而も怠らず、一歩をあげて一歩を進め、よしや牛の歩みの遲くとも、堅實鞏固大盤石の基礎の上に成功の樓閣を造り上ぐることを期し、弱々しき雙葉の風雪雨露を凌ぐ幾十、百年いつしか喬々たる參天の大樹となるが如く、悠々たる無限無極の前途、たとひ歩調は緩なりと雖、歩を印する處必ず何物かの効果を收め着々として進み來り進み行きつゝあるのである。

◎されば其第四條第二項中なる「實業學校ヲ設立シ教育ノ普及ニ資ス」べく、これが設立の計畫もまた當初より幾多苦心を重ね來つた一つである、伏見町には從來町立の實業補習學校なる一個の機關を有して居つたのであるが、予の町長時代に於て、伏見町の實業補習教育機關として一個の設備では其効果の顯著ならざるものあるを認め、その分校として三個所の尋常小學校に於て實業補習教育に關する教授をなさしめたのである、當時予は實業補習學校名譽校長に推薦せられ、今なほ名譽校長として直接間接に盡すところあ

るので、社會のためこの學校の隆盛を否圖して居るのであるが、未だ好成績をあぐるに至らざるは予の常に遺憾とするところである。

◉予が創設せんと欲する十六會主義による實業學校は、晝は直接實業の實際に當り、夜は即ち師に就て實業上必要なる智識技能を習得せしめ、實際と學問と兩々相俟ち相調和して進み行かしむるのであつて、今日では單に十六會及び信用組合附屬の給仕十名ばかりを以てこの主義によりて訓陶しつゝあるのである、即ち晝間は各その事務の見習をなさしめ夜間師により書籍によりて實業補習敎育に據る受業をなさしめて居るのである。

◉現今では唯斯の如きに止まるのであるが、漸次增加しつゝある十六會の資產が充實するに至つたならば、この少數子弟の敎育は軈て完全なる實業學校として實現するのである、我十六會が十幾年以前に於て少數の青年有志によりて企てられた微々たる一團體が、今日彪然たる公益社團法人として一世の模範と仰がるゝに至つた如く、現今たゞ事務見習の給仕の敎育に任ずる單純なる組織が近き將來に於て完全なる實業學校として實現せらるゝことを想へば、甚だ愉快に堪えざるものあるを覺えるのである。

◉設立せんとする實業學校は、生徒の實習に供ふるため別に實習部を設くべく目下講究中である、この學校に於ては學術、實習とも に遺憾なく備へしめんことを勉むるのであるが其根本方針とするところは、後進子弟をして十六會の主義とせる獨立自營の精神を涵養せしむべく、敢て父母、長上の庇蔭に賴らず、厄介をかけず、自ら働き自ら修めしむるやうこれ勉め、晝間は本會各附屬事業特に商工業實業部に於て働き以て學資并に自活費を儲け夜は目的の學術を學ぶと云ふやうに、獨立自營の精神を養はしめ、その不足は會に於て補助し會費及び學用品の一切又會に於て支給し以て修學の目的を遂するに遺憾なからしむべく勉めんとするのである。

◉而して生徒中、成績拔群のものには卒業後、更に高等の敎育を受けしめ、所謂野に遺材なからしめ、可惜有爲の材を抱いて秀でずして終るの憾なからしめんと欲するのである。

十五、總務部の新設

◉本會は各附屬部を統一すべく本年より總務部なるものを設け、各部事務上の連絡をはかり、各部各員は共同一致の實をあぐるやうに勉めて居るのである、總務部は啻に各部事務上の連絡をはかるのみに止まらず、其主たる目的は新事業に就て其進步發達に努力しこれが實行に鋭意勵精すると同時に、舊事業に對する整理をはかるにある、而して舊事業の整理に就ては、別に整理部なるものを置きこれが整理に任ぜしめ、なほ事業に失敗せる十六會員及び信用組合員に對する今後の向上發展に努むるため達摩會なるものを設け、その目的に向つて進みつゝあるのである。

●總務部設置の目的は略以上述べたとほりであるが、孜々として向上發展をはかりつゝある本會は、附屬事業もしたがつて年々其増加を見るに至つたので、これ等に關する事務しきりに増加し、調査すべきもの、また整理すべきもの往時の比にあらずして殊に雜務の嵩めること驚くべきものがある、今これ等のうち其一例をあぐれば、彼の金錢を取扱ふ信用組合附屬貯金部より金融の便宜を與へたる會員にして、其事業順調に進み返濟の約を違へなかつたならば、それで申分ないのであるが、生存競爭日を追ふて劇甚なる現世態に於ては失敗蹉跌時に避くべからず、意外なる悲境に沈淪するのやむを得ないことがある、人若し斯かる境遇に陷らんか返濟せなければならぬと云ふ心は常に失はず又どうかして義務を果さなければならぬと心は矢竹にはやるのであるが、如何せん所謂時利ならずで、あせればあせる程衰への淵深く陷りゆくのである。

●この時に當つて、さきに會組合より金融の便宜を與へられ、それに對して擔保に供したるものは勢ひ會に提供せなければならぬ、會に於てはこれ等非運に沈淪せる會員に對しては片時も早く高運を迎へかし、彼れの身の上に幸あれかしと祈るも、其人の衰運はこれが挽回を如何ともできない場合には法律の命ずるところにより涙を呑んで一時其抵當物件を會のものとせなければならぬ、所有權の移轉を設定せなければならぬのである。

●既に會に於て家屋を所有すると云ふことになれば、家賃の取立てはもとより、時に修繕の必要を生ずる等、いろ／＼の雜務したがつて整理すれば、又したがつて起ると云ふ有様で、これ等の支配は總て總務部の常設整理員の手によりてなすのである。

●また本會々員にして何れも成功するものゝみであつたならば甚結構であつて、何等申分はないのであるが、生存競爭の日を追ふて甚しからんとする現代に於ては、時に事業の蹉躓を來し非常なる困難を招き、同情すべき悲境に沈淪するもの尠からぬのである、これ等の會員に對しては、忍ぶべからざるに忍び、耐ふべからざるに耐へ、百折撓まず千挫屈せず、初一念を貫くべく、堅忍不拔の精神を涵養せしめ、捲土重來、現在の悲境を昔譚とすべく、また成功の生涯をいよ／＼意義あらしむべく、即ち會員精神上の開拓をもはからなければならぬ、だるま會は即ちこの要求に應じて生れ出でたのである。

●達摩會は事業に失敗せる會員にして捲土重來、更に新しき奮鬪の生涯に入らむとするものを、悉く其會員たらしめ苟も自彊已まざらしめつゝあるのである、此會を達摩會としたのは所謂七顚八起、たとひ骨を粉にし身を碎き盡すと雖、素志を貫くにあらずんば死せずと云ふ意味に於ての命名であつて、一ヶ月一回彼等を十六會樓上に會せしめて、再起の方法、精神訓話等彼等現下の精神的要求を充さしめ、互に既往の失敗談、事業經營の苦心談等を交換せしめ、其間に前途に對し、現在の奮鬪に對する必要條件を研究せしむるのである、予は常に達摩會に臨み一場の話をなし一席の希望を述べ、刀折れ矢竭き、百戰功なくして孤城落日、心身ともに銷沈衰態の裡より、殘んの勇氣を振ひ起し、再び健鬪場裡に名乘り出でしめんと勉めつゝあるのです。

十六、奮鬪場裡より得來れる產物

●創立以來二十年に近き星霜を閱せる我伏見十六會は、未だ嘗て他より一厘一毛の補助を受け、寄付を仰いだことはない、獨立自營苟もその趣旨に違背せなかつたのである、こは本會の特色であつて他の團體とは大に其趣を異にして居るのである、他の團體の如く少しも他の庇蔭によらず當初よりして自己の脚を以て立ち、苟も他の制肘を受けず、獨立獨行往くべき所に往き、到るべき所に到り其經濟界の大恐慌にも撓まず、續出不斷の中傷妨害にも屈せず、着々として成功の途に上りつゝある所以のものは、もとより理事者健鬪苦戰、一身を十六會の犧牲とせるによるや勿論なるも、十六會を愛護し同情し、絕えず指導し奬勵せられた大官巨公無量の庇蔭の然らしむる所でなければならぬ、大官巨公は上よりして訓誨し指敎せらるゝのみならず、時に親しく臨會を忝ふし種々有益なる訓示、講話を拜聽するの光榮を得せしめられたのである。

●十六會に對して、厚き同情と愛護を垂れ、以て今日の隆運をたまはつた高官巨公は、今なほ指導奬勵を惜まれないのである、恩人たるこれ等の人々が、會員精神修養の上に裨益を與ふべく、いろ〳〵と其熱誠をこめられた書を贈られ又會に臨まれては其紀念のため筆の蹟をとゞめられたのは、會の寶として會員及び會員の子孫が長へに服膺し實行すべき金科玉條として奉戴すべきものであつて積り積つて今や夥しき數となつて居ることは我十六會が無限の光榮とするところである、この書の卷頭を飾れる寫眞は、現に扁額して十六會内各所の楣間に掲げ、其結構なる字句と筆者たる高官巨紳の熱誠を肝に銘ぜしめて居るのである。

●回顧すれば本會創立以來こゝに二十年に近き數多の年月を經過した、この間に於ける自然の障害、人爲の迫害、數へ來れば十指屈しつくして尙足らざるを覺えるのであるが、その障害、その迫害は却て本會が試金石となつて、いよ／＼益々向上發展しつゝあるのは、理事者が異體同心慘憺たる經營活動、高官巨紳の指導奬勵によることさきに述べたとほりであるが、高官巨紳が會のために態々寄贈せられ又會のために紀念として止められたこれ等の敎訓的筆蹟が、われ等を鞭撻し激勵し、苦闘のうち心靈上の勝利に新しき希望の勇氣を振ひ起さしめ、難戰の間百萬の味方を得るよりも尙心強き精神上の慰安を與へられしによらなければならぬ、この敎訓的筆蹟はひとり我等の過去と現在、而して將來に於て無限の裨益を與ふるのみならず、我等の子孫に對し長へに心靈上の糧を授け勤儉力行の美風は子孫にわたりて、いよ／＼發揚することであらう。

●正義は最後の勝利者であり、邪は遂に正に勝つことができぬのは、もとより多言を俟たないのであるが、我十六會の大事小事、その善きと惡きに拘らず、ひたすら中傷し排擊した、反對者流は、今なほ陰に陽に攻擊の矢を放ちつゝある、一方に於て、十六會のなす所を學び十六會と比しき成功を得んとしつゝあるは、彼等の既往、現在の行動と相對照して寧ろ甚だ滑稽の感なきを得ないのであるが、我十六會の施設經營を眞似て其同一の成功に均霑せんとし、他面に於て攻擊しながらも、その理の動かすべからざる良法たるを覺得せるを見るに至つて予は切に「正義は最後の勝利なり」の金言が決して予を欺かざりしを感謝せざるを得ないのである。

●何なか彼等が我十六會の眞似をなし模倣をなさせるやと云ふに、そは貯金部の事業である彼れ等は十六會の成功は一に其の貯金部の事業にありとなし、貯金部の隆盛は十六會成功の原動力であることを、いろ／＼調査の結果知り得たので、それ以來彼れ等は滔々として貯金部の制度を模倣するに至つた、啻に十六會を呪詛し排擊した反對一派のこの擧に出でしのみならず、他に三十種を算する多數の類似の制度によりて造られたる賴母子講の如きあり、政治の上に於ても小黨分立の弊に堪へない伏見町は自然の勢ひ、これ等類似の賴母子講が互に排擊し互に相傾擠せんとしつゝあるのは慨はしくも忌はしき次第である。

●これ等はもとより社團法人として國家永遠の監督保護に浴しつゝある我十六會と其確否日を同うして語るべからずであるが、經濟思想に乏しき一般人は羊頭をかゝげて狗肉を賣れる彼等の甘言に迷ひ、唯眼前の利益に眩惑し、射倖心の強き人々は滔々としてこれに赴くと云ふ有樣であつて經濟界のため憂ふべき現象と云はざるを得ないのである。

◉經濟思想に乏しく射倖心の強き一般人を瞞着するにあらゆる巧妙なる方法を用ひつゝある彼等は、更に社會の信用を受くること既に久しく且つ總ての機關よく調ひ些の間然するところなく、公益によりて立てる我十六會に向つて肉薄し來りつゝあるは、地方の利益を思はざるの甚しきであつて、其經濟思想に乏しき人々を有害に導き地方の經濟界に少からざる弊害を與へつゝあるは、まことに慨はしき次第である。

◉本會の貯金部が斯の如く其模倣者の續出せる他面に於て、貯金部制度の効益は、伏見町一般金利の上に及ぼし、從來他に比して不廉であつた金利は一般に低くなつた、何故に低くなつたかと云ふに、本會の貯金方法は既にその詳細を述べて置いたとほり、その債務たるに至つた場合には單に月一步を支拂ふことによりて元金を併せ償却することができるのである、彼の世間通常の金錢貸借にあつては、利子は何年支拂ふとも元金を返濟せざる限り、元金は依然として存在して居るのである、而してこの利子の支拂にのみ汲々として元金の償却に及ぼす能はざるものが多い、所謂奔命に疲れ道途に倒るゝと同じ樣に、終に元金の償却をなす能はざるうちに利子に疲るゝもの比々皆然りである、我十六會貯金部の制度は普通一般の金利よりは廉なる步合を以てして一定の期間滿つれば元金も併せて償還し得らるゝのであるから、滔々として此貯金部に加入するもの日を追ふて其數を加ふる所以である、貯金部に加入し高利貸の爪牙より脫れたる多數の會員は、其有利を唱導して伏見の金融界を覺醒し高利貸等を反省せしむるのみならず、普通貸借を望むものといへども、十六會は斯の如くであるとて盛にその低利と其方法の有利を說いてやまない結果金融業者を刺擊し、期せずして金利の低落を見るに至つたのであらう、尙十六會貯金部が間接伏見町其他の經濟界に與ふる効果を、一々あげ來れば殆ど際限を見ないのである。

◉我十六會が內にあつては理事者一致の活動、外よりしては高官巨紳の指導奬勵が、十六會今日の隆運を招き寄せたのであつて上來すでに幾度か述ぶる處あつた如く予の最も感謝禁ずる能はざる次第である、今この談話を終るに臨み、昨明治四十四年十二月末日に於ける本會事業の成績を掲げて、更に感謝の意を表したいと思ふのである。

本會事業の成績　（明治四拾四年拾貳月末日調）

一、本會基本財産　金貳萬五千百五拾七圓參拾七錢九厘

內譯

科目＼年度	設立當時ノ財產	四拾壹年度	四拾貳年度	四拾參年度	四拾四年度	計
本會基本金	七、二六一・〇一三	九一・八六五	一、三八八・四〇〇	三、二七九・四一六	二、一七五・一七五	一四、一八五・八六九
土地家屋代金	—	一、八〇〇・〇〇〇	三、二〇〇・〇〇〇	三、五九三・六八〇	—	八、五九三・六八〇
出資金	二九〇・〇〇〇	二一〇・〇〇〇	一〇・〇〇〇	—	二〇・〇〇〇	五三〇・〇〇〇
什器	六八三・四二五	一一六・一九〇	三三・八〇〇	八一九・〇二五	一九五・三九〇	一、八四七・八三〇
合計	八、二三四・四三八	二、二〇八・〇五五	四、六三二・二〇〇	七、六九二・一二一	二、三九〇・五六五	二五、一五七・三七九

一、文庫基本金　金貳千四百四拾圓四拾六錢壹厘

內譯

科目＼年度	設立當時ノ財產	四拾壹年度	四拾貳年度	四拾參年度	四拾四年度	計
文庫基本金	一、〇七〇・四九〇	二四八・二六五	三八三・一九五	三九一・四六五	三四七・〇四九	二、四四〇・四六一

一、救濟部基本金　金五百八拾圓拾八錢六厘

內譯

科目＼年度	四拾參年度	四拾四年度	計
救濟部基本金	三〇四・九八一	二七五・二〇五	五八〇・一八六

一、公益ニ貢獻シタル金高　金參千七百五拾八圓七拾四錢貳厘

但シ伏見文庫、組合事業、新聞社補助金及一德會、各種慈善會、九烈士墓所改築費寄附金其他公益事業ヘ補助金

附錄の二　（條例及規則）

○府縣事務に付通牒

内務省にては各縣へ左の通牒を發したり

△地方債ニ關スル心得

一、三年以内ニ償還シ得ル見込確實ナラザルニ濫リニ短期債ヲ起スガ如キハ之ヲ避クル事

一、一時借入金ヲ起シ年度内償還ノ運ビニ至ラザルモノ多シ後日ニ至リ一時借入金ヲ公債ニ變更スルガ如キハ最モ愼ムベキ事

一、公債ノ償還其期ヲ誤マルガ如キハ團體ノ信用ヲ害スルコト殊ニ大ナルモノアリ最注意ス可キ事

一、借入金ニシテ不用ニ歸シタルモノアルトキハ豫定額以外ニ之ヲ償還スベキ事

一、基金ノ整理滯納勵行ノ方法ヲ實行シ一時借入ノ如キハ容易ニ之ヲ爲サヾル事

一、借入金ハ其償還年限ノ短縮ヲ圖ル事

△會計ニ關スル心得

一、會計ニ關スル諸帳簿及ビ證書類ヲ整備シ殊ニ日記帳ノ如キハ必ズ其日ニ之ヲ了シ現金在高ハ之ヲ明瞭ナラシメ置ク事

一、出納檢査ニ就テハ形式ニ流ルヽコトナキ樣深ク注意スベキ事

△經費ニ關スル心得

一、支出ニ就テハ最モ其時期ニ注意シ一時借入金ニ依ルガ如キコトナキ樣深ク注意スル事

一、補助費ノ支出ニ就テハ其後ノ監督ヲ等閑ニ附スルノ弊ナキニアラズ其成績如何ニ充分注意ヲ爲ス事

△財産ニ關スル心得

一、基本財産ノ積立ハ各府縣税ノ交付金決算剰餘金等ニ依ルノ外殖林、開墾、養魚等ノ方法ニ依リ造成ノ途ヲ講ズルハ土地ノ狀況ニ依リ其便宜ノ方法ナルベキ事

一、部落私有財産ノ統一ハ團體ノ資力ヲ充實ニシ部落的感情ヲ去テ一致協同ノ實ヲ擧ゲシムル一方法ナルニ付之ガ遂行ニ努ムル事

○自治行政の整理

內務省地方局にては自治行政の整理を圖らんが爲め各府縣知事を經て各市町村役場に對し左の通牒を發せり

地方事務ノ簡捷、事務ノ取扱ハ口頭處理又ハ一定ノ用紙ヲ備ヘ又ハ役場ニテ代書ノ方法ヲ取リ尙農繁ノ時ハ夜間執務ヲ爲ス等努メテ便宜簡捷ヲ旨トシ且懇切ヲ期スル事

法令諭達ノ敏速、必要ナル法令諭達ハ特ニ敏速周知ノ途ヲ講ジ各種ノ集會說敎等ノ時ヲ利用スル事

尙遠隔ノ部落ニ對シテハ學童ニ托シテ便宜示書ヲ貼付セシムル等相當工夫ヲ爲ス事

役場內ノ構造、役場內ノ構造ハ人民ノ出入執務ノ便宜ヲ旨トスル事

適材ノ登用、有望ノ青年等ニ書記ノ事務ヲ補助セシムルハ適材ノ人物ヲ得ル手段トシテ土地ノ狀況ニ依リ必要ナル事

公共心ノ發揮、市町村長ハ部內人民ニ對シテ克ク國體ノ事情ヲ周知セシメ公共心ノ發揮ニ努ムル樣心懸クル事

(一)町村の自治を計るべく町村の有志が豫め意思を疏通し、各種の問題を研究討議し、其の決議を町村事業として提案、可決する方法は確に一の方法なり、自治研究會は即ち其機關なり。

◉三重縣員辨郡大長村自治研究會規則

第一條　本會ハ大長村自治研究會ト稱シ自治政改善進歩ノ途ヲ研究スルヲ以テ目的トス

研究事項左ノ如シ

第一項　教育發展ニ關スル事項

第二項　勸業ニ關スル事項

第三項　風紀衛生ニ關スル事項

第四項　產業組合及勤儉貯蓄ニ關スル事項

第五項　青年會及婦人會ニ關スル事項

第六項　規程及協約ニ關スル事項

第二條　本會員ハ村會議員學校職員役場吏員區長及有志者ヲ以テ組織ス

第三條　本會ニ左ノ役員ヲ置ク

一、會　長　村長之ニ當リ會務ヲ總理ス

二、幹　事　會長ノ指命ニヨリ二名ヲ置キ庶務ヲ掌ラシム

第四條　本會ハ毎月五日午後三時ヨリ定期開會シ必要ニヨリ臨時會ヲ開ク

第五條　本會ノ決議事項ハ本會指導者トナリテ之ガ實行ヲ期ス

第六條　本會ハ會員名簿ヲ調製シ各自記名調印スルモノトス

熊本縣天草郡各町村小自治會會則

第一條　本會ハ本町（村）ニ十五人組ヲ組織シ隣保團結ノ主旨ヲ體シ吉凶相助ケ非違相戒メ自治ノ根底ヲ鞏固ニスルヲ以テ目的トス

第二條　本會ニ會長一名評議員數名ヲ置キ會長ハ町（村）長ニ評議員ハ町（村）會議員ニ囑託スルモノトス

第三條　十五人組ニ組長一名副組長一名ヲ置キ組合員ニ於テ之ヲ選擧シ任期ハ二箇年トス

第四條　十五人組ニ於テ國縣稅町（村）稅ノ納付又ハ就學兒童ノ出席其他公共事業ヲ果サザル者アルトキハ組長ハ組合ヲ代表シテ之ヲ督促シ速ニ共ノ義務ヲ盡サシムルモノトス

第五條　本町（村）神社ハ本町（村）住民ノ宗神ヲ祀ル所トシ之ヲ本町（村）自治ノ中心トシテ尊崇シ殊ニ社殿ト境内ノ神嚴ヲ保ツニ力ヲ盡スモノトス

第六條　十五人組ノ成績ハ毎年末ニ於テ之ヲ精査シ其ノ優劣ヲ比較スルハ左ノ採點方法ニ依リ其ノ結果ハ町（村）内ニ公告シ又之ヲ監督官長ニ報告スルモノトス

全部優良ノ場合

一、組合内一致結合シ犯罪者及家内不和隣保軋轢等ノ爲メ官公署ノ判決仲裁ヲ累スガ如キモノナキコト
一、國縣税町（村）税ノ納付就學兒童ノ出席其他公共事業ヲ果サザルノ者ナキコト
　　　百點

一部優良ノ場合

一、組合内ノ平和　二十五點
一、國縣税町(村)税納付ノ成績　二十五點
一、就學兒童出席ノ成績　二十五點
一、公共事業ノ成績　二十五點

右ヲ標準トシテ各組合ノ成績ニ徵シ評議員ノ意見ヲ參酌シ會長之ヲ決定ス

第七條　二箇年以上優等ノ點數ヲ得タル十五人組ハ監督官廳ニ稟申シテ旌表ヲ請フコトアルベシ

附　則

本町（村）内各十五人組ノ名稱左ノ如シ

第　一　區

一、某　組　二、某　組　三、某　組

第　二　區

一、何　々　二、何　々

右會則ヲ遵守スルノ證トシテ各自署名捺印スルモノ也

年　月　日

天草郡何町（村）

何　某　㊞

何　某　㊞

何　某　㊞

某町（村）十五人組成績表

第何區

某　組

月次	滯納人員	兒童缺席人員	訴訟犯罪組合不和件數	公共心缺乏件數
一月				
二月				
三月				
四月				
五月				
六月				
七月				
八月				

某　組

目次	滯納人員	兒童缺席人員	訴訟犯罪組合不和件數	公共心缺乏件數
一月				
二月				
三月				
四月				
五月				
六月				
七月				
八月				

町村成績臺帳

天草郡

事項			現在成績狀況	點數	摘要
事務	庶務				
	學務				
	兵事				
	農商				
	土木				
	統計				
	戶籍				
	稅務	國稅			
		縣稅			
		町村費及區費			
	勸業	農業　害蟲驅除			
		農業　其他			
		林業　公有原野植栽			
		林業　私有原野植栽			

業							納税				資力				
業		學事			土木	衛生	其他	國税	縣税	町村税	區費	町村基本財産		部落有同右		小學校有
水産業	養蠶業	設備	就學兒童	其他								現在額及整理状況	蓄積状況	現在額及整理状況	蓄積状況	現在額及整理状況

		吏員			平和狀態			雜件						總點數	備考
右同蓄積狀況	個人貯金	組織員數及過不足	勤務狀況	待遇	一般狀況	各部落狀況	其他	農會	青年會	赤十字社	愛國婦人會				
														平均點	
														全部ニ於ケル等位	

(二)國に暦あり、國民の行事が或る範圍に於て統一さるゝ如く、町村の行事を統一し、秩序あらしむるに自治暦を設くるが如きは亦一の方法なり、之に殖産の行事を添加せば更に妙なるべし。

大長自治暦

一月	一日	拜賀式
	四日	役場
	七日	夜學
	八日	學校
	十五日	田租
	卅一日	所得稅、賣藥稅、赤十字醵金、貯金、徵兵適齡届、營業届、
二月	一日	
	二日	學齡兒童父兄談話會
	十一日	紀元節祝賀式
	二十八日	田租、貯金
三月	十日	陸軍戰捷紀念日
	十五日	夜學會閉會式
	二十六日	研精同窓會春季總會 卒業證書授與式
	自廿七日至卅一日	學校休暇
	三十一日	田租、所得稅、貯金
四月	九日	鄉社祭
	十五日	縣稅、貯金
	本月末日ヨリ來月ニ至ル	籾種鹽水撰
	三十日限	所得稅申告
	本月中	父兄實地授業參觀
五月	十三日	博愛旗受領紀念日
	二十一日	村稅、貯金
	二十七日	海軍戰捷紀念日
	三十一日	田租、縣稅、國稅、營業稅
六月	一日ヨリ	苗代害蟲驅除
	二十一日	貯金

大長自治暦

七月	三十一日	賣薬税、貯金
九月	本月中	學校實地授業參觀
九月	三十日	畑宅地租、貯金
十一月	三日	天長節
十一月	八日	學校紀念日
十一月	十日	馬匹届
十一月	三十日	畑宅地租、國稅營業稅、縣稅、營業雜種稅、所得稅、貯金、
八月	本月中	學校休暇
八月	三十一日	貯金
十月	五日	村社祭
十月	十一日	學校秋季運動會
十月	三十一日	縣稅、醬油稅、村稅、貯金
十二月	一日	夜學開始
十二月	二十日	貯金
十二月	二十五日	夜學休暇

(三)納税は國民の最大義務にして、而も納税のことは多くの町村に於ては苦勞多きものなり、納税組合を設くるが如きは此の遺憾なきを得せしむる好手段にして、自治の發達を計る所に於ては此點に何れも多大の注意を拂ふは、決して偶然ならざるなり。

◉千葉縣山武郡源村納稅組合規約

第一　本組合ハ源村民納稅ノ圓滑ヲ圖ランガ爲メ之ヲ設ク

第二　十戸乃至二十戸ニ對シ一人若クハ二人ノ納稅世話役ヲ置キ其ノ姓名及所屬納稅者ヲ區長ヨリ村長ニ報告スル事

但シ區長ハ世話役ニ選任セザルモノトス

第三　納稅世話役ノ任期ハ二ケ年トシ選任方法ハ部落ノ適宜トス

但シ滿期再任ヲ妨ゲズ

第四　納稅告知書ハ役場使丁ヲ以テ世話役ニ送達シ各納人ハ該告知ニヨリ指定期日前世話役ニ送金シ世話役ハ期ヲ違ヘズ納附スルコト

第五　區長ハ納稅世話役ヲ補助シテ怠納者ナキ樣注意ヲ加フルコト

第六　區長及世話役ハ部落ノ狀況ヲ酌量シ豫納法ヲ行フ等可成納稅ノ圓滑ヲ計畫スルコト

備　考

以上揭グル條項ハ組合ニ關スル概綱ニ過ギズシテ實際ノ運用ハ不文ヲ以テ律シ歲月ヲ重ヌルニ從ヒ自ラ良習慣ヲ養成セントス即チ告知書ハ役場ヨリ世話役ニ送達シ世話役ハ之ヲ一紙ニ謄寫(金額及姓名)シ納人ヲシテ瀏覽セシメ納人ハ可成釣錢ヲ要セザル樣注意シテ世話役ニ送金シ世話役納附ヲ終レバ領收書ヲ一括シ納人ヲシテ順次自己ノ分ヲ引去ラシメ務メテ彼此ノ煩勞ヲ省略スルガ如キ是ナリ

明治三十七年八月

(四)勤儉は聲のみにては物にならず、奬勵を爲すのみにては功德の少なきものなり、其方法と其生ずる餘財を積むの道を得て始めて、其効果を大にするものなり、勤儉規約或は貯金組合は之れがため必要なるものなり。

◉同源村勤儉規約

第一條　本村同盟員ハ自今一層奮勵シテ業務ニ從事シ質素儉約ヲ守リテ贅費ヲ去リ其餘裕ヲ蓄積スルコトヲ盟約スルモノトス

第二條　前條ノ目的ヲ達スル爲メ同盟員一同左記ノ諸項ヲ確守實行スルモノトス

一、苗代及本田等ニ於テ苗又ハ稻ノ生育中ハ殺生ヲ禁ズル事

　但シ害蟲鳥獸驅除ハ此限ニアラズ

二、同盟員及家族ハ成ルベク綿服ヲ着用スル事

三、學校生徒ニハ必ズ綿服ヲ着用セシムル事

四、冠婚葬祭等ニ當リ手傳ノ爲メ集會シタルモノヘハ酒肴ノ饗應ヲ禁ズル事

　但シ終了後慰勞トシテ饗應スルハ此限ニアラズ

五、諸集會ノ出席時刻ヲ確守スル事

六、祝賀式等ノ外一切ノ集會等ニ於テハ可成酒肴ヲ用ヒザル事

七、兵士其他一切ノ送迎慰勞會等ニ於テハ努メテ質素ヲ旨トシ虚飾ノ儀ヲ避クベキ事

八、芝居相撲煙火其他ノ興行ハ成ルベク擧行セザル事

第三條　本村同盟員ハ平素親睦ヲ旨トシ吉凶相慶弔シ艱難相濟ヒ風紀相律シ業務相督スルモノトス若シ分度ヲ超エ驕奢ヲ事トシ飲食ニ耽リ其業務ヲ廢シ又遊惰ニ流ルルモノアルトキハ最寄同盟員ハ再三忠告ヲ爲シ尙反省ノ見込ナキ時ハ其事情ヲ區長若クハ村長ニ申告スルヲ要ス

第四條　本規約ハ同盟員半數以上ノ同意ヲ得テ訂正スルコトヲ得

右ノ條々ヲ協定シ本年一月一日ヨリ實行スベキ旨ヲ玆ニ誓約候也

三十六年一月　　一同連署

◉同源村同盟員郵便貯金規約

第一條　本村同盟員ハ常ニ業務ニ勵精シ其得タル金員中ヨリ毎月貳拾錢以上ヲ貯金スルモノトス若シ貳拾錢以上ヲ貯金スル能ハザル時ハ當分拾錢以上トス

同盟員ノ家族ハ本規約ノ範圍ニヨリ貯金スルコトヲ得

第二條　本村役場ニ於テ貯金取扱主任ヲ置キ村長ノ指揮ニ從ヒ貯金ニ關スル事務ヲ處理ス

第三條　貯金通帳ハ本村役場取扱主任ニ於テ保管シ通知書ハ各自ニ於テ保管スルモノトス

第四條　貯金ハ毎月二十五日迄ニ貯金取扱主任ニ差出スモノトス

第五條　貯金取扱主任ハ貯金領收元帳ヲ備ヘ現金領收ノ都度之ニ記入シ其月末日迄ニ最寄郵便局ニ預入ルルモノトス

第六條　貯金ハ左ノ場合ヲ除ク外一切拂戻サザルモノトス

一、凶荒罹災其他避クベカラザル災危ニ遭遇シタルトキ

二、土地ヲ購入スルトキ

三、右ノ外村長ガ該區長ニ就テ至當ト認メタルトキ

第七條　貯金拂戻ヲナサントスルトキハ村長ノ承認ヲ經タル上貯金取扱主任ヨリ通帳ヲ受取リ其手續ヲナスモノトス

第八條　本規約ハ同盟員半數以上ノ贊成ニヨリ改訂スルコトヲ得

右ノ條々ヲ協定シ本年一日ヨリ實行スベキ旨茲ニ誓約候也

明治三十六年一月　　一同連署

(五)町村民を誘掖示導し又た町村民上下の意思を疏通し又た有志有力者の行動一致を計るは町村自治

を進むるに於て最も肝要のことなり、廣村の示談會或は積志村の家庭會は其の一例にして則るべきものなり。

◉靜岡縣濱名郡積志村家庭會規則

第一章　名稱及事務所

第一條　本會ハ積志村家庭會ト稱ス

第二條　本會ハ事務所ヲ積志村役場內ニ置ク

第二章　目的及事業

第三條　本會ハ村治ノ基礎人類ノ幸福ガ整フタル家庭ニアルヲ認識スルガ故ニ之レヲ改良シ之レヲ發達セシメ以テ社會ノ改善ニ資スルモノトス

第四條　本會ハ其目的ヲ達セシメンガタメ村內ヲ二十八區ニ分チ順次ニ講話會ヲ開キ教育道德經濟（特ニ勤儉貯蓄）衛生等ノ思想ヲ涵養セシムルモノトス

第五條　前條ノ講演會出演者ハ村長村吏學校長其職員、報德社員、銀行員、產業組合役員、醫師、僧侶、神官、警察官、農會役員、村會議員及有志者等ニシテ時々名士ノ講演ヲ乞フコトアルベシ

第三章　會員及役員

第六條　本會々員ハ本村民ノ總テヲ以テ組織ス

第七條　本會ノ會員左ノ如シ

（一）會長一名（二）副會長二名（三）幹事長一名（四）幹事若干名（五）評議員若干名

第八條　會長ハ會務ヲ總理シ副會長ハ之ヲ補佐スルモノトス

第九條　幹事ハ幹事長ノ指揮ニ從ヒ常務ヲ掌ルモノトス

第十條　役員ハ第五條出演者ノ互選ニヨリ之レヲ定メ任期ハ總テ二ヶ年トス

第十一條　本會役員ハ總テ名譽職トス

第四章　會費

第十二條　本會ノ會費ハ總テ篤志家ノ寄附金ニ依ルモノトス

第十三條　本會ノ經常費及模範家庭ノ表彰費ハ總テ寄附金ヲ以テ支辨スルモノトス

第五章　模範家庭ノ選定及表彰

第十四條　本會ハ村内ニアル模範家庭ヲ選定シテ之レヲ表彰スルモノトス

第十五條　模範家庭選定及表彰ニ關スル手續ハ總テ役員會ノ決議ニ依ルモノトス

第十六條　本會ハ毎年一回模範家庭ヲ表彰シ以テ村風ニ資スル所アルベシ

右之通相定候也

明治四十二年四月

（六）國の基礎も町村の基礎も等しく家庭ならざるかべらず、故に國より論じても、町村より云つても善良なる家庭ほど歡迎すべきものはなし、故に町村に於て模範家庭を調査し、之を表彰するは町村自治を進むる間接手段として最も意を輸せるものと云ふべし。

◉同積志村家庭表彰會規案

第一條　本會ハ隨時若クハ毎年一回模範トナルベキ家庭ニ對シテ左ノ如ク表彰ヲ行フ

一、賞狀ヲ贈與スルコト

二、紀念トナルベキ物品ヲ贈呈スルコト

第二條　表彰スベキ家庭ノ撰擇ハ調査規定ニ依リ之ヲ行フモノトス

第三條　模範家庭ノ調査ハ村長村會議員及區長其他有識者ノ申告ニ基キ會頭ノ指名セル調査委員ニ於テ之ヲ行ヒ評議員ト諮リテ役員會之ヲ議定スルモノトス

第四條　表彰スベキ家庭ノ數及其時期ハ其都度役員會ニ於テ之ヲ定ムルモノトス

第五條　表彰セラレタル家庭ニシテ更ニ之レガ模範タルベキモノハ更ニ之ヲ再ビ表彰ス

第六條　表彰セル家庭ニ對シテハ其事由ヲ詳細ニ記錄シ永遠ニ保存スルモノトス

第七條　賞狀ヲ毀損シ又ハ紛失シタル時ハ請求ニヨリ再ビ之レガ交附ヲナスコトアルベシ

第八條　表彰セラレタル家庭ニシテ其實ヲ失ヒ若クハ模範タラザルノ行爲アル時ハ第三條ノ規定ニヨリテ之レガ調査ヲ遂ゲ表彰ヲ取リ消シ第六條ノ簿冊中ヨリ之ヲ抹消スルモノトス

以　上

◉同積志村模範家庭調査標準

標準ノ大綱ハ五ケ條ノ御誓文敎育勅語及戊申詔書ニ則ルベキコト

甲　家庭ノ靜的狀態

一　家族ニ於ケル再婚離婚ノ有無及ビ其事情

二　家族間ニ於ケル相互ノ和親及其狀況

三　祖先ト其家族間ニ於ケル禮義及ビ其務ノ狀況

四　親族ト其家族ニ於ケル和合ノ狀況

乙　家庭ノ動的狀態

一　家族ノ職業並ニ勤勞ノ狀況

二　互ニ信義ヲ重ジ誠實ナリヤ否ヤ

三　一家經濟ノ狀況

四　子弟ノ敎育狀況

丙　家庭ノ効驗狀況

一、戶主ノ公義ニ服役スルコト及滯納ノ有無ト其狀況

二　家族ニ犯罪者ヲ生ジタリヤ否ヤ若シ出シタリトセバ其事情

三　家族ニ於ケル愛他心ノ程度

四　協同心ノ厚薄並ニ交際ノ狀況

五　困難ヲ排除シタル實例ノ有無

家庭

- 靜的狀態
  - (一)婚姻……夫婦相和シ
  - (二)親子……父母ニ孝ニ
  - (三)兄弟……兄弟ニ友ニ
  - (四)親族……福利ヲ共ニシ
  - (五)祖先
    - 祖宗ノ遺訓
    - 祖宗ノ威德
  - → 一家和合
- 動的狀態
  - (一)勤勞
    - 忠實業ニ服シ
    - 業ヲ習ヒ
  - (二)勤儉
    - 勤儉產ヲ治メ
    - 華ヲ去リ實ニ就キ
    - 醇厚俗ヲ成シ
    - 恭儉己ヲ持シ
  - (三)誠實
    - 惟レ信惟レ義
    - 淬礪ノ誠ヲ諭シ
    - 朋友相信シ
    - 德器ヲ成就シ
  - (四)敎育
    - 學ヲ修メ「大ニ皇基ヲ振起」
    - 智德ヲ啓發
    - 荒怠相誡メ
    - 自彊息マズ
    - 智識ヲ世界ニ求ム
  - → 一家繁榮
- → 効驗狀態

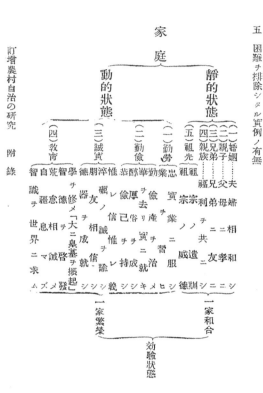

模範家庭

- （一）服從
  - 義勇公ニ奉シ
  - 萬機公論ニ決ス
- （二）愛他
  - 博愛衆ニ及ホシ
  - 公益ヲ博メ
  - 世務ヲ開キ
- （三）罪科
  - 國憲ヲ重ンジ
  - 國法ニ遵ヒ
- （四）協同
  - 宜シク上下心ヲ一ニシ
  - 億兆心ヲ一ニシ
  - 上下心ヲ一ニシ盛ニ經綸ヲ行フベシ
  - 官武一途

（七）國家の價値は其國民の價値に正比例をなし、國民の價値は青年の價値によりてなすべしと云へり、故に町村の價値を高めんと思へば其青年の價値を向上すべきは當然なり、然して價値ある青年を得ば町村の自治又自ら進歩するは云ふ迄もなし青年團規、青年會指導法の如き皆之がために必要なり。

青年團規十二則

一、教育勅語並ニ戊申詔書ノ御趣旨ヲ奉體スベキコト
一、忠君愛國ノ精神ヲ養フベキコト
一、國體ヲ重ンジ祖先ヲ尊ブベキコト
一、克ク父母ニ事ヘ一家ノ和合ヲ圖リ身ヲ修メ家ヲ興スコト
一、常ニ自治團體ノ一員タルヲ忘ルヽコトナク先輩ヲ敬ヒ隣保ヲ愛シ郷里ノ爲ニ力ヲ盡スベキコト
一、業ヲ勵ミ産ヲ治メ國力ノ增進ニ心懸クベキコト

一、職業ニ必要ナル知識技能ヲ補習シテ世ノ進歩ニ後レザランコトニ心懸クベキコト
一、心身ヲ鍛錬シ勤勞ヲ愛スルノ習慣ヲ養フベキコト
一、互ニ善行ヲ勵ミ風紀ヲ正シウシ善良ナル郷風ヲ作ルコトニ心懸クベキコト
一、質素ニシテ分度ヲ守リ進ンデ公益ヲ廣メ慈善ヲ行フベキコト
一、一致協力ノ習慣ヲ作リ公共ノ爲メ有益ナル事業ヲ起サンコトニ心懸クベキコト
一、公衆衛生ヲ重ンジ各自ノ健康ヲ保タンコトニ注意スベキコト

實行スベキ要目

一、力ヲ地方産業ノ進歩ニ致シ專門家ノ指導ヲ受クルニ勉ムベキコト
一、殖林ヲ爲シ又ハ果樹野菜等ヲ栽培シテ其ノ普及ヲ圖ベルキコト
一、業務ノ暇ヲ以テ補習教育ヲ受クベキコト
一、學校教員又ハ先輩ノ講話ヲ聽キ有益ナル書籍ヲ閲讀シテ智德ノ修養ニ力ムベキコト
一、營造物及公共ノ財産ヲ愛護スルコト
一、青年團體ノ共同作業ハ他ノ模範タランコトニ心懸クベキコト
一、青年團體ノ資金ハ其ノ自營スル仕事ノ收入ニ依リテ之ヲ造リ濫リニ先輩又ハ他ノ團體ノ助力ヲ求ムルノ風ヲ避クベキコト
一、青年團體ハ智德ノ修養ト産業ノ振興トヲ主眼トスベキコト
一、外來人ノ爲メニハ懇切ヲ旨トシ道路ヲ修繕シ路傍ニ標木ヲ立ツル等往來ノ便宜ヲ圖ルベキコト
一、神社佛閣ハ勿論昔ノ賢人郷里ノ先輩並ニ戰歿者篤志者等ノ遺蹟墳墓ノ保護ニ助力スベキコト
一、青年文庫ヲ設クル場合ニハ學校ノ教師ニ謀リテ有益ナル圖書ヲ撰擇スル様注意スベキコト
一、郷里ノ耆老及功勞者ヲ敬フコトニ勉メ尚齒會表彰等ノ開カルヽ際ニハ自ラ進ンデ斡旋ノ任ニ當リ懇切ナル世話ヲ爲スベキコト

一、善良ナル氣風ヲ作リ其維持ヲ圖ルガ爲メ團員互ニ相戒メ適當ナル制裁ヲ設クベキコト

◎愛知縣寶飯郡青年會指導法

青年會指導法

- 一、修養
  - イ　敬虔信仰ニ關スル事
    - 五條ノ御誓文、教育勅語
    - 戊申詔書、軍人勅諭
  - ロ　德義ヲ涵養スルコト
    - 特ニ國民的道德ヲ鼓吹スルコト
    - 學校儀式ニハ學校ヘ參會スルコト
  - ハ　夜學會
  - ニ　自治
    - 1、獨立自營ノ精神ヲ養成セシムルコト
    - 2、自治體ノ本旨ヲ知ラシムルコト
  - ホ　日進ノ大勢ヲ知ラシムルコト、講演講話ヲ聽カシムルコト觀察ヲナサシムルコト
  - ヘ　一致團結ヲハカルコト
    - 1、會名及自己ノ位置ヲ重ゼシムルコト
    - 2、公共的事業ノ範ヲ示スコト
    - 3、會合ノ期ヲ多カラシムルコト
    - 4、在鄕軍人團及其他ノ諸會ト連絡ヲ計ルコト
  - ト　時弊ノ矯正
    - 1、時間ノ厲行
    - 2、禮容ヲ重ンズベキコト
    - 3、世間萬事不規律ナルコト多シコレヲ矯正セシムルコト
    - 4、大道放歌放尿其他コレニ類スル風儀矯正
    - 5、言語ニ注意セシムルコト
  - チ　衞生思想ヲ養成セシムルコト
- 二、事業
  - イ　實業的研究、試作、品評會
  - ロ　各種共同的
    - 1、土木工事受負
    - 2、共同果樹園
    - 3、共同飼育
    - 4、共同勤務
    - 5、共同試作
    - 6、共同購入販賣
    - 7、共同理髮
    - 8、共同貯金

ハ 基本金積立
ニ 互助法（慶弔慰問）
ホ 模範者表彰
ヘ 敬老會
ト 巡回文庫
チ 學校兒童指導ノ任ニ當ルコト
リ 神事ノ補助ヲナスコト
ヌ 入營者出征者及戰死者ニ對スルコト

三、娯樂

イ 武術（擊劍、劍舞、柔道、角力、弓道等）
ロ 學藝會
ハ 趣味アル書籍ノ誦讀講話及趣味アル文學
ニ 雜誌發行
ホ 視察旅行及運動會等
ヘ 水練、操艇等
ト 會食試食茶話會
チ 音樂、點茶、挿花等

◉碧海郡矢作町字桑子壯年勵農會規則

第一條 本會ヲ勵農會ト名稱ス

第二條 目的

イ 農業ノ實地耕耘及發達進歩ヲ計ルコト
ロ 農業ノ學理ヲ研究スルコト
ハ 青年ノ風紀嚴正ヲ守ラシムルコト
ニ 正直ニシテ家庭ノ圓滿ヲ計ラシムルコト
ホ 敬神信佛セシムルコト

第三條　役員

會長	副會長		滿一ヶ年任期ノコト
理事兼作付巡視員	四	名	右同
會計	一	名	右同
監督	一	名	

第四條　正社員ハ大字桑子ニ住居スル年齡十四歲以上四十歲迄ノモノトス

但シ四十歲以上ニシテ良農者ヲ名譽會員トシ又贊助會員トス

第五條　每月十四日ヲ例會トシテ午後開會ス

但シ時機ヲ見臨時會ヲ月ノ初メニ行ヒ農忙ノ際ハ引上繰延スルコトアルベシ當日ハ遊日トシ二時ヨリ寺參リ後開會ス

第六條　開會ノ際ハ役員及年長者ヨリ着席順ノコト

第七條　寺院參詣及開場內ニ於テ防寒避暑具ヲ着用セズ說敎講演中ハ雜談喫煙スベカラズ居眠スルモノハ傍者ニテ注意スルコト

第八條　開會ノトキ猥褻滑稽ノ所爲ヲ愼ムコト

第九條　每月一日神社參詣十四日寺詣リノコト

第十條　開閉會ノ合圖ハ太鼓ヲ打ツコト

第十一條　猥ニ飮食セザルコト

第十二條　會員ハ每日起床日出就褥午後十時非常勞働又ハ公衆ノタメ遲褥シタル時ハ此ノ限リニアラズ

第十三條　農具農產物及清潔法等整理ヲナスベキコト

第十四條　賃地耕耘ニ付作物ニ適當スル時機ヲ見度々日限ヲ定メ理事者之レヲ巡檢シ惰農者ヲ督勵シ精農トナル樣忠告スルコト

第十五條　會員中ニテ非常ナル不幸ニ遭遇シ耕耘ヲ遲滯シタルトキハ扶翼スルコト

第十六條　賃地耕耘會則ヲ遵守シタル者ハ褒賞スルコト

但シ調査會ハ一年ニ二回乃至三回トス

第十七條　毎年一回斯道ニ熱心ナル人又ハ農會技師ヲ招キ講話會ヲ開キ又ハ試験場ヲ参觀スルコト

第十八條　會員ノ農産物ヲ共同販賣シタルトキハ幾分ヲ本會ヘ納メ費用ニ充ツ

第十九條　總テ本會經費ハ會員ニテ大字ノ役ヲ勤メ其ノ收入ニテ支拂フモノトス

第二十條　本會ハ大字及各有力者ニモ金員ノ請願ヲナサズ又大字ノ政務ニ對シ本會トシテ干渉セザルコト

但シ特志補助ノ金員ハ受納スルコト

（八）五人組は數百年本邦自治制の經驗によりてなれる最も簡便なる自治制の單位なり、今日町村を單位とするに至りしも、尚未だ莫大に失して統一し難きものあり、此の場合、此の違なからしめんには五人組規約を以て自治を進捗せんとするが如きは最も賢き手段なり。

五人組規約

第一章　組織

第一條　五人組ハ村内五戸ヲ以テ一組トシ其組内ニ伍長一名ヲ置ク

但地形ノ便宜ニヨリ五戸内外ヲ以テ一組トナスコトヲ得

第二條　伍長ヲ合シテ組長ヲ置ク

第三條　伍長組長ハ組内ニ於テ公選スルモノトス

第四條　伍長等ノ當選人名ハ町村長ヲ經テ郡長ニ具申スルモノトス

但本條當選人ニハ町村長ヨリ證認狀ヲ交付スルモノトス

第五條　伍長ハ該組内ニ於テ財産ト名望トヲ有シ年齡二十歳以上ノモノトス

第六條　伍長組長ハ義務ヲ以テ勤務スルモノトス

第七條　伍長組長ノ任期ハ四ケ年トス

但滿期再選スルコトヲ得

第二章　伍長組長心得

第八條　伍長ハ組內諸般ノ事務ヲ處理シ組長ハ伍長ヲ始メ各組ニ係ル諸般ノ事務ヲ管理スルモノトス

第九條　伍長組長ハ町村長ノ指揮ニ隨ヒ諸般ノ令達ヲ組內ニ周知セシメ其他町村內諸申合規約等ノ監督奏效ヲ勉ムルモノトス

第十條　孝子節婦義僕力農其他寄特ノ善行アル者アレバ必ズ其旌表ノ典ニ洩レザランコトヲ勉ムベシ

第三章　組合心得

第十一條　皇上ヲ奉戴シ朝旨ヲ遵守シ組內ハ專ラ親睦ヲ旨トシ吉凶艱難互ニ相助ケ彼我決シテ疎意ナキヲ要ス

第十二條　倫理ヲ明ニシ互ニ善ヲ奬メ不忠不孝不貞義ノ所爲ナカランコトヲ勉ムベシ

第十三條　國家ノ祭祀ヲ崇敬シ其他婚儀葬祭等吊慶ニ係ルコトハ一ニ誠意ヲ旨トシ虛僞ニ流レ節度ヲ過ギザランコトヲ要ス

第十四條　勤勉產ヲ殖シ儉素分ヲ守リ餘裕ヲ貯蓄シテ以テ生ヲ養ヒ死ニ喪シ遺憾ナカラシメンコトヲ勉ムベシ

第十五條　凡ソ諸般ノ申合セ規約等其町村內ノ爲メニ設クルモノハ堅ク守リ必ズ實效ヲ期センコトヲ要ス

（九）何處に於ても擴張すべき運命を有するものは學校なり、而も町村費の過半を費すものも亦學校なり、故に之れがため豫め基本財產をつくり置き、進んでは敎育費の獨立を計る如きは、最も町村の自治的行爲にして又た遠慮あるものゝ行動なり。

學校基本財產積立法申合　（山林モナク、餘地モナキ地方ニ適用スベキ法ナリ）

戊申詔書ノ御趣旨ヲ實行スルタメ紀念事業トシテ學校財産積立法ヲ設ケ左ノ申合セヲナス

一　學校ハ智慧ヲ開キ人道ヲ知ラシムル所ノ大恩人ナレバ父母祖先ニ次ギ親戚ノ最重キモノトシテ取扱フモノトス
一　冠婚葬祭其他一切親戚ヲ招待スル場合ニハ學校ヲ親戚ノ一人トシテ必ズ招待スルモノトス
一　學校ニ供フル膳部ハソノ代價ヲ見積リコレヲ供フルモノトス
一　學校ニ供フル膳部料ハコレヲ基本財産トシテ積立ツルモノトス
一　學校基本財産ハ十ケ年間之ヲ据エ置キ以後ハ其利子ヲ以テ教育費ニ充ツルモノトス
一　學校ニ供スル膳部料ハ十人前必ズ當日施主ヨリ受ケ取リコレヲ區長ヘ差出シ區長ハ毎月末之ヲ取纏メテ町役場ヘ納ムルモノトス
一　積立タル基本財産ハ三谷町長ノ名義ヲ以テ記名公債トシテ保管スルモノトス
一　コノ申合ハ明治四十二年三月一日ヨリ實行スルモノトス

明治四十二年二月二十日三谷町民申合永遠ニ之ヲ實行センコトヲ期ス

三重縣一志郡鵲村ニ於ケル學校ヲ親族トシテノ基本財産蓄積規的

第一條　學校ハ吾人子孫ノ智能ヲ啓キ品質ヲ磨キ國民トシテ有用ノ人物タラシムル恩師ナルヲ以テ親戚ノ最モ重キモノトシテ取扱フモノトス
第二條　出生及婚姻(貰方ノミ)ノ場合ニハ學校ヲ親戚ノ一人トシテ必ズ招待スルモノトス
第三條　學校ニ供スル膳部ハ其ノ代價ヲ見積リ之ヲ封金トシテ左ノ金額ヲ供膳スルモノトス

出産一人前　金拾錢以上

婚姻ハ縣税戸數割貧富等級ニ依リ左ノ區別ニ依ルコト

自一等至五等　金壹圓五拾錢以上

自六等至十等　金七十五錢以上
自十一等至十五等　金五拾錢以上
自十六等至二十等　金參拾五錢以上
自廿一等至廿五等　金貳拾參錢以上
自廿六等至廿九等　金拾五錢以上
等外　金拾錢以上

第四條　學校ニ供セシ膳部料ハ招待ノ當日又ハ翌日之ヲ大字總代ヘ差出スモノトス
第五條　大字總代ニ於テ前條ノ膳部料ヲ受領シタル時ハ其招待ノ各自ト施主ノ住所氏名ヲ書シ之ヲ所屬小學校長ヘ送付スルモノトス
第六條　前條膳部料ヲ受ケタル小學校長ハ毎月十五日及末日ノ兩度ニ取纒メ仕譯書ヲ添ヘテ之ヲ所轄村長ヘ送付スルモノトス
第七條　村長ハ該膳部料ヲ郵便貯金トシ金五拾圓以上ニ達スルトキハ之ヲ公債證書ニ換ヘ遞信省ニ保管預ケスルモノトス
第八條　本規約ニ依リ得タル基本金ハ本規約施行ノ日ヨリ二十箇年間元利共使用セズ滿期ニ至リ之ヲ村會ニ協リ處分スルモノトス
第九條　此申合規約ハ明治四十二年六月一日ヨリ實施スルモノトス
明治四十四年ヨリ實施セル

愛知縣西加茂郡高橋村尋常小學校基本財產蓄積規程

第一條　本規程ハ本村立尋常小學校ノ爲メ基本財產ヲ造成シ本村ノ基礎ヲ鞏固ナラシメ將來ノ校舍新築費ヲ補ヒ且教育施設ノ完備ヲ謀リ教育上ノ効果ヲ向上セシムルヲ以テ目的トス
第二條　本村尋常小學校ヲ卒業シタルモノノ父兄ハ謝恩ノ爲メ本規程ヲ遵守スル義務アルモノトス
第三條　第二條ニ該當スルモノハ縣稅戶數割賦課等差ニヨリ卒業後三ケ月以內ニ左ノ標準ニヨリ村役場ニ納付スベシ
但徵收方法ハ村稅徵收ノ例ニヨル
一、一等ヨリ三等迄ノモノ　金拾圓以上

二、四等ヨリ六等迄ノモノ　金六圓以上
三、七等ヨリ九等迄ノモノ　金四圓以上
四、十等ヨリ十三等迄ノモノ　金貳圓五拾錢
五、十四等ヨリ十七等迄ノモノ　金貳圓
六、十八等ヨリ廿一等迄ノモノ　金壹圓貳拾錢
七、廿二等ヨリ廿五等迄ノモノ　金八拾錢
八、廿六等ヨリ廿八等迄ノモノ　金五拾錢
九、廿九等以下ノモノ　金貳拾五錢

但一家ニシテ二名以上在學スルモノハ半額トス

第四條　他村ヨリ通學スルモノニシテ第二條ニ該當スルモノハ高橋村ノ等差ニ比例シテ徴收スルモノトス

第五條　本規程ニ關スル收支ハ總テ高橋村豫算ニ編入スルモノトス

第六條　第三條ノ納付ヲナス不能モノハ本村殖林地人夫或ハ土木工事ニ要スル人夫ヲ以テ代償スルモ妨ナシ

此村ハ戸數略千百戸、毎年卒業生略一〇〇名アリテ此規程ニヨリ蓄積サルルハ略六拾圓餘ナリト云フ

(十)學校に次で神社資金積立も亦た大切なり其一例は左の如し。

埼玉縣大里郡何村何神社初穗組合規約

第一章　目的名稱及位置

第一條　本組合ハ何々神社初穗組合ト稱シ神社資金ヲ積立増殖ヲ圖ルヲ以テ目的トス

第二條　組合員ハ敬神ヲ旨トシ協同緝睦神德ノ發揮ヲ期スルノ義務アルモノトス

第三條　本組合ノ事務所ハ何々神社社務所內トシ組合內ニ左ノ各部ヲ置ク

第一部　小字何々

第二部　小字何々

第三部　小字｛何々 何々

第二章　組合組織及事業

第四條　何々神社ノ氏子タルモノハ總テ本組合員タルノ義務ヲ有スルモノトス但氏子以外ノモノト雖モ其志望ニ依リテハ組合員ト爲ルヲ妨ゲズ

第五條　本組合ハ每年一回神社例祭ノ當日ヲ以テ總會ヲ開クモノトス

組合員二十五名以上ノ申出アリタルトキハ臨時總會ヲ開クコトヲ得

第六條　本組合ニ於テ議決及認定並ニ擧行スベキ事項ノ概目左ノ如シ

一　組合長選擧

二　有價證券及土地其他重要ナル物件ノ購入

三　資金收支決算

右ノ外組合長ニ於テ必要ト認ムル事項

第七條　本組合員ハ左ノ諸項ヲ恪守シ每年收納期ニ於テ每戶米又ハ麥及大豆各一升以上並ニ繭ヲ初穗トシテ神前ニ供進スルモノトス

但社掌ハ除クコトヲ得

一　細則ニ定メタル期間ニ於テ必ズ初穗ヲ供進スルコト(細則ハ別ニ定ムル所ニ依ル)

二　供進スベキ穀物ハ精選シ且ツ清淨ナルヲ要スルコト

三　氏子及ビ崇敬者ニシテ四季初穂獻穀ノ義務ヲ盡シタル外結婚、縁組、出産、入營、退營、參宮紀念、旅行、子女ノ入學、家屋土藏ノ新築、開業祝、團體ノ結集、其他祝賀ノ場合ニハ資産ニ應ジ初穂料トシテ金幣ヲ以テ一時獻納スルコトヲ得

第八條　前條ノ積立年限ハ明治五十年迄トス

第九條　供進シタル穀物ハ役員ニ於テ審査シ優良ト認ムルモノ若干ヲ選ミ其供進者ニハ褒賞ヲ授與スルコトアルベシ

第十條　本組合員ニ於テ死亡其他ノ事故アルトキハ相續者ニ於テ義務ヲ繼承スルモノトス新タニ入籍居住ノモノモ又同ジ本組合員ニシテ轉籍シタルモノハ權利義務ヲ喪失スルモノトス

第三章　役員ノ選任々期並ニ職務

第十一條　本組合ニ左ノ名譽職員ヲ置ク但シ義務ニ要スル實費ノ支給ハ妨ゲズ

組合長　一名　　顧問　一名　　幹事　若干名

第十二條　本組合長ハ組合員中滿三十年以上ノ男子ニシテ相當資産ヲ有シ名望アルモノニ付組合員之ヲ選擧ス其任期ハ二箇年トシ顧問ハ現任社掌幹事ハ氏子總代トシ組合長之ヲ推薦ス其任期ハ本職ノ任期ニ伴フ

第十三條　前條ノ役員ヲ以テ役員會ヲ開ク其議決スベキ事項ノ概目左ノ如シ

一　供進スベキ穀菽ノ品質査定

二　組合員中災害ニ罹リタルモノ又ハ貧困者ト認ムルモノニ對シ供進スベキ穀物ノ定量減免並ニ延期ノ許否

第十四條　本組合長ノ擔任スベキ職務ハ左ノ如シ

一　本組合總會並ニ役員會ノ議長トナリ其職務ヲ執行スル事

二　本組合ヲ代表シ規約履行ノ責ニ任ズル事

三　本組合財産ノ管理書類

四　役員會ノ決定シタル供穀優等褒狀授與ニ關スル事

五　本組合資金ノ收支及現在高ヲ總會ヘ報告スル事

第十五條　本組合顧問ハ會議ニ參與シ本務ニ附帶スル事業ニ就テハ自己ノ意見ヲ述ベ及組合員ノ諮問ニ應ヘ且組合事業ノ進捗ヲ援クルモノトス

第十六條　本組合幹事ハ組合長ヲ補佐シ諸般ノ事務ニ從事スルモノトス

第四章　雜則

第十七條　組合及各部ノ費用ハ別ニ定ムル所ニ據ル

第十八條　本組合ノ總會及役員會議事ハ普通ノ會議法ニ依ル

附　則

第十九條　組合總會ノ決議ヲ以テ本規約ヲ改正又ハ增補スルコトヲ得

第二十條　本規約ハ明治四十二年ヨリ之ヲ施行ス

(十一)基本財產は何處の町村にてもなかるべからず、其の方法も亦所により異なるべきも今一二の例を示すべし。

一、基本財產蓄積條例

第一條　本市(町村、町村組合)ハ本條例ノ規定ニ依リ每年度(明治何年度ヨリ明治何年度ニ至ル間)基本財產ヲ蓄積ス

第二條　市制(町村制)第八十一條第二項ニ揭グルモノノ外左ノ收入ハ基本財產トシテ蓄積スルモノトス

一　基本財產ヨリ生ズル收入

二　歲計剩餘金

三　國稅徵收法及府縣稅徵收法ニ依リ收入スル交付金

四　戸籍法ニ依リ收入スル手數料

五　何々

第三條　前條ノ外村費ヨリ毎年度金若干圓以上ヲ基本財産トシ蓄積スルモノトス

第四條　公債ヲ起ス場合ニ於テハ其年度ニ限リ市(町村、町村組合)會ノ議決ヲ以テ第二條及第三條ノ蓄積ヲ停止ス(此ノ場合ニ於テハ其停止年數ニ應シ第一條ノ蓄積年數ヲ延長ス)

第五條　基本財産ノ收支精算ノ要領ハ毎翌年度ニ於テ之ヲ市(町村、町村組合)内ニ公告スヘシ

第六條　基本財産トシテ蓄積スベキモノハ總テ豫算ニ編入スベシ

附　則

第七條　本條例ハ明治何年度ヨリ施行ス

二、基本財産造成條例

第一條　本市(町村、町村組合)ハ基本財産造成ノ爲本條例ノ規定ニ依ル植林ヲ爲スモノトス

第二條　植林地ハ本市(町村、町村組合)有ノ土地何々ヲ以テ(本市(町村、町村組合)内何々區有ノ土地何々ヲ借入レ)之ニ充テ其栽植スベキ樹ノ種類ハ何々トス

第三條(例)毎年度ニ於テ栽植スベキ樹數ハ何本以上トシ豫定ノ段別ニ植付完了スルヲ以テ之ヲ止ム

第四條　植林ニ關スル費用ハ市(町村、町村組合)費ヨリ支出スルモノトス其ノ植付手入レニ關シテハ夫役ヲ賦課スルコトヲ得

第五條(例)公債ヲ起ス場合ニ於テハ市(町村、町村組合)會ノ議決ヲ經其ノ起債ノ年度ニ限リ第三條植付ノ全部若ハ一部ヲ停止スルコトヲ得

第六條　間伐輪伐植繼及管理方法ニ關シテハ市(町村、町村組合)會ノ議決ヲ經テ別ニ之ヲ定ム

附　則

第七條　本條例ハ明治何年度ヨリ施行ス

（十二）勞働は事業の根本なり、而も勞働忌避の弊風は瀰漫するの勢あり、此時に際し規約を設け其弊に陥らざらんとするは賢き仕方なるべし。

埼玉縣兒玉郡秋平村勞働組合規約

第一條　本組合ハ德義ヲ重ジ勞力ヲ勵ミ戰時勞力ノ減少ヲ補塡シ人夫ノ供給ニ應ジ併テ獨立自營ノ基礎ヲ造ルヲ目的トス

第二條　本組合ハ何々勞働組合ト稱シ事務所ヲ大字何番地ニ置ク

第三條　本組合ノ旨趣ヲ賛成シ組合ニ加盟セントスル者ハ組長ニ申立組合員名簿ニ調印スベシ

第四條　本組合員ヲ別チテ二種トス

一　壯年者ニシテ何時ニテモ出勤ニ耐フル者

二　毎月十五日以上ハ出勤ニ耐ヘサル者

第五條　本組合員ハ故ナク出勤ヲ辭セザルモノトス

第六條　本組合ハ戰役ニヨリ召集セラレタル家族ノ依賴ニハ申込ノ順序ニ拘ハラズ可成速ニ之レニ應ジ殊ニ賃錢ノ割引ヲ爲シ又ハ貧困者ニハ無賃ニテ應ズルコトアルベシ

但無賃及割引ノ差額ハ組合員全體ノ負擔トス

第七條　本組合員ノ勞働賃金ハ其拾分ノ一ヲ引去リ其內ノ五分ヲ組合費ニ當テ五分ヲ貯金トシ毎月十五日三十日ノ兩度ニ精算配當スルモノトス

第八條　前條貯金ハ各自ノ名義ヲ以テ郵便貯金トナシ其通帳ハ組合ニ於テ保管ス

第九條　本組合ニ左ノ役員ヲ置ク其任期ハ一箇年トシ滿期再選ヲ妨ゲズ

組長　一名　副組長　一名

伍〻長　若干名　會計　一名

第十條　組長ハ組合一切ノ事務ヲ統轄ス副組長ハ組長ヲ補佐シ組長事故アルトキハ之レガ代理ヲ爲ス伍長ハ組長ノ指揮ヲ受ケテ組合員ヲ指揮監督ス會計ハ收支ヲ主トス

第十一條　役員ハ名譽職ニシテ總テ無給トス但シ協議ノ上夫役金品ヲ以テ報酬ヲ與フルコトアルベシ

第十二條　組合員ハ正當ノ理由ナクシテ組合ヲ脱退シ又ハ貯金ノ拂戻ヲ爲スコトヲ得ズ

第十三條　勞働賃金ハ役員會ニ於テ之ヲ定メ事務所ニ掲示スルモノトス

第十四條　本組合ニ左ノ帳簿ヲ置ク

一　組合員名簿　一　組合員出勤簿

一　會計簿　一　貯金臺帳

一　雜書編冊

(十三)共同集積倉庫は農事改良の新なる方法にして、地主小作間を融和する好手段たり。

玉瀧村地主會附屬共同集積倉庫規定

第一條　重要物產タル米ノ種類ヲ一定シ品質ヲ改善シ販賣機關ノ完備ヲ期スルヲ目的トシ共同集積倉庫ヲ設置ス

第二條　共同集積倉庫ハ玉瀧村地主會ノ管理ニ屬シ各大字ニ一箇所ヅヽヲ設置ス

第三條　本村ノ米作者ハ何時ニテモ其產米ヲ共同集積倉庫ニ預入スル事ヲ得ルモノトス

小作人ノ納ムル小作米ハ可成之レヲ共同集積倉庫ニ收容シ一定ノ期間ニ於テ檢查ヲ受クルモノトス

第四條　共同集積倉庫ニ預入シタル產米ハ檢查ノ上入庫證ヲ交付ス

第五條　共同集積倉庫ノ事務ヲ處理セシムル爲メ左ノ役員ヲ置ク

倉庫主任　三名　各大字ニ一名トシ米ノ出入及米券ノ發行ヲ掌リ共同販賣其他諸般ノ事務ヲ統理スルモノトス

評議員　十二名　各農區ニ一名ヲ配置シ倉庫主任ヲ補佐シテ共同販賣其他諸般ノ事務ニ參與スルモノトス

本條ノ外米ノ集散取扱ニ關シ臨時雇員ヲ要スル場合ハ倉庫主任之レヲ專決ス

第六條　共同集積倉庫ニ於テハ毎月一回米ノ種類等級ヲ揭示シテ共同販賣ヲ行フ

但シ評議員ノ決議ニヨリ其回數ヲ增加スルコトアルベシ

第七條　產米ノ預託者ハ其預入ノ時又ハ毎月共同販賣期日以前ニ其共同販賣ヲナスベキ俵數ヲ決定シ之ヲ倉庫主任ニ申告シ置クモノトス

第八條　倉庫ニ預入米ヲ有スルモノ資金ノ必要アルトキハ其時價十分ノ八ヲ限度トシ無限責任玉瀧村信用組合ヨリ何時ニテモ資金ノ融通ヲ受クルコトヲ得

第九條　倉庫ニ預入シタル米ノ品位等級ハ三重縣米穀檢査員ノ檢査又ハ共同販賣米買取人ノ認定ニ對シ異議ヲ申立ツルコトヲ得ズ

第十條　共同集積場ニ產米ヲ預託シタルモノハ毎月共同販賣期日ニ集合シ米選俵裝ノ改良又ハ販賣方法等ニ關シ懇話會ヲ開クモノトス

第十一條　共同集積倉庫ノ事業ニ對シテハ村農會長三重縣米穀檢査員竝ニ村內篤志老農ヲ其顧問トシ常ニ指導監督ヲ受クルモノトス

第十二條　本事業ノ爲メ要スル經費ハ左ノ資源ニ依ルモノトス

一　倉庫ノ借入又ハ設備費ヲ超過セザル範圍ニ於テ村又ハ村農會ノ補助ヲ受クルコト

二　共同販賣ノ成績良好ナリシ場合ニ限リ參加者ノ同意ヲ得テ一俵ニ付金壹錢以內ノ寄附ヲナサシメ之ヲ雜費竝ニ役員ノ慰勞手當トナスコト

第十三條　本規定ヲ改正セントスルトキハ當年度產米預託者ノ總會ヲ開キ過半數ノ出席ト過半數ノ同意ヲ經テ之レヲ行フモノトス

（第一號　保管證樣式）

（第　回分）

一、玄米　　俵也　　但四斗入俵裝濟

檢查等級
　等　俵
　等　俵
　等　俵

右　　殿ヨリ供出ニ付正ニ保管候也

明治　年　月　日

玉瀧村地主會附屬
米穀共同集積倉庫主任
森井彌三郎

殿

前書米代金ノ内金　　圓也正ニ借用仕候也

明治　年　月　日

借主

番號	
年月日	明治　年　月　日
等級俵數	斗　俵 斗　俵 斗　俵
種類	
供出人	
預託人	

（第二號　寄託米臺帳樣式）

年月日	領收證番號	米ノ種類	等級	俵數	出庫事由	供出者氏名	預託者氏名

（第三號　共同販賣廣告樣式）

明治　　年度米穀共同販賣廣告

一　明治　　年産米　　俵　　但正量四斗入完全ナル俵裝ヲナシ三重縣米穀檢査所ノ檢査濟

此譯

種類	等級	俵數	種類	等級	俵數
關取	一等	俵	錦	一等	俵
同	二等				
竹成	一等				

同	二等		
同	三等		
神力	二等		
同	三等		

右明治　年　月　日阿山郡玉瀧村農會ニ於テ競爭入札ヲ以テ賣却可致候條左記條項御承諾ノ上入札被成下度候

一　米ノ種類等級ハ見本ノ通ナルモ御望ノ方何時ニテモ共同集積倉庫ニ就キテ現品御一覽ヲ望ム開札ハ當日午後　時

二　現品ハ佐那具、柘植、深川放シ若クハ大字何々倉庫放シト御指定ノ事

三　落札者ハ代金百分ノ十五以上ヲ契約保證金トシテ即時御差入ノ事現品ハ契約ノ日ヨリ十日以內ニ受渡ヲ了スル事

四　本村ノ共同販賣ハ德義ヲ旨トシ入札保證金ヲ申受ケザルニ付萬一入札上違約不正ノ行爲アリタル時ハ其人ニ對シ永久取引ヲナサザル事ヲ宣言ス

右之通ニ候也

明治　年　月　日

阿山郡玉瀧村農會

（第四號　入札書樣式）

阿山郡玉瀧村明治　年産米入札書

但米ノ種類ハ主タル系統ヲ示スノミ
現品受渡シハ　驛渡シ

種類	檢查等級	俵數	代價	四斗入一俵ノ代價
關取	一等		円	円
同	二等			
竹成	一等			
同	二等			
神力竹成	二等			
同	三等			
錦	一等			
同	二等			

前記代金ヲ以テ買受申度入札致候就テハ落札ノ上ハ御通知ニ基キ契約保證金トシテ代價ノ百分ノ十五以上ヲ即時納付シ現品ハ十日以内ニ代金引換ニテ受渡可致萬一期日ヲ經過シタルトキハ此賣約ヲ無効トシ保證金ハ損害賠償ニ充當セラルヽ事ヲ承諾ノ上入札仕候也

住所

明治　年　月　日　入札者

阿山郡玉瀧村地主會附屬

共同集積倉庫事務取扱玉瀧村農會長　木津慶次郎殿

（第五號　落札通知書樣式）

阿山郡玉瀧村産米共同販賣落札通知書

一明治　年産米　俵　但一俵正量四斗　三重縣米穀檢査濟

此代價金

此契約保證金

此譯

種類	檢査等級	俵數	代價	壹俵ノ代價
			円	円

右之通リ貴殿ヘ落札相成候ニ付入札廣告第三ニ依リ契約保證金ハ即時御差入被下度尚現品ノ義ハ　月　日　驛ニ於テ代金引換ニ御引取被下度此段御通知申上候也

明治　年　月　日

共同集積倉庫事務取扱

玉瀧村農會長　木津慶次郎

增訂
農村自治之研究
終

明治四十一年十月一日第一版
同　年同月十五日第二版
同　年十二月一日第三版
同　年同月廿日第四版
同　四十三年十二月五日訂正第五版

明治四十四年八月一日訂正第六版
同　四十五年六月一日同　第七版
大正二年六月一日訂増第八版印刷
同　年六月五日同　第八版發行

訂増
農村自治の研究

著作權登錄

正價金一圓七十五錢
【特製十五錢增】

著作者　山崎延吉

東京市京橋區南傳馬町二丁目十三番地
發行者　穴山篤太郎

同所
印刷者　落合彌三

電話京橋一〇五五番

發行元
東京京橋南傳馬町二丁目十三番地
電話番號京橋一〇五五
振替口座東京六九六
有隣堂書店

特約店
大阪市南區心齋橋筋一丁目（振替大阪四三二）
松村文海堂
名古屋市西區玉屋町三丁目（振替東京一一〇二七）
永東書店

取引書肆

東京市	丸善商店
同	東京堂
同	林書店
京都市	芸草堂
同	若林書店
大阪市	三島書店
同	田中久榮堂
但馬豐岡	石田書店
同八鹿	石田支店
播磨明石	福井書店
横濱市	第四有隣堂
長岡市	目黒書店
上野藤岡	盛廣堂
下總千葉	多田屋支店
水戸市	川又書店
宇都宮市	内田書店
和歌山市	高市書店
大和大淀	倭本商店
名古屋市	川瀬書店
三河安城	淺井三義舍
靜岡市	中上書店
濱松市	谷島屋
甲府市	柳正堂
大津市	吉田書店
近江長濱	文泉堂
岐阜市	郁文堂
長野市	西澤書店
仙臺市	藤原書店
盛岡市	佐々木書店
同	玉山書店
弘前市	今泉書店
青森市	今泉支店
陸奥八戸	浦山書店
同三本木	兼子書店
山形市	五十嵐書店
秋田市	成見書店
福井市	品川書店
金澤市	宇都宮書店
加賀松任	三谷書店
富山市	中田書店
伯耆倉吉	德岡書店
松江市	有田書店
岡山市	吉田書店
同	山陽書籍會社
廣島市	積善館支店
周防山口	白銀書店
同小郡	松谷博集堂
高松市	宮脇書店
松山市	土肥書店
同	世良書店
高知市	澤本書店
福岡市	森岡書店
同	積善館支店
久留米市	菊竹書店
大分市	甲斐書店
豐後御越	脇商店
佐賀市	河内書店
熊本市	長崎書店
日向宮崎	丸屋書店
鹿兒島市	吉田書店
札幌區	富貴堂
朝鮮京城	日韓書房

地方自治法研究復刊大系〔第237巻〕

増訂 農村自治之研究〔大正2年 第8版〕

日本立法資料全集 別巻 1047

2017(平成29)年11月25日　復刻版第1刷発行　7647-3:012-010-005

著　者　山　崎　延　吉
発行者　今　井　　貴
　　　　稲　葉　文　子
発行所　株式会社信山社

〒113-0033 東京都文京区本郷6-2-9-102東大正門前
Ⓣ03(3818)1019　Ⓕ03(3818)0344
来栖支店〒309-1625 茨城県笠間市来栖2345-1
Ⓣ0296-71-0215　Ⓕ0296-72-5410
笠間才木支店〒309-1611 笠間市笠間515-3
Ⓣ0296-71-9081　Ⓕ0296-71-9082

印刷所　ワイズ書籍
製本所　カナメブックス
用　紙　七洋紙業

printed in Japan　分類 323.934 g 1047

ISBN978-4-7972-7647-3 C3332 ¥74000E

日本立法資料全集 別巻

地方自治法研究復刊大系

仏蘭西邑法 和蘭邑法 皇国郡区町村編制法 合巻〔明治11年8月発行〕／箕作麟祥 閲 大井憲太郎 譯／神田孝平 譯
郡区町村編制法 府県会規則 地方税規則 三法綱論〔明治11年9月発行〕／小笠原美治 編輯
郡吏議員必携三新法便覧〔明治12年2月発行〕／太田啓太郎 編輯
郡区町村編制 府県会規則 地方税規則 新法例纂〔明治12年3月発行〕／柳澤武運三 編輯
全国郡区役所位置 郡政必携 全〔明治12年9月発行〕／木村陸一郎 編輯
府県会規則大全 附 裁定録〔明治16年6月発行〕／朝倉達三 閲 若林友之 編輯
区町村会議要覧 全〔明治20年4月発行〕／阪田辨之助 編纂
英国地方制度 及 税法〔明治20年7月発行〕／良保両氏 合著 水野遵 翻訳
英国地方政治論〔明治21年2月発行〕／久米金彌 翻譯
傍訓 市町村制及説明〔明治21年5月発行〕／高木周次 編纂
鼇頭註釈 市町村制俗解 附 理由書 第2版〔明治21年5月発行〕／清水亮三 註解
市制町村制註釈 完 附 市制町村制理由 明治21年初版〔明治21年5月発行〕／山田正賢 著述
市町村制詳解 全 附 市町村制理由〔明治21年5月発行〕／日鼻豊作 著
市制町村制釈義〔明治21年5月発行〕／壁谷可六 上野太一郎 合著
市制町村制詳解 全 附 理由書〔明治21年5月発行〕／杉谷庸 訓點
町村制詳解 附 市制及町村制理由〔明治21年5月発行〕／磯部四郎 校閲 相澤富蔵 編述
傍訓 市制町村制 附 理由〔明治21年5月発行〕／鶴聲社 編
市制町村制 並 理由書〔明治21年7月発行〕／萬字堂 編
市制町村制正解 附 理由〔明治21年6月発行〕／芳川顯正 序文 片貝正晉 註解
市制町村制釈義 附 理由書〔明治21年6月発行〕／清岡公張 題字 樋山廣業 著述
市制町村制釈義 附 理由 第5版〔明治21年6月発行〕／建野郷三 題字 櫻井一久 著
市町村制註解 完〔明治21年6月発行〕／若林市太郎 編輯
市町村制釈義 全 附 市町村制理由〔明治21年7月発行〕／水越成章 著述
市制町村制義解 附 理由〔明治21年7月発行〕／三谷軌秀 馬袋鶴之助 著
傍訓 市制町村制註解 附 理由書〔明治21年8月発行〕／鯰江貞雄 註解
市制町村制註釈 附 市制町村制理由 3版増訂〔明治21年8月発行〕／坪谷善四郎 著
市制町村制註釈 完 附 市制町村制理由 第2版〔明治21年9月発行〕／山田正賢 著述
傍訓註釈 日本市制町村制 及 理由書 第4版〔明治21年9月発行〕／柳澤武運三 註解
鼇頭参照 市町村制註解 完 附 理由書及参考諸令〔明治21年9月発行〕／別所富貴 著述
市町村制問答詳解 附 理由書〔明治21年9月発行〕／福井淳 著
市制町村制註釈 附 市制町村制理由 4版増訂〔明治21年9月発行〕／坪谷善四郎 著
市制町村制 並 理由書 附 直接間接税類別 及 実施手続〔明治21年10月発行〕／高崎修助 著述
市町村制釈義 附 理由書 訂正再版〔明治21年10月発行〕／松木堅葉 訂正 福井淳 釈義
増訂 市制町村制註解 全 附 市制町村制理由挿入 第3版〔明治21年10月発行〕／吉井太 註解
鼇頭註釈 市町村制俗解 附 理由書 増補第5版〔明治21年10月発行〕／清水亮三 註解
市町村制施行取扱心得 上巻・下巻 合冊〔明治21年10月・22年2月発行〕／市岡正一 編纂
市制町村制傍訓 完 附 市制町村制理由 第4版〔明治21年10月発行〕／内山正如 著
鼇頭対照 市町村制解釈 附理由書及参考諸布達〔明治21年10月発行〕／伊藤寿 註釈
市制町村制俗解 明治21年第3版〔明治21年10月発行〕／春陽堂 編
市制町村制詳解 附 理由 第3版〔明治21年11月発行〕／今村長善 著
町村制実用 完〔明治21年11月発行〕／新田貞橘 鶴田嘉内 合著
町村制精解 完 附 理由書 及 問答録〔明治21年11月発行〕／中目孝太郎 磯谷群爾 註釈
市町村制問答詳解 附 理由 全〔明治22年1月発行〕／福井淳 著述
訂正増補 市町村制問答詳解 附 理由 及 追輯〔明治22年1月発行〕／福井淳 著
市町村制質問録〔明治22年1月発行〕／片貝正晉 編述
鼇頭傍訓 市制町村制註釈 及 理由書〔明治21年1月発行〕／山内正利 註釈
傍訓 市町村制 及 説明 第7版〔明治21年11月発行〕／高木周次 編纂
町村制要覧 全〔明治22年1月発行〕／浅井元 校閲 古谷省三郎 編纂
鼇頭 市制町村制 附 理由書〔明治22年1月発行〕／生稲道蔵 略解
鼇頭註釈 町村制 附 理由 全〔明治22年2月発行〕／八乙女盛次 校閲 片野続 編釈
市町村制実解〔明治22年2月発行〕／山田顕義 題字 石黒磐 著
町村制実用 全〔明治22年3月発行〕／小島鋼次郎 岸野武司 河毛三郎 合述
実用詳解 町村制 全〔明治22年3月発行〕／夏目洗蔵 編集
理由挿入 市町村制俗解 第3版増補訂正〔明治22年4月発行〕／上村秀昇 著
町村制市制全書 完〔明治22年4月発行〕／中嶋廣蔵 著
英国市制実見録 全〔明治22年5月発行〕／高橋達 著
実地応用 町村制質疑録〔明治22年5月発行〕／野田籐吉郎 校閲 國吉拓郎 著
実用 町村制市制事務提要〔明治22年5月発行〕／島村文耕 輯解
市町村条例指鍼 完〔明治22年5月発行〕／坪谷善四郎 著